Peter Schäfer • Die Präsidenten der USA in Lebensbildern

Peter Schäfer

Die Präsidenten der USA in Lebensbildern

Von
George Washington
bis George W. Bush

Unter Mitarbeit von
Ulrike Skorsetz
und
Gabriele Winkel

KOMET

Bildnachweis:

picture-alliance/dpa:
26, 62, 88, 152, 170, 188, 202, 220, 262, 274, 284, 294, 306, 316, 336, 346, 360, 372

picture-alliance/akg-images:
14, 36, 46, 54, 70, 80, 100, 108, 114, 122, 130, 140, 160, 178, 182, 196, 210, 228, 238, 246, 254, 328

picture-alliance/EPA:
388

Das Motiv von Seite 92 stammt aus dem Archiv des Autors.

www.komet-verlag.de
Umschlagmotiv: dpa, Frankfurt
Gesamtherstellung: Komet Verlag GmbH, Köln

ISBN 3-89836-450-X

Inhalt

Vorwort zur neuen Auflage

In den elf Jahren seit der 1. Auflage der »Präsidenten der USA in Lebensbildern« sind sowohl in der Entwicklung der modernen Präsidentschaft als auch in der Geschichte der Präsidenten neue interessante Tatsachen, Fragestellungen und Blickpunkte hinzugekommen.

Die beiden Amtszeiten Bill Clintons von 1993 bis 2001 liegen inzwischen abgeschlossen vor dem Urteil des Historikers. Seine Rolle als Präsident zeigt sich nachträglich in einem überwiegend positiven Licht. Das entsprechende Kapitel wurde von Ulrike Skorsetz verfasst.

Am 20. Januar 2001 fand in Washington die Inauguration des 43. Präsidenten der USA, George W. Bush, statt. Seine erste Amtszeit nähert sich gegenwärtig ihrem Ende. Im zweiten Jahr seiner Präsidentschaft wurde durch die Anschläge vom 11. September 2001 die Sicherheitslage in den USA grundlegend verändert. Dies wirkte sich nachhaltig auf die Präsidentschaft George W. Bushs aus, wie im Kapitel über diesen Präsidenten ausgeführt wird. Die Darstellung seiner Biographie wurde von Peter Schäfer übernommen. Für die anderen Kapitel dieses Buches sind die gleichen Verfasser wie in der ersten Auflage verantwortlich.

Dreimal, im November 1996, im November 2000 und im November 2004, fanden in jüngster Zeit Präsidentschaftswahlen statt. Die vorletzte Wahl, in deren Ergebnis nach einem längeren politischen und juristischen Tauziehen um die Stimmenauszählung in Florida schließlich der Republikaner George W. Bush zum Sieger gekürt wurde, darf mit ihrem knappen Ausgang, dem hauchdünnen Vorsprung Bushs im ausschlaggebenden Florida, und dem alles entscheidenden Votum des Obersten Gerichts in Washington zugunsten Bushs, womit das letzte Wort im Wahlstreit gesprochen wurde, als nahezu einzigartig in der Geschichte der amerikanischen Präsidentenwahlen gelten. Den umstrittenen Vorgängen vom November und Dezember 2000 vergleichbar ist allenfalls der Wahlausgang von 1876, als der anfängliche Sieger, der Demokrat Tilden, durch eine nochmalige Auszählung der Stimmen in drei Südstaaten sowie durch die Entscheidung einer vom Kongress gebildeten 15-köpfigen Wahlkommission schließlich zum Verlierer erklärt wurde, während der Republikaner Hayes ins Weiße Haus einzog.[1]

Das Weiße Haus, seit John Adams Sitz und Symbol der Präsidentschaft, feierte inzwischen den 200. Jahrestag seines Erstbezugs durch den 2. Präsidenten der USA im November 1800. Ein Schauspieler, der die Rolle von John Adams übernommen hatte, stand im Mittelpunkt eines Spektakels, mit dem Präsident Clinton, der auch alle lebenden Nachfahren der Adams-Familie ins Weiße Haus geladen hatte, die damalige Ankunft seines Vorgängers im Weißen Haus nachgestalten ließ. In diesem publikumswirksamen Ereignis zeigte sich einmal mehr das lebendige Traditionsverständnis der heutigen Präsidentschaft.

Es ist ein Anliegen der Neuauflage dieses Buches, die dem Leser oft noch vertrauten Ereignisse der neueren Präsidentschaftsgeschichte nachzuzeichnen und die jüngsten Fortschritte in der Erforschung und historischen Darstellung der Präsidenten seit den Tagen George Washingtons aufzugreifen.

Zu den besonders nützlichen und sehr informativen Neuerungen der letzten Jahre zählen die verschiedenen Hintergrundinformationen, Dokumente, Materialien und Bilder, die in den entsprechenden »Links« im Internet zur Geschichte und Politik früherer und heutiger Präsidenten angeboten werden. An erster Stelle ist hier die Homepage des Weißen Hauses (www.whitehouse.gov) zu nennen, die ständig aktualisiert wird. Sie bietet reichhaltige Informationen und Bilder zur Geschichte und Gegenwart der Präsidentschaft, zu allen 43 Präsidenten, zu den First Ladys und zum Weißen Haus, aber vor allem auch zur aktuellen Politik des amtierenden Präsidenten.[2]

Sehr empfehlenswert für die Freunde des Internets sind zwei nahezu unerschöpfliche Homepages, die sich speziell allen Präsidenten der USA seit George Washington widmen und hierzu biographische, familiäre und politische Informationen, Dokumente und Bilder, Angaben über Wahlergebnisse oder über die Zusammensetzung der Kabinette, über Wichtiges und Triviales, bis zu den Skandalen um einzelne Präsidenten enthalten. Der Benutzer findet diese Internetseiten unter: www.ipl.org/ref/ POTUS/ bzw. unter: www.netcolony.com/news/presidents/

Darüber hinaus hält das Internet für den Liebhaber der Geschichte der USA zahlreiche weitere Einstiegsmöglichkeiten und Zugänge bereit.[3]

Eine Fülle von Daten, Quellen, Materialien und Bildern zu den Präsidenten der neueren Zeit von Herbert Hoover (1929–1933) bis George Bush (1989–1993) bieten die Homepages der 10 Presidential Libraries (www.nara.gov), die von der National Archives and Records Administration in Washington, D.C. unterhalten und verwaltet werden.[4] Eine weitere derartige Einrichtung, die gleichzeitig Archiv, Museum und Bibliothek für den namengebenden Präsidenten ist, wurde in den vergangenen Jahren mit der Presidential Library Bill Clintons in Little Rock, Arkansas, eingerichtet. Ihre Eröffnung erfolgte im November 2004.

Neue Forschungsergebnisse gibt es nicht zuletzt hinsichtlich der Ehefrauen der Präsidenten. Die Persönlichkeit und das Handeln der First Ladys im Weißen Haus finden heutigen Tages in der historischen Literatur eine verstärkte Beachtung.[5] Nicht nur deshalb haben wir diese Seite unserer Darstellung der Präsidentengeschichte erweitert. Allgemein ergänzt wurden die »Bibliographischen Hinweise« zu den einzelnen Präsidenten bzw. zur Geschichte der Präsidentschaft. Das Personenregister wurde aktualisiert.

Prof. Peter Schäfer, Jena

Anmerkungen

1 Vgl. hierzu das Kapitel über Rutherford B. Hayes in diesem Buch sowie: Roy Morris, jr., Fraud of the century. Rutherford B. Hayes, Samuel Tilden, and the stolen election of 1876, New York 2003.

2 Zur Geschichte des Weißen Hauses: The White House. The First Two Hundred Years, ed. by Frank Freidel/William Pencak, Boston 1994.

3 Eine Einführung bieten: Michael O'Malley/Roy Rosenzweig, Brave New World or Blind Alley? American History on the World Wide Web, in: Journal of American History, Vol. 84, No. 1, June 1997.

4 Zu den Presidential Libraries: Pat Hyland, Presidential Libraries and Museums. An Illustrated Guide, Washington, D. C. 1995. Die Richard Nixon Library in Yorba Linda, Kalifornien, bildet insofern eine Ausnahme, als sie – anders als die Presidential Libraries – ausschließlich aus privaten Mitteln finanziert wurde.

5 Lewis L. Gould, Modern First Ladies and the Presidency, in: Presidential Studies Quarterly, Bd. 20, No. 4 (Fall 1990), S. 677–683. Für den deutschen Leser liegt jetzt vor: Ronald D. Gerste, Die First Ladies der USA. Von Martha Washington bis Hillary Clinton, Regensburg 2000.

Einleitung

Der Präsident der Vereinigten Staaten gilt in unseren Tagen – wohl nicht zu Unrecht – als der mächtigste Mann der Welt. Dies war nicht immer so. Die Geschichte der Präsidenten seit George Washington und die Erweiterung der Präsidentenmacht spiegeln auf ihre Weise das Wachstum der USA in den vergangenen 200 Jahren wider. Washington, der erste Präsident, wurde Ende April 1789 in New York in sein Amt eingeführt und residierte dort zunächst bis 1790. Dann wurde die provisorische Hauptstadt des Landes nach Philadelphia verlegt, wo auch der zweite Präsident John Adams noch amtierte. Adams übersiedelte dann im Juni 1800 in die neue Hauptstadt Washington und bezog als erster Präsident das damals noch unfertige Weiße Haus. Die Lebensbilder der Männer im Weißen Haus lassen die inneren Veränderungen im Lande ebenso erkennen wie den Aufstieg der USA von einem jungen Staatswesen mit knapp vier Millionen Bewohnern zur heutigen Weltmacht mit annähernd 250 Mio. Einwohnern (Juli 2004 bereits 293 Mio.). Die Präsidentengeschichte war und ist ein wesentlicher Indikator für die politische Befindlichkeit der USA.

Vor dem Hintergrund dieser Entwicklungen will das Buch den Leser mit der politischen Biografie der 43 Präsidenten vertraut machen, die seit 1789 die Geschicke des Landes mitbestimmt haben. Im Mittelpunkt der Lebensbilder stehen zunächst die Jugend, der familiäre Hintergrund, die Ausbildung, sodann die berufliche und politische Laufbahn des jeweiligen Präsidenten bis zu seiner Wahl. Daran schließt sich eine Skizze der Präsidentschaft mit ihren wichtigsten innen- und außenpolitischen Vorgängen an. Abschließend wird – in der gebotenen Kürze – die Lebenszeit des ehemaligen Präsidenten nach dem Ausscheiden aus diesem Amt betrachtet. Auf diese Weise sollen die Lebensbilder die Frage nach der jeweiligen politischen Stellung und Rolle des Präsidenten in seiner Zeit beantworten. Sie möchten Auskunft über den Platz der Präsidenten in den politischen Traditionen der USA geben. Bibliographische Hinweise zu allen Präsidenten und ein Anhang mit Tabellen, Begriffslexikon und Register vervollständigen das Ganze. Der Autor und seine beiden Mitarbeiterinnen Ulrike Skorsetz und Gabriele Winkel waren bemüht, den einzelnen Lebensbildern die neuere, vor allem amerikanische Forschung zur Geschichte der Präsidenten zugrunde zu legen. Ebenso strebten sie an, den Zusammenhang zwischen Präsidentschaftsgeschichte und der allgemeinen Geschichte des Landes sichtbar zu machen.

Das politische Amt des amerikanischen Präsidenten wurde mit seiner ausgeprägten Machtvollkommenheit in der Verfassung von 1787 eingerichtet, um neben dem Kongress als der legislativen Instanz und dem Obersten Gericht als der höchsten richterlichen Gewalt eine starke und handlungsfähige Exekutive zu schaffen. Sie sollte die Interessen des Bundes nach innen und außen möglichst effektiv wahrnehmen. Diese Absicht der »Gründerväter« erklärt sich auch aus den schlechten Erfahrungen, die man mit der noch während des Unabhängigkeitskrieges verabschiedeten ersten Verfassung der USA gemacht hatte. Diese Konföderationsartikel von 1777 hatten einen sehr lockeren Zusammenschluss der 13 Vereinigten Staaten vorgesehen, der mit einer schwachen

Exekutive ausgestattet war. Das Amt eines Präsidenten kannten die Konföderationsartikel noch nicht.

Dieser Zustand änderte sich mit der Verfassung von 1787. Seitdem verfügt der Präsident als Staatsoberhaupt, Regierungschef und Oberbefehlshaber der Streitkräfte in einer Person über ausgeprägte verfassungsmäßige Kompetenzen. Als Chef der Bundesregierung ist er vom Kongress insofern unabhängig, als er nicht von ihm, sondern durch eine eigene Wahl ins Amt berufen wird. Er ist auch im Prinzip dem Kongress nicht rechenschaftspflichtig, sieht man davon ab, dass er in bestimmten Abständen dem Kongress Auskunft über die Lage der Nation (State of the Union) geben muss. Durch sein aufschiebendes Veto kann der Präsident ihm unliebsame Gesetze des Kongresses abwehren. Beharrt der Kongress dennoch auf seiner Absicht, so benötigt in diesem Fall die Verabschiedung des Gesetzes eine Zweidrittelmehrheit im Repräsentantenhaus und Senat.

Schließlich ist der Präsident – der für eine Amtszeit von vier Jahren gewählt wird – im Normalfall nicht absetzbar. Lediglich bei Hochverrat, Bestechung oder anderen schweren Verbrechen kann er durch den Kongress mittels eines Impeachment-Verfahrens aus dem Amt entfernt werden. Gegenüber drei Präsidenten – John Tyler, Andrew Johnson und Richard Nixon – wurden bisher derartige Amtsenthebungsverfahren vorbereitet, eingeleitet bzw. durchgeführt. Den Ausgang der Verfahren erfährt der Leser in den betreffenden Lebensbildern.

Andererseits wird die Machtfülle der Präsidialgewalt durch die Befugnisse der beiden anderen staatlichen Gewalten, Kongress und Oberstes Gericht, eingeschränkt und kontrolliert. Der Kongress hat neben dem Recht, Haushalt und Steuern zu bewilligen, und der Befugnis, die Gesetze zu verabschieden, verschiedene weitere Kontrollmöglichkeiten gegenüber der Exekutive. Eine Kontrolle beansprucht auch das Oberste Gericht seit 1803 mit dem Recht, über die Verfassungsmäßigkeit von Gesetzen zu entscheiden.

Präsidentenamt und Regierungsstil veränderten sich im Laufe der Geschichte, und zugleich reichen nicht wenige Ursprünge präsidialer Traditionen bis zu den ersten Präsidenten zurück. Durch George Washington wurde das von der Verfassung geschaffene neue Amt zum ersten Mal mit Leben erfüllt und praktisch ausgestaltet. Auf ihn geht der Brauch zurück, die Dauer der Präsidentschaft auf zwei Amtszeiten, also acht Jahre, zu beschränken. Mit dem dritten Präsidenten Thomas Jefferson fand 1801 in Washington zum ersten Mal ein Wechsel zur Regierung der bisherigen Oppositionspartei statt und wurde gemeistert. Allerdings waren die frühen Präsidenten der USA von George Washington bis John Quincy Adams in gewisser Hinsicht »überparteiliche« Präsidenten, die wohl Parteien angehörten, aber »über ihnen standen«.[1] Mit dem Beginn der Ära Andrew Jacksons traten um 1830 wichtige Veränderungen auch in der Stellung des Präsidenten ein. Es wurde nun die Wahl der Wahlmänner durch die erwachsene und weiße männliche Bevölkerung üblich, das Gewicht der Parteien nahm seither zu. Die sektoralen Gegensätze, die sich in den Jahrzehnten vor dem Bürgerkrieg immer schärfer ausbildeten, drückten sich auch im Parteiengefüge aus.

Mit Präsident Abraham Lincoln und dem Bürgerkrieg trat vorübergehend eine erhebliche und vor allem kriegsbedingte Steigerung der Präsidialmacht in Erscheinung. Aber selbst unter den kritischen Verhältnissen des Bürgerkrieges hielt Lincolns Union an den demokratischen Einrichtungen fest, wie die Kongresswahlen 1862 und die Präsidenten- und Kongresswahlen von 1864 zeigten. Zwischen dem Ende des

Bürgerkrieges und dem Ende des 19. Jahrhunderts verlagerte sich dann zeitweilig das Kräftegewicht von Präsidentschaft und Kongress zugunsten des letzteren. Mitunter sprach man jetzt gar von einer Zeit der Kongressherrschaft.[2] Nicht zufällig findet sich – mit Ausnahme Clevelands – keiner der Präsidenten dieser Zeit unter den – nach Meinung der amerikanischen Historiker – »großen« Präsidenten.

Mit dem ausgehenden 19. und beginnenden 20. Jahrhundert kamen neue Probleme auf und verlangten ein Handeln des Präsidenten. Rapide Industrialisierung, Vermögenskonzentrationen in der Wirtschaft, das Anschwellen der Masseneinwanderung, soziale Konflikte im Innern gestalteten den Handlungsraum und -bedarf der Präsidenten in der »Progressive Era« zwischen Jahrhundertwende und Erstem Weltkrieg in manchen Belangen neu. Der Übergang der USA zu aktiver Weltpolitik und die neue Dimension der Expansion nach außen seit dem Spanisch-Amerikanischen Krieg von 1898 hatten ebenfalls ihre Entsprechung in der Außenpolitik der Präsidenten von McKinley und Theodore Roosevelt bis zu Woodrow Wilson.

Erster und Zweiter Weltkrieg, die Kriegsteilnahme der USA und die Folgen der großen Krise von 1929 waren mit einer weiteren Stärkung der Präsidentenmacht, mit einem Ausbau der Bundesbürokratie und des präsidentiellen Instrumentariums verbunden. Die Präsidentschaft Franklin D. Roosevelts mit ihrer unüblich langen Amtsdauer von zwölf Jahren spiegelte dies eindrucksvoll auch in der Vielzahl neu entstehender Bundesbehörden wider.

Harry S. Truman war dann nach dem Ende des Zweiten Weltkrieges der erste Präsident, der vor den Herausforderungen des Atomzeitalters stand. Seither mussten alle Präsidenten bis zu George Bush den Kurs des Landes unter den Bedingungen des kalten Krieges und eines fatalen Wettrüstens bestimmen. Rüstungsausgaben von – jedenfalls in Friedenszeiten – unbekanntem Umfang verringerten spürbar die Fähigkeit der Bundesregierung, eine Lösung für die inneren Probleme des Landes zu suchen und zu finden. In der Ausübung der Präsidentenmacht gingen ebenfalls Veränderungen vor. Einerseits wurde seit Truman die Tätigkeit der »unsichtbaren Regierung«, auf die sich der Präsident nun verstärkt zu stützen pflegt, beträchtlich erweitert. Allein der Stab des Weißen Hauses, also die Berater und Assistenten des Präsidenten, zählen heute nahezu 400 Mitarbeiter. Der Watergate-Skandal und die Iran-Contra-Affäre sind die bekanntesten Vorgänge, in denen die Macht der »unsichtbaren Regierung« verdeutlicht wurde. Andererseits haben im Fernsehzeitalter der Grad der Öffentlichkeit im Auftreten des Präsidenten und die öffentliche Kontrolle der Politik der Bundesregierung ebenso eine neue Dimension erreicht. »Der Präsident ist gezwungen, mit den stets wachsamen Medien umzugehen, die zur gleichen Zeit dazu dienen, seine Politik zu popularisieren und zu kritisieren.«[3] Präsident Ronald Reagan verstand es meisterhaft, das Fernsehen in den Dienst seiner Politik zu stellen, Richard Nixon war dagegen im Umgang mit Presse und Fernsehen weniger erfolgreich.

Der Historiker Arthur M. Schlesinger, jr., begann 1948 eine Anzahl namhafter amerikanischer Historiker nach ihrer Bewertung der Präsidenten zu befragen. Seitdem wurden derartige Befragungen mehrfach wiederholt. Sie ergeben ein auffallend konstantes Bild, jedenfalls soweit es die Spitzenplätze und die schlechtesten Noten betrifft. Lincoln, Washington, Franklin Roosevelt, Jefferson, aber auch Theodore Roosevelt, Wilson und Jackson rangieren übereinstimmend unter den »großen« Präsidenten. Sie alle haben auf unverwechselbare Weise nicht nur die Politik des Landes bestimmt, sondern ebenso auch durch ihre Amtsführung und Amtsauffassung den Stil und die politische Kultur der Präsidentschaft geprägt. Am Ende der Liste stehen heute zumeist die Namen Buchanan, Andrew Johnson und Grant im 19. Jahrhundert, Harding und Nixon in unserer Zeit.[4] Aber auch diese Präsidenten haben ihre Spuren in der Geschichte der Vereinigten Staaten, in der Geschichte der Präsidentschaften hinterlassen, denen nachzugehen lohnt.

Dieses Buch ist in der Zusammenarbeit mit zwei Autorinnen entstanden. Das Lebensbild des zweiten Präsidenten John Adams wurde von Gabriele Winkel (Jena) geschrieben. Die Lebensbilder vom 16. Präsidenten Abraham Lincoln bis zum 24. Präsidenten Grover Cleveland stammen von Ulrike Skorsetz (Washington). Für die übrigen Lebensbilder, die Einleitung und den Anhang zeichnet Peter Schäfer (Jena) verantwortlich. Er möchte sich an dieser Stelle bei allen bedanken, die die Entstehung und Fertigstellung des Buches unterstützt haben. Namentlich gilt sein Dank dem Deutschen Historischen Institut Washington, seinem Direktor Hartmut Lehmann und den Mitarbeiterinnen und Mitarbeitern des Instituts. Zu danken ist der Library of Congress in Washington und der Leiterin ihrer Deutschen Sammlung, Margrit B. Krewson. Zu Dank verpflichtet ist er dem langjährigen Bibliothekar des John-F.-Kennedy-Instituts für Nordamerikastudien an der Freien Universität Berlin, Hans Kolligs.

Dankbar erinnert er sich der Diskussionen mit verschiedenen »Jahrgängen« seiner Oberseminarstudenten, die durch kritische Fragen und Meinungen die Arbeit befördert haben.

Schließlich dankt der Verfasser seiner Ehefrau Ursula Schäfer, die mit ihrem Rat und Ansporn stets hilfreich um die Fertigstellung bemüht war.

ANMERKUNGEN

1 Ralph Ketcham, Presidents Above Party. The First American Presidency, 1789–1829, Chapel Hill, North Carolina, 1984.

2 Woodrow Wilson, Congressional Government: A Study in American Politics, Boston 1885.

3 Norman S. Cohen, The American Presidents. An Annotated Bibliography, Pasadena, California/Englewood Cliffs, New Jersey, 1989, Introduction, S. 3.

4 Robert E. Dillerico/Eric M. Uslaner, Few Are Chosen. Problems in Presidential Selections, New York 1984, S. 186 ff. Neuerdings hierzu: Robert K. Murray/Tim H. Blessing, Greatness in the White House. Rating the Presidents, 2. Aufl., University Park, Penns., 1994.

GEORGE WASHINGTON

1732–1799

1. PRÄSIDENT DER USA 1789–1797

22. Februar 1732	George Washington wird in Wakefield, Westmoreland County, Virginia, geboren.
1749	Washington erhält die Lizenz als Landvermesser vom College of William and Mary.
1759	Heirat mit Martha Dandridge Custis (1731–1802).
1774	Delegierter des ersten Kontinentalkongresses.
1775	Delegierter des zweiten Kontinentalkongresses. Dieser Kongress wählt ihn zum Oberbefehlshaber der Kontinentalarmee, der Armee der Vereinigten Staaten.
1787	Präsident des Verfassungskonvents in Philadelphia.
1789–1797	Präsident der USA.
14. Dezember 1799	Washington stirbt im Alter von 67 Jahren in Mount Vernon, Virginia, und wird dort beigesetzt.

George Washington nimmt durch seine Rolle als militärischer Oberbefehlshaber im Unabhängigkeitskrieg der USA und durch seine beispielhafte und noble Amtsführung als erster Präsident der Vereinigten Staaten eine einzigartige Stellung in der politischen Tradition des Landes ein. Er wurde am 22. Februar 1732 auf dem Landsitz der Familie in Wakefield am Pope's Creek, Westmoreland County, Virginia, geboren. Seine Vorfahren stammten aus England, von wo sie Mitte des 17. Jahrhunderts nach Britisch-Nordamerika ausgewandert waren. Der Vater, den Washington 1743 mit elf Jahren verlor, war ein erfolgreicher Farmer und Plantagenbesitzer. Washington, nun unter der Obhut seines älteren Halbbruders Lawrence, genoss eine einfache Schulbildung. Er beschäftigte sich gründlicher mit Mathematik und betätigte sich seit seinem 17. Lebensjahr als Landvermesser im westlichen Virginia. Bei dieser Aufgabe lernte er das Leben an der Siedlungsgrenze und in der Wildnis kennen, sammelte Erfahrungen bei der Menschenführung und als Organisator. 1752, nach dem frühen Tod seines Halbbruders, übernahm Washington den ausgedehnten Landbesitz (2126 Acres) von Mount Vernon am Potomac, den er im weiteren Verlauf seines Lebens zielstrebig vergrößerte. Im gleichen Jahr wurde er zum Major der Miliz von Virginia berufen und mit ihrer Ausbildung beauftragt. Damals begann er sich mit Kriegsgeschichte und Problemen der militärischen Taktik zu befassen.

Am »French and Indian War« (1754–1763) in Nordamerika, dem überseeischen Gegenstück des Siebenjährigen Krieges in Europa, nahm Washington im Rang eines Oberstleutnants bzw. seit 1755 mit dem Dienstgrad eines Obersten der Miliz teil. In den Kämpfen mit den Franzosen zeichnete er sich durch persönlichen Mut und militärische Umsicht aus.

1759 heiratete er Martha D. Custis, die Witwe eines wohlhabenden Pflanzers. Kinder gingen aus der Ehe nicht hervor. Er adoptierte jedoch die beiden Kinder seiner Frau aus erster Ehe, John und Martha.

In den folgenden Jahren lebte Washington, ein großer, kräftiger und breitschultriger Mann, als Plantagenbesitzer, der auch mit der Zeit über 100 schwarze Sklaven beschäftigte, auf seinem Gut Mount Vernon, das damals noch verschuldet war. Einem Freund schrieb er: »Ich bin nun, wie ich glaube, an diesen Landsitz mit einer angenehmen Lebensgefährtin gebunden und hoffe, in der Zurückgezogenheit mehr Glück zu finden, als ich jemals in einer weiten und geschäftigen Welt erleben könnte.«[1] George und Martha Washington lebten in Mount Vernon auf großem Fuße, großzügig und gastfreundlich.

Als ein vermögender, aufgeklärter (seit 1753 gehörte er der Freimaurerloge in Fredericksburg, Virginia, an) und selbstbewusster Pflanzer wurde er 1758 in das Kolonialparlament von Virginia gewählt. In jenen Jahren wurde Washington zu einem der Führer der Opposition gegen die britische Kolonialpolitik. Er nahm als Delegierter Virginias am ersten Kontinentalkongress (1774) teil und wurde dann im Juni 1775 vom zweiten Kontinentalkongress, dem neu entstehenden, revolutionären Machtorgan der aufständischen Kolonien, auf Grund seiner militärischen Erfahrungen und seines Rufs zum General und Oberbefehlshaber der Kontinentalarmee ernannt.

Charakteristisch für Washington war, dass er für seine militärische Aufgabe kein Gehalt beanspruchte, vielmehr während des nun beginnenden Unabhängigkeitskrieges peinlich genau über seine Ausgaben Buch führte, damit nur sie ihm später ersetzt werden konnten.

Washington gehörte durch seine gesellschaftliche Stellung, den Umfang seines Vermögens, seine persönlichen Erfahrungen und politischen Einstellungen zu den gemäßigten Führern der Amerikanischen Revolution. Für entschieden demokratische Forderungen, wie sie die radikalen Revolutionäre um Thomas Paine erhoben, zeigte er zeitlebens wenig Verständnis. Jedoch war er ein unbedingter amerikanischer Patriot, der Sache seines Landes treu ergeben und ein integrer Republikaner. Als militärischer Oberbefehlshaber, dem selten mehr als 10.000 Soldaten zur Verfügung standen, bewies er auch in kritischen Lagen und bei Rückschlägen Mut, Standhaftigkeit und Besonnenheit.

Sein persönlicher Anteil am Sieg der Vereinigten Staaten im Unabhängigkeitskrieg war bedeutend. Dies mag umso schwerer wiegen, als der Kongress, in krämerhafter Haltung befangen, die für die Ausrüstung der Armee und die Führung des Krieges notwendigen finanziellen Mittel nicht bereitstellte, worüber Washington ständig Klage führen musste. Sein militärisches Kommando wurde durch den steten Mangel geprägt. Der Oberbefehlshaber der Kontinentalarmee »war nicht einer der großen Generale der Geschichte, aber er war einer ihrer großen militärischen Führer; seine Kunst war nicht so sehr die eines Taktikers auf dem Schlachtfeld; eher diejenige des militärischen Administrators und Diplomaten. Seine Generalsrolle bestand hauptsächlich darin, die Armee zusammenzubringen und zusammenzuhalten, beides nicht leicht zu lösende Aufgaben.«[2]

Nach dem Ende des Unabhängigkeitskrieges und nachdem er sich in der für ihn charakteristischen schlichten und zugleich stolzen Form in New York von seinen Offizieren verabschiedet hatte, kehrte Washington im Dezember 1783 auf sein Landgut Mount Vernon zurück. Die Rückkehr ins Privatleben bezeichnete er in einem Brief an den Franzosen La Fayette, der im Krieg an seiner Seite gekämpft hatte, als »Rückkehr zu sich selbst«. Jedoch entzog er sich ebenso wenig wie andere Führer der Amerikanischen Revolution der Aufgabe, die wenig effektive erste Verfassung der USA, die Konföderationsartikel von 1777, zu überarbeiten bzw. durch eine neue Verfassung zu ersetzen. Gemeinsam mit 54 weiteren Delegierten nahm er, als einstimmig gewählter Präsident, am Verfassungskonvent in Philadelphia teil und sprach sich in den Sitzungen für eine starke Exekutivgewalt aus. Dieser Konvent tagte von Mai bis September 1787 und verabschiedete die neue, bis heute gültige Verfassung der USA. Sie bekräftigte die Errungenschaften und republikanischen Ergebnisse des Unabhängigkeitskrieges, begründete – ausgehend vom Prinzip der Gewaltentrennung und einer föderativen Staatsordnung – eine starke, handlungsfähige Bundesregierung mit einem über effektive Vollmachten verfügenden Präsidenten an der Spitze. Den Plantagenbesitzern des Südens kam die Verfassung mit der Akzeptanz der Sklaverei entgegen.

Während der Ratifizierungsdebatten um die Verfassung zeichneten sich 1787/88 im politischen Leben der USA erste Konturen entstehender Parteien und eines künftigen Zweiparteiensystems ab. Die von Hamilton geführten Föderalisten befürworteten die von der Verfassung vorgesehene starke Bundesregierung, eine aktive Finanz- und Wirtschaftspolitik im Interesse von Industrie, dem Handel, Finanzwesen und der Schifffahrt. Sie misstrauten unkontrollierten demokratischen Volksbewegungen. Die von Jefferson geführten Demokraten-Republikaner verkörperten Interessen einer agrarisch geprägten Demokratie. Sie sprachen sich für eine breitere Vermögensstreuung, für erweiterte demokratische Rechte und gegen eine allmächtige Bundesregierung, vielmehr zugunsten der Rechte der Einzelstaaten aus.

Washingtons politischer Standort ist nicht einfach auf eine der beiden Parteigruppierungen festzulegen, doch stand er mit seiner gemäßigten Haltung den Absichten und Zielen der Föderalisten nahe. Nach der Ratifizierung der Verfassung durch neun der 13 Einzelstaaten und der Wahl der Wahlmänner gab das Wahlmännerkollegium, das die Wahl des Präsidenten vorzunehmen hatte, am 4. Februar 1789 einhellig seine Stimme für Washington ab, der damit der erste und einzige Präsident in der Geschichte der Vereinigten Staaten wurde, dessen Wahl einstimmig erfolgte. Der Föderalist John Adams aus Massachusetts wurde zum Vizepräsidenten gewählt.

Nachdem der Senat das Wahlergebnis geprüft und bekannt gegeben und Washington die Wahl angenommen hatte, trat der gewählte Präsident von Mount Vernon aus die achttägige Reise nach New York an, wo die Amtseinführung in der Federal Hall stattfinden sollte. Bei seiner Abreise notierte er in seinem Tagebuch: »Um zehn Uhr sagte ich Mount Vernon, dem Privatleben und dem häuslichen Glück Lebewohl und machte mich mit den ängstlichsten und schmerzlichsten Gefühlen auf den Weg nach New York.«[3] Dort traf er am 23. April ein. Am 30. April 1789 wurde er in einer feierlichen Zeremonie auf dem Balkon der Federal Hall als erster Präsident der Vereinigten Staaten vereidigt und in sein Amt eingeführt. In seiner Antrittsbotschaft brachte der neue Präsident die republikanischen, aufgeklärten und humanistischen Grundsätze zum Ausdruck, von denen er sich leiten lassen wollte. Ein amerikanisches Wochenblatt vermerkte im Bericht über die Amtseinführung stolz, der Präsident sei in komplett einheimischer (»homespun«) Kleidung erschienen, die jedem Vergleich mit feinsten europäischen Kleidungsstücken standgehalten hätte.

Washington war sich, als er das Präsidentenamt übernahm, darüber klar, dass er politisches Neuland betrat und dass sein Verhalten und Vorgehen als Präsident künftig als Präzedenzfall gelten werde. Ob es sich um sein öffentliches Auftreten, seinen Regierungsstil, sein Verhältnis zum Kongress, die Berufung in Staatsämter oder die Gesamtdauer seiner Präsidentschaft handelte, stets musste sein Verhalten für den künftigen Kurs und politischen Stil der Regierung von Bedeutung werden. Tatsächlich waren die beiden Amtszeiten seiner Administration für den Ausbau und die Konsolidierung der noch jungen republikanischen Einrichtungen des Landes in vieler Hinsicht prägend.

Washington bewies dabei bemerkenswerte staatsmännische Qualitäten. Schon beim Ausscheiden aus dem Amt des Oberbefehlshabers der Kontinentalarmee hatte er 1783 als vordringliche Aufgaben der amerikanischen Politik genannt: die unlösliche Union der Staaten unter einem Bundeshaupt; die Unantastbarkeit der staatlichen Gerechtigkeit; die Aufrechterhaltung eines wirklichen Friedens und freundschaftlichen Verhältnisses unter den Bewohnern der Vereinigten Staaten, frei von lokalen Vorurteilen und lokalen politischen Interessen. Diese Leitideen lassen sich auch in seiner Politik als Präsident erkennen. Sie haben seinen Platz in der politischen Tradition der USA mitbestimmt.

In der Innenpolitik Washingtons dominierten die Einrichtung einer funktionsfähigen Bundesregierung, die Stabilisierung der republikanischen Einrichtungen und einer entsprechenden politischen Kultur. Die Finanz-, Wirtschafts- und Bodenpolitik der Administration lag im Interesse der in die industrielle Revolution eintretenden kapitalistischen Wirtschaft.

Die Schaffung eines Kabinetts durch Washington erfolgte seit Juli 1789 mit der Einrichtung der Regierungsbehörden (Executive Departments) und der Berufung der Minister (Secretaries). Als Washington seit Oktober 1789 begann, seine Minister zu konsultieren, entwickelten sich daraus die späteren Kabinettssitzungen. Washington verstand es, unterschiedliche Persönlichkeiten von Format mit teilweise gegensätzlichen politischen Auffassungen unter seiner Leitung zu einer handlungsfähigen Regierung zusammenzufügen. Der als Politiker hoch begabte, erst 32-jährige Alexander Hamilton, Jurist und Wortführer der Föderalisten, wurde Finanzminister (Secretary of the Treasury). Sein Gegenpart war der Verfasser der Unabhängigkeitserklärung Thomas Jefferson, ein überzeugter Demokrat, der die Geschäfte des Außenministers (Secretary of State) übernahm. General Henry Knox, Freund und Ratgeber Washingtons aus der Zeit des Unabhängigkeitskrieges, wurde Kriegsminister (Secretary of War).

Die Mehrheit der Kabinettsmitglieder stand den Föderalisten nahe. Alle engen Mitarbeiter Washingtons hatten – wie er selbst und Vizepräsident John Adams – aktiv und in verantwortlicher Stellung am Unabhängigkeitskampf teilgenommen. Zwei von ihnen, Adams und Jefferson, gehörten zu den Unterzeichnern der Unabhängigkeitserklärung.

Mit dem »Federal Judiciary Act« (24. September 1789) wurde das Rechtswesen mit dem Obersten Gericht, den Distrikts- und Bezirksgerichten (Supreme Court, circuit und federal district courts) weiter ausgebaut. Dabei erhielt Washington als Präsident die Möglichkeit, die Richter aller dieser Gerichte zu berufen. Erster Chefrichter (Chief justice) am Obersten Gericht wurde der Jurist, Diplomat und Föderalist John Jay, der später als Gouverneur von New York tätig war.

Ein Postsystem wurde eingerichtet, an dessen Spitze seit September 1789 Samuel Osgood als Generalpostmeister stand. Auch er hatte sich im Unabhängigkeitskrieg ausgezeichnet. Die Armee und Flotte der Vereinigten Staaten wurden reorganisiert, das Verhältnis zwischen Präsident und Kongress entsprechend der Verfassung durch Washington konstruktiv gestaltet, wobei er sich auf seine Autorität und Popularität stützen konnte.

Zum Ausbau der republikanischen Einrichtungen in der Amtszeit Washingtons gehörte auch die Verabschiedung der »Bill of Rights« der ersten Zusatzartikel (Amendments) zur Verfassung, durch den Kongress am 25. September 1789. Mit ihrer Ratifizierung bis Dezember 1791 waren dann Religions-, Rede- und Pressefreiheit, das Recht des Volkes, Waffen zu besitzen und zu führen, die Grundsätze der Rechtssicherheit, das Eigentumsrecht und weitere demokratische Rechte Teil der Verfassung der USA. Im Herbst 1789 bereiste Washington Neuengland, im Frühjahr 1791 den Süden des Landes, um durch sein persönliches Auftreten allerorts die Beziehungen zwischen Bund und Einzelstaaten zu stärken und damit zugleich die Einheit der Union zu festigen. Das Jahresgehalt des Präsidenten, von dem sein Aufwand mit bestritten werden musste, betrug übrigens 25.000 $. Es wurde erst knapp 100 Jahre später, unter Präsident Grant, auf nun 50.000 $ verdoppelt.

In der politischen Auseinandersetzung zwischen Föderalisten und Demokraten-Republikanern zu jener Zeit besonders umstritten waren die auf Hamilton zurückgehenden finanz- und wirtschaftspolitischen Grundsätze der Administration Washingtons. Finanzminister Hamilton setzte durch und prägte damit das Profil der Regierungsjahre Washingtons: 1. die Hebung des öffentlichen Kredits der USA durch die Übernahme der früheren inneren und äußeren Schulden einschließlich der Schulden der Einzelstaaten aus der Zeit des Unabhängigkeitskrieges; 2. die Schaffung einer Bank der Vereinigten Staaten (25. Februar 1791) zwecks Ausgabe von Papiergeld, als Einlegebank für öffentliche Kapitalien, zur Abwicklung von Handelsgeschäften und um den Verkauf von Obligationen zu ermöglichen; 3. die Einführung einer Verbrauchssteuer, die als »Whiskysteuer« auf Spirituosen (3. März 1791) eingeführt wurde und den heftigen Widerspruch derjenigen Grenzer und Farmer hervorrief, für die die Destillation von Whisky eine wichtige Einnahmequelle darstellte; 4. schließlich die Förderung und den Schutz der Manufakturindustrie, indem die Schaffung günstiger Bedingungen für die Akkumulation des Kapitals, Zollschutz für die heimische Industrie, eine staatliche Förderung der Landwirtschaft und der Verkehrsverbindungen (Straßen- und Kanalbau) durch die Bundesregierung angestrebt wurden.

Insgesamt auf die Festigung und das Fortschreiten der kapitalistischen Produktion gerichtet, entsprach diese Wirtschaftspolitik den Entwicklungsbedingungen und Erfordernissen der entstehenden bürgerlichen Gesellschaftsordnung. Sie begünstigte das Industrie-, Finanz- und Handelsbürgertum, beunruhigte dagegen viele Farmer, deren Wünsche und Forderungen nach einer Schuldenreduzierung unberücksichtigt blieben. Ein Teil der Farmer erhob sich sogar in der Whiskyrebellion (Juli–November 1794) in West-Pennsylvania gegen die Belastung durch Verbrauchssteuern. Washington berief daraufhin 15.000 Milizangehörige in das Unruhegebiet und inspizierte persönlich die Truppen im Gelände. Der demonstrative Militäreinsatz beruhigte die Lage und beendete die erste reale Herausforderung der Autorität seiner Bundesregierung.

Die vor allem die besitzenden Schichten begünstigende Wirtschaftspolitik zeigte sich im Landgesetz von 1796. Es regelte die Landvermessung und den künftigen Verkauf des öffentlichen Bodens im Nordwest-Territorium (dem Gebiet zwischen Ohio und Großen Seen), es sah einen Mindestpreis von zwei Dollar pro Acre (0,40467 ha) sowie den Verkauf von Mindestlandflächen zu 640 Acres vor. Daraus konnten vor allem Makler und Bodenspekulanten Vorteile ziehen, da nur wenige private Käufer über die erforderlichen Mittel verfügten, um Grundstücke dieser Größe und zu diesem Preis zu kaufen. Der Kampf um eine demokratische, volkstümliche Bodenpolitik ging demzufolge weiter. In den Indianerangelegenheiten kam unter Washington sowohl eine Politik militärischer Unterwerfung als auch der diplomatischen Verständigung zur Anwendung. Im Nordwest-Territorium und im Territorium südwestlich des Ohio (dem späteren Tennessee) fanden bis 1794/95 lang andauernde Kämpfe mit den dortigen Indianerstämmen, vor allem den Indianern des Ohio-Gebietes, statt. Nach wechselndem Verlauf gelang es schließlich dem von Washington mit dem Kommando betrauten General Anthony Wayne, die verbündeten Stämme der Region im August 1794 bei Fallen Timbers endgültig zu schlagen. In der Folge verloren die Indianer im »Vertrag von Greenville« im August 1795 ein beträchtliches Stück ihres Landes im östlichen Teil des Nordwest-Territoriums. Dies führte dann zu einem raschen Einströmen von Grenzern und Siedlern in dieses Gebiet. Washingtons Appell in seinen Jahresbotschaften an den Kongress von 1791 und 1792, der Kongress möge eine gerechtere und humanere Politik gegenüber den Indianern unterstützen, blieben insofern größtenteils eine Absichtserklärung.

Am 5. Dezember 1792 wurde Washington zum zweiten Mal für vier Jahre zum Präsidenten der USA gewählt. Wiederum erfolgte die Wahl (diesmal bei drei Enthaltungen) ohne Gegenstimmen. John Adams wurde erneut als Vizepräsident gewählt, doch zeigte die Wahl diesmal an, dass die gegen die Vormacht der Föderalisten gerichtete demokratische Opposition an Einfluss gewann.

In der zweiten Amtszeit Washingtons (4. März 1793–3. März 1797) spielten Fragen der Außenpolitik eine größere Rolle. Es waren der Einfluss der Französischen Revolution auf die USA, die Stellung zum Revolutionskrieg in Europa, die Beziehungen zu Frankreich und England, die jetzt die politische Debatte im Land bestimmten. Diese Fragen prägten die Parteiengegensätze zwischen Föderalisten und Demokraten-Republikanern weiter aus und erzwangen eine Entscheidung auch von der Administration Washingtons.

Die Französische Revolution löste in den Vereinigten Staaten eine starke Resonanz aus. Anfangs wurde sie in der Öffentlichkeit allgemein begrüßt. Es war kein Zufall, sondern eine symbolische Geste, wenn La Fayette 1790 aus Paris den Schlüssel der befreiten Bastille an Washington sandte als Gruß der Französischen Revolution an die vorangegangene amerikanische Schwester. Doch mit der weitergehenden Demokratisierung und Radikalisierung der Revolution in Frankreich schieden sich seit 1792 auch in den USA die Geister. Die Föderalisten sahen in der demokratischen Republik Frankreichs eine Bedrohung der eigenen, gemäßigt republikanischen Ziele. Sie erblickten jetzt in der Französischen Revolution »einen neuen Ausbruch des ewigen Kampfes zwischen Anarchie und Ordnung, Atheismus und Religion, Armut und Besitz«.[4] Dagegen sympathisierten die Demokraten-Republikaner um Thomas Jefferson mit dem revolutionären Frankreich, wo in ihren Augen ein »eindeutiger Kampf zwischen Monarchie und Republikanertum, Unterdrückung und Freiheit, Autokratie und Demokratie« stattfand.[5]

Washingtons Stellung zur Französischen Revolution wurde von der Sorge bestimmt, dass der Kampf für den Verfassungsstaat dort außer Kontrolle geraten würde. Hinzu kam die wachsende Befürchtung, die USA könnten gegen ihren Willen in den europäischen Konflikt hineingezogen werden. Bedachtsame Zurückhaltung und Augenmaß für die Machtmöglichkeiten des eigenen Landes bestimmten sein außenpolitisches Vorgehen.

Die öffentliche Meinung war in den USA nach dem Eintritt Englands in den Koalitionskrieg im Februar 1793 tief gespalten, was ihre Stellung zum Krieg in Europa betraf. Die Föderalisten, mit ihrer Mehrheit im Senat, waren in ihrer Haltung eher probritisch, die Republikaner dagegen frankophil. In dieser Situation, in der es auf eine Definition der außenpolitischen Haltung zu Revolution und Revolutionskrieg in Europa ankam, verkündete Washington am 22. April 1793 in einer offiziellen Erklärung die Neutralität der Vereinigten Staaten, d. h. einen »freundschaftlichen und unparteiischen Kurs« gegenüber den Krieg führenden Staaten in Europa, um, wie er später erläuterte, »Zeit für unser Land zu gewinnen, seine noch neuen Einrichtungen zu befestigen und auszugestalten«.[6]

Ein Jahr später, im Juni 1794, bekräftigte der Kongress mit dem Neutralitätsgesetz diesen Kurs. Neutralitätserklärung und Neutralitätsgesetz markieren den Beginn des Isolationismus in der Außenpolitik der USA, den bis zum Ersten Weltkrieg vertretenen Grundsatz, sich im wohlverstandenen Eigeninteresse nicht in die Kriege, Konflikte und Militärkoalitionen Europas verwickeln zu lassen: Parallel zu dieser Entscheidung drängte auch das gespannte Verhältnis der USA zu Großbritannien den Präsidenten damals zu einer Regelung. Die USA beschwerten sich über die Aufrechterhaltung militärischer Vorposten und Garnisonen im Nordwesten durch das ehemalige Mutterland, über die auf den Meeren vorkommenden Übergriffe britischer Kriegsschiffe gegen amerikanische Seeleute, die zum Dienst in der britischen Flotte gezwungen wurden (»impressment«), und über Beschränkungen des amerikanischen Handels durch Großbritannien. In London verhandelte John Jay, der Chefrichter der USA, seit Mitte 1794 über diese Streitfragen. Er unterzeichnete im November 1794 den als »Jay's Treaty« bekannten Vertrag mit Großbritannien, der einen beiderseits annehmbaren Kompromiss vorsah, der allerdings einem beträchtlichen Teil der amerikanischen Öffentlichkeit als zu englandfreundlich erschien. Der Vertrag sah vor: die Räumung der britischen Posten und Garnisonen im Nordwest-Gebiet; einen für die USA günstigen Handelsvertrag sowie eine Grenz- und Schuldenregelung. Ungeklärt blieben die englischen Zwangsmaßnahmen gegen amerikanische Seeleute und die Haltung Großbritanniens in den Indianerkriegen. Dennoch war der Vertrag ein positiver Schritt. »Unstreitig gehört zu den wichtigsten Entscheidungen Washingtons, dass er sich trotz der feindlichen Reaktion breiter Schichten der Öffentlichkeit dazu entschloss, die Ratifizierung des Vertrages durchzusetzen.«[7] Nach langen Debatten im Kongress, während derer Washington seine unpopuläre Entscheidung hartnäckig verteidigte, konnte er den Vertrag schließlich im April 1796 in Kraft setzen. Wie die Neutralitätspolitik so sicherte auch der Jay-Vertrag für annähernd zwei Jahrzehnte den Frieden nach außen.

Gegen Ende seiner zweiten Amtszeit fasste Washington den Entschluss, sich in den »ehrenvollen Ruhestand« zurückzuziehen, d. h. nicht ein drittes Mal für das Präsidentenamt zu kandidieren. Verschiedene Gründe ließen ihn diesen für seine Nachfolger richtungweisenden Entschluss treffen, vor allem das Gefühl, seine Pflicht gegenüber dem Land in den acht Jahren seiner Regierung erfüllt zu haben, aber auch die Abneigung, sich »länger in öffentlichen Druckschriften von einem Haufen infamer Skribenten angreifen zu lassen«.[8]

Mit dieser staatsmännischen Entscheidung schuf Washington eine politische Tradition in den USA, die die Regierungsjahre des Präsidenten auf zwei Amtszeiten begrenzte, eine stillschweigende Regel, die wesentlich und positiv die politische Kultur in den Vereinigten Staaten mitgeprägt hat. Am 17. September 1796 formulierte Washington dann in seiner berühmten Abschiedsbotschaft (Farewell Address) sein politisches Vermächtnis. Diese Botschaft, an deren Ausarbeitung Hamilton maßgeblich mitgewirkt hatte, ist eines der herausragenden Zeugnisse des aufgeklärten politischen Denkens in jenem an bleibenden politischen Bekundungen reichen Zeitalter der Amerikanischen und Französischen Revolution. Die Abschiedsbotschaft spiegelt den moderaten republikanischen Standpunkt Washingtons eindrucksvoll wider. Eindringlich beschwor er die Amerikaner, an der Einheit der Union festzuhalten und parteipolitischen, sektoralen und lokalen Interessen und Motiven keinen dominierenden Rang im politischen Leben des Landes einzuräumen. Washington warnte vor Gefahren des Machtmissbrauchs durch die Regierung und bekannte sich zur Gewaltentrennung und zu einer wirksamen öffentlichen Regierungskontrolle. In Religion und Moral sah der scheidende Präsident die festesten Stützen der Menschen- und Bürgerpflichten. Für die künftigen Beziehungen der USA nach außen rief Washington zu Frieden und Einklang mit allen Ländern, zu Redlichkeit, Besonnenheit und Vorurteilslosigkeit auf. Da Europa wesentlich andere Interessen als die USA hätte, sollte man einen eigenen Weg gehen. Washington prägte den für den außenpolitischen Isolationismus leitmotivischen Satz: »Die richtige Politik für uns ist, an dauernden Bündnissen mit irgendeinem Teil der übrigen Welt glücklich vorbeizukommen.«[9] Im Ganzen lief das Vermächtnis Washingtons darauf hinaus, den inneren und äußeren Frieden als wichtigstes Gut zu wahren und zu sichern. Mit dem Regierungsantritt des zweiten Präsidenten der USA, John Adams, wechselte Washington am 4. März 1797 noch einmal ins Privatleben und zog sich auf sein Landgut Mount Vernon zurück. Ohne direkt in die Politik einzugreifen, verfolgte er weiter aufmerksam die Entwicklung seines Landes. Im Juli 1798 ernannte ihn Präsident Adams angesichts der Spannungen mit Frankreich wiederum zum Oberbefehlshaber der Armeen der Vereinigten Staaten. Washingtons militärische Dienste wurden dann aber doch nicht mehr in Anspruch genommen, da die Krise im Verhältnis zu Frankreich friedlich ausging.

Am 14. Dezember 1799 verstarb Washington in Mount Vernon, 67 Jahre alt. Sein Grundbesitz hatte inzwischen einen Wert von über 500.000 $ erreicht, die Gesamtzahl seiner Sklaven, für deren Freilassung nach seinem bzw. seiner Frau Tod er noch in seinem Testament gesorgt hatte, betrug nun mehr als 300.

Washington war im persönlichen Umgang eher verschlossen und reserviert, doch war er kein lebensfremder »Olympier«. Er trank Wein, spielte Billard und schlug auch kein Kartenspiel aus, wenn es um kleinere Summen ging. Noch im Alter griff er selbst mit zu, wenn Not am Mann war oder wenn es galt, bei einem Brand im benachbarten Alexandria die Feuerspritze zu bedienen.

Washington war kein Volkspräsident wie nach ihm etwa Jackson oder Lincoln. Sein Stolz, seine von manchen Beobachtern empfundene Kälte, seine Humorlosigkeit und die auf die Wahrung eines zeremoniellen Abstandes bedachte Umgebung des Präsidenten, dies alles schuf eine gewisse Distanz zwischen Präsident und Volksbestrebungen. Damals und später stellten Kritiker gern die Ähnlichkeit mit dem Verhalten eines Monarchen heraus. Aber wenn dieser Vorwurf zutraf, dann war Washington ein konstitutioneller Monarch im positiven Sinn des Wortes. Sein Amt übte er als eine ungeliebte

Pflicht aus. Die Gewissenhaftigkeit, Pflichttreue, Redlichkeit und republikanische Gesinnung, in deren Geist er die Regierungsgeschäfte ausübte, lassen Washington einen besonderen Ehrenplatz in der Geschichte der Präsidenten der USA einnehmen. Sein Freund, General Henry Lee, fand in seiner Gedenkrede vor dem Kongress für den Verstorbenen die schönen Worte: »Der Erste im Krieg, der Erste im Frieden und der Erste im Herzen seiner Landsleute.«[10]

Thomas Jefferson würdigte Washington nach dessen Tod als einen außergewöhnlichen Staatsmann: »Seine Integrität war die reinste, seine Rechtsauffassung die unbedingteste, die ich je erlebt habe. Keine Motive des Interesses oder der Blutsverwandtschaft, von Freundschaft oder Hass waren fähig, seine Entscheidung zu beeinflussen. Er war in der Tat, in jeder Hinsicht der Worte, ein weiser, ein guter und ein großer Mann.«[11]

Die Historiker der Vereinigten Staaten stellten Washingtons Persönlichkeit und seiner Amtsführung als Präsident ein gutes Zeugnis aus. Bei Umfragen, die in den letzten Jahrzehnten wiederholt unter ihnen veranstaltet wurden und bei denen die »großen Präsidenten« zu nennen waren, rangierte Washington meist hinter Lincoln und vor F. D. Roosevelt auf dem zweiten Platz. Sein Vorbild blieb der Maßstab, an dem sich die Nachfolger zu messen hatten.

Anmerkungen

1 Mount Vernon. A Handbook, Mount Vernon, Virginia, 1985, S. 14.
2 Robert F. Jones, George Washington, Boston 1979, S. 75.
3 Michael de la Bedoyere, George Washington, Weimar 1950, S. 260.
4 Samuel E. Morison/Henry S. Commager, The Growth of the American Republic, Bd. 1, 3. Aufl., New York 1942, S. 351.
5 Ebenda.
6 A Compilation of the Messages and Papers of the Presidents, hg. v. James D. Richardson, Bd. 1, Washington 1897, S. 216.
7 Hans-Ulrich Wehler, Grundzüge der amerikanischen Außenpolitik, I: 1750–1900. Frankfurt/Main 1984, S. 63.
8 Bedoyere, Washington, S. 299.
9 Richardson, Compilation, S. 215.
10 Joseph Nathan Kane, Facts about the Presidents. A Compilation of Biographical and Historical Information, 4. Aufl., New York 1981, S. 16.
11 America. Great Crises in Our History Told by its Makers, Bd. IV, Chicago 1925, S. 263.

Bibliographische Hinweise

Eine Bibliographie in der Reihe »Bibliographies of the Presidents of the United States, 1789–1989« liegt vor:

George Washington: A Bibliography, hg. v. Eldo Alexander/William B. Allen, 2 Bde., London 1990.

Die Werke Washingtons sind erschienen:
The Writings of George Washington, hg. v. John C. Fitzpatrick, 39 Bde., Washington 1931–1944.
Eine Neuausgabe der »Papers of George Washington« erscheint seit 1983 in Charlottesville, Virginia, unterteilt in:
Colonial Series, Revolutionary War Series, Confederation Series, Presidential Series (bisher 9 Bde.) und Retirement Series.
Eine Chronologie, Dokumentation und Bibliographie erschien in der Reihe »Presidential Chronology Series«:
George Washington, 1732–1799, hg. v. Howard F. Bremer, Dobbs Ferry, New York, 1967.
Wichtige Biografien sind:
Douglas S. Freeman, George Washington: A Biography, 7 Bde., New York 1948–1957.
James T. Flexner, George Washington, 4 Bde., Boston 1965–1972.
John E. Ferling, The First of Men. A Life of George Washington, Knoxville, Tennessee, 1988.
Richard Brookhiser, Founding Father: Rediscovering George Washington, New York 1996.
Thomas S. Langston/Michael G. Sherman, George Washington, Washington, D.C. 2003 [American presidents reference series].
Neuerdings liegt vor:
Franz Herre, George Washington. Präsident an der Wiege einer Weltmacht, Stuttgart 1999.
Über die Präsidentschaft Washingtons informieren:
Forrest McDonald, The Presidency of George Washington, Lawrence, Kansas 1974. 3. Aufl. 1988.
George W. Nordham, The Age of Washington. George Washington's Presidency, 1789–1797, Chicago 1989.
Über die Nachwirkung Washingtons und seinen Nachruhm:
Barry Schwartz, George Washington. The Making of an American Symbol, New York/London 1987.

JOHN ADAMS

1735–1826

2. PRÄSIDENT DER USA 1797–1801

30. Oktober 1735	John Adams wird in Braintree (heute Quincy), Massachusetts, geboren.
1751–1755	Studium am Harvard College.
1755	Schullehrer in Worcester, Massachusetts.
1758	Nach einem Rechtsstudium arbeitet Adams als Anwalt in Suffolk County, Massachusetts.
1764	Heirat mit Abigail Smith (1744–1818).
1765–1770	Adams schreibt Artikel für die Boston Gazette.
1770–1771	Mitglied des General Court, des Abgeordnetenhauses von Massachusetts.
1774–1777	Mitglied des Kontinentalkongresses.
1778–1788	Diplomatischer Vertreter der USA in Frankreich, Holland und England.
1789–1797	Vizepräsident der USA.
1797–1801	Präsident der USA.
1791–1813	Ehrenpräsident der Amerikanischen Akademie der Künste und Wissenschaften.
4. Juli 1826	Adams stirbt im Alter von 90 Jahren in Quincy, Massachusetts; Beisetzung in der United First Parish Church in Quincy.

Herbst 1796: Die Amtszeit Washingtons ging zu Ende. Er verzichtete auf eine Wiederwahl und führte als Favoriten seinen Vizepräsidenten John Adams ins Feld. In einem erbitterten Wahlkampf siegte Adams mit einer Mehrheit von nur drei Stimmen gegen Thomas Jefferson.

Der zweite Präsident durfte mit keiner leichten Amtszeit rechnen. Die innenpolitische Kluft zwischen der republikanischen Opposition und den Föderalisten war tief, ein Krieg mit Frankreich drohte. Mit dem Auftreten und dem Aussehen eines selbstbewussten britischen Aristokraten war Adams in keiner Weise prädestiniert, sich als souveräner Führer über kleinlichen Parteienhader zu erheben und als ruhender Pol im politischen Streit zu vermitteln. Klein von Wuchs, dick und launisch, mied er jeden überflüssigen Kontakt zu seinen Zeitgenossen. Äußerlich wenig attraktiv, verrieten seine wachen Augen den ausgezeichneten Beobachter mit einem klaren Verstand.

John Adams wurde am 30. Oktober 1735 in Braintree (heute Quincy), Massachusetts, geboren. Seine aus England emigrierte Familie ließ sich um 1636 im Bostoner Raum nieder und integrierte sich in den damaligen Mittelstand. Sein Vater, John Adams (1691–1761), arbeitete anfänglich als Farmer und Schuhmacher, später diente er als Offizier. Im Oktober 1734 heiratete er Susanna Boylston (1699–1797). Aus dieser Ehe gingen drei Söhne hervor. John Adams und seine jüngeren Brüder Peter Boylston Adams und Elihu Adams wuchsen in einem einfachen, geistig regen, lesefreudigen Elternhaus auf. Erfolglos bemühten sich die Eltern, in ihrem ältesten Sohn die Liebe zur Literatur zu wecken. Mit zunehmender Freude an Sport und praktischer Tätigkeit wuchs zunächst seine Abneigung gegen Bücher. Sohn John träumte von einer Zukunft als Farmer. Letztlich musste er sich aber dem massiven Druck der Eltern beugen und das 1636 gegründete Harvard College besuchen. Die Jahre auf dem College prägten ihn entscheidend. Hier erweiterte er seinen geistigen Horizont und entfaltete sein rhetorisches Talent. Während des Studiums wuchs auch sein Interesse an den klassischen Geisteswissenschaften.

Nach Abschluss des Studiums am Harvard College im Jahr 1755 (Bachelor of Arts) nahm er in Worcester, unweit von Boston, eine Tätigkeit als Lehrer an einer Lateinschule auf. Nach der Verkündung der Unabhängigkeit, als allerorts die Denkmäler und Insignien Georg III. beseitigt wurden, schrieb Abigail Adams aus Boston an ihren Mann (21.7.1776): »So endet die königliche Autorität in diesem Staat und das ganze Volk sagt dazu Amen.«[1]

Die von den Eltern gewünschte Priesterlaufbahn widerstrebte dem jungen Adams. Immer stärker begannen ihn in Worcester die Rechtswissenschaften zu interessieren. Bedingt durch wirtschaftliche und politische Emanzipationsbestrebungen eines neuen Unternehmerstandes wuchs auch das Bedürfnis nach juristischer Absicherung des erworbenen Eigentums und damit das Ansehen der Rechtsanwälte. Durch anerkannte Gelehrte erhielt Adams Zugang zu einschlägiger Fachliteratur und las begeistert Werke von Bacon und Bolingbroke. 1756 nahm Adams ein zweijähriges Jurastudium auf. 1758 wurde er als Rechtsanwalt zugelassen.

Bald sah sich Adams in der Lage, an eine Familiengründung zu denken. Am 25. Oktober 1764 heiratete er die 20-jährige Abigail Smith (1744–1818), die zweite von drei Töchtern des Geistlichen William Smith aus Weymouth, Massachusetts. Abigail Adams trat aktiv im Kreise der Frauenrechtlerinnen zur Zeit des Unabhängigkeitskrieges auf und war eine vorzügliche Beobachterin der politischen Szene[1]. Auf die Karriere ihres Mannes, so bestätigen Zeitzeugen, übte sie in 54 Ehejahren nicht wenig Einfluss aus. 150 Jahre später meinte Präsident Harry S. Truman, dass sie wahrscheinlich einen besseren Präsidenten als ihr Mann abgegeben hätte.

Aus der Ehe gingen die fünf Kinder Abigail (1765–1813), John Quincy (1767–1848), Susanna (1768–1770), Charles (1770–1800) und Thomas B. (1772–1832) hervor. Der älteste Sohn, John Quincy, sollte später in die Fußstapfen seines Vaters treten und der sechste Präsident der USA werden. 1765 wurde in der Bostoner »Gazette« Adams erste bedeutende Artikelfolge veröffentlicht. Sie forderte eine ungestörte Entwicklung eigenständig-amerikanischer geistiger und parlamentarischer Traditionen und verband dies mit der Warnung an die Briten, Amerika nicht zu versklaven. In diesem Zusammenhang kritisierte er die pauschale Übernahme des englischen Lehnsrechtes in den Kolonien. Im gleichen Jahr versammelten sich in New York Vertreter aus Massachusetts und anderen Kolonien, um die Rechte der britischen Kolonien vorsichtig neu zu definieren. Auf dem »Stempelsteuer-Kongress« im Oktober 1765 wandten sich die 28 Abgeordneten der einzelnen Kolonien gegen die verschärften britischen Zoll- und Steuergesetze, insbesondere gegen den »Stamp Act«. Sie forderten für sich die gleichen Rechte, wie sie im Mutterland galten, und gaben die Losung aus: »Keine Steuer ohne parlamentarische Vertretung.«

Adams, der kurz zuvor als Anwalt am Obersten Gericht von Massachusetts zugelassen worden war, unterstützte die Bostoner Bürger im Streben nach einer Selbstbestimmung in der Steuerfrage. Bereits in jungen Jahren erwarb sich Adams den Ruf eines entschiedenen Opponenten der britischen Kolonialpolitik und eines entschlossenen

Anführers der »Whigs« (der um politischen Einfluss kämpfenden liberalen Opposition zur britischen Krone).

Mut bewies Adams bei der Verteidigung der am »Boston-Massaker« (1770) beteiligten britischen Soldaten um Captain Preston. 1774 engagierte er sich als Abgeordneter seiner Kolonie auf dem ersten und seit 1775 auf dem zweiten Kontinentalkongress, der nun die Unabhängigkeitsbewegung leitete. Unter den Kongressmitgliedern galt Adams als äußerst dickköpfiger und entschlossener Abgeordneter. Schon während des ersten Kontinentalkongresses forderte er die Schaffung eines Oberkommandos der entstehenden Kontinentalarmee. Historische Voraussicht zeigend, plädierte er für George Washington als Oberkommandierenden.

Entschieden verurteilte Adams proenglische Äußerungen in der Presse. Im Herbst 1774 veröffentlichte die »Massachusetts Gazette and Post-Boy« eine Artikelserie, in der englandtreue Argumente entwickelt wurden. Bald war ihr Einfluss auf die öffentliche Meinung zu spüren. Da keine Erwiderung dazu erschien, entschloss sich Adams, in der Bostoner »Gazette« seinen Anti-Tory-Standpunkt zu verkünden. In seinen mit »Novanglus« gezeichneten Artikeln unternahm er den Versuch, den Unterschied zwischen britischem Parlamentarismus in Amerika und Selbstregierung der Kolonien darzustellen. Hier äußerte er Gedanken, die später in den Dokumenten der Unabhängigkeitsbewegung ihren Niederschlag fanden.

Adams, ein Spezialist auch in militärischen Fragen, wurde vom zweiten Kongress mit der Führung des »Board of War« betraut. In diesem Amt, vergleichbar der Stellung eines Kriegsministers, war er von Juni 1776 bis November 1777 tätig. Verdienste erwarb er sich bei der Gründung der amerikanischen Marine und mit der Initiative zum Aufbau der Militärakademie von West Point. Die Gefechte bei Lexington, Concord und Bunker Hill verschärften die Spannungen mit England und die Bestrebungen nach einer Trennung vom Mutterland. Diese Forderung nahm nun in den Beratungen des zweiten Kontinentalkongresses eine zentrale Stellung ein. Wesentlichen Einfluss auf die Debatten hatte eine Flugschrift von Thomas Paine, »Common Sense«. Paine vertrat darin radikaldemokratische Anschauungen und forderte sowohl volle Unabhängigkeit von England als auch eine republikanische Regierungsform.

John Adams äußerte sich in seiner Streitschrift »Thoughts on Government« (1776) kritisch zu den Forderungen Paines und nannte sie »allzu demokratisch«. Adams sprach sich für eine republikanische Regierung, häufige Wahlen, eine Legislative aus Ober- und Unterhaus, eine Exekutive, die mit einem Vetorecht ausgestattet war, sowie eine strenge und unabhängige Gerichtsbarkeit aus. Die staatlichen Gewalten und Funktionen, so Adams, müssten sich im Gleichgewicht befinden. Er lehnte die Erblichkeit von Ämtern ab und wurde mit seinem Vorschlag der Ämtervergabe auf Zeit ein früher Verfechter des Rotationsprinzips.

In den Dokumenten, die den Unabhängigkeitsgedanken besiegelten, ist Adams Anteil deutlich sichtbar. Aus seiner Feder stammte die Resolution vom 10. Mai 1776, die allen Kolonien empfahl, souveräne Machtorgane aufzubauen. Aus einer hinzugefügten Präambel ging die Forderung hervor, jegliche vom Mutterland ausgehende Macht vollständig zu liquidieren. Adams maß dieser Ergänzung eine historische Bedeutung bei. Wegen seines vehementen Eintretens für die Trennung vom Mutterland erhielt Adams den Namen »Atlas der Unabhängigkeit«.

Konsequente Anhänger der Unabhängigkeit erreichten die Bildung einer speziellen Kommission, deren Aufgabe in der inhaltlichen und organisatorischen Vorbereitung der Unabhängigkeit bestand. Mitglieder dieser Kommission waren Adams, Thomas Jefferson, Benjamin Franklin, Roger Sherman, Robert Livingston. Damit hatte Adams auch Anteil an der Erarbeitung der Unabhängigkeitserklärung, wenngleich ihr wichtigster Autor Jefferson war.

Zur gleichen Zeit beschäftigten sich zwei weitere Kommissionen mit den »Konföderationsartikeln«, der ersten Verfassung der USA, sowie mit der Gestaltung der auswärtigen Angelegenheiten. Auch hier beteiligte sich Adams aktiv. Im Alter von 43 Jahren wurde er Diplomat. Von 1778 bis 1788 übernahm er verschiedene Aufgaben als Unterhändler in Frankreich, Holland und England. 1780, als Adams ein zweites Mal in Paris tätig wurde, erschien der Abschluss eines Friedensvertrages mit England noch unmöglich. Als Vertreter eines wirtschaftlich prosperierenden, souveränen Landes setzte sich Adams nun langfristig für gute Beziehungen mit England ein. Hierbei geriet er mit dem französischen Außenminister Comte de Vergennes in Konflikt, da dieser in Adams Haltung eine mögliche Stärkung Englands sah. Schließlich kam es am 30. November 1782 zur Vereinbarung der Präliminarbedingungen für einen Frieden zwischen den USA und England. Nach schwierigen Verhandlungen konnte die amerikanische Delegation mit Adams, Benjamin Franklin und John Jay am 3. September 1783 den Friedensvertrag mit England unterzeichnen, der den Unabhängigkeitskrieg beendete. Weitere diplomatische Ergebnisse erzielte Adams im Aushandeln von holländischen Anleihen. Mit Preußen brachte er ein Freundschafts- und Handelsabkommen zum Abschluss, und er war auch in diplomatischer Mission in St. Petersburg.

Von 1785 bis 1788 arbeitete Adams als erster amerikanischer Gesandter am Hof von St. James in London. 1787 entstand hier die Schrift »A Defence of the Constitutions of Government of the United States of America«. Nach seiner Auffassung von der Gewaltenteilung sollten Legislative, Exekutive und Judikative so ausgewogen sein, dass sie jeweils allein gegen die beiden anderen Gewalten bestehen könnten, um der Gefahr von Tyrannei durch einseitige Machtkonzentration vorzubeugen. Im Februar 1789 wurde er zum ersten Vizepräsidenten der USA gewählt. Das Wahlergebnis befriedigte ihn wenig. Das Amt des Vizepräsidenten, der wenig mehr als Vorsitzender des Senats war, empfand Adams als »bedeutungslosestes Amt, das der Mensch jemals erdacht hat«.[2] Seine Amtszeit war hauptsächlich durch publizistische Aktivitäten ausgefüllt.

Zur Französischen Revolution nahm er – im Unterschied zu Jefferson oder Madison – eine eher kritische Haltung ein, einem unkontrollierten politischen Einfluss des Volkes stand er skeptisch gegenüber.

Aus den Präsidentschaftswahlen von 1796 ging Adams als Sieger über Jefferson hervor (71 : 68 Stimmen). Diese Wahl war die erste, die unter den Bedingungen entstehender Parteiengruppierungen stattfand. Jefferson übernahm das Amt des Vizepräsidenten unter Adams, obwohl die Ansichten beider Politiker im Laufe der Jahre immer stärker auseinander gingen.

Der neue Präsident Adams versuchte mit allen Mitteln, der in Folge des Jay-Vertrages mit Großbritannien eingetretenen Verschlechterung der Beziehungen zu Frankreich entgegenzuwirken und einen militärischen Konflikt zu verhindern. Die Lage war ernst. Die französische Marine brachte 1796 amerikanische Handelsschiffe auf, und das Direktorium weigerte sich, den neuen amerikanischen Gesandten in Frankreich, Charles Pinckney, zu empfangen. Das Verhältnis zu Frankreich verschlechterte sich merklich.

In seiner Antrittsrede am 4. März 1797 vor dem Kongress räumte Präsident Adams deshalb dem Verhältnis zu Frankreich einen besonderen Platz ein. Diese Haltung führte zu Differenzen innerhalb der Föderalisten. Ein Teil ihrer führenden Politiker, so Staatssekretär Timothy Pickering, Finanzminister Oliver Wolcott und Alexander Hamilton, plädierte für eine Kriegserklärung an Frankreich. Adams dagegen sprach sich für eine diplomatische und vertragliche Regulierung der Beziehungen aus.

Im Oktober 1797 nahm eine dreiköpfige amerikanische Delegation (Elbridge Gerry, Charles Pinckney, John Marshall) die Verhandlungen mit dem französischen Außenminister Talleyrand auf. Dessen Agenten (in den Depeschen der Delegation XYZ genannt) stellten folgende Bedingungen: Für die Normalisierung der Beziehungen müsse Frankreich von den USA eine 10-Millionen-Dollar-Anleihe erhalten, außerdem erwarteten die Mitglieder des Direktoriums eine »persönliche Zuwendung« von 240.000 $.

Die Amerikaner lehnten ein solches »Angebot« mit dem Hinweis auf die Neutralität ihres Landes ab. Im Januar 1798 erhoben die Vereinigten Staaten erneut Einspruch gegen das ungesetzliche Aufbringen ihrer Handelsschiffe. Im Gegenzug antwortete Talleyrand im März mit der Beschlagnahmung aller neutralen Schiffe mit englischen Waren an Bord. Marshall und Pinckney verließen daraufhin das Land. Nur Gerry blieb als Verhandlungsführer zurück. Die »XYZ-Affäre« erregte in den USA Wogen des Protests. Selbst den Republikanern, die Freundschaft mit Frankreich anstrebten, wurde danach zeitweise der Boden entzogen. Die in der Regierung vertretenen Föderalisten nahmen Kurs auf die Kriegsvorbereitung. Von März bis Juli 1798 verabschiedete der Kongress 20 Anweisungen zur Vorbereitung der nationalen Verteidigung. Die früheren Verträge mit Frankreich wurden annulliert. Im April wurden von Adams die Berichte über die »XYZ-Affäre« veröffentlicht. Des Weiteren gab Adams die Werbung von 10.000 Freiwilligen für die nächsten drei Jahre bekannt. Zum Kommandierenden der Streitkräfte wurde Washington und zu dessen Stellvertreter Hamilton berufen. Weitere Maßnahmen waren die Verstärkung der Küstenbefestigung sowie das Anlegen von Munitionsvorräten. Ende 1798 besaß die amerikanische Flotte 14 Kriegs- und acht mit Kanonen bestückte Handelsschiffe für den Krieg mit Frankreich.

Unter den Bedingungen des drohenden Krieges erließ die Adams-Administration repressive innenpolitische Maßnahmen. Der Kongress verabschiedete im Juni und Juli 1798 (paradoxerweise am 4. Juli, dem 22. Jahrestag der Unabhängigkeitserklärung) die »Fremden- und Aufruhrgesetze« (Alien and Sedition Acts). Die Fremdengesetze erschwerten für Einwanderer die Einbürgerung und erlaubten die Deportierung »gefährlicher« Immigranten. Das Aufruhrgesetz schränkte zeitweilig die demokratischen Rechte in den USA erheblich ein, wurde gegenüber 25 Personen angewandt und führte zu zehn Verurteilungen. In der Folge wurde eine Bewegung zur Aufhebung der repressiven Gesetzgebung ausgelöst.

Föderalisten um Hamilton und Pickering verstärkten den Druck auf die Adams-Regierung, forderten die Erhöhung der Militärausgaben und die Einrichtung einer ständigen Armee. Alle diese Maßnahmen schürten eine Kriegshysterie, sollten aber wohl auch zur Festigung der Föderalisten beitragen. Diese und andere Fakten bewirkten bei John Adams ein Nachdenken über seine Situation und die des Landes und führten ihn zu der Einsicht, dass die Kriegsvorbereitungen zu große Gefahren in sich bargen. Daher entschloss er sich zu Veränderungen in der Außenpolitik.

Im Herbst 1798 unternahm Talleyrand Versuche, die Verhandlungen mit den USA wieder zu beleben. Adams bewahrte in dieser komplizierten Situation kühlen Kopf und setzte sich gegen hartnäckigen Widerstand aus den eigenen Reihen für eine friedliche Konfliktlösung ein. Nach heftigen Kontroversen folgte der Kongress Adams Empfehlungen. Aus der Regierung wurden im Ergebnis dieser Auseinandersetzungen Pickering und der Kriegsminister McHenry entlassen. Am 30. September 1800 konnte die Vereinbarung mit Frankreich über das »Einstellen feindlicher Handlungen« unterzeichnet werden. »Adams vermied seinem Land auf diese Weise einen offenen Krieg und normalisierte die Beziehungen zum bewährten Freund, was wohl als die größte Leistung seiner Präsidentschaft zu bezeichnen ist.«[3]

Während in früheren Jahren zwischen Adams und Hamilton ein freundschaftliches Verhältnis geherrscht hatte, schlug dies seit Adams' Streben nach Frieden mit Frankreich in ein von Misstrauen und Hass geprägtes Verhältnis um. Resultat dieses Meinungswandels war Hamiltons »Letter Concerning the Public Conduct and Character of John Adams, Esquire« vom 24. Oktober 1800. Hamilton kritisierte darin vor allem den Regierungsstil von Adams, der im Gegensatz zu Washington den Rat seiner Minister nicht suchen und hören würde.[4] Die Verbreitung dieser Schrift hatte neben politischen Wirkungen der »Alien and Sedition Acts« wesentlichen Anteil am Schwinden von Adams' Ansehen.

Initiativen zur Rettung der Föderalisten, wie die Ernennung von John Marshall zum Chefrichter am Obersten Gericht der USA oder der Ausbau des Rechtssystems mit dem »Judiciary Act« (27. Februar 1801) sowie die überstürzte Ernennung von 16 Richtern durch den Präsidenten, konnten den Niedergang der Föderalisten nicht mehr aufhalten. Die Demokraten-Republikaner um Jefferson traten für die Erweiterung der Rechte der Staaten sowie für die Auflösung von Armee und Flotte ein und erwarben sich dadurch Sympathien. Dies hatte zur Folge, dass außer im Justizbereich die Republikaner nun die Kontrolle über die Regierung erlangten.

Heftig umstritten war der autokratische Führungsstil Adams'. Dieser resultierte aus der Vorstellung von einer Republik mit einem streng hierarchischen System. Im Gegensatz zu Jefferson, der im Volk eine Gesamtheit Gleichberechtigter sah, in der jeder Einzelne das gleiche Recht auf »Streben nach Glück« besitzt, sah Adams im Volk einen dämonischen Pöbel, den es galt vor sich selbst zu schützen. Selbst aus dem einfachen Volk stammend, charakterisierte er, im Unterschied zu den radikalen Aufklärern der Französischen Revolution und ihrer These von der natürlichen Gleichheit aller Menschen, den Menschen als selbstsüchtiges, habgieriges, eitles Wesen. Leidenschaften und Begierden, so Adams, bedingten eine strenge Ordnung und Regierung. In der konsequenten, ausbalancierten Gewaltenteilung sah er die Garantie dafür, einseitige Machtansprüche zu verhindern. Ausgehend von einem naturrechtlichen, christlichen Menschenbild plädierte er für ein »balanced government«, das die Volkssouveränität in dessen Interesse einschränkt, Machtanhäufung verhindert und damit jeglicher Form von Diktatur vorbeugt. Während Adams Vorstellungen über eine naturrechtlich begründete »aristokratische Demokratie« entwickelte, schloss Jefferson in sein breiteres Demokratieverständnis auch die weniger privilegierten Farmer mit ein.

Bei den Wahlen im April 1800 zur Gesetzgebenden Versammlung in New York erlangten die Republikaner die Stimmenmehrheit. Zu den Präsidentschaftswahlen des Jahres 1800 traten von ihnen Jefferson und Aaron Burr (aus New York) und von den Föderalisten Adams und Charles Pinckney (General und Diplomat aus South Carolina) an. Die Föderalisten spalteten sich endgültig. Dies bedeutete zugleich auch das Ende des föderalistischen Systems. Jefferson und Burr erreichten beide je 73 Wahlmännerstimmen, Adams 65 und Pinckney 64. Entsprechend der festgelegten Prozedur bei Stimmengleichheit der Präsidentschaftskandidaten war nun der Beschluss des Repräsentantenhauses entscheidend, das sich schließlich für Jefferson aussprach. Mit diesem Ergebnis war die Dominanz der Föderalisten beendet. Die Regierungsmacht ging erstmals in der Geschichte der USA von einer Partei zur anderen.

Als eine Ursache des Zusammenbruchs des föderalistischen Systems kann die Tatsache gewertet werden, dass Präsident Adams doch recht eigenmächtig die Versöhnung mit Frankreich gesucht hatte und es nicht verstand, die in seinen Händen konzentrierte Macht als Instrument der Demokratie zu nutzen.

Die Föderalisten strebten nach Durchsetzung einer Gesellschaft unter Führung der wohlhabenden Eliten des Landes. Dieses Ziel suchten sie während ihrer Herrschaft durch die Verabschiedung einer föderalen Verfassung und mit der Schaffung neuer Regierungsorgane zu erreichen. Zur Verwirklichung ihrer Ziele stützten sie sich wesentlich auf die Schichten des Unternehmertums, besonders in den Neuenglandstaaten. In der Zeit, in der die Föderalisten an der Macht waren, gingen sowohl im Politik- als auch im Parteienbereich Veränderungen vor sich, die noch lange auf das öffentliche Bewusstsein wirken sollten. Wichtig waren die Entstehung der Parteien und die Herausbildung des Wirkungsmechanismus von Regierungs- und Oppositionspartei.

Am 4. März 1801, als Jefferson ins Amt eingeführt wurde, verzichtete Adams darauf, den Feierlichkeiten beizuwohnen. Er verließ Washington am frühen Morgen und kehrte nach Quincy zurück. Auch nach Beendigung seiner Präsidentschaft nahm Adams weiter Anteil am öffentlichen Leben. Jetzt, da ihm wesentlich mehr Zeit für publizistische Arbeit zur Verfügung stand, nutzte er diese für autobiografische Skizzen, die er ab 1802 niederschrieb.

Bis 1813 stand Adams als Ehrenpräsident der »American Academy for Arts and Science« vor, deren Gründung er im Jahr 1780 wesentlich gefördert hatte. 1820 wurde er noch einmal zum Mitglied der zweiten Verfassunggebenden Versammlung von Massachusetts gewählt.

Im hohen Alter führte Adams eine bemerkenswerte Korrespondenz, so auch mit seinem früheren Widersacher Thomas Jefferson, mit dem er sich im Jahr 1812 wieder ausgesöhnt hatte.

John Adams beobachtete und beriet weiterhin die politische Karriere seines Sohnes John Quincy. Den Wahlkampf, in dem sich dieser als Präsidentschaftskandidat stellte, und dessen Amtseinführung als Präsident im Jahr 1825 erlebte John Adams noch, ehe er am 4. Juli 1826, am 50. Jahrestag der Unterzeichnung der Unabhängigkeitserklärung, starb. Er erfuhr nicht mehr vom Ableben seines Mitstreiters Jefferson, der nur wenige Stunden vor ihm in Monticello gestorben war. Adams, der mit über 90 Jahren das höchste Alter eines ehemaligen Präsidenten erreichte, fand in der United Parish Church zu Quincy seine letzte Ruhestätte.

John Adams konnte auf ein arbeitsames Leben zurückschauen. Geblieben sind nicht nur Porträts in der Galerie von Staatsmännern in Monticello oder im Independence National Historical Park in Philadelphia, sondern ein umfangreiches Schriftenmaterial, das von seinen Aktivitäten und Anschauungen zeugt. In der Literatur wird er oft schlechter behandelt, als er es wahrscheinlich verdient. Auch wenn Adams als kontaktarmer, behäbiger, arrogant-launischer Zeitgenosse galt, verfügte er doch über außergewöhnliche geistige und diplomatische Fähigkeiten. Obwohl er sich nie sonderlich um Amt und Würden bemühte und das Leben eines einfachen Farmers, Familienvaters und Schriftstellers bevorzugt hätte[5], erlangte er durch seine scharfe Beobachtungsgabe, einen klaren Verstand und seine politische Konsequenz historische Bedeutung. Herausragende Angelpunkte der frühen Geschichte der USA, wie die beiden Kontinentalkongresse, die Unabhängigkeitserklärung oder das Verhältnis zu Frankreich, wurden durch ihn mitgeprägt.

Anmerkungen

1 The Book of Abigail and John. Selected Letters of the Adams Family 1762–1784, hg. von L. H. Butterfield u. a., Cambridge, Mass. 1975.

2 Alfred Steinberg, The First Ten: The Founding Presidents and their Adrninistrations, New York 1967, S. 59.

3 Udo Sautter, Geschichte der Vereinigten Staaten von Amerika, 4. Aufl., Stuttgart 1991, S. 118.

4 Selected Writings and Speeches of Alexander Hamilton, hg. v. Morton J. Frisch, Washington/London 1985, S. 456ff.

5 Page Smith, John Adams, Bd. 2, Garden City 1962, S. 262.

Bibliographische Hinweise

Eine Bibliographie liegt jetzt vor:

John Adams. A Bibliography, comp. by John Ferling, Westport, Conn., 1994.

Aus dem umfangreichen Nachlass von John Adams seien genannt:

John Adams, Diary and Autobiography (The Papers of John Adams, Series 1, Diaries), 4 Bde., Cambridge, Massachusetts, 1961.

The Book of Abigail and John. Selected Letters of the Adams Family, 1762–1784, hg. v. Lyman Butterfield u. a., Cambridge, Massachusetts/London 1975.

The Political Writings of John Adams. Representative Selections, hg. v. George A. Peek, New York 1964.

Darstellungen über John Adams:

John E. Ferling, John Adams: A Life, Knoxville, Tennessee, 1992.

Edward Handler, America and Europe in the Political Thought of John Adams, Cambridge, Massachusetts, 1964.

John R. Howe, The Changing Political Thought of John Adams, Princeton, New Jersey, 1966.

Page Smith, John Adams, 2 Bde., Garden City, New York, 1962.

John Adams: A Biography in His Own Words, hg. v. James B. Peabody, New York 1973.

Über die Präsidentschaft informiert:
Ralph A. Brown, The Presidency of John Adams, Lawrence, Kansas, 1975.
Stephen G. Kurtz, The Presidency of John Adams. The Collapse of Federalism, 1795–1800, 1949.
Über die Adams-Familie:
Paul C. Nagel, Descent from Glory: Four Generations of the John Adams Family, New York 1983.
Eine Verkaufszahl von über einer Million Exemplare erreichte die neue Biografie:
David McCullough, John Adams, New York 2001.

THOMAS JEFFERSON

1743–1826

3. PRÄSIDENT DER USA 1801–1809

13. April 1743	Thomas Jefferson wird in Shadwell, Virginia, geboren.
1760–1767	Studium am College William and Mary in Williamsburg, Virginia.
1772	Heirat mit Martha Wayles Skelton (1748–1782).
1776	Jefferson verfasst im Auftrag des Kontinentalkongresses die Unabhängigkeitserklärung.
1779–1781	Jefferson amtiert als Gouverneur von Virginia.
1785–1789	Jefferson vertritt sein Land als Gesandter in Frankreich.
1790–1793	Staatssekretär im Kabinett Washingtons.
1797–1800	Vizepräsident der USA.
1801–1809	Präsident der USA.
1819	Jefferson begründet in Charlottesville die Universität von Virginia.
4. Juli 1826	Jefferson stirbt im Alter von 83 Jahren in Monticello.

Thomas Jefferson, der dritte Präsident der Vereinigten Staaten, war eine der vielseitigsten und gebildetsten Persönlichkeiten im amerikanischen Präsidentenamt. Als Politiker, Diplomat, Staatsmann und Theoretiker verkörperte er die humanistischen Bestrebungen des Aufklärungszeitalters. Als Schriftsteller, Erzieher und Universitätsgründer beeinflusste er nachhaltig das geistige und wissenschaftliche Leben seines Landes. Als Pflanzer und Farmer, Architekt und Erfinder war er praktisch tätig.

Jefferson wurde am 13. April 1743 in Shadwell, Virginia, nahe Charlottesville, geboren. Seine Eltern waren der Tabakpflanzer und Landvermesser Peter Jefferson und Jane Randolph Jefferson, die aus angesehener, vermögender virginischer Familie stammte.

1757 starb der Vater. Jefferson erbte dadurch 2750 Acres Land und 20 Sklaven. Das Umfeld der agrarisch geprägten Siedlungsgrenze in Virginia übte einen starken Einfluss auf den heranwachsenden Jefferson aus und bestimmte seine lebenslange Hochachtung für die Tätigkeit des Landwirts. »Diejenigen, die den Boden bearbeiten, sind das auserwählte Volk Gottes, sollte er denn ein auserwähltes Volk haben«, schrieb er 1785 in »Notes on the State of Virginia«[1], einer Natur- und Sozialgeschichte seiner Heimat. In dieser Meinung lagen auch Wurzeln seiner betont agrarischen Demokratieauffassung.

1760 begann Jefferson mit dem Studium am 1693 gegründeten College of William and Mary. Er widmete sich zunächst den klassischen Sprachen und der Philosophie, um danach noch fünf Jahre Jura zu studieren. Er war ein fleißiger Student, der 15 Stunden am Tag dem Studium einräumte. 1767 wurde er als Rechtsanwalt zugelassen und führte nun zunächst das Leben eines Pflanzers und Anwalts, dabei recht erfolgreich in beiden Berufen.

In diese Jugendjahre fiel 1769 der Baubeginn seines Landgutes Monticello, das nach Jeffersons Plänen ausgeführt und eingerichtet wurde. 1770 zog er in das noch unfertige Haus ein, das bis heute mit seiner Architektur, seinem Mobiliar und seinen praktischen Einrichtungen vom Einfallsreichtum seines Erbauers zeugt.

Damals wurde er auch Mitglied des Parlaments von Virginia. 1772 heiratete er Martha Wayles Skelton (1748–1782), eine junge Witwe, mit der er zehn glückliche Ehejahre erlebte. Aus der Ehe gingen sechs Kinder hervor, von denen allerdings nur zwei Töchter, Martha (1772–1836) und Mary (1778–1804), das Erwachsenenalter erreichten.

Martha sollte später ihrem Vater in den Präsidentschaftsjahren im Weißen Haus hilfreich zur Seite stehen.

1774 nahm Jefferson in einer Flugschrift erstmals öffentlich für die Sache der Amerikaner und gegen die britische Krone Stellung. Er bestritt dem König das Recht, in den amerikanischen Kolonien Steuern zu erheben, und erklärte, dass in jedem Staat die letzte Autorität beim Volk läge. Als ein Delegierter Virginias im zweiten Kontinentalkongress verfasste Jefferson 1776 die Unabhängigkeitserklärung, die Geburtsurkunde der Vereinigten Staaten. Ganz im Geiste der Aufklärung drückte Jefferson darin sein politisches Bekenntnis aus, »dass alle Menschen gleich erschaffen worden, dass sie von ihrem Schöpfer mit gewissen unveräußerlichen Rechten begabt worden, worunter sind Leben, Freyheit und das Bestreben nach Glückseligkeit«.[2]

In den folgenden Jahren (1776–1779) gehörte er zunächst dem Parlament Virginias an und brachte dort das beispielhafte Virginia Statut über Religionsfreiheit ein (1779). Seine demokratischen Grundsätze, Schutz der individuellen Bürgerrechte, Erweiterung des Wahlrechts, Pressefreiheit, Recht auf Bildung usw., prägten sich damals noch in weiteren Gesetzentwürfen aus.

Als Gouverneur Virginias zwischen 1779 und 1781 konnte er die teilweise Besetzung Virginias durch die britischen Truppen im noch andauernden Unabhängigkeitskrieg nicht abwenden. Das trug ihm damals den Vorwurf ein, er habe Virginia unzureichend militärisch verteidigt. Eine öffentliche Untersuchung bestätigte den Vorwurf nicht.

Auch in den folgenden Jahren war Jefferson nahezu rastlos im Dienst der Öffentlichkeit tätig. Im Kongress, dem er seit 1783 wieder angehörte, sorgte er für die Einführung des Dezimalsystems in der amerikanischen Währung und für die progressive und praktikable Regelung der Zukunft des Nordwest-Territoriums.

Für einige Jahre schließlich – am Vorabend und zu Beginn der Französischen Revolution – vertrat Jefferson sein Land als Gesandter in Frankreich. Er befriedigte dort sein Interesse für Architektur und Gartenbau und erlebte in Paris die Anfänge der Revolution mit, von seinen französischen Freunden während der Vorbereitung der Erklärung der Menschenrechte konsultiert. Jefferson gehörte wie Thomas Paine zu den entschiedenen Freunden der Französischen Revolution in Amerika. Für ihn waren Revolutionen ein notwendiges soziales Regulativ. »Ich glaube, dass ab und zu ein kleiner Aufstand sein Gutes hat, er ist in der Politik genauso nötig wie ein Gewitter in der Natur«[3], schrieb Jefferson 1787 seinem Freund Madison. Anders als Washington oder John Adams hielt Jefferson auch in der Zeit der Jakobinerherrschaft zur Revolution in Frankreich, deren Fortschreiten er für die Sache der Freiheit in der Welt hoch bewertete.

Im September 1789 ernannte ihn Präsident Washington zum »Secretary of State«. Jefferson übernahm das Amt im Februar 1790 und übte es bis Ende 1793, also nahezu vier Jahre hindurch, aus. Er war an der Formulierung der amerikanischen Neutralität gegenüber dem Revolutionskrieg in Europa beteiligt, geriet dann aber im Kabinett zunehmend in Gegensatz zu den Bestrebungen Hamiltons, des Finanzministers, zur weiteren Machtstärkung der Bundesexekutive. Jeffersons Staatsideal favorisierte ein Staatswesen, das sich auf die unumgänglich notwendigen Machtbefugnisse beschränkte. In jenen Jahren bildeten sich in den USA Anfänge eines Zweiparteiensystems heraus. Jeffersons »Demokraten-Republikaner« setzten sich für ein Mehr an Demokratie ein, für die Rechte der Einzelstaaten und für eine Finanzpolitik im Interesse der Farmer und Handwerker. Anders die »Föderalisten« um Hamilton, John Adams und John Jay, die eine starke Bundesexekutive und eine Finanzpolitik im Interesse von Industrie, Handel und Bankwesen befürworteten.

Meinungsverschiedenheiten mit Hamilton und Washington veranlassten Jefferson Ende 1793 zum Ausscheiden aus dem Kabinett. Nun zog er sich für einige Zeit aus dem politischen Leben zurück und widmete sich seinem Landbesitz in Monticello. Dort lebten und arbeiteten 1796 auf der Plantage von 5.000 Acres 110 schwarze Sklaven, für deren Lebensumstände Jefferson in patriarchalischer Weise sorgte. Wie Washington war er im Prinzip ein Gegner der Sklaverei, hielt aber eine individuelle Lösung des Problems nicht für möglich.

In den Präsidentschaftswahlen von 1796, in denen Jefferson gegen den bisherigen Vizepräsidenten John Adams antrat, unterlag er knapp (71 : 68 Stimmen) und wurde damit Vizepräsident. Dieses Amt bedeutete damals lediglich, dass er die Sitzungen des Senats zu leiten hatte. In den Wahlen von 1800 bewarb sich dann Jefferson erneut um das Präsidentenamt. Mitbewerber waren neben Jefferson der Republikaner Aaron Burr aus New York sowie die Föderalisten John Adams und Charles C. Pinckney. Nach einer scharf und persönlich geführten Wahlkampagne, in der es auch um die Fortsetzung oder den Abbruch der eher konservativen und restriktiven Innenpolitik von John Adams ging, erbrachten die Wahlen einen unentschiedenen Ausgang mit je 73 Stimmen für Jefferson und Burr, Adams erhielt nur 65 Stimmen. Das Repräsentantenhaus musste nun das letzte Wort sprechen. Es entschied sich mehrheitlich für Jefferson, nicht zuletzt gab die Meinung Hamiltons dabei den Ausschlag, der in Jefferson das kleinere Übel sah. So wurde Jefferson schließlich am 17. Februar 1801 im 36. Wahlgang vom Repräsentantenhaus zum Präsidenten, Burr zum Vizepräsidenten gewählt.

Jefferson war der erste Präsident, dessen Amtseinführung in Washington, D. C., der neuen Bundeshauptstadt, stattfand. In einer für den neuen Präsidenten charakteristischen, schlichten Weise begab sich Jefferson in der Mittagsstunde des 4. März 1801 von seinem Logierhaus zu Fuß zum Capitol, begleitet von einigen Bürgern und Kongressmitgliedern. Dort fand die Amtseinführung des dritten Präsidenten der USA durch den Chefrichter John Marshall statt. Jeffersons Inauguraladresse – einer der großen politischen Texte der amerikanischen Geschichte – erläuterte die Grundsätze, von denen sich der neue Präsident leiten lassen wollte. Der vernünftige Wille der Mehrheit sei in allen Fällen zu befolgen, doch die Minderheit besäße ihre gleichen Rechte, die vom Recht geschützt werden müssten und deren Verletzung Unterdrückung bedeuten würde. Politische und religiöse Intoleranz müssten verbannt bleiben. Mit seinem berühmten Wort »Wir sind alle Republikaner, wir sind alle Föderalisten« appellierte er – wie vor ihm auch Washington in seiner Abschiedsbotschaft – an das gemeinsame Interesse aller Bürger an der einigen Union. Zugleich bemühte er sich, auch die föderalistisch eingestellten Wähler für seine Politik zu gewinnen.

Ebenso knüpfte er mit seinem außenpolitischen Programm an das Vermächtnis Washingtons an. Er formulierte mit klassischer Kürze: »Frieden, Handel und ehrenhafte Freundschaft mit allen Nationen, verpflichtende Bündnisse mit keiner.«[4] Diese Forderung Jeffersons ging in der Folgezeit in das isolationistische Glaubensbekenntnis der amerikanischen Außenpolitik ein, das für viele Jahrzehnte und bis in die Anfänge des Zweiten Weltkrieges hinein einflussreich blieb.

Das Supremat der zivilen über die militärischen Gewalten, Sparsamkeit in den Staatsausgaben und die Förderung der Landwirtschaft und des Handels als deren »Dienerin« waren weitere Grundsätze seiner Antrittsrede. Als Ganzes spiegelte sie Jeffersons demokratische Grundüberzeugung, sein Eintreten für ein »Reich der Freiheit«, höchst eindrucksvoll wider.

Jefferson bezeichnete später den Regierungswechsel von der föderalistischen Präsidentschaft John Adams' zu seiner eigenen republikanischen Administration als »Revolution of 1800«. Heute erblickt man die Bedeutung dieses Vorgangs vor allem in dem damit für die USA erstmals vollzogenen friedlichen, geordneten Übergang von der Machtausübung der einen Partei zur Regierung der bisherigen Opposition.

Jefferson knüpfte mit seiner Politik seit 1801 an den Geist von 1776, an die Ideen der Unabhängigkeitserklärung an und vollzog gegenüber der Präsidentschaft von John Adams wenn schon keine Revolution, so doch einen Kurswechsel hin zu einem neuerlichen und betonten Reformansatz. Die »Alien and Sedition Acts« der Adams-Zeit wurden nun zur praktischen Bedeutungslosigkeit verurteilt. Alle zehn Personen, die nach dem Gesetz verurteilt worden waren, wurden von Jefferson begnadigt. Die Alkoholsteuer, die unter Washington eingeführt worden war und damals die Whisky-Rebellion ausgelöst hatte, wurde aufgehoben. Ebenso ließ Jefferson mit dem »Judiciary Act« von 1802 das Justizgesetz der Adams-Administration von 1801 aufheben und neu fassen, um die von seinem Vorgänger erstrebte föderalistische Vorherrschaft im Gerichtswesen zu durchkreuzen. Die Militärausgaben wurden weiter reduziert, der Bestand der Armee auf 3350 Offiziere und Soldaten beschränkt. Selbst die Ausgaben für die Navy wurden der Sparpolitik entsprechend gekürzt.

Die wichtigsten Persönlichkeiten im Kabinett Jeffersons waren sein lebenslanger Verbündeter und Nachbar in Virginia James Madison, einer der Schöpfer der Verfassung von 1787, der die Geschäfte des Staatssekretärs übernahm, und der in der Schweiz geborene und in Pennsylvania lebende Republikaner Albert Gallatin, der als Finanzminister die Verschuldung der USA beträchtlich reduzieren konnte.

Die erste Amtszeit Jeffersons (1801–1805) gestaltete sich recht erfolgreich. Für die Politik des Präsidenten bestanden insofern günstige Bedingungen, als die Wirtschaft prosperierte, die USA im Frieden mit allen großen Mächten lebten und eine zeitweilige Pause in den napoleonischen Kriegen dem Handel zugute kam. Die Staatseinnahmen übertrafen die Ausgaben, die persönlichen Einkommen waren hoch.

Das wichtigste Ergebnis der ersten Amtszeit war der spektakuläre Ankauf Louisianas, damals das Gebiet zwischen Mississippi und Felsengebirge. Napoleon hatte nach seinem Machtantritt 1799 Spanien gezwungen, Frankreich diese für den Aufbau eines nordamerikanischen Reiches wichtige Region abzutreten. Angesichts der Gefahr einer dauernden französischen Kontrolle des Mississippi beauftragte Jefferson den neuen Gesandten in Paris, Robert R. Livingston, der dann noch von James Monroe unterstützt wurde, derartige Absichten Napoleons in diplomatischen Verhandlungen möglichst zu durchkreuzen. Die Verhandlungen begannen im Januar 1803. In ihrem Ergebnis unterbreitete Talleyrand, der französische Außenminister, den amerikanischen Unterhändlern überraschend das Angebot, das ganze Gebiet von Frankreich zu kaufen, nicht zuletzt, weil Napoleon Geld für den neuerlichen Krieg gegen England benötigte. Jefferson stimmte sogleich trotz verfassungsrechtlicher Bedenken zu. Mit dem Vertrag über den Louisiana-Kauf vom 30. April 1803 übernahmen die Vereinigten Staaten für 15 Mio. $ ein riesiges Gebiet im Westen, mit dem die Fläche des Landes mit einem Schlag verdoppelt wurde.

Für die künftige Ausbreitung und Vergrößerung der USA – stets ein wichtiges Anliegen Jeffersons – war damit eine entscheidende Voraussetzung geschaffen.

Noch vor dem Kauf von Louisiana, im Januar 1803, hatte Jefferson im Kongress die Mittel für die Erkundung des fernen Nordwestens zwischen Mississippi-Missouri und dem Pazifischen Ozean, damals noch fremdes Territorium, beantragt. Die Leitung der Expedition, mit der zum ersten Mal die Verbindungswege ausgehend von St. Louis und über den Oberlauf des Missouri bis zur Mündung des Columbia River in den Pazifischen Ozean erforscht werden sollten, übertrug Jefferson seinem Privatsekretär Meriwether Lewis und dem ebenfalls aus Virginia stammenden William Clark. Die Lewis & Clark-Expedition startete im Mai 1804 in St. Louis. Sie erreichte im November/Dezember 1805 den Pazifischen Ozean in der Nähe der Mündung des Columbia River und kehrte im September 1806 mit einer Fülle von Erkenntnissen und Informationen über die natürlichen Verhältnisse des Nordwestens und die dort lebenden Indianer zurück. Neben ihrer wissenschaftlichen Bedeutung gab die Lewis & Clark-Expedition in Verbindung mit dem Kauf von Louisiana den Anstoß zum weiteren Vordringen amerikanischer Trapper, Händler und Siedler nach Nordwesten und begründete den späteren Anspruch der USA gegenüber England auf das Oregongebiet, gestützt auf das Recht der Entdeckung und Erkundung.

Gleich am Beginn seiner Regierung sah sich Jefferson vor eine außenpolitische Entscheidung gestellt. Schon seit langem hatten nordafrikanische Herrscher von Marokko bis Tripolis Schutzgelder für die Respektierung der amerikanischen Handelsschiffe beansprucht. Im Mai 1801 erhöhte nun der Pascha von Tripolis seine Forderungen und erklärte den Vereinigten Staaten den Krieg. Jefferson entsandte darauf – ohne den Kongress zu befragen – Kriegsschiffe ins Mittelmeer. Der Seekrieg gegen die – aus amerikanischer Sicht – Piraterie der nordafrikanischen Küstenstaaten zog sich mehrere Jahre hin und endete schließlich 1805 mit einem Vergleich, bei dem die USA weitere Tributzahlungen in Höhe von 60.000 $ an den Pascha von Tripolis leisteten, der Pascha aber auf seine weiter gehenden Forderungen verzichtete.

Die ersten Regierungsjahre demonstrierten die Absicht und das Vermögen Jeffersons, von den Befugnissen des Präsidenten entschieden Gebrauch zu machen und dabei die Verfassung sehr flexibel auszulegen. Der Präsident hatte damit im allgemeinen Erfolg, doch gab es 1803 eine gewichtige Entscheidung des Obersten Gerichts unter Chefrichter Marshall im Rechtsfall Marbury vs. Madison. In diesem Urteil beanspruchte das Oberste Gericht nunmehr, über die Verfassungsmäßigkeit von Gesetzen entscheiden und diese gegebenenfalls annullieren zu können. Damit wurde bis zu einem gewissen Grad das Gleichgewicht zwischen den drei Gewalten (Exekutive, Legislative, richterliche Gewalt) wiederhergestellt.

Jeffersons politischer Stil als Chef der Administration und als Parteiführer war eindrucksvoll. Zeremoniösen Pomp lehnte er durchaus ab. Besucher empfing er im Weißen Haus in legerer Kleidung, nicht selten in ausgetretenen Pantoffeln. Kongressangehörige und Diplomaten erschienen zu zwanglosen Dinnerpartys im Weißen Haus, bei denen jedes Protokoll abgeschafft war und jeder selbst für seinen Platz zu sorgen hatte.

Die dabei von Jefferson bewiesene Vorliebe für die französische Küche und erlesene Weine stammte wohl noch aus den Jahren seiner Gesandtschaft in Paris. Bei diesen Gelegenheiten erwies er sich als glänzender Gesprächspartner. Dagegen fehlte ihm die kräftige Stimme eines erfolgreichen Redners. Seine Kongressreden waren zwar meisterhaft formuliert, aber nur sehr schlecht zu verstehen. Daher war es kein Zufall, dass er dazu überging, die Jahresbotschaften an den Kongress nicht mehr persönlich vorzutragen, sondern verlesen zu lassen. Bei dieser Regel blieb es nun für über 100 Jahre. Erst Präsident Wilson ging wieder dazu über, die Reden im Kongress selbst vorzutragen.

Die ersten vier Jahre der Jefferson-Administration gehören – ähnlich wie diejenigen Washingtons – zu den erfolgreichsten der amerikanischen Geschichte. Entsprechend groß war die Popularität des Präsidenten, besonders in den mittleren, südlichen und westlichen Landesteilen. Bei den Wahlen von 1804 bestätigte sich diese Popularität. Neben Jefferson kandidierte diesmal George Clinton aus New York für das Amt des Vizepräsidenten. Für die Föderalisten bewarben sich Charles C. Pinckney, bekannt durch die »XYZ-Verhandlungen« in Frankreich, und der New Yorker Senator Rufus King. Sie warfen Jefferson den Louisiana-Kauf als nicht verfassungsgemäß vor und behaupteten, der Herr von Monticello lebe mit einer schwarzen Sklavin, Sally Hemings, zusammen, mit der er mehrere Kinder habe, eine Behauptung, die jüngst durch genetische Untersuchungen der Nachfahren der beiden Familien insofern bestätigt wurde, dass Jefferson der leibliche Vater von Sally Hemings jüngstem Sohn war. Jefferson selbst weigerte sich damals, der Behauptung entgegenzutreten, indem er äußerte, »der Mann, der die Wahrheit nicht fürchtet, hat nichts von Lügen zu befürchten«.[5]

Der Wahlsieg Jeffersons kam einem Erdrutsch gleich. 162 Wahlmänner stimmten für ihn und Clinton, nur 14 für Pinckney und King. Die föderalistische Partei war fast überall zur Bedeutungslosigkeit verurteilt.

Die neue Amtszeit Jeffersons begann am 4. März 1805. In seiner zweiten Inauguraladresse zog er die Bilanz der ersten vier Regierungsjahre. Er verwies auf die Abschaffung überflüssiger Ämter und nutzloser Ausgaben, auf den Verzicht auf Steuern und fragte stolz: »Welcher Farmer, welcher Handwerker, welcher Arbeiter sieht je einen Steuereinnehmer der Vereinigten Staaten?«[6] Die Rede atmete einen optimistischen Geist, hob die Bedeutung des Friedens für das Land hervor und stellte weitere interne Verbesserungen in Aussicht. In diese Richtung zielte dann zum Beispiel die Bewilligung von Mitteln für die Vermessung und den Bau der ersten Nationalstraße durch den Kongress (1806). Es handelte sich um die Cumberland Road, die von Cumberland in Maryland zunächst bis nach Wheeling am Ohio geführt wurde. Ohio war 1803 als 17. Staat in die Union aufgenommen worden. Die Cumberland Road wurde seit ihrem Baubeginn (1811) zu einer wichtigen Verbindung in den Mittleren Westen der USA.

Im März 1807 unterzeichnete Jefferson ein Gesetz, das die Einfuhr von Sklaven in die USA zum 1. Januar 1808 verbot. Jedoch nahm die Bedeutung der Sklaverei im Süden, auch in Verbindung mit dem Kauf von Louisiana, eher noch zu, und der Schmuggel von schwarzen Sklaven konnte nicht unterbunden werden.

Alles in allem ergaben sich in der zweiten Amtszeit (1805–1809) größere Schwierigkeiten für die Präsidentschaft. Die Verschärfung der napoleonischen Kriege seit 1805/06 hatte negative Auswirkungen auf den amerikanischen Handel und auf das wirtschaftliche Gedeihen der USA. Interne Querelen belasteten die Republikaner und zeitigten

Erscheinungen der Zerrissenheit. Die Verschwörung Aaron Burrs war lediglich ein Indiz dieser Erscheinungen. Der frühere Vizepräsident Burr, ein schillernder politischer Opportunist, hatte 1804 Alexander Hamilton im Duell getötet und damit seine politische Laufbahn selbst beendet. Er betrieb daraufhin insgeheim die Sezession von Louisiana, wohl um sich selbst an dessen Spitze zu setzen. 1807 wurde er auf Weisung Jeffersons verhaftet, vor Gericht gestellt, mangels aussagebereiter Belastungszeugen aber freigesprochen.

Zur alles überschattenden Entscheidung der zweiten Amtszeit wurde Jeffersons Embargogesetz, »eines der außergewöhnlichsten Gesetze in der Geschichte der amerikanischen Gesetzgebung«.[7]

Angesichts ständiger Verletzungen der amerikanischen Neutralität durch die beiden Krieg führenden, England und Frankreich, und um eine Verwicklung in den europäischen Krieg zu vermeiden, entschloss sich der Präsident – nach dem Fehlschlag diplomatischer Verhandlungen – im Dezember 1807, im Kongress ein totales Handelsembargo gesetzlich einzubringen. Damit war es amerikanischen Schiffen strikt verboten, fremde Häfen anzulaufen. Fremden Schiffen waren die amerikanischen Häfen verschlossen. Jeffersons Kalkulation, damit England und Frankreich »friedlich zu zwingen«, die Neutralität der USA zu respektieren, ging nicht auf. Das unpopuläre Embargogesetz legte vielmehr den amerikanischen Handel völlig lahm. Hunderte amerikanischer Schiffe lagen untätig in ihren Häfen, der Schiffbau stagnierte, Seeleute wurden arbeitslos, Farmer, Plantagenbesitzer, die Fischerei verloren ihre traditionellen europäischen Märkte. Das Embargogesetz wurde zu einem bedenklichen Misserfolg. Noch von Jefferson selbst wurde es kurz vor dem Ende der zweiten Amtszeit faktisch aufgehoben.

Im Vorfeld der Präsidentenwahlen von 1808 hatte Jefferson entschieden, darin dem Beispiel Washingtons folgend, sich kein drittes Mal um die Präsidentschaft zu bewerben. Er überließ es seinem Freund James Madison, sich als republikanischen Kandidaten aufstellen zu lassen. Trotz des Debakels der Embargopolitik bleibt das Gesamtbild der Jefferson-Präsidentschaft eindrucksvoll. Sie war eine Zeit innerer Fortschritte, des Baus von Kanälen und Straßen, der Gründung von Schulen, des Wachstums der Industrie, der Eröffnung neuer Banken, des Anwachsens der Bevölkerung. Amerikanische Historiker bewerten Jefferson ganz übereinstimmend als einen der »großen Präsidenten« nach Lincoln, Washington und F. D. Roosevelt.[8]

Nach der Amtseinführung von Madison, an der er noch teilnahm, kehrte Jefferson 1809 nach Monticello zurück. Drei Tage und Nächte war der 65-jährige bei Schnee und Wind im Sattel, bis er sein Heim erreichte. »Im Schoß meiner Familie und umgeben von meinen Büchern genieße ich eine Ruhe, die mir lange fremd war. Der Morgen ist meiner Korrespondenz gewidmet. Vom Frühstück bis zum Mittag bin ich in meinen Werkstätten, meinem Garten oder zu Pferde in meiner Farm; die Zeit vom Mittag bis zur Nacht widme ich der Gesellschaft und Erholung mit meinen Nachbarn und Freunden«[9], schrieb Jefferson, als er nach Monticello zurückgekehrt war. Erleichterung über das Ende der Staatspflichten spricht aus diesen Zeilen.

»Der Weise von Monticello« zog sich gänzlich aus dem politischen Leben zurück und verließ auch die vertraute Landschaft Virginias nicht mehr. Brieflich stand er mit den vorzüglichsten Geistern des Landes und der Zeit in Verbindung und wurde noch von zwei Präsidenten (Madison und Monroe) konsultiert. Erhebliche finanzielle Schwierigkeiten zwangen ihn 1814, seine Bibliothek mit über 6400 Büchern der gerade im Krieg zerstörten »Library of Congress« in Washington zu verkaufen. Damit legte er den Grundstock für die Erneuerung dieser bedeutenden amerikanischen Bibliothek.

Mit der Gründung der Universität von Virginia in Charlottesville (1819) setzte sich Jefferson an seinem Lebensabend ein weiteres bleibendes Denkmal. Die Anlage und Baulichkeiten (Rotunde) der Universität, die studentischen Unterkünfte und die demokratischen pädagogischen Grundsätze der neuen Universität waren Jeffersons Werk. Ein Jahr vor seinem Tod nahmen die ersten 123 Studenten dort ihr Studium auf.

Am 4. Juli 1826 – genau 50 Jahre nach der Unterzeichnung der Unabhängigkeitserklärung und am gleichen Tag wie John Adams – starb Jefferson, 83 Jahre alt, in Monticello.

Für sein dortiges Grabmal hatte er selbst noch die Inschrift bestimmt: »Hier ruht Thomas Jefferson, Autor der Unabhängigkeitserklärung, des Statuts von Virginia über religiöse Freiheit und der Vater der Universität von Virginia.«[10]

Anmerkungen

1 Thomas Jefferson, Notes on the State of Virginia, hg. v. William Peden, Chapel Hill, North Carolina, 1954, S. 164 f.

2 Die Amerikanische Revolution und die Verfassung 1754–1791, hg. v. Angela und Willi Paul Adams, München 1987, S. 214.

3 Ebenda, S. 315.

4 A Compilation of the Messages and Papers of the Presidents, hg. v. James D. Richardson, Bd. 1, Washington 1897, S. 311.

5 Paul F. Boiler, jr., Presidential Campaigns, New York/Oxford 1985, S. 19.

6 Compilation of the Messages, S. 367.

7 The American President. The Office and the Men, hg. v. Frank N. Magill/John L. Loos, Bd. 1, Pasadena, California/Englewood Cliffs, New Jersey, 1986, S. 76.

8 Bei Umfragen unter Historikern zwischen 1948 und 1982 rangierte Jefferson stets an vierter oder fünfter Stelle der »großen Präsidenten«.

9 Homer F. Cunningham, The President's Last Years. George Washington to Lyndon B. Johnson, Jefferson, North Carolina/London 1989, S. 17.

10 Joseph Nathan Kane, Facts about the Presidents, 4. Aufl., New York 1981, S. 32.

Bibliographische Hinweise

Sämtliche Schriften, Reden, Briefe Jeffersons erscheinen in der Ausgabe:

The Papers of Thomas Jefferson, hg. v. Julian P. Boyd, Bd. 1 ff., Princeton, New Jersey, 1950 ff. (bis Bd. 35 [bis 31.5.1800] erschienen).

Weiterhin nützlich:

The Writings of Thomas Jefferson, hg. v. Paul L. Ford, 12 Bde., New York 1892–1899.

Eine Bibliographie der Werke Jeffersons bietet:

Frank Shuffelton, Thomas Jefferson; a Comprehensive, Annotated Bibliography of Writings about Him (1826–1980), New York 1983.

Eine Chronologie, Dokumentation und Bibliographie erschien in der Reihe »Presidential Chronology Series«:

Thomas Jefferson, 1743–1826, hg. v. Arthur Bishop, Dobbs Ferry, New York, 1971.

Wichtige Biografien sind:

Dumas Malone, Jefferson and His Time, 6 Bde., Boston 1948–1981 (Präsidentschaft in Bd. 4 und 5).

Merrill D. Peterson, Thomas Jefferson and the New Nation. A Biography, New York 1970 (Neuaufl. 1987).

Die Präsidentschaft Jeffersons hat zum Gegenstand:

Forrest McDonald, The Presidency of Thomas Jefferson, Lawrence, Kansas, 1976.

Neueren Datums sind:

Norman K. Risjord, Thomas Jefferson, Madison, Wisc. 1994.

Joyce Appleby, Thomas Jefferson, New York 2003.

Thomas Jefferson. Historische Bedeutung und politische Aktualität. Zum 250. Geburtstag des »Weisen von Monticello«, hg. v. Hartmut Wasser, Paderborn 1995.

JAMES MADISON

1751–1836

4. PRÄSIDENT DER USA 1809–1817

16. März 1751	James Madison wird in Port Conway, Virginia, geboren.
1769–1772	Studium am College of New Jersey (heute: Princeton-Universität).
1776–1777, 1784–1786, 1799–1800	Abgeordneter im Virginia House of Delegates.
1780–1783	Mitglied im Kontinentalkongress.
1787	Im Verfassungskonvent von Philadelphia wird Madison der »Vater der Verfassung«, mit Hamilton und Jay verfasst er »The Federalist«.
1789–1797	Abgeordneter im US-Repräsentantenhaus.
1794	Heirat mit Dolley Payne Todd (1768–1849).
1801–1809	Staatssekretär im Kabinett Jeffersons.
1809–1817	Präsident der USA.
1826	Rektor der Universität von Virginia.
1829	Madison wirkt als Delegierter im Verfassungskonvent von Virginia mit.
28. Juni 1836	Madison stirbt im Alter von 85 Jahren in Montpelier, Orange County, Virginia.

James Madison, der lebenslange Freund von Jefferson, war ein herausragender politischer Denker, der über tiefe Einsichten in die Natur des Menschen, in soziale Zusammenhänge und das Funktionieren politischer Ordnungen verfügte. Sein Einfluss auf die frühe Geschichte der USA war bemerkenswert vielseitig und gewichtig. Madison, der, wie vor ihm Washington und Jefferson, nach ihm Monroe, aus Virginia stammte, wurde am 16. März 1751 in Port Conway, King George County, als ältestes von zwölf Kindern geboren. Sein Vater, James Madison, war ein vermögender Plantagenbesitzer, Friedensrichter und Kirchenältester. Seine Mutter, Nelly Rose Conway Madison, gehörte als Tochter eines Tabakpflanzers ebenfalls zur Oberschicht von Virginia.

Der junge Madison, von zarter Konstitution und anfälliger Gesundheit, verbrachte seine Jugend auf dem väterlichen Gut Montpelier in Orange County, Virginia. Auf dieses sein Erbe kehrte er auch später, in Pausen seiner politischen Tätigkeit und nach dem Ausscheiden aus dem Präsidentenamt, zurück, um dann hier das Leben eines Grundbesitzers zu führen.

Madison genoss eine ausgezeichnete Schulbildung und studierte danach an der heutigen Princeton-Universität Alte Sprachen, Philosophie und Geschichte. Nach seinem Examen 1771 schloss er daran noch ein halbes Jahr zum Studium des Hebräischen und der Theologie an. Danach rundete er seine Bildung durch ein Studium der Rechtswissenschaften ab.

Mit dem sich zu jener Zeit ankündigenden Unabhängigkeitskrieg wurde der junge Madison zur Stellungnahme herausgefordert und auf eine politische Laufbahn verwiesen. Seit 1774 findet man ihn in verschiedenen Vertretungskörperschaften des revolutionären Virginias, in denen er sich vor allem für die Freiheitsrechte der Bürger einsetzte und für religiöse Freiheit eintrat. Damals sprach er sich auch für die Sklavenbefreiung aus. Von dieser Zeit her rührte die enge Freundschaft zwischen Madison und Jefferson, die bis zum Tod des letzteren andauerte. Sie erwuchs aus der Übereinstimmung ihrer politischen Auffassungen und demokratischen Grundsätze.

Als Madison 1780 Delegierter des Kontinentalkongresses, des Parlaments der amerikanischen Revolution, wurde, war er mit 29 Jahren dessen jüngstes Mitglied. Er befürwortete damals bereits eine starke nationale Regierung und setzte sich für eine effektivere und besser finanzierte Ausrüstung der Kontinentalarmee Washingtons ein.

Madisons große Stunde schlug mit dem Verfassungskonvent von Philadelphia 1787, zu dessen aktivsten und genialsten Mitgliedern er zählte. Sein Staats- und Verfassungsdenken war besonders von Montesquieu und Locke beeinflusst. Eine starke nationale Exekutive, die ausgewogene Trennung der Gewalten und das System der »checks and balances«, der liberalen Kontrollmechanismen der Verfassung, lagen Madison vorrangig am Herzen. An oberster Stelle aber stand ihm beim Verfassungswerk die Sicherung der Freiheitsrechte. Sein Anteil am Gelingen des Verfassungskonvents trug ihm den Ehrennamen »Father of the Constitution« ein. Nach der Unterzeichnung der Verfassung schrieb er mit Alexander Hamilton und John Jay gemeinsam die »Federalist Papers«, den eindrucksvollen Kommentar der Verfassung, der bis heute als ihre beste Interpretation gilt und eine scharfsinnige Analyse der Vorzüge und Gefahren der repräsentativen Regierung bietet. Trotz der zeitweiligen Ideenübereinstimmung mit Hamilton und Jay war Madison kein »Föderalist«. Vielmehr begründete er zusammen mit Jefferson um 1789 und danach die Partei der »Anti-Föderalisten«, der Republikaner-Demokraten.

Wenn sein politisches Denken stets sowohl liberale als auch konservative Überzeugungen enthielt, so war er doch damals und später gemeinsam mit Jefferson ein Anwalt der demokratischen Rechte im Land. Als Abgeordneter des Repräsentantenhauses zwischen 1789 und 1797 war er maßgeblich an der Verabschiedung der »Bill of Rights«, der ersten zehn Zusatzartikel zur Verfassung, die die demokratischen Grundrechte verankerten, beteiligt. Später (1798) bekämpfte er mit Jefferson die fremdenfeindlichen und restriktiven »Alien and Sedition Acts« der Administration von John Adams und setzte ihre Annullierung in Virginia durch.

1794, bereits 43 Jahre alt, heiratete er die 26-jährige Dolley Payne Todd, eine junge Witwe. Die warmherzige, charmante und bezaubernd schöne Dolley Madison stand ihrem Mann mehr als 40 Jahre treu zur Seite. Sie wurde später in Washington zur viel bewunderten und beliebten First Lady. Die Ehe blieb kinderlos, der aus der ersten Ehe Dolley Madisons stammende Sohn wurde später mit seiner Verschwendungssucht eine Quelle ständiger Sorge des Ehepaares. Für Madison war die Ausstrahlungskraft seiner Gattin ein Zugewinn. Er selbst war klein und zart, ein eher scheuer Mensch mit einer leisen Stimme, die auch seine Reden im Kongress – wie dies bei Jefferson ebenfalls der Fall war – schwer verständlich machten.

Madison litt unter epileptischen Anfällen und kleidete sich meist schwarz. Seinen Einfluss auf andere Menschen übte er vor allem durch die Kraft und Klarheit seines Denkens aus.

1801 berief Jefferson seinen Freund Madison als Staatssekretär in sein Kabinett. Madison unterstützte den Ankauf Louisianas und stand hinter Jeffersons Embargopolitik. Unterstützt durch Jefferson konnte Madison im Januar 1808 gegen die Konkurrenz von James Monroe und George Clinton die Aufstellung als republikanischer Präsidentschaftskandidat erreichen. Sein föderalistischer Rivale war wie 1804 Charles C. Pinckney aus South Carolina.

Obgleich das ungeliebte Embargo im Wahlkampf gegen Madison ausgenutzt werden konnte, reichte die Popularität Jeffersons, um Madison den Wahlsieg zu sichern. 122 Wahlmänner stimmten für ihn, nur 47 Wahlmänner, zumeist aus der föderalistischen Hochburg Neuengland, gaben Pinckney ihre Stimme. Clinton wurde zum Vizepräsidenten gewählt.

Der neue Präsident, der am 4. März 1809 vereidigt wurde, hatte kein einfaches Erbe übernommen. Der scheidende Präsident hinterließ ihm »ein Bündel unlösbarer außenpolitischer Probleme, eine gespaltene Republikanische Partei, einen widerspenstigen Kongress und ein unloyales und intrigantes Kabinett«.[1]

Madison war sich der außergewöhnlichen internationalen Lage und der Fülle der inneren Schwierigkeiten durchaus bewusst. Er stellte sich den Aufgaben der Präsidentschaft als »strikter Konstruktionist«[2], d. h., er fühlte sich in seiner Politik der genauen Einhaltung und Auslegung der Verfassung verpflichtet. In seiner ersten Antrittsrede versprach er, »die Union der Staaten als Basis ihres Friedens und Glücks zu erhalten; die Verfassung, die den Kitt der Union bildet, zu verteidigen, und zwar ebenso in ihren Begrenzungen wie in ihren Vollmachten; die Rechte und Befugnisse der Staaten und des Volkes zu respektieren, so wie sie gleichermaßen Grundlage und Bestandteil für den Erfolg des allgemeinen Systems sind«.[3]

Sein Kabinett übernahm Madison zu einem Gutteil aus der vorausgegangenen zweiten Amtszeit Jeffersons. Robert Smith, der bisherige Flottenminister, wurde Staatssekretär. Es war eine unglückliche Wahl, da Smith, der seine Berufung Wünschen des Senats verdankte, für sein neues Amt kaum kompetent war. Er war nicht in der Lage, selbst eine diplomatische Note zu schreiben. Später (1811) wurde er durch James Monroe, den früheren Gesandten in Großbritannien, abgelöst. Albert Gallatin blieb bis 1814 Finanzminister und setzte seinen Sparkurs auch hinsichtlich der Militärausgaben fort. Die Richtungskämpfe innerhalb der Republikanischen Partei wirkten sich auf das Kabinett aus und führten wiederholt (1811, 1814) zu offenen Kabinettskrisen.

Das Hauptproblem der neuen Administration blieb der Konflikt mit England und dessen Kriegsgegner Frankreich über die maritimen Rechte der USA als neutraler Macht. Nach der Aufhebung des erfolglosen Embargos trat seit Frühjahr 1809 in der Regelung des amerikanischen Handels ein Schwebezustand ein, der mit seinem Kompromisscharakter zwischen Verbot und Erlaubnis, Handel zu treiben, keine Seite befriedigte. Die »war hawks«, die Kriegspartei, verlangte bereits den Krieg gegen England, nicht zuletzt, um Kanada von England und Florida von Spanien zu annektieren. Die Handelskreise Neuenglands dagegen wünschten aus kommerziellen Gründen Frieden und freien Handel mit allen Ländern.

Seit Sommer 1809 gelangte der Präsident »trotz seiner generellen Abneigung gegen den Krieg ... zu der Überzeugung, dass der Krieg unvermeidlich sei«.[4] In der Folgezeit bemühte sich seine Regierung mit geringem Erfolg um eine praktikable Lösung des Konflikts. Auf Initiative von Gallatin, der über den Rückgang der Zolleinnahmen besorgt war, brachte der Abgeordnete Macon im Mai 1810 ein Gesetz ein (Macon's Bill Nr. 2), das alle Handelsbeschränkungen aufhob, jedoch den Abbruch des Handels zu derjenigen Krieg führenden Macht in Europa androhte, die Neutralitätsrechte der USA verletzen sollte. Im November 1810 verbot dann Madison auf dieser Grundlage, auch in Fehlbeurteilung der Absichten Napoleons, wieder den Handel mit England.

Den annexionistischen Bestrebungen der Zeit machte Madison ein erstes Zugeständnis, als er die Forderung nach Eingliederung Spanisch-Westfloridas wenigstens teilweise erfüllte und im Oktober 1810 das Gebiet zwischen New Orleans und dem Perdido River zum Bestandteil der Vereinigten Staaten erklärte. Der Kongress sprach sich im Januar 1811 in geheimer Resolution auch für die Annexion Ostfloridas aus.

Seit 1809 versuchte der Häuptling der Shawnee-Indianer, Tecumseh, ein defensives Bündnis der Indianerstämme nördlich des Ohio aufzustellen, um der weiteren Vertreibung der Indianer Widerstand entgegenzusetzen. Zwei Jahre später, im November 1811, konnte der Gouverneur des Indiana-Territoriums, General William Henry Harrison, in der Schlacht von Tippecanoe einen Teilerfolg erzwingen, mit dem die Kriegspartei in Washington ermutigt wurde. Unterstützten doch die Briten von Kanada aus, wie die Amerikaner meinten, die indianischen Stämme hinter Tecumseh. Madison – im Allgemeinen humanistisch eingestellt – teilte die damaligen Vorstellungen des weißen Amerika von den unbelehrbaren »Wilden« und brachte für die Beschwerden der Indianer nur geringes Verständnis auf.

Mit dem Jahr 1812 erhielten die Befürworter des Krieges mit England endgültig die Oberhand in Washington. Ursachen des bevorstehenden Krieges waren amerikanischerseits: die Verletzung der Neutralitätsrechte und häufige britische Übergriffe gegen amerikanische Seeleute (impressment) und den amerikanischen Handel; der heftige Wunsch nach der Annexion Floridas und Kanadas; das Streben nach der Beseitigung einer durch England ermutigten indianischen Herausforderung; der Nationalismus der Zeit, der eine friedliche Beilegung des Streits verhinderte, und die Sorge über eine fortdauernde wirtschaftliche Depression. Der Wunsch nach Krieg war besonders im Westen und Süden der USA verbreitet. Von dort kamen auch junge und einflussreiche Politiker, wie Henry Clay aus Kentucky und John C. Calhoun aus South Carolina, die im Kongress Stimmung machten. Ihrem Einfluss konnte sich die Madison-Regierung je länger, desto weniger entziehen.

Am 1. Juni 1812 forderte Madison im Kongress die Kriegserklärung gegen England. Zur Rechtfertigung ging er hauptsächlich auf die ständigen Neutralitätsverletzungen Englands ein, auf die Schädigung des amerikanischen Friedens und Handels durch die britische Flotte, auf die englische Blockade fast aller europäischer Häfen. Der Kongress stimmte am 18. Juni 1812 der Kriegserklärung zu, und zwar im Repräsentantenhaus mit 79 : 49 Stimmen, im Senat mit 19 : 13 Stimmen.

Deutlich zeigte sich auch bei der Abstimmung, dass eine beträchtliche Minderheit den Krieg ablehnte. Sie kam vor allem aus den Neuenglandstaaten und von der mittleren Atlantikküste (New York, New Jersey und Delaware). Für die Föderalisten, die den Krieg mehrheitlich ablehnten, war es »Mr. Madison's war«.

Der Krieg von 1812 bis 1814, unzureichend vorbereitet, schlecht geführt und gegen einen aus den napoleonischen Kriegen erfahrenen Gegner begonnen, verlief großteils wenig glücklich für die amerikanische Seite. Der Plan Madisons, Kanada militärisch zu erobern, scheiterte kläglich. An der Nordfront, von Detroit bis zu den Niagarafällen, zeigten sich die britischen Truppen, von Kanada aus operierend, längere Zeit überlegen. Die von der englischen Flotte Ende 1812 verhängte Seeblockade über die Chesapeake und Delaware Bay schnitt die amerikanische Mittelatlantikküste wirksam vom Seehandel ab.

Im Dezember 1812 wurde Madison zum zweiten Mal zum Präsidenten gewählt. Er bekam 128 Wahlmännerstimmen, sein Gegner, der New Yorker Bürgermeister DeWitt Clinton, halb gegen den Krieg, halb für eine erfolgreichere Kriegführung agierend, errang nur 89 Stimmen. In seiner zweiten Inauguraladresse (4. März 1813) stellte Madison die Souveränität des Landes und die Sicherheit seiner Bürger als Kriegsziel besonders heraus.[5]

Im Herbst 1813 konnten die Amerikaner an der Nordwestfront durch Captain Perry und General Harrison Teilerfolge verbuchen. Doch Ende 1813 ging im Norden das Fort Niagara verloren, und Buffalo wurde von den Briten in Brand gesteckt. Im August 1814 besetzten die Briten vorübergehend die Hauptstadt Washington und brannten das Kapitol, das Weiße Haus und fast alle Regierungsgebäude nieder.

Madison, sein Stab und einige Kabinettsmitglieder konnten zu Pferde entkommen. In der allgemeinen Panik rettete die couragierte Dolley Madison damals aus dem Weißen Haus das Tafelsilber und ein großes Porträt Washingtons von Gilbert Stuart. Ende August kehrten die Madisons in das noch rauchende Washington zurück. Der Präsident residierte nun für ein Jahr im Octagon House, während das Weiße Haus bis 1817 wiederhergestellt wurde. Die Einnahme und Zerstörung der Hauptstadt durch die Engländer war für die Zeitgenossen das bedrückende Symbol der Rückschläge im Krieg. Lediglich in einzelnen bravourösen Seegefechten, bei der Verteidigung Baltimores (als »The Star Spangled Banner« entstand) und gegen Kriegsende mit dem Sieg General Andrew Jacksons in der »Battle of New Orleans« war das Kriegsglück den Amerikanern hold. Es waren diese Kriegsepisoden, die damals und später den patriotischen Stolz Amerikas nährten und der jungen Nation neue Symbole und Helden lieferten.

Im August 1814 begannen im belgischen Gent Friedensverhandlungen. Am 24. Dezember 1814 wurde der Friedensvertrag unterzeichnet. Er stellte den Status quo der Vorkriegsverhältnisse wieder her. Abweichend davon verblieb lediglich Westflorida in amerikanischer Hand. Offene Grenz- und Fischereifragen zwischen England und den USA sollten schiedsgerichtlich geregelt werden. Die schwierigen Streitpunkte des »Impressment« und der Neutralitätsrechte wurden im Vertrag nicht erwähnt.

Der Frieden von Gent stellte die britisch-amerikanischen Beziehungen auf eine friedliche Grundlage und bestätigte Unabhängigkeit und Souveränität der USA, deren internationale Stellung gefestigt wurde. Präsident Madison konnte mit dem Ausgang des Krieges einen Gutteil seiner geschwundenen Popularität zurückgewinnen. Die föderalistische Opposition bezahlte ihre noch im Dezember 1814 in Hartford, Connecticut, demonstrierte Ablehnung des Krieges und der Politik Madisons – angesichts der nationalen Euphorie nach Kriegsende – mit dem fast vollständigen Verlust ihres politischen Einflusses.

Ein Ergebnis des Krieges war die beschleunigte wirtschaftliche, industrielle Unabhängigkeit der USA. Die amerikanische Textil- und Eisenindustrie entwickelte sich gut. Konsequenterweise kündigten sich in den beiden letzten Regierungsjahren Madisons (1815–1816) Veränderungen im Interesse weiterer wirtschaftlicher Fortschritte an. Madisons Partei übernahm und realisierte nun frühere föderalistische Forderungen wie Schutzzölle, die Schaffung der zweiten Nationalbank[6], den Bau von Nationalstraßen und Kanälen. Mit einer programmatischen Jahresbotschaft (5. Dezember 1815) befürwortete Madison einen breiten Katalog nationaler Aufgaben und interner Verbesserungen (»internal improvements«), ferner die Erweiterung und Stärkung der Streitkräfte sowie die Einrichtung einer nationalen Universität im District of Columbia. Im März 1816 wurde dementsprechend die zweite Bank der Vereinigten Staaten geschaffen. Zur Herstellung einer gesunden und einheitlichen Währung und als Staatsbank der Bundesregierung bestand sie bis in die Tage der Administration Andrew Jacksons.

Im April 1816 verabschiedete der Kongress ein Zollgesetz zum Schutz der heimischen Industrie, das vor allem der Textil- und Eisenindustrie zugute kam. Für die Verbesserungen im Transport- und Verkehrswesen (Straßen-, Brücken- und Kanalbau) bewilligte der Kongress auf Vorschlag von John C. Calhoun im Februar 1817 ein 1,5-Millionen-Dollar-Programm. Am letzten Amtstag (3. März 1817) legte der Präsident überraschenderweise aus verfassungsrechtlichen Bedenken dagegen sein Veto ein. Gegen Ende seiner Regierung konnte Madison – nun im Lande populär wie nie zuvor – eine positive Bilanz ziehen. Sein Vorschlag, Staatssekretär James Monroe zu seinem Nachfolger zu wählen, war 1816 ohne Schwierigkeit realisiert worden. In seiner letzten Jahresbotschaft (3. Dezember 1816) erklärte Madison zufrieden: »Ich habe die Genugtuung, generell festzustellen, dass wir in Freundschaft mit den fremden Mächten leben.«[7]

Nach der Amtseinführung von Monroe am 4. März 1817 zog sich Madison auf seine Plantage Montpelier und in das Privatleben zurück. Die Ergebnisse seiner Präsidentschaft, die in der historischen Literatur sehr unterschiedlich bewertet wurden[8], lassen sich dahingehend zusammenfassen, »dass er der Nation eine festere Verpflichtung für die Idee der republikanischen Regierung und eine volle Erkenntnis des amerikanischen nationalen Ranges vermittelte«.[9] Es gehörte zu seinen Verdiensten, dass er sich auch in Krisen und Kriegszeiten streng an den Rahmen und die Grenzen der Verfassung hielt und jede Form des Cäsarentums verschmähte.

In seinem Heim in Montpelier verwaltete Madison seine ausgedehnte Plantage, las viel, ordnete seine Papiere und Schriften und empfing Freunde. Trotz aufgetretener finanzieller Probleme war die Gastfreundschaft der Madisons weit und breit berühmt. 1826 war er Rektor der von Jefferson gegründeten Universität von Virginia. 1829 saß er als Delegierter im Verfassungskonvent in Richmond, der die Staatsverfassung Virginias überarbeitete.

In den politischen Angelegenheiten auch im Alter Realist, stets um das Schicksal der Union besorgt, lässt Madisons Stellung zur Sklaverei Fragen offen. Persönlich kein Freund dieser Einrichtung, sah er als virginischer Sklavenbesitzer und Herr einer großen Tabak- und Weizenplantage keine Lösung für dieses Problem, an dem drei Jahrzehnte später die Union fast zerbrechen sollte. Als Ausweg erschien ihm lediglich eine schrittweise Befreiung der Sklaven und ihre Wiederansiedlung im afrikanischen Liberia.

Madison starb am 28. Juni 1836 in Montpelier, 85 Jahre alt. Dort liegen er und seine Frau auch begraben. Mit ihm starb der letzte der »Gründungsväter« unter den amerikanischen Präsidenten und der letzte noch lebende Unterzeichner der Verfassung von 1787.

Seine Präsidentschaft war, wie man auch ihre Verdienste oder Versäumnisse werten mag, »ein wichtiger und unverzichtbarer Abschnitt im Wachstum und bei der Konsolidierung der frühen Amerikanischen Republik«.[10]

ANMERKUNGEN

1 J. C. A. Stagg, Setting the Stage for Reappraisal: The Papers of James Madison, in: Prologue. Quarterly of the National Archives, Bd. 21 (1989) Nr. 1, S. 57.

2 Robert A. Rutland, The Presidency of James Madison, Lawrence, Kansas, 1990, S. XII.
3 A Compilation of the Messages and Papers of the Presidents, hg. v. James D. Richardson, Bd. 1, Washington 1897, S. 452.
4 The American Presidents. The Office and the Men, hg. v. Frank N. Magill/John L. Loos, Bd. 1, Pasadena, California/Englewood Cliffs, New Jersey, 1986, S. 89.
5 Compilation of the Messages, S. 509 ff.
6 Die erste Nationalbank der USA bestand von 1791 bis 1811. Vgl. die Präsidentschaft Washingtons.
7 The State of the Union Messages of the Presidents 1790–1966, hg. v. Fred L. Israel, Bd. 1, New York 1967, S. 141.
8 Vgl. Rutland, Presidency of James Madison, S. XI f.
9 American Presidents, S. 106.
10 Stagg, Setting the Stage, S. 59.

Bibliographische Hinweise

Die Schriften, Reden und Briefe erscheinen in:
The Papers of James Madison, hg. v. William T. Hutchinson et al., Bd. 1 ff., Chicago 1962 ff. (bisher 17 Bde.).
Für die Präsidentenjahre:
The Papers of James Madison. Presidential Series, hg. v. Robert A. Rutland et al, Bd. 1 ff., Charlottesville, Virginia, 1984 ff. (bisher 12 Bde.).
Die ältere Ausgabe seiner Werke bietet:
The Writings of James Madison, hg. v. Gaillard Hunt, 9 Bde., New York, 1900–1910.
Eine Bibliographie liegt vor mit:
James Madison: A Bibliography, hg. v. Carol B. Fitzgerald, London 1988.
In der Reihe »Presidential Chronology Series« erschien:
James Madison, 1751–1836, hg. v. Ian Elliot, Dobbs Feny, New York 1969.
Neuere Biografien sind:
Ralph Ketcham, James Madison: A Biography, New York 1971 (Paperbackausg.: Charlottesville, Virginia, 1990).
Robert A. Rutland, James Madison: The Founding Father, New York 1987.
Jack N. Rakove, James Madison and the Creation of die American Republic, Glenview, Illinois, 1990.
Die Präsidentschaft Madisons behandelt:
Robert A. Rutland, The Presidency of James Madison, Lawrence, Kansas, 1990.
Über Madison nach dem Ausscheiden aus dem Präsidentenamt:
Drew R. McCoy, The Last of the Fathers. James Madison and the Republican Legacy, Cambridge, Massachusetts, 1989.
Zum Krieg von 1812 bis 1814:
John K. Mahon, The War of 1812, Gainesville, Florida, 1972.
Donald R. Hickey, The War of 1812: A Forgotten Conflict, Urbana, Illinois, 1989.
Ein vorzügliches Nachschlagewerk für das Zeitalter:
James Madison and the American Nation 1751–1836. An Encyclopedia, hg. von Robert A. Rutland, New York 1994.
Ein lesenswerter Roman über Dolley Madison erschien 1994 in New York, dt. Ausgabe:
Rita Mae Brown, Dolley. Das Leben einer First Lady, Reinbek bei Hamburg 1995.

JAMES MONROE

1758–1831

5. PRÄSIDENT DER USA 1817–1825

28. April 1758	James Monroe wird in Westmoreland County, Virginia, geboren.
1776–1778	Monroe kämpft als Offizier im Unabhängigkeitskrieg.
1780–1783	Rechtsstudium unter Anleitung Jeffersons.
1783–1786	Mitglied des Kontinentalkongresses.
1786	Heirat mit Elizabeth Kortright (1768–1830).
1790–1794	US-Senator von Virginia.
1794–1796	Gesandter der USA in Frankreich.
1799–1802/1811	Gouverneur von Virginia.
1803–1807	Gesandter der USA in London.
1811–1817	Staatssekretär im Kabinett Madisons.
1814–1815	Monroe ist außerdem noch Kriegsminister.
1817–1825	Präsident der USA.
1826	Monroe gehört dem Aufsichtsrat der Universität von Virginia an.
1829	Präsident der Virginia Constitutional Convention.
4. Juli 1831	Monroe stirbt im Alter von 73 Jahren in New York City.

James Monroe war der letzte Präsident der Generation, die noch durch das eigene Erleben der Amerikanischen Revolution geprägt worden war, und der letzte Präsident aus dem virginischen Freundeskreis von Thomas Jefferson.

Monroe, der fünfte Präsident der USA, wurde am 28. April 1758 in Westmoreland County, Virginia, geboren. Sein Vater, Spence Monroe, war Besitzer einer Plantage von bescheidener Größe, die Mutter Elizabeth Jones Monroe war eine überdurchschnittlich gebildete Frau. Mit 16 Jahren begann Monroe ein Studium am College of William and Mary in Williamsburg. Die Nachrichten vom Unabhängigkeitskrieg faszinierten ihn derart, dass er das Studium abbrach und sich der Kontinentalarmee Washingtons anschloss. Als junger Offizier – zuletzt im Rang eines Majors – stand er von 1776 bis 1778 wiederholt im Feuer der Gefechte. Bei Trenton wurde er verwundet. Washington selbst bestätigte sein aktives und tapferes Verhalten als Soldat.

Seit 1780 war er in Virginia als ein Militärbeauftragter für den Gouverneur Jefferson tätig, zu dessen Freundeskreis er seitdem zählte. Nun widmete er sich unter Anleitung Jeffersons auch dem Rechtsstudium, um später (1786–1790) eine Zeit lang in Fredericksburg als Anwalt zu arbeiten. Mit der Wahl Monroes in das Virginia House of Delegates (1782) und in den Kontinentalkongress (1783) begann eine lange und vielfältige, über vier Jahrzehnte andauernde politische Laufbahn. Monroe gehörte zu den politischen Anhängern Jeffersons und Madisons und der entstehenden Republikaner-Demokraten. Seine moderaten politischen Auffassungen galten der Stärkung der republikanischen Staatsform seines Landes. »Nationalismus und Expansionismus bildeten Grundtöne seines politischen Denkens.«[1] In Virginia stimmte er 1788 gegen die Ratifizierung der neuen Verfassung der USA, auch weil ihr eine »Bill of Rights« fehlte.

1786 heiratete er Elizabeth Kortright, die Tochter eines früheren britischen Offiziers, der, zu Vermögen gekommen, in New York City lebte. Elizabeth war eine elegante Schönheit, die ihrem Mann nun bei seinen unterschiedlichen politischen Aufgaben zur

Seite stand. Als First Lady im Weißen Haus ersetzte sie später die zwanglosen Empfänge Dolley Madisons durch formellere gesellschaftliche Formen. Die Monroes hatten zwei Töchter (Eliza und Maria).

1790 begann mit der Wahl Monroes in den amerikanischen Senat eine neue, bedeutendere Phase in seiner politischen Laufbahn. Nunmehr war er vor allem auch auf dem diplomatischen Parkett zu finden. 1794–1796 vertrat er die USA als Gesandter in Paris. Ein Freund der Französischen Revolution und wie Jefferson frankophil, hielt er nicht immer die Regeln der von Washington gewünschten Neutralität ein, was schließlich zu seiner Abberufung durch den Präsidenten führte. Als Gesandter in Paris setzte er sich für die Freilassung des amerikanischen Revolutionärs Thomas Paine ein, der wegen seines Widerspruchs gegen die Hinrichtung Ludwigs XVI. inhaftiert und vom Revolutionsgericht bedroht war. Elizabeth Monroe, »la belle Américaine«, rettete damals Madame La Fayette, die nach der Flucht ihres Mannes als Verdächtige inhaftiert worden war, vor der Guillotine. 1803 wurde Monroe von Präsident Jefferson erneut, diesmal als Sondergesandter, nach Paris geschickt, wo er gemeinsam mit Robert R. Livingston die Verhandlungen führte, die mit dem Kauf Louisianas von Frankreich endeten. Damals (Mai 1803) kam es auch zu einer Unterredung Monroes mit Napoleon, bei der dieser sich angeblich nach Jefferson und den Verhältnissen in Washington erkundigte.[2] In der Folgezeit (1803–1807) war Monroe Gesandter in Großbritannien. Allezeit ein unbedingter Verteidiger der »nationalen Ehre« seines Landes, sorgte Monroe in London peinlich genau – in einer Zeit komplizierter auswärtiger Beziehungen – für die Respektierung seines Landes als einer großen Macht durch die Briten. Nach seiner Rückkehr in die USA bewarb er sich 1808 um die Aufstellung als Präsidentschaftskandidat bei den Republikaner-Demokraten, unterlag aber Madison im Nominierungsprozess. In dessen Administration diente er dann als Staatssekretär von 1811 bis 1817. Er unterstützte Madison 1812 im Entschluss, Krieg gegen England zu führen, das sich weigerte, amerikanische Interessen zu achten. Monroe war der Ansicht, der Krieg könne den USA nicht mehr schaden als der bestehende unerklärte Zustand und er »würde unsere jugendlichen Manufakturen aktivieren, die schon bald in der Lage sein werden, der britischen Industrie die Tür zu versperren«.[3]

Gegen Ende der zweiten Amtszeit Madisons erreichte Monroe dann 1816 die Nominierung und Wahl zum Präsidenten vor allem mit dem Einfluss Jeffersons und Madisons, weniger infolge der eigenen Popularität in der Öffentlichkeit. Er gewann die Präsidentschaftswahl mit 183 Wahlmännerstimmen deutlich gegen den föderalistischen Senator von New York, Rufus King, der nur 34 Stimmen (vor allem von Massachusetts und Connecticut) bekam. Vizepräsident wurde Daniel D. Tompkins, der tatkräftige Gouverneur von New York. Die Wahl zeigte den Niedergang der Föderalisten an, die auf die Aufstellung eines eigenen Kandidaten verzichtet hatten. Eine Zeit eines Einparteiensystems stand nun bevor.

Monroe war, als er sein Präsidentenamt übernahm, politisch erfahren wie wenige andere amerikanische Präsidenten vor oder nach ihm. Er war ein solider, kein brillanter Politiker. Als Präsident verhielt er sich, besonders in der Innenpolitik, eher abwartend und überließ die Gesetzesinitiative dem Kongress. Weniger sein eher durchschnittliches politisches Format, vielmehr seine offene, ehrenhafte Persönlichkeit beeindruckte die Zeitgenossen. Er besaß Menschenkenntnis und gesunden Menschenverstand, wirkte dabei mitunter schwerfällig, galt als fantasielos und war extrem kritikempfindlich. Der Erbe Jeffersons und Madisons war ein pragmatischer Nationalist.

Monroe übernahm die Präsidentschaft (4. März 1817) in einer Zeit innerer und äußerer Expansion der kapitalistischen Gesellschaft der USA. Sieben neue Staaten wurden zwischen 1812 und 1821 in die Union aufgenommen. Im Norden, vor allem in Neuengland, machte die industrielle Revolution Fortschritte. Im Süden breitete sich die Sklaverei in den neuen Territorien und Staaten weiter aus. Die Revolution im Transportwesen ging mit dem Bau von Kanälen (1817 begann in New York der Bau des Erie-Kanals), der Verbesserung der Straßen und mit den Anfängen der Dampfschifffahrt auf den Flüssen weiter voran.

Ein Grundzug der Präsidentschaft Monroes war das Streben nach nationaler Einheit und Harmonie, nach dem Ende von Parteienstreit. Nach dem Vorbild Washingtons reiste der Präsident im Frühjahr und Sommer 1817 durch zahlreiche Staaten im Norden und Osten des Landes, wobei er sich auch über den Verteidigungszustand der nördlichen Grenze und der Atlantikküste informierte, was wenige Jahre nach dem Ende des Krieges von 1812 nicht überraschen kann. Er war der erste Präsident, der dem Westen bis nach Detroit einen Besuch machte. Eine zweite Reise Monroes ging Mitte 1818 in den Süden nach Maryland und Virginia, North und South Carolina sowie nach Georgia. Im Verlauf der ersten Reise prägte eine Bostoner Zeitung für die mit ihm beginnende neue Zeit den Ausdruck »Era of Good Feelings«. Wie es schien, gehörten in dieser »Zeit des guten Einvernehmens« Parteienkonflikte der Vergangenheit an. Die Föderalisten spielten als Partei keine Rolle mehr. Eine nationale Aufbruchsstimmung beherrschte den Augenblick. Aber der Schein der Harmonie war trügerisch. Sektionale und wirtschaftliche Gegensätze (Sklaverei und Zollfrage) schwelten unter der Oberfläche weiter und sollten bald zu neuen Krisen führen.

Monroes Kabinett bestand aus starken Persönlichkeiten, die aus verschiedenen Teilen des Landes kamen. John Quincy Adams (Massachusetts), der Sohn des zweiten Präsidenten, machte sich als Außenminister einen Namen. William H. Crawford (Georgia) hatte als Finanzminister bereits die eigene Bewerbung um die Präsidentschaft für 1824 im Blick. Einer der neuen politischen Sterne, John C. Calhoun (South Carolina), wurde Kriegsminister. William Wirt (Virginia) unterstützte als Justizminister die Meinung des Präsidenten, dass die Vergabe von Bundesmitteln für »internal improvements« nicht verfassungsgemäß sei. Dies betonte Monroe auch in seiner ersten Jahresbotschaft (Dezember 1817), später schwächte er diese Haltung ab, doch scheiterte noch 1822 die vom Kongress beabsichtigte Einführung von Wegegeldern auf der Cumberland Road, um Mittel für die Reparatur dieser wichtigen Verbindung in den Westen zu gewinnen, am Veto des Präsidenten.

Hauptereignisse der ersten Amtszeit Monroes waren die Erwerbung Floridas, die »Panik von 1819« und der Missouri-Kompromiss von 1820. Infolge der raschen territorialen Expansion der USA und mit der Besiedlung der neuen Gebiete spitzte sich nach 1815 der Konflikt mit den Indianern weiter zu. Ihre Vertreibung durch Verträge oder mit nackter Gewalt machte Fortschritte. Ausdruck dessen war der erste Seminolenkrieg (1817/18), in dessen Verlauf General Andrew Jackson von Georgia aus in einer Militäraktion die Seminolen vernichtend schlug, ohne sich um die fremde Souveränität Spanisch-Floridas, von wo aus die Seminolen operierten, zu bekümmern.

Die eigene Hilflosigkeit gegenüber diesen Übergriffen, die von Monroe nicht angeordnet waren, aber toleriert wurden, veranlasste die spanische Regierung 1819, auf dem Verhandlungsweg Florida für fünf Millionen Dollar an die USA abzutreten (Adams-Onís-Vertrag). Dieser territoriale Zugewinn lag auf der Linie der nationalistischen Euphorie jener Zeit und stärkte sowohl die Popularität Jacksons als auch die seines Präsidenten.

Anfang 1819 entwickelte sich die erste größere amerikanische Wirtschaftskrise, die als »Panic of 1819« in die Geschichte einging. Damit endete der Nachkriegsboom. Kreditverknappung, eine ungesunde Finanzsituation, überzogene Investitionen in der Manufakturindustrie und unkontrollierte Bodenspekulationen führten die Krise herbei. Besonders schwer betroffen wurden der Süden und der Westen des Landes. Die Krise von 1819 »erschütterte die wirtschaftliche Struktur der westlichen Zivilisation und kündigte ähnliche Störungen des kapitalistischen Systems für die Zukunft an«.[4] Die Monroe-Regierung hatte wenig dagegenzusetzen, und die Krise dauerte bis 1821.

Dagegen konnte die prekäre Missouri-Krise, der Streit über die Ausdehnung oder Abschaffung der Sklaverei in den neuen Territorien des Westens, die um Aufnahme in die Union nachsuchten, durch einen Kompromiss zwischen Anhängern und Gegnern der Sklaverei zunächst überbrückt werden. Der Missouri-Kompromiss von 1820, dem schließlich auch Monroe trotz verfassungsrechtlicher Bedenken zustimmte, um einen Bürgerkrieg abzuwenden, sollte ein Gleichgewicht zwischen neu eintretenden Sklavenstaaten und freien Staaten schaffen. Danach wurde Missouri (1821) als Sklavenstaat und Maine (1820) als freier Staat in die Union aufgenommen. Das restliche, aus dem Kauf von Louisiana stammende Territorium wurde entlang der Linie 36° 30' geteilt. Nördlich dieser Linie war in den neu eingetretenen Staaten die Sklaverei verboten, südlich davon sollte sie erlaubt sein. Der Konflikt war damit vorübergehend gebannt, nicht aber aus der Welt geschafft.

Einparteiensystem und Popularität Monroes zeigten sich überzeugend bei den Präsidentenwahlen von 1820. Es gab nun keinen Mitbewerber oder ernsthaften Opponenten für Monroe mehr. Er gewann die Wahl unangefochten und erhielt 231 Wahlmännerstimmen. Lediglich ein Wahlmann aus New Hampshire gab seine Stimme nicht für Monroe, sondern für John Quincy Adams ab. Nach seinem Wunsch sollte Washington der einzige Präsident bleiben, der die Ehre hatte, einstimmig gewählt worden zu sein. »Dass er (Monroe) die verheerende finanzielle Panik von 1819 und einen scharfen sektionalen Kampf über die Zulassung Missouris als Sklavenstaat ohne offensichtlichen Verlust der Popularität überlebte, ist eine der Anomalien der amerikanischen politischen Geschichte.«[5]

Die zweite Amtszeit Monroes begann dann am 5. März 1821. In ihr traten außenpolitische Fragen und Entscheidungen stärker in den Vordergrund der Politik des Präsidenten. Sie standen wesentlich mit dem Zusammenbruch des spanischen Kolonialreichs in Amerika und seinen Folgen für die Beziehungen der USA zu den europäischen Mächten im Zusammenhang. Nach anfänglichem Zögern entschloss sich Monroe im März 1822, die Anerkennung der nun unabhängigen lateinamerikanischen Staaten Argentinien, Kolumbien, Chile, Peru und Mexiko auszusprechen. Damit wurden die USA der erste Staat außerhalb Lateinamerikas, der die neuen Staaten diplomatisch anerkannte.

Besorgt über russische Ansprüche an die amerikanische Pazifikküste und durch – allerdings dann grundlose – Befürchtungen einer Intervention der Heiligen Allianz zugunsten Spaniens in Amerika, entschloss sich die Monroe-Regierung im Herbst 1823, ihre außenpolitischen Grundsätze hinsichtlich Amerikas öffentlich darzulegen. Auf Anraten von Außenminister Adams, der Kerngedanken beisteuerte, erläuterte die Stellungnahme nicht nur die Politik der USA gegenüber der Heiligen Allianz, sondern auch gegenüber möglichen russischen und britischen Ansprüchen und hielt den Weg zu künftigen amerikanischen Erwerbungen in der Region (Texas und Kuba lagen im Blick von Adams) offen. Der Präsident verkündete den amerikanischen Standpunkt, später »Monroedoktrin« genannt, in seiner Kongressbotschaft vom 2. Dezember 1823. Ihre Hauptpunkte lauteten:

1. Das politische System in Europa sei grundsätzlich verschieden von dem in Amerika. Die USA würden daher jeden Versuch der europäischen Mächte, ihr System auf einen Teil der westlichen Hemisphäre auszudehnen, »als gefährlich für unseren Frieden und unsere Sicherheit« betrachten.

2. Bestehende Kolonien der europäischen Mächte seien davon unberührt. Versuche europäischer Mächte aber, die jüngst unabhängig gewordenen und von den USA anerkannten Staaten in Amerika zu unterdrücken oder zu kontrollieren, wären »die Manifestation einer unfreundlichen Haltung gegenüber den Vereinigten Staaten«.

3. Hinsichtlich der eigenen Politik gegenüber Europa bekräftigte die Rede die Ansicht, »sich nicht in die inneren Angelegenheiten einer ihrer Mächte einzumischen«, die dort de facto bestehenden Regierungen als legitim anzuerkennen und freundschaftliche Beziehungen zu ihnen zu unterhalten.[6]

Die Monroedoktrin bedeutete eine Mischung aus Hegemonieanspruch gegenüber Lateinamerika, Unterstützung der dortigen Unabhängigkeitsbestrebungen und Anerkennung des Grundsatzes der Nichteinmischung. Die unmittelbare Wirkung der Rede, sieht man von ihrer innenpolitischen Funktion ab, war gering. Erst in den Tagen von Präsident Polk, seit der Mitte der Vierzigerjahre, griff man nun wieder öffentlich auf die Monroedoktrin zurück. Seit den letzten Jahrzehnten des 19. Jahrhunderts diente sie dann zunehmend zur Rechtfertigung US-amerikanischer Ausdehnungs- und Herrschaftsansprüche in Mittel- und Südamerika.

Die unterschiedliche Interessenlage der USA und Großbritanniens, aber auch Widerstände im amerikanischen Senat, verhinderten damals ein gemeinsames Vorgehen der USA und Englands gegen den internationalen Sklavenhandel. Eine im März 1824 nach einigem Zögern von der amerikanischen Regierung unterzeichnete angloamerikanische Konvention gegen den Sklavenhandel, die ihn als Piraterie ächtete und strafbar machte, fand nicht die notwendige Zustimmung des Senats. Monroes Stellung zur Sklaverei war konventionell und ambivalent. Er hoffte vage, dass diese Einrichtung eines Tages verschwinden werde. Bis dahin befürwortete er die Ansiedlung freier Schwarzer in Liberia, dessen Hauptstadt 1824 ihm zu Ehren Monrovia genannt wurde.

Gegen Ende seiner zweiten Amtszeit erlebte Monroe einen weiteren persönlichen politischen Erfolg. Auf seine Einladung hin kam im Sommer 1824 der inzwischen betagte »Held zweier Welten«, La Fayette, zu einem längeren Besuch in die Vereinigten Staaten. Die Besichtigung der Erinnerungsstätten der Amerikanischen Revolution wie der ganze Besuch gestalteten sich zu einem triumphalen Ereignis nicht nur für La Fayette, sondern auch für den Präsidenten.

Die Zeit der nationalen politischen Einmütigkeit endete allerdings damit. Bei den Präsidentenwahlen von 1824 rechneten sich vier Kandidaten (Adams, Clay, Crawford, Jackson) reale Chancen aus und rivalisierten miteinander. Die »Era of Good Feelings« sollte mit dem Ausscheiden Monroes aus dem Präsidentenamt der Vergangenheit angehören. Als der neue Präsident John Quincy Adams vereidigt war (4. März 1825), zog sich Monroe sichtlich zufrieden und gemeinsam mit seiner Frau auf sein Landgut Oak Hill in Virginia zurück, das er 1806 erworben hatte. Monroe hielt sich aus dem nun aufflammenden Parteienstreit heraus, verfolgte aber das politische Geschehen weiter aufmerksam. Gelegentlich übernahm er noch Aufgaben in der Öffentlichkeit in seinem Heimatstaat Virginia.

Nach dem Tod seiner Frau (1830) zwangen ihn finanzielle Schwierigkeiten, das Leben in Oak Hill aufzugeben. Er zog zu seiner verheirateten Tochter nach New York City. Zum letzten Mal erschien er dort in der Öffentlichkeit im November 1830 anlässlich einer Feierlichkeit zu Ehren der Julirevolution in Frankreich. In New York starb James Monroe am 4. Juli 1831. Er wurde dort auch begraben. Erst später (1858) wurden seine sterblichen Überreste nach Richmond, in die Hauptstadt Virginias, übergeführt.

Monroe verkörperte nach dem Urteil eines seiner Biographen »Beständigkeit in einer Periode des Wandels«.[7] Er war stets ein Anwalt der Einheit der Union und repräsentierte den selbstbewussten Nationalismus des weißen Amerikaners in dieser Jugendzeit der amerikanischen Republik.

Anmerkungen

1 The American Presidents. The Office and the Men, hg. v. Frank N. Magill/John L. Loos, Bd. 1, Pasadena, California/Englewood Cliffs, New Jersey, 1986, S. 112.
2 Vgl. Paul F. Boller, jr., Presidential Anecdotes, New York 1982, S. 54 f.
3 William A. DeGregorio, The Complete Book of U. S. Presidents, 2. Aufl., New York 1989, S. 77.
4 Charles A. Beard's The Presidents in American History. George Washington to George Bush, updated by William Beard/Detlev Vagts, Englewood Cliffs, New Jersey, 1989, S. 25 f.
5 Eugene H. Roseboom/Alfred E. Eckes, jr., A History of Presidential Elections. From George Washington to Jimmy Carter, 4. Aufl., New York/London 1979, S. 36.
6 The State of the Union Messages of die Presidents 1700–1966, hg. v. Fred L. Israel, Bd. 1, New York 1967, S. 212 f.
7 Richard B. Latner, in: American Presidents, S. 127.

Bibliographische Hinweise

Die Schriften von Monroe wurden publiziert in:

The Writings of James Monroe, hg. v. Stanislaus M. Hamilton, 7 Bde., New York 1898–1903.

Die »Papers of James Monroe« aus den Präsidentschaftsjahren erscheinen neuerdings:

Papers of James Monroe, Westport, Conn., 2003 ff. (bisher 2 Bde.)

Teile einer Autobiografie stehen zur Verfügung in:

The Autobiography of James Monroe, hg. v. Stuart G. Brown, Syracuse, New York, 1959.

Eine Monroe-Bibliographie liegt vor mit:

James Monroe: A Bibliography, hg. v. Harry Ammon, London 1990.

Eine Chronologie, Dokumentation und Bibliographie ist:

James Monroe, 1758–1831, hg. v. Ian Elliot, Dobbs Ferry, New York, 1969.

Wichtige Biografien sind:

Harry Ammon, James Monroe: The Quest for National Identity, New York 1971. Neuausgabe: 1990.

William P. Cresson, James Monroe, Chapel Hill, North Carolina, 1946 (Reprint: 1971).

Über die Präsidentschaftszeit informiert:

George Dangerfield, The Era of Good Feelings, Chicago 1989 (1. Aufl. 1952).

Noble E. Cunningham, jr., The Presidency of James Monroe, Lawrence, Ka., 1996.

Über die Monroedoktrin:

Richard W. Van Alstyne, The Monroe Doctrine, in: Encyclopedia of American Foreign Policy, hg. v. Alexander DeConde, Bd. 2, New York 1978, S. 584–596.

Harry Ammon, The Monroe Doctrine: Domestic Politics or National Decision, in: Diplomatie History, Bd. 5, Nr. 1, Winter 1981, S. 53–70.

JOHN QUINCY ADAMS

1767–1848

6. PRÄSIDENT DER USA 1825–1829

11. Juli 1767	John Quincy Adams wird in Braintree (heute: Quincy), Massachusetts, geboren.
1778–1785	Er begleitet seinen Vater John Adams auf dessen Reisen in Europa.
1781	Mit 14 Jahren wird Adams Privatsekretär des Gesandten in Russland, Francis Dana.
1786–1787	Studium am Harvard College
1787–1790	Rechtsstudium in Newburyport, Mass.
1794	US-Gesandter in Holland.
1797	Heirat in London mit Louisa Catherine Johnson (1775–1852).
1797–1801	Gesandter in Preußen.
1803–1808	Adams gehört dem Senat an.
1809–1814	Gesandter in Russland.
1815–1817	Gesandter in England.
1817–1825	Außenminister in der Regierung Monroes.
1825–1829	Präsident der USA.
1831–1848	Abgeordneter im Repräsentantenhaus.
23. Februar 1848	Adams stirbt im Alter von 80 Jahren an den Folgen eines Schlaganfalls. Er wird in der First Unitarian Church, Quincy, Massachusetts, beigesetzt.

John Quincy Adams war nahezu sein ganzes Leben in einem öffentlichen Amt tätig. Mit einer brillanten Erziehung, seiner Bildung und Sprachkenntnis, einer über 20 Jahre reichenden Erfahrung der europäischen Verhältnisse und seinem intimen Wissen um die amerikanische Politik schien er zur Präsidentschaft prädestiniert. Doch war er als Präsident eher glück- und glanzlos. Sein Nachruhm beruht vielmehr auf seiner herausragenden Qualität als Außenminister der Administration Monroes und auf seinem – für einen Expräsidenten – einmaligen Beispiel als liberaler Kongressabgeordneter über acht Legislaturperioden hinweg.

John Quincy Adams wurde am 11. Juli 1767 in Braintree (heute Quincy), Massachusetts, geboren. Sein Vater, der zweite Präsident der USA, John Adams, und seine Mutter, Abigail Adams, waren aktive Mitstreiter der Amerikanischen Revolution und vermittelten John Quincy das Ideengut dieser Revolution als bleibendes Erbe. An der Hand seiner Mutter erlebte der achtjährige Knabe von einem Hügel in Braintree aus den Gefechtslärm von Bunker Hill, mit dem 1775 der Unabhängigkeitskrieg eröffnet wurde. Seinen Vater begleitete er seit 1778 auf dessen diplomatischen Reisen nach Paris und in andere europäische Städte. Adams' Ausbildung war vorzüglich und vielseitig. Mit 14 Jahren wurde er bereits Sekretär des amerikanischen Gesandten in Russland, Francis Dana. Als er 1786 sein Studium am Harvard College aufnahm, beherrschte er vier oder fünf moderne Sprachen, Griechisch und Latein. Ungewöhnlich welterfahren für sein Alter, studierte er dann bis 1790 in Harvard und Newburyport. Nach der Zulassung als Anwalt war er zunächst einige Zeit in Boston tätig, um sich dann an der publizistischen Auseinandersetzung um die Französische Revolution zu beteiligen. 1791 veröffentlichte er unter dem Pseudonym »Publicola« elf Artikel gegen die damals einflussreichste Verteidigungsschrift der Revolution in Frankreich, gegen Thomas Paines »The Rights of Man«. Adams, föderalistisch eingestellt wie sein Vater, dem man auch zunächst die Publicola-Artikel zuschrieb, unterstrich gegen den Souveränitätsanspruch der Revolution vor allem den notwendigen Schutz des Willens der Minderheit.

1793 verteidigte er in einer neuerlichen Artikelserie die Neutralitätspolitik Washingtons in den europäischen Revolutionskriegen. Washington, der so auf den jungen Adams aufmerksam wurde, berief ihn 1794 zum Gesandten der Vereinigten Staaten in Holland. Sein Geschick als Diplomat trug ihm das Lob des Präsidenten ein, der in ihm »den wertvollsten öffentlichen Charakter, den wir im Ausland haben«[1], sah. Es folgten diplomatische Aufgaben für Adams als Gesandter in Berlin[2] (1797–1801), St. Petersburg (1809–1814) und London (1815–1817). Maßgeblich war Adams auch an den Verhandlungen beteiligt, die den amerikanisch-britischen Krieg 1814 mit dem Frieden von Gent beendeten. Insgesamt weilte Adams, rechnet man seine Reisen in Begleitung des Vaters hinzu, zwischen 1778 und 1817 über 20 Jahre in Europa. Dort, in London, heiratete er auch 1797 die 22-jährige Louisa Catherine Johnson, Tochter des amerikanischen Konsuls in London. Sie war in England geboren und lernte die Vereinigten Staaten erstmals vier Jahre nach ihrer Hochzeit kennen. Als Ehefrau folgte sie ihrem Gatten auf seinen verschiedenen diplomatischen Missionen. Mitunter war sie wochenlang – wie 1814 in kriegerischen Zeiten – in einer Kutsche unterwegs zu ihrem Mann. Drei Söhne gingen aus der Ehe hervor, von denen Charles Francis Adams (1807–1886) als Diplomat, Abgeordneter und Autor in die Fußstapfen seines Vaters trat.[3]

In seiner politischen Haltung stand Adams ursprünglich den Föderalisten nahe. Ihnen verdankte er auch die Wahl in den Senat (1803). In der Folgezeit wandte er sich jedoch von den Zielen der Föderalisten ab und unterstützte nun die Embargopolitik Jeffersons (1807). Präsident Monroe berief ihn 1817 in sein Kabinett. Als Außenminister war Adams ungewöhnlich erfolgreich. 1818 regelte er in einem Abkommen mit Großbritannien offene Fischerei- und Grenzfragen einvernehmlich. 1819 erreichte Adams im Adams-Onís-Vertrag die Eingliederung des bis dahin spanischen Florida in die Vereinigten Staaten. An der Ausgestaltung der Monroedoktrin von 1823 war er maßgeblich beteiligt. Damals schloss Adams eine spätere freiwillige Angliederung von Kuba und Texas an die USA nicht aus und wollte mit der Botschaft Monroes vom Dezember 1823 auch den Weg dazu offen halten.[4]

Bei Ablauf der zweiten Amtszeit von Monroe wurde Adams 1824 als einer von vier aussichtsreichen Kandidaten – neben Henry Clay, Andrew Jackson und William H. Crawford – für die Präsidentschaftswahlen nominiert. Der Wahlkampf und sein Ausgang kündigten eine Zeit neuer parteipolitischer Kämpfe an. Die Wahlen endeten ohne klaren Sieger, Jackson verfügte über 99 Wahlmänner, Adams über 84, Crawford über 41 und Clay über 37.

Da keiner der Kandidaten die notwendige Mehrheit der Wahlmänner erreichte, musste eine Abstimmung im Kongress nach Staaten (es waren damals 24) entscheiden. Sie fand im Februar 1825 statt und sah Adams mit 13 Stimmen vor Jackson als Sieger. Die Anhänger des populären Generals Jackson witterten einen Kuhhandel zwischen Adams und Clay, der dann im neuen Kabinett Außenminister wurde. Der Wahlerfolg für Adams erwies sich bald als ein Pyrrhussieg, denn er einigte alle Gegner hinter Jackson und bescherte seiner Administration mit heftigen sektoralen Spannungen und Parteikämpfen große Schwierigkeiten. Nichts, was er als Präsident unternahm, konnte den Makel seines Starts vergessen machen. Verglichen mit Jackson blieb er ein wenig populärer politischer Führer. Der Kongress hatte nun bereits die nächsten Präsidentenwahlen von 1828 im Blick, orientierte sich auf den kommenden Stern am politischen Himmel und blockierte die Pläne der neuen Administration. So sollte die Präsidentschaft eher zum Tiefpunkt in der bis dahin erfolgreichen Karriere von John Quincy Adams werden. Dennoch erhielten die vier Jahre der Adams-Administration durch das Gewicht seiner Persönlichkeit, sein Programm interner Verbesserungen (»internal improvements«) und die eintretenden Veränderungen im Lande ihr spezifisches Gepräge. Seine langen Erfahrungen im öffentlichen Dienst, seine Ergebenheit für die Ideen der Amerikanischen Revolution machten Adams am wenigsten anfällig für den neuen Zeitgeist, für sektorale oder parteipolitische Einflüsse. Er wollte »der Mann meines ganzen Landes sein«, vertraute er schon 1802 seinem Tagebuch an.[5] So war ein Hauptziel seiner Politik als Präsident, die divergierenden sektoralen Interessen zu harmonisieren.[6] Die nationale Integration der regionalen Sonderbestrebungen sollte mittels »internal improvements« befördert werden. Straßen- und Kanalbau, Schutz der natürlichen Ressourcen, aber ebenso »moralische, politische und geistige Verbesserung« waren ein wichtiges Anliegen seiner Politik. »Das große Ziel der Institution der bürgerlichen Regierung ist die Verbesserung der Bedingungen derjenigen, die Teilhaber am sozialen Vertrag sind«[7], erklärte Adams 1825 in seiner ersten Jahresbotschaft.

In der Außenpolitik verband Adams die Flexibilität Jeffersons mit dem Streben, die transkontinentale Ausbreitung der Vereinigten Staaten auf friedlichem Wege zu sichern. John Quincy Adams war 57 Jahre alt, als er am 4. März 1825 vereidigt wurde. Seine Persönlichkeit verband brillante Geistesschärfe mit Selbstgerechtigkeit, großen Fleiß mit reservierter Eigenliebe und ein puritanisches Bewusstsein mit der Vorliebe für Wandern und Schwimmen, an der er auch als Präsident festhielt. In seinem Tagebuch beschrieb er einen seiner Tage im Weißen Haus (31. Dezember 1825) folgendermaßen: »Ich stehe gewöhnlich zwischen fünf und sechs auf – d. h. zu dieser Jahreszeit anderthalb bis zwei Stunden vor Sonnenaufgang. Beim Licht des Mondes oder der Sterne oder im Dunkeln gehe ich ungefähr vier Meilen spazieren. Gewöhnlich komme ich zu einer Zeit heim, um den Sonnenaufgang vom Ostzimmer des Hauses aus zu sehen. Dann mache ich Feuer und lese drei Kapitel der Bibel mit den Erläuterungen von Scott und Hewlett. Bis neun lese ich Zeitungen. Es folgt das Frühstück, und von zehn Uhr bis nachmittags um fünf empfange ich eine Folge von Besuchern, mitunter ohne Unterbrechung – sehr selten mit einer Pause von einer halben Stunde – niemals so, dass ich in der Lage sein würde, irgendein Geschäft, das Aufmerksamkeit beansprucht, zu unternehmen. Von fünf bis halb sechs wird diniert. Danach ziehe ich mich für etwa vier Stunden in mein Zimmer zurück, schreibe in dieses Tagebuch oder lese Akten in irgendeiner öffentlichen Angelegenheit – außer wenn ich gelegentlich von einem Besucher unterbrochen werde. Zwischen elf und zwölf gehe ich ins Bett, um am nächsten Morgen wieder um fünf oder sechs aufzustehen.«[8]

Vizepräsident wurde 1825 John C. Calhoun aus South Carolina, einer der aktiven Befürworter des Krieges von 1812 und ein Verfechter südstaatlicher Interessen und Freiheiten. Henry Clay aus Kentucky wurde Außenminister. Er prägte 1824 die Losung vom »American System«, d. h. einer Kombination von Schutzzöllen und internen Verbesserungen. Wie Calhoun war er 1812 als entschiedener Befürworter des Krieges gegen England in Erscheinung getreten, im Kabinett der Adams-Regierung trat er als Indianerfeind auf. Finanzminister der neuen Regierung wurde Richard Rush aus Pennsylvania, Justizminister unter Madison und Monroe und ein Freund von Adams. Die innere Entwicklung der USA wurde in den Jahren der Adams-Administration vom schrittweisen Übergang zur Massendemokratie bestimmt, deren Anhänger, um ihr Idol Jackson geschart, besonders in den westlichen Landesteilen und an der Siedlungsgrenze (Frontier) an Einfluss zunahmen. Gleichzeitig wurde das innere Wachstum der amerikanischen Wirtschaft und der Städte durch die Fortschritte im Ausbau der Verkehrsverbindungen gefördert. Im Oktober 1825 wurde der Erie-Kanal eröffnet, der den Hudson River mit dem Eriesee über eine Länge von 363 Meilen verband und der das Wachstum von New York und anderen Städten an seiner Route enorm begünstigte. 1828 begann der Bau der Baltimore & Ohio Railroad, der ersten Passagier-Eisenbahnlinie des Landes (die 1830 eröffnet und bis 1853 bis nach Wheeling am Ohio geführt wurde).

In seiner Antrittsbotschaft und in der bemerkenswerten ersten Jahresbotschaft vom 6. Dezember 1825 stellte der neue Präsident ein weit reichendes nationales und überparteiliches Programm der inneren und äußeren Stärkung des Landes vor. Nachdrücklich empfahl er »internal improvements« aus Bundesmitteln, so die Unterstützung des Straßen- und Kanalbaus, den Ausbau der Häfen, die Schaffung eines einheitlichen Systems von Maßen und Gewichten, die Verbesserung des Patentwesens, aber auch solche wissenschaftlichen Neuerungen wie die Gründung einer nationalen Universität, Initiativen zur Erforschung der Südsee und des Südatlantiks sowie die Einrichtung einer nationalen Sternwarte. Kongress und Öffentlichkeit waren – wie sich schließlich zeigen sollte – nicht bereit, Adams auf diesem Weg zu folgen. Ein Teil der Kongressmitglieder hatte – wie selbst der alte Jefferson – verfassungsmäßige Bedenken und sah in den angestrebten Verbesserungen eine unzulässige Machterweiterung der Bundesexekutive. Ein anderer Teil befürchtete, aus dem Reformprogramm des Neuengland-Präsidenten werde sich die Einschränkung oder gar Abschaffung der Sklaverei ergeben. Außerdem kontrollierte bald die um Jackson und Van Buren gescharte Opposition den Kongress in beiden Häusern.

So wurde von dem energischen innenpolitischen Programm nur wenig realisiert. Lediglich die Weiterführung der Cumberland Road in westlicher Richtung und der Baubeginn des Chesapeake-Ohio-Kanals, der Georgetown (damals noch kein Teil des District of Columbia) mit Cumberland (Maryland) verbinden sollte, waren ihm zu danken.

Zu einer folgenreichen, dem politischen Ansehen der Administration abträglichen Maßnahme wurde der im Mai 1828 vom Präsidenten unterzeichnete Zolltarif, der »Tarif der Abscheulichkeiten«, wie ihn seine Gegner nannten. Der hohe Schutzzoll zugunsten der heimischen (vor allem neuenglischen) Industrie und zusätzliche Zollbelastungen für die Einfuhr von Rohmaterialien riefen besonders im Süden einen Sturm der Entrüstung hervor. South Carolina erklärte den Tarif als nicht verfassungsgemäß und daher für null und nichtig. Bis März 1829 schlossen sich noch Georgia, Mississippi und Virginia der Verurteilung des Zolltarifs an. Wie es schien, hatte die Zollpolitik der Adams-Administration eine Verfassungskrise ausgelöst, mit der sich dann sein Nachfolger noch auseinander zu setzen hatte.

Auf dem Felde der Außenpolitik knüpfte Adams an die Bemühungen von Jefferson an, günstige Handelsbedingungen und den Schutz der neutralen Rechte für die USA zu sichern. Er und Clay handelten Handelsabkommen mit England, Frankreich, Dänemark, Holland, Österreich und weiteren Ländern in diesem Sinne aus. Auch ein Grenzabkommen mit Mexiko (1828) verdient in diesem Zusammenhang Erwähnung.

Im November 1825, im ersten Jahr seiner Präsidentschaft, erhielt Adams von Kolumbien und Mexiko eine Einladung zur Teilnahme der USA an einem panamerikanischen Kongress der früher spanischen Länder Lateinamerikas. Adams und Clay entschieden sich für die Teilnahme der USA als neutraler Macht am Panamakongress.

Die vom Präsidenten ernannten beiden amerikanischen Delegierten zum Kongress wurden jedoch vom Senat absichtlich spät – erst im März 1826 – bestätigt. Danach bewilligte das Repräsentantenhaus die notwendigen Mittel für die Reise der beiden. Der eine von ihnen starb auf der Hinreise nach Panama am Tropenfieber, der andere sollte erst am Ende des Kongresses, der im Juni und Juli 1826 in Panama stattfand, den Tagungsort erreichen. Damit scheiterte auch diese außenpolitische Aktion letztlich an der Handlungsschwäche der Regierung und an den Widerständen gegen die Politik von Adams und Clay im Kongress.

Bei den 1828 stattfindenden Präsidentschaftswahlen musste Adams eine Niederlage quittieren. Andrew Jackson, der sich inzwischen auf die in Entstehung begriffene Demokratische Partei stützen konnte, siegte relativ eindeutig. In einem Wahlverfahren, bei dem jetzt die Wahlmänner aller Staaten mit Ausnahme von Delaware und South Carolina durch Volkswahl (der weißen erwachsenen Männer) ermittelt wurden, siegte Jackson mit 647.276 Stimmen und 178 Wahlmännern vor John Quincy Adams, der 508.064 Stimmen und 83 Wahlmänner verbuchen konnte. John C. Calhoun aus South Carolina, ein Befürworter der Nullifikation des Zolltarifs, wurde wieder zum Vizepräsidenten gewählt.

Am Tag der Amtseinführung seines Nachfolgers und Gegners, am 4. März 1829, verließ Adams enttäuscht Washington und kehrte mit seiner Frau Louisa nach Quincy in Massachusetts zurück. Zunächst verbrachte der verbitterte Adams die Zeit in seiner Bibliothek (einer der größten privaten Bibliotheken im damaligen Amerika) mit Lesen und Schreiben. Sein Enkel Charles Francis Adams erinnerte sich später so an seinen Großvater: »Ein alter Mann, ganz beschäftigt mit Arbeit und öffentlichem Leben. Er schien immer zu schreiben – und in der Tat war es auch so ... ein sehr alt aussehender Gentleman, mit kahlem Kopf und weißen Haarsträhnen – schreibend, schreibend – mit einem ständigen Tintenfleck am Zeigefinger und Daumen der rechten Hand.«[9]

Louisa Adams, seine Frau, litt seit der Zeit im Weißen Haus, die sie als beengend und niederdrückend empfunden hatte, an Depressionen. Überhaupt war die Ehe der beiden wenig glücklich, Louisa bedauerte mitunter, in die Adams-Familie eingeheiratet zu haben, »deren Männer sie kalt und gegenüber Frauen unsensibel fand«.[10]

John Quincy Adams wollte auch im Alter auf eine politische Wirkungsmöglichkeit im nationalen Rahmen nicht verzichten. Mit 63 Jahren bewarb er sich um ein Abgeordnetenmandat im Repräsentantenhaus, wurde gewählt und war dann seit März 1831 für 17 Jahre als Kongressabgeordneter aktiv, als ein Abgeordneter, der durch sein entschiedenes Eintreten für die Bürgerrechte, mit seiner Verurteilung der Sklaverei als sozialer Institution und mit der Ablehnung der Annexion von Texas und der Opposition gegen den Krieg mit Mexiko die Aufmerksamkeit der Zeitgenossen und die Hochachtung der Nachwelt erlangte. Als einflussreiches Mitglied des Repräsentantenhauses und als »anerkannter Führer der Antisklaverei-Kräfte in der Hauptstadt der Nation«[11] starb John Quincy Adams in Washington am 23. Februar 1848, im Alter von 80 Jahren, an den Folgen eines Schlaganfalls, der ihn zwei Tage zuvor in den Räumen des Kapitols und während einer Debatte des Repräsentantenhauses getroffen hatte.

Er wurde im Familiengrab in Quincy beigesetzt und nach dem Tod seiner Frau (1852) mit ihr und seinen Eltern John und Abigail Adams in der First Unitarian Church in Quincy, Massachusetts, endgültig bestattet. Die Gedenkschrift auf der Grabstelle lautet »Für mehr als ein halbes Jahrhundert – wann immer sein Land seine Arbeit benötigte – egal in welcher Hemisphäre oder mit welcher Fähigkeit – schonte er sich niemals in dessen Dienste.«[12]

Mit John Quincy Adams ging eine Ära in der Geschichte der amerikanischen Präsidenten und der Präsidentschaft zu Ende. Er war der letzte Vertreter der – inzwischen nicht mehr zeitgemäßen – Generation der Amerikanischen Revolution und ihrer Idee der überparteilichen Regierung des nationalen Ausgleichs.

Anmerkungen

1 The American Presidents. The Office and the Men, hg. v. Frank N. Magill/John L. Loos, Bd. 1, Pasadena, California/Englewood Cliffs, New Jersey, 1986, S. 132.

2 Eine Frucht seiner Erfahrungen als Gesandter in Preußen war das Buch »Letters on Silesia« (1804), das in deutscher Übersetzung (»Briefe über Schlesien«) 1805 erschien.

3 Die Historiker Henry Adams (1838–1918) und Brooks Adams (1848–1927) waren Enkel von John Quincy Adams.

4 In der Kabinettssitzung vom 7. November 1823, in der die spätere Monroedoktrin beraten wurde, äußerte sich Adams in diesem Sinne. Vgl. Major Problems in American Foreign Policy, hg. v. Thomas G. Paterson, Lexington, Massachusetts/Toronto 1978, S. 166.

5 Ralph Ketcham, Presidents Above Party. The First American Presidency, 1789–1829, Chapel Hill, North Carolina, 1984, S. 132.

6 Mary W. M. Hargreaves, The Presidency of John Quincy Adams, Lawrence, Kansas, 1985, S. XIII.

7 The State of the Union Messages of the Presidents 1790–1966, hg. v. Fred L. Israel, Bd. 1, New York 1967, S. 243.

8 The Diary of John Quincy Adams 1794–1845, hg. v. Allan Nevins, New York/London/Toronto 1928, S. 354.

9 James Truslow Adams, The Adams Family, Boston 1930, S. 237.

10 William A. DeGregorio, The Complete Book of U. S. Presidents, 2. Aufl., New York 1989, S. 94.

11 Homer F. Cunningham, The Presidents' Last Years. George Washington to Lyndon B. Johnson, Jefferson, North Carolina/London 1989, S. 42.

12 DeGregorio, S. 101.

Bibliographische Hinweise

Eine Bibliographie zu John Q. Adams liegt jetzt vor:
John Q. Adams. A Bibliography, comp. by Lynn H. Parsons, Westport, Conn., 1993.
Die Werke von John Q. Adams sind weiterhin zugänglich in:
The Writings of John Quincy Adams, hg. v. Worthington C. Ford, 7 Bde., New York 1913–1917 (Reprint: 1968). Enthält die Werke bis 1823.
Das Tagebuch von Adams wird seit 1982 neu herausgegeben:
Diary of John Quincy Adams, hg. v. David G. Allen u. a., Bd. 1 u. 2 ff., Cambridge, Massachusetts, 1981 ff. (1779–1788).
Daten, Dokumente und eine Bibliographie enthält:
John Quincy Adams, 1767–1848, hg. v. Kenneth V. Jones, Dobbs Ferry, New York, 1970.
Nach wie vor als Standardwerk gilt die zweibändige Biografie:
Samuel F. Bemis, John Quincy Adams and the Foundations of American Foreign Policy, New York 1949 (Reprint: 1973).
Ders., John Quincy Adams and the Union, New York 1956.
Neuere Biografien stammen von:
Paul C. Nagel, John Quincy Adams: a Public Life, a Private Life, New York 1997.
Lynn H. Parsons, John Quincy Adams, Madison, Wis. 1998.
Robert V. Remini, John Quincy Adams, New York 2002.
Die Präsidentschaftsjahre behandelt:
Mary W. M. Hargreaves, The Presidency of John Quincy Adams, Lawrence, Kansas, 1985.
Den letzten Lebensabschnitt hat zum Gegenstand:
Leonard L. Richards, The Life and Times of Congressman John Quincy Adams, New York 1986.
In das politische Denken von John Q. Adams führt ein:
George A. Lipski, John Quincy Adams. His Theory and Ideas, New York 1950.

ANDREW JACKSON

1767–1845

7. PRÄSIDENT DER USA 1829–1837

15. März 1767	Andrew Jackson wird in der Waxhaw Region in South Carolina geboren.
1785–1787	Rechtsstudium in Salisbury, North Carolina.
1787	Jackson wird als Rechtsanwalt zugelassen.
1791	Heirat mit Rachel Donelson Robards (1767–1828).
1796–1797	Kongressabgeordneter (von Tennessee).
1797–1798	Jackson wird vorübergehend Senator.
1802	Generalmajor der Miliz in Tennessee.
1804	Jackson lebt nun auf seiner Plantage »Hermitage«.
1812–1814	Als Generalmajor einer Freiwilligeneinheit bzw. später als Generalmajor der Armee nimmt Jackson am Krieg gegen die Briten und Indianer teil.
8. Januar 1815	Jackson besiegt in der Schlacht von New Orleans die britischen Truppen.
1817–1818	Jacksons Feldzug gegen die Seminolen in Florida.
1821	Gouverneur von Florida.
1823–1825	Jackson ist wiederum Senator (von Tennessee).
1824	Jackson verliert die Präsidentenwahlen nur knapp.
1829–1837	Präsident der USA
März 1837	Jackson zieht sich auf sein Gut »Hermitage« zurück.
8. Juni 1845	Jackson stirbt im Alter von 78 Jahren in Nashville, Tennessee.

Andrew Jackson gehört unbestritten zu den großen Präsidenten. Er war die herausragende politische Erscheinung im Weißen Haus in der ersten Hälfte des 19. Jahrhunderts zwischen der Administration von Thomas Jefferson und der von Abraham Lincoln.

Jackson war ein Volkspräsident in zweifacher Hinsicht. Er war der erste Präsident, der aus schlichten familiären Verhältnissen kam, und er brachte als Politiker die Stimmungen und Wünsche der Farmer, Siedler, Handwerker und Arbeiter seiner Zeit zum Ausdruck. Mit seinem Glauben an den Mann aus dem Volk, an politische und wirtschaftliche Gleichberechtigung konnte er zum Symbol der nun in den USA beginnenden Massendemokratie werden.

Andrew Jackson kam am 15. März 1767 in Waxhaw, South Carolina, an der Siedlungsgrenze in einem Blockhaus zur Welt. Seine Eltern waren irische Auswanderer, die 1765 nach Amerika gekommen waren. Der Vater, ein Leineweber und Farmer, starb 1767, kurz vor der Geburt des Sohnes. Die resolute Mutter musste nun ihre drei vaterlosen Söhne allein aufziehen. Auch sie starb bereits 1781.

In der Schule lernte Jackson wenig mehr als Lesen, Schreiben und Rechnen. Nachdem er seine Erfahrungen – noch als ein Knabe – im Unabhängigkeitskrieg gemacht hatte, studierte er das Rechtswesen, wurde als Rechtsanwalt zugelassen und begann seit 1788 in Nashville, Tennessee, als Anwalt zu praktizieren. Tennessee wurde 1796 als Staat in die Union aufgenommen und gehörte noch zu den Grenzstaaten des Westens mit einer entsprechenden Grenzer- und Siedlermentalität. Damals war Jackson ein ungebärdiger junger Mann, der als Raufbold, Kartenspieler, Tänzer und Schürzenjäger einen lokalen Ruhm erwarb. 1791 heiratete er Rachel Donelson Robards (1767–1828), deren Scheidung von ihrem ersten Mann (Captain Lewis Robards) zu diesem Zeitpunkt noch nicht rechtskräftig war, was beide bewog, die Eheschließung 1794 zu wiederholen. Die undurchsichtige Angelegenheit und der Vorwurf der Bigamie verfolgte die beiden Eheleute auch später und wurde dann in der Präsidentschaftswahlkampagne 1828 in der Presse ausgebreitet. Das Paar hatte keine eigenen Kinder, 1809 adoptierten sie einen Neffen von Rachel und nannten ihn Andrew Jackson, jr. In den Jahren, die auf die Eheschließung von 1791 folgten, war Jackson in verschiedenen geschäftlichen Unternehmungen und Spekulationen engagiert, versuchte sich auch als Plantagenbesitzer und kaufte 1795 das Landgut »Hermitage« bei Nashville, Tennessee, mit ausgedehntem Landbesitz, von dem er später einen Teil weiterverkaufte. Den restlichen Grundbesitz von 6.000 Acres bewirtschaftete er selbst, seit er sich 1804 auf »Hermitage« zurückgezogen hatte. Er baute Baumwolle an und züchtete Pferde.

Parallel zu diesen persönlich-biografischen Vorgängen begann 1796 auch eine eher sprunghaft verlaufende politische Karriere. Jackson war Mitglied der Staatsversammlung, die 1796 die Verfassung von Tennessee beschloss, wurde anschließend (1796/97) Kongressabgeordneter und danach (1797/98) für wenige Monate auch Senator in Washington. In dieser Zeit unterstützte Jackson Thomas Jefferson und dessen Demokraten-Republikaner. 1798–1804 verdiente er sich Anerkennung als entschlossener und unparteiischer Richter am Obersten Gericht von Tennessee. 1804 zog er sich dann, wie schon angedeutet, für einige Jahre in das Privatleben und auf das Gut »Hermitage« zurück. Jackson blieb auch in diesem Lebensalter der schnell aufbrausende, immer zu Auseinandersetzungen aufgelegte »Kampfhahn«. 1806 tötete er in einem Duell den Anwalt Charles Dickinson, von dem er sich beleidigt fühlte. Es war nicht das erste Duell Jacksons, und er selbst musste seitdem mit einer Kugel in der Brust leben.

Mit dem britisch-amerikanischen Krieg von 1812 begann für ihn eine neue, militärische Laufbahn, in deren Folge Jackson zu einer nationalen Berühmtheit wurde. Bereits seit 1802 war er Generalmajor der Miliz in seinem Heimatstaat Tennessee. Nun, nach Beginn des Krieges von 1812, stellte General Jackson dort 2500 Freiwillige auf und bot der Regierung in Washington seine militärischen Dienste an, ohne dass davon zunächst Gebrauch gemacht worden wäre. Im Oktober 1813 wandte er sich mit seinen Freiwilligen gegen die Creek-Indianer im heutigen Alabama und fügte ihnen eine vernichtende Niederlage zu, von der sich der Stamm nicht mehr erholen sollte. Die Regierung ernannte ihn daraufhin zum Generalmajor der regulären Armee der Vereinigten Staaten. Jackson war an der Südfront des Krieges erfolgreich, drang in Florida ein und nahm im November 1814 Pensacola. Den Höhepunkt dieser Kampagne bildete die erfolgreiche Verteidigung von New Orleans durch Jackson und sein spektakulärer Sieg über die britischen Truppen in der »Schlacht von New Orleans« am 8. Januar 1815. Die Nachricht vom Abschluss des Friedens von Gent war damals noch nicht bis zu ihm und den Truppen gedrungen. Mit dem Sieg von New Orleans, einem der wenigen militärischen Erfolge der amerikanischen Seite im Krieg, wurde Jackson zu einem Nationalhelden.

Einige Jahre später, im Dezember 1817, erhielt General Jackson von Präsident Monroe den Auftrag, im Grenzbereich zwischen Georgia und Spanisch-Florida gegen die Seminolen-Indianer militärisch vorzugehen, notfalls auch die Grenze nach Florida zu überschreiten. Jackson teilte die Hassgefühle der Tennessee-Siedler gegen Indianer und Spanier. Er war der Meinung, »dass weiße Siedler und wilde Indianerstämme nicht friedlich zusammenleben könnten«.[1] Mit gewohnter Energie und Härte ging er gegen die Seminolen vor, zerstörte ihre Dörfer und beendete auch diesen Indianerkrieg erfolgreich.

Nach der Erwerbung Floridas für die USA (1819) übertrug Präsident Monroe 1821 Jackson das Gouverneursamt in dem neuen Territorium. Aber auch in diesem Amt hielt er es nur vier Monate aus und kehrte dann wieder nach Tennessee zurück. Nochmals wurde er dort 1823 zum Senator der Vereinigten Staaten gewählt. In Washington blieb er in diesem Amt bis 1825 und trat als Senator für »internal improvements« und Schutzzölle ein.

Seine Freunde in Tennessee nominierten ihn 1824 als Präsidentschaftskandidaten. Die Niederlage bei den Präsidentschaftswahlen dieses Jahres war für ihn umso schmerzlicher, als er mehr Wähler- und Wahlmännerstimmen errungen hatte als der dann vom Kongress zum Präsidenten gewählte John Quincy Adams. Schon 1825 stellte die Legislative von Tennessee ihr Idol Jackson erneut als Präsidentschaftskandidaten auf, so dass die Wahlen von 1828 eine ungewöhnlich lange Vorbereitungsphase bekamen. In der nun einsetzenden politischen Auseinandersetzung zwischen den Anhängern Jacksons, die sich 1828 als Demokratische Partei formierten, und den Gesinnungsgenossen und Freunden des Präsidenten John Quincy Adams, die sich als Nationale Republikaner bezeichneten, bildeten sich die Konturen eines neuen Zweiparteiensystems in den USA heraus. Während hinter Adams und den Nationalen Republikanern vorwiegend die industriell-geschäftlichen Interessen des Nordostens und der Neuenglandstaaten, die etablierte Welt der Kaufleute, Anwälte und Intellektuellen standen[2], hatten Jackson und seine Demokratische Partei eine zunehmend breiter werdende Unterstützung im Westen und Süden des Landes, an der Grenze (Frontier), bei Farmern, Siedlern, Handwerkern und Arbeitern[3], aber auch bei den Plantagenbesitzern des Südens. Indem 1828 Jackson den bisherigen Vizepräsidenten John C. Calhoun als »running mate« auf seine Seite zog, gelang es ihm, seinen politischen Einfluss im Süden noch weiter zu festigen.

Die Wahlkampagne von 1828 konzentrierte sich weniger auf politische Streitfragen (beide Kandidaten sprachen sich für »internal improvements« und Schutzzölle aus) als vielmehr auf die persönlichen Gegensätze zwischen dem gelehrten, erfahrenen und reservierten Adams und dem »Kriegshelden« Jackson, der mit seiner Herkunft, seinem Auftreten und seinen Ansichten den Massen der Wähler nahe stand und den demokratischen Anspruch einer neuen Zeit verkörperte. Die Wahlen von 1828 ergaben einen deutlichen Sieg für Jackson und Calhoun über das Adams-Clay-Lager. Jackson eroberte den gesamten Süden und Westen, Pennsylvania und selbst New York, das durch Martin Van Buren für Jackson gewonnen wurde, für Adams stimmten Neuengland, New Jersey, Delaware und Maryland.

Ein bitterer Schlag war für Jackson der Tod seiner Frau Rachel im Dezember 1828. Sie hatte sich wohl die beleidigenden Angriffe auf ihre zweifelhafte Eheschließung so zu Herzen genommen, dass sie einer akuten Erkrankung keinen Lebenswillen entgegenzusetzen hatte. Drei Tage war der harte Mann für niemand zu sprechen.

Am 4. März 1829 fand in Washington die feierliche Amtseinführung des neuen Präsidenten statt. Die Umstände seiner Inauguration ließen erkennen, dass eine neue Ära in der Geschichte auch der Präsidentschaft heraufzog.

»Washington hatte niemals solche Massen erlebt, wie sie dort am 4. März 1829 zusammenkamen, um die Einführung des Volkshelden zu sehen. Es war ihr Tag, ohne Pomp und Prunk, selbst eine Uniform war nur selten zu sehen.«[4] Jackson bahnte sich ohne Eskorte den Weg durch die Menge der kleinen Farmer, Grenzer und Hinterwäldler, der Soldatenveteranen, städtischen Arbeiter und irischen Einwanderer, die, um ihn zu sehen, nach Washington gekommen waren. Ein Zeitungsmann aus Kentucky beobachtete das Treiben und meinte: »Es war ein stolzer Tag für das Volk. General Jackson ist dessen eigener Präsident.«[5] Vor dem Kapitol wurde er vereidigt und hielt die inzwischen übliche Inauguralansprache, ein Bekenntnis zu den Freiheiten der USA, zur Unterordnung der militärischen unter die zivile Macht, zum Milizsystem als dem »Bollwerk unserer Verteidigung«.[6] Anschließend strömte die Menge mit Jackson zum Weißen Haus, wo Erfrischungen gereicht wurden, und stürmte die Gemächer ihres Präsidenten. Möbel, Porzellan, Gläser gingen zu Bruch. Der Präsident wurde nur mühsam von seinen Freunden davor bewahrt, von den begeisterten Menschen erdrückt zu werden. Mit Müh und Not konnte er sich durch einen Hinterausgang ins Freie retten. Jackson war zu dieser Zeit fast 62 Jahre alt, ein großer, hagerer, weißhaariger Mann, wegen seiner Härte sich selbst und anderen gegenüber »Old Hickory« genannt. Mit ihm zog zum ersten Mal ein Außenseiter des politischen Establishments jener Zeit in das Weiße Haus ein, ein Politiker, dessen Stärke vor allem in der großen Masse seiner Wähler lag. Die »Ära Jacksons« mit ihren zwei Amtszeiten zwischen 1829 und 1837 wurde für die politischen Verhältnisse des Landes zu einer wichtigen Wendemarke, und sie brachte verschiedene politische Neuerungen. Dazu gehörte zunächst die Einführung des »Spoils-Systems«, des »Beutesystems«, das die Bundesbürokratie nach dem Grundsatz »dem Sieger gehört die Beute« nach Präsidentschaftswahlen personell neu besetzen ließ. Obwohl der Präsident dies nicht unmittelbar bezweckte, so führten seine Abberufungen der von ihm für korrupt oder zu lasch gehaltenen Amtsinhaber im Verantwortungsbereich des Bundes und die personellen Neuberufungen, auch wenn sie nur insgesamt 15 % der Bundesangestellten betrafen, doch zur weiteren Ausbildung dieses Grundsatzes. Dabei hatte Jackson mit seinen Neubesetzungen anfangs keine gute Hand, vielmehr vergriff er sich nicht selten bei der Berufung ihm ergebener Zeitungsherausgeber und anderer Persönlichkeiten, denen er zu Dank verpflichtet zu sein glaubte. Auch mit seinem ersten Kabinett traf Jackson zunächst teilweise keine gute Wahl. Zwar wurde der fähige New Yorker Gefolgsmann Van Buren, der wesentlich zu Jacksons Wahl beigetragen hatte, Außenminister, doch der Rest der Kabinettsmannschaft war von geringem Format. Der neue Kriegsminister John Henry Eaton, ein politischer Freund und Verbündeter Jacksons aus Tennessee, wurde gar der Ausgangspunkt einer schweren Kabinettskrise. Eatons leichtlebige Ehefrau löste im moralbewussten Teil der Washingtoner Gesellschaft durch ihren freien Lebensstil einen echten Skandal aus. Die Administration – besonders unter dem Einfluss der Ehefrauen – war in der Haltung zu Peggy Eaton tief gespalten. Jackson und Van Buren führten das Lager der Verteidiger Peggy Eatons an, Vizepräsident Calhoun und mehrere Minister waren unter denen zu finden, die Frau Eaton verurteilten und gesellschaftlich brüskierten. Die berüchtigte Peggy-Eaton-Affäre, die »Eaton Malaria«, zog sich bis zum Rücktritt Eatons 1831 hin, belastete die Regierung und diente nicht gerade ihrer Handlungsfähigkeit. Sie trug zur Entfremdung zwischen Jackson und seinem Vizepräsidenten Calhoun bei, und sie ließ den Präsidenten eine weitere Neuerung ins Leben rufen, das berühmte »Kitchen Cabinet« (Küchenkabinett), eine informelle Beratergruppe des Präsidenten, deren Einfluss zeitweilig seit 1830 an die Stelle regulärer Kabinettssitzungen trat. Zu dieser »Nebenregierung« gehörten die

Journalisten Kendall und Blair, der Neffe und Sekretär des Präsidenten Andrew Jackson Donelson und sein politischer Manager William B. Lewis. Der Loyalität dieser Vertrauten konnte Jackson sicher sein, »sie bildeten einen Zirkel vertraulicher Berater, die Jackson dadurch wertvolle Unterstützung boten, dass sie seine Politik ausformulierten und der Öffentlichkeit präsentierten«[7]. Mit dem Rücktritt Eatons erhielt Jackson schließlich im Frühjahr und Sommer 1831 die Möglichkeit zu einer vollständigen Kabinettsumbildung. Das neue Kabinett bestand aus Männern, die Jackson unbedingt ergeben waren und mit großer Effektivität arbeiten konnten. Der Präsident beherrschte seither das Kabinett wie keiner seiner Vorgänger dies vermocht hatte, und er bereitete den Weg für eine zukünftige Stellung des Kabinetts als ein ausführendes Organ der Beschlüsse des Präsidenten.

In der Politik seiner Administration dominierten eindeutig innenpolitische Entwicklungen, Konflikte und Entscheidungen. Rahmenbedingungen dieser Vorgänge waren damals

- die mit der weiteren Entwicklung der kapitalistischen Wirtschaft, ihres Marktes, der industriellen Revolution und der Revolution des Verkehrs Hand in Hand gehende Veränderung der Lebensbedingungen von Kaufleuten und Farmern, Unternehmern, Handwerkern und Arbeitern (»Market Revolution«);
- der weitere Fortschritt zur Massendemokratie im Bereich der Wahlen, der Parteienentwicklung, des Pressewesens;
- eine neue Krise der Union infolge der Sonderinteressen des Südens der Vereinigten Staaten an der Erhaltung seines besonderen sozialen Systems;
- die nun massiv einsetzende Umsiedlung und Vertreibung der Indianer in die Gebiete westlich des Mississippi.

Die Indianerpolitik Jacksons verfolgte mit unnachgiebiger Härte vor allem das Ziel, die noch im Süden und Westen östlich des Mississippi verbliebenen Indianerstämme, die Creek, Cherokee, Choctaw, Chicasaw, Sauk, Fox und andere Stämme, in Gebiete westlich des Mississippi umzusiedeln und damit die Ausdehnung und Sicherung der Siedlungsgrenze und den Zugriff auf das Land für die weißen Siedler zu befördern und um das »Indianerproblem«, das für nicht möglich gehaltene Zusammenleben zweier unterschiedlicher Kulturen, auf radikale Weise zu lösen.

1830 unterzeichnete Jackson den »Indian Removal Act«, der die Stämme zwang, annähernd 100 Mio. Acres Indianerland aufzugeben und im Westen neu zu siedeln. Ein Teil der Stämme unterwarf sich angesichts der Übermacht des Bundes der Entscheidung, die Seminolen in Florida und die Cherokees in Georgia leisteten Widerstand. Sie wurden in den folgenden Jahren bis 1838/39 unter großen Verlusten gewaltsam in ihre neue »Heimat«, ins Indian Territory, das heutige Oklahoma, abgedrängt. Für die von der zwangsweisen Umsiedlung betroffenen Stämme, Männer und Frauen, Alte und Kinder, bedeutete die Vertreibung aus den gewohnten Lebensverhältnissen eine Katastrophe.

Die Indianerpolitik Jacksons wird heute in der amerikanischen Geschichtsschreibung allgemein kritisch reflektiert. Sein Nachruhm als einer der großen Präsidenten beruht hingegen vorwiegend auf der Meisterung der von South Carolina heraufbeschworenen »Nullifikationskrise« sowie auf seinem erfolgreichen Kampf gegen die Bank der Vereinigten Staaten.

Der Widerstand South Carolinas und anderer Staaten des Südens gegen den – noch von John Q. Adams unterzeichneten – Bundeszolltarif von 1828 setzte sich auch unter Jackson fort und erhielt neuen Zündstoff. Die dem Konflikt zwischen Bund und Südstaaten zugrunde liegenden sektoralen und sozialpolitischen Gegensätze bestanden ungemindert weiter. Gelang es nicht, die Verfassungskrise beizulegen, so konnte daraus leicht das Auseinanderbrechen der Union hervorgehen.

Im April 1830 traten die Gegensätze der beiden Lager bei einem Dinner aus Anlass des Jeffersontages in Washington deutlich und symbolisch vor die Öffentlichkeit. Präsident Jackson brachte dabei in Gegenwart von Calhoun, dem Wortführer des Südens, den programmatischen Toast aus: »Unsere föderative Union. Sie muss bewahrt werden.« Vizepräsident Calhoun erwiderte ebenso unmissverständlich: »Die Union – nach unserer Freiheit das Teuerste.« Die gegensätzlichen Prioritäten waren eindeutig. Jackson ging es um den Bestand, um die Einheit der Union. Calhoun stellte die Handlungsfreiheit für das besondere soziale System des Südens über die Union. Im folgenden Jahr (Juli 1831) bekräftigte Calhoun öffentlich die »Nullifikationstheorie« mit dem Anspruch, die Staaten hätten das Recht, Handlungen der Bundesregierung, die ihren eigenen Interessen zuwiderliefen, für ungültig zu erklären. Im November 1832 folgte South Carolina dieser Doktrin, erklärte die Bundeszolltarife von 1828 und den jüngst vom Kongress verabschiedeten Tarif von 1832 für null und nichtig und drohte bei Gewaltanwendung des Bundes mit dem Austritt aus der Union. Die Krise trat – zumal Jackson Ende Oktober die Forts im Hafen von Charleston hatte in Bereitschaft versetzen lassen – in ein akutes und gefährliches Stadium.

Jackson gelang es in der Folgezeit durch sein bestimmtes und zugleich flexibles Reagieren, die Krise zu entschärfen. Er kündigte in seiner Jahresbotschaft Anfang Dezember 1832 eine Reduzierung der Zollsätze an, um die Wogen der Empörung in South Carolina zu glätten. Gleichzeitig ließ er keinen Zweifel daran, dass er notfalls militärisch die Rechte der Union und der Bundesregierung schützen werde. Nach seiner Wiederwahl zum Präsidenten (5. Dezember 1832) bezeichnete er dann in seiner Kongressbotschaft vom 16. Januar 1833 die Nullifikation als »undurchführbar«, »anomal« und »subversiv« und bestritt ein Recht der Staaten, die Union zu verlassen. In den ersten Monaten des Jahres 1833 verabschiedete der Kongress sowohl einen von Henry Clay eingebrachten Kompromiss-Zolltarif, der von den meisten Staaten des Südens akzeptiert werden konnte, als auch eine vom Präsidenten beantragte Vollmacht (Force Bill), notfalls mit Gewalt das Zollgesetz auch in South Carolina durchzusetzen. Weitgehend nun auch im Süden isoliert, lenkte South Carolina ein und hob im März 1833 förmlich die Nullifikationserklärung auf. Für diesmal war der Verfassungskonflikt beigelegt.

Die energische Aktion Jacksons war auch deshalb möglich geworden, weil der Präsident die Wahlen im Dezember 1832 sicher gewonnen hatte. Für ihn – der nun Van Buren als »running mate« an seiner Seite hatte – stimmten 687.502 Wähler, was die klare Mehrheit von 219 Wahlmännern ergab. Für den Kandidaten der Nationalen Republikaner, den Senator Henry Clay aus Kentucky, stimmten 530.189 Wähler, was 49 Wahlmänner bedeutete. William Wirt als dritter Bewerber einer Antifreimaurerpartei erzielte 33.108 Stimmen und sieben Wahlmänner.

Wiederum eroberte Jackson den gesamten Süden (mit Ausnahme von South Carolina), den Westen (mit Ausnahme von Kentucky), und er siegte auch in New York,

Pennsylvania und weiteren Staaten. Er verfügte damit über eine sichere und überregionale politische Basis für die 1833 beginnende zweite Amtszeit.

Eine Neuerung im Bereich der Präsidentschaftswahlen wurde 1832 eingeführt, als zum ersten Mal die Demokratische Partei Jacksons nun ihren Kandidaten auf einem nationalen Konvent nominierte. Damit wurde naturgemäß für die Zukunft das Gewicht der Partei für die Auswahl und Aufstellung des Präsidentschaftskandidaten gestärkt.

Für den Kampf Jacksons gegen die Bank der Vereinigten Staaten, ein weiteres und spektakuläres Ereignis der Jackson-Präsidentschaft, gab es für den Präsidenten sowohl soziale als auch politische Motive. Die 1816 auf 20 Jahre begründete zweite Bank der USA verkörperte wirtschaftlich auf besondere Weise die etablierten Interessen des großen Geldes. Den Farmern und Siedlern vor allem des Westens, aber ebenso den Arbeitern in den Städten war die Bank mit ihrer Politik teurer Kredite verhasst. Sie symbolisierte die Konzentration wirtschaftlicher Macht ausgerechnet in einem Zeitalter wachsender Bestrebungen nach gleichen Chancen. Politisch war die Bank Verbündete der etablierten Ostküstenkräfte um Henry Clays Nationale Republikaner, also der politischen Gegner Jacksons. Infolgedessen entschloss sich der Präsident im Juli 1832 zu seinem Aufsehen erregenden Veto gegen die vom Kongress vorgesehene Verlängerung der Charta und damit der Lebensdauer der Bank über 1836 hinaus. Die Rede, in der Jackson sein Veto begründete, wurde zu einer der berühmtesten in der demokratischen Tradition der Präsidentschaftsgeschichte. Jackson führte aus, bedauerlicherweise würden die Reichen und Mächtigen nur zu häufig die Regierungshandlungen in ihrem Interesse zurechtbiegen. Soziale Unterschiede werde es immer geben. Gleichheit der Talente, der Erziehung oder des Reichtums könne durch menschliche Institutionen nicht hergestellt werden. Aber jedermann genieße in gleicher Weise den Schutz des Gesetzes. Doch wenn die Gesetze dazu dienen würden, exklusive Privilegien zu schaffen, um die Reichen reicher und die Mächtigen noch mächtiger zu machen, so hätten die einfachen Mitglieder der Gesellschaft, die Farmer, Handwerker und Arbeiter, ein Recht, sich über die Ungerechtigkeit ihrer Regierung zu beschweren. »Viele unserer reichen Männer … ersuchen uns, sie durch einen Kongressbeschluss noch reicher zu machen.« Dem müsse Einhalt geboten werden, wenn die Grundsätze der Amerikanischen Revolution und der Gründerväter nicht preisgegeben werden sollten.[8]

Mit dem Veto gegen das Bankgesetz nahm Jackson den Kampf gegen diese monopolähnliche Geldmacht auf. Er hielt an seiner Entscheidung auch in den folgenden Jahren fest. 1833 zog er die Regierungseinlagen in Höhe von elf Millionen Dollar von der Bank ab und verteilte sie auf verschiedene kleinere Staatsbanken. Im März 1834 gelang es zwar Henry Clay, im Senat zwei Resolutionen zu verabschieden, welche die Bankpolitik Jacksons tadelten, doch das Repräsentantenhaus stellte sich hinter die Politik des Präsidenten. Das Schicksal der Bank der Vereinigten Staaten blieb besiegelt. Anfang 1836 musste sie ihre Tätigkeit als Nationalbank einstellen.

Es kann hier nicht darauf eingegangen werden, ob die Bankpolitik Jacksons ökonomisch gesund oder erfolgreich war. Der leichtere Zugang zum Kredit, den die Staatsbanken erlaubten, löste eine Welle von Land- und Finanzspekulationen aus, gegen die Jackson 1836 im Interesse ökonomischer Stabilität wiederum aktiv werden musste. Seine Anordnung, öffentliches Land nur gegen Gold oder Silber – nicht gegen Papiergeld – zu veräußern, begünstigte erst recht Landspekulationen und wurde mit zu einem Anlass der Finanzkrise von 1837, die eine länger anhaltende Wirtschaftskrise eröffnete. Für Richtung und Stil der Regierung dieses Präsidenten bleibt der Kampf gegen die Bank – hundert Jahre später ein Vorbild der Reformer um Franklin D. Roosevelts New Deal – ein wesentliches Indiz.

Gegen Ende der zweiten Amtszeit rückten außenpolitische Probleme stärker in die Aufmerksamkeit der Regierung. Die nun seit 1835 einsetzenden Kämpfe um die Unabhängigkeit und Angliederung des zu Mexiko gehörenden Texas führten 1836 zur Ausrufung der Unabhängigkeit der Republik Texas. Der Kongress sprach im Juli 1836 die Anerkennung von Texas aus. Jackson zögerte zunächst, um die bisherige neutrale Haltung der USA gegenüber Mexiko nicht aufzugeben, zumal er nicht den Krieg gegen Mexiko wünschte. Allerdings vollzog er dann am letzten Tag seiner Amtsführung, am 3. März 1837, die Anerkennung durch die Ernennung eines Geschäftsträgers in der neuen Republik. Zu den zahlreichen wichtigen Ereignissen jener Jahre – 1830 wurde auch das erste Teilstück einer Eisenbahnlinie im Passagierverkehr eröffnet – gehörte das erste Attentat, das auf einen Präsidenten verübt wurde. Im Januar 1835 feuerte ein offenbar geisteskranker Hausmaler im Kapitol zwei Pistolenschüsse aus nächster Nähe auf Jackson ab, der erstaunlich kaltblütig reagierte und unverletzt blieb. Der Täter wurde zu einer lebenslänglichen Haft- und Hospitalstrafe verurteilt.

Bei den Präsidentschaftswahlen im Dezember 1836 siegte Jacksons Vizepräsident und politischer »Erbe« Martin Van Buren über die Kandidaten der Nationalen Republikaner, die sich jetzt Whigs nannten und gleich mit drei Gegenkandidaten aufwarteten (Harrison, Webster und White). Van Burens Vorsprung an Wählerstimmen war nur knapp, an Wahlmännern jedoch hinreichend sicher. Nachdem er noch der Amtseinführung Van Burens beigewohnt hatte, zog sich Jackson nach Tennessee auf seine Plantage und in das Privatleben zurück. Die Wirtschaftskrise von 1837 machte auch ihm zu schaffen, er hatte Absatzschwierigkeiten für seine Ernte und musste Schulden machen, die noch durch Verbindlichkeiten seines Adoptivsohnes vermehrt wurden. Er blieb lebhaft an den politischen Vorgängen im Land interessiert, unterstützte 1840 in Tennessee vergeblich die Wiederwahl Van Burens, förderte die politische Karriere von James K. Polk (des elften Präsidenten 1845–1849) und setzte sich nun für die Annexion von Texas ein.

Am 8. Juni 1845 starb Jackson auf seinem Besitz bei Nashville im Alter von 78 Jahren nach längerer und schwerer Krankheit. Der Historiker, der seinen unbestreitbar großen persönlichen Einfluss auf die Präsidentschaft und auf seine Zeit vor Augen hat, muss die Frage offen lassen, ob er sein Zeitalter prägte, wie Arthur M. Schlesinger in einer bahnbrechenden Monographie im Titel »The Age of Jackson« andeutete, oder ob er vielmehr Symbol des Zeitalters war, wie John William Ward mit dem Titel seiner Studie »Andrew Jackson – Symbol for an Age« meinte. Jedenfalls aber dürften beide Auffassungen jeweils bestimmten Seiten seiner historischen Rolle gerecht werden.

Anmerkungen

1 The American Presidents. The Office and the Men, hg. v. Frank N. Magill/John L. Loos, Bd. 1, Pasadena, California/Englewood Cliffs, New Jersey, 1986, S. 154.

2 Diese Erfahrung machte Tocqueville, der Verfasser von »Über die Demokratie in Amerika« 1831 in den USA, vgl. Arthur M. Schlesinger, jr., The Age of Jackson, Boston 1953, S. 93.

3 Seit 1828 entstanden in Philadelphia, New York und zahlreichen weiteren Städten erste lokale Arbeiterparteien.

4 Samuel E. Morison/Henry S. Commager, The Growth of die American Republic, Bd. 1, New York 1942, S. 471. Hierzu William Seale, The President's House. A History, Bd. 1, Washington, D.C. 1986, S. 176 ff.

5 Schlesinger, S. 6.

6 A Compilation of the Messages and Papers of the Presidents, hg. v. James D. Richardson, Bd. 2, Washington 1897, S. 1001.

7 American Presidents, S. 164.

8 Compilation of the Messages, Bd. 2, S. 1153.

Bibliographische Hinweise

Die Reden und Schriften von Jackson werden veröffentlicht in:

The Papers of Andrew Jackson, hg. v. Sam B. Smith/Harriet C. Owsley u. a., Bd. 1 ff., Knoxville, Tennessee, 1980 ff. (bisher erschienen 8 Bde.).

Eine Jackson-Bibliographie liegt vor mit:

Andrew Jackson: A Bibliography, hg. v. Robert V. Remini/Robert O. Rupp, 2 Bde., London 1991.

Im Rahmen der »Presidential Chronology Series« erschien:

Andrew Jackson 1767–1845, hg. v. Ronald E. Shaw, Dobbs Ferry, New York, 1969.

Die Standardbiografie in drei Bänden veröffentlichte:

Robert V. Remini, Andrew Jackson and the Course of American Empire, 1767–1821, New York 1977.

Ders., Andrew Jackson and the Course of American Freedom, 1822–1832, New York 1981.

Ders., Andrew Jackson and the Course of American Democracy, 1833–1845, New York 1984.

Die Entscheidungsprozesse der Jackson-Administration stehen im Vordergrund bei:

Richard B. Latner, The Presidency of Andrew Jackson: White House Politics, 1829–1837, Athens, Georgia, 1979.

Weiterhin anregend bleibt:

Arthur M. Schlesinger, jr., The Age of Jackson, Boston 1945.

Eine psychohistorische Biografie bietet:

John W. Ward, Andrew Jackson: Symbol For an Age, New York 1955.

Das Zeitalter Jacksons skizziert sachkundig:

Edward Pessen, Jacksonian America. Society, Personality and Politics, Neuaufl., Urbana, Illinois/Chicago 1985.

Neuerdings stehen zur Verfügung:

Donald B. Cole, The Presidency of Andrew Jackson, Lawrence, Ka., 1993.

Charles G. Sellers, The Market Revolution. Jacksonian America 1815–1846, New York 1991.

John F. Marszalek, The petticoat affair: manners, mutinity, and sex in Andrew Jackson's White House, New York 1997.

Richard E. Ellis, Andrew Jackson, Washington, D. C. 2002, [American presidents reference series].

MARTIN VAN BUREN

1782–1862

8. PRÄSIDENT DER USA 1837–1841

5. Dezember 1782	Martin Van Buren wird in Kinderhook, Columbia County, New York, geboren.
1796–1801	Van Buren arbeitet als Büroangestellter bei Anwalt Francis Sylvester.
1801–1803	Van Buren ist in einem Anwaltsbüro in New York City als Clerk tätig.
1803	erfolgt die Zulassung als Anwalt und Rückkehr nach Kinderhook, wo er als Anwalt tätig ist.
1807	Heirat mit Hannah Hoes (1783–1819).
seit 1807	Van Buren wird in der Politik des Staates New York aktiv und bekleidet verschiedene Ämter.
1812–1820	Van Buren gehört dem Senat des Staates New York an.
1821–1828	Senator der Vereinigten Staaten, 1829 für einige Monate Gouverneur von New York.
1829–1831	Staatssekretär unter Präsident Jackson.
1833–1837	Vizepräsident unter Jackson.
1837–1841	Präsident der USA.
1840 und 1844	Seine Bemühungen um die Wiederwahl bzw. neuerliche Nominierung als Präsidentschaftskandidat der Demokraten scheitern.
1848	Van Buren erhält als Kandidat der »Free Soil Party« nur 291.263 Stimmen, darauf zieht er sich aus der Politik zurück, schreibt mit Unterbrechungen seine Autobiografie.
1853–1855	Reise nach Europa (Audienz bei Königin Victoria und Papst Pius IX.).
24. Juli 1862	Van Buren stirbt im Alter von 79 Jahren in Kinderhook, New York, und wird dort beigesetzt.

»Martin Van Buren war eine kontroverse Persönlichkeit in der amerikanischen Geschichte. Von seinen Zeitgenossen wurde er entweder außergewöhnlich gepriesen oder rundum verdammt.«[1] »The little Magician«, wie Van Buren schon zu Lebzeiten genannt wurde, war ein Vollblutpolitiker, der wie Jackson aus einfachen Verhältnissen kam. Als Präsident mehr als nur der »Erbe Jacksons«, war er relativ erfolgreich bei der Bewahrung des inneren, sektoralen Friedens wie auch in der Erhaltung des Friedens nach außen, gegenüber Mexiko.

Martin Van Buren wurde am 5. Dezember 1782 in Kinderhook, New York, als Sohn von Abraham und Maria Hoes Van Buren geboren, die beide holländischer Herkunft waren. Sein Vater, ein Farmer und Gastwirt, besaß nicht die Mittel, um seinen Kindern eine gute Schulbildung zu ermöglichen. Mit 14 Jahren trat der junge Van Buren daher als Clerk in eine Anwaltspraxis in seinem Heimatort ein und eignete sich dort und später in einer Kanzlei in New York City die juristischen Kenntnisse an, die 1803 seine Zulassung als Anwalt erlaubten. Im gleichen Jahr kehrte er nach Kinderhook zurück und trat dort als Partner in die Anwaltspraxis seines Halbbruders ein. Damals war er ein unbedingter Anhänger Jeffersons. 1807 heiratete Van Buren seine entfernte Cousine und Jugendfreundin Hannah Hoes. Aus dieser Verbindung gingen vier Söhne hervor, bevor Hannah 1819 frühzeitig an Tuberkulose verstarb. Van Buren verband seit 1807 seine Tätigkeit als Anwalt mit politischer Aktivität für die Demokraten-Republikaner – die Partei Jeffersons und Madisons – in New York. 1808 erhielt er als Nachlassrichter im Columbia County sein erstes politisches Amt, dem weitere und wichtigere Wahlämter folgen sollten. 1812 wurde er in den Staatssenat von New York gewählt, dem er bis 1820 angehörte. Er befürwortete den Krieg von 1812, setzte sich für Maßnahmen seines Heimatstaates zugunsten des Krieges ein und gehörte zu den ersten Politikern, die im Land die Abschaffung der Gefängnishaft für zahlungsunfähige Schuldner forderte. Später setzte er sich für eine Reform des Wahlrechts und andere Reformen im Staat New York ein. 1821 bis 1828 weilte Van Buren als Bundessenator in Washington. Nach anfänglicher nervöser Beklommenheit, die ihn befiel, wenn er im Senat reden wollte, wurde er bald ein bekanntes Senatsmitglied und ein Architekt der neu entstehenden Demokratischen Partei, der Nachfolgerin von Jeffersons Republikaner-Demokraten.

In den Jahren der Präsidentschaft von John Quincy Adams (1825–1829) führte Van Buren die Senatsopposition gegen dessen aktive Innen- und Außenpolitik. Die Beteiligung am Panamakongress (1826), von Präsident Adams vorgesehen, lehnte er entschieden ab, indem er im Senat erklärte: »Ich bin gegen alle Allianzen, gegen alle bewaffneten Bündnisse und gegen Bündnisse jeder Art.«[2] In der Präsidentschaftskampagne von 1828 unterstützte Van Buren den demokratischen Bewerber Andrew Jackson, setzte sich äußerst aktiv für Jackson ein und sicherte seiner Kandidatur die Unterstützung einer politischen Koalition, die vom Staat New York bis nach South Carolina reichte. Er selbst kandidierte damals erfolgreich für das Gouverneursamt in New York, behielt aber diesen Posten nur für einige Monate, um dann im März 1829 als Außenminister in die Jackson-Regierung einzutreten.

Innerhalb der Jackson-Administration hatte Van Buren erheblichen Einfluss, er gehörte Jacksons »Küchenkabinett« an und unterstützte Jackson in der Peggy-Eaton-Affäre. »Sein größter Einfluss bestand in seiner Rolle als Vertrauter des Präsidenten, als politischer Interpret der Ereignisse und, vor allem, durch seine Bemühungen, Jacksons Auffassungen der Präsidentschaft in die Sprache der Partei umzusetzen.«[3] Als Außenminister schloss Van Buren einen Handelsvertrag mit der Türkei, der den USA maritime Rechte im Schwarzen Meer einräumte. Ebenso förderte er in einem Abkommen mit England den Westindienhandel der USA und vereinbarte mit Frankreich Reparationszahlungen für amerikanische Verluste während der napoleonischen Kriege. Bei einer Kabinettsumbildung schied Van Buren 1831 auf eigenen Wunsch aus der Regierung aus. Jackson berief ihn zum Gesandten in England. Der Senat verweigerte jedoch aus politischen Gründen die Bestätigung.

Jackson und seine Anhänger setzten 1832 auf dem Konvent der Demokraten die Nominierung Van Burens als Vizepräsidentschaftskandidat durch. Als solcher wurde er zusammen mit Jackson gewählt. Damit war Van Buren 1833–1837 Vizepräsident der Vereinigten Staaten. Er unterstützte Jackson weiterhin in allen Fragen und war nun sein engster Berater.

Bereits 1835 nominierten die Demokraten, dem Wunsch Jacksons entsprechend, Van Buren einstimmig zu ihrem Kandidaten für die Präsidentschaftswahlen von 1836. Die neue Whig-Partei, eine Koalition der Gegner des ihrer Meinung nach zu mächtigen »King Andrew«, also Präsident Jacksons, stellte gleich drei Gegenkandidaten mit verschiedenen regionalen Schwerpunkten auf, in der Hoffnung, damit Van Buren so viele Wahlmänner abzunehmen, dass eine Entscheidung durch das Repräsentantenhaus gefällt werden müsste. Van Buren setzte nochmals auf die Koalition der politischen Kräfte von Nord bis Süd, von Albany bis Richmond, sah sich allerdings bereits einer nicht nur in der Bankfrage gespaltenen Demokratischen Partei gegenüber und war der Verdächtigung ausgesetzt, er sei ein verkappter Abolitionist. Eilig versicherte er, er sei persönlich Gegner der Abolition und einer Einmischung in die Sklavenverhältnisse des Südens. Expräsident John Quincy Adams, inzwischen Kongressabgeordneter, nannte Van Buren »einen Mann des Nordens mit den Gefühlen des Südens«, der künftige Präsident jedoch verstand sich als ein Mann des Nordens mit »nationalen Gefühlen«, der sich bemühte, den nationalen Zusammenhalt, die föderative Union und den inneren Frieden durch Konzessionen und Kompromisse zu sichern.

Am Wahltag erzielte Van Buren 762.678 (= 51 %) der Stimmen und 170 Wahlmänner, während die Whig-Kandidaten Harrison, White und Webster nur auf 73, 26 bzw. 14 Wahlmänner kamen. In seiner Antrittsbotschaft vom 4. März 1837 legte Van Buren ein Bekenntnis zu den politischen Grundsätzen der Gründerväter ab und meinte, trotz mancher störenden Unruhen zu Hause oder in den auswärtigen Beziehungen »stehen wir in allen Eigenschaften eines großen, glücklichen und blühenden Volkes ohne Parallele in der Welt da. Nach außen genießen wir den Respekt und – mit kaum einer Ausnahme – die Freundschaft jeder Nation; zu Hause ... bieten wir eine Ansammlung von menschlicher Prosperität, die sicherlich nicht anderswo zu finden ist.«[4]

Entgegen den Erwartungen, Van Buren werde einen größeren personellen Wechsel in den Bundesämtern vornehmen, ließ der neue Präsident den personellen Bestand der Administration im Wesentlichen unverändert. Nur im Kriegsministerium erfolgte eine Neuberufung. Van Buren befürchtete, die Jagd um die Ämterbesetzung, einmal eröffnet, würde die innerparteilichen Spannungen und Spaltungen weiter vertiefen.

»Die Erhaltung der sektoralen Harmonie war eine der wichtigen Ergebnisse der Präsidentschaft Van Burens.«[5] Als Führer der Demokraten sorgte er für den Ausgleich unter ihren Mitgliedern aus dem Norden und Süden. Einerseits stemmte er sich im Norden im Interesse dieses Ausgleichs gegen die aufkommende Welle der Antisklaverei-Agitation. Andererseits veranlasste er die Parteiführer im Süden, ihren Wunsch nach der Annexion von Texas mit seinen Sklavereiverhältnissen zurückzustellen. Als das von Mexiko 1836 unabhängig gewordene Texas im August 1837 um Annexion in Washington ersuchte, ließ Van Buren seinen Außenminister John Forsyth dieser Bitte eine höfliche, aber feste Absage erteilen.

Außenpolitisch war Van Buren somit um die Verbesserung der am Ende der Jackson-Ära recht schlechten Beziehungen zu Mexiko bemüht. Seine Haltung in der Annexionsfrage und sein wiederholtes Angebot, die strittigen Ansprüche gegen Mexiko einer Schiedskommission zu unterbreiten, trugen schließlich Früchte, und eine schiedsgerichtliche Regelung – mit der der Frieden für einige Jahre bewahrt blieb – kam später zustande.

Noch bedrohlicher für den Frieden des Landes schienen damals zwei offene Streitfragen, die das Verhältnis zu Großbritannien kritisch gestalteten. Der eine Konflikt ergab sich aus der Unterstützung, welche eine Rebellion gegen die Krone in Kanada 1837 und

1838 aus dem amerikanisch-kanadischen Grenzgebiet heraus erhielt. Der Konflikt drohte zu eskalieren, als britische Streitkräfte das amerikanische Dampfboot »Caroline«, das Aufständische an Bord hatte, auf der amerikanischen Seite des Niagara versenkten.

Dabei kam ein Amerikaner ums Leben, andere wurden verwundet. Van Buren schickte Truppen in die Region, widerstand aber dem lauter werdenden Ruf nach einem Krieg gegen England und verkündete stattdessen die Neutralität der Vereinigten Staaten gegenüber der kanadischen Rebellion, die dann 1839 verebbte.

Eine zweite und noch ernstere Krise im Verhältnis zu England wurde 1839 durch einen Streit über den Grenzverlauf zwischen dem amerikanischen Maine und dem kanadischen New Brunswick heraufbeschworen. Der genaue Grenzverlauf war im Frieden von Paris 1783 späteren Verhandlungen überlassen worden. Diese hatten nur teilweise zu einer Einigung geführt. Als Van Buren Präsident wurde, alarmierten Zwischenfälle an dieser Grenze erneut die Öffentlichkeit. Im Februar 1839 schien schließlich ein Zusammenstoß der vom Gouverneur einberufenen Staatsmiliz von Maine mit den Soldaten Britisch-Kanadas an der umstrittenen Grenze unvermeidlich. Van Buren reagierte unverzüglich im Interesse einer Beilegung der Krise. Er dämpfte den Eifer des Gouverneurs von Maine, der die Miliz an die Grenze gesandt hatte, und handelte einen Waffenstillstand mit dem britischen Gesandten in Washington aus, der bis zu einem vereinbarten Grenzabkommen führen sollte. Dieser »ehrenhafte Frieden« bewährte sich und machte den Weg frei für das drei Jahre später unterzeichnete Grenzabkommen, den Webster-Ashburton-Vertrag von 1842.

In der Indianerpolitik setzte Van Buren die gewaltsame Umsiedlung der südlichen Stämme in Gebiete westlich des Mississippi (in das Indian Territory, das heutige Oklahoma) fort, die von seinem Vorgänger Jackson eingeleitet worden war. Dies betraf nun noch die Cherokee und Seminolen. Der Präsident beauftragte General Winfield Scott damit, die noch in Georgia verbliebenen Cherokee, durch Truppen und Staatsmiliz bewacht, aus ihren Wohngebieten zu vertreiben und in eine Gegend am oberen Tennessee umzusiedeln. Damit begann für die Cherokee-Indianer ein langer und opfervoller »Zug der Tränen«.

Gegen diese Vertreibungspolitik leisteten die Seminolen in Florida, unterstützt von einigen hundert entlaufenen Sklaven, hartnäckigen Widerstand. Einer der meistdiskutierten Vorgänge dieses mehrjährigen und blutigen zweiten Seminolenkrieges war die wortbrüchige Festnahme des Seminolenhäuptlings Osceola während eines zwecks Verhandlungen vereinbarten Waffenstillstands. In seiner letzten Jahresbotschaft vom 5. Dezember 1840 konnte Van Buren die Bilanz ziehen, dass 40.000 Indianer seit dem Frühjahr 1837 in Gebiete westlich des Mississippi umgesiedelt worden waren. Nur die Seminolen hätten Schwierigkeiten bereitet, so dass schließlich 10.000 Soldaten gegen sie hatten aufgeboten werden müssen, um den Widerstand zu brechen.[6]

Zu einem Hauptereignis der inneren Entwicklung in den Jahren der Van-Buren-Präsidentschaft wurde die »Panik von 1837«, die heftige Wirtschaftskrise, die zwei Monate nach seinem Amtsantritt zum Ausbruch kam. Sie folgte auf eine Zeit wilder Landspekulationen, von Inflation und Kreditverknappung in der letzten Zeit der Jackson-Präsidentschaft. Im Mai 1837 stellten New Yorker Banken die Hartgeldzahlungen ein, andere Banken folgten. Über 600 Banken gingen Bankrott. Die Folgen dieser ersten großen Wirtschaftskrise in der Geschichte der USA, einschließlich erheblicher Arbeitslosigkeit, vor allem im Süden und

Westen des Landes, dauerten bis 1842/43 an. Die amerikanische Kreditfähigkeit im Ausland nahm Schaden, und das Auslandskapital in den USA verringerte sich. Van Buren versuchte, der Krise während einer Sondersitzung des Kongresses im September 1837 beizukommen. Er befürwortete eine Hartgeldwährung, kritisierte die staatlich zugelassenen Banken und sprach sich für die Einrichtung eines unabhängigen Schatzamt-Depositensystems, unabhängig von den Staatsbanken, aus. Die Trennung der Regierungseinlagen und -transaktionen von den regulären Staatsbanken wurde von Van Buren gegen heftigen Widerstand der Whigs, die eine Neuauflage der Zentralbank und ein anderes Kreditsystem befürworteten, schließlich nach einer Welle weiterer Bankzusammenbrüche durchgesetzt. Am 4. Juli 1840 konnte der Präsident den »Independent Treasury Act« unterzeichnen. Er erlaubte der Regierung die ausschließliche Verantwortlichkeit für ihre eigenen Guthaben und sah regierungseigene Depositorien für die Verwaltung ihrer Guthaben vor, die in Washington sowie in New York, Boston, Charleston und St. Louis eingerichtet wurden. Ab 30. Juni 1843 sollten laut diesem Gesetz alle finanziellen Regierungstransaktionen in Hartgeld erfolgen. Parteigänger Van Burens feierten in Washington das Gesetz als »Zweite Unabhängigkeitserklärung«. Dieses unabhängige Schatzamtsystem wurde zwar 1841 von den Whigs nicht weitergeführt, aber von den Demokraten 1846 wieder aufgenommen und bestand dann bis 1913, bis es von Wilson mit dem Federal-Reserve-System verschmolzen wurde. »Das unabhängige Schatzamtsystem erwies sich für die Verwaltung der Regierungsfonds als sicher und ausreichend und schien auch einigen Erfolg in der Einschränkung des übermäßigen Notenumlaufs und in der Förderung des Barverkehrs zu haben. Es verhinderte außerdem, dass durch eine Finanzkrise Bundesmittel blockiert wurden. Eine Schwäche lag allerdings darin, dass es einen Teil des Bargeldes der Nation dem Umlauf entzog.«[7] Auch löste die Einrichtung eines unabhängigen Schatzamtsystems, das durchaus zu den auffallenden Ergebnissen der Van-Buren-Präsidentschaft zu rechnen ist, nicht die grundlegenden Probleme der Kontrolle des Kredits.

Der Streit um die Zweckmäßigkeit der »Zweiten Unabhängigkeitserklärung« und eine Vertiefung der Wirtschaftskrise im Sommer 1840 ließen die Aussichten auf eine Wiederwahl Van Burens in den Wahlen von 1840 eher schwinden.

Während die Demokraten auf ihrem Parteikonvent in Baltimore im Mai 1840 unangefochten im ersten Wahlgang Van Buren nominierten, stellte die Whig-Partei auf ihrem Konvent in Harrisburg, Pennsylvania, im Dezember 1839 diesmal nur einen Kandidaten auf, nämlich William Henry Harrison aus Ohio, einen früher vor allem in den Indianerkriegen erfolgreichen General. Der Wahlkampf von 1840 gilt als einer der ersten modernen Präsidentschaftswahlkämpfe mit Hymnen, Abzeichen und Aufmärschen auf beiden Seiten. Harrison gelang es, sich als Mann des Westens, der Blockhausbewohner, der Freunde des »Cider«, des Apfelweins, zu geben. Van Buren dagegen stand weiter im Schatten der Wirtschaftsflaute und musste sich im Wahlkampf ein luxuriöses Leben im Weißen Haus – berechtigt oder unberechtigt sei dahingestellt – vorhalten lassen. Harrison führte eine weitere Neuerung in den Wahlkampf ein, indem er als erster Kandidat offen im eigenen Wahlkampf auftrat. Van Buren, wie andere Präsidenten vor ihm, hatte selbst keinen aktiven Anteil an der Kampagne. Bereits im September sah er resignierend die eigene Niederlage voraus, angesichts eines von der Gegenseite erbarmungslos geführten Wahlkampfes. Der Sieg Harrisons und Van Burens Niederlage fielen denn auch deutlich aus. Van Buren verlor sogar in seinem eigenen Staat, in New York, und im Staat seines väterlichen Freundes Jackson, in Tennessee. Harrison hatte nicht nur die Blockhausbewohner des Westens, sondern auch die Bankiers des Ostens auf seiner Seite. Für ihn stimmten 53 %, für Van Buren 47 % der Wähler. Harrison gewann damit 234 Wahlmänner aus 19 Staaten, Van Buren nur 60 Wahlmänner aus sieben Staaten, die überwiegend im Süden lagen.

Der Präsident nahm seine Niederlage gelassen und mit guter Haltung auf, wie er dies in seiner politischen Laufbahn stets hielt. Als Harrison Anfang 1841 in Washington eintraf, lud er ihn als Ehrengast ins Weiße Haus ein und bot ihm dort Zimmer an, damit er frühzeitig einziehen könne. In seiner letzten Kongressbotschaft verwies Van Buren stolz auf die Ergebnisse seiner Präsidentschaft. Die Nation war im Frieden und erfreute sich relativ sicherer Grenzen. Über das Problem der Sklaverei ging er schweigend hinweg, vielmehr hob er die sektorale Harmonie als Erfolg seiner Amtszeit hervor. »Inmitten der dramatischeren Präsidentschaften von Jackson und Polk schuf diejenige von Van Buren ein Intervall von relativer Ordnung und Ruhe.«[8]

Nach dem Ausscheiden aus dem Amt kehrte Van Buren auf seinen Landsitz Lindenwald in Kinderhook, New York, zurück. 1844 bewarb er sich nochmals um die Nominierung als Präsidentschaftskandidat auf dem Nationalkonvent seiner Partei in Baltimore, doch unterlag er dort – hauptsächlich wegen seiner Opposition gegen die Annexion von Texas – dem expansionistisch eingestellten James Polk. Das Angebot Präsident Polks, als Gesandter der USA nach Großbritannien zu gehen, lehnte Van Buren ab. 1848 wurde er dann als Präsidentschaftskandidat der »Free Soil Party« nominiert, einer Koalition von Sklavereigegnern aus Demokratischer und Whig-Partei, die den Wahlkampf mit der Losung »Free soil, free speech, free labor, and free men« führte. Die Wahlen gewann der Whig-Kandidat Zachary Taylor. Van Buren und sein »running mate« Charles Francis Adams, der Sohn von Expräsident John Quincy Adams, konnten mit insgesamt 291.000 Stimmen in keinem Staat die Mehrheit erzielen, sie verhinderten aber mit ihrer Kandidatur die Wahl des Demokraten Lewis Cass zum neuen Präsidenten.

Nun zog sich der 66-jährige Van Buren aus dem politischen Leben zurück, widmete sich seinem Landgut und seinen Freunden, baute Kartoffeln an, schrieb seine Autobiografie, die unvollendet blieb, und ging (1853–1855) auf eine Europareise. Van Buren war der erste Expräsident, der die USA verließ, um im Ausland auf Reisen zu gehen. In seinen letzten Lebensjahren unterstützte er in den Präsidentschaftswahlen wieder die Kandidaten der Demokraten Franklin Pierce, James Buchanan, Stephen A. Douglas. Er erlebte noch den Beginn des Bürgerkrieges und stand nun ganz auf der Seite Abraham Lincolns und der Union. Am 24. Juli 1862 starb Van Buren, 79 Jahre alt, an Herzversagen. Unter Anteilnahme der Bevölkerung und eskortiert von der örtlichen Feuerwehr wurde er in Kinderhook beigesetzt.

Anmerkungen

1 John Niven, Martin Van Buren. The Romantic Age of American Politics, New York/Oxford 1983, S. VII.

2 William A. DeGregorio, The Complete Book of U. S. Presidents, 2. Aufl., New York 1989, S. 127.

3 The American Presidents. The Office and the Men, hg. v. Frank N. Magill/John L. Loos,

Bd. 1, Pasadena, California/Englewood Cliffs, New Jersey, 1986, S. 186.

4 A Compilation of The Messages and Papers of the Presidents, hg. v. James D. Richardson, Bd. 3, Washington 1897, S. 1531.

5 American Presidents, S. 189.

6 The State of The Union Messages of the Presidents 1790–1966, hg. v. Fred L. Israel, Bd. 1, New York 1967, S. 557.

7 Harold U. Faulkner, Geschichte der amerikanischen Wirtschaft, Düsseldorf 1957, S. 170 f.

8 Major L. Wilson, The Presidency of Martin Van Buren, Lawrence, Kansas, 1984, S. XII.

Bibliographische Hinweise

Die Autobiografie Van Burens reicht bis 1834, sie erschien erst 1920:

The Autobiography of Martin Van Buren, hg. v. John C. Fitzpatrick, Washington 1920 (Reprint: New York 1973).

Daten, Dokumente und eine Bibliographie enthält:

Martin Van Buren, 1782–1862, hg. v. Irving J. Sloan, Dobbs Ferry, New York, 1969.

Als neuere Biografien seien erwähnt:

John Niven, Martin Van Buren: The Romantic Age of American Politics, New York/Oxford 1983.

Donald B. Cole, Martin Van Buren and the American Political System, Princeton, New Jersey, 1984.

Über die Präsidentschaft informiert:

James C. Curtis, The Fox at Bay: Martin Van Buren and the Presidency, 1837–1841, Lexington, Kentucky, 1970.

Major L. Wilson, The Presidency of Martin Van Buren, Lawrence, Kansas, 1984.

Über Van Burens Anteil an der Bildung der Demokratischen Partei:

Robert V. Remini, Martin Van Buren and the Making of the Democratic Party, New York 1959.

Eine umfangreiche Bibliographie enthält:

Jerome Mushkat/Joseph G. Rayback, Martin Van Buren: Law, Politics, and the Shaping of Republican Ideology, DeKalb, Ill., 1997.

WILLIAM H. HARRISON

1773–1841

9. PRÄSIDENT DER USA 1841

9. Februar 1773	William Henry Harrison wird in Berkeley, Virginia, geboren.
1791	Sein Medizinstudium an der University of Pennsylvania beendet Harrison noch im gleichen Jahr, um zum Kampf gegen die Indianer in die Armee einzutreten.
1792	Harrison wird Leutnant,
1793	Adjutant von General Wayne.
1794	Harrison nimmt an der Schlacht von Fallen Timbers gegen die Indianer teil.
1795	Harrison heiratet Anna Tuthill Symmes (1775–1864).
1798	Harrison scheidet im Rang eines Hauptmanns aus der Armee und wird
1798–1799	Sekretär des Nordwest-Territoriums.
1799–1800	Harrison ist als Vertreter des Nordwest-Territoriums Mitglied des Repräsentantenhauses.
1800–1813	Gouverneur des Indiana-Territoriums.
1811	Harrison siegt in der »Battle of Tippecanoe« über die Indianer.
1812–1814	Harrison nimmt als General am Krieg gegen England teil und besiegt die Briten sowie die Indianer unter Tecumseh in der »Battle of the Thames River«.
1816–1819	Mitglied des Repräsentantenhauses in Washington.
1819–1821	Harrison gehört dem Senat von Ohio an.
1825–1828	Senator in Washington.
1828–1829	Gesandter in Kolumbien.
1829–1836	Harrison lebt auf seiner Farm in North Bend, Ohio.
1836	Harrison verliert als Whig-Kandidat die Präsidentschaftswahl gegen Van Buren.
1840	Harrison gewinnt die Präsidentschaftswahl gegen Van Buren.
4. März 1841	Beginn der Präsidentschaft Harrisons.
4. April 1841	Harrison stirbt im Alter von 68 Jahren in Washington, die sterblichen Überreste werden nach North Bend, Ohio, überführt.

William Henry Harrison war mit 68 Jahren der zweitälteste Präsident. Er starb bereits einen Monat nach der Amtseinführung, wodurch seine Präsidentschaft auch die kürzeste Administration in der Geschichte der USA wurde. Damit rückte auch zum ersten Mal ein Vizepräsident in das Präsidentenamt auf.

Harrison wurde am 9. Februar 1773 auf der Berkeley Plantage in Virginia geboren, als Sohn des wohlhabenden Pflanzers und Politikers Benjamin Harrison, der drei Jahre später zu den Unterzeichnern der Unabhängigkeitserklärung zählte. William Harrison studierte für kurze Zeit Medizin, bevor er 1791 in die Armee eintrat, um an den Kämpfen gegen die Indianer im Nordwesten – an der Seite von General Wayne – teilzunehmen. Als Leutnant heiratete er 1795 Anna Symmes, die ein Farmland am Ohio (»North

Bend«) in die Ehe einbrachte. Sechs Söhne und vier Töchter gingen aus der Ehe hervor. Der 1833 geborene Enkel Benjamin Harrison sollte später ebenfalls Präsident werden.

Nach dem Ende jener Phase der Indianerkriege schied Harrison 1798 aus der Armee aus und übernahm nun Verwaltungsaufgaben im Nordwesten, seit 1800 als Gouverneur des Indiana-Territoriums. Hier stand er vor einer kaum lösbaren Aufgabe, er sollte »die Freundschaft und das Vertrauen der Indianer gewinnen und sie vor der Raubgier der weißen Siedler schützen, aber gleichzeitig für die Regierung so viel Land als möglich von den westlichen Stämmen erwerben«.[1] Durch Letzteres wuchsen die Spannungen zu den Indianern neuerlich an. 1811 wurden die Feindseligkeiten an der Indianergrenze wieder eröffnet. Harrison konnte im November 1811 am Tippecanoe Creek einen Überraschungsangriff einiger hundert Indianer mit seinen zahlenmäßig überlegenen Kräften zurückschlagen. Anschließend wurde die benachbarte Indianersiedlung niedergebrannt. Dies begründete den späteren Ruhm Harrisons als Indianerkämpfer und brachte ihm den Namen »Old Tippecanoe« ein. Manche nannten ihn nun gar den »Washington of the West«. Im Krieg von 1812 bis 1814 gegen Großbritannien diente Harrison im Generalsrang und wurde schließlich zum Befehlshaber der Nordwestarmee ernannt. Im Oktober 1813 schlug er die verbündeten Briten und Indianer in der Schlacht am Thames in Kanada. Der Shawnee-Häuptling Tecumseh, der die 1200 Indianer geführt hatte, fiel. »Der Sieg in der Schlacht am Thames sicherte den Nordwesten und machte Harrison zu einem nationalen Heros.«[2] 1814 schied Harrison wegen Differenzen mit Kriegsminister John Armstrong aus der Armee aus. Anschließend lebte er einige Zeit auf seiner Farm in North Bend, Ohio, in der Nähe von Cincinnati.

1816 begann ein neuer Abschnitt in Harrisons Leben, seine politische Laufbahn als Kongressabgeordneter (1816–1819), Staatssenator in Ohio (1819–1821), Bundessenator in Washington (1825–1828) und Gesandter der Vereinigten Staaten in Kolumbien (1828–1829). Politisch stand er damals Henry Clay und John Quincy Adams nahe, befürwortete Mehrausgaben für die Streitkräfte, »internal improvements« (nationale Reformen und Verbesserungen) und Schutzzölle.

Als Präsidentschaftskandidat der Whig-Partei unterlag er 1836 dem Demokraten Van Buren. 1840 wurde er neuerlich von den Whigs nominiert. Als Mann des Westens und der Grenze aufgebaut, als angeblicher »Blockhausbewohner« gefeiert und als ein Symbol militärischen Ruhms konnte Harrison im Wahlkampf ohne ein wirkliches politisches Programm genügend Wähler mobilisieren. Seine Partei führte den Wahlkampf erstmals im modernen Stil mit Songs, Losungen und Souvenirs sowie mit Rednern, die das ganze Land bereisten. Harrison und der Vizepräsidentschaftskandidat der Whigs, John Tyler, siegten denn auch über Van Buren mit klarem Vorsprung an Wählerstimmen und einem deutlichen Übergewicht an Wahlmännern (234 : 60).

Harrison war der erste Präsident, der mit der Eisenbahn – von Baltimore kommend – zur Inauguration in Washington eintraf. An einem kalten und stürmischen Märztag (4. März 1841) fand seine Amtseinführung vor dem Ostportal des Kapitols statt. Seine Inauguraladresse wurde mit fast zwei Stunden Dauer die längste Antrittsrede überhaupt. Bei den Feierlichkeiten dieses Tages erkältete sich der neue Präsident. An einer Lungenentzündung verstarb er am 4. April 1841. Vorübergehend wurde er unter großer Anteilnahme der Bevölkerung in Washington beigesetzt, bevor er im Juni 1841 auf den Friedhof in North Bend, Ohio, übergeführt wurde.

»Old Tippecanoe hatte praktisch keinen direkten Einfluss auf das Präsidentenamt selbst, aber die Methode seiner Wahl und die Umstände seines Todes waren von bleibender Bedeutung.«[3]

ANMERKUNGEN

1 The American Presidents. The Office and the Men, hg. v. Frank N. Magill/John L. Loos, Bd. 1, Pasadena, California/Englewood Cliffs, New Jersey, 1986, S. 203.

2 William A. DeGregorio, The Complete Book of U. S. Presidents, 2. Aufl., New York 1989, S. 142.

3 American Presidents, S. 208.

BIBLIOGRAPHISCHE HINWEISE

Von Harrison selbst stammt und dient noch heute als Quelle für die Geschichte der Indianer:
A Discourse on the Aborigines of the Valley of the Ohio, Boston 1839.
Seine Inauguraladresse ist abgedruckt bei:
A Compilation of the Messages and Papers of the Presidents, hg. v. James D. Richardson, Bd. III, Washington 1897, S. 1860 ff.
Reden und Briefe Harrisons sind publiziert in:
The Messages and Letters of William Henry Harrison, hg. v. Logan Esarey, 2 Bde., Indianapolis, Indiana, 1922.
Eine Chronologie, Dokumente und Bibliographie bietet:
William Henry Harrison, 1773–1841; John Tyler, 1790–1862, hg. v. David A. Durfee, Dobbs Ferry, New York, 1970.
Biografien:
James A. Green, William Henry Harrison: His Life and Times, Richmond, Virginia, 1941.
Dorothy B. Goebel, William Henry Harrison: A Political Biography, Indianapolis, Indiana, 1926 (Reprint: Philadelphia 1974).
Im Rahmen der American Presidency Series erschien:
Norma Lois Peterson, The Presidencies of William Henry Harrison & John Tyler, Lawrence, Kansas, 1989.
Über die Präsidentenwahlen von 1840 informiert:
Robert G. Gunderson, The Log-Cabin Campaign, Lexington, Kentucky, 1957.
Neu ist:
Kenneth R. Stevens (Hg.), William Henry Harrison: a bibliography, Westport, Conn. 1998.

JOHN TYLER

1790–1862

10. PRÄSIDENT DER USA 1841–1845

29. März 1790	John Tyler wird in Greenway, Charles City County, Virginia, geboren.
1802–1807	Philologie- und Literaturstudium am College of William and Mary.
1809	Zulassung als Rechtsanwalt in Charles City County.
1811–1816	Abgeordneter im Virginia House of Delegates (erneut: 1823–1825).
1813	Heirat mit Letitia Christian (1790–1842).
1817–1821	Kongressabgeordneter in Washington.
1825–1827	Gouverneur von Virginia.
1827–1836	Bundessenator (von Virginia) in Washington.
1838	Präsident der »Virginia African Colonization Society«.
1840	Wahl zum Vizepräsidenten der USA (gemeinsam mit Präsident Harrison).
1841	Vizepräsident der USA.
1841–1845	Präsident der USA.
1844	Zweite Ehe mit Julia Gardiner (1820–1889).
1860	Kanzler des College of William and Mary.
1861	Tyler ist Vorsitzender einer Friedenskonferenz in Washington, die den Bürgerkrieg verhindern soll. Er wird in den Provisorischen Kongress der Konföderierten Staaten gewählt.
18. Januar 1862	John Tyler stirbt im Alter von 71 Jahren in Richmond, Virginia, und wird dort beigesetzt.

John Tyler war der erste Vizepräsident, der durch den Tod eines Präsidenten ins Weiße Haus einzog und so die Amtsnachfolge als Präsident antrat. Er war schon zu Lebzeiten umstritten, wurde von seiner eigenen Partei angefeindet und schließlich aus dem Amt gedrängt. Heute gilt er bei aller Effektivität im Einzelnen als im Ganzen wenig erfolgreicher Präsident. Wie einige Präsidenten zuvor stammte auch John Tyler aus einer wohlhabenden Grundbesitzerfamilie Virginias. Sein Vater, John Tyler, war Plantagenbesitzer, Herr über 40 Sklaven und zeitweilig (1809–1811) Gouverneur von Virginia. Der junge John Tyler kam in Greenway, dem Familiengut am James River, am 29. März 1790 zur Welt. Mit zwölf Jahren begann er ein Studium der klassischen Sprachen, der englischen Literatur, der Geschichte und Volkswirtschaft am College of William and Mary. Mit 17 Jahren legte er das Examen ab, um sich nun dem Rechtsstudium zu widmen. 1809 wurde er als Anwalt zugelassen und praktizierte einige Zeit in Charles City County, Virginia. Als Anhänger Jeffersons und seiner Republikaner-Demokraten wurde Tyler 1811 zum Abgeordneten in die Kammer seines Heimatstaates Virginia gewählt.

Mit 23 Jahren heiratete Tyler die 22-jährige Letitia Christian, Tochter eines ebenfalls wohlhabenden virginischen Plantagenbesitzers. Fromm, häuslich und selbstlos zog Letitia Tyler sieben Kinder groß. Nach einem Schlaganfall 1839 blieb sie gelähmt, als First Lady lebte sie zurückgezogen in den Familiengemächern des Weißen Hauses. 1842 starb sie an den Folgen eines zweiten Schlaganfalls.

Tyler setzte seine politische Laufbahn 1817–1821 als Kongressabgeordneter in Washington fort. Er gehörte zu den Kritikern der 1816 gegründeten Bank der Vereinigten Staaten, lehnte hohe Schutzzölle und »internal improvements« mit Bundesmitteln ab und führte die Opposition gegen den Missouri-Kompromiss (1820) an, da der Kongress nicht das Recht habe, die Sklaverei einzuschränken. Aus gesundheitlichen Gründen trat er als Abgeordneter 1821 zurück und wurde vorübergehend Privatmann. Ein neuerlicher politischer Anlauf führte ihn 1823–1825 nochmals in die Abgeordnetenkammer von Virginia. Anschließend war er zwei Jahre Gouverneur Virginias, ohne die von ihm gewünschten Verbesserungen im Erziehungs-, im Verkehrs- und Transportwesen durchsetzen zu können. Als Senator seines Staates in Washington (1827–1836) gehörte er zu den Gegnern von Präsident John Q. Adams und unterstützte 1828 und 1832 die Wahl des Demokraten Andrew Jackson. Im Konflikt zwischen der Jackson-Administration und South Carolina wegen der »Nullification Crisis« wandte er sich dann gegen Jackson und suchte zunächst eine vermittelnde Position einzunehmen. Die von Jackson angedrohte militärische Durchsetzung des umstrittenen Zolltarifs im rebellischen South Carolina lehnte er als einziger Senator 1833 offen ab. Seitdem schloss er sich Henry Clay und der neu entstandenen Whig-Partei an, einer heterogenen Koalition von Jackson-Gegnern im Norden und Süden des Landes. Auf seinen Senatssitz verzichtete Tyler 1836, weil er nicht einer Instruktion des Abgeordnetenhauses von Virginia folgen wollte, die von ihm forderte, für die Aufhebung einer Senatskritik am Verhalten Jacksons zu stimmen. Sein Versuch, sich im gleichen Jahr als Vizepräsidentschaftskandidat der Whig-Partei aufstellen zu lassen, war nicht erfolgreich. Nach einer nochmaligen Wahl zum Mitglied der Abgeordnetenkammer von Virginia (1838) nominierten ihn die Whigs dann Ende 1839 auf ihrem Nationalkonvent zum Vizepräsidentschaftskandidaten an der Seite von William Henry Harrison. »Tippecanoe and Tyler too« wurde zum eingängigen Wahlslogan der Wahlkampagne von 1840. Tyler sollte dem ergrauten Helden des Sieges über die Indianer am Tippecanoe Creek (1811) die gewünschte Wahlunterstützung im Süden sichern. Mit Harrison wurde er dann im November 1840 gewählt. Als Tyler sein Amt als Vizepräsident antrat, kannte er nicht den angegriffenen Gesundheitszustand von Präsident Harrison und rechnete nicht damit, so bald selbst Präsident zu werden. Die Nachricht vom Tod Harrisons erreichte Tyler am Morgen des 5. April 1841 in Williamsburg, Virginia. Er kehrte unverzüglich nach Washington zurück und wurde dort am folgenden Tag, am 6. April 1841, von Chefrichter William Cranch als Präsident vereidigt. Noch am Nachmittag hielt der neue Präsident eine Kabinettssitzung ab, am 14. April zog er in das Weiße Haus ein.

Die Handhabung der Amtsübernahme durch Tyler bedeutete einen Präzedenzfall in der Präsidentengeschichte. Zum ersten Mal verstarb mit Harrison ein Präsident im Amt, zum ersten Mal trat mit Tyler ein Vizepräsident die Amtsnachfolge an. Die Verfassung hatte die Nachfolge durch den Vizepräsidenten nicht im Einzelnen geregelt. Die Meinungen darüber gingen damals auseinander. Sollte der nachfolgende Vizepräsident nur die Rechte und Pflichten des Präsidenten, nicht aber die Präsidentschaft selbst übernehmen, wie manche Stimmen äußerten? Dann wäre Tyler nur ein »amtierender Präsident« gewesen. Oder sollte sich der durch »Succession« ins Präsidentenamt aufgerückte Tyler ungeschmälert als Präsident der Vereinigten Staaten verstehen?

Tyler entschied sich ohne zu zögern für diese Möglichkeit. Eingehende Post, die an den »amtierenden Präsidenten« gerichtet war, ließ er ungeöffnet zurücksenden. Damit schlug der bisherige Vizepräsident durch sein Vorgehen einen Weg der Amtsübernahme ein, der in künftigen Fällen übereinstimmend weiter, also mit der Übernahme des vollen Status des Präsidenten, begangen wurde.

Als Tyler Präsident wurde, war er 51 Jahre alt, über seinen Heimatstaat hinaus politisch erfahren, ein guter Redner, mit gesundem Humor, Geduld und Freundlichkeit im Umgang ausgestattet. In politischen Streitfragen beharrte er eigensinnig und stolz auf seinem Standpunkt. Anders als Jackson oder Van Buren vor ihm zeigte er eine gewisse Distanz gegenüber der breiten Masse. Seine politischen Auffassungen und Wertvorstellungen entsprachen den gebildeten Grundbesitzerkreisen des damaligen Virginia bzw. des Südens überhaupt. In religiösen Fragen war er tolerant. Die in jener Zeit aufkommenden Konflikte zwischen (einheimischen) Protestanten und (eingewanderten) Katholiken lehnte er ab. Die strikte Trennung von Staat und Kirche, von Glauben und Politik gehörte zu seinen Lebensgrundsätzen.

Politisch war er als Jeffersonianer, als Demokrat und zuletzt als Whig stets für die strikte Einhaltung und Auslegung der Verfassung eingetreten, er war in dieser Frage ein »Konstruktionist« wie James Madison vor ihm. Vor allem aber war er ein leidenschaftlicher Verteidiger der Rechte und Vollmachten der Einzelstaaten, der »states' rights«, die vom Bund nicht angetastet oder geschmälert werden durften. Darin unterschied er sich von der Mehrheit der Whigs, für die er ja 1840 an der Seite Harrisons kandidiert hatte. Deren Programm für Schutzzölle, für die Ersetzung des von Van Buren eingerichteten Schatzamtes (Independent Treasury Act) durch die Einrichtung einer dritten Bank der Vereinigten Staaten und für »internal improvements« durch Straßen- und Kanalbau mit Bundesmitteln stieß auf den Widerstand des neuen Präsidenten. Da Henry Clay, der Führer der Whigs im Kongress, die dort in beiden Häusern über die Mehrheit verfügten, seine politischen Ziele und seine Führungsrolle nun gegen den Präsidenten und dessen Willen unbedingt durchsetzen wollte, musste es zum Konflikt kommen. Die Feindschaft zwischen Clay und Tyler lag bald wie ein Schatten über dem Verhältnis des Präsidenten zum Kongress und zu der Partei, die ihn 1840 nominiert hatte, und trug dazu bei, dass Tylers Innenpolitik insgesamt wenig erfolgreich verlief.

Im Juni 1841 brachte Henry Clay auf einer Sondersitzung des Kongresses verschiedene Gesetze ein, die unter anderem die Aufhebung des »Independent Treasury Act«, die Wiedereinrichtung einer Bank der Vereinigten Staaten, eine Erhöhung der Zölle und die Verteilung der Einnahmen aus dem Verkauf des öffentlichen Landes unter die Einzelstaaten vorsah. Der Eckstein dieser Gesetzesvorlagen, das Bankgesetz, wurde noch im Sommer 1841 zwei Mal durch das Veto von Präsident Tyler zu Fall gebracht. Im Gegenzug schieden darauf im September 1841 bis auf Außenminister Daniel Webster alle Kabinettsmitglieder aus der Regierung aus. Tyler war gezwungen, das Kabinett neu zu besetzen, und er wählte dafür Demokraten, die seine Ansichten teilten. Allerdings musste er in den wenigen Jahren seiner Regierung noch manche Umbesetzung vornehmen. Im Juni 1842 legte Tyler auch gegen das Zollgesetz sein Veto ein. Die Führer der Whig-Partei, enttäuscht und verärgert darüber, dass der Präsident sich nicht zum Sachwalter ihrer Wünsche machen ließ, belegten den Präsidenten mit Spottnamen, schalten ihn »einen Mann ohne Verstand und Integrität, dessen Name das Synonym für nichts (nihil) sei«, Henry Clay nannte ihn »einen Präsidenten ohne Partei« (»a President without a party«).[1]

Im Januar 1843 kam es sogar zu dem Versuch, ein Impeachmentverfahren gegen Tyler im Kongress zu eröffnen. Die Vorwürfe gegen »John Tyler, Vizepräsident, der als Präsident amtiert«, lauteten auf Korruption, Misswirtschaft im Amt, Amtsvergehen usw. Mit 83 Ja- und 12 Neinstimmen wies der Kongress die Anklagepunkte und das Impeachmentverfahren zurück.[2]

Als der Präsident im Februar 1844 in Begleitung verschiedener Kabinettsmitglieder auf dem Potomac das neue Kriegsschiff »Princeton« inspizierte, einen Dampfer, der über das damals weltweit größte Schiffsgeschütz verfügte, kam es bei der Erprobung des Geschützes zu einer verhängnisvollen Explosion. Unter den Toten waren der Außenminister Upshur, der Marineminister Gilmer sowie der Vater der künftigen zweiten Frau des Präsidenten, David Gardiner. Tyler selbst, seine künftige Gattin und weitere Personen seiner Begleitung befanden sich zum Zeitpunkt der Explosion unter Deck und blieben unverletzt.

In aller Stille heiratete Tyler im Juni 1844 die aus New York stammende 24-jährige Julia Gardiner. Auch sie kam aus vermögenden Verhältnissen. Jünger als ein Teil seiner Kinder aus erster Ehe, schenkte sie ihrem Mann im Laufe der Jahre weitere sieben Kinder. Die neue First Lady fühlte sich offensichtlich wohl in ihrer Rolle als Gastgeberin im Weißen Haus. Gegen Ende der Tyler-Administration gaben sie und ihr Mann im Weißen Haus einen Abschiedsball, an dem 3.000 Gäste teilnahmen, was Tyler zu der spöttischen Bemerkung veranlasste, jetzt könne niemand sagen, er sei ein Präsident »without a party«.

Trotz seiner politischen Schwierigkeiten mit der Whig-Partei und dem Kongress blieb Tyler als Präsident doch nicht ohne Erfolge. Im Herbst 1841 unterzeichnete er den »Preemption Act«, ein Gesetz, das Siedler gegenüber Bodenspekulanten im Landerwerb begünstigte und die Besiedlung von Iowa, Illinois, Wisconsin und Minnesota förderte. 1842 gelang es, den zweiten Seminolenkrieg zu beenden. Die vielleicht wichtigsten Ergebnisse seiner Administration lagen auf außenpolitischem Gebiet, wobei ihm bis 1843 der fähige Daniel Webster zur Seite stand. Mit dem Webster-Ashburton-Vertrag zwischen den USA und Großbritannien wurden 1842 die strittigen Grenzfragen zwischen Maine und der kanadischen Provinz New Brunswick sowie auch offene Ansprüche westlich des Lake Superior einvernehmlich geregelt. Die Regelung der ebenfalls strittigen Oregon-Frage wurde für später in Aussicht genommen. Außerdem vereinbarten beide Staaten die Zusammenarbeit bei der Unterbindung des verbotenen Sklavenhandels. Ende 1842 unterstrich Tyler – auf den Rat von Webster hin – in einer Kongressrede das Interesse seines Landes an den Hawaii-Inseln und warnte die anderen Mächte davor, den Versuch der Kontrolle dieser Inseln zu unternehmen.

1844 folgte mit dem Vertrag von Wanghia ein Abkommen mit China, das zum ersten Mal dem amerikanischen Handel die Häfen Chinas öffnete. Amerikaner erhielten in China das Recht der Exterritorialität, also der Ausnahme von der chinesischen Gesetzgebung. Neuerlich heben Historiker das »pazifische Interesse« der Tyler-Administration hervor.[3]

Folgenreich wurde der Entschluss Tylers gegen Ende seiner Präsidentschaft, die vom Süden lange geforderte Annexion von Texas zu unterstützen. Gegen die Einstellung seines Außenministers Webster, der deswegen im Mai 1843 zurücktrat, und gegen die ausdrückliche Warnung des mexikanischen Präsidenten Santa Anna im August 1843, dass die amerikanische Annexion von Texas den Krieg bedeute, sprach Tyler sich nun für die Annexion aus. Im Vorfeld der Präsidentenwahl von 1844 suchte er wohl auch, durch die Unterstützung der Annexionsforderungen Stimmenrückhalt vor allem in den südlichen Sklavenstaaten zu gewinnen. Aber seine Rechnung ging so nicht auf. Die politische Öffentlichkeit des Landes war in der Annexionsfrage gespalten. Expräsident Jackson nahm offen für die Annexion Stellung, Expräsident Van Buren lehnte sie ebenso eindeutig ab. Henry Clay war ebenfalls gegen die Annexion, weil sie zum Krieg führen würde. Er modifizierte dann im Wahlkampf seinen Standpunkt dahin, dass er einverstanden wäre, wenn man sie ohne Krieg erreichen könne. Am 12. April 1844 veranlasste die Administration die Unterzeichnung eines Vertrages zwischen den USA und der Republik Texas, der die Annexion von Texas als amerikanisches Territorium vorsah. Im Mai nominierte der Parteikonvent der Whigs Henry Clay einstimmig im ersten Wahlgang zum Präsidentschaftskandidaten. Die Whig-Wahlplattform befürwortete unter anderem eine Beschränkung des Präsidentenvetos und eine einmalige Amtszeit des Präsidenten, nahm dagegen zur die Gemüter bewegenden Annexionsfrage nicht Stellung. Ebenfalls im Mai stellten die Demokraten ihren Kandidaten für die Präsidentenwahl auf. Van Buren, eigentlich der aussichtsreichste Bewerber, verlor die Nominierung wegen seiner Opposition zur Annexion von Texas. Erst mit der neunten Abstimmung wurde der noch weitgehend unbekannte James Polk, ein glühender Expansionist, als Kandidat der Demokraten aufgestellt. Polk war der erste »dark horse«-Kandidat, der erste Verlegenheitskandidat einer der beiden großen Parteien. In Baltimore schließlich nominierten die von ihrer Partei abgespaltenen Tyler-Demokraten den Präsidenten für eine zweite Amtszeit. In Erkenntnis der geringen Chancen dieser Nominierung schied Tyler allerdings selbst im August aus dem Wahlkampf aus.

Im Juni 1844 fand der Texas-Vertrag im Senat bei 35 zu 16 Stimmen nicht die erforderliche Zweidrittelmehrheit. Das lag auch am Widerstand gegen eine Machterweiterung der Sklavenstaaten. Daraufhin empfahl Tyler in seiner Jahresbotschaft Anfang Dezember, die Annexion durch eine gemeinsame Resolution (joint resolution) beider Häuser des Kongresses zu regeln, da dafür eine einfache Mehrheit genügt hätte.

Am 7. Dezember 1844 fanden die Präsidentenwahlen statt. Polk schlug Clay knapp nach Wählerstimmen, hatte aber mit 170 zu 105 Wahlmännern einen deutlichen Vorsprung. Die Annexionsfrage hatte den Ausschlag gegeben. Clays Mittelposition hatte ihm mehr geschadet als genutzt. Damit ging Tylers Präsidentschaft mit dem Ablauf der ersten Amtszeit zu Ende. Im Januar und Februar 1845 verabschiedeten dann Repräsentantenhaus und Senat die gemeinsame Resolution über die Annexion von Texas, am 1. März 1845 wurde sie von Tyler unterzeichnet. Der Kurs war nun für die nächsten Jahre auf die weitere Expansion der Vereinigten Staaten ausgerichtet. An seinem letzten Amtstag, am 3. März 1845, bestätigte Tyler noch die Aufnahme des bisherigen Territoriums Florida als 27. Staat der USA. Nach der Amtseinführung seines Nachfolgers zog Tyler mit seiner Familie auf sein ein Jahr zuvor erworbenes Gut Sherwood Forest in Virginia, eine Plantage, die von einigen Dutzend Sklaven bewirtschaftet wurde.

An seinem Lebensabend erlebte Tyler noch den Ausbruch des Bürgerkrieges. Im Februar 1861, wenige Wochen vor Kriegsbeginn, leitete er eine Friedenskonferenz in

Washington, mit der auf Initiative Virginias Delegierte aus 22 Staaten in letzter Minute vergeblich um einen Kompromiss zwischen den freien und den sklavenhaltenden Staaten bemüht waren. Nachdem der Krieg dann begonnen hatte, wurde Tyler noch in den Provisorischen Kongress der Konföderierten Staaten und danach zum Abgeordneten des permanenten Kongresses der Konföderation gewählt.

Bevor dieser Kongress eröffnet wurde, verstarb Tyler am 18. Januar 1862 in Richmond, der Hauptstadt Virginias. Die Union nahm keine Notiz von seinem Tod. Erst knapp 50 Jahre später, 1911, stellte der Kongress Geld für ein offizielles Tyler-Monument auf dem Friedhof in Richmond bereit, auf dem der zehnte Präsident der USA seine letzte Ruhestätte gefunden hatte. Tylers Nachlass und seine Papiere gingen großenteils verloren, als Unionstruppen 1864 während des Bürgerkriegs sein Heim in Sherwood Forest, Virginia, plünderten.[4]

Anmerkungen

1 Paul F. Boiler, jr., Presidential Anecdotes, New York 1982, S. 97.
2 Joseph N. Kane, Facts About the Presidents, 4. Aufl., New York 1981, S. 73.
3 Norma Lois Peterson, The Presidencies of William Henry Harrison & John Tyler, Lawrence, Kansas, 1989, S. XIII.
4 Frank L. Schick, Records of the Presidency: Presidential Papers and Libraries from Washington to Reagan, Phoenix, Arizona, 1989, S. 71.

Bibliographische Hinweise

Eine Quelle für John Tyler ist:
The Letters and Times of the Tylers, hg. v. Lyon G. Tyler, 3 Bde., New York 1884–1886 (Reprint: Richmond, Virginia, 1970).
Innerhalb der »Presidential Chronology Series« erschien:
William Henry Harrison, 1773–1841/John Tyler, 1790–1862, hg. v. David A. Durfee, Dobbs Ferry, New York, 1970.
Zu den wenigen Biografien Tylers zählen:
Oliver P. Chitwood, John Tyler: Champion of the Old South, New York 1939.
Robert Seager, And Tyler Too: A Biography of John and Julia Gardiner Tyler, New York 1963.
Über die Präsidentschaft Tylers informiert:
Norma Lois Peterson, The Presidencies of William Henry Harrison & John Tyler, Lawrence, Kansas, 1989.
Oscar D. Lambert, Presidential Politics in the United States, 1841–1844, Durham, North Carolina, 1936.
Robert J. Morgan, A Whig Embattled: The Presidency Under John Tyler, Lincoln, Nebraska, 1954.
Harold D. Moser (Hg.), John Tyler: a bibliography, Westport, Conn., 2001.

JAMES K. POLK

1795–1849

11. PRÄSIDENT DER USA 1845–1849

2. November 1795	James Knox Polk wird in Mecklenburg County, North Carolina, geboren.
1806	Die Familie lässt sich in Tennessee nieder.
1815–1818	Polk studiert an der University of North Carolina in Chapel Hill.
1820	Zulassung Polks als Rechtsanwalt, Beginn der Anwalttätigkeit in Columbia, Tennessee.
1823–1825	Mitglied des Abgeordnetenhauses von Tennessee.
1824	Heirat mit Sarah Childress (1803–1891), der Tochter eines wohlhabenden Plantagenbesitzers.
1825–1839	Mitglied des Repräsentantenhauses in Washington.
1839–1841	Gouverneur von Tennessee.
1841 und 1843	Polk gelingt die Wiederwahl zum Gouverneur nicht.
1844	Wahl Polks zum Präsidenten der USA.
1845–1849	Präsident der USA.
15. Juni 1849	Polk stirbt im Alter von 53 Jahren in Nashville, Tennessee, und wird dort begraben.

Nach dem Vorbild seines politischen Mentors Andrew Jackson handhabte James Polk das Präsidentenamt als starker und aktiver Präsident, der seine Wahlversprechungen Punkt um Punkt erfüllte. »Dies und die vollständige Beherrschung der Administration zeigen, dass er der kompetenteste Präsident zwischen Jackson und Lincoln war.«[1]

James K. Polk wurde am 2. November 1795 in Mecklenburg County, North Carolina, geboren. Seine Familie war von schottisch-irischer Herkunft und lebte seit dem 17. Jahrhundert in Nordamerika. Polk war das Älteste von zehn Kindern. Sein Vater war ein erfolgreicher Farmer und Anhänger Jeffersons, die Mutter führte ihre Herkunft auf den schottischen religiösen Führer John Knox zurück. Polk erbte von den Eltern Patriotismus, politisches Interesse und feste religiöse Überzeugungen. Mit elf Jahren zog er mit seinen Eltern nach Tennessee, wo der Vater eine Farm im Duck River Valley erworben hatte und sich nun zunehmend der Landspekulation widmete.

Polk, der eine schwache Konstitution hatte und zeitlebens gesundheitlich labil war, begann seine Ausbildung später als seine Altersgenossen. 1815 nahm er an der Universität von North Carolina in Chapel Hill das Studium der klassischen Sprachen und der Mathematik auf und erwies sich als zuverlässiger, pünktlicher und fleißiger Student, der 1818 das Examen als Bester seines Jahrgangs ablegte und die Abschlussrede in lateinischer Sprache halten durfte.

Anschließend studierte er in der Kanzlei eines Nashviller Anwalts das Rechtswesen. 1820 wurde er selbst als Anwalt zugelassen und eröffnete in Columbia, Tennessee, seiner Heimatstadt, seine eigene Kanzlei, die sich erfolgreich entwickelte. Mehr noch aber interessierte er sich für die politischen Angelegenheiten jener Zeit. In der Wirtschaftskrise von 1819 bis 1822, die auf den Krieg von 1812 gefolgt war, wurden Forderungen laut, die Regierung müsse besser für die Bedürfnisse des Volkes sorgen. Damals erhielt er auch seinen ersten politischen Posten, den eines Clerks am Tennessee-Staatssenat, und er lernte Andrew Jackson kennen, dessen treuer Anhänger er werden sollte, was ihm den Spitznamen

»Young Hickory« eintrug. Polk, der in den Traditionen der Republikaner-Demokraten eines Jefferson und Madison aufgewachsen war, wurde dank seines überdurchschnittlichen Fleißes und der gesellschaftlichen Verbindungen zu einem aussichtsreichen politischen Führer seines Staates Tennessee und zum Wortführer seiner Partei. 1823 wurde er zum Mitglied des Abgeordnetenhauses von Tennessee gewählt. Polk wurde nun zur linken Hand von Gouverneur William Caroll, kritisierte die Missstände in der Landspekulation und trat allgemein für den einfachen Mann in Tennessee ein. Ebenfalls stimmte er für die Wahl von Andrew Jackson zum Bundessenator. 1824 nahm Polk Sarah Childress zur Frau, die 20-jährige Tochter eines wohlhabenden Pflanzers, Kaufmanns und Landspekulanten. Die spätere First Lady hatte eine gute Bildung erhalten und war sozial engagiert. Als fromme Presbyterianerin lehnte sie Pferderennen und Theaterbesuch ab, später untersagte sie Tanz und Spirituosen bei den Empfängen ihres Mannes im Weißen Haus. Sie richtete auch das erste Thanksgiving-Dinner im Weißen Haus aus. Die Ehe blieb kinderlos.

1825 wurde Polk als einer der Abgeordneten von Tennessee in das Repräsentantenhaus in Washington gewählt. Er blieb dort 14 Jahre, sieben Wahlperioden hindurch, und diente zuletzt (1835–1839) als Sprecher des Hauses. Seine Jungfernrede widmete der junge Abgeordnete der Notwendigkeit einer demokratischen Reform der Präsidentschaftswahlen. Als Gegner von Präsident John Q. Adams bekämpfte er dessen Innen- und Außenpolitik. Er lehnte Präsident Adams' Zollerhöhungen und Ausgaben für »internal improvements« ebenso ab wie die Teilnahme der USA am Panamakongress (1826). Nach der Wahl Jacksons zum Präsidenten unterstützte er einschränkungslos und mit erheblichem persönlichen Einsatz dessen Politik in der »Nullifikationskrise«, im Kampf gegen die Bank der Vereinigten Staaten und in anderen umstrittenen Entscheidungen. Später lieh er seine Stimme genauso aktiv dem Jackson-Nachfolger Van Buren. Allerdings gewann Polk in jenen Jahren, und auch in späterer Zeit, wenig enge Freunde – von Jackson selbst abgesehen. Dem ehrgeizigen Politiker fehlten Brillanz oder Charisma, aber auch menschliche Wärme. Sein formelles und steifes Verhalten zeigte sich besonders in der Art, in der er seine Aufgaben als Sprecher im Repräsentantenhaus wahrnahm.

Nach seinem Ausscheiden aus dem Kongress kandidierte er 1839 für die Demokraten um das Gouverneursamt in Tennessee. Diese Wahl gewann er mit einer Mehrheit von 2500 Stimmen. Die Gouverneurszeit blieb arm an besonderen Ereignissen. In den folgenden Gouverneurswahlen von 1841 und 1843 hatte er dann – gegen seinen aus dem Whig-Lager kommenden Rivalen – keinen Erfolg mehr, ebenso wenig wie bei seinem Versuch, 1839/40 von seiner Partei, den Demokraten, die Nominierung zum Vizepräsidentschaftskandidaten zu erreichen.

Erst auf dem Nominierungskonvent der Demokraten für die wieder anstehenden Präsidentschaftswahlen schlug im Mai 1844 endlich seine Stunde. Als der Spitzenkandidat Van Buren – gehandikapt durch seine Ablehnung der Annexion von Texas, einer Hauptfrage im Wahlkampf – in acht Abstimmungen nicht die erforderliche Stimmenmehrheit erreicht hatte, wurde endlich im neunten Wahlgang – vorgeschlagen von dem Historiker George Bancroft aus Massachusetts – der bis dahin als möglicher Präsidentenbewerber absolut nicht beachtete Polk zum Präsidentschaftskandidaten der Partei bestimmt. Die Nominierung des trotz seiner politischen Karriere und der Freundschaft mit Jackson wenig bekannten Tennessee-Politikers bedeutete zum ersten Mal in der Wahlgeschichte der großen Parteien die Aufstellung eines »dark horse«, also eines »Verlegenheitskandidaten« ohne eigenes Profil. Die Whigs führten denn auch den Wahlkampf gegen Polk mit der ironischen Anfrage »Wer ist James Polk?«[2] und gaben sich siegessicher.

Zu den Wahlforderungen der Demokraten zählten die Annexion von Texas und die »Wiedergewinnung« von Oregon. Polk sprach sich im Wahlkampf – gegen den Whig-Kandidaten Henry Clay – ferner für die Wiedereinrichtung des unabhängigen, seinerzeit von Van Buren geschaffenen Schatzamtes (independent treasury), für die Reduzierung der Zolltarife und für die Erwerbung Kaliforniens (damals noch ein Teil von Mexiko) aus. Die Whigs und Clay befürworteten eine ausgeglichene Währung, Schutzzölle und die Beschränkung der Präsidentschaft auf eine Amtszeit. In der Annexionsfrage blieben sie zurückhaltend. Das kostete vermutlich den Wahlsieg. Polk sprach sich entschieden für die Annexion aus und verkündete, einmal gewählt, werde er keine zweite Amtszeit anstreben. Clay schadete auch sein Zerwürfnis mit dem Whig-Präsidenten John Tyler, Polk dagegen hatte sich aus den innerparteilichen Kämpfen der Demokraten herausgehalten und zählte wenig Feinde.

Der Wahlausgang bestimmte den Demokraten Polk zum neuen Präsidenten der USA. Er erhielt 1.337.243 (50 %) der Wählerstimmen, Henry Clay dagegen 1.299.068 (48 %) der Stimmen, ein dritter Kandidat verbuchte mit einer Antisklavereiplattform 62.300 Stimmen (zwei Prozent). Nach Wahlmännern führte Polk gegenüber Clay mit 170 zu 105 Stimmen, Polk siegte in 15 Staaten, Clay seinerseits in elf Staaten, darunter auch in Polks Staat Tennessee.

Somit konnte am 4. März 1845 James Polk, erst 49 Jahre alt, als Präsident der USA vereidigt werden. Die Frage »Wer ist James Polk?« sollte nun in den kommenden vier Jahren beantwortet werden, sicherlich anders als viele Whigs und manche Demokraten erwartet hatten, insofern nämlich, als sich Polk von Beginn an als planvoll vorgehender, effektiv handelnder Präsident erwies, der nicht nur die eigene Regierung, sondern auch die Legislative, den Kongress, stets beherrschte.[3] Er war ein ausdauernd arbeitender Politiker, hielt sich stets über alle Details der Arbeit seiner Administration und über die Kabinettsinterna informiert und ließ den Mitgliedern seines Kabinetts wenig Spielraum für unabhängige Entscheidungen. Insofern zählt Polk zweifellos zu den starken Präsidenten seines Landes, und in den Umfragen unter amerikanischen Historikern rangiert er meist unter den zehn »großen« bzw. »annähernd großen« Präsidenten.[4]

Entsprechend ergebnisreich verliefen die Jahre der Polk-Präsidentschaft, zumal wenn man bedenkt, dass dieser Präsident nur eine Amtszeit hindurch regierte. In der Innenpolitik folgte Polk im Wesentlichen dem von seinen Vorgängern und politischen Freunden Jackson und Van Buren vorgezeichneten Weg. In der Außenpolitik war seine Präsidentschaft ein Ausdruck und ein Motor der leidenschaftlich erregten expansionistischen Stimmung jener Jahre. Nicht zufällig wurde damals, im ersten Jahr der Präsidentschaft Polks, der Begriff »manifest destiny« in die öffentliche Diskussion eingebracht, die Meinung nämlich, dass es die offenkundige Bestimmung des Landes und seiner Millionen freier Bewohner sei, »sich über den Kontinent auszubreiten«. Die Expansion der Vereinigten Staaten auch in bislang fremde Länder hinein wurde zu einem religiösen Glaubenssatz in jener Zeit. Entsprechend fiel die erste Jahresbotschaft des neuen Präsidenten vom 2. Dezember 1845 aus. Polk konnte den weiteren Fortschritt der Annexion von Texas auf der Grundlage der gemeinsamen Kongressresolution vom 1. März 1845 vermelden. Er ging ausführlich auf das – im Gefolge dieser Politik – verschlechterte Verhältnis zu Mexiko ein, und er wiederholte gegenüber Großbritannien den Anspruch der USA auf Oregon. Zum ersten Mal seit mehr als zwei Jahrzehnten bekräftigte wieder ein amerikanischer Präsident den von Präsident Monroe in seiner Botschaft 1823 formulierten Anspruch, dass der amerikanische Kontinent kein Objekt künftiger Kolonisation durch europäische Mächte sein dürfe. Dies gelte speziell für Nordamerika. Bestehende Rechte europäischer Nationen müssten respektiert werden, neue europäische Kolonien würden in Nordamerika von den USA nicht geduldet werden.[5] Dieser Rückgriff auf die Monroedoktrin, um den Anspruch auf Oregon zu legitimieren, war charakteristisch für das Denken Polks und erhielt nicht unbegründet die Bezeichnung Polkdoktrin.

Der Krieg mit Mexiko, ausgelöst durch die Annexion des früher mexikanischen Texas, zog nun unvermeidlich herauf. Im Juni 1845 hatte Polk General Zachary Taylor mit seinen Truppen in die Nähe des Rio Grande, der Grenze zu Mexiko, beordert, um die Verteidigung von Texas zu sichern. Im Oktober beauftragte Polk den neuen Konsul im mexikanischen Kalifornien, Thomas O. Larkin, nach dem Vorbild von Texas auch die Annexion von Kalifornien in Gang zu bringen. In den Verhandlungen mit Mexiko zur Regelung der Texas-Frage suchte der Präsident im November 1845 die käufliche Erwerbung von New Mexico und Kalifornien zu erreichen. Als sich der mexikanische Präsident weigerte, darüber zu verhandeln, ließ der Präsident im Januar 1846 General Taylor mit seinen 3500 Soldaten direkt am Ufer des Rio Grande Posten beziehen. Zuvor war Ende Dezember 1845 Texas als 28. Staat in die Union aufgenommen worden. Im April 1846 kam es am Rio Grande zu den ersten Kampfhandlungen mit mexikanischer Kavallerie. Dies gab Polk die erhoffte und erwartete Begründung, die offizielle Kriegserklärung an Mexiko dem Kongress zur Entscheidung vorzulegen. Am 11. Mai 1846 stimmte das Repräsentantenhaus mit 174 : 14 Stimmen der Kriegserklärung zu, am 12. Mai folgte der Senat mit 40 : 2 Stimmen, am 13. Mai unterzeichnete Polk die Kriegserklärung. Seit den Tagen Präsident Madisons hatten die USA nun mit Polk zum ersten Mal wieder einen Kriegspräsidenten. Im amerikanisch-mexikanischen Krieg war seit Mai 1846 das Kriegsglück auf amerikanischer Seite. General Taylor wurde zum Volkshelden. Der Krieg dauerte länger, als Polk erwartet hatte. Doch gelang es General Taylor in mehreren größeren Treffen, bei relativ geringen eigenen Verlusten, die Mexikaner zu schlagen. Der Krieg wurde auf Zentralmexiko, aber auch auf Kalifornien und New Mexico ausgeweitet. Im März 1847 wurde durch General Scott die Küstenstadt Veracruz eingenommen, im September endete mit der Einnahme von Mexiko-Stadt durch die US-Truppen faktisch der Krieg. Am 2. Februar 1848 unterzeichneten Mexiko und die Vereinigten Staaten den Friedensvertrag von Guadalupe Hidalgo und beendeten damit auch völkerrechtlich den Krieg. Die USA gewannen damit von Mexiko ein 530.706 Quadratmeilen großes Gebiet mit den künftigen Bundesstaaten Kalifornien, Nevada, Utah, dem größten Teil von New Mexico und Arizona und Teilen von Wyoming und Colorado. Mexiko gestand nun den USA auch Texas, mit der Grenze am Rio Grande, zu. Die USA zahlten Mexiko dafür 15 Mio. $ und übernahmen die Ansprüche ihrer Bürger an Mexiko in Höhe von 3.250.000 $. Mit diesem Ergebnis wurden die USA endgültig eine transkontinentale Republik.

Polk legte den Vertrag von Guadalupe Hidalgo am 22. Februar 1848 dem Senat zur Ratifizierung vor und unterzeichnete ihn dann am 4. Juli. Mit dem Landerwerb im Südwesten flammte die Diskussion zwischen Anhängern und Gegnern der Sklaverei neuerlich und verstärkt auf. Ein Ausgangspunkt dafür war der bereits im August 1846 im Kongress eingebrachte Antrag des Abgeordneten David Wilmot, mit dem die Sklaverei in den von Mexiko erworbenen Territorien verboten werden sollte, der so genannte »Wilmot Proviso«. Polk lehnte den Wilmot-Vorstoß gegen die Ausbreitung der Sklaverei in die neuen Territorien im Südwesten entschieden ab, da er befürchtete, dieser Vorstoß werde die Union spalten und den inneren Frieden gefährden. So blieb die strittige Frage zunächst offen und wurde der Organisation der neuen Territorien, vorweg Kalifornien und New Mexico, nach dem Frieden von Guadalupe Hidalgo überlassen.

Die strittigen Ansprüche der USA auf das gemeinsam mit Großbritannien begehrte Oregon-Gebiet im Nordwesten konnten durch Polk auf dem Verhandlungsweg und in einer ihn zufrieden stellenden Weise geregelt werden. Unter dem Druck dort einströmender amerikanischer Siedler kündigte Polk Ende 1845 das britisch-amerikanische Abkommen von 1827, mit dem das Oregon-Territorium für Angehörige beider Länder offen gehalten worden war. Noch vor dem mexikanischen Krieg unterzeichneten nach schwierigen Verhandlungen am 15. Juni 1846 Außenminister James Buchanan und der britische Gesandte in Washington den Oregon-Vertrag. Er sah als beiderseits akzeptierte Grenze zwischen Kanada und den USA den 49. Breitengrad zwischen Rocky Mountains und Pazifischem Ozean vor. Das Vancouver Island verblieb ganz bei Großbritannien.

Der Senat ratifizierte den Vertrag am 18. Juni 1846 mit 41 : 14 Stimmen. Er war ein für beide Seiten vernünftig erscheinender Kompromiss. Die USA mussten auf ihre extremen Forderungen nach dem ganzen Oregon-Gebiet verzichten, konnten aber wiederum ein 283.439 Quadratmeilen großes Territorium innerhalb nun gesicherter Grenzen unter ihre Jurisdiktion bringen. Polk sah darin – wohl nicht zu Unrecht - einen Erfolg seiner zielstrebigen und festen Diplomatie.

In die Zukunft wies ein Abkommen der Polk-Administration im Dezember 1846 mit der Regierung von Neugranada in Bogotá (dem späteren Kolumbien), das den USA Transitrechte durch den Isthmus von Panama gewährte. Im Gegenzug garantierten die USA die Neutralität des Isthmus und die Souveränität Neugranadas über die Landenge.

In seiner letzten Jahresbotschaft im Dezember 1848 konnte Polk stolz auf die Erfüllung seines außenpolitischen Programms weiterer Expansion verweisen: »Die Erwerbung von Kalifornien und New Mexico, die Regelung der Oregon-Grenze und die Annexion von Texas bis zum Rio Grande sind Resultate, die in ihrer Gesamtheit von größerer Bedeutung sind und mehr zur Stärke und dem Wohlstand der Nation hinzufügen, als alles Vorausgegangene seit der Annahme der Verfassung.«[6]

Auch die innere Entwicklung jener Jahre erlebte erhebliche Veränderungen, die über die Auswirkungen von Krieg und territorialer Expansion hinausgingen. Als ein Verehrer und Schüler von Andrew Jackson knüpfte Polk an dessen Innenpolitik in den Dreißigerjahren an, die von den Whigs nach den Wahlen von 1840 korrigiert worden war. Die Modifizierung des Zolltarifs und die Wiederherstellung des »independent treasury«-Systems waren Kernpunkte seiner Innenpolitik. Am 31. Juli 1846 unterzeichnete Polk – der stets ein Befürworter des Freihandels war – das Walker-Zollgesetz, mit dem die Zolltarife teilweise verringert wurden, insbesondere für Waren, die nicht zum Luxusbedarf zählten. Im August 1846 folgte die Wiedereinführung des »Independent Treasury Act« von 1840, der von den Whigs 1841 aufgehoben worden war. Das Gesetz regelte langfristig die Staatsfinanzen, bestimmte, dass alles Geldvermögen der Bundesregierung in Schatzämtern – unabhängig von privaten Banken – deponiert werden sollte und dass alle Regierungsschulden in Gold- und Silbermünzen oder in Bundesschatzamt-Banknoten bezahlt werden mussten.

Ebenfalls 1846 legte Polk gegen ein Fluss- und Hafengesetz des Kongresses sein Veto ein. Die mit diesem Gesetz vorgesehenen »internal improvements« waren nach Meinung des Präsidenten nicht verfassungsgemäß. Dieses Veto des Präsidenten war »eine der bedeutendsten Aktionen seiner Administration«[7], es entsprach seiner Auffassung von den begrenzten Befugnissen der Bundesregierung und seiner Hochachtung der Rechte der Einzelstaaten. Nicht nur bei den Whigs, sondern auch bei manchen Demokraten – vor allem aus dem Westen des Landes – stieß das Veto Polks gegen den Ausbau der Verkehrsverbindungen auf Unverständnis und Ablehnung. Die Kritiker Polks sahen die gewünschten »internal improvements« als unverzichtbar für die weitere wirtschaftliche Entwicklung an.

Zu den Neuerungen, die während der Polk-Administration eintraten oder eingeführt wurden, gehörte die Gründung der »U. S. Naval Academy« in Annapolis, Maryland (1845), die Einrichtung der »Smithsonian Institution« in Washington, D.C. (1846), die sich zu einem bedeutenden nationalen Museumskomplex entwickelte, und die Schaffung eines Innenministeriums (1849). Neben Texas (1845) wurden Iowa (1846) und Wisconsin (1848) in die Union aufgenommen.

1847 veranlasste der Kongress die Einführung von Gaslicht im Kapitol in Washington. 1848 wurden in Kalifornien die reichhaltigen Goldfelder entdeckt, die dort einen wahren Goldrausch auslösten und den Anstoß zu einem wirtschaftlichen Aufschwung gaben, der bis 1856 andauerte. Ebenfalls 1848 fand in Seneca Falls, New York, der erste Frauenrechtskongress statt, der für das Frauenwahlrecht und weitere Forderungen nach der Gleichberechtigung der Frau eintrat.

Als die Vorbereitung der kommenden Präsidentenwahlen im Frühjahr 1848 begann, blieb Polk bei seiner Entscheidung, nur eine Amtszeit zu regieren, und legte sich nicht einmal auf den Namen eines möglichen Nachfolgers in seiner Partei fest. Diese, die Demokraten, nominierten den Senator Lewis Cass, der sich gegen den Wilmot-Proviso, also gegen die Begrenzung der Sklaverei, aussprach und diese Frage der Entscheidung der Bürger der neuen Territorien überlassen wollte. Die Whigs setzten auf den populären General Zachary Taylor, der selbst über 100 Sklaven sein Eigen nannte und damit auch im Süden wahlfähig erschien. Expräsident Van Buren trat als Kandidat der »Free Soil Party« gegen die Sklaverei auf und zog Summen der Sklavereigegner unter den Demokraten auf sich. Die Wahl gewann schließlich General Taylor, der Whig-Kandidat. Polk sah dies alles mit wachsender Sorge, er war durch den zunehmenden Konflikt über die Ausdehnung der Sklaverei tief beunruhigt, von Taylors Präsidentschaft erwartete er wenig Gutes für das Land.

Unmittelbar vor dem Ausscheiden aus dem Amt des Präsidenten, am 4. März 1849, notierte Polk in seinem Tagebuch: »Ich bin außerordentlich erleichtert, dass ich nun frei von allen öffentlichen Sorgen bin. Ich bin sicher, dass ich in meinem Ruhestand ein glücklicherer Mann sein werde, als dies während der vier Jahre der Fall war, in denen ich das höchste Amt, das meine Landsleute vergeben, bekleidet habe.«[8] Polk kehrte erschöpft und krank nach Tennessee zurück, aber er zog die Heimreise durch den Süden in die Länge, um die Huldigungen seiner Landsleute entgegenzunehmen. In Nashville, Tennessee, bezog er sein neues Heim, das er Polk Place nannte. Hier ordnete er seine

Papiere und kümmerte sich um seinen Landbesitz. Eine Woche vor seinem Tod ließ sich Polk noch von einem Methodistenprediger taufen. Am 15. Juni 1849 starb er, erst 53 Jahre alt, in Nashville, möglicherweise an den Folgen der Cholera, die damals im Süden grassierte. Er wurde in Polk Place begraben. In seinem Testament verpflichtete er seine Frau und Erbin, den Sklaven der Familie bei ihrem Tod die Freiheit zu geben.

Der Historiker George Bancroft, Polks Anhänger und Freund, nannte ihn »einen der besten, ehrenhaftesten und erfolgreichsten Präsidenten, den das Land je hatte«.[9]

Anmerkungen

1 Research Guide to American Historical Biography, hg. v. Robert Muccigrosso/Suzanne Niemeyer, Bd. 3, Washington, D.C., 1988, S. 1247.
2 Paul F. Boller, jr., Presidential Campaigns, New York/Oxford 1985, S. 79.
3 Paul H. Bergeron, The Presidency of James K. Polk, Lawrence, Kansas, 1987, S. XIII.
4 Robert E. Dillenco/Eric M. Uslaner, Few Are Chosen: Problems in Presidential Selection, New York 1984, S. 187.
5 The State of die Union Messages of the Presidents 1790–1966, hg. v. Fred L. Israel, Bd. 1, New York 1967, S. 647.
6 Ebenda, S. 740.
7 The American Presidents. The Office and the Men, hg. v. Frank N. Magill/John L. Loos, Bd. 1, Pasadena, California/Englewood Cliffs, New Jersey, 1986, S. 244.
8 Joseph N. Kane, Facts About the Presidents, 4. Aufl., New York 1981, S. 79.
9 American Presidents, S. 245.

Bibliographische Hinweise

Polks Tagebuch wurde veröffentlicht:
The Diary of James K. Polk During His Presidency, 1845 to 1849, hg. v. Milo M. Quaife, 4 Bde., Chicago 1910 (einbändige Ausgabe: Polk: The Diary of a President, hg. v. Allan Nevins, London/New York 1929).
Noch nicht abgeschlossen ist:
The Correspondence of James K. Polk, hg. v. Herbert Weaver u. a., bisher 10 Bde. (Bd. 10: 1845), Nashville, Tennessee, 1969 ff.
Eine Chronologie, Dokumentation und Bibliographie enthält:
James K. Polk, 1795–1849, hg. v. John J. Farrell, Dobbs Ferry, New York, 1970.
Die wichtigste Biografie, allerdings nur bis 1846 reichend, ist:
Charles G. Sellers, jr., James K. Polk, 2 Bde., Princeton, New Jersey, 1957/1966.
Über die Präsidentschaft Polks informiert:
Paul H. Bergeron, The Presidency of James K. Polk, Lawrence, Kansas, 1987.
Neuere Titel zu Polk, zu seiner Außenpolitik und zum Krieg gegen Mexiko:
William Dusinberre, Slavemaster President. The Double Career of James Polk, Oxford/New York 2003.
Sam W. Haynes, James K. Polk and the Expansionist Impulse, New York 1997.
Dean B. Mahin, Olive Branch and Sword: the United States and Mexico, 1845–1848, Jefferson, N. C., 1997.

ZACHARY TAYLOR

1784–1850

12. PRÄSIDENT DER USA 1849–1850

24. November 1784	Zachary Taylor wird in Montebello, Orange County, Virginia, geboren.
1808	Taylor wird Erster Leutnant in der Armee der Vereinigten Staaten.
1810	Heirat mit Margaret Mackall Smith (1788–1852). Im gleichen Jahr wird er zum Hauptmann befördert.
1812	Taylor verteidigt Fort Harrison im Indiana Territory gegen die Indianer unter Tecumseh. Er nimmt am Krieg von 1812 bis 1814 teil, scheidet 1815 aus der Armee aus, tritt aber
1816	erneut im Range eines Majors in die Armee ein, in der er nun in den kommenden Jahren verschiedene Aufgaben erfüllt.
1832	Taylor nimmt am Black Hawk War, dem Krieg gegen die Sauk- und Fox-Indianer teil.
1838	Taylor wird für Verdienste im Seminolenkrieg zum Brigadegeneral befördert.
1846	Taylor wird in die Nähe des Rio Grande, an der Grenze zu Mexiko, beordert.
1846–1848	Taylor nimmt als erfolgreicher Truppenkommandeur am Krieg gegen Mexiko teil.
1848	Taylor wird als Präsidentschaftskandidat der Whigs nominiert und zum Präsidenten gewählt. Im Januar 1849 scheidet er aus der Armee aus.
1849–1850	Präsident der USA.
9. Juli 1850	Taylor stirbt im Alter von 65 Jahren in Washington und wird in Louisville, Kentucky, begraben.

Zachary Taylor verdankte die Wahl zum Präsidenten vor allem seinem militärischen Ruhm während des Krieges gegen Mexiko (1846–1848). Er war Berufssoldat ohne politische Erfahrungen, zuletzt im Range eines Generalmajors, der zuvor nie ein Wahlamt innegehabt oder vor 1848 auch nur an Wahlen teilgenommen hätte. Taylor war lediglich 16 Monate Präsident, er überraschte in dieser Zeit Freund und Feind durch seinen unerwartet hartnäckigen Widerstand gegen die Ausdehnung der Sklaverei.

Zachary Taylor wurde am 24. November 1784 in Montebello, Orange County, Virginia, geboren. Sein Vater, Richard Taylor, hatte als Oberstleutnant am Unabhängigkeitskrieg teilgenommen. Mit Eltern und Geschwistern zog der junge Taylor nach Jefferson County, Kentucky, wo der Vater eine Farm bei Louisville, in der Nähe der Frontier, der Indianergrenze, erwarb. Zachary Taylor erhielt nur eine einfache Schulbildung. 1808 trat Taylor in die Armee ein, er wurde Leutnant im 7. Infanterieregiment von Kentucky. 1810 heiratete er die 21-jährige Margaret Mackall Smith, die fünf Töchtern und einem Sohn das Leben schenkte. Zwei der Töchter starben noch in der Kindheit. Später im Weißen Haus erlaubte es der schlechte Gesundheitszustand Mrs. Taylor nicht, als First Lady zu walten. Ihre jüngste Tochter übernahm für sie diese Aufgabe. Die militärische Laufbahn Zachary Taylors begann am Vorabend und während des Krieges von 1812. Als Kommandant von Fort Knox und Fort Harrison erntete er die Aufmerksamkeit seiner Vorgesetzten, zeichnete sich im Kampf gegen indianische Einheiten, die auf der Seite Großbritanniens kämpften, aus, musste aber 1814 am Mississippi auch bei einer Gelegenheit vor überlegenen britischen und indianischen Kräften den Rückzug antreten.

1815 verließ er auf eigenen Wunsch die Armee, baute vorübergehend Mais und Tabak in Springfield, Kentucky, an, trat aber dann bereits ein Jahr später als Major erneut in die Armee ein, wo er zumeist wieder Aufgaben als Kommandant verschiedener Forts im Lande erfüllte. Zwei Mal nahm er an Kriegen gegen Indianer teil, 1832 am »Black Hawk War« gegen die Sauk- und Fox-Indianer in Illinois und Wisconsin und 1837 bis 1840 am zweiten Seminolenkrieg in Florida. Damals (1838) wurde er zum Brigadegeneral befördert und zum Befehlshaber aller US-Streitkräfte in Florida ernannt. Zu einer nationalen Berühmtheit wurde Taylor dann im Krieg gegen Mexiko 1846–1848. Taylor war, seitdem ihn Präsident Polk Anfang 1846 mit seinen Einheiten »zur Beobachtung« an den Rio Grande, die von den USA beanspruchte Grenze zwischen Texas und Mexiko, beordert hatte, von Anfang an aktiv, erfolgreich und in führender Stellung am Kriegsgeschehen beteiligt. »Old Rough and Ready«, wie er genannt wurde, war bei seinen Soldaten populär und beliebt wegen seiner Einfachheit, seiner ungezwungenen Kleidung, seiner zupackenden, auf das Protokollarische verzichtenden Art des Umgangs. Nach einem von General Taylor dem mexikanischen Gegner im September 1846 nach dem Sieg von Monterey gewährten achtwöchigen Waffenstillstand kam es zum Zerwürfnis zwischen Präsident Polk und dem selbstbewussten General. Die amerikanischen Hauptkräfte standen seitdem unter dem Kommando von General Winfield Scott, während Taylor die Aufgabe erhielt, mit seiner geschwächten Armee die Kontrolle über das nördliche Mexiko zu sichern. Hier kam es am 22. und 23. Februar 1847 zu dem wohl spektakulärsten Sieg Taylors bei Buena Vista über eine zahlenmäßig weit überlegene mexikanische Armee. Taylor wurde durch die Umstände der beiderseits verlustreichen Schlacht, durch seinen Mut und seine Kaltblütigkeit damals zum Nationalhelden. Der Sieg von Buena Vista ebnete ihm den Weg zur im November 1848 bevorstehenden Präsidentenwahl.

Die Whig-Partei zögerte nicht lange, den populären General zu ihrem Präsidentschaftskandidaten zu küren, Millard Fillmore aus New York wurde als Vizepräsidentschaftskandidat aufgestellt. Das Idol des Krieges gegen Mexiko, der rauhbeinige Kriegsheld Taylor, schien der geeignete Präsidentenbewerber für die Whigs zu sein, die ja sowohl im freien Norden wie im sklavenhaltenden Süden auf Stimmen zählen mussten, um die Wahl zu gewinnen, an der nun bereits 30 Staaten, zur Hälfte freie Staaten, zur Hälfte Sklavenstaaten, teilnahmen.

Die Demokraten stellten, da Präsident Polk nicht nochmals kandidieren wollte, den farblosen Parteimann Lewis Cass aus Michigan zum Kandidaten auf. Die »Free Soil Party«, die entschieden gegen eine weitere Ausdehnung der Sklaverei auftrat, nominierte als dritten Kandidaten dieser Wahl den Expräsidenten Van Buren. Zur Hauptfrage des Wahlkampfes wurde die Sklaverei bzw. ihre mögliche Ausdehnung auf die neuerworbenen Territorien im Südwesten. Taylor vermied es im Wahlkampf, sich in dieser Frage festzulegen, doch es war bekannt, dass er selbst eine Baumwollplantage und Sklaven besaß. Cass wollte die Entscheidung den Bewohnern der neuen Territorien überlassen (»squatter sovereignty«), nur Van Buren nahm strikt gegen die weitere Ausdehnung der Sklaverei Stellung.

Taylor siegte am 7. November 1848, der ersten Wahl, die in allen Staaten am gleichen Tag abgehalten wurde. Er bekam 1.360.101 Stimmen (47 %) und 163 Wahlmänner, Cass 1.220.544 Stimmen (43 %) und 127 Wahlmänner, Van Buren 291.263 Stimmen (zehn Prozent), konnte aber keinen Staat erobern. Taylors Sieg beruhte auf einer nationalen, nicht nur lediglich sektoralen Grundlage. Acht der fünfzehn Staaten, in denen er eine Stimmenmehrheit erreichte, gehörten zum Norden, sieben dieser Staaten zum Süden.

Da der 4. März ein Sonntag war, wurde Taylor am 5. März 1849 als zwölfter Präsident der Vereinigten Staaten vereidigt. Zur wichtigsten Frage seiner kurzen Amtszeit wurde der Streit über die Zulassung Kaliforniens als Staat in Verbindung mit der Zukunft der Sklaverei. Dort im Westen stieg durch den Goldrausch seit 1848 die Bevölkerung rasch an. Mit dem Blick auf die Zulassung als Bundesstaat hatte man in Kalifornien im Herbst 1849 eine Verfassung verabschiedet und darin die Sklaverei verboten. Taylor wünschte die möglichst baldige Zulassung Kaliforniens in die Union und sprach sich dafür im Dezember 1849 vor dem Kongress aus. In New Mexico sollte die Bevölkerung später entscheiden, ob sie im Territorium die Sklaverei zulassen oder verbieten wolle. Dieser Standpunkt des neuen Präsidenten fand im Kongress keine Zustimmung. Die Meinungen über die Zukunft der Sklaverei waren dort äußerst geteilt. Südstaatler befürchteten von der Zulassung Kaliforniens als sklavenfreien Staat eine Schwächung ihrer Position im Senat, die derzeit noch ausgeglichen im Verhältnis der Stimmen von freien Nord- und sklavenhaltenden Südstaaten war. Entschiedene Sklavereigegner des Nordens wünschten ihrerseits das Verbot der Sklaverei im District of Columbia, also in der Hauptstadt Washington. Im Süden bestritt man, dass dieses Verbot durch die Union geregelt werden könne, da Maryland seinerzeit das Gebiet des Districts of Columbia zur Verfügung gestellt habe. Dazu kamen ungeklärte Gebietsansprüche zwischen Texas und New Mexico. Die Gefahr einer Sezession des Südens oder bewaffneter Zwischenfälle zog am politischen Horizont herauf. »Präsident Taylor sah sich einer großen Krise der Union gegenüber, als das Jahr 1850 begann.«[1] Taylor ließ sich nicht auf die Argumente eines der sektoralen Kontrahenten festlegen, sondern er trat in seiner Kongressjahresbotschaft im Dezember 1849 mit Nachdruck für eine nationale Lösung ein und versicherte, er werde zur Union halten und ihre Integrität mit allen verfassungskonformen Mitteln schützen.[2]

Ein von Henry Clay, dem langjährigen Führer der Whigs, im Januar 1850 im Senat eingebrachter Kompromissvorschlag zur Beilegung der Differenzen zwischen Nord und Süd[3] fand nicht die Zustimmung Taylors. Senator Clay hatte im einzelnen vorgeschlagen: die Zulassung Kaliforniens in die Union als freier Staat; die Einrichtung von Territorialregierungen für New Mexico und Utah, wobei die Entscheidung über die Sklaverei noch offen bleiben sollte; die Neufestlegung der Grenzen von Texas; die Übernahme der früheren Schulden von Texas durch die Bundesregierung; Nichteinmischung in die Sklaverei im District of Columbia; Verbot des Sklavenhandels im District of Columbia; ein effektiveres Gesetz über flüchtige Sklaven und eine Bestimmung, nach welcher der Kongress nicht das Recht habe, über den Sklavenhandel zwischen den Staaten zu entscheiden. Gegenüber diesen nun von Seiten der Sklavereianhänger heftig kritisierten Kompromissvorschlägen, die im Senat sowohl von dem Whig Daniel Webster als auch von den Demokraten Lewis Cass und Stephen A. Douglas unterstützt wurden, bestand der Präsident darauf, dass zunächst Kalifornien als Staat zugelassen werden sollte, bevor andere Streitfragen geregelt würden. Die Drohung des Südens, aus der Union auszutreten, werde er notfalls mit Waffengewalt verhindern und dabei die Streitkräfte der Union selbst anführen. Infolge dieser entschiedenen Haltung des Präsidenten gegen eine mögliche Sezession des Südens gewannen die Befürworter eines nationalen Ausgleichs in der monatelangen Diskussion über den Clay-Kompromiss im Kongress langsam an Boden. Taylor selbst aber beharrte bis zu seinem überraschenden Tod im Juli 1850 bei seiner Ablehnung des »Kompromisses von 1850«, der ihm zu viele Zugeständnisse an die Sklavereiinteressen enthielt. Zum Streit um die Zukunft der neuen Territorien kam noch der Korruptionsvorwurf gegen drei Mitglieder seines Kabinetts hinzu, um dem neuen Präsidenten das Leben schwer zu machen. Kriegsminister Crawford, Finanzminister Meredith und Justizminister Johnson wurden in der Öffentlichkeit von der Opposition beschuldigt, die Regelung eines strittigen Finanzanspruchs in Höhe von 191.000 $ zugunsten einer Familie aus Georgia (»Galphin Claim«) aus Eigeninteresse unterstützt zu haben. Besonders belastet war Kriegsminister Crawford. Präsident Taylor sah sich veranlasst, sein Kabinett umzubilden, doch gelang ihm dies nicht mehr.

Anders als die umstrittene innenpolitische Szene verliefen die Beziehungen der Vereinigten Staaten nach außen während der Taylor-Administration friedlich und waren nur wenig ereignisreich. Von Bedeutung wurde lediglich der Clayton-Bulwer-Vertrag von April 1850, benannt nach dem amerikanischen Außenminister John M. Clayton und dem britischen Gesandten in Washington Henry Lytton Bulwer. In diesem Vertrag zwischen den USA und Großbritannien, der bis 1901 gültig blieb, vereinbarten beide Seiten, dass jeder eventuell zu bauende Kanal durch Mittelamerika neutral und unbefestigt bleiben solle, dass beide Seiten auf die ausschließliche Kontrolle darüber verzichten und dass schließlich beide Länder keinen Teil Mittelamerikas besetzen, kolonisieren oder beherrschen würden. Angesichts des britischen Einflusses in Nicaragua bedeutete die Abmachung einen diplomatischen Erfolg der USA.

Am 4. Juli 1850, dem Unabhängigkeitstag, fand in Washington bei sommerlicher Hitze eine zweistündige Feierlichkeit am Fuße des noch unfertigen Washington-Monuments statt. Taylor nahm daran teil. Nach der Heimkehr in das Weiße Haus stillte er seinen Durst mit großen Mengen an Eiswasser, Buttermilch und Kirschen. Fünf Tage später, am 9. Juli, starb der Präsident an einer akuten Magen- und Darmentzündung, 65 Jahre alt. Neuerdings aufgestellte Behauptungen, Taylor sei damals mit Arsen vergiftet worden, führten 1991 zu einer Obduktion der sterblichen Überreste dieses Präsidenten, die ihre letzte Ruhestätte auf dem Friedhof von Louisville in Kentucky gefunden haben. Diese Untersuchung ergab eindeutig, dass Taylor nicht vergiftet worden war.

Taylor starb auf dem Höhepunkt des Streites um den »Kompromiss von 1850«. Sein plötzlicher Tod hatte insofern politische Folgen, als er die Chancen für die Annahme des Clay-Kompromisses steigen ließ. Sein Nachfolger Fillmore unterstützte diesen Kompromiss.

Taylor »sah über seine unmittelbaren Interessen als ein großer Sklavenhalter hinaus, erkannte an, dass die Sklaverei nicht ausgeweitet werden sollte, und versuchte unrealistische Forderungen der Südstaatler unter Kontrolle zu bringen, die lediglich die Opposition des Nordens gegen diese Institution vervielfältigen würden«.[4] Sein Verdienst lag vor allem im unbedingten Festhalten an den Interessen der Union, die er mit allen verfassungsmäßigen Mitteln zu verteidigen bereit war.

Anmerkungen

1 The American Presidents. The Office and the Men, hg. v. Frank N. Magill/John L. Loos, Bd. 1, Pasadena, California/Englewood Cliffs, New Jersey, 1986, S. 251.

2 Vgl. die Jahresbotschaft Taylors vom 4. Dezember 1849, in: The State of the Union Messages of the Presidents 1790–1966, hg. v. Fred L. Israel, Bd. 1, New York 1967, S. 774 ff.

3 Der »Compromise of 1850« wurde abschließend erst im September 1850, also in der Amtszeit von Präsident Fillmore, verabschiedet.

4 Elbert B. Smith, The Presidencies of Zachary Taylor & Millard Fillmore, Lawrence, Kansas, 1988, S. 258.

Bibliographische Hinweise

An autobiografischen Quellen wurden bisher publiziert:

Letters of Zachary Taylor from the Battle-Fields of the Mexican War, hg. v. William H. Samson, Rochester, New York, 1908.

Eine Chronologie, einige Dokumente und eine Bibliographie bietet:

Zachary Taylor, 1784–1850, Millard Fillmore, 1800–1874, hg. v. John J. Farrell, Dobbs Ferry, New York, 1971.

Als Biografien kommen in Frage:

Karl Jack Bauer, Zachary Taylor: Soldier, Planter, Statesman of the Old Southwest, Baton Rouge, Louisiana, 1985.

Brainerd Dyer, Zachary Taylor, Baton Rouge, Louisiana, 1946.

Holman Hamilton, Zachary Taylor, 2 Bde., Indianapolis/New York 1941/1951 (Reprint 1966).

Über die Präsidentschaft Taylors unterrichtet:

Elbert B. Smith, The Presidencies of Zachary Taylor & Millard Fillmore, Lawrence, Kansas, 1988.

MILLARD FILLMORE

1800–1874

13. PRÄSIDENT DER USA 1850–1853

7. Januar 1800	Millard Fillmore wird in Locke Township, Cayuga County, New York, geboren.
1815	Fillmore beginnt eine Lehre als Tuchschneider.
Seit 1819	bereitet er sich auf eine Tätigkeit als Anwalt vor, 1823 wird er als Anwalt zugelassen.
1823–1828	Fillmore ist als Anwalt in East Aurora, New York, tätig.
1826	Heirat mit Abigail Powers (1798–1853).
1829–1831	Mitglied der Abgeordnetenkammer des Staates New York.
1833–1835	und erneut
1837–1843	ist Fillmore Mitglied des Repräsentantenhauses in Washington.
1844	Fillmore verliert als Whig-Kandidat die Gouverneurswahl in New York.
1846	Fillmore wird Kanzler der Universität von Buffalo, New York.
1848–1849	Comptroller (Rechnungsprüfer) des Staates New York.
1849–1850	Unter Taylor Vizepräsident der USA.
1850–1853	Präsident der USA.
1856	Bei den Präsidentschaftswahlen kandidiert Fillmore erfolglos für die American Party.
1858	Fillmore heiratet seine zweite Frau Caroline Carmichael McIntosh (1813–1881).
1862	Präsident der Buffalo Historical Society.
8. März 1874	Fillmore stirbt im Alter von 74 Jahren in Buffalo, New York, und wird dort beigesetzt.

Millard Fillmore war der letzte Whig-Präsident. Wie sein Vorgänger Taylor war er als Präsident mit der landesweit und leidenschaftlich geführten Auseinandersetzung über die Zukunft der Sklaverei konfrontiert. Er war ein erfahrener, sensibler und gemäßigter Politiker, der sich für einen Ausgleich zwischen Nord und Süd einsetzte, am Ideal der nationalen Einheit festhielt und dafür auch – gegen seine Überzeugung – Kompromisse einzugehen bereit war.

Fillmore gehört zu den wenigen prominenten Politikern seiner Zeit, die tatsächlich in einem Blockhaus geboren wurden. Er kam am 7. Januar 1800 in Locke Township, im westlichen New York, als Sohn eines Farmers zur Welt. Der junge Fillmore wuchs in ländlichen Verhältnissen auf, hatte eine sehr einfache Schulbildung und lernte bis zu seinem 17. Lebensjahr außer der Bibel kaum andere Bücher kennen. Mit 14 Jahren gab ihn sein Vater zu einem Schneider in die Lehre, später war er auch in einer Spinnerei beschäftigt. Im Alter von 19 Jahren begann er seine Schulbildung zu erweitern und trat dann als Clerk in das Büro eines Richters in Montville, New York, ein, um sich als Anwalt ausbilden zu lassen. Nach weiteren Erfahrungen in einem Anwaltsbüro in Buffalo wurde er 1823 als Anwalt zugelassen und konnte so nun zunächst erfolgreich in East Aurora, New York, tätig werden. Politisch unterstützte er damals die Wahl von John Q. Adams zum Präsidenten (1824). 1826 heiratete der 26-jährige Fillmore Abigail Powers, die er 1819 als seine Lehrerin kennen gelernt hatte. Abigail Fillmore blieb auch nach der Eheschließung zunächst als Lehrerin tätig, bis der Sohn Millard 1828 geboren wurde. 1832 kam die Tochter Mary zur Welt. Später – an der Seite ihres Mannes als First Lady – richtete Abigail Fillmore die erste dauerhafte Bibliothek im Weißen Haus ein und erhielt dafür vom Kongress die Summe von 250 $ bewilligt. Zuvor hatte es im Haus nicht einmal eine Bibel gegeben.

Die politische Karriere Fillmores setzte 1828 mit seiner Wahl zum Abgeordneten von Erie County in die Kammer des Staates New York ein. Er schloss sich damals der Antifreimaurerpartei (Anti-Masonic Party) an, der ersten organisierten dritten Partei in der Parteienentwicklung der USA. Sie war 1828 im westlichen New York als Sammelbecken von Freimaurergegnern entstanden und richtete sich gegen den Einfluss dieser als elitär und undemokratisch aufgefassten Geheimgesellschaft. So wurde Fillmore auch mit dem New Yorker Politiker und Sklavereigegner William Henry Seward bekannt, der ebenfalls zu den Freimaurergegnern gehörte. Als Abgeordneter der New Yorker Kammer setzte sich Fillmore für die Verabschiedung eines Gesetzes ein, das die Gefängnisstrafe für säumige Schuldner verbot, und er wirkte an einem Staatsgesetz mit, das den Bankrott von Personen oder Firmen regelte. Inzwischen war er in Buffalo und Erie County eine bekannte Persönlichkeit geworden, so dass ihm nun auch der Sprung nach Washington gelang. Als Kongressabgeordneter zwischen 1833–1835 und 1837–1843 schloss er sich der entstehenden Whig-Partei an und unterstützte mehr oder weniger die nationale Politik von Henry Clay, dessen »American System« Schutzzölle und interne Verbesserungen (internal improvements) forderte. Fillmore war nun – als ein einflussreicher Ausschussvorsitzender – u. a. an der Ausarbeitung und Verabschiedung des Zollgesetzes von 1842 beteiligt, mit dem die Zollsätze erhöht wurden. Inzwischen einer der Führer der liberalen Whigs, gehörte er zu den gemäßigten Gegnern der Sklaverei. Er stand in Opposition zur Einmischung in die Sklavereiverhältnisse dort, wo sie bestanden, lehnte aber ihre Ausdehnung und Ausweitung entschieden ab. Seinen Standpunkt dazu äußerte er so: »Gott weiß, dass ich die Sklaverei verabscheue, aber sie ist ein existierendes Übel, für das wir nicht verantwortlich sind, und wir müssen sie aushalten und ihr die Art von Schutz geben, der von der Verfassung garantiert wird, bis wir sie loswerden können, ohne die letzte Hoffnung der freien Regierung in der Welt zu zerstören.«[1]

1844 verlor Fillmore als Kandidat der Whigs knapp die Gouverneurswahlen in New York. Nun war er wieder eine Zeit lang als Anwalt tätig. Am Krieg gegen Mexiko nahm er als Kommandeur einer Einheit von Milizsoldaten (Home Guard) teil. 1848 wurde er dann zum Comptroller des Staates New York gewählt. Als Mitglied der Staatsregierung bemühte er sich um den Ausbau des Erie-Kanals und um ein gesundes Währungssystem. Auf dem Nationalkonvent der Whigs in Philadelphia, von dem Zachary Taylor als Kandidat für die Präsidentschaftswahlen aufgestellt wurde, nominierte ihn seine Partei als Vizepräsidentschaftskandidat. Fillmore hatte die Unterstützung von Henry Clay und war als gemäßigter Sklavereigegner sowohl für die Whigs im Norden als auch im Süden akzeptabel. Außerdem sollte er seinen Staat New York für die Wahl Taylors sichern. Mit Taylor wurde Fillmore dann im November 1848 gewählt.

Als Vizepräsident hatte Fillmore wie üblich keinen Einfluss auf die Geschäfte der Administration. Man räumte ihm nicht einmal ein Mitspracherecht bei der fällig werdenden Ämterbesetzung in seinem Heimatstaat ein. Jedoch hatte Fillmore über die große Senatsdebatte zum »Kompromiss von 1850« zu präsidieren und leitete die

Debatte durchaus fair. Anders als Taylor hielt er den von Henry Clay eingebrachten Ausgleich der Interessen von Sklavereianhängern und -gegnern im Interesse der Nation für notwendig. Diesen letzten großen politischen Kompromiss vor dem Bürgerkrieg sollte er dann als Präsident durch seine Unterschrift in Kraft setzen.

Als Taylor am 9. Juli 1850 unerwartet starb, wurde Fillmore nun am nächsten Tag selbst als Präsident vereidigt. Er war jetzt 50 Jahre alt, verfügte über umfangreiche politische Erfahrung, stand jedoch im Schatten solcher überall im Lande bekannter politischer Führer wie Henry Clay, Daniel Webster oder John C. Calhoun. Daniel Webster, sein erster Außenminister, beschrieb Fillmore als »ausgeglichenen, vorsichtigen, intelligenten Mann, mit dem es Freude macht, Geschäfte zu erledigen. Er ist sehr fleißig, und was er nicht weiß, lernt er rasch.«[2]

Das wegen öffentlicher Korruptionsvorwürfe ins Gerede gekommene Kabinett seines Vorgängers trat nun prompt zurück. Mit seinen Neuberufungen, insbesondere durch die Wahl von Daniel Webster aus Massachusetts zum Außenminister und von John J. Crittenden aus Kentucky zum Justizminister, ließ der neue Präsident seine Einstellung als gemäßigter Whig und Anhänger einer Verständigung im heraufziehenden Konflikt zwischen Norden und Süden erkennen. Webster war schon unter Harrison und Tyler Außenminister gewesen, er war ein streitbarer Liberaler, der in der Senatsdebatte über den Kompromiss von 1850 ausdrücklich als Amerikaner und für die Erhaltung der Union Partei ergriffen hatte. In seiner Kongressbotschaft vom 6. August 1850 hielt Fillmore ein nachdrückliches Plädoyer zugunsten der noch immer unerledigten Kompromissvorlage. Clays Gesetzespaket zur friedlichen Regelung aller damaligen Streitpunkte hinsichtlich der Sklaverei als Institution[3] wurde nun mit Unterstützung Fillmores im August und September 1850 in mehreren separaten Gesetzen, die als Ganzes den »Kompromiss von 1850« bildeten, vom Kongress verabschiedet und vom Präsidenten in Kraft gesetzt. Kalifornien wurde als freier Staat in die Union aufgenommen. Die Bürger der anderen Staaten, die aus dem von Mexiko erworbenen Territorium entstehen mochten, sollten selbst über Zulassung oder Verbot der Sklaverei entscheiden. Die Grenzen von Texas wurden definitiv festgelegt, Texas erhielt zehn Millionen Dollar, um seine Schulden zu bezahlen. Das Territorium New Mexico und das Territorium von Utah wurden eingerichtet. Der »Fugitive Slave Act« verpflichtete die Bundesregierung, nach Norden geflüchtete Sklaven ohne weitere gerichtliche Klärung ihren weißen Herren zu überstellen. Dieses Gesetz war der umstrittenste Teil des Kompromisses. Der Senat stimmte ihm mit 27 : 12, das Repräsentantenhaus mit 109 : 76 Stimmen zu. Die Kritik des Nordens am »Fugitive Slave Act« spiegelte sich anschaulich in dem 1851 veröffentlichten Roman »Onkel Toms Hütte« von Harriet Beecher Stowe wider.

Schließlich wurde mit dem »Kompromiss von 1850« zwar der Sklavenhandel, nicht aber die Sklaverei selbst, im District of Columbia, also in der Bundeshauptstadt, verboten. »Der Kompromiss erreichte seinen beabsichtigten Zweck, einen Bürgerkrieg zu vermeiden. Er stellte die Gemäßigten im Norden zufrieden, und er besänftigte zeitweise den zunehmend militanten Süden. Nur South Carolina war darauf vorbereitet, eher aus der Union auszutreten als den Kompromiss zu akzeptieren, doch lenkte es zu guter Letzt ein, weil es die Vergeblichkeit einsah, zu versuchen, seine Unabhängigkeit allein zu behaupten. Allerdings spaltete das Paket in verhängnisvoller Weise die Whig-Partei.«[4]

Der »Kompromiss von 1850« war der Höhepunkt im politischen Leben von Fillmore und das innenpolitische Hauptergebnis seiner Präsidentschaft.[5] Wirtschaftlich waren die Jahre seiner Regierung, auch im Gefolge der kalifornischen Goldfunde, eine Zeit des Aufschwungs. Der Eisenbahnbau machte Fortschritte und wurde jetzt auch zunehmend staatlich gefördert. Die Postgebühren wurden in beachtlichem Maße gesenkt.

Nach außen war Fillmore besonders um die Förderung des Handels bemüht. Um Japan dem amerikanischen Handel zu öffnen, beorderte Fillmore 1852 vier Kriegsschiffe unter Kommodore Matthew C. Perry nach Japan. Perry erreichte die gewünschten Konzessionen 1854 im Vertrag von Kanagawa (Yokohama), der zwei japanische Häfen für den Handelsverkehr der USA öffnete. Es war dies der erste Vertrag Japans mit einer fremden Macht, der die Isolation des fernöstlichen Reiches aufbrach. Ebenso suchte der Präsident die amerikanischen Interessen in Hawaii weiter zu fördern. Dagegen warnte er seine Landsleute – allerdings mit geringem Erfolg – vor einer Beteiligung an den zeitweilig aufgeflammten Kämpfen gegen die Spanier auf Kuba.

Gegen Ende seiner Amtszeit zeigten sich die politischen Meinungsverschiedenheiten erneut deutlich bei der Nominierung der Kandidaten für die 1852 bevorstehenden Präsidentschaftswahlen. Den Demokraten gelang im Juni 1852 in Baltimore erst nach 49 Abstimmungen die Nominierung von Franklin Pierce. Ihre Wahlplattform bestätigte den »Kompromiss von 1850« als beste und endgültige Lösung des Sklavenproblems. Die Whigs, noch uneiniger als die Demokraten, benötigten auf ihrem Konvent, ebenfalls im Juni 1852 in Baltimore, sogar 53 Abstimmungen, bis sie ihren Kandidaten, General Winfield Scott, den Kriegshelden des Mexikokrieges, bestimmt hatten. Fillmores Zustimmung zum »Fugitive Slave Act« kostete ihn selbst die Unterstützung der Whigs des Nordens, ohne die er seine neuerliche Nominierung als Präsidentschaftskandidat nicht erreichen konnte. Allerdings unterstützte auch die Whig-Plattform, trotz der Opposition des radikalen Flügels der Partei, den »Kompromiss von 1850«. Die Wahl wurde dann von dem Demokraten Pierce sicher gewonnen.

Nach dem Ende seiner Präsidentschaft und nachdem er noch an der Amtseinführung seines Nachfolgers teilgenommen hatte, kehrte Fillmore im April 1853 nach Buffalo zurück. Kurz zuvor war seine Frau an Lungenentzündung gestorben. 1854 starb auch seine Tochter, erst 22 Jahre alt, an Cholera. Fillmore suchte zunächst Trost in ausgedehnten Reisen, die ihn 1853 auch nach Europa führten, wo er sich in London und Paris aufhielt und in Rom von Papst Pius IX. empfangen wurde.

Noch in Europa erhielt Fillmore die Nachricht, dass er – der Protestant – von der nationalistischen American Party, auch »Know-Nothing« Party genannt[6], als Kandidat für die Präsidentenwahlen von 1856 aufgestellt worden war. Die neue Partei war antikatholisch, fremdenfeindlich und wollte Einwanderer von staatlichen und städtischen Ämtern in den USA ausschließen. Fillmore hatte schon früher in einer Überschwemmung mit irischen, also zumeist katholischen Einwanderern, eine Gefahr für die politischen Verhältnisse des Landes gesehen. Er nahm die Nominierung an und kehrte im Juni 1856 in die USA zurück. Reste der alten Whig-Partei unterstützten ihn ebenfalls. Fillmore glaubte damals offenbar, mit dem Appell an nationalistische Emotionen die gespaltene Nation einen zu können. Diese Rechnung ging nicht auf. Immerhin aber konnte Fillmore bei den Wahlen von 1856 hinter dem Demokraten Buchanan (45 % der Stimmen) und dem Republikaner Frémont (33 %) noch 22 % der Stimmen und die

Wahlmänner eines Staates (Maryland) gewinnen. Mit dieser Episode endete Fillmores politische Laufbahn.

Seither kümmerte er sich in seinem Wohnort Buffalo als politisch einflussreicher Bürger um kommunale Angelegenheiten, nahm seine Aufgaben als Kanzler der Universität von Buffalo wahr, unterstützte künstlerische, pädagogische und wissenschaftliche Einrichtungen. 1858 verheiratete er sich wieder. Seine zweite Frau, Caroline Carmichael McIntosh, war die vermögende Witwe eines bekannten Geschäftsmannes. Das Ehepaar bezog nun eine komfortable Wohnung am Niagara Square in Buffalo, in der Fillmore auch Platz für seine 4.000 Bände umfassende Bibliothek hatte. Der alternde Fillmore verfolgte die politische Entwicklung seines Landes mit Sorge. Während des Bürgerkrieges hielt er zur Union, gehörte aber nicht zu den Anhängern Lincolns und stand in Distanz zu den radikalen Republikanern. Wegen seiner Unterstützung des »Fugitive Slave Acts« kam es nach der Ermordung Lincolns zu einem bedrohlichen Menschenauflauf vor seinem Haus in Buffalo.

Am 8. März 1874 starb Fillmore an den Folgen eines zweiten Schlaganfalls. Er wurde auf dem Forest-Lawn-Friedhof in Buffalo beigesetzt.

Fillmore setzte auf den Ausgleich der politischen und sektoralen Gegensätze in einer besonders kritischen Phase der amerikanischen Geschichte. Wie seinem Vorgänger Taylor gelang es auch ihm nur vorübergehend, die starken politischen und sozialen Kräfte und Gegenkräfte dieser Zeit, die sich im unvermeidlich heraufziehenden Bürgerkrieg schließlich unversöhnlich gegenüberstehen sollten, zu zügeln und zu kontrollieren.

Anmerkungen

1 Paul F. Boller, jr., Presidential Anecdotes, New York 1982, S. 110 f.

2 Elbert B. Smith, The Presidencies of Zachary Taylor & Millard Fillmore, Lawrence, Kansas, 1988, S. 261.

3 Henry Clays Resolution vom 29. Januar 1850, in: Documents of American History, hg. v. Henry S. Commager/Milton Cantor, Bd. 1, Englewood Cliffs, New Jersey, [10]1988, S. 319 f.

4 William A. DeGregorio, The Complete Book of U. S. Presidents, 2. Aufl., New York 1989, S. 192.

5 The American Presidents. The Office and the Men, hg. v. Frank N. Magill/John L. Loos, Bd. 1, Pasadena, California/Englewood Cliffs, New Jersey, 1986, S. 258.

6 Die American Party war aus einer in New York 1849 gebildeten Geheimgesellschaft hervorgegangen. Wenn Mitglieder nach der Organisation gefragt wurden, hatten sie zu antworten »I don't know« oder »I know nothing about it«, daraus entstand der Name »Know-Nothing« Party.

Bibliographische Hinweise

Eine Bibliographie steht jetzt zur Verfügung:

Millard Fillmore: a bibliography, comp. by John E. Crawford, Westport, Conn., 2002.

Ein Teil der Papiere Millard Fillmores wurde veröffentlicht:

Millard Fillmore Papers, hg. v. Frank H. Severance, 2 Bde., Buffalo 1907 (Buffalo Historical Society, Publications, Bd. 10 u. 11).

Eine Chronologie, Dokumente und Bibliographie bietet:
Zachary Taylor, 1784–1850, Millard Fillmore, 1800–1874, hg. v. John J. Farrell, Dobbs Ferry, New York, 1971.
Die ausführlichste Biografie ist nach wie vor:
Robert J. Rayback, Millard Fillmore: Biography of a President, Buffalo, New York, 1959 (Neuaufl. 1972).
Über die Präsidentschaft Fillmores informiert:
Benson L. Grayson, The Unknown President: The Administration of President Millard Fillmore, Lanham, Maryland, 1981.
Elbert B. Smith, The Presidencies of Zachary Taylor & Millard Fillmore, Lawrence, Kansas, 1988.
Über den »Kompromiss von 1850«:
Holman Hamilton, Prologue to Conflict: The Crisis and Compromise of 1850, Lexington, Kentucky, 1964.
Michael F. Holt, The Political Crisis of the 1850s, New York 1978.

FRANKLIN PIERCE

1804–1869

14. PRÄSIDENT DER USA 1853–1857

23. November 1804	Franklin Pierce wird in Hillsborough, New Hampshire, geboren.
1824	Pierce legt das Examen am Bowdoin College in Brunswick, Maine, ab.
1824–1827	Rechtsstudium.
1827	Zulassung als Rechtsanwalt, Beginn der Tätigkeit als Anwalt in Hillsborough, New Hampshire.
1829–1833	Abgeordneter im Repräsentantenhaus von New Hampshire.
1833–1837	Abgeordneter im US-Repräsentantenhaus.
1834	Heirat mit Jane Means Appleton (1806–1863).
1837–1842	Senator in Washington, D.C.
1842	Pierce nimmt wieder seine Anwaltstätigkeit auf, jetzt in Concord, New Hampshire.
1846	Pierce schlägt das Angebot von Präsident Polk aus, Distriktstaatsanwalt von New Hampshire zu werden.
1847–1848	Teilnahme am Krieg gegen Mexiko, zuletzt im Rang eines Brigadegenerals.
1850	Pierce ist Präsident eines Verfassungskonvents seines Staates New Hampshire.
1853–1857	Präsident der USA.
1857	Pierce beginnt eine ausgedehnte Europareise.
8. Oktober 1869	Pierce stirbt im Alter von 64 Jahren in Concord, New Hampshire, und wird dort bestattet.

Franklin Pierce gilt allgemein als der »vergessene Präsident«, dessen vierjährige Administration mehr zur Polarisierung der sektoralen Gegensätze zwischen Norden und Süden des Landes beitrug als irgendeine Administration vor ihm. Ein gut aussehender, attraktiver Mann mit rednerischer Begabung und einiger politischer Erfahrung, wurde Pierce von den Aufgaben seines Amtes überwältigt, war dabei schlecht beraten und erwies sich als ein »Mann des Nordens mit den Grundsätzen eines Südstaatlers«.[1]

Franklin Pierce kam am 23. November 1804 in Hillsborough, New Hampshire, zur Welt. Sein Vater, Benjamin Pierce, war ein bekannter Teilnehmer des Unabhängigkeitskrieges, ein Kommandeur der Staatsmiliz, erfolgreicher Farmer und Politiker, dessen Verbindungen in New Hampshire später seinem Sohn zugute kamen. Nach dem Schulbesuch und dem Unterricht in alten Sprachen studierte Pierce am Bowdoin College in Brunswick, New Hampshire, klassische Sprachen, Mathematik, Geschichte und weitere Fächer. Zu seinen Studienkameraden zählten die Dichter Nathaniel Hawthorne und Henry Wadsworth Longfellow. Pierce und Hawthorne blieben auch später Freunde, der Schriftsteller verfasste 1852 die Wahlkampfbiografie für Pierce. 1824 schloss Pierce seine Studien in Brunswick erfolgreich ab. Anschließend widmete er sich längere Zeit der juristischen Ausbildung. Wie es damals üblich war, sammelte er praktische juristische Kenntnisse bei verschiedenen Richtern und Anwälten. 1827 wurde er als Anwalt zugelassen und praktizierte nun einige Zeit in Hillsborough, New Hampshire. Zu einer Zeit, als sein Vater Gouverneur von New Hampshire war, gelang dem Sohn der Sprung in die

Legislative dieses seines Heimatstaates. Franklin Pierce wurde 1829 Abgeordneter, 1831 mit 28 Jahren sogar Sprecher der New Hampshire Legislative. Er war damals – und blieb dies auch später – ein Demokrat und Anhänger Andrew Jacksons, für dessen Wiederwahl als Präsident er sich 1832 einsetzte. Von 1833 bis 1837 gehörte er dann als Abgeordneter dem Kongress in Washington an. Auch hier unterstützte er Jackson und dessen Kampf gegen die Bank der Vereinigten Staaten. Interne Verbesserungen (internal improvements) mit Bundesmitteln lehnte er ab. Die Abolitionisten, die radikalen Sklavereigegner, waren für ihn »rücksichtslose Fanatiker«.[2]

1834 heiratete er die aus einem Pfarrhaus stammende Jane Means Appleton, eine scheue, empfindsame, tief religiöse junge Frau. Die spätere Entscheidung ihres Mannes, sich um die Präsidentschaft zu bewerben und im Falle der Wahl nach Washington zu gehen, lehnte sie strikt ab. Als wenige Wochen vor der Amtseinführung ihres Mannes ihr einziger Sohn Benjamin bei einem Eisenbahnunglück ums Leben kam (zwei weitere Söhne waren bereits in früher Kindheit gestorben), machte sie dafür ihren Mann verantwortlich und fiel in Depressionen.

Pierce seinerseits überließ sich zeitweilig dem Alkohol, »aber das Trinken scheint niemals sein politisches Urteil oder die Führung der öffentlichen Angelegenheiten (durch ihn) beeinflusst zu haben«.[3]

1836 wählte ihn die New Hampshire Legislative in den Senat der Vereinigten Staaten. Pierce war, als er im März 1837 seinen Senatssitz einnahm, mit 32 Jahren das jüngste Mitglied dieses Gremiums. Der Senator Pierce unterstützte als Demokrat die Präsidentschaft Van Burens, besonders dessen Finanzpolitik und die Schaffung des »Independent Treasury Systems«. Er widersetzte sich den Bemühungen, die Sklaverei im District of Columbia oder in den Territorien zu beschränken. 1840 verwandte er sich in New Hampshire und Massachusetts lebhaft für die Wiederwahl Van Burens. Als nun die Whigs die Mehrheit im Kongress übernahmen und sich Pierce mit den Demokraten auf den Platz der Minderheit verwiesen sah, begann sein Interesse an der Senatsarbeit zu schwinden. Außerdem drängte ihn seine Frau, sich aus der Politik zurückzuziehen, und er selbst hatte den Wunsch, als Anwalt Geld zu verdienen. Daher verzichtete Pierce im Februar 1842 auf seinen Sitz im Senat.

Er verlegte nun seinen Wohnsitz nach Concord in New Hampshire, war hier als Anwalt tätig und blieb in Parteiangelegenheiten aktiv. 1844 organisierte er die Wahlkampagne Polks in New Hampshire. Dieser bot ihm 1846 den Posten des Distriktstaatsanwalts von New Hampshire an, doch Pierce lehnte ab. Nach Ausbruch des Krieges gegen Mexiko trat er 1847 in die Armee ein und nahm an den Kämpfen als Oberst, dann als Brigadegeneral teil. Später wurde sein eher unauffälliger Beitrag zum Kriegsverlauf von seinem Freund Nathaniel Hawthorne biografisch aufgewertet und heroisiert. Nach dem Friedensschluss schied Pierce im März 1848 aus der Armee aus und kehrte nach Concord zurück. Auf Angebote seiner Parteifreunde in New Hampshire, ihn für eine neuerliche Senatoren- oder für eine Gouverneurswahl in Vorschlag zu bringen, ging er nicht ein, so dass er 1852, als wieder Präsidentschaftswahlen anstanden, im nationalen Rahmen kaum mehr bekannt war. Seine Nominierung als Präsidentschaftskandidat der Demokraten war denn auch ein typischer »dark horse«-Vorgang, eine Verlegenheitslösung. Von den vier aussichtsreichsten Kandidaten auf dem Parteikonvent in Baltimore im Juni 1852, Lewis Cass, James Buchanan, Stephen Douglas und William L. Marcy, konnte sich auch nach einer Vielzahl von Abstimmungen keiner mit der erforderlichen Stimmenmehrheit durchsetzen. Daraufhin stellte die Delegation aus Virginia Pierce als Kompromisskandidaten auf, und er wurde schließlich mit der 49. Abstimmung nominiert.

Pierce selbst zeigte sich über die Nachricht seiner Nominierung äußerst überrascht. Sein Gegenspieler in dieser Wahl war der Whig-Kandidat General Winfield Scott, Pierces zeitweiliger Vorgesetzter im Krieg gegen Mexiko. Pierce selbst wurde von allen Gruppen seiner Partei unterstützt und hatte als Neuengländer sogar die Unterstützung einiger Geschäftsfreunde, die sonst traditionell zu den Whigs hielten. Da beide Kandidaten sich zum »Kompromiss von 1850« bekannten, wurden die strittigen Fragen der Sklaverei von ihnen aus dem Wahlkampf ausgeklammert, der nun ganz und gar personalisiert geführt wurde. Beide Seiten unterstrichen ihre militärischen Verdienste. Pierce trat als ein verjüngter Andrew Jackson auf und ließ sich in Anlehnung an dessen Spitznamen »Young Hickory« nennen. Am Wahltag siegte Pierce mit 1,6 Mio. Stimmen (51 %) und 254 Wahlmännern über Scott, der knapp 1,4 Mio. Stimmen (44 %) und 42 Wahlmänner erreichte. Die restlichen Stimmen fielen an den Kandidaten der sklavenfeindlichen »Free Soil Party« John P. Hale. Pierce gewann in 27 Staaten, Scott lediglich in vier Staaten. Sein schlechtes Abschneiden zeigte den Niedergang der in der Sklavenfrage gespaltenen Whig-Partei an.

Bei seinem Amtsantritt am 4. März 1853 gab Pierce der Erwartung Ausdruck, dass die mit der Sklaverei zusammenhängenden politischen und sektoralen Streitfragen beigelegt seien und dass künftig keine derartigen Aufregungen mehr die Festigkeit der amerikanischen Institutionen oder das Licht der amerikanischen Prosperität bedrohen würden. Diese Prognose des neuen Präsidenten sollte sich sehr bald, nicht zuletzt im Gefolge seiner eigenen Politik, als rundum falsch herausstellen.

Pierce war damals mit 48 Jahren der bis dahin jüngste Präsident. Mit Ämterpatronage, also mit der Besetzung frei werdender Stellen des Bundes durch seine Parteifreunde, und auf dem Wege weiterer territorialer Expansion gedachte Pierce, die bedenklich zerstrittenen Demokraten um seine Politik zu scharen. Die Expansion nach außen schien ihm auch ein Mittel, um die nationalen Gegensätze zu überwinden. In dieser Frage stand Pierce einer Gruppe jüngerer Demokraten nahe, die »Young America« genannt wurde und in der Öffentlichkeit die amerikanische Expansion nach Süden, Freihandel und den Beistand für republikanische Revolutionen in fremden Ländern propagierten.

In der Auswahl seiner Kabinettsmitglieder suchte der Präsident die verschiedenen Meinungen und regionalen Sektoren des Landes zu erfassen. Dabei war ein konservatives, expansionistisches und sklavereifreundliches Profil seiner Administration erkennbar. Den größten Einfluss auf den Präsidenten hatte sein Kriegsminister Jefferson Davis, ein Plantagenbesitzer aus Mississippi und kompromissloser Südstaatler, der 1861 Präsident der Sezessionsstaaten werden sollte. Der neue Vizepräsident, William R. D. King aus Alabama, starb bereits im April 1853, wenige Wochen nach Beginn der neuen Präsidentschaft. Das Amt des Vizepräsidenten blieb daraufhin bis zum Ende der Pierce-Administration unbesetzt.

Pierce befürwortete selbst seit Amtsantritt ein Programm territorialer Ausdehnung durch eine tatkräftige Außenpolitik, und er sprach sich für eine größere und verbesserte Armee und Flotte aus. Die von ihm neu berufenen Diplomaten, darunter James Buchanan als Gesandter in Großbritannien, waren ausgesprochen expansionistisch eingestellt.

Pierces »Hauptziel war die Erwerbung Kubas, schon lange ein Gegenstand der Wünsche für amerikanische Expansionisten und Sklavereianhänger. Außerdem hoffte er, mehr Territorium im Süden zu gewinnen, besonders von Mexiko.«[4] Dass eine territoriale Erweiterung dann auch wieder die gerade beigelegte Kontroverse über Zulassung oder Verbot der Sklaverei in den neuen Territorien entfachen musste, kam Pierce nicht in den Sinn, zumal er, der entschiedene Gegner der Abolitionisten, die Einführung der Sklaverei in den neuen Territorien durchaus für passend hielt. Dabei brach die Sklavenfrage bereits 1854 erneut mit aller Schärfe auf. Im Januar dieses Jahres hatte der Senator Stephen A. Douglas, ein ehrgeiziger Demokrat aus Illinois, im Kongress eine Gesetzesvorlage eingebracht, in den neu zu bildenden Territorien Kansas und Nebraska die Entscheidung über die Sklaverei in die Hände der dortigen Siedler zu legen. Dies hätte die Aussicht eröffnet, in Kansas, das an den Sklavenstaat Missouri grenzte, die Sklaverei einzuführen. Dieser »Kansas-Nebraska-Act« bedeutete die Aufhebung des Missouri-Kompromisses von 1820, da beide Territorien nördlich von 36° 30' gelegen waren, wo nach dem Missouri-Kompromiss die Sklaverei verboten war. Die Debatte über das Gesetz löste landesweit einen neuerlichen Zusammenstoß der Befürworter und Gegner der Sklaverei aus. Im Norden entstand im Gefolge des neuen Konfliktes nun die Republikanische Partei als politisches Sammelbecken der Sklavereigegner. In der Demokratischen Partei kam es zur Spaltung. Im noch dünn besiedelten Kansas löste der Streit um die Sklaverei bald blutig verlaufende Kämpfe zwischen den beiden Lagern aus, denen die Pierce-Administration dann nicht Herr werden konnte.

Präsident Pierce unterstützte den »Kansas-Nebraska-Act« als einen – wie er meinte – fairen und praktischen Kompromiss zwischen den Interessen der Nord- und Südstaaten. Nach seiner Verabschiedung durch den Kongress unterzeichnete er das Gesetz am 30. Mai 1854. Es trug wie kaum ein anderer Vorgang am Vorabend des Bürgerkrieges zur politischen Polarisierung im Lande bei.

In der Innenpolitik hatte Pierce auch sonst keine glückliche Hand, er nahm einseitig zugunsten der Interessen des Südens Partei, legte gegen verschiedene Gesetze für »internal improvements« sein Veto ein, weigerte sich, Bundesmittel für wirtschaftliche Entwicklungen einzusetzen, und entfremdete sich damit auch diejenigen geschäftlichen Interessengruppen im Norden, die seine Wahl zum Präsidenten noch mitgetragen hatten. Hinzu kamen umstrittene Personalentscheidungen, die das Ansehen des Präsidenten selbst in der eigenen Partei untergruben.

Die Außenpolitik von Pierce ließ sich zunächst besser an, gelangte aber bald ebenfalls in einen Strudel unkontrollierter und erfolglos verlaufender expansionistischer Aktionen. Mit dem »Gadsden Purchase« gelang den USA im Dezember 1853 der Kauf eines 29.640 Quadratmeilen großen Landstriches von Mexiko für zehn Millionen Dollar, der dem Süden von Arizona und New Mexico eingegliedert wurde. Dieses zumeist wüste Land wurde für eine im Süden vorgesehene transkontinentale Eisenbahnlinie von Texas nach Kalifornien benötigt. Ausgehandelt wurde der Vertrag durch den amerikanischen Gesandten in Mexiko, James Gadsden, der selbst persönlich im Eisenbahngeschäft engagiert war. Im März 1854 konnte die Pierce-Administration mit dem Abschluss des Vertrages von Kanagawa mit Japan die Früchte der noch unter Präsident Fillmore begonnenen Bemühung ernten, japanische Häfen für den amerikanischen Handel zu öffnen.

Nach dem Scheitern handstreichartiger Unternehmen einzelner Glücksritter und Abenteurer, mit denen die Übertragung Kubas aus spanischer in amerikanische Souveränität erreicht werden sollte, hoffte Pierce, die Erwerbung Kubas von Spanien durch diplomatische Verhandlungen vorbereiten zu können. Er beauftragte seinen Außenminister William L. Marcy, dem ebenfalls die Annexion Kubas am Herzen lag, entsprechende Verhandlungen in Madrid aufnehmen zu lassen. Angesichts der Verwicklung der beiden europäischen Westmächte England und Frankreich in den Krimkrieg schien die internationale Konstellation für ein energisches amerikanisches Vorgehen günstig. Auf Vorschlag von Marcy traf sich der amerikanische Gesandte in Madrid, Pierre Soulé, ein radikaler Expansionist, mit seinen beiden Kollegen in London und Paris, James Buchanan und John Y. Mason, um das Vorgehen bei den Verhandlungen in Spanien abzustimmen. Die drei amerikanischen Diplomaten formulierten ihren Standpunkt in dem so genannten Ostende-Manifest vom 15. Oktober 1854, einem internen Bericht an den Außenminister Marcy über die Wünschbarkeit und Möglichkeit des Erwerbs von Kuba. Sollte Spanien sich weigern, Kuba zu verkaufen, dann – so war im Manifest zu lesen – »sind wir nach jedem menschlichen und göttlichen Recht berechtigt, es Spanien gewaltsam zu entreißen, wenn wir die Macht dazu haben«.[5] Der New York Herald publizierte im November 1854 das offen annexionistische Manifest. Dass Pierce bereit schien, wegen Kuba einen Krieg zu riskieren, löste einen Sturm der Entrüstung bei den Gegnern seiner Administration aus. Man sah im Norden darin – vielleicht nicht ganz unberechtigt – einen neuen Schachzug zur Ausdehnung der Sklaverei. Pierce und Marcy mussten vom Ostende-Manifest abrücken. Soulé trat daraufhin im Dezember aus Protest zurück. In Madrid erklärte nun der spanische Außenminister unter Beifall vor den Cortes, wenn sich Spanien von Kuba trennen würde, so käme dies einer Trennung Spaniens von seiner nationalen Ehre gleich. Die Aussichten, Kuba auf diplomatischem Weg zu erwerben, waren seit diesem Eklat verschwindend gering. Das Ansehen der Pierce-Administration hatte mit der Ostende-Episode beträchtlichen Schaden genommen.

In die Amtszeit von Pierce fielen Bemühungen eines amerikanischen Abenteurers, William Walker, sich in Nicaragua an die Spitze einer in Unruhen und Wirren gebildeten Regierung zu stellen und die Anerkennung der USA für diese seine Herrschaft in dem mittelamerikanischen Land zu erreichen. Im Dezember 1855 wandte sich Pierce wohl gegen das Filibuster-Vorgehen von Walker, seine Administration ließ dann aber eine eindeutige Stellungnahme gegen Walkers Präsidentschaft in Nicaragua vermissen, die erst 1857 zusammenbrach, als Truppen zentralamerikanischer Nachbarn gegen ihn vorgingen.

Die Präsidentschaftswahlen von 1856 standen im Zeichen der leidenschaftlich geführten Debatte über die Folgen des »Kansas-Nebraska-Acts«. Wegen der maßgeblichen Rolle, die Pierce bei der Verabschiedung dieses Gesetzes gespielt hatte, und wegen des Unvermögens seiner Administration, den inneren Frieden im »blutenden Kansas« herzustellen, wo anhaltende Kämpfe zwischen Anhängern und Gegnern der Sklaverei stattfanden, war der amtierende Präsident in seiner eigenen Partei, für die Demokraten, nicht mehr wählbar bzw. mehrheitsfähig. Die nachhaltigen Bemühungen von Pierce, seine erneute Nominierung als Präsidentschaftskandidat der Demokraten, zu erreichen, blieben ohne Erfolg. Auch der Initiator des »Kansas-Nebraska-Acts«, Senator Douglas, hatte keine Nominierungschance. Die Demokraten scharten sich vielmehr um den bisherigen Gesandten in London, James Buchanan, der während der kontroversen Auseinandersetzungen um dieses Gesetz im Ausland geweilt hatte und daher am ehesten geeignet schien, den gewünschten Wahlerfolg für die Demokraten zu sichern. Die neu entstandene Republikanische Partei, die sich sowohl auf industrielle Kreise im Norden als auch auf Farmer und Arbeiter im Norden und Westen stützen konnte, nominierte den populären John C. Frémont, den Entdecker des »Fernen Westens« der Vereinigten Staaten, als ihren Kandidaten. Die Republikaner verlangten die unverzügliche Aufnahme von Kansas als freien Staat in die Union und wandten sich gegen die Ausdehnung der Sklaverei in den Territorien. Für die American Party kandidierte Expräsident Fillmore unter nationalistischen Losungen wie »Amerikaner müssen Amerika regieren«.[6]

Die Wahl wurde von James Buchanan gewonnen, die neue Republikanische Partei erzielte trotz der Niederlage ihres Kandidaten einen Achtungserfolg.

Damit endete die Präsidentschaft für Pierce mit einer persönlichen politischen Niederlage. Er war der erste und blieb der einzige gewählte Präsident, der von seiner Partei nicht für eine zweite Amtszeit nominiert wurde.

Seit der Rückkehr nach Concord, New Hampshire, und in das Privatleben spielte Pierce keine aktive politische Rolle mehr. Mit seiner weiterhin depressiven und an Tuberkulose erkrankten Frau begab er sich auf eine längere Reise nach Europa und auf die Bahamas. Als der Bürgerkrieg begann, hielt er zwar zur Union, bedauerte aber, je länger der Krieg anhielt, das – wie er es sah – überflüssige, sinnlose Blutvergießen, lehnte die Sklavenbefreiung durch Lincoln ab und entfernte sich durch seine Sympathien für den Süden von den Nachbarn und Freunden im heimischen Neuengland.

Als er am 8. Oktober 1869, knapp 65 Jahre alt, an Wassersucht verstarb, wurde von seinem Tod in der Öffentlichkeit kaum Notiz genommen. Im Urteil heutiger Historiker war seine Präsidentschaft ein Fehlschlag. Sie trug mit ihren Taten und Unterlassungen wesentlich dazu bei, dass der Konflikt zwischen den Nord- und Südstaaten mehr und mehr unvermeidlich wurde.

Anmerkungen

1 Charles A. Beard's The Presidents in American History. George Washington to George Bush, erg. v. William Beard/Detlev Vagts, Englewood Cliffs, New Jersey, 1989, S. 62.

2 William A. DeGregorio, The Complete Book of U. S. Presidents, 2. Aufl., New York 1989, S. 200.

3 Research Guide to American Historical Biography, hg. v. Robert Muccigrosso/ Suzanne Niemeyer, Bd. 3, Washington, D. C., 1988, S. 1235.

4 The American Presidents. The Office and the Men, hg. v. Frank N. Magill/John L. Loos, Bd. 1, Pasadena, California/Englewood Cliffs, New Jersey, 1986, S. 264.

5 Documents of American History, hg. v. Henry S. Commager/Milton Cantor, Bd. 1, Englewood Cliffs, New Jersey,[10]1988, S. 334.

6 Paul F. Boller, jr., Presidential Campaigns, New York/Oxford 1985, S. 93.

Bibliographische Hinweise

Die Bibliographie zu Franklin Pierce:
Franklin Pierce: a Bibliography, comp. by Wilfred J. Bisson, Westport, Conn., 1993.
Eine Chronologie, Dokumentation und Bibliographie bietet:
Franklin Pierce, 1804–1869, hg. v. Irving J. Sloan, Dobbs Ferry, New York, 1968.
Die nach wie vor wichtigste Biografie stammt von:
Roy F. Nichols, Franklin Pierce: Young Hickory of the Granite Hills, 2. Aufl., Philadelphia 1958.
Die Biografie aus der Feder seines Freundes aus dem Jahr 1852 liegt als Reprint vor:
Nathaniel Hawthorne, The Life of Franklin Pierce, New York 1970.
Über die Präsidentschaft informiert neuerdings:
Larry Gara, The Presidency of Franklin Pierce, Lawrence, Kansas, 1991.
Für die Vorgeschichte des Bürgerkrieges bleibt wichtig:
Allan Nevins, Ordeal of the Union, 2 Bde., New York 1947.
Über das Ende der Präsidentschaft von Pierce und den Beginn der Präsidentschaft von Buchanan informiert:
Kenneth M. Stamp, America in 1857. A Nation on the Brink, New York 1990.

JAMES BUCHANAN

1791–1868

15. PRÄSIDENT DER USA 1857–1861

23. April 1791	James Buchanan wird in Cove Gap bei Mercersburg, Pennsylvania, geboren.
1807	Buchanan beginnt ein Studium am Dickinson College, Carlisle, Pennsylvania.
1812	Buchanan wird als Rechtsanwalt zugelassen und praktiziert in Lancaster, Pennsylvania.
1814	Buchanan nimmt als Dragoner am Krieg gegen England teil.
1814–1816	Abgeordneter im Repräsentantenhaus von Pennsylvania.
1821–1831	Abgeordneter im Repräsentantenhaus der Vereinigten Staaten.
1832–1833	Gesandter in Russland.
1834–1845	Senator in Washington.
1845–1849	Secretary of State im Kabinett von Präsident Polk.
1849–1852	Buchanan lebt auf seiner Farm Wheatland bei Lancaster, Pennsylvania.
1853–1856	Gesandter der USA in Großbritannien.
1857–1861	Präsident der USA.
1866	Buchanan veröffentlicht seine Memoiren: »Mr. Buchanan's Administration on the Eve of the Rebellion«.
1. Juni 1868	Buchanan stirbt im Alter von 77 Jahren in Wheatland, Pennsylvania, und wird in Lancaster, Pennsylvania, begraben.

James Buchanan war der letzte Präsident der USA vor dem Ausbruch des Bürgerkrieges. Seine Politik als Präsident hatte erheblichen Anteil an der Entwicklung der politischen Krise am Vorabend des Bürgerkrieges. Er war politisch erfahren, ein konservativer Demokrat, ein Gegner der Abolitionisten, aber auch kein Freund der radikalen Südstaatler. Allerdings sollte seine Politik im Weißen Haus meist ihren Wünschen zugute kommen.

James Buchanan wurde als Ältester von acht Geschwistern am 23. April 1791 in Cove Gap, in der Nähe von Mercersburg, Pennsylvania, geboren. Sein Vater war irischer Herkunft, lebte seit 1783 in den USA und war inzwischen als Kaufmann, Farmer und Friedensrichter in Mercersburg tätig. Seine Mutter war eine gebildete Frau, die viele Strophen der Gedichte von John Milton und Alexander Pope aus dem Gedächtnis rezitieren konnte. Der fleißige, ehrgeizige, mitunter undisziplinierte James Buchanan hatte als Schüler eine gediegene Ausbildung, studierte einige Jahre am 1773 gegründeten Dickinson College, legte dort 1809 das Examen ab und widmete sich anschließend dem Rechtsstudium, bis er 1812 als Anwalt zugelassen wurde und erfolgreich in Lancaster, Pennsylvania, zu praktizieren begann. Den Krieg von 1812 hielt er zunächst nicht für gerechtfertigt. Nach der Einnahme und Zerstörung Washingtons durch die britischen Truppen im August 1814 trat er in eine Dragonereinheit ein, die in Lancaster aufgestellt wurde, und nahm an der Verteidigung Baltimores teil.

Seine politische Karriere begann Buchanan als Föderalist und Abgeordneter im Repräsentantenhaus von Pennsylvania, in das er zweimal, 1814 und 1815, gewählt wurde. 1819 nahmen seine Zukunftspläne eine jähe Wendung, als seine Verlobte,

Anne C. Coleman, die Tochter eines Millionärs in Lancaster, nach einem Streit mit ihrem Verlobten plötzlich verstarb. Man vermutete Selbstmord und machte Buchanan für den Tod verantwortlich. Jedenfalls aber blieb Buchanan nun unverheiratet und wurde damit der einzige Junggeselle im Weißen Haus.

Zwischen 1821 und 1831 vertrat Buchanan zehn Jahre einen Wahlbezirk seines Heimatstaates im Kongress als Abgeordneter. Nach dem Verschwinden der Föderalisten von der politischen Bühne wurde Buchanan Anhänger Andrew Jacksons und der nun entstehenden Demokratischen Partei. Er unterstützte 1824 Jacksons Bewerbung um die Präsidentschaft, stand in Opposition zum Sieger John Q. Adams und wurde Vorsitzender des Rechtsausschusses im Repräsentantenhaus.

1830 verzichtete Buchanan auf eine neuerliche Kandidatur, um wieder als Anwalt in Lancaster tätig zu werden. Präsident Jackson berief ihn dann 1831 zum Gesandten der USA in Russland, wo er sich besonders um Handels- und Marineangelegenheiten bemühte und 1832 den ersten Handelsvertrag mit Russland unterzeichnen konnte. 1834 wurde er von der Legislative seines Heimatstaates in den Bundessenat gewählt, dem er als Demokrat bis 1845 angehörte. Er stellte sich hinter die Politik der Präsidenten Jackson und Van Buren. 1837 wurde er Vorsitzender des außenpolitischen Senatsausschusses. Ein Angebot Van Burens, als Justizminister in sein Kabinett einzutreten, lehnte er ab, weil er den Sitz im Senat vorzog. 1840 unterstützte er die erfolglose Bemühung Van Burens um die Wiederwahl in das Präsidentenamt. 1844, 1848 und 1852 gehörte er dann bereits selbst regelmäßig, aber noch ohne Erfolg zu den Mitbewerbern um die Nominierung als Präsidentschaftskandidat unter den Demokraten. Er befürwortete die Annexion von Texas. Als Außenminister im Kabinett von Präsident Polk hatte er 1845 bis 1849 nur eine begrenzte politische Mitgestaltungsmöglichkeit, da James Polk die Außenpolitik weitgehend selbst in die Hand nahm. Buchanan regelte die abschließenden Einzelheiten der Annexion von Texas und handelte den Oregon-Vertrag mit Großbritannien aus. In dieser Zeit erwarb Buchanan sein Farmgut Wheatland bei Lancaster in Pennsylvania, wohin er sich nach dem Ende der Polk-Administration 1849 zurückzog.

Nachdem 1852 mit Franklin Pierce wieder ein Demokrat zum Präsidenten gewählt worden war, berief dieser 1853 Buchanan zum Gesandten in London. In Europa verfasste Buchanan 1854 mit seinen Kollegen, den amerikanischen Gesandten in Paris John Y. Mason und in Madrid Pierre Soulé, das »Ostende-Manifest«, in dem die Erwerbung des spanischen Kuba durch die USA nötigenfalls mittels Gewalt empfohlen wurde. Die Veröffentlichung des ursprünglich internen Dokuments in der Presse rief zwar im Norden der USA einen Sturm der Entrüstung hervor, im Süden aber sah man in Buchanan seitdem verstärkt einen Sachwalter eigener Ansprüche auf die Ausdehnung der Sklaverei über die dafür festgeschriebenen Grenzen hinaus. In seiner persönlichen Einstellung hielt Buchanan die Sklaverei für ein moralisches und politisches Übel, aber er akzeptierte sie als eine Gegebenheit der sozialen Verhältnisse im Süden, war gegen eine Einmischung der Union in diese Verhältnisse und nahm im möglichen Konflikt zwischen schwarzen Sklaven und weißen Herren Partei für die letzteren.

Auf dem Nominierungskonvent der Demokraten im Wahljahr 1856 war Buchanan der aussichtsreichste Kandidat vor dem amtierenden Präsidenten Pierce und dem ehrgeizigen Senator Stephen A. Douglas aus Illinois, dem Initiator des »Kansas-Nebraska-

Acts«. Buchanan wurde im 17. Wahlgang schließlich als Präsidentschaftskandidat nominiert. Alle drei Bewerber gingen von der Verfassungsmäßigkeit der Sklaverei aus und hatten Verständnis für den Südstaatenstandpunkt demonstriert. Buchanan konnte aus der Tatsache Vorteil ziehen, dass er während der in letzter Zeit erbittert geführten politischen Diskussionen zwischen Sklavereigegnern und den Befürwortern dieser »besonderen Institution« als Gesandter außer Landes gewesen war. Er schien dadurch über den Fronten dieses Kampfes zu stehen. Ihm kam auch zugute, dass er im Laufe der Jahre durch eine umfangreiche Korrespondenz seinen politischen Freundes- und Bekanntenkreis stetig vergrößert hatte. Buchanan zur Seite stellten die Demokraten als Vizepräsidentschaftskandidaten John C. Breckinridge aus Kentucky, der einige Jahre später im Bürgerkrieg als General für die Konföderierten Staaten kämpfen und politisch tätig werden sollte. Gegenspieler Buchanans waren im Wahlkampf der Republikaner John C. Frémont aus Kalifornien, der erste Präsidentschaftskandidat dieser neuen Partei, sowie Expräsident Fillmore für die fremdenfeindliche American Party.

Im Wahlkampf standen die sektoralen Gegensätze zwischen dem freien Norden und dem sklavenhaltenden Süden im Mittelpunkt. Die Republikaner hatten als Wahlmotto die Forderung »Free Speech, Free Press, Free Soil, Free Men, Frémont and Victory« (»Freie Rede, freie Presse, freier Boden, freie Männer, Frémont und Sieg«) gewählt. Buchanan machte die Erhaltung der Union zu seinem Hauptanliegen. Die Demokraten warnten, dass ein Sieg des republikanischen Kandidaten im Süden nicht akzeptiert werden würde und zum Bürgerkrieg führen müsste. Sie versprachen Versöhnung und wirtschaftliche Stabilität, was ihnen die Sympathien der Geschäftswelt einbrachte. Der Wahlsieg fiel zugunsten von Buchanan aus. Er erreichte 1,8 Mio. Stimmen (45 %), Frémont kam auf 1,3 Mio. Stimmen (33 %) und Fillmore verbuchte 875.000 Stimmen (22 %). Buchanan gewann in 19 Staaten, darunter im gesamten Süden. Den Ausschlag für seinen Wahlsieg gaben die umkämpften freien Staaten Pennsylvania, Illinois und Indiana. Frémont war in elf Staaten erfolgreich, hauptsächlich im Nordosten und Mittleren Westen, Fillmore erzielte nur in Maryland die Stimmenmehrheit.

Als Buchanan im März 1857 die Präsidentschaft antrat, war er 65 Jahre alt, sein Vizepräsident Breckinridge mit 36 Jahren der jüngste aller Vizepräsidenten. Der neue Präsident war ein Gentleman der alten Schule, er wirkte distinguiert, hatte verbindliche Umgangsformen und registrierte für sich peinlich genau alle Einnahmen und Ausgaben. Präsident Polk, unter dem Buchanan Außenminister war, urteilte über ihn: »Mr. Buchanan ist ein fähiger Mann, aber in Kleinigkeiten ohne Urteil, und zeitweilig benimmt er sich wie eine alte Jungfer.«[1]

Vor dem neuen Präsidenten lagen kritische Zeiten. Die Situation im Land war seit dem »Kansas-Nebraska-Act« äußerst gespannt. Die Diskussion um die Zukunft der Union wurde zunehmend erregter. Edwin Stanton, sein späterer Justizminister, warnte Buchanan bei Beginn der Präsidentschaft: »Sie schlafen auf einem Vulkan. Der Boden neben und unter Ihnen ist überall unterminiert und kann jeden Augenblick explodieren, und ohne prompte und energische Tat werden Sie der letzte Präsident der Vereinigten Staaten sein.«[2]

In seiner Antrittsbotschaft vom 4. März 1857 wiederholte Buchanan die Wahlgesichtspunkte der Demokraten, unterstützte die Politik der Nichteinmischung in Sklavereiangelegenheiten in den Bundesstaaten und den Grundsatz der Bürgerentscheidung (popular sovereignty) darüber in den Territorien. Er verurteilte Gewaltanwendung in der Auseinandersetzung über das Sklavenproblem, bot aber selbst keine Lösung der Streitfrage an. Für ihn war die Agitation des Nordens gegen die Sklaverei die Hauptursache des Konflikts zwischen Nord und Süd. »Wenige Politiker des Nordens waren so südstaatenfreundlich in ihrer Politik und ihren Gefühlen, und viele Jahre lang waren Südstaatler seine engsten Freunde.«[3] Dies zeigte sich auch in der Zusammensetzung seines Kabinetts, in dem die Anhänger bzw. Verteidiger der Sklaverei wie Finanzminister Howell Cobb aus Georgia und Innenminister Jacob Thompson aus Mississippi dominierten. Außenminister Lewis Cass, bereits Kriegsminister unter Andrew Jackson, war in seinem Kabinett der einzige Politiker von nationalem Format, aber inzwischen alt, indolent und ohne Einfluss auf die Entscheidungen des Präsidenten. Der engste Ratgeber Buchanans außerhalb des Kabinetts war Senator John Slidell aus Louisiana, ein glühender Anhänger und Verteidiger der Politik des Südens.

Buchanan blieb wenig Zeit, den Kurs seiner Präsidentschaft gegenüber dem weiter ausgreifenden Konflikt zu bestimmen. Zwei Tage nach Amtsantritt, am 6. März 1857, traf das Oberste Gericht der Vereinigten Staaten im Verfahren Dred Scott vs. Sandford eine den Konflikt weiter verschärfende Grundsatzentscheidung. Das Gericht erklärte den Missouri-Kompromiss von 1820 für nicht verfassungsgemäß und erklärte außerdem, der Kongress habe nicht das Recht, Bürgern ihr Eigentum (gemeint waren Sklaven) zu nehmen. Schwarze, gleich ob Sklaven oder freie Personen, könnten als »ungeordnete und inferiore Wesen« nicht Bürger der Vereinigten Staaten sein.[4] Damit stellte sich die Mehrheit der Obersten Richter des Landes einschränkungslos hinter die Interessen des Südens. Die Entscheidung im Rechtsfall des schwarzen Sklaven Dred Scott löste heftige Proteste im Norden und bei den Republikanern aus. Ein möglicher Interessenausgleich zwischen beiden Lagern, für den sich Buchanan im Wahlkampf ausgesprochen hatte, rückte in nebelhafte Ferne. Buchanan spielte beim Zustandekommen des Dred-Scott-Urteils eine wichtige Rolle. Er überzeugte einen aus dem Norden stammenden Richter, sich der Mehrheitsentscheidung anzuschließen, und mahnte in seiner Antrittsrede – wohl wissend, dass die Entscheidung zugunsten der Sklaverei fallen werde –, jeder gute Amerikaner solle sich dem Urteil des Obersten Gerichtes bereitwillig fügen, egal, wie es ausginge, das Urteil werde den Streit um die Sklaverei schnell und definitiv beenden. Seitdem lastete ihm der Ruf an, heuchlerisch (doughface) zu sein.

Die Schwierigkeiten, vor denen der Präsident stand, vergrößerten sich noch, als im Sommer 1857 in New York beginnend eine heftige Finanz- und Wirtschaftskrise um sich griff, die bis 1859 andauern sollte. Die »Panic of 1857« forderte im ersten Jahr fast 5.000 Geschäftszusammenbrüche. 1858 waren es nochmals über 4.200. Besonders betroffen waren der Norden und Westen. Dagegen blieben die wirtschaftlichen Verhältnisse im Süden dank der anhaltenden Baumwollnachfrage aus Europa zufriedenstellend. Präsident Buchanan ging in seiner ersten Jahresbotschaft im Dezember 1857 ausführlich auf die Finanzpolitik ein, verzichtete aber – wie es damals üblich war – auf Maßnahmen zur Abschwächung der Krise oder zur Unterstützung ihrer Opfer.

Auch die Auseinandersetzungen über die Zukunft von Kansas gingen unter Buchanan weiter. Der Präsident berief den ehemaligen Finanzminister unter Präsident Polk, Robert J. Walker aus Mississippi, zum Gouverneur des unruhigen Territoriums. Im Herbst 1857 entwarf ein Verfassungskonvent in Lecompton, Kansas, eine sklavenfreundliche Verfassung. Buchanan stellte sich im vermeintlichen Interesse der Einheit seiner Demokratischen Partei hinter diese Lecompton-Verfassung, bekräftigte auch in seiner Jahresbotschaft am 8. Dezember 1857 die Rechtmäßigkeit ihrer Bestimmungen hinsichtlich der Sklaverei und suchte die Aufnahme von Kansas in die Union auf dieser Grundlage zu erreichen. Buchanans politischer Rivale, Senator Stephen A. Douglas, sammelte die Kongressopposition gegen die Lecompton-Verfassung und warnte Buchanan, diese Verfassung werde die Demokratische Partei im Norden zerstören. Er erreichte, dass im Februar 1858 in Kansas nochmals ein Referendum über die Verfassung stattfand, das diese Verfassung mit großer Mehrheit ablehnte. Buchanan beharrte auf seinem Standpunkt, der Kongress verfügte ein weiteres Referendum, das im August 1858 zum gleichen Ergebnis kam. Der Streit über die Lecompton-Verfassung und Buchanans eigensinniges Beharren auf ihrer Rechtmäßigkeit polarisierte die politische Auseinandersetzung im Lande weiter. Die Republikaner gewannen in den Kongresswahlen im Herbst 1858 an Einfluss, die Demokraten zerstritten sich in Richtungskämpfen, die Extremisten im Süden fühlten sich bestärkt. Der republikanische Senator William H. Seward aus New York erklärte im Oktober 1858: »Dies ist ein nicht zu bändigender Konflikt zwischen widersetzlichen und ausharrenden Kräften, und er bedeutet, dass die Vereinigten Staaten früher oder später entweder eine vollständig sklavenhaltende Nation oder eine vollständig auf freier Arbeit beruhende Nation sein müssen und werden.«[5] Schließlich wurde Kansas im Januar 1861 – noch zur Amtszeit von Buchanan – als sklavenfreier Staat in die Union aufgenommen. Zuvor waren auch Minnesota (1858) und Oregon (1859) in die Union eingetreten.

Mit anderen innenpolitischen Entscheidungen trug Buchanan ebenfalls zur weiteren Entfremdung des Nordens und Westens von der Demokratischen Partei bei. Beeinflusst von seinen südstaatlichen Freunden, blockierte der Präsident alle Bestrebungen zu einer Änderung des Zolltarifs, legte sein Veto gegen »internal improvements« ein, die vom Kongress im Interesse der Erschließung des Nordwestens vorgesehen waren, und brachte mit seinem Veto im Juni 1860 eine Homestead Bill zu Fall, ein Landverteilungsgesetz, das von den Farmern und Siedlern im Norden, Nordwesten und Mittleren Westen lebhaft gewünscht wurde.

Dabei war auch diese Zeit durch manche Neuerung bestimmt. Im August 1858 tauschten Präsident Buchanan und Königin Victoria Grüße über das neu verlegte transatlantische Telegraphenkabel aus. Ein Jahr später wurde bei Titusville in Pennsylvania das erste amerikanische Erdöl entdeckt. Im April 1860 nahm mit dem »Pony Express« eine regelmäßige Postverbindung zwischen St. Joseph, Missouri, und Sacramento, Kalifornien, also zwischen dem Mittleren Westen und Westen des Landes, den Betrieb auf.

In seiner Außenpolitik setzte Buchanan den Expansionskurs seines Vorgängers Pierce in Zentralamerika fort, ohne mit wesentlichen Ergebnissen aufwarten zu können. Weitere Handelsverträge mit Japan und China wurden abgeschlossen. In einem Abkommen verzichtete Großbritannien 1859 auf Gebiete in Honduras und Nicaragua, wegen deren es zu Spannungen mit den USA gekommen war. Damit standen nun beide Länder in dieser Region wieder auf gleichem Fuß miteinander.

In seiner Kongress-Jahresbotschaft vom 6. Dezember 1858 unterstrich Buchanan das besondere Interesse seines Landes an stabilen Verhältnissen an seiner südlichen Grenze, also in Mexiko. Buchanans Versuche, ein amerikanisches Protektorat über die nördlichen Provinzen von Mexiko zu errichten und ein einseitiges amerikanisches Interventionsrecht in Mexiko mit dem Nachbarn auszuhandeln, wurden jedoch vom Kongress unter der Meinungsführung der Republikaner zurückgewiesen. Ebenso wenig erfolgreich war sein Versuch, vom Kongress die Bewilligung von 30 Mio. $ zu erreichen, mit denen in neuen Verhandlungen mit Spanien der Kauf Kubas bezahlt werden sollte. Damit sah auch die außenpolitische Bilanz der Administration gegen Ende seiner Amtszeit eher mager aus. Zuallerletzt kam noch eine Kongressuntersuchung hinzu, mit der Korruptionsvorwürfe gegen die Buchanan-Administration aufgeklärt wurden. Die Untersuchung brachte zahlreiche Beispiele der finanziellen Vorteilsgewährung für Anhänger und Freunde der Administration zutage. Besonders belastet durch seine finanziellen Unregelmäßigkeiten war Kriegsminister John Floyd, er musste 1860 zurücktreten und schlug sich dann 1861 – wie auch noch andere Mitglieder des Kabinetts – auf die Seite der Konföderierten Staaten. Buchanan selbst konnte keine persönliche Beteiligung an den finanziellen Machenschaften nachgewiesen werden, »aber es war klar, dass er der bislang korruptesten Administration der amerikanischen Geschichte vorgestanden hatte«.[6]

Die Präsidentschaftswahlen von 1860 wurden in einer hoffnungslos zerstrittenen Union vorbereitet. Bei den Republikanern nominierte man für diese Wahlen Abraham Lincoln, der seit dem Rededuell mit Senator Douglas während des Wahlkampfes im Herbst 1858 der neue politische Stern des Nordens war. Die Republikaner bekannten sich zur Union, sprachen sich für ein Ende der Sklaverei in den Territorien und für ihre Beibehaltung im Süden aus und verurteilten die Buchanan-Administration wegen ihrer maßlosen Unterstützung der Interessen des Südens. Die Demokraten konnten sich nicht auf einen gemeinsamen Kandidaten einigen. Ihr gemäßigter Flügel nominierte im Juni 1860 in Baltimore Senator Douglas, der an seinem Konzept, dass die Bürger der Territorien das letzte Wort über die Sklaverei sprechen sollten, festhielt und vor der Gefahr einer Sezession des Südens warnte. Die Südstaaten-Extremisten in der Demokratischen Partei traten als Nationale Demokraten in Baltimore gesondert zusammen und bestimmten ihrerseits Vizepräsidenten John C. Breckinridge zu ihrem Kandidaten. Er forderte den Schutz der Bundesregierung für die Sklaverei in den Territorien. Buchanan, der sich nicht um eine erneute Nominierung bemüht hatte, unterstützte im Wahlkampf ebenso wie die früheren Präsidenten John Tyler und Franklin Pierce den Kandidaten der Nationalen Demokraten Breckinridge. Zu allem Überfluss stellten sich Reste der alten Whigs und der American Party mit einem weiteren Kandidaten, John Bell aus Tennessee, als »Constitutional Union Party« der Wahl und machten die Erhaltung der Union zu ihrem Schlachtruf.

Das Ergebnis dieser folgenreichsten Präsidentenwahl in der Geschichte der USA entsprach der zerrissenen politischen Landschaft, erbrachte aber den Sieg Lincolns mit einem Übergewicht vor allem an Wahlmännern (180 Wahlmänner für Lincoln, 123 Wahlmänner für seine drei Gegner). Für den Republikaner Lincoln stimmten 1.866.452 Wähler (40 %), für den Demokraten Douglas 1.376.957 Wähler (29 %), für den Nationalen Demokraten Breckinridge 849.781 Wähler (18 %) und für Bell von der Constitutional Union Party 588.879 Wähler (13 %). Lincoln hatte die Mehrheit in 18 Staaten des Nordens und Westens, Breckinridge beherrschte elf Staaten vorzugsweise des Südens, Bell war in drei Sklavenstaaten der Mitte erfolgreich (Virginia, Kentucky und Tennessee), und Douglas konnte lediglich in Missouri und New Jersey eine Mehrheit erzielen.

Im Ergebnis der Wahl begann die Sezession des Südens Gestalt anzunehmen. Schon im Dezember 1860 trat South Carolina förmlich aus der Union aus. Noch während der Amtszeit Buchanans schlossen sich sechs weitere Staaten diesem Beispiel an (Mississippi, Florida, Alabama, Georgia, Louisiana und Texas), bildeten die »Confederate States of America« und wählten Jefferson Davis, den Kriegsminister im Kabinett von Franklin Pierce, zum Präsidenten.[7]

Buchanan nahm in seiner letzten Jahresbotschaft vom 3. Dezember 1860 zur Sezessionskrise Stellung. Wieder machte er die Agitation des Nordens gegen die Sklaverei für die Krise der Union verantwortlich. Der Präsident erklärte, die Staaten hätten keine verfassungsrechtliche Grundlage für eine Sezession, aber Kongress und Bundesregierung könnten eine solche Aktion auch nicht mit Gewalt verhindern. Er bete zu Gott, dass Verfassung und Union erhalten blieben. Buchanan stand der nun einsetzenden Auflösung der Union teils versöhnlich, teils abwartend gegenüber. Sein Kabinett zerfiel und musste neu gebildet werden. Die Forderung South Carolinas, die Bundestruppen von Fort Sumter in Charleston abzuziehen, lehnte der Präsident ab, aber seine Reaktion blieb halbherzig. Offenbar wollte er bis zum Amtsantritt seines Nachfolgers Lincoln weder die Auflösung der Union anerkennen noch einen Bürgerkrieg eröffnen.

Am 4. März 1861 übergab Buchanan in Washington die Regierungsgeschäfte an Lincoln. Er versicherte dem neuen Präsidenten: »Mein lieber Herr, wenn Sie beim Einzug in das Weiße Haus so glücklich sind, wie ich beim Verlassen, dann sind Sie in der Tat ein sehr glücklicher Mann.«[8]

Sichtlich mit sich zufrieden kehrte Buchanan nach Pennsylvania und ins Privatleben zurück. Dort in Lancaster wurde er mit Salutschüssen und beim Geläut der Kirchenglocken empfangen. Nach dem Beginn des Bürgerkrieges im April 1861 – als er nun zunehmend von der Presse angefeindet wurde – nahm er öffentlich für Lincoln und den Krieg der Union Stellung. Nach und nach verschwand er aus dem öffentlichen Bewusstsein. Mit seinen Memoiren »Mr. Buchanan's Administration on the Eve of the Rebellion«, die 1866 erschienen, suchte er die Kritik an seiner Amtsführung zu entkräften. Unmittelbar vor seinem Tod schrieb er einem Freund: »Ich muss mich nicht für irgendeine öffentliche Handlung in meinem Leben entschuldigen, und die Geschichte wird mein Andenken verteidigen.«[9]

Buchanan verstarb im Alter von 77 Jahren am 1. Juni 1868 in Lancaster und wurde dort mit einem einfachen Begräbnis beigesetzt.

Anmerkungen

1 Paul F. Boller, jr., Presidential Anecdotes, New York 1982, S. 118.

2 Ebenda, S. 119.

3 The American Presidents. The Office and the Men, hg. v. Frank N. Magill/John L. Loos, Bd. 1, Pasadena, California/Englewood Cliffs, New Jersey, 1986, S. 274.

4 Documents of American History, hg. v. Henry S. Commager/Milton Cantor, Bd. 1, Englewood Cliffs, New Jersey, [10]1988, S. 339 ff.

5 The Bicentennial Almanac, hg. v. Calvin D. Linton, Nashville, Tennessee/New York 1975, S. 154.
6 American Presidents, S. 279.
7 Nach dem Beginn des Bürgerkrieges traten mit Virginia, Arkansas, North Carolina und Tennessee vier weitere Staaten der Konföderation bei, die damit aus elf ehemaligen Bundesstaaten bestand.
8 William A. DeGregorio, The Complete Book of U. S. Presidents, 2. Aufl., New York 1989, S. 222.
9 Elbert B. Smith, The Presidency of James Buchanan, Lawrence, Kansas, 1975, S. 196.

Bibliographische Hinweise

Die Werke von James Buchanan erschienen:
The Works of James Buchanan, hg. v. John B. Moore, 12 Bde., Philadelphia 1908–1911 (Reprint: New York 1960).
Seine Memoiren veröffentlichte Buchanan noch selbst:
James Buchanan, Mr. Buchanan's Administration on die Eve of the Rebellion, New York 1866.
Eine Chronologie, Dokumentation und Bibliographie bietet:
James Buchanan, 1791–1868, hg. v. Irving J. Sloan, Dobbs Ferry, New York, 1968.
Die Biografie Buchanans schrieben:
George T. Curtis, Life of James Buchanan, 2 Bde., New York 1883.
Philip S. Klein, President James Buchanan: a Biography, University Park, Pennsylvania, 1962.
Die Präsidentschaft wird dargestellt in:
Elbert B. Smith, The Presidency of James Buchanan, Lawrence, Kansas, 1975.
Die unmittelbare Vorgeschichte des Bürgerkrieges in den Jahren der Präsidentschaft Buchanans beschreibt:
Allan Nevins, The Emergence of Lincoln, 2 Bde., New York 1950.
Die Auflösung der Demokratischen Partei während der Buchanan-Jahre analysiert:
Roy F. Nichols, The Disruption of American Democracy, New York 1948.
Zwei neuere Arbeiten über Buchanan sind:
Frederick M. Binder, James Buchanan and the American Empire, Selinsgrove, Pa., 1994.
James Buchanan and the Political Crisis of the 1850s, hg. von Michael J. Birkner, Selinsgrove, Pa., 1996.

ABRAHAM LINCOLN

1809–1865

16. PRÄSIDENT DER USA 1861–1865

12. Februar 1809	Abraham Lincoln wird bei Hodgenville, Kentucky, geboren.
1830	Nach verschiedenen Ortswechseln lässt sich die Familie in Macon County, Illinois, nieder.
1831–1837	Lincoln lebt in New Salem, Illinois, verdient sich mit Anstellungen verschiedener Art seinen Lebensunterhalt und studiert nebenbei die Rechte.
1834	Lincoln wird in das Repräsentantenhaus von Illinois gewählt.
1837	Lincoln gründet mit J. T. Stuart in Springfield eine gemeinsame Anwaltskanzlei.
1842	Heirat mit Mary Todd (1818–1882).
1847–1849	Abgeordneter des Repräsentantenhauses der Vereinigten Staaten.
1858	Lincoln und Senator Douglas debattieren im Wahlkampf über die Sklaverei.
1861–1865	Präsident der USA.
April 1861	Ausbruch des Bürgerkrieges.
April 1865	Kapitulation der Konföderierten.
14. April 1865	Attentat auf Lincoln.
15. April 1865	Lincoln stirbt an den Schussverletzungen.
5. Mai 1865	Lincoln wird auf dem Oak Ridge Cemetery in Springfield beigesetzt.

»Selten in der Geschichte der Menschheit kommt ein Mann auf diese Erde, der zugleich Stahl und Sammet ist, der hart ist wie Fels und sanft wie schwebender Nebel, der in Herz und Hirn das Paradox furchtbaren Sturms und unsagbaren, vollendeten Friedens birgt.«[1] Diese Worte fand Carl Sandburg anlässlich des 150. Geburtstages Abraham Lincolns, eines der bedeutendsten Staatsmänner des 19. Jahrhunderts und »größten« Präsidenten in der Geschichte der USA. Karl Marx als Zeitzeuge schrieb über ihn: »So groß war in der Tat die Bescheidenheit dieses großen und guten Mannes, dass die Welt erst dann entdeckte, er sei ein Held gewesen, nachdem er als Märtyrer gefallen.«[2]

Abraham Lincoln wurde am 12. Februar 1809 im »Frontiergebiet« bei Hodgenville, Kentucky, als Sohn des Farmers und Arbeiters Thomas Lincoln geboren. Obwohl sein Vater mehrere Farmen mit insgesamt etwa 600 Acres besaß und das Familienbudget mit seiner Arbeit als Zimmermann auffüllte, wuchs Lincoln unter eher ärmlichen Verhältnissen auf. Die Beziehung zu seinem Vater gibt Historikern heute noch Rätsel auf. Besonders in den späteren Jahren seines Lebens vermied es Lincoln, von seinem Vater zu sprechen, und obwohl er nicht weit entfernt lebte, besuchte Lincoln ihn nie, nicht einmal angesichts seines Todes. Dagegen sprach Lincoln zeit seines Lebens liebevoll von seiner Mutter Nancy, obwohl diese bereits verstarb, als der Sohn gerade neun Jahre alt war. Aber auch zu seiner Stiefmutter, Sarah Bush, die Thomas Lincoln ein Jahr nach dem Tod seiner ersten Frau heiratete, hatte Lincoln ein herzliches Mutter-Sohn-Verhältnis.

Lincoln wuchs in einer für die Kinder des Westens typischen Art und Weise auf: wenig Schulbesuch, viel Arbeit beim Häuserbauen und Farmanlegen und -bewirtschaften. Auffallend waren seine Muskelkraft und seine überdurchschnittliche Körpergröße sowie sein Lesebedürfnis. Durch Letzteres konnte er seine unzureichende Schulbildung ausgleichen und sich selbst zu einem guten Allgemeinwissen verhelfen. Die Schule besuchte Lincoln insgesamt nur wenig mehr als ein Jahr.

Schon als Kind vereinte Lincoln in sich zwei Charaktermerkmale, die ihn sein ganzes Leben lang prägen sollten: Schwermut einerseits sowie das Bedürfnis nach Ruhe und Einsamkeit und andererseits Ausgelassenheit, Humor und Witz, mit denen er jede Gesellschaft vortrefflich unterhalten konnte. Nach mehreren Ortswechseln ließ sich die Familie 1830 in Macon County, Illinois, nieder. Lincoln half dem Vater beim Errichten des Blockhauses und der Erstbestellung des Landes. Dann hielt er die Zeit für gekommen, sich wirtschaftlich selbstständig zu machen. Gemeinsam mit seinem Stiefbruder und einem Vetter trat er in die Dienste eines Händlers, in dessen Auftrag sie den Sangamon und den Mississippi hinab Waren nach New Orleans brachten. Nach dieser Reise bot der Händler Lincoln die Übernahme eines kleinen Ladens in New Salem an. Lincoln nahm dieses Angebot an. Nach wie vor verbrachte er jedoch jede freie Minute mit seinen geliebten Büchern, was ihm bald den Ruf eines »Studierten« eintrug. Mehr und mehr wandten sich die Nachbarn mit Fragen und bei Streitfällen an Lincoln. Nicht zuletzt das Vertrauen der Bewohner von New Salem führte neben der Tatsache, dass der Händler den unrentablen Laden schloss, dazu, dass sich Lincoln 1832 um einen Sitz in der Legislative von Illinois bewarb. Zuvor hatte er sich den Truppen von Zachary Taylor, der später zu seinen Vorgängern im Weißen Haus zählen sollte, während des Black-Hawk-Krieges angeschlossen.

Sein erster Versuch, in die Politik einzusteigen, misslang. Lincoln hatte jedoch mit seinem Wahlprogramm, das sich an der Schaffung einer Zentralbank, Schutzzöllen und nationalen Verbesserungen der öffentlichen Einrichtungen orientierte, deutlich gezeigt, dass seine Sympathien der Whig-Partei gehörten. Im zweiten Anlauf 1834 wurde er zum Abgeordneten von Illinois gewählt und konnte diesen Sitz bis 1840 behalten. In der Zwischenzeit hatte Lincoln seinen kargen Lebensunterhalt erneut als Ladenangestellter, Landvermesser, Postangestellter und mit verschiedenen anderen Gelegenheitsarbeiten verdient. Nebenbei widmete er sich ernsthaft juristischen Studien und verfolgte aufmerksam das politische Geschehen im Lande. 1837 wurde Lincoln Teilhaber eines Anwaltbüros in Springfield. Er engagierte sich innerhalb der Whig-Partei und gehörte bald zu ihren Führern in Illinois.

Am 4. November 1842 heiratete Lincoln Mary Todd. Diese Hochzeit war bereits für den 1. Januar 1841 angesetzt gewesen, aber Lincoln plagten Zweifel, ob er seine künftige Frau glücklich machen könne, und so erschien er nicht zur Trauung. Später wurde er von Freunden auf einsamen Wegen verwirrt herumlaufend gefunden. Durch die Vermittlung von Freunden kam die Ehe letztendlich doch noch zustande. Mary Todd war eine begabte, lebenslustige junge Frau aus angesehener Familie. Bezüglich der Karriere ihres Mannes war sie ehrgeiziger als er selbst. Sie bemühte sich, das äußere Erscheinungsbild Lincolns zu verbessern, indem sie seiner Kleidung große Aufmerksamkeit schenkte. Dem Ehepaar wurden vier Söhne geboren, von denen nur einer das Mannesalter erreichte.

1846 wurde Lincoln als Kandidat für den Kongress der USA nominiert und gewählt. Während seiner Zeit als Abgeordneter des Repräsentantenhauses fiel Lincoln besonders durch seine Rede gegen den Krieg gegen Mexiko auf, nachdem dieser schon so gut wie gewonnen und beendet war. Seine Opposition war einerseits Ausdruck seiner Ablehnung aller in seinen Augen ungerechten Handlungen, für die er die Eroberung mexikanischer Gebiete hielt, andererseits sah er in der Führung dieses Krieges eine extreme Machtkonzentration beim amerikanischen Präsidenten.

1848 unterstützte Lincoln aktiv den Wahlkampf des Whig-Kandidaten Zachary Taylor. Nach diesen Präsidentschaftswahlen tauchte erstmals nach dem Kompromiss von 1820 die Sklavereifrage in ernsthafter Form im Kongress wieder auf, als es darum ging, ob man in den von Mexiko abgetrennten Gebieten die Sklaverei zulassen oder für immer verbieten sollte. Lincoln stimmte gegen die Sklaverei. Darüber hinaus brachte er den Antrag ein, im District of Columbia die Sklaverei abzuschaffen. Dieser Antrag verursachte große Unruhe unter den Sklavenbesitzern und wurde nach langen Diskussionen gar nicht erst zur Abstimmung vorgelegt. Die Frage der Sklaverei in den USA sollte aber den weiteren Weg Lincolns maßgeblich mitbestimmen, wobei er selbst zunächst keine Lösung für dieses Problem fand und radikale bundesstaatliche Eingriffe ablehnte. Als Anwalt war er sogar einem Sklavenbesitzer behilflich, eine schwarze Mutter mit ihrem Kind wieder zu versklaven. Er diente dem Gesetz entgegen seiner persönlichen Auffassung. Insgesamt hatte sich Lincoln als Kongressabgeordneter nicht sonderlich hervorgetan, und sein Biograph Isaac N. Arnold schrieb: »Wenn er am Ende seiner Abgeordnetenzeit in Washington gestorben wäre, hätten weder die Nation noch sein eigener Staat viel über Abraham Lincoln gewusst.«[3]

Da er nicht wieder in den Kongress gewählt wurde, sah Lincoln selbst seine politische Karriere als beendet an. Er konzentrierte sich während der nächsten Jahre vorrangig auf seine Tätigkeit als Anwalt, ohne die politische Betätigung jemals ganz aufzugeben. Seine negative Haltung zum Mexikokrieg wurde ihm jedoch noch lange übel genommen. Lincoln distanzierte sich von den reformerisch-radikalen Tendenzen. Bezüglich der Sklavenfrage konnte der Kompromiss von 1850, der die Aufnahme Kaliforniens als sklavenfreien Staat in die Union vorsah, sowie die Aufnahme New Mexicos und Utahs ohne diesbezügliche Auflagen und härtere Rückführungsbestimmungen für entlaufene Sklaven, den drohenden Konflikt hinausschieben, das Problem an sich jedoch nicht lösen. Die sklavenhaltenden Südstaatler unterstellten dem Norden, nicht eher zu ruhen, bis alle Sklaverei abgeschafft sein würde, und umgekehrt. Die Haltungen verhärteten sich, und die Entfremdung zwischen den Süd- und den Nordstaaten nahm zu. Ein friedlicher Ausgleich erschien schon fast unmöglich. Den konnte auch der »Kansas-Nebraska-Act« von 1854 nicht schaffen, der vorsah, dass in diesen neuen Gebieten die Bevölkerung selbst entscheiden sollte, ob die Sklavenhalterei erlaubt wird oder nicht. Das Sklavenproblem spaltete die Partei der Whig immer mehr, führte letztendlich zu ihrem Untergang. Ihren Platz im politischen System nahm die in Wisconsin und Michigan neu entstandene Partei der Republikaner ein, die sich eindeutig gegen die Einführung der Sklaverei in allen neu zur Union hinzukommenden Gebieten aussprach.

Lincoln zog sich in dieser Zeit vornehmlich in seine Anwaltskanzlei zurück, die großen Zulauf hatte und ihn sehr beschäftigte. Über die Grenzen des Bundesstaates hinweg vertrat er Fälle bis zum Obersten Gericht in Washington. Zu der brennenden Sklavereifrage äußerte er sich gelegentlich gegenüber seinen Freunden. Wie unsicher er selbst dabei war, belegt ein Brief an seinen abolitionistischen Freund Owen Lovejoy vom

11. August 1855: »Nicht einmal Du kannst mehr darauf bedacht sein, der Ausbreitung der Sklaverei Einhalt zu gebieten, als ich; und doch ist die politische Atmosphäre gerade jetzt so, dass ich aus Angst, etwas falsch zu machen, überhaupt nichts unternehme.«[4] Lincoln selbst suchte nach seinem Platz in der sich umgestaltenden politischen Landschaft des Landes: Den Demokraten drohte die Spaltung, die Whigs hatten sich gerade aufgelöst, und die Republikaner waren noch in der Entstehungsphase. Aufgerüttelt durch den »Kansas-Nebraska-Act« begann er wieder einen Einstieg in die Politik zu suchen und bemühte sich, wenn auch vergeblich, um einen Sitz bei den Senatswahlen 1855. Durch seine grundsätzlich ablehnende Haltung zur Sklaverei hatte er sich bei den Republikanern ins Gespräch gebracht, und so trat Lincoln 1858 in den Wahlkampf gegen den demokratischen Senator Douglas, der den »Kansas-Nebraska-Act« in Washington durchgebracht hatte. Die Sklavenfrage wurde zum Mittelpunkt des Wahlkampfes.

Am Tag nach seiner Aufstellung als Kandidat erklärte Lincoln öffentlich: »Es ist meine feste Überzeugung, dass die Nation nicht auf ewig halb als Sklavennation, halb als freie fortbestehen kann. Ich glaube nicht, dass die Nation sich auflösen wird. Sie wird entweder das eine oder das andere werden.«[5] Der Wahlkampf vollzog sich über die berühmt gewordenen Redeschlachten zwischen Lincoln und Douglas. Redeten sie zunächst an verschiedenen Orten und warfen sich dabei gegenseitig vor, die Worte des anderen zu verdrehen, forderte dann Lincoln Douglas auf, die Streitgespräche zur gleichen Zeit am selben Ort zu führen. Eine gute Schilderung Lincolns während dieser Debatten gibt uns Carl Schurz: »Auf dem Kopf, der sowieso alle Umstehenden in Schulterhöhe überragte, trug er einen etwas zerknitterten Zylinderhut. Die hagere ungeschlachte Gestalt steckte in einem schwarzen, schon etwas schäbigen Gehrock, dessen Ärmel hätten länger sein können. Auch seine schwarzen, faltigen Hosen ließen die groben Stiefel in ihrer ganzen Größe sehen. Über dem linken Arm trug er eine graue Decke, die ihm auch als Umwurf diente, und in der Hand den berühmten bauschigen baumwollenen Regenschirm.«[6] Die Debatten zwischen Lincoln und Douglas zogen große Aufmerksamkeit auf sich. Lincoln baute seine Reden auf dem Grundsatz der Gründerväter der USA auf: Alle Menschen sind frei und gleich geschaffen. Logisch folgerte er, verlässt man diesen Grundsatz für »minderwertige Schwarze«, wäre der nächste mögliche Schritt »minderwertige Weiße« oder alle sind gleich außer Negern, Ausländern, Katholiken ...

Douglas dagegen tendierte zum Selbstbestimmungsrecht der Bewohner, natürlich nur der weißen Bewohner. Dieses Mal musste sich Lincoln gegenüber Douglas geschlagen geben, auch wenn die Republikaner erstmals eine Stimmenmehrheit errungen hatten. Lincoln war sehr enttäuscht. Die fernmündlichen Rededuelle zwischen ihm und seinem Wahlkampfgegner fanden jedoch auch nach den Wahlen ihre Fortsetzung.

Bis zu den Präsidentschaftswahlen 1860 konnte die Republikaner-Partei wesentlich an Stärke gewinnen. Damit zeichnete sich zugleich ab, dass eine Grundsatzentscheidung bezüglich der Sklaverei endlich fallen musste. Dazu trug auch der Versuch des abolitionistischen Fanatikers John Brown bei, 1859 mit dem Überfall auf das Zeughaus von Harper's Ferry in Virginia einen allgemeinen Sklavenaufstand auszulösen. John Brown wurde gefangen genommen, verurteilt und hingerichtet. Der Süden sah darin eine Verschwörung des Nordens, was das Misstrauen zwischen beiden verstärkte. Die

Abolitionisten des Nordens sahen in John Brown einen Märtyrer. Insgesamt wurde die explosive Stimmung weiter angeheizt. Lincoln trat entschieden gegen diesen Gewaltakt auf, verwahrte sich gleichzeitig dagegen, dass man diese Einzeltat der Republikanischen Partei zuschrieb. Der Wahlkonvent der Republikaner fand 1860 in Chicago, Illinois, im Heimatstaat Lincolns, statt. Im dritten Wahlgang wurde Lincoln als Präsidentschaftskandidat nominiert. Die Demokraten waren so weit gespalten, dass sie zwei Kandidaten aufstellten, der Süden John C. Breckinridge und der Norden Stephen A. Douglas. Das Wahlprogramm der Republikaner versprach keine weitere Ausdehnung der Sklaverei, Schutzzölle und die schnelle Einbürgerung von Einwanderern, die als Arbeitskräfte gefragt waren. Lincoln konnte die Wahl mit 1,866 Mio. Wählerstimmen (40 %) und 180 Wahlmännerstimmen für sich entscheiden. Durch dieses Ergebnis waren die Südstaaten sehr beunruhigt. Extremisten riefen zur Lostrennung von der Union auf, obwohl Lincoln jede Absicht, die Sklaven befreien zu wollen, abstritt. Die Stimmen der Sezessionisten wurden jedoch immer lauter. South Carolina setzte sich an die Spitze und beschloss im Dezember 1860 den Austritt aus der Union. Innerhalb von sechs Wochen folgten Mississippi, Florida, Alabama, Georgia, Louisiana und Texas. Sie bildeten die »Confederate States of America« mit einer eigenen Verfassung und wählten Jefferson Davis zu ihrem Präsidenten. Die acht nördlichen Sklavenstaaten von Delaware bis Arkansas nahmen zunächst eine abwartende Haltung ein. So sah sich der neu gewählte Präsident zu Beginn seiner Amtszeit vor fast unlösbaren Problemen, vor dem Zerfall der Union.

Mit Lincoln trat erstmals ein Mann aus einem nicht zu den 13 Gründerstaaten gehörenden Bundesstaat das oberste Amt des Landes an. Er war der erste republikanische Präsident und der erste Präsident, der jemals ein Patent angemeldet hatte, auch wenn seine Erfindung zum Weiterführen von Schiffen über Untiefen nie in der Praxis Verwendung fand. Er war auch der erste amerikanische Präsident, der einen Bart trug, den er sich während des Wahlkampfes auf Anraten eines kleinen Mädchens hin hatte wachsen lassen. Lincoln übernahm das Amt in einer denkbar schweren Zeit. In seiner Antrittsrede sagte er: »Wir sind nicht Feinde, sondern Freunde. Wir dürfen keine Feinde sein. Auch die gespannte Leidenschaft darf unsere Bande der Zuneigung nicht brechen. Die mystischen Seiten der Erinnerung … werden immer noch den Chor der Union erklingen lassen, sobald sie wieder … von den besseren Engeln unserer Natur angeschlagen werden.«[7] Nach der Inauguration war es die erste Aufgabe des Präsidenten, das Kabinett bekannt zu geben. In dieser schwierigen Zeit verließ sich Lincoln auf erfahrene altgediente Politiker. Mit Staatssekretär Seward, Finanzminister Chase und Kriegsminister Cameron vertraute er den Männern Ministerposten an, die ihm bei der Nominierung zur Wahl unterlegen waren.

Alle von der alten und auch von der neuen Regierung unternommenen Vermittlungsversuche zum Erhalt der Union blieben erfolglos. Als das vor der Küste der Konföderierten gelegene Bundesfort Sumter am 12. April 1861 von Charleston aus beschossen wurde, war das der Beginn zu einem blutigen Bürgerkrieg. Virginia, Arkansas, Tennessee und North Carolina schlossen sich den Konföderierten an, während die Sklavenstaaten Maryland, Delaware, Kentucky und Missouri weiterhin zur Union hielten.

Die zunächst allgemeine Überzeugung, dass der Kampf nicht lange dauern werde, verhinderte die Mobilisierung aller verfügbaren Truppen. Bei Kriegsbeginn hatte die

Union 16.000, meist im Westen stationierte Soldaten unter Waffen. Am 15. April rief Lincoln 75.000 Freiwillige auf, sich rekrutieren zu lassen, 500.000 wollten diesem Ruf folgen. Am 19. April wurde die Seeblockade über die Konföderierten Staaten verhängt. Der Union mangelte es an guten Offizieren. Viele Offiziere der regulären Armee kamen aus Bundesstaaten, die nun zu der Konföderation gehörten, und schlossen sich deren Armee an, so zum Beispiel Robert E. Lee, einer der fähigsten Heerführer. Der Norden hatte zu Beginn schwere Niederlagen und hohe Verluste hinzunehmen.

Die Konföderierten verlegten ihre Hauptstadt nach Richmond, Virginia, etwa 150 Kilometer von Washington entfernt. Zunächst fanden einige unbedeutende Scharmützel zwischen den sich gegenüberstehenden Armeen statt. Zur ersten großen Schlacht kam es am 21. Juli am Fluss Bull Run, wo 35.000 Mann der Union unter General McDowell 20.000 Konföderierten unter General Beauregard gegenüberstanden. Die Unionstruppen mussten eine schmerzliche Niederlage hinnehmen. Das war nicht nur ein Schock für die Unionsstaaten, sondern führte auch zu der Erkenntnis, dass der Süden nicht so schnell zu besiegen war, wie man es sich im Norden gedacht hatte. Erfolgreicher waren die Unionssoldaten im Westen des Landes. Unter dem Kommando von Ulysses S. Grant gewannen sie am 6. April 1862 die Schlacht bei Shiloh, wenn auch mit hohen Verlusten. Im Sommer 1862 konnten die Konföderierten unter Leitung von General Lee erneut Erfolge verzeichnen. Es gelang ihnen sogar, den Potomac River zu überschreiten und in Pennsylvania große Gebiete zu besetzen. Vor dem Winter zog sich General Lee wieder hinter den Potomac zurück, um im Sommer 1863 erneut nach Pennsylvania vorzustoßen. In der Zwischenzeit hatte es zahlreiche Kämpfe mit hohen Verlusten auf beiden Seiten gegeben, ohne dass eine eindeutige Überlegenheit einer Armee zu erkennen war. Auch der mehrfache Wechsel der Armeeführung auf Seiten der Union brachte keinen durchschlagenden Erfolg. Im Frühsommer 1863 konnte General Lee seine Truppen nordwestlich von Washington postieren, und ein Angriff auf die Unionshauptstadt wurde erwartet. Vom 1. bis 3. Juli kam es zu einer heftigen Schlacht bei Gettysburg. Die inzwischen unter dem Kommando von General Meade stehenden Unionstruppen blieben in diesem Kampf siegreich. Auf jeder Seite hatten etwa 80.000 Mann gestanden. Die Bedeutung dieses Sieges lag weniger in seinem militärischen Erfolg. Lee konnte sich mit seinen Truppen zurückziehen, und die allgemeine Kriegslage änderte sich kaum. Jedoch war es ein moralisch wichtiger Sieg für die Union. Die militärisch bedeutenderen Erfolge erzielte zu dieser Zeit Grant auf den westlichen Kriegsschauplätzen. Mit dem Sieg bei Vicksburg hatte er die Gebiete am Mississippi befreit und nach erfolgreichem Kampf bei Chattanooga, Tennessee, von den feindlichen Truppen geräumt. In diesem Gebiet waren die Unionstruppen auf dem Vormarsch, und die Konföderierten konnten nur noch einen Verteidigungskampf führen.

Am 19. November 1863 wurde auf den Schlachtfeldern bei Gettysburg ein Kriegerfriedhof eingeweiht. Aus diesem Anlass hielt Lincoln eine Rede, die noch heute jedes amerikanische Schulkind lernt. Er sagte unter anderem: »Wir müssen uns der großen Aufgabe widmen, die noch vor uns liegt: damit wir von diesen ehrwürdigen Toten eine größere Hingabe an die Sache mitnehmen, für die sie das letzte volle Maß ihrer Hingebung dargebracht haben. Damit wir hier den hohen Entschluss fassen, dass diese Toten nicht umsonst gestorben sein sollen. Damit diese Nation mit Gottes Führung eine Wiedergeburt zur Freiheit erlebe. Und damit die Herrschaft aus dem Volk, durch das Volk und für das Volk nicht von der Welt verschwinde.«[8]

Lincoln brachte damit seinen festen Glauben zum Ausdruck, dass nur durch einen Sieg seiner Nordstaatenarmee die Einheit des Landes und die Demokratie gerettet werden konnten.

Anfang 1864 ernannte Lincoln General Grant zum Oberbefehlshaber der Armee. Unter seiner Führung fanden 1864 zahlreiche Schlachten, besonders in Virginia, statt, bei denen die Konföderierten zunehmend aufgerieben wurden. Neben den Kämpfen bot Lincoln dem Süden mehrfach Verhandlungen zu einem Kompromissfrieden an. Auf der Grundlage, dass die Südstaaten zur Union zurückkehrten und die Emanzipation der Sklaven anerkannten, war er bereit, die Kämpfe einzustellen. Diese Bedingungen wurden von Davis jedoch abgelehnt, und so musste dieser zusehen, wie seine Armee mehr und mehr in die Enge getrieben wurde. Am 9. April 1865 musste General Lee bei Appomattox Courthouse kapitulieren. Damit war der Krieg de facto beendet. Anfang Juni gaben im Süden die letzten Truppenteile den Kampf auf.

Dieser Krieg war mit 600.000 Toten der bis heute verlustreichste Krieg in der Geschichte der USA. Hinzu kamen unschätzbare materielle Schäden.

Der Kriegsanlass, die Frage der Sklaverei, war durch den Bürgerkrieg entschieden worden. In seiner Rede nach der Schlacht von Antietam am 22. September 1862 hatte Lincoln erklärt, dass mit dem 1. Januar 1863 in allen von den Unionstruppen besetzten Gebieten die Sklaven als freie Menschen anzusehen seien. Dieser »Preliminary Proclamation« war ein Selbstklärungsprozess vorausgegangen. Lincoln sah das Hauptziel des Krieges in der Erhaltung der Union. Im August 1862 hatte er an den Verleger der »New York Tribune«, Horace Greeley, geschrieben:

»Meine erste Aufgabe ist es, die Union zu retten, nicht die Sklaverei zu erhalten oder auch zu vernichten. Könnte ich die Union retten, ohne einen einzigen Sklaven zu befreien, so würde ich es tun; könnte ich sie retten, indem ich alle Sklaven befreie, so würde ich das tun; und könnte ich sie retten, indem ich einige Sklaven befreie und andere in Sklaverei belasse, so würde ich auch das tun. Was ich in Bezug auf die Sklaverei und die farbige Rasse tue, tue ich, weil ich glaube, dass es hilft, die Union zu erhalten, und was ich unterlasse, unterlasse ich, weil ich nicht glaube, dass es der Union helfen würde.«[9] Ab 1863 wurden auf Seiten der Union auch Regimenter von Schwarzen, die sich freiwillig gemeldet hatten, aufgestellt. Sie bildeten eine echte Verstärkung der Armee.

Die endgültige Sklavenbefreiung und ihre rechtliche Absicherung durch den 13. Verfassungszusatz konnte Lincoln nicht mehr erleben.

Die Emanzipationserklärung Lincolns vom 22. September 1862 hatte auch Auswirkungen auf die außenpolitische Lage der Union. Frankreich, Spanien und Großbritannien, die mit dem Süden sympathisierten, konnten sich nun nicht öffentlich hinter die Südstaaten stellen, denn eine Unterstützung der Sklaverei war politisch unmöglich. So war für die Union die Gefahr des Eingreifens besonders Großbritanniens auf Seiten der Konföderierten gebannt.

Die schweren Anfangsniederlagen der Unionstruppen hatten sich auch auf die Position des Präsidenten ausgewirkt. Bei den Kongresswahlen 1862 hatten die Demokraten große Erfolge zu verzeichnen, fünf Staaten, die 1860 für Lincoln gestimmt hatten, wählten demokratische Abgeordnete. Insgesamt stieg die Zahl der Mandate für die Demokraten von 24 auf 75. 1862/63 erreichte die Kriegsmüdigkeit ihren Höhepunkt. Die Zustimmung zur Politik der Lincoln-Regierung nahm ab. Hinzu kamen persönliche Anschuldigungen gegen die Familie des Präsidenten. Ein Großteil der Verwandtschaft seiner Frau lebte im Süden und kämpfte auf der Seite der Konföderierten. Allein aus diesem Grund wurde ihr Vaterlandsverrat vorgeworfen.

Unter dem Volk hatte es sich jedoch herumgesprochen, dass der Präsident auch während des Krieges für jedermann zu sprechen sei und zu helfen versuche, wo er könne. So wurde das Weiße Haus täglich von Besuchern belagert, die versuchten, Posten zu erhalten, dem Präsidenten Ratschläge gaben oder ihm nur Zuspruch für sein schweres Amt aussprechen wollten. Zunehmend erschienen Eltern desertierter und zum Tode verurteilter Soldaten, die um Gnade für ihre Söhne baten. Und Lincoln rettete so manchem Deserteur das Leben.

Im Sommer 1864 stellte sich erneut die Frage der Präsidentschaftskandidatur. Die Überlegenheit des Nordens zeichnete sich zwar ab, ein endgültiger Sieg war aber noch keineswegs in Sicht. Die Demokraten warfen der Regierung den Krieg und eine unfähige Kriegführung vor. Aber auch die Republikaner waren gespalten. Für die Radikalen war Lincoln zu Beginn seiner Amtszeit zu zaghaft vorgegangen, und besonders bezüglich der Sklavenfrage hatten sie von ihm von Anfang an mehr Konsequenz erwartet. Sie stellten mit Frémont einen eigenen Kandidaten auf. Der Wahlkonvent entschied sich am 8. Juni 1864 in Baltimore jedoch für eine zweite Kandidatur Lincolns. Die Demokraten stellten General McClellan auf. Der Kriegsverlauf arbeitete für Lincoln. Aber auch dessen ungeachtet votierte das Volk eindeutig für Lincoln, und so fiel auch der Wahlsieg mit 2,1 Mill. (55 %) gegenüber 1,8 Mill. (45 %) Wählerstimmen und 212 zu 21 Wahlmännerstimmen mehr als deutlich für Lincoln aus. 77,5 % der Soldaten hatten Lincoln ihre Stimme gegeben.

Am 4. März 1865 erfolgte die zweite Amtseinführung. Zum ersten Mal nahmen Teile der schwarzen Bevölkerung an den Inaugurationsfeierlichkeiten teil. Bürgervereinigungen und ein Bataillon schwarzer Soldaten bildeten einen Teil der Eskorte Lincolns. Die zweite Antrittsrede gehört mit zu den bedeutendsten Reden Lincolns. In ihr ging er nochmals auf den Beginn des Bürgerkrieges ein, der dadurch zustande kam, »... dass die eine Seite lieber den Krieg führen als die Nation leben, die andere Seite lieber den Krieg aufnehmen als die Nation zugrunde gehen lassen wollte«.[10] Für die Zeit nach dem Krieg empfahl er: »Mit Hass gegen niemanden, mit Mitgefühl gegen alle, mit Festigkeit im Recht, wie Gott uns gibt, das Recht zu erkennen – so lasst uns weiter das Werk zu Ende führen, an dem wir arbeiten: die Wunden der Nation zu verbinden, für den zu sorgen, der die Schlachten gekämpft, für seine Witwe und seine Waisen: alles zu tun, wodurch wir einen gerechten und bleibenden Frieden erlangen können, unter uns sowohl als mit allen Völkern.«[11] Bewusst verzichtete er auf Schuldzuweisungen. Er wollte nach dem Krieg nicht das überlegene Gefühl des Siegers auskosten, sondern die Wiedervereinigung des Landes in jeder Hinsicht, den möglichst schnellen freundschaftlichen Ausgleich zwischen dem Süden und dem Norden herbeiführen. Er gedachte der Opfer beider Seiten in gleichem Maße und machte auch bezüglich seiner sozialen Vorstellungen keine Unterschiede. Hier zeigte sich einmal mehr die wahre Größe Lincolns.

Zunehmend befasste er sich mit den Aufbauplänen für den Süden nach dem Ende des Krieges. Schon Ende 1863 hatte er einen ersten Rekonstruktionsplan vorgestellt. In seiner anlässlich der Kapitulation des Südens am 11. April 1865 gehaltenen Rede legte er folgende Grundlinien seiner diesbezüglich angestrebten Politik dar: Nachsicht gegenüber dem Süden, möglichst schnelle Schaffung eigener Regierungen in den Südstaaten, von denen er jedoch eindeutige Loyalitätserklärungen erwarte, eine möglichst schnelle Wiedereingliederung der Rebellen in das zivile Leben und die Rückgabe aller Bürgerrechte an die Abtrünnigen. Leider blieb ihm nicht die Zeit, dieses Werk in Angriff zu nehmen. Für den 14. April sah der Tagesplan des Präsidenten neben der Führung der Amtsgeschäfte, einer Spazierfahrt mit seiner Frau und verschiedenen Besprechungen auch den Besuch des Ford-Theaters am Abend vor. Dazu hatte Lincoln General Grant sowie seinen Vizepräsidenten und Staatssekretär Seward eingeladen. Grant reiste jedoch bereits im Laufe des Tages aus Washington ab, und Seward lag krank im Bett. Die Presse hatte den Theaterbesuch des Präsidenten angekündigt, und so hatte das Theater ein volles Haus. Kurz nach 22 Uhr trat ein junger Mann in die Loge des Präsidenten und schoss ihm aus nächster Nähe von hinten zwei Kugeln in den Kopf. Dann flüchtete dieser Mann, der Schauspieler John Wilkes Booth, in der allgemeinen Verwirrung. Er wurde nach mehreren Tagen von Soldaten gestellt und erschossen. Obwohl Lincoln jede mögliche ärztliche Hilfe zuteil wurde, verstarb er am darauf folgenden Tag.

Das Attentat entpuppte sich als eine Verschwörung, an der außer Booth noch neun weitere junge Menschen beteiligt waren, die mit dem Süden sympathisierten und meinten, aus patriotischer Überzeugung zu handeln. Außer Lincoln wollten sie Grant, Johnson und Seward töten. Auf den Staatssekretär wurde an seinem Krankenbett ein Attentat mit einem Messer verübt. Er trug aber keine lebensgefährlichen Verletzungen davon. Vier der Verschwörer wurden zum Tode verurteilt, drei weitere erhielten eine lebenslängliche Haftstrafe.

Vom 15. bis 18. April wurde Lincolns Leichnam im Weißen Haus aufgebahrt, anschließend zwei Tage in der Kuppelhalle des Kapitols. Daraufhin wurden die sterblichen Überreste mit zahlreichen Zwischenstopps, bei denen die Bevölkerung Abschied von dem geliebten Präsidenten nahm, nach Springfield, Illinois übergeführt. Hier wurde Lincoln am 4. Mai 1865 auf dem Oak Ridge Cemetery beigesetzt.

Von seinen vier Söhnen erreichte allein Robert Todd Lincoln das Mannesalter. Er diente als Kriegsminister in den Regierungen von Garfield und Arthur. Das Schicksal verurteilte ihn dazu, neben dem tödlichen Attentat auf seinen Vater auch die ebenfalls tödlichen Attentate auf die späteren Präsidenten Garfield und McKinley aus nächster Nähe miterleben zu müssen.

Die Trauer um Lincoln war eine Volkstrauer, und selbst führende Politiker des Südens meinten, dass der Süden mit Lincoln seinen besten Freund verloren habe, wohl ahnend, dass der von Lincoln angestrebte Weg der Versöhnung nun viel steiniger und länger werden würde.

Heute ist der Geburtstag Lincolns ein Feiertag zum Gedenken an den Präsidenten, der die Einheit der Nation und die Demokratie gerettet hat. Ein Mann, der durch Einfachheit bestach, die Einfachheit eines bedeutenden Mannes, dem jeder Personenkult zuwider war, der sein Werk als Auftrag des Volkes verstand, zum Wohle des Volkes arbeitete, ein Mann, den ständig Zweifel plagten, ob er die richtigen Entscheidungen traf, der sich von Menschlichkeit und Anstand leiten ließ und sich fest in das Bewusstsein seines Volkes einprägte.

Zu Beginn des Bürgerkrieges äußerte Lincoln zu seinem Sekretär: »Meine Politik ist, keine Politik zu haben«, und drei Jahre später zu einem Freund: »Ich bin von den Ereignissen beherrscht worden.«

Anmerkungen

1 Zitiert nach: Jürgen Kuczynski, Abraham Lincoln, Berlin 1985, S. 14.
2 Karl Marx, Adresse der Internationalen Arbeiterassoziation an Präsident Johnson, in Marx/Engels Werke, Bd. 16, Berlin 1962, S. 98 f.
3 Isaac N. Arnold, The Life of Abraham Lincoln, Chicago 1885, S. 75.
4 Zitiert nach: Jürgen Kuczynski, Abraham Lincoln, Berlin 1985, S. 48.
5 James Morgan, Our Presidents, New York 1959, S. 120.
6 Carl Schurz, Abraham Lincoln, Berlin 1908, S. 33.
7 Abraham Lincoln, First Inauguration, in: A Compilation of die Messages and Papers of the Presidents, hg. v. James D. Richardson, Bd. 4, Washington 1897, S. 3212 f.
8 Garry Wills, Lincoln at Gettysburg, New York 1992, S. 263.
9 Zitiert nach: Dr. Graf Albrecht Montgelas, Abraham Lincoln, Leipzig o. J., S. 125.
10 Abraham Lincoln, Second Inauguration, in: Compilation of the Messages and Papers, Bd. 5, Washington 1897, S. 3477.
11 Ebenda, S. 3478.

Bibliographische Hinweise

Die Reden und Schriften Lincolns sind zugänglich:
The Collected Works of Abraham Lincoln, 9 Bde. + 2 Supplementbde., hg. von Roy Basler, New Brunswick, N. J., 1953–1955, Westport, Conn., 1974, New Brunswick, N. J., 1990.
Zwei neuere Veröffentlichungen der Reden und Schriften Lincolns:
This fiery trial: the speeches and writings of Abraham Lincoln, hg. von William E. Gienapp, Oxford 2001.
Abraham Lincoln, slavery and the Civil War: selected writings and speeches, hg. von Michael P. Johnson, Boston, Mass., 2001.
Als neueste Biografien sind heranzuziehen:
David Herbert Donald, Lincoln, New York 1995.
William E. Gienapp, Abraham Lincoln and Civil War America: a biography, Oxford 2002.
Die Präsidentschaft behandelt:
Phillip Shaw Paludan, The Presidency of Abraham Lincoln, Lawrence, Ka., 1994.
Über die Präsidentschaftswahl von 1864:
John C. Waugh, Reelecting Lincoln: the battle for the 1864 presidency, New York 1997.
Über den Bürgerkrieg bzw. seine Vorgeschichte informiert:
James M. McPherson, Battle Cry of Freedom. The Civil War Era, New York 1988 (Dt. Übersetzung: Für die Freiheit sterben, München 1988).
Harry V. Jaffa, A new birth of freedom: Abraham Lincon and the coming of the Civil War, Lanham, Md. 2000.

Zur Ermordung Lincolns:
Thomas R. Turner, The assassination of Abraham Lincoln, Malabar, Fl., 1999.
Eine detaillierte Darstellung der Confederate States unter Jefferson Davis:
Herman Hattaway/Richard E. Beringer, Jefferson Davis: confederate president, Lawrence, Ka, 2002.

ANDREW JOHNSON

1808–1875

17. PRÄSIDENT DER USA 1865–1869

29. Dezember 1808	Andrew Johnson wird in Raleigh, North Carolina, geboren.
1826	Johnson lässt sich als Schneider in Greeneville, Tennessee, nieder.
1827	Heirat mit Eliza McCardle (1810–1876).
1830–1833	Bürgermeister von Greeneville.
1835–1843	Johnson wird zweimal in das Repräsentantenhaus und einmal in den Senat von Tennessee gewählt.
1843–1853	Abgeordneter des Repräsentantenhauses der USA.
1853–1857	Johnson wird zweimal zum Gouverneur von Tennessee gewählt.
1857	Johnson gewinnt die Wahl zum Senator.
1862–1864	Im Bürgerkrieg Militärgouverneur der Union in Tennessee.
1864	Wahl zum Vizepräsidenten.
15. April 1865	Johnson tritt die Nachfolge des ermordeten Präsidenten Lincoln an.
1865–1869	Präsident der USA.
1875	Johnson wird nochmals zum Senator gewählt.
31. Juli 1875	Johnson stirbt im Alter von 66 Jahren in Carter County, Tennessee.

Nach dem tödlichen Attentat auf Präsident Lincoln übernahm der Vizepräsident Andrew Johnson das oberste Amt der Vereinigten Staaten von Amerika. Seine Amtszeit begann, als die territoriale und bundesstaatliche Einheit der Union gesichert, jedoch Regionalismus und Nord-Süd-Diskrepanzen keinesfalls beseitigt waren. Die Sklaverei war aufgehoben, aber die Rassenprobleme existierten weiter. Der Süden des Landes war zu großen Teilen zerstört. Die wirtschaftlichen, sozialen und politischen Strukturen aus der Vorkriegszeit waren durch den Bürgerkrieg aufgelöst worden. Der Süden bedurfte einer umfassenden Rekonstruktion. Dieser Aufgabe musste sich der neue Präsident stellen.

Am 29. Dezember 1808 wurde Andrew Johnson in einem niedrigen Blockhaus in Raleigh, North Carolina, geboren. Sein Vater, Jacob Johnson, war Gelegenheitsarbeiter und Faktotum in einer Kneipe. Er starb, als Johnson drei Jahre alt war. Seine Mutter, Mary McDonough Johnson, arbeitete als Bedienstete in derselben Kneipe. Die Armut der Familie war groß. Johnson konnte deshalb die Schule nur für wenige Wochen besuchen, was nicht ausreichte, um Lesen und Schreiben zu lernen. Mit 14 Jahren gab ihn die Mutter gemeinsam mit dem etwas älteren Bruder zu einem Schneidermeister in die Lehre. Johnson war ein anstelliger und fleißiger Junge, wenn auch etwas eigenwillig und mitunter halsstarrig. Er hatte ein ausgeprägtes Bedürfnis nach Bildung und Selbstverwirklichung. Nach relativ kurzer Zeit liefen die beiden Jungen aus unbekannten Gründen von dem Schneider fort. Für ihr Ergreifen wurden zehn Dollar Belohnung ausgesetzt, da sie als vertragsbrüchig galten und der Schneider sie suchen ließ.

Die Jungen versuchten ihr Glück mit eigenen Läden in Carthage, North Carolina, und in Laurens, South Carolina, waren aber nirgends erfolgreich und kehrten deshalb wieder nach Raleigh zurück. Zu Hause angekommen, wollte Johnson die Sache mit dem Meister wieder in Ordnung bringen, und obwohl dieser ihm verzieh, war er doch nicht bereit, den jungen Mann wieder in seinem Geschäft einzustellen. Inzwischen hatte die Mutter zum zweiten Mal geheiratet. Die wirtschaftliche Lage der Familie hatte sich dadurch jedoch nicht verbessert. So entschloss sich Johnson mit 17 Jahren, die häusliche Armut und die ihn belastende aristokratische Gesellschaft von Raleigh zu verlassen. Er versuchte ein neues Leben an der Frontier von Tennessee zu beginnen und siedelte sich in dem kleinen Ort Greeneville als Schneider an. Wider aller Erwartungen lief das Geschäft gut. Mit 19 Jahren heiratete er die erst 17-jährige Eliza McCardle. Aus dieser überaus glücklichen Ehe gingen drei Söhne und zwei Töchter hervor. Seine Frau war es auch, die Johnson noch vor der Heirat Schreiben und Lesen beibrachte. Johnson selbst war eifrig bemüht, seine Bildung zu vervollkommnen. Er las alles, was ihm unter die Augen kam. Das Geschäft entwickelte sich sehr gut, und die junge Familie fand zahlreiche Freunde in der kleinen Stadt. Der Laden der Schneiderei wurde mit der Zeit zu einem Treffpunkt für alle, die an Diskussionen und Gesprächen über öffentliche Angelegenheiten der Stadt und der Umgebung sowie über Politik interessiert waren. Johnson selbst ging einmal in der Woche acht Meilen zum nächstgelegenen College, an dem eine so genannte »Debattiergesellschaft« existierte, in der über öffentliche Angelegenheiten gesprochen wurde. Hier schulte Johnson sein Denken und sein Redevermögen.

Sein Geschäft lief so gut, dass Johnson sich bald in der Lage sah, Sklaven einzustellen – Haussklaven, die auch Schneiderarbeit verrichteten. Die Erinnerung an seine ausgesprochen ärmliche Jugend blieb jedoch erhalten und prägte sein Verhalten gegenüber seinen Sklaven.

1828 wurde Johnson zum Führer der von ihm im Wesentlichen organisierten Arbeiterpartei in Greeneville. Ein Jahr später wechselte er ganz in das Lager der Politiker. Dazu nutzte er die persönlichen Verbindungen, die er durch sein Geschäft knüpfen konnte, und seine natürliche Begabung als Redner. Da sein Geschäft profitabel war, hatte er den notwendigen materiellen Hintergrund und die erforderliche Zeit.

1829 wurde Johnson zum Stadtrat gewählt und ein Jahr später zum Bürgermeister. Von 1835 bis 1837 und von 1839 bis 1841 war er Abgeordneter des Repräsentantenhauses und von 1841 bis 1843 Mitglied des Senates von Tennessee. Anschließend wirkte er zehn Jahre als Abgeordneter des Repräsentantenhauses der Vereinigten Staaten, bis er 1853 zum Gouverneur von Tennessee gewählt wurde. 1857 ging Johnson als Senator nach Washington.

Während dieser ganzen Zeit fühlte sich Johnson in all seinen Funktionen als ein streitbarer Demokrat. Er trat für »hard money« ein, unterstützte die auf territoriale Ausdehnung ausgerichtete Politik des demokratischen Präsidenten Polk.

Er sah sich selbst als Verteidiger der Interessen des gemeinen Volkes. Johnson trat für allgemeine Volkswahlen ein und war Gegner des Patronagesystems. Obwohl selbst Südstaatler und Sklavenbesitzer, war und blieb er ein Gegner der Aristokratie, besonders der Sklavenhalteraristokratie des Südens. Johnson unterstützte energisch die Verabschiedung eines »Homestead-Gesetzes«, das den Landerwerb für kleine Siedler erleichtern sollte und in dem er die Möglichkeit sah, eine auf großem Landbesitz und Sklavenhaltung beruhende ökonomische Machtkonzentration zu verhindern.

Sein Einsatz für dieses Gesetz Anfang der Fünfzigerjahre brachte ihm erste nationale Popularität ein. Dennoch war er kein Gegner der Sklaverei an sich und stimmte im Repräsentantenhaus auch gegen die Abschaffung der Sklaverei in Washington, D. C., trat ansonsten für den Kompromiss von 1850 ein und wandte sich energisch gegen alle Bestrebungen der Spaltung der Union. Während seiner Amtszeit als Gouverneur tat er sich besonders durch sein Eintreten für freie Schulbildung für jedermann (Sklaven ausgenommen) hervor. Das resultierte aus Erfahrungen während der eigenen Kindheit.

Als er sein Amt als Senator in Washington antrat, spitzten sich die Diskussionen über eine mögliche Abspaltung der Südstaaten immer mehr zu. Johnson stand weiterhin auf der Seite derjenigen Demokraten, die für den Erhalt der Union als primäre Aufgabe eintraten. Im Senat bezeichnete er die Anhänger des Sezessionsgedankens als Verräter und unterstellte ihnen, nicht nur die Union, sondern auch die Demokratie zerstören zu wollen. Damit machte er sich zahlreiche Demokraten aus den Südstaaten zu Gegnern und gewann gleichzeitig die Aufmerksamkeit und den Beifall der Whigs und der Republikaner der Nordstaaten.

Trotz mehrerer Attentatsdrohungen kehrte Johnson im April 1861 nach Greeneville zurück, um zahlreiche Agitationsveranstaltungen für den Verbleib von Tennessee in der Union abzuhalten. Dessen ungeachtet erklärte der Staat Tennessee im Juni seine Lostrennung von der Union. Johnson übersiedelte wieder nach Washington und unterstützte die Politik der Regierung Lincolns. Der Präsident anerkannte die politischen Fähigkeiten und die Haltung Johnsons zur Union und setzte ihn in der Administration Osttennessees ein, ein Gebiet, das weiterhin zur Union gehörte. Nachdem 1862 die Unionstruppen das Gebiet von Tennessee erobert hatten, wurde Johnson von Lincoln zum Militärgouverneur für diesen Staat ernannt. Er bekleidete nun den Rang eines Brigadegenerals.

Angesichts des energischen Eintretens Johnsons für die Union und des Bemühens, über die Republikanische Partei hinaus eine breite Unterstützung für die Politik Lincolns zu gewinnen, traten die Führer der Republikaner an Johnson heran und boten dem lebenslangen Demokraten und früheren Sklavenhalter für die Wahlen von 1864 die Kandidatur als Vizepräsident an.

Lincoln gewann die Wahl und mit ihm wurde Johnson als Vizepräsident vereidigt. Als Johnson kurze Zeit später nach dem Attentat auf Lincoln dessen Nachfolge antrat, war er für viele Amerikaner ein Unbekannter und für die Politiker des Südens und des Nordens gleichermaßen eine unberechenbare Größe. Die Hauptfrage bestand in der Wahl des Vorgehens im Süden. Würde Johnson den Weg der schnellen Versöhnung, eines milden Vorgehens gegen die Sezessionisten wählen, wie es Lincoln in Aussicht gestellt hatte, oder würde er den harten Kurs der Radikalen bevorzugen?

Als Präsident befand er sich in einer außerordentlich schwierigen Lage, er hatte weder im Norden noch im Süden eine nennenswerte Anhängerschaft, er hatte nicht das Prestige Lincolns, mit den Demokraten hatte er gebrochen, und die Republikaner wollten ihn nicht als einen der ihren anerkennen. Seine sehr freimütige, direkte, mitunter auch taktlose Art war nicht gerade dazu angetan, sich besonders beliebt zu machen. Dessen ungeachtet musste er die Aufgabe des Wiederaufbaus des zerstörten Südens und dessen Wiedereingliederung in die Union in Angriff nehmen. Die Zeit der »Reconstruction« begann und sollte bis 1877 andauern.

Johnson selbst neigte zu den »Reconstruction-Plänen« Lincolns, der ohne Rachegedanken vorgehen und den Südstaaten so schnell wie möglich alle politischen Rechte der Bundesstaaten zugestehen wollte.

Neben der Reorganisierung des politischen Lebens war es notwendig, die Beseitigung wirtschaftlicher Probleme des Südens unverzüglich in Angriff zu nehmen. Virginia, Tennessee, South Carolina, Georgia, Alabama und Arkansas sahen wie riesige Schlachtfelder aus, das Land war verwüstet, die Städte waren zerstört. Charleston, einst die blühendste Stadt im Süden, war nach der Bombardierung und teilweisen Niederbrennung zu einer Stadt »von leeren Häusern, verwitweten Frauen, verfallenen Werften, verlassenen Lagerhäusern, unkrautüberwucherten Gärten, Meilen grasbewachsener Straßen und großen Gebieten entsetzlicher und schweigender Öde«[1] geworden. In ähnlichem Zustand befanden sich Columbia, Richmond, Atlanta, Vicksburg und die anderen Städte des Südens. Zivilregierung und Verwaltung waren zusammengebrochen, die Post lag still, es gab keine Gerichte, keine Richter, keine Sheriffs, keine Polizei, die irgendeine Autorität darstellten. Durch das Land zogen raubende und plündernde Banden. Die landwirtschaftliche Produktion betrug 1870 nur noch etwa die Hälfte der von 1860.

Große Probleme brachte auch die Freilassung der Sklaven mit sich. Sie war gesetzlich vorgeschrieben, aber weder das Land noch die Sklaven waren darauf vorbereitet. Tausende ehemaliger Sklaven nutzten die gewonnene Freiheit, um ihre alten Lebensräume zu verlassen. Sie zogen in Wälder, lebten auf der Straße und versuchten so, die Unabhängigkeit zu erleben. Um zu überleben, landeten sie jedoch in Scharen bei den Dienststellen der Armee, die ihnen Verpflegung gaben. Viele lebten von Almosen oder in Lagern. In den ersten zwei Jahren der Freiheit starben Zehntausende an Unterernährung, ansteckenden Krankheiten oder fielen Gewalttaten zum Opfer.

Unmittelbar nach Machtantritt erweckte Johnson bei den Radikalen die Hoffnung, dass er ihren harten Kurs gegen die Südstaaten unterstützen würde. Mit Äußerungen wie »Der Verrat ist ein Verbrechen und muss bestraft werden« oder »Der Verrat muss aufgedeckt und Verräter müssen der Armut ausgeliefert werden« gewann er die Sympathie von Radikalen aus dem Norden. Aufgrund seines eigenen Verantwortungsgefühles und beeinflusst durch Staatssekretär Seward sowie unterstützt durch ehemalige Generäle der Unionsarmee wie Sherman, Meade und Grant, wechselte Johnson schnell wieder auf die Linie Lincolns. Im Sommer 1865 begann er mit der Ernennung von provisorischen Zivilgouverneuren in den ehemals konföderierten Staaten, die einen schnellen Wiederaufbau der öffentlichen Institutionen betreiben sollten. Verfassungskonvente erklärten die Sezessionsverordnungen offiziell für ungültig, die Sklaverei für abgeschafft, Wahlen wurden durchgeführt und Zivilverwaltungen aufgebaut. Johnson kündigte eine Amnestie für alle Südstaatler an, die eine Art Treueid auf die Union zu leisten bereit waren. Ausgenommen davon waren hohe Militärs, die gesonderte Gnadengesuche stellen mussten.

Ende 1865 trat der Kongress wieder zusammen. Er setzte den liberalen Rekonstruktionsplänen Johnsons jedoch ein wesentlich rigoroseres Programm der »Congressional Reconstruction« entgegen. Darin zeigte sich die Angst der Radikal-Republikaner vor einer neuen demokratischen Kongressmehrheit, wenn die Südstaaten-Demokraten in den Kongress zurückkehren und sich mit den Nordstaaten-Demokraten verbinden würden. Auch die Interessen der nordstaatlichen Industrie- und Finanzkreise wurden von diesen Aussichten negativ berührt.

Johnson selbst war und blieb ein Gegner der Südstaatenaristokratie, sah aber einen zuverlässigen Träger der Demokratie in den mittleren und kleineren Farmern. Am 2. April 1866 gab Johnson die offizielle »Proclamation of Peace« ab. Darin sprach er sich für ein freundschaftliches Aufeinanderzugehen der früheren Gegner aus, gegen militärische Unterdrückung der im Krieg Unterlegenen und für politische Gleichstellung. Er erklärte den Aufstand der Südstaaten für offiziell beendet. Meinungsverschiedenheiten und Streitigkeiten mit dem Kongress nahmen zu. Nach den Kongresswahlen 1866 besaßen die Radikal-Republikaner in beiden Häusern die Mehrheit. Die Wiederaufbauprogramme des Präsidenten wurden nun blockiert und durch »Reconstruction-Gesetze« im Sinne der Radikal-Republikaner abgewandelt. Im März 1867 wurde das erste dieser Gesetze verabschiedet. Es legte fest, dass allein in Tennessee eine legale Regierung bestehe. Alle Südstaaten wurden in fünf Militärbezirke aufgeteilt, in denen Militärkommandanten die Regierung übernahmen. Die Wiederherstellung der Staatenrechte und die Einsetzung ziviler Regierungen wurden in Aussicht gestellt bei Annahme des 14. Verfassungszusatzes und der Verankerung des Negerwahlrechtes in den Staatenverfassungen. Letzteres sollte den Republikanern die Wählerstimmen der schwarzen Bevölkerung sichern. Johnson sah sich gezwungen, diesen Plänen zuzustimmen. Rund 20.000 Mann Besatzungsarmee sorgten für die Einhaltung von Ordnung und bemühten sich, die wirtschaftliche Lage zu verbessern sowie das soziale Leben zu ordnen. Bis zum Sommer 1868 waren in sieben Staaten neue Regierungen errichtet worden. Die restlichen drei Staaten (Mississippi, Texas und Virginia) wurden 1870 wieder in die Union aufgenommen.

Die Radikal-Republikaner waren jedoch allein mit der Kontrolle über die Südstaaten nicht zufrieden, sie strebten eine Übertragung der Befugnisse des Präsidenten auf den von ihnen beherrschten Kongress an und damit eine zentralisierte parlamentarische Regierung über die Union. Dazu diente das Gesetz über das Oberkommando des Heeres, das dem vor Amtsenthebung geschützten Armeegeneral die oberste Befehlsgewalt zusprach, und das Amtszeitgesetz (Tenure of Office Act, 1867), das dem Präsidenten das Recht entzog, Zivilbeamte, einschließlich Kabinettsmitglieder, ohne Zustimmung des Senats zu entlassen. Darüber hinaus strebten die Radikal-Republikaner die Absetzung des Präsidenten an und suchten nach einem geeigneten Vorwand, denn dann würde der zu ihrer Gruppierung gehörende amtierende Präsident des Senates, Benjamin Wade, die Regierung übernehmen. Johnson selbst lieferte ihnen einen geeignet erscheinenden Vorwand. Er betrachtete das Amtszeitgesetz als verfassungswidrig (was später vom Obersten Gericht bestätigt wurde) und setzte im Februar 1868 den Kriegsminister ohne Zustimmung des Senates ab. Anschließend schritt der Kongress auf Betreiben der Radikal-Republikaner zum ersten Mal in der Geschichte der Vereinigten Staaten zur Präsidentenanklage (Impeachment). Die Anklagepunkte lauteten: Usurpation der Gesetze, korrupter Gebrauch des Vetorechtes, Störung von Wahlangelegenheiten sowie weitere Vergehen.

Im März 1868 begann das Verfahren. Johnson berief sich in seiner Verteidigung auf die Verfassung, die er seiner Meinung nach nie verletzt hatte. Bei der für die Amtsenthebung entscheidenden Senatsabstimmung fehlte letztendlich eine Stimme zur notwendigen Zweidrittelmehrheit, und Johnson konnte seine Amtszeit fortsetzen. Er wurde jedoch nicht wieder als Präsidentschaftskandidat nominiert. Der Wahlkonvent der Republikaner entschied sich für den früheren General Ulysses S. Grant.

Der Ausgang des Impeachments hatte nicht nur den amtierenden Präsidenten gerettet, sondern im Grunde das amerikanische Regierungssystem. Die von den Radikal-

Republikanern angestrebte Verlagerung der Machtbefugnisse wurde vom Obersten Gericht als verfassungswidrig erklärt.

Alles in allem war die Präsidentschaft Johnsons keine besonders glückliche. Sie war gekennzeichnet durch die Streitigkeiten mit den Radikal-Republikanern, die Nichtbeilegung der Feindschaft zwischen den Nord- und Südstaaten, und auch der angestrebte Rassenausgleich war in der Praxis nicht gelungen. Obwohl er ein ausgezeichneter Redner war, über einen klaren Verstand verfügte, persönlich unantastbar schien, Pflichtbewusstsein und Mut demonstrierte, gehört Johnson zu den Präsidenten, die am gröbsten missverstanden wurden und auf die nach ihrer Amtszeit am meisten herabgesehen wurde. Lediglich der Kauf von Alaska (1867) gilt als bleibende Leistung dieses Präsidenten.

An der Inauguration Grants nahm Johnson nicht teil. Er ging zurück nach Tennessee und beteiligte sich dort aktiv an der Politik und den Staatsgeschäften. 1875 kandidierte er erneut erfolgreich für den Senat der USA: Als bisher einziger Präsident wurde er nach der Präsidentschaft nochmals Senator. Diese Amtszeit währte jedoch nicht lange. Er erlitt einen Schlaganfall und verstarb am 31. Juli 1875 im Haus seiner Tochter. Gemäß seinem letzten Willen erhielt er in seinem Sarg als Kopfkissen die Verfassung und als Decke die amerikanische Fahne.

Sein Grab befindet sich auf dem Andrew Johnson National Cemetery, Greeneville, Tennessee.

Anmerkung

1 Samuel E. Morison/Henry S. Commager, Das Werden der amerikanischen Republik, Bd. 2, Stuttgart 1950, S. 13.

Bibliographische Hinweise

Bibliographie zu Johnson:

Andrew Johnson: a bibliography, comp. by Richard MacCaslin, Westport, Conn., 1992.

Die Schriften Johnsons sind erschienen in:

LeRoy P. Graf/Ralph W. Haskins (Hg.), The Papers of Andrew Johnson (Bisher 18 Bde. + 1 Sonderband mit Briefen an Johnson), Knoxville 1967 ff.

Brooks D. Simpson/LeRoy P. Graf (Hg.), Advice after Appomattox: Letters to Andrew Johnson, 1865–1866, Knoxville 1987.

Biografische Arbeiten über Johnson sind unter anderen:

Hans Louis Trefousse, Andrew Johnson: A Biography, New York 1989.

John N. Dickinson, Andrew Johnson, 1808–1875, Chronology, Documents, Bibliographical Aids, Dobbs Ferry, New York, 1970.

Robert W. Winston, Andrew Johnson: Plebeian and Patriot, New York 1928.

Lloyd P. Stryker, Andrew Johnson: A Study in Courage, New York 1936.

Andrew Johnson und die Zeit nach dem Bürgerkrieg behandeln:
Eric L. McKitrick, Andrew Johnson and Reconstruction, New York 1960.
Martin E. Mantell, Johnson, Grant and the Politics of Reconstruction, New York 1973.
Albert E. Castel, The Presidency of Andrew Johnson, Lawrence, Kansas, 1979.
Zum »Impeachment«-Verfahren gegen Johnson:
Gene Smith, High Crimes and Misdemeanors: The impeachment and trial of Andrew Johnson, New York 1977.
Chester G. Hearn, The impeachment of Andrew Johnson, Jefferson, N. C., 2000.
Noel Bertram Gerson, The Trial of Andrew Johnson, Nashville 1977.

ULYSSES S. GRANT

1822–1885

18. PRÄSIDENT DER USA 1869–1877

27. April 1822	Ulysses Simpson Grant wird in Point Pleason, Ohio, geboren.
1839–1843	Grant besucht die United States Military Academy West Point.
1843–1846	Grant dient als Leutnant in der Nähe von St. Louis, in Texas und in Louisiana.
1846–1848	Grant nimmt am Krieg gegen Mexiko teil, Beförderung zum Hauptmann.
1848	Heirat mit Julia Dent (1826–1902).
1854	Grant nimmt Abschied von der Armee.
1854–1861	Grant versucht sich als Farmer und Geschäftsmann, arbeitet im Lederwarengeschäft seines Vaters in Galena, Illinois.
1861–1865	Grant kämpft auf der Seite der Unionstruppen im Bürgerkrieg, seit März 1864 als Oberbefehlshaber.
1865–1869	Grant bleibt Oberkommandierender der Armee während der Rekonstruktionsphase im Süden und der Indianerkriege.
1869–1877	Präsident der USA.
1877–1879	Grant geht mit seiner Frau auf eine Weltreise.
1884	Grant steht vor dem finanziellen Ruin.
23. Juli 1885	Grant verstirbt im Alter von 63 Jahren in Mount McGregor, New York; er wird auf dem Grant National Memorial Cemetery in New York City beigesetzt.

Ulysses Simpson Grant gilt als einer der von der Persönlichkeit her ungeeignetsten Männer für das Amt des Präsidenten in der Geschichte der USA. Er besaß weder Erfahrungen auf dem Gebiet der Politik noch das geistige Format und die für ein solches Amt notwendige Sensibilität noch die erforderliche Menschenkenntnis. Was ihn zum Präsidenten machte, war seine Popularität, die aus seinen militärischen Erfolgen während des Bürgerkrieges resultierte, sowie die in den Augen der Wähler fehlende Alternative.

Am 27. April 1822 wurde Hiram Ulysses Grant in Point Pleasant, Ohio, geboren. Sein Vater, Jesse R. Grant, war Gerber und Geschäftsmann. Er besaß eine eigene Lederfabrik. Außerdem bewirtschaftete er größere Ländereien.

Kurz nach der Geburt des Sohnes Ulysses zog die Familie nach Georgetown. Hier wuchs Grant bis zu seinem 17. Lebensjahr auf. Sein Vater, der in seiner eigenen Jugend wenig Bildungsmöglichkeiten hatte und sich nur durch intensives Selbststudium ein solides Wissen angeeignet hatte, wollte seinen Kindern einen einfacheren Weg des Lernens ermöglichen. So besuchte Grant von seinem 6. bis 17. Lebensjahr verschiedene Privatschulen. Trotzdem musste er in der Gerberei und auf den Feldern des Vaters von früher Jugend an tatkräftig mitarbeiten. Grant zog dabei die landwirtschaftliche Arbeit vor. Da er den ruhigen Charakter der Mutter geerbt hatte, konnte er sehr gut mit Tieren umgehen. Seine besondere Liebe galt zeit seines Lebens den Pferden, sie waren seine Leidenschaft. Der Umgang mit ihnen förderte Eigenschaften wie Furchtlosigkeit, Selbstvertrauen, Geschicklichkeit und Entschlossenheit, die ihn später auszeichnen sollten.

Seine beiden letzten Schuljahre verbrachte Grant in Maysville, Kentucky, und Ripley, Ohio. Besonders die Schule in Maysville hielt er selbst für sehr gut.

Sein Vater hatte beschlossen, den Sohn eine militärische Laufbahn einschlagen zu lassen. Die besten Aussichten auf eine Karriere in der Armee der Vereinigten Staaten bot der Besuch der United States Military Academy in West Point. Grants Vater gewann den Kongressabgeordneten Thomas L. Hamer, die Aufnahme Grants in West Point zu unterstützen. Dieser Abgeordnete sollte jedoch dafür verantwortlich werden, dass Grant nicht unter seinem Taufnamen Hiram Ulysses Grant in die Geschichte der USA eingehen sollte, sondern als Ulysses Simpson Grant. Da alle Grant bei seinem zweiten Vornamen riefen, ging Hamer davon aus, dass Ulysses der erste Taufname sei, und gab bei der Anmeldung in West Point als zweiten Namen den Mädchennamen der Mutter, Simpson, an. Als Grant in West Point erschien, konnte er den dortigen Beamten zwar auf den Fehler hinweisen, allein dieser sah sich nicht ermächtigt, eine Änderung vorzunehmen. So behielt der neue Kadett den Namen Ulysses Simpson Grant zeit seines Lebens.

Grant selbst war nicht unbedingt begeistert von der Vorstellung, Berufsoffizier zu werden. Er fügte sich jedoch den Vorstellungen des Vaters, bestand die Aufnahmeprüfung und begann eine vierjährige militärische Ausbildung in West Point.

Diese Zeit verlief ohne nennenswerte Höhepunkte. Seine Leistungen entsprachen in den meisten Fächern dem Durchschnitt. Nur im Reiten konnte er sich besonders auszeichnen. Mathematik fiel ihm leicht, mit Französisch tat er sich dagegen schwer. In seiner Freizeit bevorzugte er Bücher von Cooper, Scott und Irving. Er war ein ruhiger Kadett, der nicht besonders ehrgeizig war und weder nach Ehre noch nach Beliebtheit strebte. Im Jahr 1843 erhielt Grant das Offizierspatent. Aus Liebe zu den Pferden ersuchte er um eine Anstellung in der Kavallerie. Da dort jedoch keine Stelle frei war, meldete er sich zum Dienst im 4. US-Infanterieregiment.

Als kurze Zeit später, 1846, der Krieg mit Mexiko ausbrach, nahm Grant daran teil, obwohl er in seinen Memoiren später darüber schrieb, er betrachte diesen Krieg »... bis heute als ungerechtesten der Kriege, die je von einer stärkeren Nation gegen eine schwächere geführt worden sind ... Die amerikanische Regierung folgte dem schlechten Beispiel europäischer Regierungen und nahm keine Rücksicht auf Gerechtigkeit.«[1] Grant selbst brachte sein Einsatz im Krieg mehrere Beförderungen bis hin zum Hauptmann.

Am 22. August 1848 heiratete Grant Julia Dent aus St. Louis, Missouri. Nach seiner Hochzeit zog das Paar an Grants neuen Standort, nach Sackett's Harbor, New York. Nur wenig später wurde das Regiment verlegt. Nach einigen Zwischenstationen landete Grant so 1853 in Kalifornien. Lange Zeit von seiner Frau und seinen inzwischen geborenen zwei Kindern getrennt, ohne ansprechende Aufgabe, verfiel er mehr und mehr dem Alkohol. Seine Bezüge erlaubten es ihm nicht, seine Familie nachzuholen, und nachdem er von seinem kommandierenden Offizier wegen seiner Trunksucht verwarnt worden war, reichte er im Sommer 1854 sein Entlassungsgesuch ein. So stand er nach elf Jahren Dienst in der Armee ohne Geld, ohne Beruf und weit weg von der Familie da. Ein Kamerad gab ihm Geld für die Heimreise. Zurückgekehrt nach St. Louis, wo seine Frau eine kleine Farm besaß, arbeitete er zunächst als Holzverkäufer, später gründete er gemeinsam mit einem Vetter eine Immobilienagentur. Aber alles lief mehr schlecht als recht. Zeitweise musste er sich bei Freunden und Verwandten verschulden, um seine Frau und vier Kinder ausreichend versorgen zu können. 1860 zog die Familie nach

Galena, Illinois. Dort trat Grant in das Geschäft seines Vaters ein, das inzwischen von seinen zwei Brüdern geleitet wurde.

Sofort nach Ausbruch des Sezessionskrieges erklärte sich der Offizier Grant bereit, auf der Seite der Union für die Einheit des Landes zu kämpfen, für ein Land ohne Sklaverei, obwohl seine aus Missouri stammende Frau selbst Sklaven besaß. Grant wurde im Juni 1861 zum Oberst der 21. Freiwilligenkompanie aus Illinois ernannt und schon bald zum Brigadegeneral befördert. Sein militärischer Erfolgsstern stieg mit dem Jahr 1862. Nachdem Grant mit dem erfolgreichen Angriff auf das Lager Belmont der Konföderierten den ersten echten Sieg der Unionstruppen errungen hatte, richtete er seine Truppen auf Fort Henry am Tennessee und anschließend auf Fort Donelson am Cumberland, dessen Besatzung am 16. Februar 1862 kapitulierte. Kommandant im Fort Donelson war Colonel Simon B. Buckner, sein früherer Klassenkamerad von West Point, der 1854 Grant das Geld für die Heimreise zu seiner Familie geliehen hatte.

Nach diesen Erfolgen wurde Grant als Held gefeiert. Von Lincoln wurde Grant zum General befördert. Die nächste große Bewährungsprobe war die Schlacht von Shiloh. Vorbereitung und Verlauf der Schlacht sind in ihren Einzelheiten heute noch nicht völlig geklärt und waren unmittelbar nach dem Ende der Kampfhandlungen sehr umstritten. Beide Seiten hatten sehr hohe Verluste zu verzeichnen, und obwohl Grant letztendlich als Sieger hervorgegangen war, sah er sich doch einer Verleumdungskampagne ausgesetzt. Schon nach seinen ersten Erfolgen waren Stimmen laut geworden, er sei während des Kampfes betrunken gewesen. Diese wurden nun stärker. »Es gibt aber nicht einen einzigen Beweis dafür, dass er nach Beginn des Bürgerkrieges noch dem Alkohol zusprach. Im Gegenteil, er hatte sich voll in der Gewalt, wenngleich er nun eine Unmenge Zigarren konsumierte, die zum persönlichen Kennzeichen wurden.«[2]

Sein Vorgesetzter Halleck forderte von Lincoln sogar die Absetzung Grants. Lincoln antwortete darauf jedoch, dass er auf einen Mann wie Grant nicht verzichten könne. Die Lage der Unionstruppen war 1862 ohnehin äußerst angespannt. Die Gefahr einer Gesamtniederlage schien wenigstens genauso groß wie die Aussicht auf einen Sieg. Im Juli 1863 konnten die Unionstruppen unter dem Kommando von Grant Vicksburg erobern und damit die Wende zugunsten der Union einleiten. Im Oktober 1863 wurde Grant von Lincoln zum Oberbefehlshaber des Militärdepartments Mississippi ernannt. Als solcher konnte er die Schlacht von Chattanooga im November 1863 erfolgreich beenden. Vielfach wurde nach den Ursachen für die Erfolge Grants gefragt. Obwohl dieser weder ein großer Militärtheoretiker war noch sich mit der neuen Militärtechnik und militärischen Taktik beschäftigt hatte, zeichnete sich sein Vorgehen durch Logik, Berechnung und Beharrlichkeit aus. Hinzu kam das Vertrauen, das ihm seine Soldaten entgegenbrachten, sowie die hohe Kampfmoral seiner Truppen. Der spätere Präsident Garfield notierte einmal in sein Tagebuch über Grant: »Seine Hartnäckigkeit ist unglaublich. Ich bin nicht sicher, ob es als Größe oder als Dummheit zu bezeichnen ist.«[3] Da Grants Kampfweise oft mit großen Verlusten verbunden war, erhielt er den Ruf eines Schlächters, eines rohen Mannes. Grant schlief selbst im Schlamm und bei Regen unter freiem Himmel, besuchte die Verwundeten und gab den Sterbenden Zuspruch. Im Februar 1864 wurde Grant durch den Kongress zum Generalleutnant befördert und einen Monat später von Lincoln zum Oberbefehlshaber der Unionsstreitkräfte ernannt.

Grant beabsichtigte, von Virginia aus vorzugehen, bis Richmond vorzudringen und so den Krieg zu beenden. Dieser Weg erwies sich jedoch als sehr schwierig, auch wenn die Konföderierten mehr und mehr in Bedrängnis gerieten. Grant musste die Taktik des Totalangriffs aufgeben. Nach zahlreichen überaus opfervollen Kämpfen für beide Seiten mussten sich die Konföderierten schließlich ergeben. Gegenüber seinem geschlagenen Gegner, General Lee und dessen Truppen, zeigte sich Grant nach deren Kapitulation ausgesprochen großzügig. Den Soldaten wurde nach einer Loyalitätserklärung erlaubt, nach Hause zu gehen, Offiziere durften ihre Handfeuerwaffen behalten und die Kavalleristen konnten die Pferde zur Frühjahrsbestellung ihrer Felder mitnehmen.

Nach dem Ende des Krieges behielt Grant das Oberkommando über die Armee der Vereinigten Staaten und war damit direkt dem Präsidenten und dem Kriegsminister unterstellt. Der Kongress verlieh ihm 1866 den Titel eines Generals, erstmals seit Washington. Grant war durch den Krieg zu Ruhm und Ehre gelangt und galt nicht länger als Enfant terrible. Als es während der Impeachment-Verhandlungen gegen Präsident Johnson im Frühjahr 1868 darum ging, einen neuen Präsidentschaftskandidaten aufzustellen, war man sich auf dem Konvent der Republikaner sehr schnell darüber einig, dass es keinen würdigeren und aussichtsreicheren Mann geben würde als Grant, obwohl dieser der Partei nicht angehörte. Grant nahm die Nominierung an. Sein Hauptgegner im Wahlkampf war der Demokrat Horatio Seymour.

In dem Brief, in dem Grant die Annahme der Kandidatur erklärte, schrieb er: »Wenn ich zum Präsidenten der Vereinigten Staaten erwählt werden sollte, so soll es mein Bestreben sein, alle Gesetze in gutem Glauben und mit weiser Sparsamkeit auszuführen, um Friede, Ruhe und Sicherheit überall aufrechtzuerhalten. … Lasset uns Frieden haben!«[4]

Beide Parteien führten einen ausgesprochen harten Wahlkampf. Die Plakate der Republikaner forderten: »Vote as you shot!« Grants Partei setzte auf die Propagierung der »Reconstruction« als Hauptproblem und orientierte sich am Wahlrecht für die befreiten Südstaatensklaven, die wirtschaftliche Ausnutzung des Südens durch gezielte Eisenbahn-, Tarif- und Bankpolitik. Mit diesem Programm gewann Grant die Wahl mit 3,0 gegen 2,7 Mill. Wählerstimmen und 214 : 80 Wahlmännerstimmen.

Am 4. März 1869 trat Grant das Amt des Präsidenten der Vereinigten Staaten an. Vor ihm standen verschiedene zu lösende Probleme: an erster Stelle die Fortsetzung der »Reconstruction«. Virginia, Texas und Mississippi hatten den 14. Verfassungszusatz, der den verschiedenen Rassen gleiche politische und bürgerliche Rechte garantierte, noch nicht in ihre Verfassungen aufgenommen. In anderen Bundesstaaten hatte sich eine breite antirepublikanische und gegen die schwarze Bevölkerung gerichtete Haltung herausgebildet, die nur durch nationales Eingreifen zu beschränken war. Weitere Schwerpunkte mussten die Währungsfrage und die Zollpolitik sein. Außenpolitisch stand an erster Stelle die Beilegung der Streitigkeiten mit Großbritannien, die aus der britischen Unterstützung der Konföderierten während des Bürgerkrieges herrührten. Außerdem forderten viele Amerikaner, dass Spanien die Kontrolle über Kuba abgab, unter dem Vorwand, auch dort das System der Sklaverei zu beseitigen, tatsächlich aber, um die Dominanz der USA über die karibische Insel zu sichern.

Um alle diese Probleme lösen zu können, hätte Grant besonders wegen seiner eigenen Grenzen, politische Fragen zu verstehen und Interessengruppierungen zu durchschauen, ein überaus qualifiziertes Kabinett benötigt. Bei der Auswahl seiner Minister und Berater erwies er sich jedoch als wenig glücklich. Obwohl er während des Krieges erfolgreich Menschen geführt hatte, war er ein schlechter Menschenkenner, und seine Arglosigkeit ließ ihn falschen Freunden vertrauen. John Bigelow, ein Freund Grants, bemerkte dazu: »Sein Kabinett ist weiter nichts als eine Versammlung von Stabsoffizieren, die er anscheinend aus Dankbarkeit für ihm früher gewährte pekuniäre Vorteile ernannt hat.«[5] Insgesamt hat Grant während seiner zwei Präsidentschaften 26 Männer zu Ministern ernannt, von denen der Außenminister Hamilton Fish nicht nur einer der fähigsten war, sondern auch den größten Einfluss auf den Präsidenten hatte.

Die Wahl Grants stärkte die Position der Radikal-Republikaner erheblich. Mit der Rückkehr von Virginia, Mississippi und Texas in den Kongress und der Annahme eines Amnestiegesetzes schien sich die Hoffnung auf die Einlösung der Worte »Let us have peace« zu erfüllen. Bald zeigte sich jedoch, dass Grant seinen radikalen Ratgebern folgte und die Rekonstruktion nach radikalem Muster fortzusetzen gedachte. Am 30. März 1870 wurde der 15. Verfassungszusatz ratifiziert, jedoch wenig dazu getan, seine praktische Umsetzung zu sichern. Insgesamt gewannen im Süden die konservativen Kräfte mehr und mehr die Oberhand. Die so genannten »Carpetbagger«-Regierungen in den Südstaaten, die häufig von gewinnsüchtigen Nordstaatlern geführt wurden, genossen den Schutz der Bundesregierung. Sie waren wenig daran interessiert, der schwarzen Bevölkerung Rechte zu sichern oder sie gar in die Regierung einzubeziehen. In keinem Staat kontrollierte die schwarze Bevölkerung die Regierung, und nur in South Carolina gab es in der Legislative kurzzeitig eine schwarze Mehrheit. Auch dem Ku-Klux-Klan, seit dem Ende des Bürgerkrieges aktiv, vermochte die Grant-Administration nicht Einhalt zu gebieten, trotz angekündigter harter Strafen. Mehr und mehr wurde von den Radikal-Republikanern die konservative Entwicklung in den Südstaaten akzeptiert. Ruhe und Ordnung schienen einzuziehen, aber die Chance zur Lösung der sozialen Probleme zwischen den Rassen sowie zum Abbau der Ressentiments der weißen Südstaatler gegenüber den Nordstaatlern wurde vertan.

Auch das ebenfalls von der Regierung Johnson übernommene Finanzproblem bezüglich der »Greenbacks« konnte von der neuen Administration nicht endgültig gelöst werden. Grant selbst hatte keinerlei Kenntnisse von Finanz- und Marktgesetzen. Letztendlich wurde die Diskussion, ob das Papiergeld durch Münzen zu ersetzen sei oder nicht, durch einen Kompromiss beschwichtigt. 1871 erkannte das Oberste Gericht auf Betreiben Grants das Papiergeld als gesetzliches Zahlungsmittel an, und 1875 beschloss der Kongress die Wiederaufnahme von Münzzahlungen. Die Währungsfrage wurde dadurch jedoch nicht grundsätzlich und endgültig gelöst.

Während des Bürgerkrieges waren die Zölle zwecks Steigerung der Staatseinnahmen drastisch erhöht worden. Besonders die Farmer des Westens forderten nun eine Senkung, während die Industrie für die hohen Einfuhrzölle eintrat. Im Vorfeld der Wahlen war eine zehnprozentige Senkung der Zölle verkündet worden, die jedoch sofort nach den Wahlen zurückgenommen wurde. Als sehr negativ wurde das Verhalten Grants gegenüber dem korrupten und fast ausschließlich auf persönlichen Vorteil bedachten Beamtenapparat betrachtet, obwohl Grant zu Beginn seiner Amtszeit eine Kommission zur Ausarbeitung von Reformvorschlägen einsetzen ließ. Nach vier Jahren ergebnisloser Arbeit wurde diese jedoch aufgelöst, und als Grant den Republikaner Zachariah

Chandler zum Kabinettsmitglied berief, war das eine deutliche Absage an alle Reformbemühungen.

Dank der guten Arbeit des Außenministers Hamilton Fish konnte Grant in seiner Amtszeit die größten Erfolge auf außenpolitischem Gebiet verzeichnen, obwohl Spannungen zu Kanada, Großbritannien und Spanien bestanden. Die Ursachen dafür lagen im Unabhängigkeitskampf der Iren entlang der kanadischen Grenze, dem kubanischen Aufstand gegen die spanischen Herrscher und dem gemeinsamen Interesse der USA und Spaniens an Santo Domingo sowie in der Nichtbereitschaft Großbritanniens, eine schiedsgerichtliche Entscheidung bezüglich der Streitigkeiten wegen der Verletzung des Neutralitätsstatus der USA durch England während des Bürgerkrieges herbeizuführen. Gewinnsüchtigen Abenteurern war es gemeinsam mit profitgierigen Männern aus Finanz- und Wirtschaftskreisen gelungen, Grant für den Plan einer Annexion Santo Domingos zu gewinnen. Ein entsprechender Vertrag wurde jedoch vom Senat abgelehnt, was eine schwere Niederlage für die Regierung bedeutete, die weitere Entscheidungen nach sich zog. So wurde der Vertragsgegner Charles Sumner als Vorsitzender des Senatsausschusses für auswärtige Angelegenheiten abgesetzt, die Spaltung der Partei weiter betrieben, bis es 1872 zum völligen Bruch kam. Insgesamt hatte diese Angelegenheit einmal mehr gezeigt, wie schnell sich der Präsident zu zweifelhaften Unternehmungen überreden ließ und wie naiv er an außenpolitische Fragen heranging. Andererseits wurde dadurch die Aufmerksamkeit von Kuba abgelenkt, und Außenminister Fish konnte den Frieden mit Spanien erhalten.

Auch die Differenzen mit Kanada konnte Fish beseitigen. Irische Fenier beabsichtigten, Kanada zu besetzen und als Pfand für die irische Freiheit gegen England zu benutzen. Von New York aus unternahmen sie bewaffnete Vorstöße über die kanadische Grenze hinaus. Beim ersten Angriff 1866 von den kanadischen Milizen zurückgeschlagen, wurden beim zweiten Versuch 1870 die Führer noch auf amerikanischem Boden verhaftet, worauf sich die Truppen auflösten und damit auch die Probleme zwischen den Regierungen Kanadas und der USA.

Der größte Erfolg war aber die Beilegung der Streitigkeiten mit Großbritannien, die sich aus der Nichteinhaltung der Neutralität während des Bürgerkrieges ergeben hatten. Fish erreichte durch kluge Verhandlungen, dass der Schiedsspruch eines in Genf tagenden internationalen Schiedsgerichts, das Großbritannien zu einer Zahlung von 15 Mio. $ an die USA aufforderte, von beiden Seiten angenommen wurde. Das bedeutete nicht nur die Regelung dieser Angelegenheit, sondern auch einen Sieg für die Schiedsgerichtsbarkeit und den Frieden. Grant begrüßte ausdrücklich diese einvernehmliche Lösung und sprach seine Hoffnung aus, dass künftig alle internationalen Streitigkeiten auf diesem Wege beigelegt werden könnten.

Besonders ab 1870 waren zunehmend kritische Stimmen gegen den Präsidenten laut geworden. Sie kamen von den Befürwortern einer Beamtenreform und einer Senkung der Zölle sowie einer radikaleren Rekonstruktionspolitik. Bei den Kongresswahlen 1870 hatten die Republikaner deutliche Verluste zu verzeichnen. Die oppositionelle Gruppierung hatte sich in der Partei der Liberal-Republikaner zusammengeschlossen und mit Horace Greeley 1872 einen eigenen Präsidentschaftskandidaten aufgestellt. Grant griff im Wahlkampf einige Forderungen dieser Liberal-Republikaner, wie die zehnprozentige Zollsenkung oder die Einsetzung einer Kommission für eine Beamtenreform, auf. Interne Schwierigkeiten und ein fehlendes einheitliches Programm schwächten die Liberal-Republikaner im Wahlkampf zusätzlich. So konnte Grant 286 Wahlmännerstimmen auf sich vereinigen, während Greeley nur 63 erhielt. Für Grant war das Ergebnis eine Bestätigung seiner Person, und er äußerte gegenüber seinen Wählern: »Ich war ein Subjekt von Beschimpfungen und Verleumdungen wie kaum vergleichbar in der politischen Geschichte. Was ich heute fühle ist, dass ich es mir leisten kann, dies unbeachtet zu lassen angesichts Ihres Urteils, das ich dankbar als meine Rechtfertigung ansehe.«[6]

Auch während seiner zweiten Amtszeit verließ sich Grant in wesentlichen Entscheidungen auf seine Ratgeber. Er selbst reagierte immer empfindlicher auf Kritik, gleich, ob sie von Freunden oder Gegnern kam. Die zweite Amtszeit war fast ausschließlich von fortlaufenden Skandalen beherrscht. So wurde Vizepräsident Henry Wilson in direkte Verbindung mit einem großen Skandal beim Bau der Union-Pacific-Eisenbahn gebracht, bei dem öffentliche Gelder in beträchtlichem Umfang in private Taschen geflossen waren. Kurze Zeit später rief das »Salary-Grab-Gesetz«, das rückwirkend auf die letzten zwei Jahre das Gehalt des Präsidenten verdoppeln und die Gehälter der Kongressabgeordneten um 50 % erhöhen sollte, öffentliche Empörung hervor. Die Bestimmungen bezüglich der Kongressmitglieder mussten schließlich zurückgenommen werden. Nachfolgend wurden Korruptionsfälle im Marineministerium, Innenministerium, Finanzministerium und in der Zollverwaltung von New York bekannt. Obwohl die allgemeine Anfälligkeit der Beamten für Bestechungen und Hinterziehungen bekannt war und auch Grant selbst bereitwillig und öffentlich zielgerichtete Geschenke annahm, überstieg das Ausmaß der Korruption die Toleranzbereitschaft der Öffentlichkeit. Nicht zuletzt aus diesem Grund konnten die Demokraten bei den Kongresswahlen erneut einen deutlichen Sieg verzeichnen und die Mehrheit im Repräsentantenhaus gewinnen.

Die »Panik von 1873« zeigte nicht nur, dass die Wirtschaft von Unterschlagungen, Bankrotten und Großspekulationen beherrscht wurde, sondern auch, dass die gesetzlichen Regelungen ungenügend waren. Die weltweite Krise, die durch industrielle und landwirtschaftliche Überproduktion in den USA gekennzeichnet war, führte zu bedeutenden Einbrüchen in der Wirtschaft des Landes und ließ die Grant-Administration am Ende der zweiten Amtszeit in einem dunklen Licht erscheinen.

Die Rekonstruktion wurde während der zweiten Amtszeit nicht ernsthaft vorangetrieben, vielmehr konnten sich die konservativen Kräfte in den Verwaltungsebenen mehr und mehr etablieren, und die schwarze Bevölkerung wurde aus dem politischen und gesellschaftlichen Leben des Südens weitestgehend ausgeschlossen.

Trotz aller Kritik und offensichtlichen Mängel seiner Regierung versuchte Grant, entgegen allen amerikanischen Traditionen zum dritten Mal als Präsidentschaftskandidat aufgestellt zu werden. Das Repräsentantenhaus sprach sich mit 234 : 18 Stimmen gegen eine dritte Kandidatur als »unklug, unpatriotisch und beladen mit einer Gefahr für unsere freien Institutionen«[7] aus. Die Republikaner stellten Rutherford B. Hayes als Kandidaten auf, der die Präsidentschaftswahl von 1876 gewann.

So verwirklichte sich Grant nach dem Ausscheiden aus dem Präsidentenamt einen Kindheitstraum – er ging zusammen mit seiner Frau, der das Leben im Weißen Haus sichtlich gefallen hatte, auf eine Weltreise. Wo er auch hinkam, wurde er mit großen Ehren empfangen. Die Grants trafen Königin Victoria, Disraeli und Bismarck, reisten zum Mont Blanc, segelten auf dem Nil, trafen Papst Leo XIII. im Vatikan, Richard Wagner in Heidelberg, den russischen Zaren in St. Petersburg und erhielten vom japanischen Kaiser dessen eigene Wohnzimmereinrichtung geschenkt.

Nach seiner Rückkehr 1879 in die USA erwarteten Grant zahlreiche Einladungen aus allen Landesteilen. Seine Popularität war ungebrochen, und alle Skandale schienen vergessen bzw. wurden seinen falschen Freunden und Beratern angelastet. So kam erneut eine dritte Kandidatur für das Präsidentenamt in die Diskussion. Auf dem Konvent der Republikaner unterlag Grant jedoch dem späteren Präsidenten James Garfield.

Jetzt zog sich Grant endgültig aus der Politik zurück. Dank der großzügigen Stiftung von 100.000 $ durch 20 Freunde konnten die Grants in New York City ein großes komfortables Haus erwerben. 1882 lieh William Vanderbilt Grant 150.000 $, mit denen dieser die Maklerfirma Grant & Ward gründete. Zwei Jahre später ging diese Firma Bankrott und Grant, der nie in seinem Leben über Reichtümer verfügt hatte, stand gedemütigt und ohne jede finanzielle Absicherung da. So war ihm das generöse Angebot Mark Twains willkommen, seine Memoiren zu publizieren. Schon vorher hatte ihm sein Arzt zu verstehen gegeben, dass er nur noch eine absehbare Zeit zu leben hatte. Grant litt an Kehlkopfkrebs. Er selbst sah es nun als seinen persönlichen Kampf an, seine Memoiren fertig zu schreiben, bevor die Krankheit ihn besiegte. Am 16. Juli 1885 beendete er sein Werk. Nur eine Woche später, am 23. Juli 1885, verstarb er in Mount McGregor. Die viel gelesenen Memoiren brachten seiner Familie 450.000 $ und somit finanzielle Sicherheit.

Grant fand seine letzte Ruhe in New York's Riverside Park. Auf seinem Grabstein stehen die Worte: »Let us have peace.«

Anmerkungen

1 Ulysses S. Grant, Memoiren des Generals Ulysses S. Grant, Bd. 1, Leipzig 1886, S. 34.
2 Leah Ireland-Kunze, Der Bürgerkrieg in den USA 1861–1865, Berlin 1989, S. 96.
3 The American Presidents, The Office and the Men, hg. v. Frank N. Magill/John L. Loos, Bd. 2, Pasadena, California, 1986, S. 355.
4 Vgl. Maxim E. Armbruster, The Presidents of the United States and their administration from Washington to Nixon, Ulysses S. Grant, 18th President, 1869–1877, New York 1986, S. 203.
5 Dr. Rudolf Doehn, Die Administration der Präsidenten U. S. Grant und R. B. Hayes, Leipzig 1881, S. 147.
6 Samuel Morison/Henry S. Commager, Das Werden der amerikanischen Republik, Bd. 2, Stuttgart 1950, S. 64.
7 The American Heritage, Pictorial History of the Presidents of the United States, Bd. 1, 1968, S. 466.

Bibliographische Hinweise

Die Reden und Schriften Grants erscheinen seit 1967 in:
Ulysses S. Grant, The Papers of Ulysses S. Grant, hg. v. John Y. Simon, Carbondale, Illinois, 1967 ff., zuletzt Bd. 24 (1873), 2000.

Biografische Arbeiten sind unter anderen:

Ulysses Simpson Grant, Personal Memoirs, New York, 1885–1886, 2 Bde., überarbeitete Ausgabe: New York 1983.

William Shield McFeely, Grant. A Biography, New York 1981.

Gene Smith, Lee and Grant. A Dual Biography, New York 1984.

Howard N. Meyer, Let us have peace. The story of Ulysses S. Grant, New York 1966.

Über die Militärzeit, Rekonstruktion und Präsidentschaft informieren:

Bruce Catton, U. S. Grant and the American Military Tradition, Boston 1954.

Ders., Grant Moves South, Boston 1960.

Ders., Grant Takes Command, Boston 1969.

Geoffrey Perret, Ulysses S. Grant. Soldier and President, New York 1997.

Für die Rekonstruktionsperiode empfiehlt sich generell:

Eric Foner, Reconstruction. America's Unfinished Revolution, 1863–1877, New York 1988.

Brooks D. Simpson, Let us have peace. Ulysses S. Grant and the politics of war and reconstruction, 1861–1868, Chapel Hill, N. C., 1991.

Ders., Ulysses S. Grant: triumph over adversity, 1822–1865, Boston 2000.

RUTHERFORD B. HAYES

1822–1893

19. PRÄSIDENT DER USA 1877–1881

4. Oktober 1822	Rutherford Birchard Hayes wird in Delaware, Ohio, geboren.
1837–1838	Hayes besucht die Isaac Webb's Preparatory School in Middletown, Connecticut.
1838–1842	Hayes studiert am Kenyon College in Gambier, Ohio.
1842–1843	Hayes arbeitet im Anwaltsbüro von Thomas Sparrow in Columbus, Ohio.
1843–1845	Besuch der Harvard Law School.
1845–1861	Hayes arbeitet als Rechtsanwalt in Fremont und Cincinnati.
1852	Heirat mit Lucy Ware Webb (1831–1889).
1861–1865	Hayes dient im 23. Ohio-Freiwilligen-Infanterieregiment, beendet den Krieg als Generalmajor.
1865–1867	Hayes hat einen Sitz im Repräsentantenhaus der Vereinigten Staaten inne.
1868–1872	Gouverneur von Ohio.
1876–1877	Gouverneur von Ohio.
1877–1881	Präsident der USA.
17. Januar 1893	Hayes stirbt im Alter von 70 Jahren in Fremont, Ohio.

Als Rutherford Birchard Hayes am 4. Oktober 1822 in Delaware im Staat Ohio geboren wurde, war drei Monate zuvor sein Vater, der Farmer und Ladenbesitzer Rutherford Hayes, gestorben.

Seine Mutter, Sophia Birchard Hayes, und ihre drei Kinder wurden von Sardis Birchard, dem Bruder der Mutter, besonders in den ersten Jahren nach dem Tod des Vaters unterstützt. Für Rutherford nahm der Onkel zeit seines Lebens die Stelle des Vaters ein.

Als zwei Jahre nach Hayes' Geburt sein älterer Bruder ums Leben kam, konzentrierte sich die ganze Fürsorge der Mutter auf Hayes und seine Schwester Fanny. Die Geschwister hatten ein sehr inniges Verhältnis zueinander, das auch dadurch gefördert wurde, dass die Mutter die Kinder zu Hause unterrichtete. Wegen seiner schwachen Konstitution und labilen Gesundheit hielt die Mutter Hayes von allen körperlichen Anstrengungen fern und ließ ihn niemals eine öffentliche Schule besuchen. Trotzdem wurde Hayes später zu einem glühenden Verfechter des öffentlichen Schulsystems.

Sein Onkel, der in Fremont, Ohio, eine Anwaltspraxis unterhielt, übernahm die finanzielle Absicherung der Bildung des Jungen. So konnte Hayes eine private Grundschule besuchen und im Anschluss daran die Norwalk Academy, Ohio, die Isaac Webb's Preparatory School in Middletown, Connecticut, sowie das Kenyon College in Gambier, Ohio, wo er 1842 das Examen ablegte.

Durch seinen Onkel und das Tutoriat des örtlichen Rechtsanwaltes war Hayes frühzeitig mit juristischen Fragen in Berührung gekommen und entschied sich ebenfalls für den Beruf eines Rechtsanwaltes. Nach einem mehrmonatigen Voluntariat in einer Anwaltspraxis in Columbus, Ohio, setzte er seine Studien an der renommierten Harvard Law School fort und erwarb 1845 das Bakkalaureat der Rechte. Im Anschluss daran praktizierte er bis 1849 in der Anwaltspraxis seines Onkels. 1850 entschloss sich Hayes, seine eigene Praxis in Cincinnati zu eröffnen. Hier lernte er auch seine spätere Frau, Lucy Ware Webb, kennen. Die Hochzeit fand am 30. Dezember 1852 statt. Lucy Webb war eine aktive und vielseitig interessierte Frau, die das Wesleyan Female College besucht hatte und der Methodisten-Kirche angehörte. Sie war gegen die Sklaverei und engagierte sich für Reformen. Hayes dagegen hatte sich bis zu seiner Heirat wenig für Reformen interessiert. Er war ein Mann des Verstandes, nicht emotional, konservativ und den traditionellen Werten verpflichtet. Eindeutig sprach er sich jedoch gegen die Sklaverei aus.

Als sich Mitte der Fünfzigerjahre die Whig-Partei zu teilen drohte, wandte er sich der neuen republikanischen Koalition zu, nicht zuletzt, um zu verhindern, dass sich die Sklaverei auch im Westen ausbreitete. Er half, die Republikanische Partei in Ohio zu etablieren. Seine erste öffentliche Stelle erhielt Hayes 1858 als Stadtanwalt. Damit begann seine politische Karriere. Erhielt er diese Stelle zunächst, weil der Posten vakant war, wurde seine Amtszeit 1859 durch Wahl um zwei Jahre verlängert. 1860 unterstützte er die Wahl Lincolns zum Präsidenten.

Am 27. Januar 1861 schrieb Hayes in sein Tagebuch: »Sechs Staaten haben sich losgesagt. Lasst sie gehen.«[1] Diese Haltung gab er jedoch auf, als im April das Feuer auf Fort Sumter eröffnet wurde. Bestärkt durch seine Frau, schloss er sich der Unionsarmee an. Hier wurde er als Major des 23. Ohio-Freiwilligen-Infanterieregimentes eingesetzt. Gemeinsam mit Hayes dienten ein Freund aus Studientagen, Stanley Matthews, und ein junger Mann, der Hayes beeindruckte und später ebenfalls als Präsident in die Geschichte der USA eingehen sollte: William McKinley.

Sein Regiment kämpfte den größten Teil des Krieges in West Virginia. Hayes erfüllte seine Aufgaben, ohne durch spektakuläre Aktionen zu besonderem Ruhm zu gelangen. Er brachte es bis zum Brigadegeneral der Freiwilligen, ein Dienstgrad, der mit 4500 $ pro Jahr für damalige Verhältnisse gut dotiert war. Während seiner Dienstzeit zeigte sich seine Fähigkeit, die Führung über größere Gruppen übernehmen zu können. Seine Militärzeit blieb nicht ohne Einfluss auf seine politische Karriere.

Dank der Unterstützung eines bekannten Zeitungsherausgebers, William Henry Smith, wurde Hayes 1864 als Kandidat für den Kongress nominiert und gewann die Wahl in das Repräsentantenhaus. Hayes unterstützte die Ziele und das Vorgehen der Radikalen Republikaner bezüglich der Rekonstruktion und trat gegen die konservativen Pläne von Präsident Andrew Johnson auf. Im Kreise von Freunden wandte er sich gegen zu hartes Vorgehen gegenüber den ehemals konföderierten Staaten. Hayes unterstützte jedoch die Forderungen des Kongresses nach strenger Kontrolle der Rekonstruktion. Er gehörte zu den Abgeordneten, die dem 14. Verfassungszusatz und dem Impeachment Johnsons zustimmten.

Aufgrund seiner Tätigkeit im Kongress und seiner Verdienste bei der Etablierung der Republikaner in Ohio wurde er 1867 für den Gouverneursposten nominiert. Diese Nominierung wurde wieder von William H. Smith unterstützt, der über seine Zeitung die Popularität Hayes' förderte.

Als Vorsitzender des »Joint Committee on the Library« bemühte er sich, leider vergeblich, darum, die Kongressbibliothek in eine große öffentliche Institution umzuwandeln, die vielfältig nutzbar wäre. Nicht zuletzt der Erfolglosigkeit dieses Bemühens wird es zugeschrieben, dass er sich um den Gouverneursposten bewarb. Zu den größten Leistungen seiner Kongressabgeordnetenzeit zählte er selbst die Annahme des 15. Verfassungszusatzes sowie die Einrichtung der Ohio State University.

Bei den Gouverneurswahlen setzte sich Hayes gegenüber dem demokratischen Mitbewerber Allen G. Thurman durch. Im Januar 1868 wurde er als Gouverneur in Columbus, der Hauptstadt Ohios, ins Amt eingeführt. Insgesamt wurde Hayes dreimal zum Gouverneur von Ohio gewählt. Zwischen seiner zweiten und dritten Amtszeit lagen jedoch Jahre politischer Abstinenz, in denen sich Hayes familiären Angelegenheiten und privaten Geschäften widmete. Aber nicht nur familiäre Belange hatten sein Zurückziehen aus der Politik bewirkt, auch die zahlreichen größeren und kleineren Korruptionsskandale während der zweiten Amtszeit Grants. Die seiner Meinung nach verfehlte Rekonstruktionspolitik, die wirtschaftliche Depression nach der Panik von 1873 sowie die Niederlage der Republikaner bei den Kongresswahlen 1874 hatten seine Entscheidung beeinflusst, obwohl seine beiden Amtszeiten als Gouverneur ihm persönlich viel Anerkennung eingebracht hatten und seine Politik breite Zustimmung fand. Hayes wurde als ein sauberer, durch keine Querelen belasteter Mann betrachtet, der seine Bereitschaft, notwendige Reformen durchzusetzen, deutlich machte. So setzte er sich für die Registrierung der Wahlberechtigten ein, um Wahlbetrug zu vermeiden, für ein staatliches Verwaltungssystem, für staatliche Regulierungen des Eisenbahnwesens, für verstärkte Sicherheitsvorschriften in Bergwerken, für bessere Bedingungen in Gefängnissen und Nervenkliniken und für die Errichtung der Ohio State University.

Eine konservative Haltung vertrat Hayes in Fragen der Finanzen und Steuern. So zog er das »sound money« (hartes Geld) den »Greenbacks« (dem während des Bürgerkrieges eingeführten Papiergeld) vor. Nachdrücklich sprach sich Hayes immer wieder für die Durchsetzung des 15. Verfassungszusatzes, der das Wahlrecht für die schwarze Bevölkerung garantierte, aus. Durch sein überzeugendes und korrektes Auftreten machte er sich einen Namen als scharfsinniger Politiker, als couragierter, liberaler und kluger Administrator. Einige seiner Reden fanden eine weite Verbreitung. Bevor er sich 1872 für fast drei Jahre von der politischen Bühne zurückzog, unterstützte er den Wahlkampf von Ulysses S. Grant, von dem er sich mehr Durchsetzungsvermögen bezüglich einer radikalen Rekonstruktion versprach als unter Johnson. Hayes beteiligte sich an der Ausarbeitung der republikanischen Wahlplattform und führte in Ohio den Wahlkampf für Grant, auch wenn er diesen nicht für einen so großen Staatsmann hielt wie er ihn als großen General schätzte.

Während seiner Zurückgezogenheit in Fremont konnte er sich seiner Familie intensiv widmen. Hayes hatte fünf Kinder, davon waren vier Buben. Drei weitere Kinder waren bereits vor Vollendung ihres dritten Lebensjahres gestorben.

Hayes selbst hielt seine politische Karriere mit seinem Umzug nach Fremont für abgeschlossen. Die Republikaner Ohios wandten sich jedoch Anfang 1875 mit der Bitte an Hayes, wieder für das Amt des Gouverneurs zu kandidieren. Er erschien ihnen als der geeignete Mann, um einen weiteren Niedergang der Republikaner in Ohio aufzuhalten. Man stellte ihm auch eine Präsidentschaftskandidatur für 1876 in Aussicht. Trotzdem entschied sich Hayes eher zögerlich für die Rückkehr in die Politik. Nachdem er sich jedoch entschieden hatte, führte er einen harten Wahlkampf, der ihn zu einer nationalen Persönlichkeit und einem echten Präsidentschaftskandidaten machen sollte. Im Wahlkampf trat Hayes vordergründig für »sound money« und öffentliche Schulen ein. Damit konnte er sich gegen den demokratischen Mitbewerber durchsetzen. Bereits im März 1876 veröffentlichte Senator John Sherman einen Brief, in dem er sich für Hayes als Präsidentschaftskandidaten aussprach und um Unterstützung für Hayes bei den nationalen Führern der Republikaner und den Finanziers des Ostens warb. Hayes selbst zweifelte an seinen Chancen gegenüber solchen Mitbewerbern wie James G. Blaine, Roscoe Conkling, Oliver P. Morton und Benjamin H. Bristow.

Auf dem Wahlkonvent der Republikaner im Juni 1876 erhielt Hayes schließlich im siebenten Wahlgang die notwendige Stimmenmehrheit und wurde als Präsidentschaftskandidat nominiert. Der Historiker Henry Adams schrieb über seinen Zeitgenossen Hayes: »Ein drittklassiges Nichts, dessen einzige Empfehlung es ist, dass er für niemanden anstößig ist.«[2]

Hayes nahm den Wahlkampf mit einem »Letter of Acceptance« auf. Er verwarf das Futterkrippensystem (spoils system), beschränkte seine Präsidentschaftsabsichten von vornherein auf eine Wahlperiode, sprach sich für öffentliche Schulen aus, sympathisierte mit der rechtlichen Gleichstellung der Frauen.

Die Demokraten hatten Samuel Tilden als ihren Kandidaten nominiert. Nach den Ergebnisveröffentlichungen in der Wahlnacht nach dem 7. November schien Tilden als Sieger hervorgegangen zu sein. Hatte Tilden nach der Auszählung doch 4.284.757 Stimmen auf sich vereint, während auf Hayes nur 4,033.950 Stimmen entfallen waren. Das bedeutete 184 Wahlmänner für Tilden und 165 für Hayes. Jedoch wurde die Rechtmäßigkeit der Wahlergebnisse in den Staaten South Carolina, Louisiana und Florida von den Republikanern angezweifelt sowie eine Wahlmännerstimme aus Oregon von ihnen beansprucht. Die damit verbundenen 20 Wahlmännerstimmen hätten den Sieg für Hayes bedeutet. Vom Kongress wurde eine Schiedskommission zur Klärung der Streitigkeiten eingesetzt, die aus je fünf Mitgliedern des Repräsentantenhauses, des Senats und des Supreme Court bestand. Von ihnen waren acht Republikaner und sieben Demokraten. Da jeder für den Kandidaten seiner Partei eintrat, erhielt Hayes die umstrittenen Stimmen und wurde Präsident der USA. Die Demokraten akzeptierten diese Entscheidung, auch weil Hayes substanzielle Zugeständnisse bezüglich der Wiederherstellung der weißen Herrschaft im Süden gemacht hatte. Sie erkannten aber auch die persönliche Rechtschaffenheit des Präsidenten an.

Am 5. März 1877 wurde Hayes in das Amt des Präsidenten eingeführt. Den Schwerpunkt seiner Inauguraladresse widmete er der Lösung des Südstaatenproblems.

Am 6. März nominierte Hayes sein Kabinett. Hier zeigte er schon, dass er als eine wichtige innenpolitische Aufgabe die Bekämpfung des Handels mit einträglichen Posten ansah. Carl Schurz als Innenminister, einer der Führer der liberal-republikanischen Revolte von 1872, ein aggressiver, kompromissloser Reformer, schien ihm dafür ein geeigneter Mann zu sein. Mit David McKendree Key als Generalpostmeister erhielt erstmals ein früherer Konföderierter einen Kabinettsposten. Schurz leitete eine Reform des ihm unterstellten Beamtenapparates in die Wege (Civil Service Reform) und versuchte besonders die Parteimaschine von »Boss« Roscoe Conkling in New York anzugreifen, indem er der Korruption im dortigen Zolldienst zu Leibe rückte. Der Zolleinnehmer im Hafen von New York, Chester A. Arthur (später Präsident der USA), und der oberste Beamte des Zollhafens, Alonzo B. Cornell, wurden 1878 zur Aufgabe ihrer Ämter gezwungen.

Wie im Wahlkampf versprochen, ließ Hayes 1877 die Bundestruppen aus den ehemals konföderierten Südstaaten abziehen, eine nicht unumstrittene Maßnahme, die aber dazu führte, dass in den Südstaaten mehr Ruhe einzog, die Wirtschaft einen Aufschwung nahm und es zu einer politischen Aussöhnung zwischen Norden und Süden kam. Gleichermaßen ermöglichte dies jedoch die Wiederetablierung der Herrschaft der weißen über die schwarze Bevölkerung, wenn auch nicht in Form von Sklaverei. Schützte der 14. Verfassungszusatz die Bürger vor Benachteiligung durch den Staat, so nicht vor solcher durch einzelne Mitbürger oder Organisationen. 1883 hob das Oberste Gericht die Wirksamkeit des Bürgerrechtsgesetzes von 1875 auf, indem es wesentliche Teile für verfassungswidrig erklärte. 1896 kam es zu einem Gerichtsurteil, das festlegte, »getrennte, aber gleiche« Einrichtungen für Schwarze seien verfassungskonform, womit die Diskriminierung der schwarzen Amerikaner legalisiert wurde.

Der Abzug der Bundestruppen wird als das Ende der Rekonstruktion angesehen. Wie alle Präsidenten dieser Zeit, der Rekonstruktionszeit, musste sich auch Hayes mit der Finanzfrage auseinander setzen. Nach wie vor standen sich zwei Lager mit ihren Forderungen gegenüber. Auf der einen Seite die Finanzgewaltigen und Kreditgeber, die vorwiegend im Osten zu finden waren, und auf der anderen Seite die Weststaatler, die dringend Geld und Kredite für ihre Existenzsicherung benötigten, zum Teil höhere Kredite bereits aufgenommen hatten und diese nun mit den so genannten »Greenbacks« abzahlen wollten. Am 28. Februar 1878 nahm der Kongress gegen das Veto des Präsidenten das »weiche« Bland-Allison-Gesetz an, das einen Kompromiss in der Währungsfrage bildete und den Erwerb von Silber im Wert von zwei bis vier Millionen Dollar für die Münze vorsah. Ab 1879 wurden die »Greenbacks« in größerem Umfang nach bestimmten Verhältnissen mit der Gold- und Silberwährung ausgetauscht.

Für eine breite Öffentlichkeit prägte sich Hayes als Präsident ein, der 1877 in Pittsburgh erstmals Bundestruppen gegen streikende Arbeiter einsetzen ließ. Der Streik war im Sommer 1877 unter den Eisenbahnarbeitern ausgebrochen, als ihr geringer Lohn um zehn Prozent gekürzt werden sollte. Die Streikwelle erfasste schnell den Süden und den Westen. Hayes sandte Bundestruppen nach West Virginia, Maryland, Pennsylvania und Illinois. Zu gewaltsamen Zusammenstößen kam es schließlich in Pittsburgh, wobei 20 Demonstranten getötet und viele schwer verletzt wurden. Der entstandene Sachschaden betrug etwa drei Millionen Dollar. Die Streikenden mussten sich geschlagen geben.

Auf außenpolitischem Gebiet hatte die Hayes-Administration weder spektakuläre Erfolge noch Niederlagen zu verzeichnen. Es war eine relativ ruhige Zeit, ohne größere Konflikte. Grenzstreitigkeiten entlang der mexikanischen Grenze in Zusammenhang mit revolutionären Unruhen in Mexiko wurden auf friedlichem Wege von beiden Regierungen gelöst. Mehr Aufregung verursachte im Kongress das Vorhaben Frankreichs, einen Kanal durch Mittelamerika (Panama) zu bauen. Viele Abgeordnete forderten, dass, wenn überhaupt, die USA einen solchen Kanal bauen sollten. Dem schloss sich der Präsident mit einer Kongressbotschaft im März 1880 prinzipiell an. Das französische Unternehmen scheiterte jedoch, und so löste sich dieses Problem vorerst von selbst.

Aufgrund der zunehmenden Konflikte zwischen der Bevölkerung und den in großer Zahl einwandernden Chinesen, die als Lohndrücker angesehen wurden, sah sich Hayes 1879/80 veranlasst, den Burlingame-Vertrag (1868), der den freien Bevölkerungsaustausch zwischen China und den USA festschrieb, dahingehend zu modifizieren, dass die USA die Einwanderung entsprechend nationaler Erfordernisse regulieren konnten.

Der größte Erfolg, den Hayes in seiner Amtszeit verbuchen konnte, war der politische Ausgleich zwischen den Nord- und den Südstaaten. Bis 1920 gab kein Südstaat seine Stimme einem republikanischen Präsidentschaftskandidaten.

Als erster Präsident hatte Hayes 1880 offiziell die Westküste des Landes besucht. Er war das erste Staatsoberhaupt, das während seiner Amtszeit die Erfindung Telefon nutzen konnte.

Außer seiner Tätigkeit als Präsident wurde die Lebensweise der Familie besonders von den Journalisten einer kritischen Betrachtung und öffentlichen Diskussion unterworfen. So erhielt Mrs. Hayes den Spitznamen »Limonaden Lucy«, weil sie bei den Essen im Weißen Haus nur alkoholfreie Getränke zuließ. Lucy Hayes war es auch, die im ersten Jahr der Amtszeit ihres Gatten zur Freude der Kinder der Hauptstadt den Brauch des Ostereierkullerns (Easter Egg Roll) im Garten des Weißen Hauses einführte, der sich bis heute erhalten hat.

Im Allgemeinen lebte Hayes mit seiner Familie eher konservativ und bescheiden. Nach seiner Amtszeit als Präsident zog er sich nach Spiegel Grove in Fremont, Ohio, zurück. Hier verbrachte er viel Zeit in seiner Bibliothek, engagierte sich für die Reformierung der Gefängnisse und für öffentliche Bildungsprojekte.

Am 17. Januar 1893 starb Hayes in Spiegel Grove, hier wurde er auch beigesetzt. Der Besitz, einschließlich einer Sammlung von Briefen, Büchern und Erinnerungen, wurde von Hayes' Sohn dem Staat Ohio als historische Stätte übergeben.

Hayes war sicher kein großer Mann im historischen Sinn. Er wurde geliebt und geachtet, eben weil er der »normale«, bescheidene, ehrliche Mann geblieben war, der als Student in sein Tagebuch geschrieben hatte: »Ich will mich bemühen, im Benehmen, in Moral und Gefühl ein wahrer Gentleman zu werden.«[3]

Anmerkungen

1 Rutherford B. Hayes, 1822–1893, Chronology – Documents – Bibliographical Aids, hg. v. Arthur Bishop, Dobbs Ferry, New York, 1969, S. 4.

2 The American Heritage, Pictorial History of the Presidents of the United States, Vol. 1, New York 1968, S. 492.

3 Maxim E. Armbruster, The Presidents of the United States, New York 1960, S. 213.

Bibliographische Hinweise

Die Reden, Schriften und Tagebucher von Hayes sind veröffentlicht in:

Rutherford B. Hayes, Letters and Messages, Together with Letter of Acceptance and Inaugural Address, Washington 1881.

Charles R. Williams (Hg.), Diary and Letters of Rutherford B. Hayes, 5 Bde., Columbus, Ohio, 1922–1926.

Harry T. Williams (Hg.), Hayes, the Diary of a President, 1875–1881, New York, 1964.

Darstellungen seiner Person und seiner Amtszeit sind:

Rutherford B. Hayes, 1822–1893, hg. v. Arthus Bishop, Dobbs Ferry, New York, 1969.

Harry Barnard, Rutherford B. Hayes and His America, Indianapolis/New York 1954.

Hamilton James Eckenrode, Rutherford B. Hayes. Statesman of Reunion, New York 1930.
Ari Hoogenboom, The Presidency of Rutherford B. Hayes, Lawrence, Kansas, 1988.
Ders., Rutherford B. Hayes. Warrior and President, Lawrence, Ka., 1995.
Charles R. William, The Life of Rutherford B. Hayes, 2 Bde., Boston 1914.
Von 1977 bis 1993 erschien das:
Hayes Historical Journal: A Journal of the Gilded Age, hg. wurde es vom Rutherford B. Hayes Presidential Center in Spiegel Grove, Fremont (Ohio), es beinhaltet Aufsätze über Hayes und seine Zeit.

JAMES A. GARFIELD

1831–1881

20. PRÄSIDENT DER USA 1881

19. November 1831	James Abram Garfield wird bei Orange, Ohio, geboren.
1848	Garfield arbeitet als Fuhrmann, Steuermann und Zimmermann am Ohio-Kanal.
1849	Garfield besucht das »Western Reserve Eclectic Institute« in Chester, Ohio.
1849	Garfield unterrichtet ein Semester lang an der Schule in Solon, Ohio.
1851	Erneuter Besuch des »Western Reserve Eclectic Institute«.
1854–1856	Garfield studiert am Williams College in Williamstown, Massachusetts.
1857–1861	Präsident des »Western Reserve Eclectic Institute«.
1858	Heirat mit Lucretia Rudolph (1832–1918).
1859	Garfield wird als Republikaner in den Senat von Ohio gewählt.
1861–1863	Teilnahme am Bürgerkrieg in der Unionsarmee, zuletzt als Generalmajor.
1863–1880	Abgeordneter des Repräsentantenhauses der USA.
1880	Garfield wird zum Senator von Ohio gewählt.
1880	Garfield gewinnt die Präsidentschaftswahl.
2. Juli 1881	Attentat von Charles J. Guiteau auf Garfield.
19. September 1881	Garfield stirbt im Alter von 49 Jahren an den Folgen des Attentates.

James Abram Garfield gehört zu den amerikanischen Präsidenten, denen nur eine sehr kurze Amtszeit vergönnt war. Nach nur drei Monaten Regierung erhob ein enttäuschter Parteianhänger die Pistole gegen ihn und verwundete ihn tödlich.

James A. Garfield wurde am 19. November 1831 bei Orange, Ohio, als jüngster von fünf Geschwistern geboren. Sein Vater, der Farmer Abram Garfield, starb zwei Jahre nach der Geburt des Sohnes. So musste Garfield frühzeitig bei der Bewirtschaftung der Farm helfen. Seine Mutter, Eliza Ballou Garfield, erzog ihn im christlichen Sinne.

Mit 16 Jahren verließ Garfield die heimatliche Farm, um in das Unternehmen eines Cousins, der auf dem Ohio-Kanal ein Boot besaß, einzusteigen. An Malaria erkrankt, kehrte er jedoch bald wieder heim. Nach seiner Genesung widmete er sich auf Anraten seiner Mutter verstärkt seiner eigenen Bildung, die in den Kinder- und frühen Jugendjahren zu kurz gekommen war. Garfield besuchte das »Western Reserve Eclectic Institute« (das spätere Hiram College) sowie das Williams College in Massachusetts, wo er 1856 das Examen ablegte. Anschließend ging er an das Eclectic Institute zurück, um dort eine Professur für alte Sprachen und Literatur anzunehmen. Nach einem Jahr wurde Garfield zum Präsidenten des Institutes gewählt.

1858 heiratete Garfield Lucretia Rudolph, eine junge Frau, die er schon von Kindheit an kannte. In dieser Zeit schloss er sich der Sekte »Disciples of Christ« an, in der er zeitweise als Prediger wirkte. Als Gegner der damals von Darwin begründeten Evolutionsauffassung bestritt Garfield ein fünf Tage dauerndes Streitgespräch mit dem Freidenker und Wanderprediger John Denton, der ihn später als seinen härtesten Gegner bezeichnete. Hier zeigte sich Garfields rhetorische Begabung.

Im Frühjahr 1859 wurde Garfield in den Senat von Ohio gewählt. Er zeichnete sich als beeindruckender Redner und Gegner der Sklaverei aus. Schnell avancierte er zum Führer der Republikaner in diesem Staat.

Nach dem Ausbruch des Bürgerkrieges formierte er das 42. Ohio-Infanterieregiment, das er zunächst als Colonel und später als Generalmajor führte.

1863 wurde Garfield ins Repräsentantenhaus der Vereinigten Staaten gewählt, wo er 17 Jahre lang einen Sitz innehatte. Innerhalb des Kongresses gehörte er zum radikalen Flügel. So trat er für die militärische Besetzung des Südens ein, unterstützte das Wahlrecht für die schwarze Bevölkerung, verteidigte die Rekonstruktion und sprach sich für eine konservative Finanzpolitik sowie gegen Patronats- und Vetternwirtschaft aus. Besonders Letzteres sollte ihm zum Verhängnis werden.

Anfang des Jahres 1880 wurde Garfield zum Senator gewählt. Diese Funktion übte er jedoch faktisch nicht aus, da er im Sommer des gleichen Jahres vom Konvent der Republikaner als Präsidentschaftskandidat aufgestellt wurde. Garfield war der erste Präsidentschaftsanwärter, der seinen Wahlkampf nicht nur in englischer Sprache führte. Während seiner Collegezeit hatte er außer Latein und Griechisch auch Deutsch studiert. So konnte er seine Wahlreden in Bezirken mit hohem Anteil deutschsprachiger Bewohner in deren Muttersprache halten, was ihm zusätzliche Sympathien und Stimmen eingebracht haben dürfte.

Am 2. November 1880 wurde Garfield mit knapper Stimmenmehrheit, aber deutlichem Vorsprung an Wahlmännern, zum 20. Präsidenten der Vereinigten Staaten von Amerika gewählt. Er war der erste Präsident, der Linkshänder war. Während der Inaugurationsfeierlichkeiten, an denen erstmals die Mutter eines Präsidenten teilnahm, wurden 50 Gallonen Gelee, 350 Pfund Butter, 15.000 Gebäckstücke, 200 Gallonen Kaffee und 2.000 Kekse verbraucht.

Garfield bemühte sich um ein Ausgleichskabinett, das die beiden sich bekämpfenden Flügel der Republikanischen Partei, die so genannten »Stalwarts« und die »Half-Breeds« wieder zusammenführen sollte. Garfield selbst galt als entschiedener Gegner der »Stalwarts« und des Ämterpatronates. Das fand seinen Ausdruck unter anderem darin, dass er den korrupten Zollamtsleiter des New Yorker Hafens absetzen ließ und eine allgemeine Verwaltungsreform anstrebte, die die »Stalwarts« zunehmend gegen ihn aufbrachte. Gleichzeitig wurde der Beginn seiner Amtszeit vom so genannten »Postmaster-Skandal« überschattet, einem 4-Millionen-Dollar-Skandal im Postdienst.

Neben der Verwaltungsreform strebte Garfield die Begleichung der nationalen Schulden durch die Ausgabe von Regierungsschuldscheinen an, einen Ausgleich zwischen den Staaten des Südens und des Nordens sowie engere Bindungen zu den Staaten Lateinamerikas.

Als jedoch Garfield am 2. Juli 1881 gemeinsam mit Außenminister Blaine und zwei seiner Söhne vom Washington-Pennsylvania-Bahnhof aus eine Urlaubsreise antreten wollte, stellte sich ihm der stellensuchende Anwalt Charles J. Guiteau in den Weg und schoss ihm eine Pistolenkugel in den Arm und eine in den Rücken. Guiteau begleitete seine Tat mit den Worten: »Ich bin ein Stalwart und jetzt ist Arthur Präsident.«

James Abram Garfield starb nach langem Kampf am 19. September in Elberon, New Jersey, an Wundinfektion, die infolge der Verwendung unsteriler Instrumente beim Entfernen der Kugeln eingetreten war. Er wurde auf dem Lake View-Friedhof in Cleveland, Ohio, beigesetzt.

Der Attentäter wurde am 30. Juni 1882 hingerichtet.

Garfield hatte nach dem Grundsatz gelebt und gehandelt, dass ihn nicht die Meinung anderer über seine Person und seine Taten interessiere, sondern einzig und allein die Meinung James Abram Garfields.

Zwei seiner Söhne bekleideten später hohe politische Ämter während der Regierungszeiten der Präsidenten Theodore Roosevelt und Woodrow Wilson.

Bibliographische Hinweise

Eine Bibliographie liegt jetzt vor:

James A. Garfield: a Bibliography, comp. by Robert O. Rupp, Westport, CT., 1998.

Die Reden, Schriften und Tagebücher von Garfield sind veröffentlicht in:

Harry J. Brown/Frederick D. Williams, The Diary of James A. Garfield (1848–1877), East Lansing, Michigan, 1967–1973.

Mary L. Hinsdale (Hg.), Garfield-Hinsdale Letters: Correspondence between James A. Garfield and Burke A. Hinsdale, Ann Arbor, Michigan, 1949.

Frederick D. Williams (Hg.), The Wild Life of the Army: Civil War Letters of James A. Garfield, East Lansing, Michigan, 1964.

James D. Norris/Arthur H. Shaffer (Hg.), Politics and Patronage in the Gilded Age: The Correspondence of James A. Garfield and Charles E. Henry, Madison, Wisconsin, 1970.

Darstellungen seiner Person und Amtszeit sind:

Robert Granville Caldwell, James A. Garfield: Party Chieftain, New York 1931.

Richard L. McElroy, James A. Garfield, His Life and Times, Canton 1986 (Bibliographie).

Justus D. Doenecke, The Presidencies of James A. Garfield and Chester A. Arthur, Lawrence, Kansas, 1981.

John M. Taylor, Garfield of Ohio: The Available Man, New York 1970.

Allan Peskin, Garfield, Kent, Ohio, 1978.

Die Jugend des späteren Präsidenten behandelt:

Henrik Booraem, The Road to Respectability: James A. Garfield and His World, 1844–1852, Lewisburg, PA, 1988.

Zur Ermordung Garfields:

James C. Clark, The murder of James A. Garfield, Jefferson, N. C., 1993.

CHESTER A. ARTHUR

1829 (?)–1886

21. PRÄSIDENT DER USA 1881–1885

5. Oktober 1829, oder 1830	Chester Alan Arthur wird in Fairfield, Vermont, geboren.
1845–1848	Arthur studiert am Union College in Schenectady, New York.
1848–1853	Arthur arbeitet als Lehrer und studiert nebenbei die Rechte.
1854	Arthur wird in die Anwaltschaft aufgenommen und beginnt in New York zu praktizieren.
1859	Heirat mit Ellen Lewis Herndon (1837–1880).
1861–1862	Arthur dient als Quartiermeister und beim Verteidigungsausbau in der Unionsarmee.
1863–1871	Rückkehr in seine Anwaltskanzlei.
1871–1878	Arthur arbeitet als Oberster Zolleinnehmer des New Yorker Hafens.
1880	Arthur wird von den Republikanern als Vizepräsidentschaftskandidat aufgestellt.
4. März 1881	Arthur wird in das Amt des Vizepräsidenten eingeführt.
20. September 1881	Nach dem Tod von Präsident Garfield wird Arthur als 21. Präsident der USA vereidigt.
1881–1885	Präsident der USA.
18. November 1886	Arthur stirbt an der Bright'schen Krankheit.

Ein Zeitzeuge schrieb über Chester Alan Arthur: »Keinem Mann, der jemals den Präsidentenplatz eingenommen hat, wurde so tief und weit misstraut wie Chester Alan Arthur, und keinem, der das höchste zivile Amt auf der Welt abgab, wurde so viel allgemeiner Respekt entgegengebracht, von politischen Freunden wie von politischen Gegnern.«[1]

Arthur wurde am 5. Oktober 1829, nach anderen Angaben am 5. Oktober 1830 in Fairfield, Vermont, nahe der kanadischen Grenze geboren. Es gibt nach wie vor Vermutungen, dass sein Geburtsort auch jenseits der Grenze gelegen sein könnte. Dann jedoch hätte Arthur entsprechend der Verfassung der USA niemals Präsident der Vereinigten Staaten werden können. Er wurde als fünftes Kind und erster Sohn des Baptistenpredigers William Arthur und dessen Frau Malvina geboren. Da der Vater sehr häufig seine Arbeitsstelle wechselte, zog die Familie allein bis zum 14. Lebensjahr von Arthur sechs Mal um. Trotzdem sicherte der Vater, der selbst ein College besucht hatte, dem Sohn eine für damalige Verhältnisse gediegene Schulbildung.

1844 zog die Familie Arthur nach Schenectady, New York. Hier bereitete sich Arthur ein Jahr lang gezielt auf den Collegebesuch vor. Im September 1845 nahm er ein Studium am Union College auf, das ihn berechtigte, nach Abschluss als Lehrer zu arbeiten, aber auch die Möglichkeit weiterer »Aufbaustudiengänge« einschloss. Nach drei Jahren wurde Arthur graduiert und begann anschließend als Lehrer zu arbeiten. Damit verdiente er seinen Lebensunterhalt. Nebenbei widmete er sich rechtswissenschaftlichen Studien. Ab 1853 arbeitete Arthur in der Kanzlei eines Familienfreundes. Ein Jahr später wurde er in die Anwaltschaft aufgenommen und begann als solcher in New York zu praktizieren. Recht schnell bekam er den Ruf eines milden, erfolgreichen Anwaltes. Er wurde bekannt als Verteidiger aus dem Süden entlaufener Sklaven, die seiner Meinung nach in New York als frei anzusehen waren. Durch diese Mandanten bekam er direkten Kontakt mit der Antisklaverei-Bewegung und Verbindung mit der Partei der Republikaner. So rückte Arthur 1855 durch die Verteidigung einer Negerin, die wegen ihrer Hautfarbe aus einer Straßenbahn gewiesen worden war, ins öffentliche Interesse, besonders, da er 500 $ für die Frau und eine allgemeine Verbesserung der Transportbedingungen für Neger in New York bewirkt hatte.

Ab 1857 arbeitete Arthur als Anwalt auch für die »Second Brigade« der New York State Militia.

1859 heiratete Arthur Ellen Lewis Herndon, die Tochter eines Marinehelden aus Virginia. Von den drei Kindern, die aus dieser Ehe hervorgingen, verstarb eines frühzeitig. Mrs. Arthur erlebte die Präsidentschaft ihres Gatten nicht mehr. Sie verstarb 1880 an einer Lungenentzündung.

Mit dem Eintritt in die State Militia von New York ging für Arthur auch eine aktivere politische Betätigung einher. 1860 unterstützte er den Gouverneur von New York, Edwin D. Morgan, bei seinem Kampf um die Wiederwahl. Als Dank dafür berief ihn Morgan anschließend als Chefingenieur mit dem Rang eines Brigadegenerals in seinen Stab, ein Posten, der mehr formelle Bedeutung hatte und mit keiner aktiven militärischen Tätigkeit verbunden war.

Nachdem im Bürgerkrieg die ersten Schüsse gefallen waren, meldete sich Arthur umgehend bei den Unionstruppen. Zunächst als stellvertretender Generalquartiermeister von New York eingesetzt, kümmerte er sich um die Ausstattung der Truppen. Ende 1861 wurde er beauftragt, die Verteidigung und Sicherung des New Yorker Hafens zu organisieren, da englische Angriffe bzw. von England unterstützte Angriffe der Südstaaten auf den Hafen befürchtet wurden. Anschließend beschäftigte er sich mit der Beschaffenheit der Forts entlang der Küste und im Inland und inspizierte im Auftrag Morgans die New Yorker Truppen im Felde. Nachdem Lincoln im Sommer 1862 300.000 Mann mehr für die Unionstruppen angefordert hatte, wurde Arthur als Generalquartiermeister von New York damit beauftragt, 120.000 Mann aufzustellen, auszurüsten, auszubilden und in den Kampf zu schicken. Nach nur fünf Monaten hatte Arthur diese Aufgabe aufgrund seines Organisationstalentes, seiner Disziplin und Hartnäckigkeit erfüllt.

Am 1. Januar 1863 trat der Demokrat Horace Seymour das Gouverneursamt von New York an. Er dankte Arthur für seine exzellente Arbeit, setzte jedoch einen neuen Generalquartiermeister ein. Arthur ging zurück in seine Anwaltskanzlei, die er gemeinsam mit Henry C. Gardiner betrieb. Die Kanzlei expandierte sehr schnell. Auch nach dem Ende des Bürgerkrieges hatte die Kanzlei großen Zulauf, und Arthur gewann mehr und mehr an Ansehen und Beachtung unter der »besseren« Gesellschaft von New York. Auch unter den Republikanern der Stadt New York nahm er einen geachteten Platz ein. 1868 unterstützte Arthur die Präsidentschaftskandidatur von Grant. Als Vorsitzender des »Executive Committees« der New York City Republican Party Organization, des Zentralen Grant-Clubs und des »Executive Committees« des New York State Committees der Republikaner wirkte er ausgesprochen aktiv in der Republikaner-Partei. So verwunderte es nicht, dass ihm von Grant 1871 der Posten des Obersten Zolleinnehmers vom New Yorker Hafen angeboten wurde – eine politisch recht bedeutende, sehr gut bezahlte Stelle mit großem öffentlichen Interesse. Nach einigem Zögern nahm Arthur die Aufgabe an, die er von Ende 1871 bis Juli 1878 wahrnahm. Diese Stelle gehörte allerdings auch zur Verwaltung, die Insider als die teuerste, unfähigste und korrupteste der ganzen Christenheit bezeichneten, und es war ein Posten, den einflussreiche Parteigrößen für ihre Gefolgsleute beanspruchten. Als Hayes, dem auch Arthur seine Stimme bei der Nominierung als Präsidentschaftskandidat gegeben hatte, sein Amt antrat, kündigte er eine Verwaltungsreform an. Arthur sah sich zunehmenden Angriffen verschiedener Reformgruppen ausgesetzt, die sich gegen seine Person und seine Amtsausübung richteten. So machte man ihm den Vorwurf ineffizienter Arbeit, der Nachlässigkeit und politischen Fehlverhaltens. Eine spezielle Untersuchungskommission unter Leitung von John Jay wurde beauftragt, alle Zollämter und -verwaltungen zu überprüfen. Arthur verteidigte vor dieser Kommission seine und seiner Dienststelle Arbeit. Der Bericht der Kommission entlastete Arthur vollständig. Dieselbe Kommission warf Arthur in späteren Berichten jedoch mangelhafte Entscheidungen bei verschiedenen Aufgaben als Zolleinnehmer sowie ungenügende Überwachung der Zollverwaltung vor. Persönliche Unredlichkeit, Wirtschaften in die eigenen Taschen, was eigentlich auf diesem Posten Tradition hatte und auch später wieder zum »Normalfall« wurde, konnten ihm niemals nachgesagt werden. Arthur galt generell als einer der ehrlichsten und redlichsten Menschen. Er fühlte sich durch diese Vorgänge persönlich angegriffen und machte kein Hehl aus seiner Abneigung gegenüber der Hayes-Administration. Am 22. Juli 1877 wurde eine »executive order« erlassen, die es Regierungsbeamten verbot, sich am parteipolitischen Management zu beteiligen. Hayes entschloss sich in diesem Sinne und der von ihm eingeleiteten Verwaltungsreform, Arthur, den Oberinspektor des Hafens Sharpe und den obersten Marinebeamten Cornell abzusetzen. Im Juli 1878 wurde der Posten des Obersten Zolleinnehmers des New Yorker Hafens neu besetzt. Biographen vertreten die Meinung, dass ohne diese Amtsenthebung Arthur niemals Präsident der USA geworden wäre. Jedenfalls wurde durch diese Maßnahme der Spalt innerhalb der Partei zwischen Gegnern und Befürwortern der Verwaltungsreform immer größer.

Nach seiner Absetzung widmete sich Arthur wieder seiner Anwaltskanzlei und den politischen Geschäften. Er beförderte wesentlich die Wahl seines Parteifreundes Edward Cooper zum Bürgermeister von New York City und die 3. Wahl Conklings zum Senator. Hinter Conkling nahm Arthur nun unbestritten den zweiten Platz in der Parteihierarchie im Staate New York ein.

Im Sommer 1880 standen wieder die Nominierungskonvente der Parteien für die Präsidentenwahl an. Arthur unterstützte eine dritte Kandidatur von Expräsident Grant. Mit Garfield setzte sich jedoch ein Mann durch, der für die Fortsetzung der Verwaltungsreformen stand. Um die Partei nicht völlig zu spalten, wurde für das Vizepräsidentenamt nach einem Mann gesucht, der für die »Stalwarts« zumindest akzeptabel war. So kam Arthur auf die Kandidatenliste und wurde bereits im ersten Wahlgang bestätigt. Garfield und Arthur gewannen die Wahlen mit 214 zu 155 Wahlmännerstimmen.

Am 4. März 1881 wurde mit der Inauguration Garfields auch Arthur in sein neues Amt eingeführt. Während der kurzen Amtszeit Garfields spitzten sich die Auseinandersetzungen um das Patronatssystem weiter zu. Während Garfield dagegen und auch gewillt war, das Imperium des Parteibosses Conkling in New York anzugreifen, versuchte Arthur – ein Freund Conklings – zu vermitteln. Die Spaltung der Republikaner schritt jedoch immer weiter voran.

Das Attentat auf Garfield gab allen Diskussionen neue Nahrung.

Nach dem Tod des gewählten Präsidenten wurde Arthur am 20. September 1881 in seiner New Yorker Wohnung vom Chefrichter des Obersten Gerichtshofes von New York als Präsident der Vereinigten Staaten vereidigt. Am 22. September wurde diese Zeremonie in den Hallen des Kapitols in Washington vom Chefrichter des Supreme Court, Waite, noch einmal wiederholt. Die Person Arthurs stellte als Präsident eine überzeugende Erscheinung dar. Er war stets gut gekleidet, eine ausgesprochen gepflegte Erscheinung und besaß gute Umgangsformen. Das führte auch zu den Spitznamen »First Gentleman of the Land«, »Arthur the Gentleman«, »Gentleman President« oder »Prince Arthur«. Im Allgemeinen erwartete man von ihm keine großen Taten als Präsident – einzig, dass er eine den Stalwarts genehme Politik machen würde. Aber gerade darin täuschte man sich. Zunächst stellte Arthur die Regierung um. Lediglich der Kriegsminister der Garfield-Regierung, Robert Todd Lincoln, behielt seinen Posten. Mit der Absetzung des Außenministers James Blaine, eines Vertreters der Stalwarts, machte sich Arthur nicht nur seinen langjährigen Freund Conkling zum Feind. Auch die Hoffnungen des Attentäters Guiteau wurden enttäuscht. Dieser Wandel Arthurs hin zum Beamtenreformer war durch die Art des Todes von Garfield wesentlich beeinflusst worden. Das Attentat hatte auch der Öffentlichkeit die Augen für diese Probleme geöffnet und zwang die neue Regierung zum Handeln. So wurde Anfang 1883 ein Gesetz zur Reform des öffentlichen Dienstes verabschiedet, das für bestimmte Bundesstellen eine schriftliche Eignungsprüfung vorschrieb. Damit sollte Ämterpatronage verhindert und offene Stellen allen entsprechend qualifizierten Bewerbern zugänglich gemacht werden. Außer der Beamtenreform widmete sich Arthur besonders dem Ausbau der Marine. Durch den pazifischen Krieg zwischen Peru, Bolivien und Chile aufgeschreckt, wurden sich die USA bewusst, dass ihre Marine den wichtigsten europäischen Ländern, ja selbst Chile, nicht würde standhalten können, und so wurde vom Kongress der Bau von zwei Dampfkreuzern aus einheimischem Stahl genehmigt und damit ein Bauprogramm für die Marine begonnen, das von den folgenden Präsidenten fortgesetzt wurde. Insgesamt war es politisch gesehen eine ruhige Amtszeit. Mit verschiedenen Staaten wurden neue Handelsverträge abgeschlossen, beispielsweise mit Spanien und Korea. 1884 erhielten die USA durch den König von Hawaii das Exklusivrecht zur Errichtung des Stützpunktes Pearl Harbor. Ein Einwanderungsgesetz verbot die Einwanderung »geisteskranker, krimineller und armer« Personen und erhob pro Einwanderer eine Kopfsteuer von 50 Cents. Zuvor war bereits die Einwanderung von Chinesen zeitweilig ausgeschlossen worden.

Am 24. Mai 1883 war Arthur der erste, der die neu erbaute Brooklyn Bridge beging.

Während der zweiten Hälfte seiner Amtszeit wusste Arthur, dass er an der Bright'schen Krankheit litt, einer unheilbaren Erkrankung der Nieren, die in wenigen Jahren zum Tod führen würde. Arthur und seine Ärzte hielten diese Tatsache jedoch geheim, da die Ausübung der Regierungsaufgaben nicht gefährdet war und man die Bevölkerung nicht unnötig beunruhigen wollte.

Nach Ablauf seiner Amtszeit zog sich Arthur aus der Öffentlichkeit weitestgehend zurück.

Am 18. November 1886 starb Chester Alan Arthur und wurde anschließend auf dem Rural Cemetery in Albany, New York, beigesetzt.

Anmerkung

1 The American Presidents. The Office and the Men, hg. v. Frank N. Magill/John L. Loos, Bd. 2, Pasadena, California/Englewood Cliffs, New Jersey, 1986, S. 403.

Bibliographische Hinweise

Die Reden, Botschaften und Schriften Arthurs aus der Zeit seiner Präsidentschaft sind veröffentlicht in:

A Compilation of the Messages and Papers of the Presidents, hg. v. James D. Richardson, Bd. 7, Washington, D. C., o. J.

Eine Chronik, Dokumentation und Bibliographie zum Leben Arthurs bietet:

James A. Garfield, 1831–1881, Chester A. Arthur, 1830–1886, Chronology, Documents, Bibliography, hg. v. Howard B. Furer, New York 1970.

Weitere Arbeiten sind:

Justus D. Doenecke, The Presidencies of James A. Garfield and Chester A. Arthur, Lawrence, Kansas, 1981.

Thomas C. Reeves, Gentleman Boss: The Life of Chester Alan Arthur, New York 1975.

George Frederick Howe, Chester A. Arthur: A Quarter-Century of Machine Politics, New York 1935 (Reprint: New York 1957).

GROVER CLEVELAND

1837–1908

22. PRÄSIDENT DER USA 1885–1889

24. PRÄSIDENT DER USA 1893–1897

18. März 1837	Grover Cleveland wird in Caldwell, New Jersey, geboren.
1853	Cleveland arbeitet als »assistant teacher« am Blindeninstitut in New York City.
1855–1859	Cleveland ist als Anwaltsgehilfe in der Kanzlei Rogers, Bowen and Rogers in Buffalo, New York, angestellt.
1859	Cleveland wird in die Anwaltschaft aufgenommen.
1863–1865	Cleveland wird zum »Assistant District Attorney of Erie County« gewählt.
1871–1874	Cleveland übt das Wahlamt des »Sheriff of Erie County« aus.
1881	Cleveland kandidiert erfolgreich für die Demokraten bei den Bürgermeisterwahlen von Buffalo, New York.
1882	Cleveland wird zum Gouverneur von New York gewählt.
1884	Der Wahlkonvent der Demokratischen Partei nominiert Cleveland als Kandidat für die Präsidentschaftswahlen.
1885–1889	Präsident der USA.
1886	Heirat mit Frances Folsom (1864–1947).
1892	Cleveland wird erneut als Präsidentschaftskandidat aufgestellt.
1893–1897	Zweite Amtszeit des Präsidenten Cleveland.
24. Juni 1908	Cleveland stirbt im Alter von 71 Jahren in Princeton, New Jersey.

Grover Cleveland ging in die Geschichte der USA als erster und bisher einziger Präsident ein, dessen zwei Amtszeiten zeitlich nicht aufeinander folgten. Deshalb werden seine Präsidentschaften auch als »Sandwich-Präsidentschaft« bezeichnet. Cleveland war der erste Demokrat nach dem Bürgerkrieg, der das höchste Amt im Lande ausübte. Gleichzeitig war er der erste Präsident seit Lincoln, der nicht aktiv während des Sezessionskrieges gedient hatte.

Cleveland wurde am 18. März 1837 in Caldwell, New Jersey, geboren. Sein Vater war Geistlicher der Presbyterianerkirche. Cleveland hatte acht Geschwister. 1841 zog die Familie in den Bundesstaat New York, zunächst nach Clinton und später nach Holland Patent.

Cleveland war ein lernwilliger und diesbezüglich auch ehrgeiziger Junge. Soweit es seinen Eltern finanziell möglich war, unterstützten sie den Bildungsdrang ihrer Kinder. Cleveland konnte so einige Zeit das Clinton Liberal Institute besuchen. Als jedoch sein Vater starb, fehlte für eine weitere Collegeausbildung des 16-jährigen Sohnes der Mutter das Geld. Cleveland musste sich um Arbeit bemühen, da noch vier jüngere Geschwister zu versorgen waren. Er nahm eine Stelle als Lehrerassistent am Blindeninstitut in New York an, an dem auch einer seiner älteren Brüder als Lehrer arbeitete. Nach zwei Jahren beschloss Cleveland jedoch, in den Westen zu gehen, wie es viele junge Leute taten, um dort sein Glück zu finden. Das Ziel war zunächst Cleveland, Ohio, wo ein entfernter Verwandter lebte.

Seine Reise brach er dann jedoch schon in Buffalo, New York, ab, wo er bei einem Onkel eigentlich nur einen Zwischenstopp einzulegen gedacht hatte. Dieser Onkel brachte ihn in einer Anwaltskanzlei als Sekretär unter. Cleveland erkannte, dass hier der Weg zu dem lag, was er für sich selbst als erstrebenswert hielt – nämlich Anwalt zu werden. Zu Beginn erhielt er für seine Tätigkeit in der Kanzlei Rogers, Bowen and Rogers keinen Lohn, später vier Dollar die Woche und nach drei Jahren immerhin 500 $ im Jahr.

Nach vier Jahren Arbeit und juristischer Studien wurde er in die Anwaltschaft aufgenommen. Während der nächsten 23 Jahre sollte er in verschiedenen Anstellungen als Anwalt praktizieren. Cleveland war niemals ein Anwalt, der den großen Auftritt im Gerichtssaal liebte. Er versuchte vielmehr, die an ihn herangetragenen Angelegenheiten auf außergerichtlichem Weg zu klären. Hart arbeitend, fair, sachlich und integer, erwarb er sich einen guten Ruf in Buffalo und Umgebung. Mit seinem Leben war er zufrieden. Er liebte seine Arbeit und hatte gute Freunde, für die große Politik hatte er wenig Interesse. Dafür engagierte er sich mehr bei Fragen der lokalen Entwicklung in Buffalo und dem Gebiet am Eriesee.

Als 1861 der Bürgerkrieg ausbrach, war Cleveland generell der Ansicht, dass die Union verteidigt werden müsse. Gleichzeitig sprach er sich gegen einen Feldzug gegen die Sklaverei aus, obwohl er bei weitem kein Befürworter der Sklaverei war. Zwei seiner Brüder reihten sich in die Unionstruppen ein. Cleveland selbst zahlte 1863 die vom Einberufungsgesetz vorgesehene Ersetzungsabgabe (commutation fee), um nicht rekrutiert zu werden. Er begründete dies mit der Notwendigkeit, seine Mutter und die jüngeren Geschwister materiell unterstützen zu müssen.

1863 wurde Cleveland zum stellvertretenden Bezirksanwalt für den Distrikt am Eriesee gewählt. Zwei Jahre später kandidierte er für das Amt des Bezirksanwaltes, wurde aber von seinem republikanischen Gegner bezwungen.

Neben seiner umfangreichen Arbeit liebte Cleveland es, hin und wieder mit Freunden gut zu essen oder einen Saloon zu besuchen. Mitunter ging er auf die Jagd, und es kam auch vor, dass er eine Nacht beim Kartenspiel verbrachte. In seinem Leben gab es verschiedene Frauen, aber die Beziehungen waren nicht so eng, dass sie in eine Ehe mündeten. Hartnäckig hielt sich allerdings das Gerücht, dass die Witwe Maria Halpin ein gemeinsames Kind mit Cleveland habe. Er selbst dementierte dieses nicht und leistete finanzielle Unterstützung beim Unterhalt des Kindes, ohne es offiziell als das seine anzuerkennen.

Ende des Jahres 1870 kandidierte Cleveland für das Amt des Sheriffs von Erie County. Er gewann diese Wahl und übte das Amt vom 1. Januar 1871 an drei Jahre lang aus. Damit legte er einen wesentlichen Grundstein für seine weitere politische Karriere. Anschließend kehrte er in seine Buffaloer Anwaltskanzlei zurück. Cleveland war bekannt als Ehrenmann und harter Arbeiter, er verstand die Sprache des Volkes und wurde von ihm anerkannt. Deshalb hielten die Demokraten von Buffalo ihn für besonders geeignet, die Verwaltung der Stadt von Ineffizienz und Korruption zu befreien, und schlugen ihn als Bürgermeisterkandidaten für die Wahlen von 1881 vor. Nach seiner Wahl versuchte Cleveland, alle in ihn gesetzten Erwartungen zu erfüllen. Er war dabei zum Wohl der Stadt sehr erfolgreich. So war es folgerichtig, dass die Demokraten ihn baten, als Gouverneur für den Staat New York zu kandidieren. Cleveland gewann auch diese Wahl und trat im Januar 1883 sein neues Amt an. Wie schon als Bürgermeister von Buffalo legte er gegen alles, was ihm unklar oder nicht richtig erschien, sofort sein Veto ein, so auch gegen das sehr populäre Fünfcentgesetz, das vorsah, die Fahrpreise der City-Bahn von New York von zehn auf fünf Cent zu senken. Nach seiner Meinung wäre das ein Verstoß gegen die Charta der betreibenden Gesellschaft. Auch gegen die Festschreibung von Maximalarbeitszeiten für Fahrer und Kontrolleure der Pferdebahn legte er sein Veto ein, im Glauben an die Freiheit des Individuums, Verträge abzuschließen. Die Armen und Arbeiter hatten so wenig von der Politik Clevelands. Die Geschäftsleute sahen jedoch ihre Erwartungen erfüllt. Cleveland verhinderte eine Einmischung der Regierung in wirtschaftliche Angelegenheiten. Er zeigte sich als ehrbarer und konservativer Politiker. Cleveland distanzierte sich von den Machenschaften der einflussreichen Parteimaschinerie Tammany Hall, was Konflikte und Differenzen innerhalb der New Yorker Demokraten nach sich zog.

1884 wurde Cleveland zum Präsidenten der Anwaltsvereinigung des Staates New York gewählt. Er investierte viel Kraft in die Reorganisation der Verwaltung und der Regierung von New York City und New York County. 1883/84 begann er sich mit dem Gedanken zu beschäftigen, für das Amt des Präsidenten der Vereinigten Staaten zu kandidieren. Die Republikaner stellten für die 1884 anstehende Wahl James Blaine aus Maine auf.

Die Demokratische Partei wurde im letzten Drittel des 19. Jahrhunderts vorwiegend von den Geschäftsleuten der sich schnell entwickelnden Industrie, besonders des Nordens, beherrscht. Sie erwarteten von der Regierung, dass diese möglichst effizient, billig, rechtschaffen und ehrlich sei und sich aus wirtschaftlichen Fragen weitestgehend heraushielte. Da kam ihnen ein Mann mit der Reputation Clevelands gerade recht als künftiger Präsident. Seine Erfolge als Gouverneur und sein Konservatismus erschienen ihnen als Garantie für die Erfüllung ihrer Vorstellungen.

Der Wahlkampf war eine Mischung aus Show und Schlammschlacht. Blaine wurden seine Verstrickungen in verschiedene Korruptionsskandale während der Siebzigerjahre, speziell beim Eisenbahnbau, vorgeworfen, und Cleveland hielt man die Affäre mit Maria Halpin vor. Sachthemen wie Zölle und Finanzen spielten kaum eine Rolle. Das erwartete knappe Ergebnis fiel dann zugunsten Clevelands aus. Er gewann die Wahl mit 219 : 182 Wahlmännerstimmen, nachdem er bei der »Popular Vote« nur gut 23.700 Stimmen mehr bekommen hatte als Blaine. Nach 24 Jahren zog mit Cleveland erstmals wieder ein Demokrat ins Weiße Haus ein. Am 4. März schwor Cleveland während der Inauguration auf die Bibel seiner Mutter den Amtseid. Nach James Buchanan war Cleveland bei seiner Amtseinführung der einzige ledige Präsident der USA, und so übernahm zunächst seine Schwester die Aufgaben der First Lady. Mit 48 Jahren war Cleveland als Präsident relativ jung. Groß und übergewichtig, ruhig und überlegt, war er eine durchaus stattliche Erscheinung. Mit Freunden sehr vertraut, aufgeschlossen und umgänglich, wirkte er in der Öffentlichkeit kalt und distanziert. Er wählte für sein Kabinett Männer aus dem Bereich der Wirtschaft und aus allen Landesteilen aus. Demgegenüber hatten die Farmer, Arbeitnehmer oder gar die Schwarzen keine Lobby in seiner Umgebung. Als Unterstützer und Förderer einer effektiven Beamtenreform umgab er sich mit gut qualifizierten Mitarbeitern und Beratern. Gleichzeitig sah er sich aber einer Meute hungriger Wölfe gegenüber, die nach über 20-jähriger Herrschaft der Republikaner nun von diesen die lukrativen Posten übernehmen wollten. Cleveland selbst sagte dazu: »... hinter mir steht eine stellenhungrige Partei.«[1] Der Kongress hob das Amtsdauergesetz von 1867 auf, so dass der Präsident auch ohne Zustimmung des Senates wieder Amtsstellen besetzen durfte. Unruhe brachten die Ernennung des ehemaligen Generals der Konföderierten Lamar zum Innenminister und der Vorschlag, die von den Unionstruppen eroberten Regimentsfahnen der Konföderierten den entsprechenden Regimentern zurückzugeben. Umstritten war während der Präsidentschaft Clevelands auch die Pensionsfrage. Während

1862 das erste Gesetz zur Pensionsfrage festgelegt hatte, dass Pensionen vom Staat an Veteranen aus dem Bürgerkrieg gezahlt wurden, die aus den Kämpfen körperliche Schäden davongetragen hatten, forderte nun eine Lobby, allen Veteranen, die für ihren Lebensunterhalt nicht mehr selbst sorgen konnten, eine Pension zu zahlen, gleich ob Körperschäden vom Krieg herrührten oder nicht. 1887 wurde ein entsprechendes Gesetz eingebracht, das jedoch am Veto des Präsidenten scheiterte. Dieses Veto sollte nach seiner ersten Amtszeit mit zur Wahlniederlage beitragen. Größere Zustimmung in der Öffentlichkeit fand das Vorgehen des Präsidenten gegen Schieber und Wucherer, die besonders im Westen des Landes ihr Unwesen trieben. Große Betrugsmanöver wurden besonders bei der Eisenbahn und der Holzindustrie aufgedeckt, so zum Beispiel betrügerische Pachtverträge für Indianerland. Unter anderem wurden 81 Mio. Acres Staatsland zurückgeführt. Um künftig solche Betrügereien besser verhindern zu können, wurde mit dem »Interstate Commerce Act« 1887 die gesetzliche Grundlage zur Regelung des Eisenbahnwesens zwischen den Bundesstaaten gelegt. Gleichzeitig wurde mit der »Interstate Commerce Commission« die erste wirtschaftsregulierende Einrichtung in den USA geschaffen.[2] Der ebenfalls 1887 verabschiedete »Dawes Act« legte fest, dass von nun ab Indianer auch als Einzelpersonen Land erwerben durften, was bis dahin nur Stammesverbänden gestattet war.

Eine große Rolle spielte während der ersten Präsidentschaft Clevelands die Zollfrage. Die Jahresbotschaft 1887 war ausschließlich diesem Thema gewidmet, was ein Novum in der Geschichte der Jahresbotschaften darstellte. Die hohen Zölle hatten während der Achtzigerjahre zu einem enormen Einnahmenüberschuss geführt, und Wirtschaftsexperten sagten voraus, dass sich die angesammelten Geldreserven negativ auf die wirtschaftliche Entwicklung auswirken würden. Da sowohl von den Republikanern als auch von den Ostküstenindustriellen eine allgemeine Zollsenkung abgelehnt wurde, diskutierte man verstärkt andere Möglichkeiten des Abbaus der Geldreserve der Regierung. Der Ausweg wurde in umfangreicheren Pensionszahlungen, höherer Beamtenbesoldung sowie größeren Ausgaben für Häfen, Straßen und andere nationale Einrichtungen gesehen. Auch für Bildung sollte der Etat aufgestockt werden. Lediglich für Whisky und Tabak wurden die Steuern gesenkt.

Am Ende der ersten Amtszeit konnte konstatiert werden, dass Cleveland sich durch Ehrbarkeit und harte Arbeit Anerkennung verschafft hatte. Es war ihm gelungen, die Regierung zu effektivieren und zu qualifizieren. Gleichzeitig musste aber auch festgestellt werden, dass er als Politiker oft taktlos und engstirnig war, dass er den Kongress mehr belehrt als geführt hatte und dass er wenig Verständnis für die harte Lage der Farmer und Arbeiter gezeigt hatte. So fanden 1886 mehr Arbeiterstreiks statt als in irgendeinem Jahr zuvor. Im selben Jahr gründete sich die »American Federation of Labor«, die für kürzere Arbeitszeiten, bessere Bezahlung und verbesserte Arbeitsbedingungen eintrat. Am 4. Mai 1886 fand auf dem Haymarket Square in Chicago eine historische Demonstration statt. Während die Polizei versuchte, die friedliche Demonstration aufzulösen, explodierte eine Bombe, wobei sieben Polizisten getötet wurden. Daraufhin wurden 200 Arbeiter festgenommen und acht von ihnen zu Mördern erklärt, von denen im darauf folgenden Jahr vier gehenkt wurden, einer Selbstmord beging und die drei anderen lange Haftstrafen erhielten. Dieser Zwischenfall warf die gesamte Gewerkschaftsbewegung in den Vereinigten Staaten erheblich zurück. Cleveland verlor durch dieses Ereignis eine große Zahl potenzieller Wähler.

Für den Präsidenten persönlich gab es während seiner ersten Amtszeit eine einschneidende Veränderung mit seiner Eheschließung. Am 2. Juni 1886 heiratete der 49-jährige Cleveland die knapp 22-jährige Frances Folsom, die Tochter seines Freundes und Kanzleipartners Oscar Folsom, der 1875 verstorben war. Frances Folsom war eine gebildete, attraktive Frau, die nicht nur die Aufgaben der First Lady im Weißen Haus übernahm, sondern sich in sozialen Belangen in Washington sehr engagierte. Sie war die jüngste Präsidentenfrau im Weißen Haus, und ihre Eheschließung war die erste und bisher einzige Präsidentenhochzeit, die im Weißen Haus vollzogen wurde. Aus der Ehe gingen drei Töchter und zwei Söhne hervor. Die zweite Tochter war das erste Kind eines Präsidenten, das im Weißen Haus geboren wurde.

Wenige Monate nach seiner Eheschließung, am 28. Oktober 1886, fiel dem Präsidenten die Aufgabe zu, die Freiheitsstatue, ein Geschenk Frankreichs, das zum Symbol der Vereinigten Staaten wurde, einzuweihen.

Als sich Clevelands Präsidentschaft dem Ende zuneigte, wurde er von den Demokraten erneut nominiert. Die Republikaner stellten ihm mit Benjamin Harrison einen Ultraprotektionisten aus Indiana entgegen. Während des Wahlkampfes war die Zollfrage das Hauptthema. Cleveland sprach sich für eine Senkung der Zölle aus. Dagegen argumentierten die Republikaner, dass eine Zollsenkung nur den Engländern Vorteile bringen würde und die amerikanischen Industriellen, Geschäftsleute, Farmer und Arbeiter darunter zu leiden hätten. Sie setzten hohe Zölle mit hohen Löhnen gleich und niedrige Zölle mit dem wirtschaftlichen Desaster.

Obwohl Cleveland bei der Volkswahl etwa 100.000 Stimmen mehr erhielt als Harrison, gewann dieser die Wahl aufgrund der Wahlmännerstimmen (233 : 168).

Clevelands letzte Jahresbotschaft 1888 gehört zu den bemerkenswertesten seiner Reden. Er sprach offen über den zunehmenden Graben zwischen Armen und Reichen, wandte sich gegen den Machtzuwachs der Konzerne, Trusts und Monopole und, was man zuvor selten von ihm gehört hatte, er sprach seine Sympathien für die Farmer und Arbeiter aus.

Nach der Amtseinführung seines Nachfolgers zog Cleveland mit seiner Familie zurück nach New York und arbeitete dort wieder in seiner Anwaltskanzlei. Dabei blieb er der Politik eng verbunden, wenn auch mit einer gewissen Umorientierung. So trat er bei verschiedenen Massenmeetings von Gewerkschaften auf. Weiterhin hielt er an einer notwendigen Senkung der hohen Zölle fest.

Anfang des Wahljahres 1892 äußerte er selbst die Absicht, erneut für das oberste Amt im Lande kandidieren zu wollen. Im Juni 1892 nominierte ihn der Konvent der Demokraten als Präsidentschaftskandidaten. Freunden gelang es, Cleveland mit der mächtigen Parteimaschinerie auszusöhnen, Tammany Hall auf die Seite Clevelands zu bringen und damit den für die Wahlen wichtigen Bezirk von New York. Cleveland gewann die Wahl gegen den erneut kandidierenden Harrison mit 277 : 145 Wahlmännerstimmen und wurde am 4. März 1893 zum zweiten Mal in das Amt des Präsidenten eingeführt. Cleveland hatte bei dieser Wahl zahlreiche Stimmen von Farmern erhalten, deren Hoffnung auf eine Verbesserung ihrer Lage auch von den Republikanern nicht erfüllt worden war. In seiner Einführungsrede versprach Cleveland schnelle, jedoch konservative Maßnahmen zum Schutz einer stabilen Währung. Die seit 1887 andauernde Agrardepression, der eintretende zyklische Konjunkturrückgang, der Zusammenbruch von Auslandsmärkten durch die europäische Wirtschaftskrise, übermäßige Spekulationen von Trusts und Konzernen, Arbeiterunruhen und Streiks sowie die Währungsunsicherheit führten 1893 zum Ausbruch der großen Krise in den USA. Innerhalb von zwei Jahren geriet ein Viertel der Eisenbahnen unter Kontrolle des Konkursgerichtes, innerhalb von sechs Monaten mussten 400 Banken die Zahlungen einstellen, zwei Millionen Arbeiter verloren ihren Arbeitsplatz. Cleveland sah den Hauptgrund für die Krise in der Unsicherheit der Währung und veranlasste die Aufnahme von Anleihen durch die Regierung, um den Goldstandard zu retten. Diese Maßnahme widersprach den Interessen der zu großen Teilen verschuldeten Farmer und spaltete die Demokraten.

Bezüglich der Zollfrage wurde Cleveland enttäuscht. Die ursprüngliche Wilson-Vorlage, die deutliche Reduzierungen vorsah, wurde im Kongress so abgeschwächt, dass nur ein geringer Abbau des Protektionismus herauskam. Die Schuld an der Krise wurde der Regierung gegeben. Cleveland blieb jedoch bei seiner Haltung, dass die Regierung nicht dazu da sei, um Fehler der Wirtschaft durch Regierungsunterstützung für die Opfer der Depression auszubügeln. Dadurch gewann der Präsident bei Arbeitern und Farmern keine Freunde. Sein Einsatz von Unionstruppen zur Aufrechterhaltung des Postverkehrs während des Pullman-Streikes, an dem sich im Mai 1894 4.000 Eisenbahner gegen eine zwanzigprozentige Lohnsenkung beteiligten, brachte ihm weiteren Misskredit bei den Arbeitern ein. Auch auf außenpolitischem Gebiet sah sich Cleveland Problemen gegenüber. So stand die Frage der Annexion Hawaiis zur Diskussion. Cleveland sprach sich gegen eine direkte Annexion aus, anerkannte aber die besonderen Interessen der USA am Zucker, der auf Hawaii angebaut wurde. Grenzstreitigkeiten zwischen Großbritannien und Venezuela, bei denen Cleveland die Monroedoktrin in Anwendung brachte, konnten auf dem Weg der Schiedsgerichtsbarkeit gelöst werden. Als 1895 auf Kuba der Unabhängigkeitskrieg gegen Spanien begann, wurden zunehmend Forderungen nach einer Intervention der USA laut, angeblich um die Unabhängigkeit Kubas zu unterstützen. Cleveland berief sich auf die Neutralitätspolitik der USA. Er war nicht bereit, gegen Spanien in einen Krieg verwickelt zu werden. Dieses Problem musste sein Nachfolger McKinley mit seiner Regierung übernehmen.

Insgesamt war die zweite Amtszeit von der großen Wirtschaftskrise überschattet. Aber nicht nur die Wirtschaft, sondern auch die Demokratische Partei befand sich in einer Krise. Die Währungs- und Zollfrage hatte die Partei gespalten. So bestanden gute Chancen für die Republikaner bei den anstehenden Wahlen, die Regierung wieder zu übernehmen.

1896 gewann der Republikaner McKinley die Präsidentschaftswahl gegen den Demokraten Bryan.

Cleveland schied müde, verbittert und geschlagen aus der aktiven Politik aus. Er kaufte ein Haus in Princeton, New Jersey, wo er sich mit seiner Familie niederließ. Er schrieb einige Reden, ging zum Fischen und auf die Jagd und hielt Lehrveranstaltungen an der Universität in Princeton, deren Präsident Woodrow Wilson sein persönlicher Freund wurde und der nächste demokratische Präsident der USA nach Cleveland sein sollte. Nach seinem Ausscheiden aus dem Präsidentenamt hatte Cleveland ein aktives und erfülltes Leben im Kreise seiner Familie.

Am 24. Juni 1908 verstarb Cleveland in Princeton. Zwei Tage später wurde er hier beigesetzt.

Seine Zeitgenossen bewunderten an ihm am meisten seine Courage, sich mit einflussreichen Kreisen wie Tammany Hall anzulegen, gegen alles sein Veto einzulegen, egal, welche Lobby dahinter stand. Mit 584 Vetos in acht Jahren Präsidentschaft nimmt Cleveland hinter Franklin D. Roosevelt diesbezüglich den zweiten Platz in der Reihe der amerikanischen Präsidenten ein. Cleveland lebte nach dem Grundsatz, von niemandem etwas zu verlangen, zu dem er nicht selbst bereit war. Ohne Emotionen, undramatisch, die Öffentlichkeit hassend, weitgehend indifferent gegenüber Geld, kinderlieb, moralisch hoch stehend, war er kein Genie, kein Held, kein Philosoph, aber ein ehrlicher, hart arbeitender Mann, der bemüht war, das Beste für sein Land zu tun. So waren auch seine letzten Worte: »I have tried so hard to do right.«[3]

Anmerkungen

1 Samuel E. Morison/Henry Steele Commager, Das Werden der Amerikanischen Republik, Bd. 2, Stuttgart 1950, S. 256.

2 Vgl. Robert I. Vexler (Hg.), Grover Cleveland, 1837–1908, Chronology – Documents – Bibliographical Aids, Dobbs Ferry, New York, 1968, S. 10.

3 Lu Ann Paletta/Fred L. Worth, The World Almanac of Presidential Facts, New York 1988, S. 103.

Bibliographische Hinweise

Eine Bibliographie liegt vor:
Grover Cleveland: a Bibliography, comp. by John F. Marszalek, Westport, Conn., 1988.
Die Briefe Clevelands sind veröffentlicht in:
Grover Cleveland. Letters, 1850–1908, hg. v. Allan Nevins, New York 1933.
Seine Reden und Schriften sind zusammengestellt auf Mikrofilm in der Manuskriptabteilung der Kongressbibliothek:
Presidential Papers Microfilm: Grover Cleveland Papers Washington, D. C., 1958.
Des Weiteren erschien:
Grover Cleveland. The Writing and Speeches of Grover Cleveland, hg. v. George F. Parker, New York 1970.
Im Rahmen der »Presidential Chronology Series« erschien:
Grover Cleveland, 1837–1908, hg. v. Robert I. Vexler, Dobbs Ferry, New York, 1968.
An biografischen Werken erschienen unter anderen:
Robert McElroy, Grover Cleveland. The Man and the Statesman, 2 Bde., New York 1923.
Allan Nevins, Grover Cleveland: A Study in Courage, New York 1932.
Denis Tilden Lynch, Grover Cleveland: A Man Four Square, New York 1932.
Speziell mit den Präsidentschaften Clevelands befasst sich:
Richard E. Welch, jr., The Presidencies of Grover Cleveland, Lawrence, Kansas, 1988.
Neu ist die Charakterstudie:
Alyn Brodsky, Grover Cleveland: a study in character, New York 2000.
Aus der Feder eines Journalisten stammt:
H. Paul Jeffers, An Honest President. The Life and Presidencies of Grover Cleveland, New York 2000.

BENJAMIN HARRISON

1833–1901

23. PRÄSIDENT DER USA 1889–1893

20. August 1833	Benjamin Harrison wird in North Bend, Ohio, geboren.
1847–1850	Harrison besucht das Farmer's College in Cincinnati.
1850	Harrison wechselt an die Miami-Universität in Oxford, Ohio, und schließt
1852	mit Auszeichnung ab.
1852	Rechtsstudium in Cincinnati.
1853	Heirat mit Caroline Lavinia Scott (1832–1892).
1854	Harrison wird in die Anwaltschaft aufgenommen und arbeitet später als Pflichtverteidiger am Gerichtshof von Indianapolis.
1860	Harrison lässt sich mit einer eigenen Kanzlei nieder.
1860	Harrison wird zum Berichterstatter des Obersten Gerichtes von Indiana gewählt.
1861–1865	Aktive Teilnahme am Bürgerkrieg, Beförderung zum Brigadegeneral.
1881–1887	Senator und Vorsitzender des »Committee on Territories«.
1888	Harrison wird von den Republikanern als Präsidentschaftskandidat nominiert.
1889–1893	Präsident der USA
1896	Harrison schließt die zweite Ehe mit Mary Scott Lord Dimmick (1858–1948).
13. März 1901	Harrison stirbt im Alter von 67 Jahren an einer Lungenentzündung und wird später in Indianapolis beigesetzt.

Benjamin Harrison wurde am 20. August 1833 in North Bend, Ohio, geboren. Seine Familie gehörte zu den größten Landeigentümern in Virginia und Ohio und besaß maßgeblichen politischen Einfluss und lange Traditionen öffentlichen Engagements. Harrisons Urgroßvater, Benjamin Harrison, gehörte zu den Unterzeichnern der Unabhängigkeitserklärung und war Gouverneur von Virginia. Sein Großvater, William Henry Harrison, gewann 1840 die Präsidentschaftswahlen und ging, wenn auch nur mit einem Monat Amtszeit, als neunter Präsident in die Geschichte der USA ein. Auch sein Vater, John Scott Harrison, war politisch aktiv und wurde für zwei Amtszeiten in den Kongress gewählt. Diese Traditionen blieben nicht ohne Einfluss auf Harrison. Er erhielt zunächst von frühester Jugend an Unterricht durch Privat- und Landschullehrer, die ihn auf das Farmer's College vorbereiten sollten, in das er mit 14 Jahren eintrat. Zwei Jahre später wechselte er in die »junior class« der Miami-Universität in Oxford, Ohio. Dort schloss Harrison 1852 mit Auszeichnung ab und begann anschließend in Cincinnati Recht zu studieren. 1854 wurde er in die Anwaltschaft aufgenommen. Danach ging er mit seiner jungen Frau, Carolina Lavinia Scott, die er 1852 geheiratet hatte, nach Indianapolis. Aus dieser Ehe gingen zwei Kinder hervor. Mrs. Harrison sollte später als First Lady zum ersten Mal einen Weihnachtsbaum im Weißen Haus aufstellen.

In Indianapolis begann Harrison zunächst am Gerichtshof als Pflichtverteidiger zu arbeiten. Sein Anfangsgehalt betrug 2,50 $ pro Tag. Schon hier fiel seine außergewöhnliche rhetorische Begabung auf. 1860 eröffnete er gemeinsam mit einem Kollegen seine erste eigene Anwaltspraxis.

Entsprechend den familiären Traditionen war Harrison am öffentlichen Geschehen nicht nur interessiert, sondern bereit, sich auch selbst aktiv politisch zu betätigen. Er fühlte sich der Republikanischen Partei nahe stehend. 1858 wurde er Sekretär des »Republican State Central Committee« von Indiana und zwei Jahre später gewählter Berichterstatter am Gerichtshof von Indiana.

Während der verschiedensten Wahlkampagnen machte er sich einen Namen als guter und überzeugender Redner, aber auch als Rechtsanwalt gehörte Harrison aufgrund seines guten Gedächtnisses, seiner hervorragenden Analysefähigkeit und seiner glänzenden Redegewandtheit bald zu den Fähigsten der Stadt. Trotzdem stand er in dem Ruf, ein nüchterner und abweisender Mensch zu sein.

Durch den Bürgerkrieg wurde seine Anwaltstätigkeit unterbrochen. Harrison beteiligte sich an der Aufstellung des 70. Freiwilligenregimentes. Als Colonel erhielt er das Oberkommando über einen Teil dieses Regimentes, das später dem 20. Armeekorps unter General Hooker zugeordnet wurde. Harrison nahm an den Kämpfen bei New Hope Church, Golgotha Church, Kennesaw Mountain, Peach Tree Creek und Nashville teil. Nach Kriegsende durfte er seine Brigade bei der großen Truppenparade in Washington führen. Am 8. Juni 1865 erhielt er das Reserveoffizierspatent eines Brigadegenerals und wurde aus der Armee verabschiedet. Harrison kehrte zurück nach Indianapolis und nahm die Arbeit in seiner Praxis und als republikanischer Berichterstatter am Gerichtshof wieder auf. Nach 1867 stellte er sich jedoch nicht mehr für diese Wahlfunktion zur Verfügung. Er wollte sich nur noch seiner Kanzlei widmen, die an Bedeutung und Ansehen immer mehr gewonnen hatte. Sein Ruf als guter Anwalt war über die Grenzen Indianas hinausgedrungen, und so nahm er an verschiedenen spektakulären Prozessen teil. 1871 wurde er als Spezialist sogar vom Präsidenten Grant in einem Fall hinzugezogen, und 1881 wurde er als Anwalt für Prozesse am Obersten Gerichtshof der Vereinigten Staaten zugelassen. Als erfolgreicher Anwalt war er aufgrund des damit verbundenen überdurchschnittlich hohen Einkommens in der Lage, sich und seiner Familie eine gesicherte und geachtete gesellschaftliche Stellung zu verschaffen. Sein Jahreseinkommen betrug etwa 10.000 $.

Neben seiner beruflichen Tätigkeit blieb er immer politisch aktiv und engagierte sich auch in der Kirche. So war er zeitweise Lehrer einer Bibelklasse in der »Presbyterian Church« und Superintendent einer Sonntagsschule, Kirchenältester und Mitglied der Generalversammlung seiner Konfession.

Bei den Präsidentschaftswahlen 1868 und 1872 unterstützte er den Kandidaten seiner Partei auf Wahlkundgebungen in den verschiedenen Städten Indianas. Er trat in seinen Reden für »sound money« und Einschränkung der Zahlung mit »Greenbacks« ein, unterstützte eine Verwaltungsreform, eine Arbeitsgesetzgebung, protektionistische Zollpolitik und eine liberale Rentenregelung für Bürgerkriegsveteranen. Damit gehörte Harrison zum linken Flügel der Republikaner. Während der Rekonstruktionszeit ging ihm der Ruf voraus, Vertreter der radikalen Republikaner zu sein. Seine öffentlichen Reden steigerten seinen Bekanntheitsgrad, und so war es nicht weiter verwunderlich, dass er 1876 als Kandidat für die Gouverneurswahlen aufgestellt wurde, nachdem er 1872 diese Nominierung knapp verfehlt hatte. Rhetorisch glänzend, persönlich aber distanziert und kühl trat Harrison bei den Wahlveranstaltungen auf. Seine Unnahbarkeit brachte ihm den Ruf eines Eisberges ein.

Letztendlich war aber nicht diese Charakterseite Harrisons für seine Niederlage gegenüber dem demokratischen Kandidaten Williams ausschlaggebend. Williams hatte sich mehr auf die Farmer konzentriert, während Harrison vor allem bei den Städtern und ehemaligen Soldaten um Stimmen geworben hatte. Trotzdem war das öffentliche Auftreten für Harrison ein Erfolg, gewann er dadurch viele einflussreiche Freunde und Bekannte und drang auch über die Grenzen Indianas hinaus als Politiker in das Bewusstsein der Bevölkerung sowie verschiedener Partei- und Regierungskreise. 1878 hatte er den Vorsitz auf dem republikanischen Konvent inne, und zwei Jahre später wurde er zum Leiter der republikanischen Delegation Indianas auf dem Wahlkonvent gewählt, wo er für die Nominierung Garfields eintrat. Dieser bot ihm nach seiner Wahl einen Posten im Kabinett an, den Harrison aber ausschlug, da er gerade in den Senat gewählt worden war.

Als Senator (1881–1887) leitete er das »Committee on Territories«, wo er sich energisch für die Aufnahme der Weststaaten in die Union einsetzte. Des Weiteren vertrat er die Zollauffassung der Republikaner und sprach sich für die Beibehaltung der hohen Schutzzölle aus. Gegen das Veto von Präsident Cleveland stimmte er für das Rentengesetz für Veteranen des Bürgerkrieges und auch für den Ausbau der Flotte. Er gehörte zu den Fürsprechern der Reformen des Staats- und Verwaltungsdienstes.

1884 hatte sich Harrison auf dem Konvent der Republikaner um die Nominierung als Präsidentschaftskandidat bemüht. Die Mehrzahl der Delegierten hatte jedoch Blaine den Vorzug gegeben. Vier Jahre später stellte sich Harrison jedoch erneut zur Wahl, gemeinsam mit 14 anderen Bewerbern. Seine Erfolge im Bürgerkrieg, seine berühmten Vorfahren und die Aussicht, mit ihm die 15 Stimmen des Staates Indiana, der als sehr wahllabil galt, zu sichern, führten dazu, dass er im achten Wahlgang als Präsidentschaftskandidat nominiert wurde. Harrison führte einen ausgedehnten Wahlkampf. In seinen zahlreichen Reden thematisierte er besonders die Schutzzollpolitik und die Rentengesetzgebung. Das Wahlergebnis gehört zu den beachtenswertesten in der Geschichte der USA, da »Popular Vote« und »Electoral Vote« auseinander fielen, was bisher insgesamt nur drei Mal der Fall war. So gewann Cleveland die Popular Vote mit ca. 100.000 Stimmen Vorsprung, aber Harrison die entscheidende Electoral Vote mit 233 : 168 Wahlmännern. Bei der Auswahl seines Kabinetts versuchte Harrison, die verschiedenen Richtungen innerhalb der Partei zu beteiligen und zu einen. James Blaine wurde so sein Außenminister. Innenpolitisch stand die Aufnahme der Staaten North und South Dakota, Washington, Montana, Wyoming und Idaho auf der Tagesordnung. Damit entstand erstmals eine geschlossene Reihe von Staaten zwischen dem Atlantik und dem Pazifik. Wyoming war der erste Staat, der das Frauenwahlrecht in seine Verfassung aufgenommen hatte. Die Regierung kaufte während der Amtszeit Harrisons in großem Maße Land von den Indianern und gab 1889 Oklahoma, das frühere Indian Territory, zur Besiedlung frei. Des Weiteren wurden unter der Regierung von Harrison die folgenden vier Gesetze verabschiedet: Das schon lange diskutierte Rentengesetz, das jedem, der wenigstens 90 Tage im Bürgerkrieg gedient hatte und nun nicht mehr selbst für seinen Unterhalt sorgen konnte, das Recht auf eine staatliche Rente zusicherte. Zweitens der 1890 verabschiedete McKinley-Zolltarif, der die bestehenden Schutzzölle weiterhin relativ hoch hielt, durch eine Reziprozitätsklausel sowie durch Schutzzölle für landwirtschaftliche Erzeugnisse und eine Liste zollfreier Waren jedoch abgemildert werden sollte. Es wurde aber trotzdem das wohl unpopulärste Gesetz der Harrison-Administration. Als drittes bedeutendes Gesetz, wenn auch ohne allzu große praktische Wirkung, wurde im selben Jahr das Sherman-Antitrust-Gesetz angenommen, das sich ursprünglich gegen die Bildung von marktkontrollierenden Trusts richten sollte, aber so unpräzise gefasst war, dass keine reellen Effekte erzielt wurden. Teilweise wurde es auch gegen Gewerkschaften eingesetzt. Als Letztes soll noch der »Sherman-Silver-Purchase-Act« erwähnt werden, der eine verstärkte Silberdeckung des Geldes gewährleisten sollte, jedoch 1893 bereits wieder außer Kraft gesetzt wurde.

Unter Harrison wurde auch die Forcierung der Flottenrüstung, mit der seine Vorgänger ja bereits begonnen hatten, weiter vorangetrieben. Die innenpolitische Lage zur Amtszeit Harrisons war aber auch durch Arbeiterunruhen gekennzeichnet. So wurden während des Homestead-Streikes 1892, als die Carnegie Steel Company die Löhne kürzen wollte und gegen die streikenden Arbeiter in Homestead in Pennsylvania Werkpolizei einsetzte, neun Arbeiter und sieben Polizisten getötet. Daraufhin billigte Harrison den Einsatz von Militär. Der Protest der Arbeiter endete letztendlich mit einer Niederlage ihrer Gewerkschaft, der »Amalgamated Association of Iron and Steel Workers«. Fast zur gleichen Zeit war es auch unter den Arbeitern der Silberminen in Idaho zu Streiks und Auseinandersetzungen zwischen Streikenden und Streikbrechern gekommen. Auch hier ließ Harrison Bundestruppen zur Beilegung der Arbeiterunruhen einsetzen. Diese Maßnahmen blieben nicht ohne Auswirkung bei den nächsten Präsidentschaftswahlen. Die Arbeiterstimmen hatte Harrison damit größtenteils verloren.

Außenminister Blaine gehörte im Kabinett Harrison zu den erfahrenen und entscheidungsfreudigen Ministern. Sein Ziel war die Ausweitung der Wirtschaft. Als Vertreter des modernen Panamerikanismus strebte er nach neuen Märkten für amerikanische Produkte besonders in Mittel- und Südamerika. Hauptkonkurrent in diesem Bereich war nach wie vor Großbritannien, das beispielsweise 13-mal mehr Baumwolle und 100-mal mehr Eisen nach Lateinamerika exportierte als die USA.

Auf Betreiben Blaines trat im Oktober 1889 in Washington eine Wirtschaftskonferenz amerikanischer Staaten zusammen, an der immerhin 19 lateinamerikanische Staaten teilnahmen, nachdem schon im März 1889 eine lateinamerikanische Handelskommission gegründet worden war. Blaines Ziel war es, zu einer Zollunion zu kommen sowie eine Export- und Importbank ins Leben zu rufen. Wenn dies auch nicht erreicht wurde, so deuteten doch die Empfehlung des Baus einer panamerikanischen Eisenbahn und die Einrichtung regelmäßiger Schiffsverbindungen auf ein allgemeines Interesse der Beteiligten an engeren Handelsbeziehungen hin. Wirtschaftliche und politische Expansionsbestrebungen lenkten den amerikanischen Blick aber auch auf die pazifischen Gebiete und Ostasien. So äußerten die USA ähnlich wie Deutschland und Großbritannien starkes Interesse an Samoa. Gemeinsame Verhandlungen führten zur Errichtung eines Protektorates dieser drei Staaten über Samoa. Das Interesse der USA an Hawaii wurde nach dem Sturz der Königin und der Etablierung einer republikanischen Regierung in Hawaii besonders deutlich. Ein vorbereiteter Annexionsvertrag, der in Washington unterzeichnet worden war, fand im Kongress nicht die notwendige Zweidrittelmehrheit. Cleveland zog dann diesen Vertrag gleich zu Beginn seiner zweiten Amtszeit aus dem Senat zurück.

Während der Amtszeit Harrisons wurde 1891 im Weißen Haus das elektrische Licht installiert. Nachdem der Präsident jedoch einmal einen elektrischen Schlag bekommen hatte, war ihm alles Elektrische sehr suspekt. Aus Angst, den Schalter betätigen zu müssen, ging er des Öfteren mit Kerzenlicht schlafen.

Im letzten Jahr seiner Amtszeit traf Harrison ein schwerer persönlicher Schicksalsschlag. Seine Frau verstarb an Tuberkulose.

Nach Ablauf seiner Amtszeit stellte sich Harrison erneut zur Präsidentenwahl. Diesmal unterlag er Cleveland. Harrison zog sich nach Indianapolis zurück, wo er sich intensiv seiner Arbeit als Rechtsanwalt widmete. Er veröffentlichte verschiedene rechtswissenschaftliche Arbeiten zur individuellen Rechtslage, zur persönlichen Freiheit und zur Problematik der Bürgerrechte. Außerdem schrieb er Aufsätze und Bücher über seine eigenen Erfahrungen mit dem Regierungssystem und über seine Zeit im Weißen Haus. 1894 und 1896 stand er seiner Partei als Kampagneführer bei den Wahlen zur Verfügung. Seine große Popularität als Anwalt führte dazu, dass er für Venezuela ab 1899 an einer Schiedskonferenz, die einen venezuelisch-britischen Grenzkonflikt behandelte, teilnahm. Zwei Jahre arbeitete er an diesem Fall, den er mit einer 25-stündigen Argumentationsrede abschloss.

Am 6. April 1896 heiratete Harrison Mary Scott Lord Dimmick, eine Nichte seiner ersten Frau. Aus dieser Ehe ging eine Tochter hervor, die jünger war als vier seiner Enkelkinder aus erster Ehe.

Mit zunehmendem Alter wurde Harrison umgänglicher. Sein unnahbares Wesen verschwand, er wurde ruhiger und humorvoller und in seinen Ansichten liberaler.

Am 13. März 1901 starb Harrison an einer Lungenentzündung. Er wurde in Indianapolis beigesetzt.

Bibliographische Hinweise

Die Reden und Schriften Harrisons aus seiner Präsidentenzeit sind abgedruckt in:

Public Papers and Addresses of Benjamin Harrison, March 4, 1889 to March 4, 1893, Washington 1893.

Eine Chronik, Dokumentation und Bibliographie zum Leben Harrisons bietet:

Benjamin Harrison, 1833–1901 – Chronology – Documents – Bibliographical Aids, hg. v. H. J. Sievers, Dobbs Ferry, New York, 1969.

Als biografische Arbeiten über Harrison sind unter anderen erschienen:

Harry J. Sievers, Benjamin Harrison: Hoosier Warrior, Chicago 1952, 2. Aufl. 1960.

Ders., Benjamin Harrison: Hoosier Statesman, New York 1959.

Ders., Benjamin Harrison: Hoosier President, New York 1968.

Homer E. Socolofsky/Allan B. Spetter, The Presidency of Benjamin Harrison, Lawrence, Kansas, 1987.

Aus der Feder Harrisons stammen:

Benjamin Harrison, This Country of Ours, New York 1897.

Benjamin Harrison, Views of an Ex-President, Indianapolis 1901.

William McKinley

1843–1901

25. PRÄSIDENT DER USA 1897–1901

29. Januar 1843	William McKinley wird in Niles, Ohio, geboren.
1861–1865	McKinley kämpft als Soldat, später als Offizier, im Bürgerkrieg.
1867	McKinley wird nach einem Rechtsstudium als Anwalt in Canton, Ohio, zugelassen.
1871	Heirat mit Ida Saxton (1847–1907).
1877–1891	McKinley gehört, mit Ausnahme der Jahre 1883–1885, als Abgeordneter dem Repräsentantenhaus an.
1892–1896	Gouverneur von Ohio.
1896	McKinley gewinnt die Präsidentschaftswahlen für die Republikaner.
1897–1901	Präsident der USA.
6. September 1901	Revolverattentat auf McKinley in Buffalo, New York.
14. September 1901	McKinley stirbt im Alter von 58 Jahren an den Folgen des Attentats, er wird in seinem Heimatort Canton, Ohio, begraben.

William McKinley war Präsident in einer Zeit des Übergangs der USA zur aktiven Weltpolitik. Damals entstand im Ergebnis des Krieges von 1898 gegen Spanien ein eigenes, koloniales Empire der Vereinigten Staaten.

Wenn auch nicht unbestritten, so gilt McKinley heute unter den Historikern seines Landes wegen seiner Führungsqualitäten gegenüber Kongress, Partei und öffentlicher Meinung als der »erste moderne Präsident«.[1]

William McKinley wurde am 29. Januar 1843 in Niles, Ohio, geboren. Die Familie stammte väterlicherseits aus Schottland. Großvater und Vater waren Unternehmer in der örtlichen Eisenindustrie. Der Vater war Methodist, eingefleischter Republikaner und Anwalt der Schutzzollpolitik. Der junge William, ebenfalls Mitglied der Methodist Episcopal Church, war nach dem Besuch der Public School in Niles und Poland, Ohio, und einem College in Meadville, Pennsylvania, frühzeitig als Landlehrer, dann auch als Postangestellter tätig. Im Bürgerkrieg meldete er sich freiwillig als Soldat zur Unionsarmee, zeichnete sich in zahlreichen Gefechten und Schlachten aus, wurde wiederholt befördert und bekleidete zuletzt den Rang eines Majors. Sein tapferes Verhalten im Krieg nährte später, in den Jahren seines politischen Aufsteigens, die Popularität McKinleys. Nach Kriegsende studierte er die Rechte und wurde 1867 in Canton, Ohio, als Anwalt zugelassen. In seinen ersten politischen Reden trat er damals zugunsten des Wahlrechts für die befreiten schwarzen Amerikaner ein. 1869 wurde er auf zwei Jahre zum Anklagevertreter von Stark County in seinem Heimatstaat gewählt.

1871 heiratete McKinley Ida Saxton, die aus einer angesehenen Bankiersfamilie in Canton stammte. Nach der Geburt zweier Töchter führte eine Epilepsie Ida McKinleys zu deren dauerndem Invalidentum. Die liebevolle Sorge für seine kranke Frau – die auch in den Jahren der Präsidentschaft an seiner Seite blieb – wurde zu einem charakteristischen Zug des Mannes.

In seiner Anwaltstätigkeit verteidigte er 1876 eine Gruppe von Bergarbeitern, die wegen der Teilnahme an einem Streik unter Anklage standen, und erreichte ihren Freispruch. Dies begründete seine Popularität unter Arbeiterwählern, die seit dem Bürgerkrieg der Republikanischen Partei Lincolns nahe standen. Später setzte sich der liberale und moderate McKinley für die Schlichtung von Arbeitskämpfen ein, die damals häufig zu bürgerkriegsartigen Spannungen in den Industrieregionen führten.

Von 1877 bis 1891 gehörte McKinley mit Ausnahme einer Wahlperiode (1883/84) als republikanischer Abgeordneter dem Kongress an und machte sich nun als Befürworter der von der Industrie geforderten Hochschutzzölle einen Namen. Für ihn lagen Schutzzölle im nationalen Interesse, im Interesse von industriellem Wachstum und Unabhängigkeit. Der protektionistische »McKinley Tariff Act« von 1890 wurde von ihm mit initiiert. Die öffentliche Auseinandersetzung über die besonders bei den Verbrauchern umstrittenen erheblichen Zollerhöhungen führten in diesem Jahr dazu, dass McKinley nicht wieder in den Kongress gewählt wurde.

Nach dem Ausscheiden aus dem Kongress gewann McKinley die Freundschaft und Unterstützung von Marcus A. Hanna, eines einflussreichen Industriellen und Parteiführers der Republikaner in seinem Heimatstaat Ohio, der den Typ des modernen, effektiv tätigen Parteimanagers verkörperte. Hanna sicherte enge Beziehungen der Republikaner zum Großkapital ebenso wie er sich als Anwalt einer flexiblen Arbeiterpolitik um die Zusammenarbeit mit dem Gewerkschaftsdachverband American Federation of Labor (AFL) bemühte.

Von Hanna unterstützt, gewann McKinley 1891 und nochmals 1893 die Gouverneurswahlen in Ohio. Als Gouverneur rief er die Nationalgarde zur Beendigung von Arbeiterunruhen zu Hilfe, führte eine Verbrauchssteuer für Unternehmen (corporations) sowie eine Arbeiterschutzgesetzgebung für Transportarbeiter ein und beschränkte gewerkschaftsfeindliche Praktiken der Unternehmer. Bald bekleidete er dank seines taktischen Geschicks und seiner flexiblen Haltung in sozialpolitischen Fragen eine führende Stellung in der Republikanischen Partei.

Hatte er sich 1892 noch erfolglos um die Nominierung als republikanischer Präsidentschaftskandidat bemüht, wurde er nun 1896 bereits im ersten Wahlgang zum Präsidentschaftskandidaten der Republikaner nominiert. Um die Vizepräsidentschaft bewarb sich mit ihm der Jurist, erfolgreiche Geschäftsmann und Senator in New Jersey, Garret A. Hobart. Der Wahlkampf zwischen McKinley und dem Demokraten William J. Bryan wurde mit aller Schärfe geführt. Bryan trat leidenschaftlich für die Farmerforderung nach Einführung der Silberwährung ein. Er war zu jener Zeit der Kandidat der populistischen Kritik von Farmern und Arbeitern an der Übermacht der großen Vermögen, an der »Herrschaft des Goldes«. McKinley dagegen repräsentierte vor allem die etablierte »Mittelklasse« und die sozialen »Aufsteiger«. Er wurde massiv von der Geschäftswelt unterstützt, hatte durch seinen Ruf als Arbeiterfreund aber auch Einfluss unter den Arbeitern der großen Städte. McKinley führte den Wahlkampf – was damals nur noch selten vorkam – als »front porch«-Kampagne, d. h. von seinem Heimatort Canton, Ohio, aus. Die Eisenbahngesellschaften beförderten seine Anhänger in Mengen und zu Sondertarifen zu seinen dortigen Wahlkundgebungen. Auch war McKinley der erste Präsident, der das Telefon für Wahlkampfzwecke benutzte; er hatte telefonisch Verbindung mit seinen Wahlkampfmanagern in 38 Bundesstaaten. Sein Programm enthielt sowohl Standardforderungen der Industrie und Finanzwelt wie Goldwährung und Schutzzölle als auch liberale Reformpassagen von der Verurteilung des Lynchens über den Vorschlag einer

Schlichtungskammer für Arbeitskämpfe bis zur Anerkennung der Frauenrechte. Außenpolitisch befürworteten die Republikaner den Übergang zur expansiven Weltpolitik, vorerst besonders die Kontrolle über Hawaii, den Bau eines Kanals durch Mittelamerika und den Kauf der dänischen Westindienbesitzungen (Jungferninseln).

Die effektive, geschäftsmäßige Organisation des Wahlkampfes durch Hanna, ein Rekordwahlfonds in Höhe von 3,5 Mio. $, die Abschwächung der Wirtschafts- und Agrarkrise im Wahljahr und die Popularität des republikanischen Kandidaten mit seinem pluralistisch angelegten Programm sicherten McKinley den deutlichsten Wahlsieg seit den Zeiten Grants (Wahlen von 1872). Für McKinley stimmten 7,1 Mio. (= 51 %), für Bryan nur 6,5 Mio. (= 47 %) der Wähler. Nach Wahlmännern siegte McKinley mit 271 : 176 Stimmen über Bryan. Auch im Kongress konnten die Republikaner damals ihre Mehrheit verteidigen.

Als William McKinley am 4. März 1897 die Präsidentschaft übernahm, war dies ein Zeitpunkt, als die lange Wirtschaftskrise von 1893 bis 1897, deren folgenschwere Auswirkungen für die Wirtschaft, für Farmer und Arbeiter er in seiner Antrittsbotschaft schilderte, zu Ende ging. »Die Landwirtschaft liegt darnieder und die Arbeit hat Schaden erlitten. Die Wiederbelebung der Fabrikproduktion wird beiden helfen.«[2] Eine neue Konjunktur kündigte sich damals an, die bis 1907 anhielt und durch den Goldzufluss aus Kanada und Alaska kräftig belebt wurde. Die Jahre seit 1897 waren ferner dadurch gekennzeichnet, dass die Konzentration und Zentralisation der Produktion und des Kapitals, vor allem in Gestalt der Entstehung neuer mächtiger Trusts oder Holdinggesellschaften und die Verbindungen zwischen Industrie und Banken in Form einflussreicher Finanzgruppen sprunghaft voranschritten. Die Wirtschafts-, Finanz- und Sozialpolitik des Präsidenten erhielt damit eine wachsende Bedeutung. Die flexible Handhabung der Schutzzölle und der Aufrechterhaltung des Goldstandards der Währung sowie ein gutes Verhältnis zu den AFL-Gewerkschaften waren nun Eckpunkte seiner Politik. Schließlich hatte der neue Präsident von seinen Vorgängern das Erbe einer schwachen Stellung im Verhältnis zum Kongress geerbt. Es war McKinley daran gelegen, die Präsidentenmacht zu stärken und zu beleben. Von Amtsbeginn an stellte er gute Beziehungen zur Presse her, suchte die Publizität des Amtes durch Reisen im Lande zu heben und erweiterte seinen Einfluss auf den Kongress. Dabei war sein politischer Stil von Natur eher leise und indirekt, er zog gern die Fäden hinter den Kulissen, liebte Ausgleich und Harmonie.

Der »Dingley Tariff Act« von 1897 erhöhte die Schutzzölle weiter, gab dem Präsidenten aber zugleich Vollmacht, in Verhandlungen mit Handelspartnern gegenseitige Zollsenkungen auszuhandeln. 1900 folgte ein Währungsgesetz, das den Goldstandard für die Währung festschrieb und die Prägung von Silbermünzen begrenzte. Durch regelmäßige Kontakte zum Präsidenten der AFL-Gewerkschaften, Samuel Gompers, suchte McKinley, die gewerkschaftlich organisierten Arbeiter für die Politik seiner Administration zu gewinnen.

Sein Ziel war es, »den erkennbar einsetzenden Konjunkturaufschwung zu unterstützen, Störungen fern zu halten und nach der hektischen Aufregung über den Populismus, das Vordringen von Sozialisten in der amerikanischen Gewerkschaftsbewegung und die spontanen Aktionen von Dauerarbeitslosen wieder zu einer gesellschaftlich-politischen Ruhelage zurückzufinden«.[3]

Zum Hauptereignis der Präsidentschaft McKinleys wurde das amerikanische Eingreifen in den seit 1895 andauernden kubanischen Befreiungskampf gegen Spanien. Diese Politik führte den spanisch-amerikanischen Krieg von April bis August 1898 herbei. Der Krieg und die Nutzung seiner Ergebnisse durch McKinley eröffneten die erste Runde einer ausgreifenden Weltpolitik der USA Die expansive Politik seit 1898 – die von den beiden Nachfolgern McKinleys fortgesetzt wurde – beruhte auf dem Drang nach neuen Märkten, Rohstoffquellen und strategischen Besitzungen im karibischen Raum und im Fernen Osten. Sie ermöglichte es aber auch, sozialen Konfliktstoff durch eine nationalistische Woge der Begeisterung für diesen Krieg unter Kontrolle zu bringen.

McKinley, eher ein zögernder Expansionist[4], schwenkte nach anfänglicher Zurückhaltung bald auf die Positionen der Befürworter des Krieges gegen Spanien (Senator Lodge, Captain Mahan, stellvertretender Marineminister Theodore Roosevelt und die Hearst- und Pulitzer-Presse) ein. Nach Kriegsbeginn am 24. April 1898 wurde er ein strikter Wegbereiter auswärtiger Eroberungen und kolonialer Annexionen. Strategische Absichten des Krieges zeigten sich darin, dass der Chef der amerikanischen Pazifikflotte, Kommodore Dewey, bereits im Februar 1898 die Weisung aus Washington erhielt, nach Kriegsbeginn die spanische Flotte vor den Philippinen anzugreifen. In dem kurzen Krieg, während dessen Verlauf die USA jede engere Kooperation mit den kubanischen Kämpfern vermieden, wurden die spanischen Streitkräfte auf Kuba und den Philippinen geschlagen. Die amerikanischen Verluste waren mit 4100 Toten und Verwundeten niedrig. Im darauf folgenden Frieden von Paris (10. Dezember 1898) setzte McKinley die Annexion der Philippinen, Puerto Ricos und Guams sowie die Errichtung der Vorherrschaft der USA über das nun formal unabhängige Kuba durch.

Zeitlich parallel zum Krieg mit Spanien wurde im Juli 1898 auch die bislang formell unabhängige Republik Hawaii annektiert. Sie lag wegen ihrer wirtschaftlichen und strategischen Bedeutung schon lange im Blick der amerikanischen Außenpolitik. Der Öffentlichkeit erläuterte McKinley den Sinn der Eroberungen mit den Worten (12. Oktober 1898): »Wir benötigen neue Märkte, und insofern als der Handel der Flagge folgt, sieht es ganz danach aus, dass wir neue Märkte haben werden.«[5]

Die von einem Teil der Öffentlichkeit (Bryan, Carnegie, Cleveland, Gompers, Mark Twain, Schurz u. a.) durchaus kritisch diskutierte Expansion wurde nach dem Ende des spanisch-amerikanischen Krieges von der McKinley-Administration besonders nach Asien hin fortgesetzt. Unter Kriegsminister Elihu Root begann die Modernisierung der Streitkräfte. Der Unabhängigkeitskampf der Filipinos gegen die neue amerikanische Fremdherrschaft wurde zwischen 1899 und 1902 niedergeschlagen. 1899 forderte Außenminister Hay in einer diplomatischen Note von den anderen Mächten die Respektierung der von den USA gewünschten »Politik der offenen Tür« gegenüber China, um den ungehinderten Zugang auf den chinesischen Markt zu sichern. Gemeinsam mit den anderen Mächten beteiligten sich die USA 1900/01 mit 2500 Marinesoldaten an der Niederschlagung des Boxeraufstandes (Ihetuan-Aufstand) in China. Der Krieg von 1898, die Haydoktrin und die Intervention in China zeigten, dass die USA unter Präsident McKinley nun direkt an den weltweiten Aktionen und Rivalitäten der Großmächte teilhatten.

Bei den Präsidentschaftswahlen des Jahres 1900 wirkten dann der wirtschaftliche Aufschwung und die Hochstimmung im Gefolge des Krieges zugunsten McKinleys. Er siegte neuerlich mit einem klaren Vorsprung (7,2 zu 6,4 Mio. Stimmen) über den Demokraten Bryan, in dessen Lager auch die Annexionsgegner zu finden waren. Die republikanische Kongressmehrheit wurde ausgebaut. In der Wahlkampagne war McKinleys Vizepräsidentschaftskandidat Theodore Roosevelt, der in Kuba an der Spitze einer Freiwilligeneinheit gekämpft hatte, aktiv beteiligt.

In der zweiten Amtszeit McKinleys, die am 4. März 1901 begann, wurden Verhandlungen mit Großbritannien über den Kanalbau in Mittelamerika geführt, die den USA freie Hand für den Bau, die Kontrolle und militärische Befestigung eines Kanals durch die Landenge von Panama sicherten. Außerdem beanspruchten die USA damals mit dem Platt-Amendment (2 März 1901) das Interventionsrecht in Kuba und festigten damit die Vorherrschaft über dieses Land. Für McKinley hatte ein neues Zeitalter der amerikanischen Außenpolitik begonnen. Am 5. September 1901 führte er in Buffalo, New York, aus: »Isolation ist nicht länger möglich oder wünschenswert ... Die Periode der Exklusivität ist vergangen. Die Ausweitung unseres Handels und Geschäfts bildet das beherrschende Problem.«[6]

Einen Tag später, als der Präsident die Pan-Amerikanische Ausstellung in Buffalo besuchte, verübte ein Arbeitsloser, der sich als Anarchist ausgab[7], ein Revolverattentat auf McKinley, an dessen Folgen er am 14. September 1901, erst 58 Jahre alt, verstarb.

Im Nachruf äußerte sein Außenminister Hay: »Er zeigte uns zu Lebzeiten, wie ein Bürger leben sollte, und lehrte uns in seinen letzten Stunden, wie ein Gentleman stirbt.«[8] Seine große Popularität und Beliebtheit bei vielen Zeitgenossen machten nach dem Ersten Weltkrieg eher kritischer Distanziertheit Platz. Heute nimmt er in der Sicht der amerikanischen Historiker einen Mittelplatz ein, doch gilt er als Realist, offen für die sozialen und politischen Veränderungen seiner Zeit, »gut informiert, einfallsreich und entschlossen«.[9]

ANMERKUNGEN

1 Lewis L. Gould, William McKinley, in: The American Presidents. The Office and the Men, hg. v. Frank N. Magill/John L. Loos, Bd. 2, Pasadena, California/Englewood Cliffs, New Jersey, 1986, S. 451.

2 A Compilation of the Messages and Papers of the Presidents, hg. v. James D. Richardson, Bd. 8, Washington, D. C., o. J., S. 6239.

3 Hans Ulrich Wehler, Grundzüge der amerikanischen Außenpolitik I: 1750–1900, Frankfurt a. M. 1984, S. 197.

4 So der Titel des Buches von John Dobson, Reticent Expansionism. The Foreign Policy of William McKinley, Pittsburgh 1988.

5 H. Wayne Morgan, Amenca's Road to Empire. The War with Spain and Overseas Expansion, New York/London/Sydney 1965, S. 92.

6 Compilation of the Messages, Bd. 8, S. 6619, 6621.

7 Der Attentäter, Leon Czolgosz, war in der anarchistischen Bewegung bis kurz vor der Tat unbekannt, der Hintergrund der Tat blieb unklar. Vgl.: Sidney Fine, Anarchism and the Assassination of McKinley, in: American Historical Review, Bd. 60, July 1955, S. 777 ff.

8 American Presidents, Bd. 2, S. 450 f.

9 H. Wayne Morgan, William McKinley, in: Research Guide to American Historical Biography, hg. v. Robert Muccigrosso/Suzanne Niemeyer, Bd. 2, Washington, D. C., 1988, S. 1055.

Bibliographische Hinweise

Die Reden und Botschaften McKinleys aus der Zeit der Präsidentschaft sind abgedruckt in:
A Compilation of the Messages and Papers of die Presidents, hg. v. James D. Richardson, Bd. 8, Washington, D. C, o. J., S. 6234–6636.
Eine Bibliographie liegt vor:
William McKinley: A Bibliography, hg. v. Lewis L. Gould/Craig H. Roell, London 1988.
Eine Chronik, Dokumentation und Bibliographie zum Leben McKinleys bietet:
William McKinley, 1843–1901, hg. v. Harry J. Sievers, Dobbs Ferry, New York, 1970.
Über Politik und Präsidentschaft McKinleys informieren:
Margaret Leech, In the Days of McKinley, New York 1959.
H. Wayne Morgan, William McKinley and His America, Syracuse, New York, 1963, Neuauflage: Kent, Ohio 2003.
Ders., America's Road to Empire. The War with Spain and Overseas Expansion, New York/London/Sydney 1965.
Lewis L. Gould, The Presidency of William McKinley, Lawrence, Kansas, 1980.
Ders., The Spanish-American War and President McKinley, Lawrence, Kansas, 1982.
John Dobson, Reticent Expansionism: The Foreign Policy of William McKinley, Pittsburgh 1988.
Brad K. Berner, The Spanish-American War: a historical dictionary, Lanham, Md., 1998.

THEODORE ROOSEVELT

1858–1919

26. PRÄSIDENT DER USA 1901–1909

27. Oktober 1858	Theodore Roosevelt wird in New York City geboren.
1876–1880	Studium am Harvard College.
1880	Heirat mit Alice Hathaway Lee (1861–1884).
1882–1884	Roosevelt ist republikanischer Abgeordneter in der New Yorker »State Assembly«.
1886	Roosevelt heiratet nach dem Tod seiner ersten Frau Edith Kermit Carow (1861–1948).
1889–1895	Mitglied der »U. S. Civil Service Commission«.
1895–1897	Präsident des »New York City Police Board«.
1897–1898	»Assistant Secretary of the Navy« im Kabinett McKinleys.
1898	Roosevelt nimmt als Kavallerieoberst in Kuba am spanisch-amerikanischen Krieg teil.
1899–1900	Gouverneur im Staat New York.
März–Sept. 1901	Vizepräsident unter McKinley.
1901–1909	Präsident der USA.
1906	Roosevelt erhält den Friedensnobelpreis für die Vermittlung im Russisch-Japanischen Krieg.
1912	Roosevelt ist ohne Erfolg Präsidentschaftskandidat der »Progressive Party«.
1913–1914	Roosevelt auf Entdeckungsreise durch Brasilien.
6. Januar 1919	Roosevelt stirbt im Alter von 60 Jahren in Oyster Bay, New York, wo er auch beigesetzt wird.

Theodore (»Teddy«) Roosevelt, mit 42 Jahren der jüngste Präsident beim Amtsantritt, prägte mit seinem persönlichen Stil erheblich die Präsidentenmacht in seiner Zeit. Er erweiterte Stellung und Einfluss des Präsidenten wesentlich. Mit seinen widersprüchlichen Zielen als innenpolitischer Reformer einerseits und Verfechter außenpolitischer Expansion und militärischer Stärke andererseits ist er politisch schwer zu klassifizieren. Weiterhin ist für ihn die von Richard Hofstadter geprägte Formel gültig, die in Roosevelt »den Konservativen als Progressiven« sieht.[1]

Theodore Roosevelt wurde am 27. Oktober 1858 in New York City geboren. Er stammte aus einer etablierten und vermögenden New Yorker Familie, die auf holländische und schottische Vorfahren zurückblickte. Der Vater war Geschäftsmann, Bankier, Philanthrop und Reformer, die Mutter stammte aus einer angesehenen Pflanzerfamilie in Georgia.

Der junge Roosevelt wurde zunächst durch Privatlehrer erzogen. Auf Reisen mit der Familie besuchte er zwischen 1869 und 1873 verschiedene europäische Länder und Ägypten. In Dresden lernte er 1873 während eines längeren Aufenthalts Deutsch und Französisch.

Von Natur aus von schwächlicher Konstitution, kurzsichtig und asthmatisch, trieb er seit seiner Kindheit und Jugend systematisch Sport, nahm Boxunterricht, lernte Judo und tat alles, um sich körperlich fit zu halten. Noch als Präsident pflegte er regelmäßig mit Sparringspartnern zu boxen.

Während seines vierjährigen Studiums an der Harvard-Universität (1876–1880) zeigte er besonderes Interesse für Naturgeschichte, die damals unter dem Einfluss Darwins stand. Danach widmete er sich mit der für ihn charakteristischen vitalen Aktivität und getrieben von einem brennenden Ehrgeiz, sich auszuzeichnen, unterschiedlichen Aufgaben. Im Alter von 24 Jahren veröffentlichte er 1882 sein erstes Buch »The Naval War of 1812«. Bereits darin zeigte sich sein lebenslanges Eintreten für strikte Flottenrüstung und die Pflege militärischer Tugenden, aber auch sein Anknüpfen an die – bei den Republikanern zu jener Zeit verschüttete – föderalistische Tradition des Bekenntnisses zu einem starken Staat. »Die Energie, die er in den folgenden zwei Jahrzehnten im Sport, in der Wissenschaft, Politik und selbst im tatsächlichen physischen Kampf bewies, machte aus ihm eine Art nationaler Legende, lange bevor er Präsident wurde.«[2]

1880 heiratete Roosevelt die 19-jährige Alice Hathaway Lee, die charmante und intelligente Tochter eines prominenten Bankiers in Massachusetts. Die junge Frau starb 1884, zwei Tage nach der Geburt ihrer Tochter Alice Lee Roosevelt (1884 bis 1980), noch im Kindbett an den Folgen einer schweren Nierenerkrankung.

Seine politische Laufbahn begann Roosevelt 1882 als unabhängiger Republikaner im Abgeordnetenhaus (Assembly) des Staates New York. Sein Eintreten für politische Reformen, speziell im Verwaltungsbereich (Civil Service), machte auf den jüngsten Abgeordneten der Kammer aufmerksam. Zwei Jahre später begann er das Leben eines Viehzüchters, Cowboys und Jägers auf seiner Ranch in North Dakota zu führen, zeitweilig arbeitete er auch als Deputy Sheriff. 1886 kandidierte er ohne Erfolg für das Amt des Bürgermeisters von New York City, das damals eine Domäne der Demokraten war. Im Dezember desselben Jahres heiratete er Edith Kermit Carow, die Freundin seiner Schwester Corinne. Aus der Ehe gingen fünf Kinder hervor, vier Söhne und eine Tochter. Die zweite Mrs. Roosevelt ließ später, in der Zeit der Präsidentschaft ihres Mannes, das Weiße Haus für 475.000 $ um- und neu ausgestalten wobei sie auch eine Gemäldegalerie der First Ladys einrichtete.

Präsident Harrison berief Roosevelt 1889 als Mitglied in die »Civil Service Commission«, in der er sich energisch für eine damals dringlich erscheinende Verwaltungsreform einsetzte. 1895 übernahm er die Leitung der New Yorker Polizeibehörde. In dieser Tätigkeit lernte er Korruption und die Elendsviertel der Stadt mit eigenen Augen kennen. Durch den Einfluss seiner politischen Freunde, vor allem von Senator Henry Cabot Lodge, wurde Roosevelt unter Präsident McKinley 1897 stellvertretender Marineminister (Assistant Secretary of die Navy). Als strikter Befürworter der Flottenrüstung und der maritimen Expansion trat Roosevelt wie Logde und andere bekannte Republikaner für den Krieg gegen Spanien ein, das damals in Kuba Krieg gegen die dortige Unabhängigkeitsbewegung führte. Zwei Monate vor Kriegsbeginn wies er auf eigene Verantwortung den Chef der amerikanischen Pazifikflotte, Kommodore Dewey an, seine Schiffe zum Angriff auf das spanische Geschwader vor Manila bereitzuhalten. Nach dem Beginn des Krieges im April 1898 trat er gegen den Rat seiner Freunde und Familienangehörigen von seinem Amt im Marineministerium zurück und stellte aus Freiwilligen eine Kavallerieeinheit auf (»Rough Riders«). Mit ihr nahm er im Rang eines Oberstleutnants (später als Oberst) am Krieg gegen Spanien auf Kuba teil. Sein ungestümes und tapferes Verhalten förderte seinen Ruhm als Kriegsheld.

Im folgenden Jahr stellte er sich, dazu aufgefordert vom konservativen republikanischen Parteiführer Thomas C. Platt, der Gouverneurswahl in New York. Sein Kriegsruhm trug mit zum knappen Wahlsieg bei. Als Gouverneur initiierte er Reformen der Arbeitsbedingungen in der Industrie und setzte die Besteuerung der Konzerne im Verkehrs- und Versorgungssektor durch. Im Konflikt zwischen Kapital und Arbeit sollte sich der Staat – seiner Auffassung nach – neutral verhalten, dabei aber die allgemeine Wohlfahrt fördern. Dieser Reformstandpunkt war nicht nach dem Geschmack der Parteibosse der Republikaner. Sie sorgten dafür, dass Roosevelt auf den meist bedeutungslosen Posten des Vizepräsidenten abgeschoben wurde. Dafür sprach auch, dass der im Westen besonders beliebte Roosevelt in den Wahlen von 1900 dort für McKinley Stimmen einbringen würde.

Als Vizepräsident (seit 4. März 1901) trug sich Roosevelt mit dem Gedanken, die nun reichlich verbleibende Zeit mit der Wiederaufnahme seines Rechtsstudiums auszufüllen. Da starb am 14. September 1901 Präsident McKinley an den Folgen eines Attentats, und Roosevelt wurde noch am gleichen Tag in Buffalo als Präsident vereidigt. McKinleys Freund und Förderer, der republikanische Senator Mark Hanna, meinte dazu: »Schau an! Der verdammte Cowboy ist Präsident der Vereinigten Staaten.«[3]

Als Präsident war Roosevelt eine zwingende und bezwingende Persönlichkeit. Er benutzte virtuos die Machtmöglichkeiten seines Amtes, erwies sich als ein starker Präsident, der es glänzend verstand, die Öffentlichkeit, auch mittels der Presse, im Sinne seiner politischen Ziele zu mobilisieren. Er nutzte seinen Status als »erste moderne Berühmtheit« im Weißen Haus glänzend.[4] Seine Erfahrungen in der Politik, seine solide Bildung und seine Menschenkenntnis kamen ihm als Präsident zustatten. Er blieb dabei zumeist den Anschauungen seiner Zeit, den inneren und äußeren Einflüssen um die Jahrhundertwende, verhaftet. Sein Weltbild war sozialdarwinistisch (»Kampf ums Dasein«), verklärte Kampf und Krieg und hatte einen ausgeprägten Hang zum Aktivismus (»Strenuous Life«, wie sein 1900 erschienenes Buch hieß).

Als leidenschaftlicher Anwalt der Interessen seines Landes, wie er sie sah, als Befürworter von Aufrüstung, Krieg und imperialistischer Weltpolitik, setzte er sich andererseits wiederholt für die friedliche Schlichtung von Konflikten ein und hatte dann das Format eines weiterblickenden Realpolitikers. Von Herkunft, Erziehung und Bildung eher konservativ geprägt, erkannte er frühzeitig die Notwendigkeit durchgreifender Reformen in der Verwaltung, in den kommunalen Verhältnissen, in der Wirtschaft und in der Umweltpolitik. Dem Staat sollten infolge der veränderten Bedingungen in Wirtschaft und Gesellschaft neue Aufgaben bei der Regulierung der Wirtschaft, auch beim Schutz der natürlichen Ressourcen zuwachsen. Dabei waren ihm diese Reformen eher Mittel zum Zweck, nämlich Schritte zur Stärkung seines Landes nach innen und außen. Für ihn war die künftige weltpolitische Führungsrolle der USA ein Glaubenssatz. Kurz bevor er im September 1901 Präsident wurde, erklärte er in Minneapolis: »Uns ist das Privileg gegeben, eine Führungsrolle in dem Jahrhundert zu spielen, das gerade begonnen hat.«[5]

Mit seiner im September 1901 beginnenden Präsidentschaft folgte Roosevelt diesen Leitbildern und den Reformabsichten des »Progressive Movement« jener Zeit. Roosevelts Reformpolitik des »Square Deal«, des »ehrlichen Kurses«, führte einige bemerkenswerte Veränderungen und Neuerungen, besonders in der regulierenden Rolle des Staates, ein. Mit seiner Jahresbotschaft an den Kongress vom 3. Dezember 1902 kündigte der Präsident eine verstärkte Regierungskontrolle über die Trusts und Maßnahmen gegen den Missbrauch ökonomischer Übermacht durch sie an. Im Herbst 1902 setzte Roosevelt erstmals in der Geschichte der Bundesregierung – und gegen den Willen der Bergwerksbesitzer – den Staat zur Schlichtung eines erbitterten Streiks von 150.000 Bergleuten in Pennsylvania ein. Roosevelt sprach sich für eine gesetzliche Regelung der Arbeitsbedingungen, für den Achtstundentag und eine Arbeitsschutzgesetzgebung aus. Sein »Square Deal« zielte jedoch weniger auf die Verbesserung der sozialen Verhältnisse als vielmehr auf die Stabilisierung und Stärkung des Staates. Die Reformen sollten auch die konfliktgeladenen Beziehungen zwischen dem Big Business und den Arbeitern zu jener Zeit entschärfen.

Unter Präsident Roosevelt wurden neue wirtschafts- und sozialpolitische Einrichtungen der Bundesregierung geschaffen. 1903 entstanden das Ministerium für Handel und Arbeit und ein Bundesbüro der Aktiengesellschaften (Federal Bureau of Corporations), das autorisiert wurde, verdächtige Handlungen der Corporationen zu untersuchen und publik zu machen. Der »Elkins Act« (1903) und der »Hepburn Act« (1906) schränkten die Handlungsfreiheit der vertrusteten Eisenbahngesellschaften ein. Andere Gesetze wie der »Pure Food and Drug Act« und der »Meat Inspection Act« von 1906 richteten sich gegen Missbräuche in der Lebensmittel- und der pharmazeutischen Industrie.

Mit Untersuchungen und Anordnungen ging die Regierung auch gegen eine Reihe einflussreicher Trusts – besonders im Bereich der Morgan- und der Rockefeller-Gruppierung – vor. Roosevelt hielt die großen Industriekapitäne und die von ihnen geschaffenen Trusts für unentbehrliche Faktoren des wirtschaftlichen Aufstiegs der Vereinigten Staaten. Nicht um Beseitigung der Trusts, deren Anzahl in seiner Regierungszeit rasch anwuchs, ging es ihm, sondern um die öffentliche Regulierung ihrer Tätigkeit, um die Ausschaltung von missbräuchlicher Anwendung ihrer Macht. Gegen eine Reihe dieser Wirtschaftsgiganten im Bereich der Eisenbahnen, des Versicherungswesens, der Erdölverarbeitung oder Tabakindustrie (Northern Securities Co., New York Life Insurance Co., Standard Oil Co., American Tobacco Co.) begann die Anwendung des Sherman-Antitrustgesetzes von 1890. Auf diesem Wege einer Neugestaltung der Beziehungen zwischen Staat und Konzernwelt entwickelten sich im Zeitalter Roosevelts dann neue Formen der informellen Zusammenarbeit zwischen dem Big Business und der Regierung. Finanziers und Industriekapitäne wie Harriman, Frick, Depew, Morgan, Gould u. a. finanzierten auch die republikanische Wahlkampagne von 1904, in der Roosevelt wiederum kandidierte. Das hinderte ihn nicht, zur Durchsetzung seines politischen Konzepts gegen widerspenstige Konzernherren mit staatlichem Druck vorzugehen.

Zu den in die Zukunft weisenden Maßnahmen des Präsidenten gehörte sein starkes Interesse für die Aufgaben des Naturschutzes, der Bodenrekultivierung und des Schutzes der Wälder und Forste. In dieser Richtung wurden unter Roosevelt erstmals größere staatliche Anstrengungen unternommen, verschiedene Gesetze verabschiedet und mit Giffort Pinchot ein aktiver Naturschützer in den staatlichen Forstschutz berufen. Als Präsident empfing Roosevelt – gegen den Rat der Presse – den Führer der Bürgerrechtsbewegung der schwarzen Amerikaner Booker T. Washington im Weißen Haus.

Seine Innenpolitik trug Roosevelt den Ruf eines aufgeklärten Politikers und mutigen Reformers ein. Nicht zuletzt deshalb verzeichnete er in den Wahlen von 1904 einen spektakulären Sieg. Für Roosevelt stimmten 7,6 Mio. Amerikaner, für seinen Gegner, den Demokraten Parker, nur 5,1 Mio. Roosevelts Vorsprung von 2,5 Mio. Stimmen war damals ein Rekord in der Wahlgeschichte. Roosevelt verstand es, seine Popularität als Präsident noch zu steigern, indem er auf Reisen und mit Kundgebungen alle Staaten und Territorien der USA persönlich besuchte. Im Ganzen spiegelte seine Innenpolitik die Stärke und den Einfluss des »Progressive Movement«, der demokratischen Reformbewegung jener Jahre in den USA – in dieser »Progressive Era« zwischen 1901 und 1914 – , wider. Zwar grenzte sich Roosevelt von den militanten Vertretern der Reformbewegung ab und prägte für die sozialkritischen Journalisten und Schriftsteller seiner Zeit (Lincoln Steffens, Ida Tarbell, Upton Sinclair) den Schimpfnamen »Muckraker«, Schmutzaufwühler, doch benutzte er ihre Argumente, wenn sie seinem Reformkurs dienlich waren.

Roosevelts Außenpolitik knüpfte an das Erbe McKinleys an. Sie konnte sich auf die inzwischen erreichte Weltmachtposition, das neu gewonnene Kolonialreich und den erweiterten Einfluss in Lateinamerika und im Fernen Osten stützen. Dabei setzte Roosevelt auf den militärischen Faktor der Flottenstärke, die in seiner Regierungszeit verdoppelt wurde und die er mit der Weltreise eines Flottengeschwaders (1907–1909) demonstrativ unter Beweis stellte. Interventionen in Mittelamerika (Panama 1903, Dominikanische Republik 1904, Kuba 1906 und Honduras 1907) und die Inbesitznahme der Panamakanalzone (1903) bestimmten das Bild seiner Außenpolitik mit. Nach dem erfolglosen Versuch, einen Gebietsstreifen für den geplanten Kanalbau im damals noch zu Kolumbien gehörenden Panama vertraglich zu erwerben, inszenierte die Roosevelt-Administration im November 1903 eine »Revolution« in Panama. Die Ausrufung der Unabhängigkeit Panamas unter dem Schutz amerikanischer Marineinfanterie ermöglichte Roosevelt dann die Erwerbung der gewünschten Kanalzone für zehn Millionen Dollar zusätzlich einer jährlichen Abfindungssumme. Damit wurde der Bau des Panamakanals möglich, der dann unter amerikanischer Leitung bis 1914 fertig gestellt wurde.

Roosevelt war auf seinen Handstreich besonders stolz und erklärte später (1911) dazu: »Ich nahm die Kanalzone und ließ den Kongress debattieren.«[6]

Die Monroedoktrin baute Roosevelt seit der Venezuelakrise im Jahr 1902 weiter zur Rechtfertigung der Herrschaft über Lateinamerika aus. In seiner Kongressjahresbotschaft vom 6. Dezember 1904 verkündete der Präsident den nach ihm benannten Zusatz (»Roosevelt Corollary«) zur Monroedoktrin. Damit beanspruchte er für die USA im Falle »ständiger Missetaten« oder »zivilisatorischen Unvermögens« in der Hemisphäre die internationale Polizeigewalt und ein Interventionsrecht gegenüber den Ländern Lateinamerikas.[7]

Auch die Fernostpolitik Roosevelts verdeutlichte den seit der Jahrhundertwende erweiterten weltpolitischen Einfluss der USA. Im Russisch-Japanischen Krieg von 1904/05 übernahm Roosevelt, der stabile Verhältnisse und ein Machtgleichgewicht im Fernen Osten für wünschenswert hielt, die Rolle des Vermittlers und hatte damit persönlichen Anteil am Zustandekommen des Friedens von Portsmouth, New Hampshire, vom September 1905. Dies brachte ihm 1906 als erstem Amerikaner den Friedensnobelpreis ein.

Trotz der Rivalität zwischen den USA und Japan in der Chinapolitik und trotz der Spannungen zwischen beiden Ländern wegen der Beschränkung der japanischen Einwanderung in die USA vereinbarten beide Staaten unter Roosevelt einen Modus Vivendi ihres Verhältnisses. Das Root-Takahira-Abkommen vom November 1908 sah dabei die gegenseitige Anerkennung ihres territorialen Besitzstandes im Fernen Osten vor.

Anlässlich der Marokkokrise von 1905 nahm Roosevelt auch zu den Reibungen der europäischen Mächte Stellung. Sein Land beteiligte sich an der Konferenz der Mächte im spanischen Algeciras (Januar–April 1906) und unterstützte dabei eine Regelung, die wesentlich den französisch-britischen Wünschen folgte und den deutschen Absichten zuwiderlief. Dieses sein Verhalten zu einem Konflikt europäischer Staaten bedeutete eine Abkehr vom traditionellen Isolationismus, d. h. von der Politik, sich nicht an Verwicklungen oder Bündnissen in Europa zu beteiligen. Gegenüber den rivalisierenden europäischen Großmächten besaß Roosevelt allerdings genügend Realitätssinn, um im Verhältnis zu ihnen in Konfliktsituationen den Bogen amerikanischer Forderungen nicht zu überspannen. Realitätsbezogen war auch die von ihm ausgehende Anregung und die Teilnahme seiner Regierung an der 2. Haager Friedenskonferenz von 1907 sowie die schon zuvor erklärte Bereitschaft, Schiedsgerichtsverträge mit England, Frankreich und Deutschland abzuschließen. Diese fanden jedoch damals nicht die notwendige Zustimmung des Senats.

Ein viel zitiertes Leitmotiv Roosevelts für die Politik nach innen und außen lautete »speak softly and carry a big stick« (»sprich sanft und benutze einen dicken Stock«). Vor allem in der Lateinamerikapolitik folgte Roosevelt häufig dieser Devise des »big stick«. Es wäre jedoch unzutreffend, die Außenpolitik Roosevelts mit ihrer Komplexität, ihrem Verständnis für internationale Interdependenzen und ihrem aktiven Interesse an friedlichen Verhältnissen in Europa und Asien allein auf diesen Gesichtspunkt einer »Politik der Stärke« festlegen zu wollen.

Roosevelt hatte bereits 1904 seinen Verzicht bekannt gemacht, sich 1908 nochmals um die Präsidentschaft zu bewerben. Dadurch wurde der Weg frei für die Nominierung seines Kriegsministers William H. Taft zum Präsidentschaftskandidaten der Republikaner. Taft – von Roosevelt unterstützt – gewann dann die Wahlen des Jahres 1908 mit einem sicheren Vorsprung. Nach dem Regierungsantritt seines Nachfolgers zog sich Roosevelt zunächst ins Privatleben zurück. Für längere Zeit ging er mit großem Aufwand und unterstützt von der »Smithsonian Institution«, dem Museumskomplex in Washington, auf Großwildjagd nach Afrika. Nach einem Aufenthalt in Europa kehrte er 1910 in die Vereinigten Staaten zurück und ließ sich nochmals als Held feiern.

Nun machte er erneut als Politiker von sich reden. Unter dem Schlagwort »New Nationalism« trat er für eine Fortsetzung seines Reformkurses ein. In Oslo hatte er sich 1910 außerdem für die Bildung einer internationalen Friedensliga der Mächte ausgesprochen. Nachdem die Republikaner 1912 Taft und nicht ihn – der sich ebenfalls beworben hatte – als Präsidentschaftskandidaten aufstellten, überraschte er die Öffentlichkeit mit seiner Kandidatur für die »Progressive Party«, gegen den Republikaner Taft und den Demokraten Wilson. Die neue Partei war von Reformrepublikanern gebildet worden, die in Opposition zu dem eher konservativen Taft standen. Sie vertrat ein liberales und recht weit gestecktes soziales Reformprogramm. Während des Wahlkampfes verübte im Oktober 1912 ein wohl geisteskranker Barmixer ein Revolverattentat auf Roosevelt, der durch einen Zufall allerdings nur leicht verletzt wurde.

Roosevelt erreichte bei den Wahlen von 1912 lediglich den zweiten Platz hinter Wilson, aber vor Taft. Die für ihn abgegebenen 4,1 Mio. Stimmen bestätigten, dass sein Ruf als Reformer noch immer für viele Amerikaner Zugkraft besaß. Am Vorabend des Ersten Weltkrieges, 1913/14, weilte Roosevelt auf einer Erkundungsexpedition in Südamerika und entdeckte in Brasilien einen bislang unbekannten Fluss (River of Doubt), der ihm zu Ehren Rio Roosevelt benannt wurde. Nach Beginn des Krieges in Europa befürwortete Roosevelt den Kriegseintritt seines Landes an der Seite der Ententemächte. 1916 unterstützte er den republikanischen Präsidentschaftskandidaten Hughes gegen Wilson. 1918 befürwortete er die Beteiligung der USA an der Intervention in Russland, mit der man alliierterseits auf die Oktoberrevolution reagierte. Den Völkerbundplänen Wilsons stand er ablehnend gegenüber, weil sie seiner Meinung nach eine zu weitgehende Beschränkung der Souveränität der USA bedeuten würden.

Am 6. Januar 1919 starb Theodore Roosevelt, erst 60 Jahre alt, an einem Herzinfarkt. Er wurde in seinem Wohnort Oyster Bay, New York, wo er zuletzt gelebt hatte und auch gestorben war, in einem schlichten Zeremoniell, ohne Musik, beigesetzt. Man folgte damit seinem Wunsch, der in auffallendem Gegensatz zu dem lauten, öffentlichkeitsbewussten Leben des Verstorbenen stand.

Nach Meinung des Historikers Charles A. Beard überdauerten ihn vor allem zwei Leistungen: »Sein Beitrag zum Schutz der natürlichen Reichtümer und der Bau des Panamakanals.«[8]

Anmerkungen

1 »The Conservative as Progressive« ist das Roosevelt gewidmete Kapitel überschrieben: Richard Hofstadter, The American Political Tradition and the Men Who Made It, New York 1948, S. 203 ff.

2 The American Presidents. The Office and the Men, hg. v. Frank N. Magill/John L. Loos, Bd. 2, Pasadena, California/Englewood Cliffs, New Jersey, 1986, S. 458.

3 William A. DeGregorio, The Complete Book of U. S. Presidents, New York [2]1986, S. 389.

4 Lewis L. Gould, Theodore Roosevelt, Woodrow Wilson, and the Emergence of the Modern Presidency: An Introductory Essay, in: Presidential Studies Quarterly, Bd. XIX, N° 1, Winter 1989, S. 43.

5 Hans Kohn, American Nationalism. An Interpretative Essay, New York 1957, S. 192.

6 William Henry Harbough, Power and Responsibility. The Life and Times of Theodore Roosevelt, New York 1961, S. 210.

7 The State of the Union Messages of the Presidents, 1790–1966, hg. v. Fred L. Israel, Bd. 2, New York 1967, S. 2134 f.

8 Charles A. Beard's The Presidents in American History, hg. v. William Beard/Detlev Vagts, Englewood Cliffs, New Jersey, 1989, S. 106.

Bibliographische Hinweise

Die Reden und Botschaften Roosevelts aus der Zeit der Präsidentschaft sind abgedruckt in:
A Compilation of the Messages and Papers of the Presidents, hg. v. James D. Richardson, Bd. 8–10, Washington o. J., S. 6637–7746.
Die bis heute wichtigste Ausgabe seiner Werke ist:
The Works of Theodore Roosevelt, hg. v. Hermann Hagedorn, 24 Bde., New York 1923–1926.
Eine wichtige Quelle sind ferner die Briefe:
The Letters of Theodore Roosevelt, hg. v. Elting E. Morison u. a., 8 Bde., Cambridge, Massachusetts, 1951–1954.
Die Selbstdarstellung seiner Biografie ist:
Theodore Roosevelt, An Autobiography, New York 1913.
Eine Chronik, Dokumentation und Bibliographie bietet:
Theodore Roosevelt, 1858–1919, hg. v. Gilbert J. Black, Dobbs Ferry, New York, 1969.
Von den Biografien seien genannt:
Nathan Miller, Theodore Roosevelt: a Life, New York 1992.
Kathleen M. Dalton, Theodore Roosevelt: a strenuous life, New York 2002.
Für die Präsidentschaft unentbehrlich:
L. Lewis Gould, The Presidency of Theodore Roosevelt, Lawrence, Kansas, 1991.
Weiteres:
John Milton Cooper, The Warrior and the Priest, Woodrow Wilson and Theodore Roosevelt, Cambridge, Massachusetts, 1983.
James Barber, Theodore Roosevelt, icon of the American century, Washington, D. C., 1998.
David H. Burton, Theodore Roosevelt, American politician: an assessment, Madison, N. J., 1997.

WILLIAM H. TAFT

1857–1930

27. PRÄSIDENT DER USA 1909–1913

15. September 1857	William Howard Taft wird in Cincinnati, Ohio, geboren.
1874–1878	Studium am Yale College, New Haven, Connecticut.
1878–1880	Rechtsstudium an der Cincinnati Law School. Danach Zulassung als Anwalt.
1886	Heirat mit Helen »Nellie« Herron (1861–1943).
1887–1890	Taft ist Richter am Obersten Gericht von Cincinnati.
1890–1892	Stellvertretender Justizminister.
1892–1900	Richter an einem Bundesbezirksgericht.
1900–1901	Präsident der Philippinen-Kommission.
1901–1904	Erster Zivilgouverneur der Philippinen.
1904–1908	Kriegsminister unter Theodore Roosevelt.
1909–1913	Präsident der USA.
1913–1921	Professor der Rechtswissenschaft an der Yale-Universität.
1915	Präsident der »League to Enforce Peace«.
1918	Kovorsitzender des »National War Labor Board«.
1921–1930	Chefrichter am Obersten Gericht.
8. März 1930	Taft stirbt im Alter von 72 Jahren in Washington und wird auf dem Arlington-Friedhof begraben.

William H. Taft stand als Präsident im Schatten seines Vorgängers und Förderers Theodore Roosevelt. In einer Zeit starker Reformbestrebungen war seine Präsidentschaft alles in allem wenig erfolgreich. Sie endete mit Tafts Abwahl und einer Krise seiner Republikanischen Partei.

William H. Taft wurde am 15. September 1857 in Cincinnati, Ohio, in einer angesehenen republikanischen Familie geboren. Sein Vater gehörte zeitweilig dem Kabinett Grant an und war dann unter Präsident Arthur Gesandter in Österreich-Ungarn und Russland. Die Mutter, eine resolute Kaufmannstochter aus Boston, riet später ihrem Sohn davon ab, sich um das Präsidentenamt zu bemühen.

Nach exzellenten Studienergebnissen an der Yale-Universität und der Cincinnati Law School war Taft zunächst für kurze Zeit als Anwalt und als Gerichtsreporter tätig, bevor er eine längere Karriere in verschiedenen gehobenen juristischen Stellen absolvierte.

1886 heiratete er die junge Musiklehrerin Helen »Nellie« Herron. Das Paar hatte drei Kinder, zwei Söhne, die sich später als Politiker einen Namen machten, und eine Tochter, die Historikerin wurde. Als First Lady pflanzte Mrs. Taft später die japanischen Kirschbäume am Potomac, die bis heute in der Blütezeit zu den Sehenswürdigkeiten Washingtons gehören.

Als Jurist und Bundesrichter war Taft konservativ geprägt, überraschte jedoch mitunter durch sein Verständnis für Arbeiterforderungen, so z. B. für das Recht auf gewerkschaftliche Organisation und für das Streikrecht.

Nach der im Ergebnis des spanisch-amerikanischen Krieges erfolgten Annexion der Philippinen wurde er dort 1901 der erste Zivilgouverneur. In dieser Eigenschaft bemühte er sich mit moderaten Mitteln um die weitere Pazifizierung der noch immer unruhigen Inselkolonie, förderte das Schulwesen und erreichte beim Vatikan den Verkauf der wertvollen dortigen Klosterländereien an die USA für die Summe von 7,2 Mio. $.

1904 berief ihn Theodore Roosevelt zum Kriegsminister. Bald wurde er zum engen Berater und Freund dieses Präsidenten, wobei er sich gegenüber Kuba und Japan auch in komplizierten Situationen als Politiker und Diplomat bewährte. Er inspizierte 1904 den Baubeginn des Panamakanals, war an den Verhandlungen beteiligt, die 1905 zum Frieden von Portsmouth, New Hampshire, zwischen Russland und Japan führten, er handelte im gleichen Jahr einen Modus Vivendi mit der japanischen Regierung aus und vermochte 1906 im Auftrag des Präsidenten eine drohende Revolution auf Kuba abzuwenden.

Als ihn die Republikaner 1908 zum Präsidentschaftskandidaten nominierten, hatte er bislang noch kein Wahlamt bekleidet. Er, der als Verwaltungsspezialist nicht zum engeren Kreis der republikanischen Führung zählte, verdankte seine Aufstellung hauptsächlich der Unterstützung Roosevelts, der – selbst nicht ein zweites Mal kandidierend – energisch für Taft eintrat. Taft sprach sich im Wahlkampf für die Fortsetzung der Reformen seines Vorgängers aus sowie für eine Revision des Zolltarifs, was damals wegen der Auswirkungen der Zölle für den Verbraucher eine Hauptfrage der Kampagne von 1908 wurde. Gegen den zum dritten Mal für die Demokraten kandidierenden Bryan gewann Taft die Wahlen mit einem Vorsprung von mehr als 1,2 Mio. Stimmen sicher.

Bei einem heftigen Schneesturm fand am 4. März 1909 in Washington die Amtseinführung des neuen Präsidenten statt. Taft war ein besonders schwergewichtiger Präsident (er wog rund drei Zentner), langsam in seinen Bewegungen und von freundlichem Temperament. Trotz seiner Körperfülle war Taft ein guter Tänzer. Er trieb Sport, ritt und war der erste Präsident, der Golf spielte. Taft begründete auch den Brauch, durch Einwurf des Präsidenten die jährliche Baseball-Saison im Lande zu eröffnen. Als Präsident hatte er viele Freunde, aber wenig Vertraute. Er war ein im öffentlichen Dienst erfahrener Politiker, aber es mangelte ihm die Fähigkeit, seine Partei und die Öffentlichkeit für seine politischen Ziele zu mobilisieren, was Roosevelt so hervorragend verstanden hatte. Sein Legalismus veranlasste ihn oft, vor allem den rechtlichen Aspekt seiner Politik im Blick zu haben.

Konservativer und traditioneller eingestellt als Roosevelt, ging Taft vor allem in der Antitrustpolitik weiter als sein Vorgänger. Er trug dabei dem starken Einfluss der Reformkräfte im Lande, im Kongress und in seiner eigenen Partei Rechnung. Sein Lavieren zwischen den wirtschaftspolitischen Wünschen des Big Business der Ostküste, der Einstellung der konservativen republikanischen Parteispitze (Aldrich, Cannon) und den Absichten der in den Kongresswahlen 1908 gestärkten Reformrepublikaner (La Follette, Norris) spiegelte die spannungsgeladene gesellschaftspolitische Situation der »Progressive Era« seiner Zeit deutlich wider. Es reflektierte die heftiger werdenden Fraktions- und Richtungskämpfe zwischen Konservativen, Liberalen und Reformern in der Republikanischen Partei. Im Gefolge seiner Politik kam es dann 1912 zur zeitweiligen Spaltung der Republikaner und ebenso zur heftigen persönlichen Feindschaft zwischen Taft und seinem früheren Gönner Roosevelt.

Die konservativere Innenpolitik Tafts zeigte sich zunächst hauptsächlich in drei Entscheidungen des Präsidenten. Im Sommer 1909 unterzeichnete er, entgegen seinen

Erklärungen im Wahlkampf, mit dem »Payne-Aldrich Tariff Act« ein neues Zollgesetz, das in der Gesamtheit keine Senkung des Hochzolls bedeutete. Dies schwächte seine Stellung vor allem unter den Getreidefarmern des Mittleren Westens und bei ihren Sachwaltern unter den Reformrepublikanern. Als diese nun, geführt vom Abgeordneten George W. Norris, den Kampf gegen die Amtsführung des entschieden konservativen Sprechers im Repräsentantenhaus, Joseph G. Cannon, aufnahmen, stellte sich Taft hinter Cannon. Dies konnte dessen Niederlage im März 1910 nicht abwenden, vertiefte aber den Bruch mit den Reformrepublikanern.

Zeitlich parallel dazu geriet Tafts Innenminister Richard A. Ballinger in Verdacht, wertvolle kohlehaltige Ländereien des Staates privaten Interessengruppen auszuliefern. Als er deswegen vom Leiter der Forstverwaltung Giffort Pinchot angegriffen wurde, entließ Taft im Januar 1910 nicht etwa Ballinger, sondern Pinchot, den Pionier des amerikanischen Forst- und Naturschutzes. Die infolgedessen zunehmende Zerrissenheit der Republikanischen Partei war ein Hauptgrund für die Rückschläge, welche die Republikaner bei den Kongresswahlen im November 1910 hinnehmen mussten. Zum ersten Mal seit 1895 errangen die Demokraten wieder die Mehrheit im Repräsentantenhaus. Im Senat wurde der Vorsprung der Republikaner kleiner. Der Handlungsspielraum des Präsidenten, der jetzt auch von Roosevelt öffentlich angegriffen wurde, verringerte sich weiter.

Allerdings kamen unter Taft die Reformen nicht gänzlich zum Erliegen, vielmehr wurden sie in einigen Bereichen sehr wohl weitergeführt. Der Kongress verabschiedete 1909 und 1912 mit dem 16. bzw. 17. Amendment die ersten Verfassungsergänzungen seit dem Ende des Bürgerkrieges. Sie sahen das Recht des Bundes auf Erhebung einer Einkommensteuer und die Direktwahlen der Senatoren vor. Auf Tafts Initiative wurden mit dem »Mann-Elkins Railroad Act« 1910 die Befugnisse der 1887 geschaffenen »Interstate Commerce Commission« erweitert. Ihre regulierende Zuständigkeit wurde auf die Unternehmen des Nachrichtenwesens (Telefon, Telegraf) ausgedehnt. Vor allem aber setzte Taft seit 1910 mit neuen Antitrustuntersuchungen gegen den Stahltrust (United States Steel Corp.) und den Landmaschinentrust (International Harvester Co.) die Antitrustpolitik Roosevelts fort. Im Mai 1911 entschied das Oberste Gericht in zwei Fällen, die schon unter Roosevelt eingeleitet worden waren, die Auflösung der Standard Oil Co. of New Jersey und der American Tobacco Co. Allerdings konnten die betroffenen Konzerne der Erdöl- und der Tabakindustrie auch nach der Auflösung der Trusts eine neue marktbeherrschende Position aufbauen. Doch führte dann die Serie von insgesamt 55 Trustuntersuchungen der Regierung bis zum Wahljahr 1912 zu einer deutlichen Entfremdung einiger Teile des Big Business von der Administration. Dabei fühlte sich Taft durchaus als ein Sachwalter der Geschäftsinteressen seines Landes, wie gerade auch seine Außenpolitik erkennen ließ.

Mit dem Übergang der Vereinigten Staaten in die Phase imperialistischer Weltpolitik waren der Waren- und Kapitalexport sprunghaft gewachsen. Die amerikanische Warenausfuhr erreichte 1913 den Wert von 2,5 Mrd. $ (1901waren es erst 1,5 Mrd. $).[1] Der Umfang der Kapitalanlagen im Ausland betrug 1908 2,5 Mrd. $ (1897 waren es erst 684,5 Mio. $).[2] Ein bestimmender Grundzug der auswärtigen Politik Tafts und seines Außenministers Philander C. Knox war nun die betonte Förderung und diplomatische Sicherung auswärtiger Investitionen besonders in Lateinamerika, Kanada und Asien.

Die Zusammenhänge dieser Politik, für die damals der Begriff »Dollardiplomatie« aufkam, erläuterte Taft im Dezember 1912 in seiner Kongressbotschaft mit den Worten: »Die Diplomatie der gegenwärtigen Regierung hat sich bemüht, den modernen Ideen des Handelsverkehrs Rechnung zu tragen. Diese Politik wurde dahingehend charakterisiert, dass sie Gewehrkugeln durch Dollars ersetzt.«[3] Durch eine Politik der auswärtigen Anleihen und Anlagen sollte nach der Auffassung Tafts besonders im karibischen Raum und in Mittelamerika geschäftliche, finanzielle und Währungsstabilität erreicht werden. »Diese Politik, glaubte Taft, würde Revolutionen verhindern, den Panamakanal zukünftig sichern und die Gefahr internationaler Komplikationen abwenden, die von fremden Gläubigern heraufbeschworen werden konnte.«[4]

Nach Kuba, der Dominikanischen Republik und Panama wurde in der Amtszeit Tafts auch Nicaragua zu einem amerikanischen Protektorat. Interventionen (Stationierung der US-Marineinfanterie seit 1912) und Dollardiplomatie (Anleihen und Zollkontrolle) waren aufs Engste verquickt. Weitere Interventionen gab es in der Dominikanischen Republik, in Honduras und Kuba. Ein Modellbeispiel der Dollardiplomatie war Tafts Politik zur Sicherung von Anleihen in China.

Taft und sein Außenminister Knox dehnten die »Open Door Policy«, also die Forderung nach freiem Zugang auf den chinesischen Markt, nun auch auf den Kapitalexport aus. Im Juli 1909 wandte sich Taft mit dem Ersuchen an den chinesischen Prinzregenten, amerikanische Banken an einem englisch-französisch-deutschen Bankenkonsortium und den vorgesehenen Eisenbahnanleihen in China zu beteiligen. Der ungewöhnliche Schritt des Präsidenten hatte Erfolg. 1911 wurden dann US-Banken in die von einem Sechsmächtekonsortium gewährte »Chinesische Währungsanleihe« einbezogen. Auf diese Weise gelang es den Großbanken John P. Morgan & Co., Kuhn, Loeb & Co. und der First National City Bank, sich im Wettlauf um Ausgangspositionen für Kapitalanlagen in China eine günstige Position zu sichern.

Der weiteren Entwicklung des Handels mit Kanada sollte ein von Taft im Juli 1911 unterzeichneter Handelsvertrag mit Kanada dienen. Er sah Zollfreiheit für Rohstoffe und Zollsenkungen für Industriewaren vor. Der Sprecher des Repräsentantenhauses, der Demokrat Champ Clark, kommentierte das Ereignis mit den Worten, damit rücke der Tag näher, »an dem die amerikanische Flagge über jedem Quadratfuß der britischen Besitzungen in Nordamerika wehen wird«.[5] Beunruhigt über diese Aussichten verweigerte das Parlament in Ottawa die Ratifizierung des Vertrages.

Die von Taft ebenfalls 1911 unterzeichneten neuen Schiedsgerichtsverträge mit England und Frankreich fanden im März 1912 nicht die Zustimmung des Senats, der nationalistische Vorbehalte geltend machte. So erwies sich auch die Außenpolitik Tafts nur teilweise als erfolgreich.

Im Vorfeld der Wahlen von 1912 gelang es Taft gegen den Widerstand der Reformrepublikaner und ihrer Anfang 1911 gebildeten National Progressive Republican League, die seine erneute Nominierung zu verhindern suchte, dennoch die nochmalige Präsidentschaftskandidatur durchzusetzen. Darauf wandte sich ein Teil des Reformflügels von der Republikanischen Partei ab und schuf die Progressive Party, die Theodore Roosevelt als ihren Kandidaten nominierte und politische wie soziale Reformen ankündigte. Die Demokraten schickten mit Woodrow Wilson ebenfalls einen Reformpolitiker in den Wahlkampf.

Neben der Krise und Spaltung der Republikanischen Partei war das Hervortreten des Reformismus, dem auch die Republikaner Tafts in ihrer Wahlplattform erhebliche Zugeständnisse machten, das markanteste Zeichen der Situation im Wahljahr. Am Wahltag musste Präsident Taft eine schwere Niederlage hinnehmen, er lag mit 3,5 Mio. Stimmen an dritter Stelle hinter Wilson (6,3 Mio.) und Roosevelt (4,1 Mio.). Bei den Kongresswahlen eroberten die Demokraten nun auch die Mehrheit im Senat. Damit endete die Präsidentschaft Tafts mit einem Fiasko.

Nach der Amtseinführung seines Nachfolgers Wilson zog sich Taft im März 1913 ins Privatleben zurück. Zwischen 1913 und 1921 war er vor allem als Professor für Verwaltungsrecht an der Yale-Universität tätig. Er verfasste verschiedene Bücher zu Fragen von Staat und Politik in den USA, wovon das 1916 erschienene Buch über die Machtbefugnisse des Präsidenten (»Our Chief Magistrate and His Powers«) besonders beachtet wurde. In den Weltkriegsjahren stand er als Präsident der 1915 gegründeten »League to Enforce Peace« vor, die – konservativ ausgerichtet – für die Neugestaltung der internationalen Beziehungen nach Kriegsende (Internationaler Gerichtshof, Vermittlungsmechanismus, Sanktionen, Konferenzen) eintrat.[6] Präsident Wilson berief ihn 1918 (mit dem Anwalt Frank P. Walsh) zum Kovorsitzenden des »National War Labor Board«, einer im Krieg geschaffenen staatlichen Schlichtungsstelle für Arbeitskämpfe.

Durch Präsident Harding wurde Taft dann 1921 das Amt des Chefrichters am Obersten Gericht der Vereinigten Staaten übertragen. Das Jahrzehnt als Chefrichter wurde »der Höhepunkt in Tafts Laufbahn«.[7] Taft leitete eine Reihe von Verwaltungsreformen ein, erreichte die Zustimmung des Kongresses für den Neubau des Supreme-Court-Gebäudes und formulierte wichtige – zumeist konservative – Rechtsentscheidungen.

Am 8 März 1930 starb Taft, 72 Jahre alt, wenige Wochen nachdem er vom Amt des Chefrichters zurückgetreten war. Er wurde als erster Präsident auf dem Nationalfriedhof in Arlington, Virginia, beerdigt.

Anmerkungen

1 Statistical Abstract of the United States 1914, Washington 1915, S. 317.
2 Dictionary of American History, hg. v. James T. Adams, 2. Aufl., Bd. 3, New York 1946, S. 151.
3 The State of the Union Messages of the Presidents 1790–1966, hg. v. Fred L. Israel, Bd. 3, New York 1967, S. 2490.
4 The American Presidents. The Office and the Men, hg. v. Frank N. Magill/John L. Loos, Bd. 2, Pasadena, California/Englewood Cliffs, New Jersey, 1986, S. 494.
5 George H. Mayer, The Republican Party 1854–1964, New York 1964, S. 319.
6 Hierüber informiert Heinrich Timmermann, Friedenssicherungsbewegungen in den Vereinigten Staaten von Amerika und in Großbritannien während des Ersten Weltkrieges, Frankfurt a. Main/Bern/Las Vegas 1978, S. 26 ff.
7 David H. Burton, William H. Taft, in: Research Guide to American Historical Biography, hg. v. Robert Muccigrosso/Suzanne Niemeyer, Bd. 3, Washington, D. C., 1988, S. 1481.

Bibliographische Hinweise

Eine Taft-Bibliographie bietet:
Paolo E. Coletta, William Howard Taft: a Bibliography, Westport, Connecticut, 1989.
Reden Tafts aus der Zeit der Präsidentschaft sind gedruckt:
A Compilation of the Messages and Papers of the Presidents, hg. v. James D. Richardson, Bd. X, Washington, D. C, o. J.
Eine Chronik und Dokumentation zu William H. Taft bietet:
William H. Taft, 1857–1930, hg. v. Gilbert J. Black, Dobbs Ferry, New York, 1970.
Eine noch heute nützliche Biografie ist:
Henry F. Pringle, The Life and Times of William Howard Taft. A Biography, 2 Bde., New York/Toronto 1939.
Neuere Darstellungen sind:
Paolo E. Coletta, The Presidency of William Howard Taft, Lawrence, Kansas, 1973.
David H. Burton, William Howard Taft in the Public Service, Melbourne, Florida, 1986.
Alpheus T. Mason, William Howard Taft: Chief Justice, New York 1965.
Walter V. Scholes/Marie V. Scholes, The Foreign Policy of the Taft Administration, Columbia, Missouri, 1970.
Judith I. Anderson, William H. Taft: an Intimate History, New York 1981.
Als kritische Analyse der »Dollardiplomatie« bleibt von Bedeutung:
Scott Nearing/Joseph Freeman, Dollar-Diplomatie. Eine Studie über amerikanischen Imperialismus, Berlin 1927 (die amerikanische Ausgabe erschien 1925).
Für Tafts spätere publizistische Arbeit beim Philadelphia Public Ledger:
William Howard Taft: Collected Editorials, 1917–1921, hg. von James F. Vivian, New York 1990.

WOODROW WILSON

1856–1924

28. PRÄSIDENT DER USA 1913–1921

28. Dezember 1856	Thomas Woodrow Wilson wird in Staunton, Virginia, geboren.
1875–1879	Studium am College of New Jersey (heute Princeton University).
1879–1881	Studium an der University of Virginia Law School,
1882	Zulassung als Rechtsanwalt.
1883–1885	Studium der Politischen Wissenschaft an der Johns-Hopkins Universität.
1885	Heirat mit Ellen Louise Axson (1860–1914).
1890–1902	Professor für Rechtswissenschaft und Politische Ökonomie an der Princeton-Universität.
1902–1910	Präsident der Princeton-Universität.
1911–1913	Gouverneur von New Jersey.
5. November 1912	Wahl zum Präsidenten der Vereinigten Staaten.
1913–1921	Präsident der USA.
1915	Heirat nach dem Tod seiner ersten Frau mit Edith Bolling Galt (1872–1961).
26. September 1919	Wilson erleidet einen Schlaganfall und ist monatelang ans Bett gefesselt.
1920	Wilson erhält den Friedensnobelpreis.
1921–1924	Nach dem Ausscheiden aus dem Amt lebt Wilson mit seiner Frau zurückgezogen in Washington.
3. Februar 1924	Wilson stirbt im Alter von 67 Jahren in Washington und wird dort in der National Cathedral beigesetzt.

Thomas Woodrow Wilson war der erste Präsident der Demokraten seit 1893/97 (Cleveland) und der erste Präsident seit 1865/69 (Andrew Johnson), der wieder im Süden der USA geboren war und der auch als ein Südstaatler empfand.

Wilson wurde am 28. Dezember 1856 in einem Pfarrhaus in Staunton, Virginia, geboren. Sein Vater, Joseph R. Wilson, ein protestantisch-kalvinistischer Pfarrer, hatte starken Einfluss auf den jungen Wilson. Als Knabe entwickelte er sich langsam, erst mit neun Jahren konnte er lesen. Als Schüler war er dann erfolgreicher, hatte jedoch keine glänzenden Leistungen aufzuweisen.

Nach seiner Studienzeit an der Princeton-Universität (1875–1879) und der Universität von Virginia (1879–1881) wurde er 1882 in Atlanta, Georgia, als Anwalt zugelassen, fand diesen Beruf aber wenig befriedigend. So begann er dann 1883 an der Johns-Hopkins-Universität in Baltimore seine staatswissenschaftlichen und historischen Studien fortzusetzen. 1886 legte er dort im Fach Politische Wissenschaft sein Doktorexamen ab.

1886 heiratete er die ebenfalls aus einem Pfarrhaus des Südens stammende 25-jährige Ellen Louise Axson. Sie schenkte ihm drei Töchter, erlebte noch den Einzug ihres Mannes in das Weiße Haus mit, malte und widmete sich wohltätigen Aufgaben, wie der Sanierung der Slums in Washington, D. C. Erst 54 Jahre alt starb sie 1914.

Wilson begann 1885 eine Lehrtätigkeit in verschiedenen sozialwissenschaftlichen Disziplinen, zunächst an zwei kleineren Universitäten. Seine Veröffentlichungen aus jener Zeit waren hauptsächlich staatswissenschaftlichen Themen gewidmet. In »Congressional Government« (1885) kritisierte er das damalige Übergewicht des Kongresses über die beiden anderen staatlichen Gewalten. 1890 folgte die Berufung zum Professor der Rechts- und Staatswissenschaften an die Princeton-Universität. Aufgrund seines wissenschaftlichen Ansehens wurde er 1902 zum Präsidenten dieser Universität gewählt. In dieser Zeit wandelten sich seine politischen Auffassungen, aus dem ursprünglichen Konservativen wurde ein liberaler Reformer. Als Präsident konnte er einige Reformen des Universitäts- und Lehrbetriebes in Princeton veranlassen.

1910 bewarb er sich, unterstützt von dem konservativen Demokraten und Zeitungsverleger George Harvey (»Harper's Weekly«), als Kandidat der Demokraten um die Wahl zum Gouverneur von New Jersey, wurde mit sicherer Mehrheit gewählt und erklärte nun als Erstes seine Unabhängigkeit von den Parteibossen.

Wilsons politisches Vorbild war damals der britische liberale Staatsmann Gladstone. Liberale Grundsätze, christliche Moral und Reformbereitschaft verbanden sich bei ihm seitdem zu einer charakteristischen Einheit. Als Gouverneur des industriell wichtigen Bundesstaats New Jersey führte Wilson in den Jahren 1911 und 1912 einige beachtete Reformen ein, so Vorwahlen, die Kontrolle der Wahlfinanzierung, bei der nun die Wahlspenden der Corporationen ausgeschlossen werden sollten, eine Unfallversicherung für Arbeiter, die Neuregelung der Frauen- und Kinderarbeit und weitere Reformmaßnahmen. Mit dieser Politik hatte der Gouverneur bald seinen Platz in der Demokratischen Partei auf dem Flügel der Reformdemokraten um William J. Bryan eingenommen. Im Sommer 1912 nominierte ihn dann der Nationalkonvent seiner Partei im 46. Wahlgang – und gegen den konservativen Bewerber Champ Clark – zum Präsidentschaftskandidaten. Damit trugen die Demokraten der breiten Reformströmung des »Progressive Movement« im Lande Rechnung, die im gleichen Jahr zur Spaltung der Republikaner und zur Gründung der »Progressive Party« geführt hatte. Wilson versprach im Wahlkampf unter dem Schlagwort »New Freedom« mehr Demokratie, die Beschneidung der Macht der Trusts, soziale Reformen und eine Außenpolitik, welche die Rechte anderer Völker achten würde.[1] Persönlich verkörperte er damals den akademisch gebildeten, liberal eingestellten Mittelstand. Seine politischen Anhänger kamen vor allem aus einem breit gefächerten Spektrum liberaler und demokratischer Reformbefürworter. Die Präsidentschaftswahlen von 1912 endeten, begünstigt durch die Spaltung der Republikaner, mit einem deutlichen Wahlsieg Wilsons. Er bekam 435 von 531 Wahlmännern, wurde dabei allerdings nur mit einer Minderheit der Wählerstimmen (41,8 %) Präsident. Das war der niedrigste Stimmenanteil eines Präsidenten seit der Wahl Lincolns. Nach Meinung des Wilson-Biographen Arthur S. Link demonstrierte diese Wahl die nach fortschrittlichen Veränderungen strebende, wenn nicht rebellische Stimmung des amerikanischen Volkes zu jener Zeit.[2] Jedenfalls aber machte sie den Weg frei für eine neue Runde progressiver Reformpolitik, die nun mit den ersten Jahren der Wilson-Administration zusammenfiel.

Am 4. März 1913 zog Wilson ins Weiße Haus ein. Die Zusammensetzung seiner Administration und ihr politischer Kurs spiegelten die heterogene Kräftekonstellation im politischen Establishment ebenso wie in der Demokratischen Partei wider. Wilsons

Kabinett war »eine Mischung von Parteiführern und professionellen Reformpolitikern«.[3] Die jetzt weniger direkt und offen bestehenden Verbindungen zu den Finanz- und Industriegewaltigen des Landes (Frick, Higginson, Kahn, Morgan, Vanderlip, Warburg) knüpfte zunächst hauptsächlich Wilsons persönlicher Vertrauter und Freund Colonel Edward House.

Der Regierung gehörten profilierte Reformpolitiker an. Der agrarische Demokrat und Pazifist William J. Bryan wurde Außenminister. Im Juni 1915 trat er aus Protest gegen die sich nach der Lusitania-Krise abzeichnende Verwicklung der USA in den Weltkrieg von seinem Amt zurück. Zu den Reformkräften gehörten ferner der Finanzminister William G. McAdoo, seit 1914 ein Schwiegersohn des Präsidenten, sodann der Marineminister Josephus Daniels und der Arbeitsminister William B. Wilson, ein früherer Gewerkschaftsfunktionär. Von Einfluss war auch der liberale Jurist und Berater Wilsons, Louis D. Brandeis, der später (1916) ins Oberste Gericht berufen wurde.

Wilson gehörte zu den Präsidenten, die einen bedeutenden persönlichen Anteil an den Regierungsentscheidungen hatten. Sein politischer Stil, seine staatsmännischen Einsichten, sein realistisches Urteil über innen- und außenpolitische Zusammenhänge waren häufig beeindruckend. Aber er war nicht frei von Schwächen. Auch teilte er die rassistischen Vorurteile seiner weißen Landsleute aus den Südstaaten. Persönlich war Wilson in der Zeit der Präsidentschaft ein komplizierter Mann, der seine Gefühle im Inneren verbarg, nach außen sehr selbstbewusst, oft mit missionarischem Sendungseifer, auftrat. Er wirkte im kleinen Kreis eher kalt, mitunter auch scheu und ungeschickt. Wilson hatte einen großen Bekanntenkreis, in dem er auch radikale Linke wie John Reed tolerierte, wenig Freunde, kaum Vertraute. Nur sein engster Freund, Colonel House, hatte Zugang zu seinen internen Gedanken. Auf Frauen dagegen wirkte der Präsident häufig eindrucksvoll, sie bewunderten ihn nicht selten schwärmerisch.

Ein Jahr nach dem Tod seiner ersten Frau heiratete Wilson im Dezember 1915 die 43-jährige Witwe Edith Bolling, eine Nachkommin von Pocahontas. Als First Lady im Weltkrieg gab die zweite Mrs. Wilson im Weißen Haus ein Beispiel an Sparsamkeit. Sie hielt sogar Schafe auf dem Rasen des Weißen Hauses, um die Wolle zugunsten des Roten Kreuzes zu verkaufen. Sie überlebte ihren Mann um viele Jahre und war noch bei der Amtseinführung Präsident Kennedys anwesend, bevor sie 1961 mit 89 Jahren verstarb.

Wilsons Innen- und Reformpolitik der »New Freedom« war bis 1917 ein Mixtum aus wirtschaftsregulierenden staatlichen Maßnahmen und liberalen, sozialpolitischen Reformen, für die das »Progressive Movement« seit längerem eingetreten war. In der Substanz, in vielen Methoden, in der arbeiter- und farmerfreundlichen Haltung war Wilsons Politik ein Vorläufer des späteren »New Deal« der Dreißigerjahre.

Wilson verstärkte dabei die wirtschaftsregulierende Tätigkeit des Staates erheblich und schuf neue staatliche Lenkungs- und Verwaltungsinstitutionen. Die wichtigsten Gesetze in den ersten Jahren seiner Regierung waren eine Bankreform (1913), das Clayton-Antitrustgesetz und das Gesetz über die Schaffung einer Bundeshandelskommission (1914). Erstmals (abgesehen von den Jahren des Bürgerkriegs) wurde seit 1913 eine Bundeseinkommensteuer erhoben.

Die Bankreform, der »Federal Reserve Act«, schuf ein System von zwölf regionalen Bundesreservebanken und errichtete mit dem »Federal Reserve Board« in Washington eine staatliche Aufsicht über das Banksystem, damit – nach den Worten Wilsons – »die Banken die Werkzeuge, nicht die Herren des Geschäftslebens und der individuellen Unternehmung und Initiative werden«.[4] Eine zentrale Rolle dieser Reformen sollte das Clayton-Antitrustgesetz spielen. Es wandte sich gegen die offenkundigsten Missstände im Trustwesen und gegen »unfaire Geschäftspraktiken«, verbot wettbewerbsmindernde Fusionen und die übergreifende Besetzung von Direktorenposten in konkurrierenden Großkonzernen. Von politischer Bedeutung war vor allem eine Bestimmung, welche die Gewerkschaften und Farmerverbände ausdrücklich aus der Zuständigkeit der Antitrustgesetze herausnahm. Damit besserte sich deren Rechtsstatus, wenngleich die Gewerkschaften auf das volle Koalitionsrecht noch bis 1933 warten mussten. Insgesamt aber war das Gesetz ein Ausdruck der Möglichkeiten und Grenzen aktiver Reformen in der Wilson-Ära.

Die ebenfalls 1914 geschaffene Bundeshandelskommission (Federal Trade Commission) sollte die Einhaltung der Antitrustgesetze überwachen und Normen für ein »faires« Geschäftsgebaren in der Wirtschaft aufstellen. Von Wilson wurde die neue Behörde als ein »Ratgeber und Freund der Geschäftswelt«[5] verstanden.

Mit dem im August 1914 beginnenden Weltkrieg – demgegenüber die Wilson-Regierung zunächst die Neutralität der USA verkündete – änderten sich auch in den USA die innenpolitischen Verhältnisse und Prioritäten. Vordringlich wurden nun zunehmend Maßnahmen zur rüstungspolitischen Vorbereitung auf eine eventuelle Kriegsteilnahme. Wilson selbst blieb zunächst noch auf Distanz zur Forderung nach nationaler Aufrüstung, nach der »Preparedness« des Landes. Aber seit der Verschärfung des deutschen U-Boot-Krieges im Februar 1915 wurde auch der Präsident mehr und mehr ein Anwalt verstärkter Rüstung. Die Folge waren zwei Gesetze im Juni und August 1916, mit denen die Streitkräfte in bis dahin unbekannter Weise verstärkt wurden.

Im Vorfeld der Präsidentschaftswahlen von 1916 vermochten die Reformer um Wilson – bzw. ihre radikaleren Gesinnungsgenossen – noch einige beachtliche sozialpolitische Reformen zu erzwingen. Das La Follette-Seemanns-Gesetz (1915) versuchte, die schlimmsten Missstände in den Arbeitsbedingungen und Unterkünften der Seeleute abzustellen. Ein anderes Gesetz begründete 1916 eine Betriebsunfallversicherung für Bundesangestellte. Weitere Gesetze verfügten in diesem Jahr ein Verbot der Kinderarbeit unter 14 Jahren, in Bergwerken unter 16 Jahren[6], führten für die Bediensteten der Eisenbahnen den Achtstundentag ein und erleichterten den Farmern die Beschaffung kurzfristiger Kredite. Noch keine Unterstützung fand bei Wilson damals die Forderung nach einem Bundesgesetz über die Einführung des Frauenwahlrechtes. Auch hinsichtlich der Bekämpfung der Rassendiskriminierung der schwarzen Amerikaner zeigte Wilson keine Initiative.

Die Wahlen von 1916, bei deren Kampagne außer der Losung »Who keeps us out of war« besonders auch die sozialen Reformen zugunsten Wilsons ins Feld geführt wurden, endeten im November mit dem knappen Sieg des Präsidenten über den republikanischen Kandidaten Hughes. Die »Progressive Party« nominierte 1916 keinen Kandidaten mehr. Immerhin konnte Wilson nun 2,8 Mio. Stimmen gegenüber 1912 hinzugewinnen und kam diesmal auf 49,3 % der Wählerstimmen.

Die zweite Amtszeit Wilsons, die im März 1917 begann, stand dann hauptsächlich unter dem Einfluss des Kriegseintritts und der Kriegsteilnahme der USA.

Den Ausbruch des Weltkrieges in Europa beantwortete Wilson – wie erwähnt – am 4. August 1914 mit der Verkündung der amerikanischen Neutralität. Die USA konnten damals noch neutral bleiben, da sie nicht derart wie die Kriegsteilnehmer in das Geflecht der welt- und machtpolitischen Gegensätze, die dem Krieg zugrunde lagen, verwickelt waren. Sie gehörten keiner der beiden militärischen Bündnisgruppierungen an, und das Land war weder innenpolitisch noch militärisch auf einen großen Krieg vorbereitet.

Wilson setzte sich zwar vor dem Senat (19. August 1914) für eine Neutralität in Wort und Tat, in Gedanken und in Worten ein, doch war die amerikanische Neutralitätspolitik weitgehend formalrechtlicher Natur. Zaghaft vorsichtige Friedens- und Sondierungsbemühungen der Wilson-Regierung blieben in den ersten Kriegsmonaten und auch noch Anfang 1915 anlässlich einer Europareise von Colonel House ohne jedes Ergebnis.

Die wirtschaftlichen Verbindungen zur Entente, vor allem zu Großbritannien und Frankreich, verstärkten sich durch Warenlieferungen und private Anleihen sprunghaft und auf eine Weise, die neue Abhängigkeiten für die amerikanische Politik schuf. Dieses Moment erlangte dadurch zusätzliches Gewicht, weil eine Wirtschaftskrise am Beginn der Wilson-Regierung (Herbst 1913 bis Mitte 1914) inzwischen durch eine kriegsbedingte Konjunktur abgelöst worden war. »Mehr und mehr wurde so die weitere Unterstützung der Alliierten, grob ausgedrückt, zu einem konjunkturpolitischen Problem.«[7]

Während im Land und in der Umgebung Wilsons seit 1915 schrittweise die Anhänger und Befürworter des Kriegseintrittes der USA stärkeren Einfluss gewannen, blieb Wilson selbst noch längere Zeit diesen Stimmungen gegenüber reserviert. Anfang Januar 1917 sprach er sich in einem Gespräch mit House nochmals gegen den Kriegseintritt aus: »Es wird keinen Krieg geben. Dieses Land hat nicht die Absicht, in den Krieg verwickelt zu werden. Wir sind die Einzige der großen weißen Nationen, die gegenwärtig außerhalb des Krieges steht, und es wäre ein Verbrechen gegen die Zivilisation, wenn wir in den Krieg eintreten würden.«[8] Öffentlich sprach sich Wilson damals in der Senatsrede vom 22. Januar 1917 für einen »peace without victory«, für einen Ausgleichsfrieden auf der Grundlage der Gleichberechtigung und des Selbstbestimmungsrechtes der Nationen, aus.

Der Beginn des uneingeschränkten U-Boot-Krieges ab 1. Februar 1917 durch das Deutsche Reich mit seinen Folgen für die amerikanische Handelsschifffahrt, die veränderte Kriegslage seit der russischen Februarrevolution, die von Wilson lebhaft begrüßt wurde, und weitere Ereignisse wie das Bekanntwerden der Zimmermann-Depesche mit ihrem Bündnisangebot an Mexiko führten dann im März 1917 die endgültige Kabinettsentscheidung zum Kriegseintritt an der Seite Großbritanniens und seiner Verbündeten herbei.

Nach der Zustimmung durch den Kongress (im Senat mit 82 : 6, im Repräsentantenhaus mit 373 : 50 Stimmen) verkündete Wilson am 6. April 1917 die Kriegserklärung der Vereinigten Staaten an das Deutsche Reich, »um die Welt für die Demokratie sicher zu machen«.[9] Neben der wirtschaftlichen und politischen Verbindung mit dem Schicksal der Alliierten stand hinter dem Kriegseintritt auch die Absicht, Einfluss auf die Gestaltung der internationalen Verhältnisse nach Kriegsende zu nehmen. Der Kriegseintritt der USA führte zu einer weiteren Ausweitung des Weltkrieges sowie zu einem grundlegenden Umschwung im Kräfteverhältnis zugunsten der »alliierten und assoziierten Mächte«. Die deutsche Niederlage zeichnete sich nun bereits am Horizont ab. Zum ersten Mal in ihrer Geschichte griffen die USA – schließlich mit zwei Millionen Soldaten – direkt in einen europäischen Krieg ein.

Der Krieg veränderte auch die innenpolitischen Verhältnisse merklich. Er beendete die Reformpolitik Wilsons, führte zu Ausbrüchen von Chauvinismus und mit verschiedenen Ausnahmegesetzen zur Einschränkung der Demokratie. Wilsons innenpolitischer Handlungsspielraum engte sich mehr und mehr ein, zumal als im November 1918 die Demokraten die Mehrheit in beiden Häusern des Kongresses verloren.

Andererseits wurden die wirtschafts- und sozialpolitischen Befugnisse der Bundesregierung in der Kriegszeit stark erweitert, die kriegsbedingte staatliche Wirtschaftsregulierung in Richtung auf einen »organisierten Kapitalismus« wurde verstärkt und ein ganzes System kriegswirtschaftlicher Lenkungsinstitutionen geschaffen. Auch die sozialen Verhältnisse wurden vom Weltkrieg beeinflusst. Vorübergehend nahm die Zahl der in der Industrie beschäftigten Frauen stark zu. Außerdem löste der Krieg eine erste Welle der Abwanderung schwarzer Arbeitskräfte aus dem Süden in die Industriestädte des Nordens aus.

Nach dem Kriegseintritt der USA wurden die alliierten Anstrengungen, die Kriegführung gegen das Deutsche Reich und seine Verbündeten zu koordinieren und effektiv zu gestalten, verstärkt fortgesetzt. Durch die Oktoberrevolution und die sich abzeichnenden Tendenzen zum Ausscheiden Russlands aus dem Krieg wurde die Lage der Alliierten dann allerdings noch komplizierter.

Wilsons Reaktion auf die Oktoberrevolution und ihren Vorschlag, den Krieg unverzüglich zu beenden, war ablehnend. Bereits Anfang Dezember beschloss seine Regierung, Lenins Rätemacht diplomatisch nicht anzuerkennen. Charakteristisch für Wilson war sein Bemühen, die Wirkungen der russischen Revolution zunächst vor allem mit politisch-diplomatischen Mitteln einzudämmen. Sein liberales Friedensprogramm der berühmten »14-Punkte-Rede« vom 8. Januar 1918 war hauptsächlich durch die russische Entwicklung veranlasst. Darin entwickelte der amerikanische Präsident – in der Reaktion auf das Dekret der Sowjets über den Frieden – ein eigenes amerikanisches realitätsbezogenes Friedenskonzept. Für die Neuordnung der internationalen Beziehungen nach dem Krieg forderte Wilson bei Freund und Feind den Grundsatz der Selbstbestimmung, der Freiheit der Meere, der Abrüstung und die Schaffung eines Völkerbundes ein.

Später – bis Juli 1918 – stimmte Wilson, der über die Haltung zu Russland, wie er äußerte, viel Schweiß vergoss, der Teilnahme der USA an der militärischen Intervention in Russland gegen die Lenin-Regierung zu, gemeinsam mit den Verbündeten England, Frankreich und Japan. Doch war ihm das militärische Vorgehen eigentlich bedenklich, wie auch später seine Haltung zur »russischen Frage« auf der Pariser Friedenskonferenz 1919 zeigte.

Im Ergebnis gerade auch der Kriegsbeteiligung der USA im Lager der Alliierten endete der Weltkrieg am 11. November 1918 mit dem Waffenstillstand und dem Sieg der Alliierten. Wilson hoffte nun, die mit dem Krieg gewachsene finanzielle, wirtschaftliche und politische Machtstellung seines Landes bei den Verbündeten zur Durchsetzung seines liberalen und internationalistischen Friedensprogramms durchsetzen zu können. Dies gelang ihm während der Pariser Friedenskonferenz, die im Januar 1919 begann, nur teilweise. Wohl wurde die Satzung des Völkerbundes auf Wunsch Wilsons als erstes Dokument der Konferenz behandelt und verabschiedet. Aber die Friedensverträge – besonders der Versailler Vertrag – trugen auch deutlich die Handschrift der Verbündeten der USA, spiegelten, mehr als Wilson lieb sein konnte, die Eigeninteressen Englands und Frankreichs, Italiens und Japans wider. An den Ergebnissen der Friedenskonferenz, am Friedensvertrag mit Deutschland und an der Frage des Völkerbundbeitritts entzündete sich dann 1919 in den USA eine äußerst kontrovers geführte Diskussion. Die starke republikanische Senatsopposition, angeführt von Senator Lodge, lehnte vor allem den von Wilson leidenschaftlich favorisierten Völkerbundbeitritt ab. Sie sah darin eine unzulässige Beschränkung der Souveränität und Handlungsfreiheit der USA.

Wilsons Stern war damals im Sinken begriffen. Auch mit einer ausgedehnten Werbekampagne für den Völkerbundbeitritt gelang es ihm nicht, die öffentliche Meinung und die Senatsopposition zugunsten des Völkerbundes umzustimmen. In den zwei entscheidenden Abstimmungen (19. November 1919 und 19. März 1920) im Senat erreichte der Friedensvertrag nicht die erforderliche Zweidrittelmehrheit. Infolgedessen traten die USA dem Völkerbund, der im Januar 1920 seine Arbeit aufnahm, nicht bei. Wilsons Politik der Stabilisierung und Neuordnung der Staatenwelt musste eine Niederlage hinnehmen.

Er selbst erlitt am 26. September 1919 während einer Redekampagne für den Völkerbund in Pueblo, Colorado, einen Schlaganfall, der sich Anfang Oktober wiederholte. Monatelang war der teilweise gelähmte Präsident ans Bett gefesselt und politisch kaum handlungsfähig. Kabinettssitzungen fanden nicht statt. Die Verbindung zur Außenwelt, der man den Ernst der Erkrankung verschwieg, wurde durch Mrs. Wilson gesteuert. Erst im April 1920 konnte Wilson wieder an Kabinettssitzungen teilnehmen.

Auch in der innenpolitischen Entwicklung zeigte sich 1919/20 der Einflussverlust des Präsidenten. Die konservative republikanische Opposition gewann an Boden. In einer Situation heftiger Nachkriegskämpfe um die Gestaltung der Arbeitsbeziehungen, bei einer Rekordhöhe erreichenden Streikaktivität und angesichts der 1919 auch in den USA erfolgten Gründung einer Kommunistischen Partei löste Wilsons Justizminister Palmer gegen Ende des Jahres 1919 die »Palmer Raids« aus, eine hektische Verfolgungskampagne gegen Kommunisten, Bolschewisten, Anarchisten und Radikale. Wie schon zuvor bei der Verfolgung der Kriegsgegner sanktionierte bzw. duldete Wilson auch diesmal die seinen liberalen Ideen widersprechende Repression. Viele seiner früheren Anhänger wandten sich enttäuscht von ihm und der von ihm seit der Erkrankung nur noch mit schwacher Hand geführten Demokratischen Partei ab.

Mit den Präsidentschaftswahlen erlitt im November 1920 Wilsons liberales Konzept eine weitere Niederlage. Mit der Rekordmehrheit von sieben Millionen Stimmen siegte der konservative Republikaner Harding über den Demokraten James M. Cox, der für den Völkerbund und eine Fortsetzung der Wilson-Reformen eingetreten war. Auch im Kongress verstärkte sich damals noch das republikanische Übergewicht.

Krank, enttäuscht und verbittert übergab Wilson am 4. März 1921 die Amtsgeschäfte im Weißen Haus seinem Nachfolger Harding. Seine letzten Lebensjahre verbrachte er als Privatmann in Washington, gemeinsam mit seiner zweiten Frau lebte er in einem Haus in der S Street – heute eine eindrucksvolle und anrührende Gedenkstätte. Der größte Teil seines Tages war mit der Lektüre und Beantwortung seiner umfangreichen Korrespondenz angefüllt. Vergessen hatte ihn die Öffentlichkeit nicht. Am Waffenstillstandstag 1923 kamen 20.000 Personen zu seinem Haus, um Wilson Respekt zu zollen.

An den Folgen seiner Krankheit starb Wilson – 67 Jahre alt – am 3. Februar 1924. Er wurde in der Nationalen Kathedrale in Washington beigesetzt.

Wilson gehört – trotz seines partiellen Scheiterns – zu den großen Präsidenten in diesem Jahrhundert. Seine Reformen im Inneren und seine Vorschläge für die Neugestaltung der internationalen Beziehungen wiesen einen Weg, an den spätere Präsidenten wie Roosevelt und Kennedy anknüpfen konnten.

Anmerkungen

1 Zu den Wahlaussagen Wilsons vgl.: Woodrow Wilson, Die neue Freiheit, München 1919, S. 55 ff.

2 Arthur Link/William B. Catton, American Epoch. A History of the United States since the 1890's, 3. Aufl., New York 1967, S. 123.

3 Ralph M. Goldman, The Democratic Party in American Politics, New York 1966, S. 74.

4 The Papers of Woodrow Wilson, hg. v. Arthur S. Link, Bd. 27 (1913), Princeton, New Jersey, 1978, S. 572 f.

5 Arthur S. Link, Woodrow Wilson and the Progressive Era, 1910–1917, New York 1954, S. 74.

6 Das Gesetz wurde allerdings 1918 vom Obersten Gericht für verfassungswidrig erklärt.

7 Erich Angermann, Die Vereinigten Staaten von Amerika seit 1917, 8. Aufl., München 1987, S. 26.

8 The Intimate Papers of Colonel House, hg. v. Charles Seymour, Bd. 2, London 1926, S. 415.

9 The Papers of Woodrow Wilson, hg. v. Arthur S. Link, Bd. 41 (24.1.–6.4.1917), Princeton, New Jersey, 1983, S. 525.

Bibliographische Hinweise

Reden, Schriften, Briefe, Aufzeichnungen Wilsons erschienen vollständig seit 1966:

The Papers of Woodrow Wilson, hg. v. Arthur S. Link, 69 Bde., Princeton, New Jersey, 1966–1993.

Eine Chronik und Dokumentation ist zusammengestellt in:

Woodrow Wilson 1856–1924, hg. v. Robert I. Vexler, Dobbs Ferry, New York, 1969.

Vom Verfasser einer mehrbändigen Wilson-Biografie stammt:

Arthur S. Link, Woodrow Wilson and the Progressive Era, 1910–1917, New York 1954.

Als Fortsetzung kann herangezogen werden:

Robert H. Ferrell, Woodrow Wilson and World War I, 1917–1921, New York 1985.

Neue Wilson-Biografien stammen von:
August Heckscher, Woodrow Wilson, New York 1991.
Kendrick A. Clements/Eric A. Cheezum, Woodrow Wilson, Washington, D. C., 2003, [American presidents reference series].
Eine knappe biografische Skizze wurde verfasst von:
Klaus Schwabe, Woodrow Wilson. Ein Staatsmann zwischen Puritanertum und Liberalismus, Göttingen 1971.
In der »American Presidency Series« erschien:
Kendrick A. Clements, The Presidency of Woodrow Wilson, Lawrence, Ka., 1992.
Als Bibliographie liegt vor:
Woodrow Wilson: a bibliography, comp. by John M. Mulder/Ernest M. White/Ethel S. White, Westport, Conn., 1997.

WARREN G. HARDING

1865–1923

29. PRÄSIDENT DER USA 1921–1923

2. November 1865	Warren Gamaliel Harding wird in Blooming Grove, Ohio, geboren.
1879–1882	Harding besucht das Ohio Central College und arbeitet danach bis 1884 als Lehrer.
1884	Harding wird Herausgeber des »Marion Star«.
1891	Heirat mit Florence Kling (1860–1924).
1899–1903	Harding ist Mitglied im Senat von Ohio.
1904–1905	Vizegouverneur von Ohio.
1910	Harding unterliegt bei der Gouverneurswahl in Ohio.
1915–1921	Senator von Ohio im Bundessenat.
1921–1923	Präsident der USA.
2. August 1923	Harding stirbt im Alter von 57 Jahren in San Francisco; er wird in Marion, Ohio, beigesetzt.

Hardings Präsidentschaft währte nur zwei Jahre. Er war ein durchschnittlich begabter Politiker, der von der Nachwelt hauptsächlich mit dem erschreckenden Ausmaß des Korruptionsskandals seiner Administration in Verbindung gebracht wird.

Warren Gamaliel Harding wurde am 2. November 1865 als Erster von acht Geschwistern in dem Landstädtchen Blooming Grove, Ohio, geboren. Sein Vater war Farmer und Landarzt. Nach Schulbesuch und Gehilfentätigkeit in einer Druckerei besuchte er 1879 bis 1882 das Ohio Central College und arbeitete danach für zwei Jahre als Lehrer. Seit 1884 war er Herausgeber und Miteigentümer der Zeitung »Marion Star«. Der junge Harding hatte eine Vorliebe für das Trinken, das Kartenspiel und für Frauen, Eigenschaften, die er auch als Präsident noch pflegen sollte. 1891 heiratete er die geschiedene Florence Kling, Tochter des Bankiers und reichsten Mannes in der Kleinstadt Marion, Ohio. Dank ihrer Mithilfe florierte der Absatz des »Marion Star«, der zu einem finanziellen Erfolg wurde.

Seine lokalen Verbindungen und seine Rednerbegabung ebneten in der Folgezeit Harding den Weg einer republikanischen Parteikarriere. Er wurde 1899 Mitglied des Senats im Bundesstaat Ohio, anschließend von 1904 bis 1906 Vizegouverneur von Ohio. Sein Versuch, bei den Wahlen von 1910 selbst den Sprung ins Gouverneursamt zu schaffen, scheiterte allerdings. Doch zog er, der inzwischen auch die Beachtung von Präsident Taft gefunden hatte, mit den Wahlen von 1914 in den Senat in Washington ein.

Dort stimmte der eher traditionell-konservativ eingestellte republikanische Senator für das Frauenstimmrecht, für das Alkoholverbot – das er selbst später im Weißen Haus bei nächtlichen Pokerpartien mit seinen Freunden missachtete – und gegen den Völkerbundeintritt, in dem er eine Beeinträchtigung der Souveränität seines Landes sah. Unter dem Glaubenssatz »Prosper America First« befürwortete Harding Zuschüsse für die Handelsmarine, Schutzzölle, Einwanderungsbeschränkung und territoriale Expansion.

Zu den Wahlen von 1920 wurde Harding als »dark horse«, als Verlegenheitskandidat, vom Nationalkonvent der Republikaner im Juni des Wahljahres nominiert. Die Aufstellung erfolgte im zehnten Wahlgang nach einem toten Rennen zwischen den beiden

Hauptbewerbern, General Leonard Wood und Gouverneur Frank O. Lowden. Die Republikaner hatten längst die Parteikrise von 1912 überwunden, besaßen inzwischen die Mehrheit im Kongress und verfügten wieder über die großzügige Unterstützung durch das Big Business, das der kriegsbedingten Wirtschaftsregulierung à la Wilson überdrüssig und durch die heftigen Streikkämpfe seit Kriegsende beunruhigt war.

Die republikanische Wahlplattform verurteilte die Wilson-Politik, lehnte den Völkerbundbeitritt ab, sprach sich für Steuersenkungen, Zollerhöhungen, Einwanderungsbeschränkung und jährliche Registrierung der »Fremden«, aber auch für gleichen Lohn in der Frauenarbeit aus.

Harding führte den Wahlkampf gegen den Demokraten James M. Cox, einen halbherzigen Wilson-Liberalen, als »front porch«-Kampagne im Wesentlichen von seinem Heimatort Marion, Ohio, aus. Statt weiterer Reformen versprach Harding die »Rückkehr zur Normalität« (»Let's go back to normalcy«) und meinte: »Amerikas gegenwärtiges Bedürfnis sind nicht Heroen, sondern Heilung; nicht Patentrezepte, sondern Normalität; nicht Revolution, sondern Restauration ... nicht chirurgische Eingriffe, sondern heitere Gelassenheit.«[1] Die Bevormundung der Geschäftswelt durch die Regierung müsse abgestellt werden. »Die Regierung, erklärte er, sollte ein Partner der Geschäftswelt sein, sich weniger mit idealistischen Projekten abgeben und sich auf solche praktischen Fragen konzentrieren, wie die Sicherung auswärtiger Erdölreserven und die Ausweitung der Märkte.«[2] Sein nationalistisches Programm des »America First«, sein Appell an ein »hundertprozentiges Amerikanertum« mobilisierten erfolgreich die Denkgewohnheiten und Vorurteile des ländlichen und kleinstädtischen Durchschnittsamerikaners.

Die Wahlen am 2. November 1920, seinem Geburtstag, gewann Harding mit seltener Eindeutigkeit und einem Vorsprung von sieben Millionen Stimmen. Sein Stimmenanteil bei diesem Erdrutschsieg betrug 60,3 %, der des Demokraten Cox lediglich 34,1 %. Die Enttäuschung vieler Wähler über den Ausgang der Wilson-Politik, die nahezu einhellige Unterstützung durch das Großkapital, Nationalismus, Chauvinismus und Antikommunismus im Wahljahr sowie die Mitte 1920 zu alldem noch einsetzende Wirtschaftskrise trugen zu Hardings Wahlsieg bei.

Harding, der erste Senator seit dem Bürgerkrieg, der direkt ins Weiße Haus gewählt wurde, gehört mit Grant zu den Präsidenten, die bei den amerikanischen Historikern seit längerem den schlechtesten Ruf haben.[3] Dafür sorgten sein Kleinstadthorizont, von Wilson als »Bungalow-Mentalität« apostrophiert, sein mittelmäßiges politisches Format, seine Führungsschwäche als Präsident, seine laxe persönliche Moral und nicht zuletzt einer der aufsehenerregendsten Korruptionsskandale der Geschichte der USA, in den drei Minister und mehrere leitende Mitarbeiter seiner Administration verwickelt waren.

In seiner Antrittsbotschaft als Präsident kündigte Harding am 4. März 1921 nochmals programmatisch »das Ende der Regierungsexperimente im Geschäftsleben« und »mehr effizienten Geschäftsgeist in den Regierungsangelegenheiten« an.[4] Seine Regierung stellte dann auch eine enge personelle und politische Zusammenarbeit von Big Business und Staat her, die für die Zeit des nun beginnenden »Republikanischen Übergewichts« im Präsidentenamt und Kongress während der Zwanzigerjahre charakteristisch wurde. Zum Kabinett gehörte mit dem Finanzminister Andrew W. Mellon einer der führenden Konzerngewaltigen der Aluminiumindustrie. Das Bankkapital war durch Kriegsminister John W. Weeks und den neuen Budgetdirektor[5] Charles G. Dawes vertreten. Außenminister Charles W. Hughes, ein Jurist, und Handelsminister Herbert Hoover, ein Bergbauingenieur und erfahrener Organisator, waren als gemäßigte Konservative anerkanntermaßen die fähigsten Kabinettsmitglieder.

Schließlich hatte Harding aus seinem Heimatstaat eine Clique ihm befreundeter Politiker, die »Ohio-Gang«, ins Weiße Haus mitgebracht. Dazu gehörte der neue Justizminister Harry M. Daugherty, den Harding seit seinen politischen Anfängen in Ohio kannte, und der Innenminister Albert B. Fall, ein Grundstücks- und Minenspekulant. Beide waren den Wünschen des Big Business gegenüber willfährig und ließen sich dafür gut bezahlen.

In seiner Wirtschafts- und Finanzpolitik beseitigte Harding die von Wilson eingeführte Wirtschaftsregulierung, wo immer dies möglich war. Ein neues Zollgesetz, der »Fordney-McCumber Tariff Act«, brachte 1922 die Zölle für Industriewaren wieder auf Rekordhöhe und steigerte die bereits 1921 angehobenen Zölle für landwirtschaftliche Produkte weiter. Steuergesetze beseitigten seit 1921 die im Krieg eingeführten Zusatzsteuern auf Sondergewinne und senkten den Steuerhöchstsatz von 63,6 % zunächst auf 50 % und dann weiter auf 35 %. Auch in Arbeitskämpfen zeigte die Harding-Administration ein unternehmerfreundliches Gesicht. Einen großen Eisenbahnarbeiterstreik im Sommer 1922 ließ Justizminister Daugherty durch gerichtliche einstweilige Verfügung (injunction) mit einer beispiellosen Härte unterdrücken, gegen die sogar im Kabinett von Hughes und Hoover Bedenken vorgebracht wurden.

Nachdem bereits in den Jahren zuvor restriktive Einwanderungsbestimmungen den Ausschluss von Anarchisten, Analphabeten, Asiaten von der Einwanderung vorgesehen hatten, wurde 1921 unter Harding die erste generelle gesetzliche Beschränkung der Einwanderung vorgenommen. Der »Emergency Quota Act« vom 19. Mai 1921 begrenzte die jährliche Einwanderungszahl auf knapp 360.000 Personen und legte Quoten für die einzelnen Nationalitäten fest, die jeweils drei Prozent ihres Anteils an der Bevölkerung der USA im Jahr 1910 für die jährliche Einwanderung zuließen. Davon wurde vor allem die Einwanderung aus Ost- und Südeuropa auf restriktive Weise betroffen. Das Gesetz und die Diskussion in der Öffentlichkeit zeigten deutlich nationalistische und auch rassistische Motive bei den weißen-angelsächsischen-protestantischen Amerikanern (WASP), die bei einem Anhalten der Einwanderungsströme aus der Vorkriegszeit eine ethnische, soziale, rassische und politische Überfremdung des Landes befürchteten. 1924 und 1929 wurden die Einwanderungsbeschränkungen dann noch weiter verschärft.

Zu den konstruktiven Seiten der Harding-Regierung gehört das erste Straßenbaugesetz der Bundesregierung vom November 1921. Es förderte den Highway-Bau zunächst auf einer Länge von 221.000 Meilen. Ebenso interessiert war Harding an Radio und Flugzeug. Neuerdings weisen Historiker auch darauf hin, dass Harding zu langen Haftstrafen verurteilte Weltkriegsgegner (Eugene V. Debs) amnestierte und als erster Präsident öffentlich im Süden des Landes Bürgerrechte für schwarze Amerikaner anmahnte. Der neue Präsident bemühte sich um ein gutes Verhältnis zur Öffentlichkeit und führte wieder regelmäßige Pressekonferenzen ein. Er und Florence Harding, die First Lady, öffneten das Weiße Haus, das in den letzten Jahren der Wilson-Administration wenig besucherfreundlich gewesen war, erneut für die Washingtoner Gesellschaft. Die Marine-Band spielte auf dem Rasen des Weißen Hauses, und täglich um die Mittagszeit gab es einen Empfang für die Öffentlichkeit.

Der im Kongress damals bestehende »Farmblock« aus mindestens 25 Senatoren und 95 Abgeordneten beider Parteien aus den Farmregionen konnte zwischen 1921 und 1923 einige gesetzliche Regelungen im Kongress durchbringen, die spezielle Wünsche der Farmer berücksichtigten. Dazu gehörten die Preisregulierung in der Fleisch verarbeitenden Industrie sowie Gesetze zur Verbesserung der landwirtschaftlichen Kreditbedingungen und zur Förderung von Absatzgenossenschaften. Insgesamt blieb allerdings die Lage der Farmer seit dem Ende des Weltkrieges durch Überproduktion, sinkende Nachfrage und Preisverfall bei landwirtschaftlichen Erzeugnissen auf dem Weltmarkt problematisch.

Die Außenpolitik Hardings und seines Außenministers Hughes konnte von der erweiterten internationalen Machtstellung der USA im Ergebnis des Weltkrieges ausgehen. Mit Hardings Wahl hatten sich diejenigen Kräfte in Washington durchgesetzt, die eine Beteiligung des Landes am Völkerbund ablehnten und Handlungsfreiheit für die weitere ökonomische Expansion der USA erstrebten. Harding erteilte in seiner Antrittsrede den Völkerbundanhängern eine Absage und informierte kurze Zeit später im April 1921 den Kongress darüber, dass der Völkerbund von den USA nicht sanktioniert werden würde. Hughes sandte lediglich inoffizielle Beobachter zu den Voll- und Kommissionssitzungen des Völkerbundes nach Genf. Obwohl nach der Aufhebung des Handelsembargos gegen Sowjetrussland im Juli 1920 der amerikanisch-sowjetische Handel eine steigende Tendenz zeigte und die USA 1921 mit 19 % Anteil an der Einfuhr Sowjetrusslands den dritten Platz hinter England und Deutschland einnahmen, hielt Harding an der diplomatischen Nichtanerkennung Sowjetrusslands fest. Zur Begründung bediente sich Hughes im März 1921 in einer Note ähnlicher Argumente, wie sie von seinem Vorgänger Colby 1920 mit der Colbydoktrin verwendet worden waren. Insbesondere verwies Hughes auf die gänzliche Unvereinbarkeit der außenpolitischen Grundsätze beider Länder.[6]

Drei Folgeerscheinungen des Krieges beanspruchten die besondere Aufmerksamkeit der Harding-Administration: 1. die für die USA noch offene Friedensregelung mit den ehemaligen Kriegsgegnern; 2. die Kriegsschulden der früheren Verbündeten und 3. die Lage im Fernen Osten mit dem gespannten Verhältnis zu Japan, dem Hauptrivalen in dieser Region. Der separate Friedensvertrag mit dem Deutschen Reich wurde am 25. August 1921 unterzeichnet. Darin sicherten sich die USA »alle Rechte, Privilegien, Entschädigungen, Reparationen oder Vorteile«[7] des Versailler Vertrages, ohne seine Verpflichtungen mit zu übernehmen. Ausdrücklich legte dieser Friedensvertrag fest, dass die USA durch keine Maßnahme des Völkerbundes gebunden seien. Im März 1922 ordnete Harding auch den Abzug der restlichen US-Truppen (2400 Mann) aus dem Rheinland an.

Zur Abwicklung der Kriegsschuldenrückzahlung setzte der Kongress auf Vorschlag des Präsidenten im Februar 1922 die »World War Foreign Debts Commission« unter Vorsitz des Finanzministers Mellon ein. Vorgesehen war, auf keinen Einzelposten der 11,3 Mrd. $ Kriegsschulden zu verzichten, die Zinsen auf mindestens 4 1/4 % festzulegen und die Rückzahlung bis 1947 zu verlangen. Bei diesen Bedingungen, die seit 1923 in Verhandlungen mit 13 Regierungen modifiziert wurden, musste die Kriegsschuldenfrage ein Hauptproblem der internationalen Beziehungen bleiben.

Das beachtlichste Ergebnis Hardings auf außenpolitischem Gebiet war die Neunmächtekonferenz, die, initiiert von Senator William Borah, dann auf Einladung Hardings von November 1921 bis Februar 1922 in Washington tagte, um über die Situation im Fernen Osten und eine Begrenzung der Flottenrüstung zu beraten. An der Konferenz nahmen die USA, Großbritannien, Frankreich, Japan, Belgien, Holland, Italien, Portugal und China teil. Die Harding-Administration, die ihre Position vorher mit der britischen Regierung abgestimmt hatte, verfolgte dabei das Ziel, durch einen vereinbarten Interessenausgleich ihren Einfluss im Fernen Osten zu stabilisieren, Japans Vordringen in der Region zu begrenzen, eine gemeinsame Front gegen Sowjetrussland und gegen unkontrollierbare antikoloniale Revolutionen zu errichten und das kostspielige Wettrüsten zur See unter Kontrolle zu bringen. Dabei wirkte auch die Absicht Hardings mit, den Haushalt von einem Übermaß unproduktiver Rüstungskosten zu entlasten. Die Konferenz endete mit einigen wichtigen Ergebnissen. In einem Viermächteabkommen (13. Dezember 1921) garantierten sich die USA, Großbritannien, Frankreich und Japan gegenseitig ihre Inselbesitzungen im Stillen Ozean. Das Abkommen stellte den kolonialpolitischen Status quo im pazifischen Raum sicher und trat an die Stelle des britisch-japanischen Bündnisses von 1911. Der Neunmächtevertrag über China (6. Februar 1922), ein Achtungserfolg der chinesischen Diplomatie, enthielt eine Anerkennung der Souveränität, Unabhängigkeit und territorialen Integrität Chinas, allerdings ohne Verzicht auf die Sonderrechte der fremden Mächte in diesem Land, und er bestätigte den von den USA seit den Tagen Hays zur Doktrin erhobenen Grundsatz der »offenen Tür« im Handel mit China. Ein Fünfmächteabkommen (6. Februar 1922) begrenzte die Gesamttonnage der Schlachtschiffe der USA (525.000 t), Großbritanniens (525.000 t), Japans (315.000 t), Frankreichs und Italiens (je 175.000 t) und schränkte die Gesamtstärke der Flugzeugträger und anderen Großkampfschiffe dieser Länder ebenfalls ein. Das Abkommen war ein erster Schritt zur Rüstungsbegrenzung. Es verlangsamte für ein Jahrzehnt das Wettrüsten zur See.

Die Konferenz von Washington war insgesamt ein Erfolg der amerikanischen Politik unter Harding und Hughes. Sie dokumentierte, dass die USA seit dem Weltkrieg ihre Stellung als eine Führungsmacht im Fernen Osten hatten ausbauen können. Die Ergebnisse der Konferenz stellten einen Kompromiss und Interessenausgleich unter den beteiligten Großmächten dar. Japan wurde in das internationale Vertragswerk von Washington eingebunden. Es fand Anerkennung als Großmacht, wurde aber zugleich in seinem Ausdehnungsstreben für einige Zeit eingeengt.

1923 drangen Informationen an die Öffentlichkeit, dass bei Kabinettsmitgliedern und hohen Regierungsbeamten aus dem Freundeskreis des Präsidenten Veruntreuungen, Bestechungsaffären, illegale Transaktionen und andere Erscheinungen der Korruption großen Stils an der Tagesordnung waren. In den Untersuchungen eines Senatsausschusses, der von Oktober 1923 bis Juni 1924 tätig war, stellte sich dann heraus:[8] Der Leiter des Entschädigungsbüros für die Kriegsteilnehmer, Charles R. Forbes, unterschlug seit 1921 mit seinen Kumpanen Millionenbeträge. Forbes wanderte später ins Gefängnis. Der Justizminister Daugherty und sein Mitarbeiter und Freund Jesse Smith ließen sich von Alkoholschmugglern, Kriegsgewinnlern und Steuerhinterziehern für

Ausnahmeregelungen bezahlen. Als dies ruchbar wurde, beging Smith im Mai 1923 Selbstmord. Daugherty musste im Mai 1924 zurücktreten, wurde zweimal vor Gericht gestellt, wegen Mangels an Beweisen allerdings nicht verurteilt. Thomas W. Miller, der Leiter der Verwaltung für Feindvermögen, nahm Bestechungsgelder entgegen. Er wurde später von einem Gericht verurteilt. Auch in diesem Fall war Daugherty zumindest Mitwisser.

Das größte Aufsehen erregte aber der »Teapot Dome«-Skandal, in dessen Zentrum Innenminister Fall und zwei bekannte Erdölunternehmer, Edward L. Doheny und Harry F. Sinclair, standen. Innenminister Fall – von Amts wegen zum Schutz der natürlichen Reichtümer des Landes verpflichtet – verschleuderte 1922 wertvolle Erdölreserven in Elk Hills, Kalifornien, und Teapot Dome, Wyoming, die dem Staat gehörten, an die Erdölgesellschaften von Doheny und Sinclair. In beiden Fällen ließ sich Fall gut bezahlen, einmal mit 100.000 $, beim anderen Mal mit 223.000 $. Nach diesen für ihn lukrativen Aktionen trat Fall im März 1923 zurück. Später (1929) erhielt er die verdiente Gefängnisstrafe. Fall wurde damit das erste amerikanische Kabinettsmitglied, das seine Karriere im Gefängnis beschloss. Wieweit Harding von diesen Machenschaften seiner engen politischen Freunde Kenntnis hatte, ist ungeklärt. Jedenfalls klagte er nun darüber, dass es nicht seine Feinde, sondern vielmehr seine Freunde seien, die ihn nachts nicht schlafen ließen. Aber er unternahm im Sommer 1923, als der Skandal nicht mehr zu übersehen war, nichts, um die Korruption im Weißen Haus zu unterbinden und aufzudecken, wie ihm dies von Herbert Hoover geraten wurde. Stattdessen versuchte er mit einer persönlichen Werbekampagne im Westen der USA und in Alaska, den verlorenen politischen Boden gutzumachen. Auf dieser Reise erkrankte er plötzlich und verstarb in San Francisco, vermutlich an den Folgen eines Schlaganfalls. Spekulationen um den plötzlichen Tod des Präsidenten, die unbegründet erscheinen, haben sich bis heute erhalten. Harding wurde in seinem Heimatort Marion, Ohio, beerdigt.

Herbert Hoover, der Harding als sein Handelsminister hinlänglich genug kannte, urteilt in seinen Memoiren rückblickend über ihn: »Er hatte echte Qualität hinsichtlich Herzlichkeit, gutem Willen und der Fähigkeit zu gefälliger Rede. Er war nicht der Mann mit der Erfahrung oder intellektuellen Fähigkeit, welche die Stellung erfordert.«[9]

Anmerkungen

1 Randolph C. Downes, The Rise of Warren Gamaliel Harding, 1865–1920, Columbus, Ohio, 1970, S. 411.

2 Wesley M. Bagby, The Road to Normalcy. The Presidential Campaign and Election of 1920, Baltimore 1962, S. 149.

3 Dazu: Eugene P. Trani/David L. Wilson, The Presidency of Warren G. Harding, Lawrence, Kansas, 1977, S. 189 ff; Michael L. Kurtz, The Challenging of America: 1920–1945, Arlington Heights, Illinois, 1986, S. 7 f.

4 John Tipple, Crisis of die American Dream. A History of American Social Thought 1920–1940, New York 1968, S. 96 f.

5 1921 richtete Harding das Bureau of the Budget ein, das eine ausgeglichene Haushaltspolitik des Präsidenten absichern sollte.

6 Text der Hughes-Note vom 25. März 1921 in: Current History, Bd. 14, N° 2, Mai 1921, S. 189 f.

7 Der Friedensvertrag nebst Ausführungsbestimmungen, Berlin 1922, S. 241.

8 Zum Harding-Skandal: Congress Investigates 1792–1974, hg. v. Arthur Schlesinger, jr./Roger Bruns, New York 1975, S. 199 ff.; Burl Noggle, Teapot Dome: Oil and Politics in the 1920's, Westport, CT, 1962.

9 The Memoirs of Herbert Hoover. The Cabinet and the Presidency 1920–1933, New York 1952, S. 47.

Bibliographische Hinweise

Eine komplette Ausgabe der Reden Hardings als Präsident ist bezeichnenderweise bislang nicht erschienen.

Eine Chronik und Dokumentation bietet:

Warren G. Harding, 1865–1923, hg. v. Philip R. Moran, Dobbs Ferry, New York, 1970.

Als erster Band einer auf mehrere Bände berechneten Biografie erschien:

Randolph C. Downes, The Rise of Warren Gamaliel Harding, 1865–1920, Columbus, Ohio, 1970.

Die Präsidentschaftszeit wird behandelt in:

Robert K. Murray, The Harding Era. Warren G. Harding and His Administration, Minneapolis 1969.

Eugene P. Trani/David L. Wilson, The Presidency of Warren G. Harding, Lawrence, Kansas, 1977.

Ferner liegen vor:

Francis Russell, The Shadow of Blooming Grove: Warren G. Harding in His Times, New York 1968.

Warren G. Harding: a Bibliography, comp. by Richard G. Frederick, Westport, Conn., 1992.

Zum Tod Hardings neuerdings:

Robert H. Ferrell, The Strange Deaths of President Harding, Columbia, Mo., 1996.

Carl S. Anthony, Florence Harding: the first lady, the Jazz Age, and the death of America's most scandalous president, New York 1998.

CALVIN COOLIDGE

1872–1933

30. PRÄSIDENT DER USA 1923–1929

4. Juli 1872	Calvin Coolidge wird in Plymouth, Vermont, geboren.
1895	Examen am Amherst College, Massachusetts.
1897	Zulassung als Rechtsanwalt.
1899–1902	Coolidge ist »city solicitor« (Stadtanwalt) in Northampton, Massachusetts.
1905	Heirat mit Grace Anna Goodhue (1879–1957).
1907–1908	Mitglied des Massachusetts House of Representatives.
1910–1911	Bürgermeister von Northampton, Massachusetts.
1912–1915	Mitglied des Massachusetts-Staatssenats.
1916–1918	Vizegouverneur von Massachusetts.
1919–1920	Gouverneur von Massachusetts.
1921–1923	Vizepräsident der USA.
1923–1929	Präsident der USA.
1930–1931	Coolidge schreibt tägliche Zeitungskommentare.
5. Januar 1933	Coolidge stirbt im Alter von 60 Jahren in Northampton, Massachusetts, und wird in Plymouth, Vermont, beigesetzt.

Coolidge war zu seiner Präsidentschaftszeit ein ungewöhnlich populärer Präsident. Wortkarg, sparsam, persönlich integer und ein »Puritaner in Babylon«[1] wurde er mit seiner Verklärung des geschäftlichen Erfolgs zu einer politischen Symbolfigur der »Prosperity« der Zwanzigerjahre.

John Calvin Coolidge wurde am 4. Juli 1872 in der Gemeinde Plymouth, Vermont, geboren. Der Vater war Farmer und ländlicher Ladenbesitzer. Der junge Coolidge war nach dem Studium am Amherst College in Massachusetts zunächst als Anwalt in Northampton, Massachusetts, tätig und begann dann 1899 eine politische Karriere als republikanischer Stadtrat, als Stadtanwalt von Northampton und dann als Abgeordneter (1907–1908) und schließlich als Senator (1912–1915) in der Legislative von Massachusetts.

1905 heiratete der 33-jährige Coolidge die 26-jährige Lehrerin an einer Schwerhörigenschule Grace Anna Goodhue, die später als First Lady Besucher im Weißen Haus durch ihre Fröhlichkeit und ihren Takt bestach. Sie war eine engagierte Naturschützerin, interessierte sich für Baseball, Musik, Literatur und Theater.

Als loyaler und konservativer Republikaner wurde er 1915 zum Vizegouverneur, 1918 zum Gouverneur von Massachusetts gewählt. In diesem Amt machte er sich 1919 landesweit mit seinem harten Vorgehen gegen den Polizeistreik in Boston einen Namen. Er lehnte damals einen von Samuel Gompers, dem Präsidenten der AFL-Gewerkschaften, empfohlenen Vergleich ab und antwortete mit dem oft zitierten Satz: »Es gibt für niemand, nirgendwo, nirgendwann ein Recht auf Streik gegen die öffentliche Sicherheit.«[2]

Nicht zuletzt seinem entschiedenen Eintreten für »Law and Order« verdankte er die Nominierung zum Vizepräsidentschaftskandidaten der Republikaner im Juni 1920. Mit Harding im November 1920 gewählt, wurde er dann nach dessen Tod im August 1923 Präsident.

Die Vereidigung wurde durch den Vater, einen Friedensrichter, in Coolidges Vaterhaus in Plymouth, Vermont, am frühen Morgen des 3. August beim Schein der Petroleumlampe und auf die Familienbibel vorgenommen. Diese vom Rundfunk übertragene Szene ließ Coolidge als den Repräsentanten des gesunden, ländlichen Amerika erscheinen. Ein bald einsetzender Coolidge-Kult der Presse versah dann diesen eher durchschnittlich begabten Politiker mit einem staatsmännischen Nimbus. Er selbst verstand es auf seinen Pressekonferenzen mit seinem Mutterwitz ausgezeichnet, gute Beziehungen zur Presse herzustellen. Das neue Medium Radio wurde von ihm ebenfalls genutzt. Coolidges »nahezu religiöser« Glaube an die segensreiche wirtschaftliche, soziale und kulturelle Rolle des Big Business und der großen amerikanischen Vermögen war ein Hauptgrundsatz seines gesellschaftspolitischen Denkens. In einer Rede vor Zeitungsherausgebern meinte Coolidge im Januar 1925: »Das Hauptgeschäft des amerikanischen Volkes ist das Geschäft.«[3] Das amerikanische Volk war seiner Meinung nach ganz entschieden mit Produktion, Kauf, Verkauf, Investition und Mehrung des Wohlstands in der Welt beschäftigt.

Wie Harding sprach sich Coolidge für die Trennung von Regierung und Geschäftsleben aus. Beide – Regierung wie Business – sollten in ihrer eigenen Sphäre souverän sein. Die Stoßrichtung dieser Auffassung war gegen eine staatliche Wirtschaftsregulierung mit ihren Eingriffen in Vermögens- und Kapitalverwertungsfragen gerichtet. Gegen eine enge Kooperation zwischen Regierung und Business im traditionell konservativ-republikanischen Geiste hatte Coolidge dagegen wenig einzuwenden. Die wirtschaftliche und politische Machtstellung des Big Business wuchs in seiner Regierungszeit, die von der ungewöhnlich lebhaften Konjunktur der »Prosperity« mitgeprägt wurde, weiter an. Fortgesetzt wurde die Einbeziehung von Industriellen und Bankiers in wichtige Regierungsfunktionen.

Im Kabinett gab es, abgesehen von der Entlassung des am Harding-Skandal beteiligten Justiz- und Marineministers, wenig Veränderungen. Symptomatisch war ferner die Tatsache, dass die engsten Berater und Freunde des Präsidenten (unter ihnen der Bankier und erfolgreiche Diplomat Dwight W. Morrow) ausnahmslos vom sozialen Status her zur Geschäftswelt gehörten. 1925 schrieb das Wallstreet Journal wohl nicht unberechtigt: »Niemals zuvor war eine Regierung hier oder anderswo so vollständig mit dem Business verschmolzen.«[4]

Coolidges Innen-, Finanz- und Wirtschaftspolitik war vor allem darauf gerichtet, das günstige Geschäftsklima der »Prosperity«-Zeit zu bestärken und dauerhaft zu gestalten. Der industrielle Aufschwung jener Jahre, vor allem in der Produktion langlebiger Konsumgüter (Auto, Radio, Haushaltsgeräte) sichtbar, wurde zu einem bestimmenden Faktor seiner Politik. Produktivitätszuwachs, höhere Realeinkommen und günstige Geschäftsaussichten schienen die konservativen Grundsätze der Coolidge-Administration zu bestätigen. Dies erleichterte es der Regierung, trotz mancher Widerstände von Reformkräften innerhalb und außerhalb des Kongresses, ihren sozialpolitisch konservativen Kurs durchzusetzen.

Finanzminister Mellon hielt an der Hochschutzzollpolitik ebenso fest wie an der Senkung der Steuern für die höheren Einkommensklassen. Coolidges Sparpolitik entlastete den Bundeshaushalt und trug erheblich zur Verringerung der Verschuldung des Bundes bei, die von 22,35 Mrd. (1923) auf 17,60 Mrd. (1928) Dollar zurückging.

Mit dem Einwanderungsgesetz von 1924 wurde eine weitere Beschränkung der Einwanderung vorgenommen. Die Jahresquoten der einzelnen Nationalitäten wurden nun auf zwei Prozent des jeweiligen Anteils dieser Gruppe an der Bevölkerung der USA im Jahr 1890 festgelegt. Das bedeutete eine weitere Benachteiligung der Einwanderer aus Ost- und Südeuropa. Außerdem wurde die Einwanderung aus Japan – trotz der Warnung von Außenminister Hughes vor den nachteiligen Auswirkungen auf das amerikanisch-japanische Verhältnis – gänzlich untersagt.

Von besonderer Bedeutung für die Coolidge-Administration waren die Aktivitäten des Handelsministers Herbert Hoover. Dieser, ein auf moderne Wirtschaftsbedürfnisse eingestellter »Architekt der Business-Kooperation«[5] der Regierung, der auch über Einfluss im Arbeits-, Innen-, im Landwirtschaftsministerium und in der »Federal Trade Commission« verfügte, initiierte staatlicherseits Absprachen mit den Konzernen zur Beseitigung von Störfaktoren und zur Ausschaltung von Verlusten in der Wirtschaft. Hoover nannte seine Politik selbst »überwachten Individualismus«. Sein Handelsministerium förderte die Entwicklung der Statistik und Wirtschaftsanalyse, die Markt- und Industrieforschung, den Informationsaustausch innerhalb der Geschäftswelt. Seinem Konzept entsprach auch der wichtige »Railway Labor Act« von 1926, der im Eisenbahnbereich Gewerkschaftsforderungen berücksichtigte und eine ständige Einrichtung für eine Streikschlichtung vorsah.

Auf Initiative des wirtschaftspolitisch sehr aktiven Hoovers wurde die Kontroll- und Verwaltungskompetenz des Staates in verschiedenen, vor allem infrastrukturellen Bereichen der Wirtschaft ausgebaut, und es wurden dazu Fördermittel bereitgestellt: so im Wohnungsbau, Straßenbau und Luftverkehr (1926 wurden die Fluglinien, die 32 Flugplätze und die Signalanlagen der Aufsicht des Handelsministeriums unterstellt), im Rundfunkwesen (Conference Radio Controll Bill von 1927), bei der Flussregulierung sowie gegenüber der Handelsschifffahrt und dem Schiffbau (Merchant Marine Act von 1928). Es waren gerade diese Seiten der Innenpolitik Coolidges und Hoovers, die in jüngster Zeit zu einer Aufwertung der Leistungen der Coolidge-Administration geführt haben. Zur positiven Bilanz dieser Jahre zählt auch die Gewährung des Staatsbürgerrechts an die Indianer (1924).

Typisch für die Wirtschaftsphilosophie Coolidges und seiner Regierung war die negative Haltung zu einigen Reformgesetzen, die von Reformrepublikanern aus Coolidges eigener Partei damals wiederholt im Kongress eingebracht wurden. Eine Hauptforderung der Farmer wurde so mit einem Gesetz aufgegriffen, das den staatlichen Ankauf landwirtschaftlicher Überschüsse regeln sollte. Zweimal – 1927 und 1928 – scheiterte dieser »McNary-Haugen Act« am Veto des Präsidenten. Ebenso verhinderte Coolidge 1928 durch sein indirektes Veto (Pocket Veto) die Erweiterung und den staatlichen Betrieb der Wasserkraftanlagen von Muscle Shoals am Tennessee, die während des Weltkrieges errichtet, aber nicht fertig gestellt worden waren. Coolidge blockierte damit ein von Senator Norris eingebrachtes Reformgesetz, das erst unter F. D. Roosevelt realisiert werden konnte.

Lediglich im Fall der Entschädigungszahlung für Kriegsveteranen, hinsichtlich der »Soldier's Bonus Bill« von 1924, die den Soldaten des Weltkrieges eine spätere Entschädigungszahlung (Bonus) in Aussicht stellte, konnte Coolidges Veto im Kongress durch eine Zweidrittelmehrheit überstimmt werden.

Mit Coolidges vorwiegend konservativer Innenpolitik vertieften sich die Gegensätze zwischen konservativen Republikanern und Reformrepublikanern im Kongress erheblich. Diese Tendenz zeigte sich deutlich bei den Präsidentschafts- und Kongresswahlen von 1924.

Wie nicht anders zu erwarten, wurde Coolidge im Juni 1924 vom Nationalkonvent seiner Partei als Präsidentschaftskandidat nominiert. Die republikanische Wahlplattform strich besonders die wirtschaftlichen Erfolge seit 1921 heraus, bekannte sich zu »Law and Order«, forderte aber immerhin auch ein Anti-Lynch-Gesetz.

Die in einer Parteikrise steckenden, in Flügel gespaltenen Demokraten nominierten auf ihrem Konvent im Juli 1924 im 103. Wahlgang den konservativen Juristen John W. Davis (US-Botschafter in Großbritannien 1918–1921) als ihren Kandidaten.

In dieser Situation stellte eine 1922 entstandene progressive Wählerkoalition aus Gewerkschaften, Farmerorganisationen, der »Socialist Party«, der »Farmer-Labor Party«, einzelstaatlicher Arbeiterparteien und verschiedener demokratischer Bürger- und Frauenverbände den Reformsenator von Wisconsin, Robert M. La Follette, als eigenen, dritten Kandidaten für die Präsidentschaftswahl auf. Die Wahlkonstellation von 1912 schien sich zu wiederholen. La Follette und seine »Conference for Progressive Political Action« (CPPA) führten den Wahlkampf mit einem demokratischen Reformprogramm, das an den Populismus der Achtziger- und Neunzigerjahre des 19. Jahrhunderts anknüpfte, aber auch Reformmaßnahmen des späteren New Deal vorwegnahm.

Der Ausgang der Wahlen von 1924 gestaltete sich wie folgt:

Kandidaten	*Wahlmänner*	*Wählerstimmen*	*in Prozent*
Coolidge (R)	382	15,7 Millionen	54,0
Davis (D)	136	8,4 Millionen	28,8
La Follette (CPPA)	13	4,8 Millionen	16,6

Coolidge konnte mit der Losung der Republikaner »Coolidge oder Chaos« die Wahlen mit großem Stimmenvorsprung gewinnen. Der frühere Präsident Taft kommentierte den Wahlausgang triumphierend: »Dieses Land ist kein Land für Radikalismus. Ich glaube, es ist wirklich das konservativste Land in der Welt.«[6]

Der Achtungserfolg der La Follette-Koalition, die in jeder Hinsicht gegenüber den beiden großen Parteien benachteiligt war, demonstrierte das Weiterbestehen eines beachtlichen Reformpotenzials im Land, das nach diesen Wahlen auch seinen Einfluss im Kongress behielt.

Als dann die nächsten Präsidentschaftswahlen vor der Tür standen, überraschte Coolidge am 2. August 1927 die Öffentlichkeit mit der Erklärung: »Ich bin nicht gewillt, mich 1928 um die Präsidentschaft zu bewerben.«[7] Diese, in ihren Motiven nicht völlig klare persönliche Entscheidung Coolidges eröffnete dann Handelsminister Hoover den Weg zur eigenen Bewerbung. Hoover wurde im Juni 1928 vom republikanischen Nationalkonvent im ersten Wahlgang als Kandidat nominiert. Coolidge nahm die Nachricht mit sichtlichem Missvergnügen auf. Hatte er gehofft, man werde ihn doch noch drängen, für eine weitere Amtsperiode zur Verfügung zu stehen?

Die Demokraten stellten ihrerseits den aktiven Gouverneur von New York, Alfred E. Smith, einen Katholiken, als ihren Präsidentschaftskandidaten auf. Anders als 1924 standen 1928 – auf dem Höhepunkt der »Prosperity« – eher zweitrangige Fragen wie die

Stellung zur Prohibition, zum 1919 eingeführten Alkoholverbot, im Vordergrund des Wahlkampfes, den Hoover dann im November mit einem eindeutigen Vorsprung für sich entscheiden konnte.

Die Außenpolitik der Coolidge-Administration wurde vor allem – auf der Grundlage der wirtschaftlichen Prosperität – durch eine noch verstärkte ökonomische Expansion bestimmt. Die amerikanische industrielle Vorrangstellung wuchs weiter an. Der Kapitalexport nach Europa, Kanada, Lateinamerika und Asien erhöhte sich sprunghaft. Mit 17 Mrd. $ hatten die auswärtigen privaten Investitionen der USA 1929 nahezu den Umfang der britischen Auslandsanlagen erreicht.

Die Coolidge-Regierung übernahm seit 1923/24 eine aktive Rolle bei der Stabilisierung der internationalen Wirtschafts- und Finanzbeziehungen. Sie hatte erheblichen Anteil an der wirtschaftlichen Stärkung des Deutschen Reiches. Auch unter Coolidge verblieben die USA außerhalb des Völkerbundes oder militärisch-politischer Allianzen. Sie erweiterten aber ihre außenpolitischen Aktivitäten in Europa, Lateinamerika und Fernost. Fortgesetzt wurde auch die Nichtanerkennungspolitik gegenüber der UdSSR, auch als 1924 Großbritannien, Frankreich und Italien, 1925 Japan die Sowjetunion diplomatisch anerkannt hatten.

In der Reparations- und Kriegsschuldenfrage, einem Drehpunkt der amerikanischen Europapolitik zu jener Zeit, konnte die Coolidge-Regierung 1924 mit der Vorlage und Annahme des Dawes-Planes ihren Standpunkt weitgehend durchsetzen. Der Dawes-Plan sah mit seiner Neuregelung der Reparationszahlungen und mit einer britisch-amerikanischen Anleihe die Wiederherstellung der Zahlungsfähigkeit Deutschlands vor. Er funktionierte erfolgreich, bis er 1929/30 durch den Young-Plan abgelöst wurde. Auf seiner Grundlage flossen 2,5 Mrd. $ Anleihen nach Deutschland.

Eine weitere Konsolidierung der Finanzbeziehungen erreichte Coolidge zwischen 1923 und 1926 in den Kriegsschuldenabkommen mit Großbritannien, Frankreich und weiteren elf Staaten. Die Abkommen vereinbarten eine Rückzahlung der Kriegsschulden an die USA über einen Zeitraum von 62 Jahren bei einer durchschnittlichen Zinshöhe von zwei bzw. drei Prozent. Insbesondere das Abkommen mit Frankreich von 1926 war ein mühsam ausgehandelter Kompromiss, bei dem die unterschiedlichen Interessen weiter bestanden. Von Frankreich wurde es erst 1929 ratifiziert. Ein wichtiges Ergebnis der Außenpolitik Coolidges war der von Außenminister Frank B. Kellogg (seit März 1925) und dem französischen Außenminister Aristide Briand ausgehandelte »Kriegsächtungspakt« (Briand-Kellogg-Pakt) vom 27. August 1928. Die Vertragsteilnehmer – es waren schließlich 60 Länder einschließlich der UdSSR – verurteilten feierlich den Krieg als Mittel für die Lösung internationaler Streitfälle und verzichteten auf den Krieg als Instrument der nationalen Politik. Sie bekannten sich zur friedlichen Regelung aller internationalen Streitigkeiten oder Konflikte. Ungeachtet seiner Unverbindlichkeit bedeutete der Kriegsächtungspakt einen positiven Schritt auf dem Weg zur völkerrechtlichen Kodifizierung des Gewaltverzichtes. Der Senat ratifizierte den Vertrag im Januar 1929 mit nur einer Gegenstimme.

Der Abschluss des Briand-Kellogg-Paktes zeigte eine Tendenz in der Außenpolitik der Coolidge-Administration an. Daneben besaßen weiterhin auch die Befürworter der Flottenstärke und maritimer militärischer Machtpolitik in der Öffentlichkeit, im Kongress und in der Regierung Einfluss. Sie setzten gegen den anfänglichen Widerstand Coolidges 1928 ein drastisches Flottenbauprogramm im Kongress durch, das binnen dreier Jahre den Bau von 15 10.000-t-Kreuzern vorsah. Es waren auch diese Kräfte, die zuvor im Sommer 1927 mit für das Scheitern der Genfer Abrüstungskonferenz zur Begrenzung der Kreuzerflotten verantwortlich waren. Ein Motiv für die zunehmende Flottenrüstung am Ende der Coolidge-Administration war auch darin zu sehen, dass seit dem 1924 erfolgten totalen Ausschluss der japanischen Einwanderung die Beziehungen zu Japan, dem Hauptrivalen im Fernen Osten, wieder gespannter wurden.

Die Lateinamerikapolitik Coolidges war ebenfalls widersprüchlich.

In Mittelamerika wurde die Militärherrschaft über die Dominikanische Republik zwar 1924 beendet, doch intervenierten die USA seit 1926/27 in Nicaragua gegen die Befreiungsbewegung unter Führung Sandinos und beließen dort Truppen bis 1933.

Als die mexikanische Regierung Ende 1925 mit Land- und Erdölgesetzen die Interessen amerikanischer Investoren beeinträchtigte, übte seit Januar 1926 die Coolidge-Regierung massiven diplomatischen Druck aus, um Mexiko zu einer Änderung zu zwingen. Das State Department ging so weit, die mexikanische Regierung »bolschewistischer Umtriebe in den Republiken Zentralamerikas« zu beschuldigen. Im März 1928 erreichte dann der neue US-Botschafter in Mexiko, Dwight W. Morrow, einen Ausgleich mit der mexikanischen Regierung, der die amerikanischen Wünsche weitgehend erfüllte, aber auch auf Interessen Mexikos Rücksicht nahm.

Angesichts der wachsenden Kritik lateinamerikanischer Staaten an den ständigen Interventionen aus dem Norden zeichnete sich 1928, gegen Ende der Präsidentschaft Coolidges, eine größere Flexibilität seiner Lateinamerikapolitik ab. Coolidge selbst nahm im Januar 1928 an der Eröffnung der 6. Interamerikanischen Konferenz in Havanna teil und versicherte dort die lateinamerikanischen Länder der Freundschaft der USA. Im Dezember 1928 formulierte Unterstaatssekretär James Reuben Clark, jr., in einem zunächst intern bleibenden »Memorandum über die Monroedoktrin« eine Absage an den Roosevelt-Zusatz zu dieser Doktrin. Clark bestritt, dass die Monroedoktrin zur Begründung und Rechtfertigung amerikanischer Interventionen in der Hemisphäre herangezogen werden könne. »Die Doktrin bestimmt das Verhältnis der USA gegenüber Europa, nicht aber der USA gegenüber Lateinamerika«[8], hieß es in dem interessanten Dokument, dessen Grundgedanken Außenminister Kellogg im Februar 1929 den amerikanischen Diplomaten in Lateinamerika übermittelte.

So enthielt die Außenpolitik der Coolidge-Administration auch auf diesem Feld durchaus einige interessante Neuansätze, die dann von Coolidges Nachfolger Hoover weiter ausgebaut wurden.

Nach dem Ausscheiden aus dem Präsidentenamt lebte Coolidge wieder in Northampton, Massachusetts. Er veröffentlichte 1929 seine Autobiografie, schrieb Artikel für Zeitungen und Zeitschriften und wurde Direktor einer New Yorker Lebensversicherung. Unter den veränderten Bedingungen der »Großen Krise« fand noch zu seinen Lebzeiten eine kritische Neubewertung seiner Politik und Präsidentschaft in der Öffentlichkeit statt. Man sah nun, dass er die Amtsgeschäfte eher verwaltet, weniger den Lauf der Ereignisse bestimmt hatte.

Erst 60 Jahre alt starb Coolidge am 5. Januar 1933 an den Folgen eines Herzinfarkts.

Anmerkungen

1 »A Puritan in Babylon: The Story of Calvin Coolidge« lautete der Titel der ersten größeren Coolidge-Biografie von William A. White, die 1938 in New York erschien.
2 Donald R. McCoy, Calvin Coolidge. The Quiet President, New York/London 1967, S. 94.
3 Calvin Coolidge, Foundations of the Republic. Speeches and Addresses, New York/London 1926, S. 187.
4 Arthur M. Schlesinger, jr, The Crisis of the Old Order, Boston 1957, S. 61.
5 George H. Mayer, The Republican Party 1854–1964, New York 1964, S. 403.
6 Henry F. Pringle, The Life and Times of William Howard Taft, Bd. 2, New York/Toronto 1939, S. 968.
7 McCoy, Coolidge, S. 384.
8 Julius W. Pratt/Vincent P. DeSantis/Joseph M. Siracusa, A History of United States Foreign Policy, 4. Aufl., Englewood Cliffs, New Jersey, 1980, S. 322.

Bibliographische Hinweise

Reden Coolidges aus den Jahren 1924–1926 enthält:
Calvin Coolidge, Foundations of the Republic. Speeches and Addresses, New York/London 1926.
Über seine Pressekonferenzen als Präsident informiert:
The Talkative President. The Off-the-Record Press Conferences of Calvin Coolidge, hg. v. Howard H. Quint/Robert H. Ferrell, Amherst, Massachusetts, 1964.
Eine Dokumentation und Chronik bietet:
Calvin Coolidge, 1872–1933, hg. v. Philipp R. Moran, Dobbs Ferry, New York, 1970.
Um eine ausgewogene Wertung bemüht ist die Biografie von:
Donald R. McCoy, Calvin Coolidge. The Quiet President, New York 1967.
Über Handelsminister Hoover informiert:
Herbert Hoover as Secretary of Commerce. Studies in New Era Thought and Practice, hg. v. Ellis W. Hawley, Iowa City 1981.
Für die Coolidge-Zeit ferner nützlich:
Ellis W. Hawley, The Great War and the Search for a Modern Order. A History of the American People and Their Institutions, 1917–1933, New York 1979.
Warren I. Cohen, Empire Without Tears. America's Foreign Relations 1921–1933, New York 1987.
Thomas B. Silver, Coolidge and the Historians, Durham, North Carolina, 1992.
Calvin Coolidge and the Coolidge era: essays on the history of the 1920s, hg. von John E. Haynes, Washington, D. C., 1998.
Robert H. Ferrell, The Presidency of Calvin Coolidge, Lawrence, Ka., 1998.
Über die Jugend Coolidges:
Hendrik Booraem, The Provincial: Calvin Coolidge and His World, 1885–1895, Lewisburg, PA, 1994

HERBERT HOOVER

1874–1964

31. PRÄSIDENT DER USA 1929–1933

10. August 1874	Herbert Hoover wird in West Branch, Iowa, geboren.
1891–1895	Ingenieurstudium an der Stanford-Universität.
1895–1914	Tätigkeit als Bergbauingenieur.
1899	Heirat mit Lou Henry (1874–1944).
1914–1915	Vorsitzender des »American Relief Committee« in London.
1915–1918	Vorsitzender des Belgienhilfswerks in London.
1917–1919	US Food Administrator.
1919–1920	Direktor der »American Relief Administration«.
1919	Hoover gründet an der Stanford-Universität die »Hoover Institution on War, Revolution, and Peace«.
1921–1929	Handelsminister unter den Präsidenten Harding und Coolidge.
1929–1933	Präsident der USA.
1946–1947	Koordinator der US-Lebensmittelhilfe.
1947–1949	und
1953–1955	Hoover leitet eine Kommission zur Reorganisierung der Regierung.
20. Oktober 1964	Hoover stirbt im Alter von 90 Jahren in New York und wird in seinem Heimatort West Branch, Iowa, beigesetzt.

Herbert Clark Hoover war der erste Präsident, der durch seine berufliche Entwicklung die neue Managerelite der amerikanischen Wirtschaft verkörperte. Er war auch der erste Präsident, dessen Heimat westlich des Mississippi lag.

Hoover wurde am 10. August 1874 in der Landgemeinde West Branch in Iowa geboren. Sein Vater war Hufschmied und Farmer, die Familie bekannte sich zu den religiösen Überzeugungen der Quäker. Frühzeitig Waise geworden, wuchs Hoover bei Verwandten im Westen des Landes auf. Nach einem Geologiestudium an der 1885 gegründeten Stanford-Universität in Kalifornien betätigte sich Hoover bis zum Ausbruch des Ersten Weltkrieges als ein international sehr erfolgreicher Mineningenieur und Geschäftsmann, den sein Beruf überall dahin führte, wo Bergbaugesellschaften nach Reichtümern schürften. Seine Firma hatte ihren Sitz in London, mit Büros in aller Welt. Sein fachliches Können, geschäftliches Geschick und Organisationstalent brachten ihm nicht nur ein Millionenvermögen ein, sondern auch den Ruf eines erfahrenen Bergbaufachmanns und brillanten Organisators.

1899 heiratete er die 24-jährige Lou Henry, die er beim Studium an der Stanford-Universität kennen gelernt hatte. 1903 und 1907 wurden die beiden Söhne Herbert Clark Hoover, jr., und Allan Henry Hoover geboren. Die spätere First Lady war eine konservative Feministin, die sich für die Förderung des Frauensports einsetzte und die 1912 gegründete Mädchenorganisation Girl Scouts unterstützte.

Nach Ausbruch des Weltkrieges gab Hoover seine Geschäftstätigkeit auf und widmete sich nun von London aus humanitären Aufgaben, insbesondere der Organisation des Belgienhilfswerks. Nach Kriegseintritt der USA wurde er von Wilson mit der Leitung der »Food Administration« betraut, die er sehr effizient zur Sicherung der Lebensmittelversorgung einsetzte. Es folgten weitere Regierungsaufgaben und nach Kriegsende auch wieder neue humanitäre Aktivitäten im Rahmen der »American Relief Administration« (1918–1923), die Lebensmittellieferungen nach Europa – nicht zuletzt auch die »Russlandhilfe« (1921–1923) – bereitstellte.

Um Hoover, der im Nachkriegsamerika den Ruf eines effizienten Organisators mit »menschenfreundlichen Absichten« genoss, bemühten sich 1920 sowohl Demokraten als auch Republikaner mit der Absicht, ihn für die Kandidatur zu den Präsidentenwahlen zu gewinnen. Hoover, der 1912 die Kandidatur Theodore Roosevelts für die »Progressive Party« unterstützt, sich im Übrigen bislang wenig um parteipolitische Vorgänge gekümmert hatte, erklärte sich für die republikanische Politik, verzichtete aber auf die eigene Kandidatur. Harding berief ihn dann 1921 zum Handelsminister. In diesem Amt verblieb er auch unter Coolidge (Hoovers Tätigkeit als Handelsminister siehe dort), und er nutzte es so aktiv, dass man ihn »Handelsminister und Staatssekretär (Undersecretary) aller anderen Ministerien«[1] nannte. Hoover war damals ein moderater Konservativer, ein Befürworter des »rauen Individualismus« freier Unternehmerinitiative[2] und ein Gegner bundesstaatlicher Eingriffe in die Wirtschaft. Als Handelsminister organisierte er die enge, informelle Kooperation von Big Business und Staat sowie die notwendige staatliche Förderung und Kontrolle der wirtschaftlichen Infrastruktur (Straßenbau, Luftverkehr, Radiowesen, Energiepolitik).

Nach dem Verzicht Coolidges auf die nochmalige Wiederwahl erreichte Hoover im Juni 1928 auf dem Nationalkonvent der Republikaner im ersten Wahlgang die eigene Nominierung trotz der Einwände von verschiedenen Parteiflügeln. Die Nationalisten nahmen Anstoß daran, dass Hoover viele Jahre im Ausland gelebt hatte, und nannten ihn spöttisch »Sir Erbert Hoover of Downing Street«. Der Farmerflügel kritisierte seine Agrarpolitik. Hinzu kam, dass Hoover nie ein Wahlamt bekleidet hatte und kein Parteipolitiker war. Aber alle Einwände traten hinter der Erwartung zurück, dass Hoover der Garant einer sich uneingeschränkt fortsetzenden »Prosperity« sein würde und dass er »die USA auf die gleiche Art leiten werde, wie Henry Ford eine Autofabrik leite«.[3]

Im Wahlkampf, in dem große politische Kontroversen fehlten, machte Hoover gegen den Kandidaten der Demokratischen Partei, den Gouverneur von New York Alfred E. Smith, die »Prosperity« und ihre Absicherung zum Hauptthema. Er kündigte das alsbaldige Ende der Armut in den USA an. Ein Wahlslogan der Republikaner versprach den Amerikanern »ein Huhn in jedem Topf und ein Auto in jeder Garage«.

In einer Zeit noch anhaltender Prosperität und angesichts einer weiterhin uneinigen Demokratischen Partei gewann Hoover die Wahlen im November 1928 mit großem Vorsprung von 6,4 Mio. Wählerstimmen. Er siegte in 40 der 48 Staaten, darunter auch in einigen traditionellen Hochburgen der Demokraten im Süden. Der gewählte Präsident brach im November 1928 zu einer »Goodwilltour« in einige lateinamerikanische Länder auf. Wiederholt bezeichnete er dort seinen Besuch als den eines »guten Nachbarn« und erklärte, die Furcht vor Interventionsabsichten seines Landes sei unbegründet. Damit kündigte Hoover mit dieser Reise den Beginn der Politik der »guten Nachbarschaft« an.[4]

Hoover übernahm am 4. März 1929 die Regierungsgeschäfte in Washington, als die »Prosperity« noch weitgehend ungebrochen anzudauern schien. Sein Kabinett behielt die für die republikanische Ära typische direkte Einbeziehung führender Industrieller bzw. Bankiers bei. Mellon blieb Finanzminister, im Februar 1932 wurde er durch den

Bankier Ogden Mills abgelöst. Der Industrielle Robert P. Lamont wurde Handelsminister. An die Spitze neuer Behörden wurden der Präsident von AT&T, Walter S. Gifford, sowie der Bankier und ehemalige Vizepräsident Charles G. Dawes berufen. Zum Außenminister ernannte Hoover den erfahrenen republikanischen Politiker Henry L. Stimson, der unter Taft bereits Kriegsminister gewesen war. Im Mittelpunkt der Innenpolitik des neuen Präsidenten standen zunächst die Erweiterung der Nationalparks und die Pflege der Wälder, die Verbesserung der Lebensbedingungen der Indianer, die Förderung von Absatzgenossenschaften der Farmer, der Versuch der Durchsetzung der Prohibition und die Reorganisation des Gefängniswesens.

Zum alles überschattenden Ereignis der Präsidentschaft wurde die im Oktober 1929 beginnende Wirtschaftskrise. Diese Krise erfasste bald die gesamte Wirtschaft und alle sozialen Bereiche. Sie wurde zur schwersten Wirtschaftskrise in der Geschichte der USA. Die Industrieproduktion fiel bis 1932 auf den Stand von 1913 zurück, der Außenhandel sogar auf den Umfang von 1905. Jeder vierte Lohnempfänger war schließlich 1932 arbeitslos. Nahezu eine Million Farmer verloren ihr Grundeigentum. Die Massenarmut breiter Schichten wurde zu einer Grundtatsache des amerikanischen Lebens.

Hoover und sein Kabinett unterschätzten Heftigkeit und Dauer der »Great Depression« und standen mit ihrer konservativ-republikanischen Wirtschafts-, Finanz- und Sozialpolitik der Krise weitgehend passiv gegenüber. Hoovers Antikrisenpolitik vertraute auf die Selbstheilungskräfte der kapitalistischen Wirtschaft und hegte die Erwartung, eine neue »Prosperity« warte bereits »gleich hinter der nächsten Ecke«. Der Präsident lehnte direkte Antikrisenmaßnahmen der Bundesregierung lange Zeit ab, insbesondere ein staatliches Programm öffentlicher Arbeiten und die Einführung der immer noch fehlenden Bundesarbeitslosenunterstützung.

Erst Ende 1930 begann seine Regierung mit einjähriger Verspätung zögernd und zunächst mit sehr begrenzten Mitteln mit der Einleitung von Antikrisenmaßnahmen. Die dafür bereitgestellten staatlichen Gelder dienten hauptsächlich der Hilfe für Banken, der Verbesserung der Kreditsituation, der Stützung der Wirtschaftsstrukturen oder waren auf die Unterstützung kommunaler bzw. privater Hilfsprogramme beschränkt. Die Lage der Notleidenden wurde nicht erleichtert. Folgerichtig sank Hoovers Prestige stark ab, sein Name wurde zum Symbol für Krisennotstand.

Erst im Januar 1932 wurde von Hoover mit der Schaffung der »Reconstruction Finance Corporation« (RFC) und der Bereitstellung von bis zu zwei Milliarden Dollar für staatliche Stützungsanleihen an die Wirtschaft aktiver reagiert. Im Juli 1932 erhielt die RFC dann die Befugnis, über Einzelstaaten, Kommunen oder private Einrichtungen Mittel für Arbeitsprogramme im Straßen-, Brücken-, Kanal-, Flugplatzbau und in anderen Bereichen bereitzustellen. Mit derartigen Mitteln erfolgte auch der Bau der Golden Gate Bridge in San Francisco, die 1937 fertig gestellt wurde.

Auch diese für Hoovers Wirtschaftsphilosophie ungewöhnliche Maßnahme trug nicht wesentlich zur Überwindung der Krise bei. Hinzu kam, dass Hoover auch unter den Bedingungen der Krise an der republikanischen Finanzpolitik der Steuersenkungen für die Konzerne festhielt, jedenfalls bis 1932, als dann die Steuern erhöht werden mussten. Ebenfalls wurde die Hochschutzzollpolitik mit dem Zollgesetz vom Juni 1930 (Hawley-Smoot Tariff Act) fortgesetzt, was katastrophale Rückwirkungen auf den Welthandel nach sich zog.

Auf den sich abzeichnenden Zusammenbruch der Reparations- und Kriegsschuldenzahlungen in Folge der Weltwirtschaftskrise reagierte der Präsident mit dem im Hoover-Moratorium Juni 1931 angebotenen und befolgten einjährigen Zahlungsaufschub aller aus dem Ersten Weltkrieg stammenden internationalen Regierungsschulden und Reparationen. Dieses realpolitische Zugeständnis konnte jedoch den allgemeinen Zusammenbruch des Reparations- und Kriegsschuldensystems nicht aufhalten. De facto wurden damit seit 1931/32 die Zahlungen der Reparationen und ebenso der Kriegsschulden (mit Ausnahme Finnlands) auf Dauer eingestellt.

Parallel zu diesen insgesamt halbherzigen Reaktionen auf die Krise verhinderte Hoover durch sein Veto eine Reihe von Kongressinitiativen, mit denen der Lage partiell Rechnung getragen werden sollte. So blockierte er neuerlich – wie zuvor bereits Coolidge – den von Senator Norris geforderten staatlichen Ausbau und Betrieb der Wasserkraftanlagen von Muscle Shoals am Tennessee. Der Präsident begründete sein im Interesse der privaten Energiewirtschaft hegendes Veto mit der Erklärung, seine Administration sei gegen eine wirtschaftliche Tätigkeit des Staates, »deren Hauptziel in einer Konkurrenz mit unseren Bürgern liegt«.[5]

Ebenso legte Hoover im Juli 1932 sein Veto gegen ein Gesetz ein, das eine Bundesunterstützung für Arbeitslose vorsah. Schließlich kam der gewerkschaftsfreundliche Norris-LaGuardia Act vom März 1932 nicht auf Initiative seiner Regierung zustande und wurde von Hoover wohl hauptsächlich aus wahltaktischen Gründen nicht durch ein Veto zu Fall gebracht. Das Gesetz schränkte die Möglichkeiten, gegen Gewerkschaften bzw. Streiks mit »Injunctions« gerichtlich vorzugehen, erheblich ein. Insgesamt kam es – vor allem dann 1932 – bereits in der Zeit der Hoover-Administration zu Anfängen staatlicher Antikrisenpolitik, insbesondere mit der Schaffung der »Reconstruction Finance Corporation«. Doch hatten diese Tendenzen unter Hoover hauptsächlich die Form einer Regierungsunterstützung für die Konzernwelt und weniger diejenige einer direkten staatlichen Wirtschaftsregulierung. Auch wurden die staatlichen Regulative damals noch nicht auf die Sphäre der sozialen Beziehungen ausgedehnt.

Hoovers Außenpolitik wurde größtenteils ebenfalls durch die Auswirkungen der »Great Depression« auf die internationalen Beziehungen geprägt. In einer zunehmend komplizierter werdenden internationalen Situation setzten Hoover und sein Außenminister Stimson dabei grundsätzlich den außenpolitischen Kurs von Harding und Coolidge fort.

Mit dem Young-Plan vom Juni 1929 versuchten sie eine weitere Stabilisierung der finanziellen und politischen Verhältnisse in Europa zu erreichen. Der Young-Plan, der an die Stelle des Dawes-Planes trat, regelte die deutschen Reparationszahlungen neu, reduzierte die jährlichen deutschen Zahlungen auf 1,65 Mrd. Reichsmark und verlängerte die Zahlungsfrist bis 1988. Auf seiner Grundlage erfolgte auch die Räumung des Rheinlandes durch die Alliierten.

Hoover und Stimson hielten ferner hartnäckig an der inzwischen noch problematischer gewordenen Nichtanerkennungspolitik der UdSSR fest. Stimson weigerte sich sogar noch 1932 anlässlich der Abrüstungskonferenz des Völkerbundes in Genf, mit der sowjetischen Delegation auch nur zusammenzutreffen.

Beachtung verdient Hoovers Bemühung um möglichst konfliktfreie Sonderbeziehungen zu Großbritannien. Anlässlich eines Besuches des britischen Premierministers Ramsay MacDonald in Washington bekräftigten im Oktober 1929 beide Politiker die

Absicht ihrer Regierungen, das gegenseitige Flottenrüsten ihrer Länder zu beenden und ihre Politik künftig enger aufeinander abzustimmen.

Auch in der Lateinamerikapolitik, in der Abrüstungsfrage und in der Haltung zur japanischen Aggression in China (1931) zeigten sich unter Hoover Entwicklungen der amerikanischen Außenpolitik hin zu größerer Flexibilität und zu mehr Realismus.

In der Lateinamerikapolitik setzten Hoover und Stimson, ohne die Bevormundung Lateinamerikas gänzlich aufzugeben, die Bemühungen der »Goodwilltour« von 1928 fort, das Verhältnis zu Lateinamerika zu verbessern. Bis Anfang 1933 beendete die Hoover-Regierung die Intervention in Nicaragua und bereitete den Abzug der US-Marinesoldaten auch aus Haiti vor.

Hoover war, auch aus ökonomischen Gründen und um den Haushalt zu entlasten, daran interessiert, das »Wettrüsten« zu vermindern, das er vor dem Senat im Juli 1930 mit deutlichen Worten als »Wahnsinn« verurteilte. Auf der Londoner Flottenkonferenz von 1930 gelang es dann den USA, Großbritannien und Japan, ihre Flottenstärken – vor allem im Kreuzer-, Zerstörer- und U-Boot-Bereich – nochmals zu begrenzen. Stellte dies in der Seerüstung zumindest eine gewisse Milderung des Wettrüstens dar, so gelang es der Genfer Abrüstungskonferenz von 1932 infolge der unüberbrückbaren Gegensätze zwischen den Mächten nicht, dies auch für die Landrüstung zu erreichen. Hoover legte im Juni 1932 in Genf einen weit reichenden amerikanischen Abrüstungsvorschlag vor. Er lief darauf hinaus, die »Angriffswaffen« (Panzer, chemische Waffen, schwere Artillerie) abzuschaffen und die nationalen Rüstungen jeweils um ein Drittel zu reduzieren, blieb aber - wie die anderen Vorschläge in Genf auch – ohne Erfolg.

Auf den »Mandschurischen Zwischenfall«, auf die japanische Eroberung der chinesischen Nordostprovinzen seit September 1931, reagierten Hoover und Stimson am 7. Januar 1932 mit der Hoover-Stimson-Doktrin. Darin bekräftigten sie nicht nur die eigenen vertraglichen Rechte in China, sondern erklärten gleichzeitig für die USA die Nichtanerkennung von Situationen oder Abmachungen, die im Widerspruch zum Briand-Kellogg-Pakt, also durch Anwendung militärischer Gewalt zustande gekommen waren. Damit wurde von Hoover damals durchaus ein positives Element im Sinne des »Kriegsächtungspaktes« in die Fernostpolitik eingebracht. Ein Hindernis für die weitere japanische Expansion in dieser Region stellte die Stimsondoktrin allerdings nicht dar. Dennoch fällt das Urteil über die Außenpolitik Hoovers in den Krisenjahren günstiger aus als die Bewertung seiner Innenpolitik.

Trotz seines in den Krisenjahren verringerten Ansehens nominierten die Republikaner Hoover im Juni 1932 erneut zum Kandidaten für die bevorstehenden Wahlen. Es gab damals keinen aussichtsreichen Gegenspieler Hoovers in der Partei. Die Demokraten nominierten den liberalen Gouverneur von New York, Franklin D. Roosevelt, der Reformen zugunsten des »vergessenen Mannes« ankündigte. Das Prestige Hoovers wurde dann im Sommer 1932 weiter in Mitleidenschaft gezogen, als der Präsident im Juli 1932 Bundestruppen einsetzte, um einige tausend Weltkriegsveteranen aus der Bundeshauptstadt zu vertreiben, wo sie für die vorzeitige Auszahlung einer Entschädigung (Bonus) demonstrierten.

Hoover und die Republikaner führten den Wahlkampf mit einer Verteidigung seiner bisherigen Politik in der Krise und mit düsteren Voraussagen für die Zukunft, falls Roosevelt gewählt würde. Hoover warnte davor, Roosevelts so genannte »new deals« würden die »Grundlagen unseres amerikanischen Systems zerstören«, nach seinem Sieg werde »das Gras in den Straßen von hundert Städten, von tausend Gemeinden wachsen«.[6] Diese Warnungen verhallten ohne Echo. In den Präsidentenwahlen vom 8. November 1932 entschied sich die eindrucksvolle Wählermehrheit von sieben Millionen Stimmen für F. D. Roosevelt, der in 42 von 48 Staaten erfolgreich war. Ebenso gelang es den Demokraten in den Kongresswahlen, eine starke Mehrheit in beiden Häusern des Kongresses zu sichern. Damit endete die Administration Hoovers mit einer der schwersten Wahlniederlagen in der bisherigen Geschichte der Republikanischen Partei.

Nach dem Ausscheiden aus dem Präsidentenamt lebte Hoover in New York City bzw. in Palo Alto, Kalifornien, nahm regelmäßig in Ansprachen zur aktuellen Politik Stellung (»Addresses upon the American road«) und behielt in der Republikanischen Partei und im konservativen Lager beträchtlichen politischen Einfluss. Jedoch gelang es ihm 1936 nicht, nochmals seine Nominierung zum republikanischen Präsidentschaftskandidaten zu erreichen. Hoover gehörte in dieser Zeit zu den vehementen Kritikern der »New Deal«-Reformen seines Nachfolgers, die er als »unamerikanisch«, »faschistisch« und »sozialistisch« verurteilte. In der Außenpolitik war er bis 1941 ein maßgeblicher Befürworter des »Isolationismus«, des Heraushaltens der USA aus den europäischen Konflikten und Kriegen.

1942 veröffentlichte er gemeinsam mit dem Diplomaten Hugh Gibson »The Problems of Lasting Peace«, einen Beitrag zur damaligen amerikanischen Diskussion über die Gestaltung der Nachkriegswelt, in der die Autoren eine positive Wertung des Völkerbundes vornahmen. Bei Kriegsende sprach sich Hoover gegen den Einsatz der Atombombe »mit ihrem unterschiedslosen Töten von Frauen und Kindern« aus.[7]

Von Truman wurde Hoover 1946/47 noch einmal mit der Organisation der Lebensmittelhilfe für Europa betraut. Unter Truman stand er dann von 1947 bis 1949 – und nochmals unter Eisenhower von 1953 bis 1955 – einer Kommission vor, die eine Reorganisation und Vereinfachung der Bundesregierung und ihrer Bürokratie in Gang bringen sollte. Dem militärischen Eingreifen seines Landes in Korea und Vietnam stand er kritisch gegenüber.

Hoover amtierte in einer kritischen Wendezeit im Weißen Haus. Er war alles in allem ein befähigter und markanter republikanischer Politiker, ein Konservativer, dessen Wurzeln in das »Progressive Movement« zurückreichten, eine widerspruchsvolle Persönlichkeit, die in letzter Zeit verstärkt die Aufmerksamkeit der Historiker beschäftigte.[8]

Hoover verstarb am 20. Oktober 1964 in New York im Alter von 90 Jahren. Er wurde in seinem Heimatort West Branch, Iowa, beigesetzt. Dort befindet sich auch die 1962 eingeweihte Herbert Hoover Presidential Library mit der Masse der Aufzeichnungen und Papiere dieses Präsidenten.

Anmerkungen

1 Herbert Hoover As Secretary of Commerce: Studies in New Era Thought and Practice, hg. v. Ellis W. Hawley, Iowa City 1981, S. 12.

2 Hoover erläuterte seine gesellschaftspolitische Auffassung von der Einmaligkeit der Vereinigten Staaten in seiner 1921 erschienenen Schrift »American Individualism«.

3 George H. Mayer, The Republican Party 1854–1964, New York 1964, S. 407.
4 Martin L. Fausold, The Presidency of Herbert C. Hoover, Lawrence, Kansas, 1985, S. 32.
5 Herbert Hoover, Memoiren, Bd. 2, Mainz o. J., S. 281.
6 Arthur M. Schlesinger, jr., The Crisis of the Old Order 1919–1933, Boston 1957, S. 434 f.
7 James P. Johnson, Herbert Hoover: The Orphan as Children's Friend, in: Prologue. Journal of the National Archives, Bd. 12, N° 4, Winter 1980, S. 206.
8 Vgl. John Braeman, Herbert Hoover 1874–1964, in: Research Guide to American Historical Biography, hg. v. Robert Muccigrosso/Suzanne Niemeyer, Bd. 1, Washington, D. C., 1988, S. 723 ff.

Bibliographische Hinweise

Die Botschaften, Reden und Erklärungen des Präsidenten Hoover findet man in:
Public Papers of the Presidents of the United States. Herbert Hoover, 5 Bde., Washington 1974–1977.
Eine neue Hoover-Bibliographie liegt vor:
Herbert Hoover: a Bibliography, comp. by Patrick G. O'Brien, Westport, Conn., 1993.
Eine Chronik und Dokumentation bietet:
Herbert Hoover, 1874–1964, hg. v. Arnold S. Rice, Dobbs Ferry, New York, 1971.
Die Memoiren Hoovers (New York 1951/52) erschienen in deutscher Sprache:
Herbert Hoover, Memoiren, 3 Bde., Mainz o. J.
Über die Präsidentschaft informiert:
Edgar Eugene Robinson/Vaughn Davis Bornet, Herbert Hoover: President of the United States, Stanford, California, 1975; sowie: Martin L. Fausold, The Presidency of Herbert C. Hoover, Lawrence, Kansas, 1985.
Über die letzten Jahrzehnte im Leben Hoovers:
Gary D. Best, Herbert Hoover. The Postpresidential Years, 1933–1964, 2 Bde., Stanford, California, 1983.
Eine ausführliche Biografie Hoovers erscheint seit 1983:
George H. Nash, The Life of Herbert Hoover, Bd. 1 (bis 1914), New York 1983; Bd. 2 (1914–1917), New York 1988; Bd. 3 (1917–1918), New York 1996.
Zu beachten ist ferner:
Joan Hoff Wilson, Herbert Hoover. Forgotten Progressive, Boston 1975.
Herbert Hoover and the Historians. Essays by Ellis W. Hawley, hg. v. Mark M. Dodge, West Branch, Iowa, 1989.

FRANKLIN D. ROOSEVELT

1882–1945

32. PRÄSIDENT DER USA 1933–1945

30. Januar 1882	Franklin Delano Roosevelt wird in Hyde Park, New York, geboren.
1900–1904	Studium an der Harvard-Universität.
1904	Rechtsstudium an der Columbia University Law School.
1905	Heirat mit Anna Eleanor Roosevelt (1884–1962).
1907–1911	Roosevelt ist als Rechtsanwalt in New York City tätig.
1911–1913	Mitglied im New Yorker Staatssenat.
1913–1920	»Assistant Secretary of the Navy« in der Wilson-Regierung.
1920	Wahlniederlage als Vizepräsidentschaftskandidat der Demokraten.
1921	Roosevelt erkrankt an Kinderlähmung.
1929–1933	Gouverneur von New York.
1933–1945	Präsident der USA.
12. April 1945	Roosevelt stirbt im Alter von 63 Jahren in Warm Springs, Georgia. Er wird in Hyde Park, New York, beigesetzt.

Franklin Delano Roosevelt wird nach wie vor zu den bedeutendsten Präsidenten gezählt. Er wurde als Einziger vier Mal gewählt, amtierte mit zwölf Jahren länger als jeder andere Präsident und noch dazu in einer besonders kritischen Zeit für sein Land. Alle Präsidenten, die nach ihm kamen, standen so oder so unter seinem Schatten.

Franklin D. Roosevelt, ein entfernter Vetter von Theodore Roosevelt, wurde am 30. Januar 1882 in Hyde Park, New York, geboren. Sein Vater, James Roosevelt, war ein vermögender Finanzier und Geschäftsmann in Eisenbahn- und Bergbauunternehmungen. Politisch war der Vater ein konservativer Demokrat. Die Mutter, Sara Delano Roosevelt, war die energische Tochter eines Kaufmanns, der im Chinahandel zu Vermögen gekommen war. Die Familie hatte seit längerer Zeit ihren festen Platz in der New Yorker Gesellschaft. Sie gehörte zwar nicht zu den reichsten, doch zu den tonangebenden Familien an der Ostküste. Als Schüler der exklusiven Groton School bei Boston prägte ihn das patriarchalisch-humanistische Verantwortungsbewusstsein ihres Leiters Endicott Peabody, dem er zeitlebens verbunden blieb. Nach dem Studium der Geschichte und Staatswissenschaft an der Harvard-Universität (1900–1904) und einem Rechtsstudium an der New Yorker Columbia Law School wurde er 1907 als Rechtsanwalt zugelassen. Die Arbeit in der Anwaltspraxis in New York (Carter, Ledyard & Milburn) befriedigte ihn kaum.

Noch in die Studienzeit fiel 1905 die Heirat mit der entfernten Cousine Eleanor Roosevelt, einer Nichte des Präsidenten Theodore Roosevelt. Eleanor Roosevelt war an der Seite ihres Gatten und über dessen Tod hinaus eine unabhängige und engagierte Frauen- und Bürgerrechtlerin und Demokratin. Als First Lady bewies sie ein ausgeprägtes Verständnis für soziale Probleme und Zusammenhänge. Sie gab eigene Pressekonferenzen und hatte jahrelang (1936–1952) ihre tägliche Zeitungskolumne »My Day«.

Die Roosevelts hatten sechs Kinder, von denen eines bereits als Säugling starb. Drei der Söhne waren zu ihrer Zeit in der Politik als Abgeordnete bzw. als Bürgermeister erfolgreich. In späteren Jahren war die Ehe durch die bis zu seinem Tod bestehende Beziehung Roosevelts zu Lucy Mercer belastet.

Eigenes Vermögen, ein klangvoller Name und die sichtbare politische Begabung ermöglichten es dem nun 28-jährigen Roosevelt, entgegen dem Rat seiner Mutter, eine politische Karriere einzuschlagen. 1910 und 1912 wurde er für die Demokratische Partei in den Senat des Staates New York gewählt. Hier stellte sich der junge Senator gegen den einflussreichen Parteiboss der Demokraten Charles Murphy und trat für Natur- und Umweltschutz sowie für Reformen ein. Damit und mit seiner Unterstützung Wilsons im Wahljahr 1912 zählte Roosevelt nun zu den »progressiven Demokraten«.

Präsident Wilson berief ihn dann auch 1913 als »Assistant Secretary of the Navy« ins Marineministerium, dem er bis August 1920 angehörte. Die Nähe zu Wilson wurde für Roosevelt eine wichtige politische Erfahrung. Er sorgte damals für die Verstärkung der Flotte, befürwortete frühzeitig den Eintritt seines Landes in den Weltkrieg und engagierte sich bei verschiedenen Interventionen in Mittelamerika (Haiti, Dominikanische Republik, Kuba). Sein Versuch, einen Sitz im Bundessenat zu gewinnen, scheiterte 1914 am Widerstand der nachtragenden New Yorker Parteibosse.

1920 teilte er im Gespann mit James M. Cox als Vizepräsidentschaftskandidat die empfindliche Wahlniederlage der Demokraten. Nun, in der beginnenden »Republikanischen Ära«, war er wieder als Anwalt tätig. Da erkrankte er plötzlich im August 1921 bei einem Urlaub an der Atlantikküste schwer an Kinderlähmung und war zunächst fast völlig bewegungsunfähig. Mit eisernem Willen, bewundernswertem Optimismus und unterstützt durch Eleanor erreichte er in den folgenden drei Jahren seine Genesung. Es gelang ihm, die Lähmungserscheinungen zu überwinden, doch blieb er auf den Gebrauch schwerer stählerner Beinschienen und auf den Rollstuhl angewiesen.

Seit 1924 nahm Roosevelt wieder aktiv am Leben der Demokratischen Partei teil. 1928 bewarb er sich um das Gouverneursamt in New York und bewies im Wahlkampf gegenüber Freund und Feind seine ungebrochene Vitalität. 1928 fiel der Wahlsieg noch knapp aus, zwei Jahre später unter den Bedingungen der großen Krise war dann die Mehrheit deutlicher. Als Gouverneur im größten Einzelstaat mit seinen 12,6 Mio. Einwohnern profilierte sich Roosevelt als tatkräftiger, reformbereiter und Neuerungen gegenüber aufgeschlossener Gouverneur. Er setzte Maßnahmen zur Altenunterstützung durch, ließ die Arbeitszeit von Frauen und Kindern beschränken, bemühte sich um die Unterstützung der Arbeitslosen und führte ein Programm öffentlicher Arbeiten ein. Auch umgab er sich damals bereits mit dem »Brains Trust«, einem Beraterstab liberaler Professoren der Columbia- und der Harvard-Universität (Berle, Frankfurter, Moley, Tugwell).

1932 nominierten die Republikaner erneut den vielfach für die katastrophalen Krisenfolgen verantwortlich gemachten Präsidenten Hoover. Dagegen stellten die Demokraten im Sommer 1932 ihren populären Reformgouverneur Roosevelt als Präsidentschaftskandidaten auf. Er versprach im Wahlkampf, die krisengeschüttelten Verhältnisse im Lande zugunsten des »vergessenen Mannes«, der einfachen Amerikaner, zu reformieren. Roosevelt kündigte einen »New Deal« für das amerikanische Volk an, einen neuen Kurs, ein Schlagwort, das dann zum Inbegriff seiner Reformpolitik werden sollte.

Walter Lippman, der zu den prominentesten Journalisten des Landes zählte, gab im Wahlkampf ein bemerkenswertes Fehlurteil über Roosevelt ab. Er schrieb: »Er ist ein freundlicher Mann, der, ohne wesentliche Qualifikation für das Amt, sehr gerne Präsident werden will.«[1]

Während die meisten Finanzgewaltigen des Landes (die DuPonts, Ford, Mellon, Morgan, Rockefeller) erneut für den Wahlfonds der Republikaner spendeten, hatten die Demokraten damals eher Geschäftsleute und Finanziers der »zweiten Reihe« (Astor, Baruch, Crane, Kennedy, Straus) auf ihrer Seite.

Die Präsidentschaftswahlen vom 8. November 1932 erbrachten dann einen eindeutigen Wahlsieg für Roosevelt, der einen Vorsprung von 7 Mio. Stimmen (57,4 %) vor Hoover (39,6 %) erzielte. Zum ersten Mal seit 1916 wurde die Demokratische Partei fast landesweit wieder zur Mehrheitspartei.

Die Übergangszeit von der Hoover- zur Roosevelt-Administration – das »Interregnum« – vermehrte mit ihren Unsicherheiten neuerlich die Krisenerscheinungen in Industrie und Bankwesen. Die Wirtschaftskrise erreichte einen neuerlichen Höhepunkt. Am 15. Februar 1933 verübte in Miami, Florida, ein italienischer Einwanderer aus Protest gegen die verbreitete Not im Land ein Revolverattentat auf Roosevelt. Dieser blieb unverletzt, aber der ihn begleitende Bürgermeister von Chicago, Anton Cermak, wurde getötet.

Am 4. März 1933 trat Roosevelt, 51 Jahre alt, sein Amt als Präsident der USA an. Er war inzwischen ein erfahrener Politiker, durch seine Krankheit auch menschlich gereift, und verkörperte mit seinem Programm weitgesteckter Reformen die Hoffnungen vieler Amerikaner auf ein Ende der Krise, auf die Erholung der Wirtschaft und den Rückgang der Arbeitslosigkeit, auf staatliche Unterstützung der Not leidenden Arbeiter und Farmer und auf ein Mehr an Demokratie und sozialer Sicherheit.

In seiner Regierung dominierten Politiker, die den Reformkurs des Präsidenten unterstützten. Zum ersten Mal gab es mit der Arbeitsministerin Frances Perkins eine Frau im Kabinett. Angesichts der bedrohlichen Umstände der Wirtschaftskrise mit nun 13 Mio. Arbeitslosen, einer akuten Bankenkrise, eines Heers von entmutigten Farmern stellte sich der neue Präsident mit seiner Regierung die Aufgabe, staatlicherseits einen Ausweg aus der Krise zu bahnen, die Wirtschaft wiederzubeleben, Missstände auszuräumen und den von der Krise besonders betroffenen Arbeitern und Farmern Unterstützung zu gewähren.

In seiner Antrittsrede bezeichnete es Roosevelt als »wichtigste und erste Aufgabe« seiner Regierung, »dem Volk wieder Arbeit zu geben«. Die Kaufkraft der Farmer sollte gehoben werden. Eine staatliche Aufsicht über Banken, Kredit- und Kapitalmarkt war vorgesehen, um »Sicherungen gegen eine Wiederkehr der Übelstände des alten Regimes«[2] zu schaffen. Antikrisenpolitik, Arbeitsbeschaffungsmaßnahmen und Sicherungen für die sozial Schwachen waren Hauptanliegen der ersten Reformgesetze vom März bis Juni 1933. Die wichtigsten waren: das Industriegesetz (National Industrial Recovery Act) vom 16. Juni 1933, das staatliche Normative (»codes«) für die einzelnen Industriezweige einführte, die Kinderarbeit unter 16 Jahren verbot, das Koalitionsrecht der Gewerkschaften garantierte und ein Arbeitsbeschaffungsprogramm in Höhe von 3,3 Mrd. $ auflegte; das Landwirtschaftsgesetz (Agricultural Adjustment Act) vom 12. Mai 1933, das Maßnahmen zur Überwindung der Agrarkrise vorsah, den Farmern staatliche Prämien für Anbaubeschränkungen gewährte, um die Agrarpreise zu heben, und das den Präsidenten zur Abwertung des Dollars um 50 % ermächtigte, um die Außenhandelsstellung des Landes zu verbessern; die Schaffung der Tennessee-Stromtal-Verwaltung (Tennessee Valley Authority Act) am 18. Mai 1933, mit der von Roosevelt das Muscle-Shoals-Reformprojekt der Zwanzigerjahre nun doch noch realisiert wurde. Es sah mit staatlichen Mitteln die Fertigstellung und den Betrieb der Staudamm- und Wasserkraftanlagen am Tennessee und umfangreiche Rekultivierungs- und Entwicklungsarbeiten im Tennessee-Stromtal, einem besonders akut von der Krise betroffenen Notstandsgebiet mit 3 Mio. Menschen, vor. Die sehr erfolgreiche Maßnahme gehört zu den bleibenden Leistungen der Roosevelt-Administration.

Weitere erste Maßnahmen des New Deal betrafen die Bankenstützung, eine Kontrolle des Aktienmarktes, die Aufgabe des Goldstandards für den Dollar, die Bereitstellung von Mitteln für die Arbeitslosenunterstützung, die Schaffung eines freiwilligen Arbeitsdienstes (Civilian Conservation Corps) und die Aufhebung des seit 1920 bestehenden Alkoholverbots, der Prohibition (21. Amendment, 1933).

Charakteristisch für den politischen Stil des neuen Präsidenten war nicht nur die enorme Erweiterung der Regierungsbehörden und damit der Bundesbürokratie, sondern auch der persönliche Kontakt zu den Bürgern, den Roosevelt seit März 1933 über das Radio in den regelmäßigen »Kamingesprächen« herstellte, mit denen er seine Politik erläuterte und um Vertrauen warb.

Der New Deal war in dieser seiner ersten Phase ein Versuch staatlicher Antikrisenpolitik und Wirtschaftsregulierung, die sich mit sozialpolitischen Reformen verband. Rückblickend charakterisierte Roosevelt 1938 das »Amerikanische System« als eine Gesellschaft, »die auf persönlicher Freiheit, auf Privateigentum an Besitz und auf vernünftigem privaten Profit für jedes Mannes Arbeit oder Kapital beruht«. Der New Deal wolle alle drei Faktoren betonen, zugleich aber »den Einzelnen gegen den Missbrauch der privaten wirtschaftlichen Macht schützen«.[3]

Mit den vermehrten staatlichen Eingriffen in die Wirtschaft und mit der sozialen Komponente des New Deal wurden die Beziehungen der Roosevelt-Administration zum Big Business, dessen politischer Einfluss im Vergleich zur republikanischen Ära zurückging und das um seine ungebremste Handlungsfreiheit fürchtete, bald problematischer und gespannter. Nach dem Urteil des gut informierten deutschen Generalkonsuls in New York, Otto Kiep, war die »Wallstreet seit langer Zeit nicht derart beiseite geschoben, von geringem Einfluss und wenig informiert«, wie »seit Beginn der Administration Roosevelt«.[4]

Konservative, aber auch rechtspopulistische Kreise (Huey P. Long; Father Coughlin) richteten bald verstärkte Angriffe auf den Reformpräsidenten. 1934 gründeten konservative Gegner Roosevelts in dessen eigener Partei (Colby, Davis, Raskob, Smith u. a.) die »American Liberty League«, um Roosevelts Wiederwahl zu verhindern. Andererseits nahmen seit 1933 die Reformforderungen im Lande erkennbar zu, woran die Gewerkschaften mit Streiks und anderen Aktionen vorrangig beteiligt waren. Der Druck auf Roosevelt, den New Deal in Richtung auf mehr soziale Gerechtigkeit zu vertiefen, nahm erheblich zu. Roosevelt ergänzte nun seit 1935 – auch mit dem Blick auf die Wahlen von 1936 – im »Zweiten New Deal« die bisherigen Reformen durch wichtige sozialpolitische Gesetze. Seinen Standort bezeichnete der Präsident jetzt als »links von der Mitte«.

Zu den Maßnahmen des »Zweiten New Deal« gehörten das Wagner-Gesetz (National Labor Relations Act) vom 5. Juli 1935, das die Rechtsstellung der Gewerkschaften erheblich verbesserte, ferner das Sozialversicherungsgesetz (Social Security Act) vom 14. August 1935, das landesweit erstmals eine – wenn auch bescheidene – Alters-, Blinden-, Behinderten- und Arbeitslosenunterstützung einführte, sowie ein erweitertes Arbeitsbeschaffungsprogramm (Works Progress Administration) im Mai 1935, das bis 1943 11 Mrd. $ bereitstellte und mehrere Millionen Arbeitslose beschäftigte. Später folgten noch ein Wohnungsgesetz (National Housing Act vom 1. September 1937) zur Slumsanierung und zur Förderung des öffentlichen Wohnungsbaus, ein Jahr später (25. Juni 1938) dann das bedeutsame Gesetz über faire Arbeitsbedingungen (Fair Labor Standards Act), das Mindestlöhne einführte, den schrittweisen Übergang zur 40-Stunden-Woche bis 1940 vorsah und erneut die Kinderarbeit verbot.

Bei den für die Zukunft des New Deal wichtigen Präsidentschaftswahlen von 1936 konnte Roosevelt einen glänzenden Wahlsieg über den republikanischen Kandidaten Landon erringen. Er erreichte einen Stimmenvorsprung von 11 Mio. und siegte in allen Staaten mit Ausnahme von Maine und Vermont. 80 % der organisierten Arbeiter, 59 % der Farmer, 76 % der unteren und 60 % der mittleren Einkommensgruppen sowie 68 % der jungen Wähler gaben Roosevelt ihre Stimme. Mit diesem Wahlerfolg war der Angriff auf die Roosevelt-Reformen vorerst gestoppt. Der »Zweite New Deal« konnte fortgesetzt werden.

In der am 20. Januar 1937 beginnenden zweiten Amtszeit Roosevelts zeigte sich zunächst weiter die soziale Vertiefung seiner Reformpolitik. In der zweiten Antrittsbotschaft ging Roosevelt ausführlich auf die dringenden sozialen Probleme vieler Millionen amerikanischer Familien ein, deren kümmerliche Lage eine Herausforderung an die Demokratie bilde, und er stellte fest: »Ich sehe ein Drittel der Nation in schlechten Wohnungen, schlecht gekleidet und schlecht ernährt.«[5] Entsprechende Reformen wurden (wie bereits erwähnt) in der zweiten Amtszeit begonnen, allerdings nicht abgeschlossen. Gleichzeitig ergaben sich nun aber auch verschiedene Rückschläge für die Politik des Präsidenten. 1937 scheiterte sein Versuch, das Oberste Gericht zu reformieren, um dessen konservativen Widerstand gegen die Reformgesetze zu brechen, an der Ablehnung durch Öffentlichkeit und eigene Partei. Auch die Kongresswahlen von 1938 wurden zu einem Misserfolg für die Absichten des Präsidenten, den Kongress von seinen Gegnern in der Demokratischen Partei zu »säubern«. Zu den beiden politischen Niederlagen kam ein empfindlicher wirtschaftlicher Rückschlag, die Wirtschaftskrise von 1937/38. Die Industrieproduktion fiel wieder um 22 % zurück, die Arbeitslosigkeit stieg auf 11,4 Mio., die Agrarkrise wurde neuerlich verschärft. Im Sommer 1938 begann dann eine zögernde wirtschaftliche Erholung, aber ein echter Aufschwung der Wirtschaft zeigte sich erst 1940, nach Beginn des Krieges in Europa. Jedenfalls zeigte die Krise, dass es der Politik Roosevelts seit 1933 nicht gelungen war, »den schrecklichen Kreislauf von Konjunktur und Krise bis zu einem erheblichen Grade zu vermeiden«, wie dies Roosevelt zu Beginn der Präsidentschaft angekündigt hatte.[6] Unter diesen inneren Bedingungen, Schwierigkeiten und Rückschlägen und angesichts einer zunehmend komplizierter werdenden außenpolitischen Situation kam es dann nach den Kongresswahlen vom November 1938 zu keinen weiteren Reformgesetzen mehr. »Die innovative Periode des New Deal war vorüber.«[7]

Dennoch bildeten die bis dahin getroffenen Maßnahmen des New Deal ein beachtliches Reformpaket und illustrierten die soziale Potenz der amerikanischen Demokratie zu jener Zeit. Insgesamt waren die Ergebnisse des New Deal bis 1939 widersprüchlich. Die Machtgrundlagen der »Wirtschaftsroyalisten«, denen der Präsident 1936 den

Kampf angesagt hatte, blieben trotz der neuen staatlichen Kontrollen und Beschränkungen unangetastet. Die Massenarbeitslosigkeit konnte nur verringert, nicht beseitigt werden. Die Farmerkrise wurde gemildert, aber nicht aufgehoben. Zugleich aber wurden die demokratischen Institutionen und Rechte gegen Angriffe von rechts und links gefestigt. Erstmals wurden durch die Bundesregierung Gesetze zur sozialen Sicherung schwächerer und Not leidender Gruppen von Amerikanern geschaffen. Schließlich bildete der New Deal mit seiner demokratischen politischen Kultur auch international in den Dreißigerjahren eine bemerkenswerte Alternative zu den gesellschaftspolitischen Verhältnissen des Faschismus in Deutschland und Italien.

Die Außenpolitik Roosevelts wurde anfangs vor allem durch die Auswirkungen der Weltwirtschaftskrise auf die internationale Stellung des Landes geprägt. Der drastische Rückgang im Waren- und Kapitalexport, die Einstellung der Kriegsschuldenzahlungen, die Abwertung der Währungen und Zerrüttung der internationalen Finanzbeziehungen waren ebenso folgenreich wie die Aushöhlung und Zerstörung des Versailler und Washingtoner Nachkriegssystems durch die Politik des nationalsozialistischen Deutschlands und des faschistischen Italiens einerseits und durch die japanische Aggression gegen China andererseits. Angesichts dieser komplizierten Gegebenheiten verfolgten Roosevelt und sein Außenminister Cordell Hull einen vorsichtigen außenpolitischen Kurs. Ein Element der Neuorientierung bildete seit 1933 die »Politik der guten Nachbarschaft« in Lateinamerika mit ihrem offiziellen Interventionsverzicht Roosevelts gegenüber der Hemisphäre und dem Abbau der amerikanischen Militärpräsenz in Mittelamerika. Neu an der Außenpolitik des Präsidenten war auch die längst überfällige Aufnahme diplomatischer Beziehungen mit der UdSSR im November 1933. Erwartungen Roosevelts bei der Unterzeichnung der Abkommen mit der UdSSR, die amerikanisch-sowjetischen Beziehungen im Interesse von Frieden und Sicherheit beider Länder nutzen zu können, erfüllten sich allerdings infolge der Interessengegensätze beider Staaten in der Vorkriegszeit nicht.

Für die neue Außenpolitik der Roosevelt-Administration war ferner das Konzept Hulls von Bedeutung, der mit dem liberalen Außenhandelsgesetz von 1934 den Abbau von Zollbarrieren zu den Handelspartnern der USA befördern und damit eine wirtschaftliche Führungsposition der USA erreichen wollte. Schließlich wurde Roosevelts Außenpolitik wesentlich dadurch mitbestimmt, dass während der Dreißigerjahre die Isolationisten in der Öffentlichkeit wie im Kongress einen beherrschenden Einfluss ausübten und jede Beteiligung der USA an internationalen Sicherheitsabkommen zurückwiesen. Auf ihre Initiative hin verabschiedete der Kongress seit 1935 eine Reihe von Neutralitätsgesetzen, mit denen die USA im Falle auswärtiger Kriege zur strikten Neutralität und zu einem Waffenembargo gegenüber den Krieg Führenden verpflichtet wurden. Roosevelt unterzeichnete diese Gesetze trotz seiner Bedenken vor allem aus innenpolitischen und wahltaktischen Gründen.

Der Politik des nationalsozialistischen Deutschlands in Europa standen Roosevelt, Hull und ein Teil ihrer Mitarbeiter (Ickes, Morgenthau, Wallace, Dodd, Messersmith) kritisch, ja ablehnend gegenüber. Seit 1936 nahm Roosevelt öffentlich mehrmals gegen die Aggressionspolitik der Achsenmächte und Japans Stellung. Er verurteilte leidenschaftlich den Krieg (Chautauqua-Rede vom 14. August 1936: »Ich hasse Krieg«) und schlug in seiner beachtenswerten Quarantäne-Rede vom 5. Oktober 1937 vor, die

Aggressoren unter Quarantäne zu stellen. Der amerikanischen Politik folgten jedoch keine praktischen Schritte in dieser Richtung. Zeitweilig trug sich der Präsident in der Mitte der Dreißigerjahre auch mit eigenen Appeasementplänen, die dann allerdings nicht zur Anwendung kamen, doch unterstützte seine Regierung bis zur Münchener Konferenz im Großen und Ganzen die britische Appeasementpolitik gegenüber Hitler-Deutschland, allerdings ohne sich selbst an den Abreden und Abkommen mit Deutschland zu beteiligen.

1939 versuchte der Präsident – von seiner Einstellung her ein Internationalist, der auf die Woge des Isolationismus in seinem Land Rücksicht nahm – dann noch einmal, den Senat zu einer Änderung der Neutralitätsbestimmungen zu bewegen. Er ging von der Erkenntnis aus, dass ein deutscher Angriff auf Frankreich amerikanische Sicherheitsinteressen berühren würde. Doch scheiterten Roosevelts Bemühungen, eine amerikanische Unterstützung der Verteidigung Westeuropas vor einem deutschen Angriff zu ermöglichen, am unbedingten Widerstand der isolationistischen Senatsmehrheit. Amerikanischerseits wurde auch damals kein Beitrag zu einem internationalen Sicherheitssystem geleistet, vielmehr verkündeten Hull und das State Department bis in den Sommer 1939 hinein, die USA würden strikt und unverändert an der Politik des »hands off from Europe« festhalten.

Auf den Beginn des Zweiten Weltkriegs in Europa reagierte Roosevelt am 5. September 1939 entsprechend dem Neutralitätsgesetz von 1937 mit der Verkündung der Neutralität der Vereinigten Staaten. Damit waren jede Waffenausfuhr und Kreditvergabe an die Krieg führenden Staaten untersagt. Die USA sicherten sich – im Rahmen der Neutralitätsbestimmungen – vorerst ihre außenpolitische Handlungsfreiheit. Anders als Wilson, der 1914 eine Neutralität seiner Landsleute in Gedanken und Worten gefordert hatte, erklärte Roosevelt, selbst ein Neutraler könne nicht aufgefordert werden, sein Gefühl oder sein Herz zu verschließen. Noch im September proklamierte der Präsident den »begrenzten nationalen Ausnahmezustand« zum Schutz der Neutralität und zur Sicherung der nationalen Verteidigung und erließ Befehle zur Verstärkung der Streitkräfte. Roosevelt und die Mitglieder seiner Administration gingen in ihrer Stellung zum Weltkrieg von der Überzeugung aus, dass ein Sieg der faschistischen »Achsenmächte« bedrohliche Folgen für die internationale Stellung und die globalen Interessen der USA, besonders auch für den Einfluss in Lateinamerika und für die Sicherheit des Landes nach sich ziehen würde. Infolgedessen waren Roosevelt und die Mehrzahl der Regierungsmitglieder nicht zu einem isolationistischen Heraushalten der USA aus dem Krieg um jeden Preis bereit, sondern sie hielten die Unterstützung der europäischen Westmächte, besonders Englands, zunächst im Rahmen wirtschaftlicher Maßnahmen, für unbedingt erforderlich. Mit dieser Zielstellung erreichte Roosevelt am 4. November 1939 im Kongress die von ihm lange gewünschte Abänderung des Neutralitätsgesetzes. Eine »Cash-and-carry«-Klausel erlaubte nun bei Barzahlung und eigenem Transport den Krieg Führenden Waffen- und Rüstungskäufe in den USA. Angesichts der britischen Seeherrschaft auf dem Atlantik nutzte diese Änderung fast ausschließlich den Westmächten, besonders England. Seit im Frühjahr und Sommer 1940 mit dem Fall Frankreichs die Lage Englands kritisch wurde, verstärkte Roosevelt noch seine Unterstützung. Anfang September 1940 stellte der Präsident mit dem »Zerstörerabkommen« Großbritannien im Austausch gegen Stützpunktrechte 50 noch aus dem Ersten Weltkrieg stammende amerikanische Zerstörer zur Verfügung, die dort für Geleitschutzaufgaben dringend gebraucht wurden. Damit begann nun der Übergang der USA von der Neutralität zum Status einer »nicht Krieg führenden Macht«. In diese Zeit (16. Oktober 1940) fiel auch die Anordnung Roosevelts zur Wehrdienstregistrierung aller Männer zwischen 21 und 35 Jahren. Gegen die immer leidenschaftlicher werdende Kritik der Isolationisten und ihres im September 1940 gegründeten »America First Committee«[8] gewann der nach wie vor populäre Präsident im November 1940 zum dritten Mal die Präsidentschaftswahlen. Er siegte mit dem weiterhin klaren Vorsprung von 5 Mio. Stimmen vor dem Republikaner Wendell Wilkie, der sich ebenfalls für die Unterstützung Englands im Rahmen des völkerrechtlich Zulässigen ausgesprochen hatte.

Der Wahlsieg ermöglichte es Roosevelt, angesichts dringlicher werdender Bitten Churchills, die amerikanisch-britische Zusammenarbeit seit Ende 1940 erheblich zu verstärken. Er erklärte im »Kamingespräch« am 29. Dezember 1940, die Achsenmächte seien auch für die USA eine ernste Gefahr, sie könnten den Krieg nicht gewinnen, Großbritannien müsse die Unterstützung der USA erhalten, »wir müssen das große Arsenal der Demokratie werden«.[9] In seiner Kongressbotschaft vom 6. Januar 1941 formulierte der Präsident dann die internationalen Zukunftsziele der USA im Programm der »Vier Freiheiten«, nämlich »überall in der Welt« Rede- und Meinungsfreiheit, Glaubensfreiheit, Freiheit von Not und Freiheit von Furcht durch weltweite Abrüstung.[10] Gleichzeitig schlug Roosevelt dem Kongress das »Leih- und Pachtgesetz« (Lend Lease Act) vor, das dann am 11. März 1941 verabschiedet wurde. Das Gesetz erlaubte es dem Präsidenten, Eigentum der USA an Nationen, deren Verteidigung im Interesse der USA lag, ohne sofortige Bezahlung zu verleihen oder zu verpachten. Insgesamt wurden auf seiner Grundlage bis Kriegsende den Verbündeten der USA für 42,4 Mrd. $ Waffen, Kriegsmaterial und Rüstungsgüter zur Verfügung gestellt. Dies war ein wichtiger materieller Beitrag zum Sieg über die »Achsenmächte«.

Im Ergebnis dieser Politik des Präsidenten standen die USA im Frühjahr 1941 bereits sehr weitgehend hinter dem Abwehrkampf Großbritanniens. Angesichts dessen, des weiter ausgreifenden Krieges in Europa und der Ausdehnung der japanischen Kriegshandlungen auf Südostasien konnte es nicht ausbleiben, dass sich die Beziehungen der USA zu Hitler-Deutschland und zu dessen japanischem Verbündeten weiter verschlechterten. Am 27. Mai 1941 verkündete Roosevelt den »uneingeschränkten nationalen Notstand«. Im Juni bzw. Juli 1941 ordnete er das »Einfrieren« der Guthaben der Achsenmächte und der japanischen Guthaben in den USA an. Auf dem Atlantik mehrten sich Zwischenfälle amerikanischer Zerstörer mit deutschen U-Booten.

Mit dem deutschen Überfall auf die Sowjetunion entstand am 22. Juni 1941 auch für die amerikanische Politik eine neue Situation. Roosevelt reagierte unverzüglich. Die jetzt entstehende Anti-Hitler-Koalition wurde von seiner Regierung aktiv gefördert, auch schon zu einer Zeit, als die USA selbst noch nicht am Krieg teilnahmen. Roosevelt erklärte vor der Presse am 24. Juni 1941, dass »Russland jede mögliche Hilfe« erhalten sollte.

Gegen den Widerstand isolationistischer und konservativer Kreise, die weiterhin das Heraushalten aus dem Krieg empfahlen, gingen Roosevelt und ihm nahe stehende Mitarbeiter davon aus, dass »Hitlers Armeen heute die Hauptgefahr Amerikas« bildeten.[11] Ende Juli 1941 sandte Roosevelt seinen vertrauten Mitarbeiter Harry Hopkins nach

Moskau, um in Gesprächen mit Stalin Möglichkeiten und Erfordernisse einer Zusammenarbeit zu klären.

Nach einem Treffen mit Churchill veröffentlichten der Präsident und der britische Premierminister am 14. August 1941 die »Atlantik-Charta« der gemeinsamen Ziele ihrer Länder im Krieg und für eine künftige Weltordnung. Sie wurde zum Programm der »Vereinten Nationen«.

Durch den japanischen Überraschungsangriff auf den amerikanischen Flottenstützpunkt Pearl Harbor auf Hawaii am 7. Dezember 1941, den damit beginnenden Krieg gegen das kaiserliche Japan und durch die anschließend erfolgende Kriegserklärung Deutschlands und Italiens vom 11. Dezember 1941 waren die USA dann vollends militärisch in den Weltkrieg einbezogen. Gemeinsam mit Churchill und Stalin und an der Seite der anderen Verbündeten wurde Roosevelt im Krieg ein tatkräftiger Führer der Anti-Hitler-Koalition. Mit seinem Realitätssinn, seinem pragmatischen Handeln und seinem Optimismus leistete er einen persönlichen und unverwechselbaren Beitrag zum Sieg über die Nazityrannei. Es ging ihm dabei durchaus um die globalen Interessen seines Landes. An Stalin schrieb er im Oktober 1944, »dass es in diesem weltumfassenden Krieg buchstäblich keine Frage – weder militärischer noch politischer Art – gibt, an der die Vereinigten Staaten nicht interessiert sind«.[12] Seine Politik in den Jahren der Anti-Hitler-Koalition wurde aber auch dadurch bestimmt, dass er in der Zusammenarbeit mit Stalin nicht nur ein Zweckbündnis sah, wie Churchill und Eden, sondern – ungeachtet aller Gegensätze zur UdSSR – eine Aufgabe für die Gestaltung friedlicher Nachkriegsverhältnisse. Nach seiner Meinung und der eines Teiles seiner Mitarbeiter (Davies, Hopkins, Ickes, Morgenthau und Wallace) sollte die Kooperation mit dem Kriegspartner Sowjetunion im Interesse des Weltfriedens über das Kriegsende hinaus fortgesetzt werden. Wieweit angesichts der Interessenlage und der Absichten Stalins diese Haltung Roosevelts Illusionen barg, ist in der historischen Literatur zu Krieg und Nachkrieg durchaus umstritten.[13]

Roosevelts Gefühl für die gemeinsame internationale Verantwortung der Großmächte vertiefte sich dann vor allem im Ergebnis der Jalta-Konferenz im Februar 1945. In diesem Sinne nannte er vor dem Kongress am 1. März 1945 die Krimkonferenz »einen Wendepunkt in der Geschichte der USA« und fuhr dann fort: »Wir haben entweder die Verantwortung zu übernehmen, dass es zur friedlichen Zusammenarbeit der ganzen Welt kommt, oder wir werden für einen neuen Weltkonflikt verantwortlich sein.«[14]

Für die Innenpolitik sah Roosevelt für die Zeit nach Kriegsende die Wiederaufnahme der Reformpolitik vor. Vor dem Kongress sprach er sich im Januar 1944 für eine »Second Bill of Rights« der wirtschaftlichen und sozialen Rechte des Volkes aus, ohne die es in der Welt keinen dauerhaften Frieden geben könne.

Mit der von ihm im Juni 1944 unterzeichneten »G. I. Bill of Rights« (Servicemen's Readjustment Act) wurde den Angehörigen der Streitkräfte beträchtliche finanzielle, berufliche und Ausbildungsbeihilfen nach Kriegsende zugesichert.

Im November 1944 standen wieder Präsidentschaftswahlen an. Zum vierten Mal bewarb sich Roosevelt um dieses Amt. In seiner Partei nahmen Richtungskämpfe zu. Sie zeigten sich auch darin, dass vom Nationalkonvent der Demokraten nicht mehr der radikale und populäre Reformer Henry Wallace für das Amt des Vizepräsidenten nominiert wurde, sondern der damals noch wenig bekannte Senator von Missouri, Harry S.

Truman. Beim angegriffenen Gesundheitszustand des Präsidenten wurde dies zu einer wichtigen Entscheidung. Für die Republikaner kandidierte der neue Gouverneur von New York, Thomas E. Dewey. Er wurde im Wahlkampf vor allem von Geschäftsleuten, Angehörigen freier Berufe und wohlhabenden Farmern unterstützt.

Wiederum siegte Roosevelt, diesmal mit einem Vorsprung von nur noch 3,6 Mio. Stimmen. Seine vierte Amtszeit begann dann am 20. Januar 1945. Die diesmalige Antrittsbotschaft machte deutlich, wie sehr dieser Politiker durch die Kriegserfahrungen in seiner internationalistischen Einstellung bestärkt worden war.

Die Schlussphase des Krieges fiel in den USA mit dem Übergang von der Roosevelt- zur Truman-Administration zusammen. Am 12. April 1945 verstarb Roosevelt unerwartet in Warm Springs, Georgia, erst 63 Jahre alt, an den Folgen einer Gehirnblutung. Sein Gesundheitszustand hatte sich, wie die Bilder des Präsidenten aus seinen letzten Monaten erkennen lassen, krass verschlechtert.

Am Tag seines Todes formulierte er in einem Redemanuskript zum Jefferson Day als außenpolitisches Vermächtnis: »Heute stehen wir der alles beherrschenden Tatsache gegenüber, dass, wenn die Zivilisation überleben soll, wir die Wissenschaft der menschlichen Beziehungen pflegen müssen – die Fähigkeit aller Völker, aller Art, in derselben Welt zusammenzuleben und zusammenzuarbeiten, für den Frieden.«[15]

Roosevelt erlebte nicht mehr den Sieg über das nationalsozialistische Deutschland und über das militaristische Japan, für den er sich – ohne Schonung seiner Gesundheit – über die Jahre hinweg energisch, mutig und verdienstvoll eingesetzt hatte.

Seine Politik war nicht frei von Fehlern, Halbheiten oder Fehlurteilen. Zu den allgemein kritisierten Fehlentscheidungen des Präsidenten gehört die mit Kriegserfordernissen begründete zwangsweise Umsiedlung von 110.000 Amerikanern japanischer Herkunft aus ihren Wohnsitzen an der Westküste in Internierungslager im Landesinnern, die seit Februar 1942 erfolgte.

Gemeinsam mit ihm hatte, wie Roosevelt 1936 erklärte, eine ganze Generation von Amerikanern ein »rendezvous with destiny«. Die Krisen und Bewährungsproben jener Jahre wurden von ihnen erfolgreich bestanden. Dies war auch ein Verdienst dieses Präsidenten, dass er nämlich Zuversicht, Humanität und festen Glauben an die Demokratie seinen Landsleuten vermittelte in einer Zeit, in der die Demokratie weltweit elementar bedroht war.

Anmerkungen

1 Frank Freidel, Franklin D. Roosevelt. A Rendezvous with Destiny, Boston/Toronto/London 1990, S. 68.

2 The Public Papers and Addresses of Franklin D. Roosevelt, 1933, New York 1938, S. 13.

3 Ebenda, S. 5.

4 Bericht Kieps an das Auswärtige Amt (26. Mai 1933), in: Bundesarchiv Potsdam, Ausw. Amt, Abt. III, N° 47 185.

5 The Public Papers and Addresses of Franklin D. Roosevelt, 1937, New York 1941, S. 5.

6 Franklin D. Roosevelt. Blick vorwärts, Berlin 1933, S. 14 f.

7 The American Presidents. The Office and the Men, hg. v. Frank N. Magill/John L. Loos, Bd. 3, Pasadena, California/Englewood Cliffs, New Jersey, 1986, S. 605 (Robert S. McElvaine).

8 Das »Committee« wurde zum propagandistischen Zentrum aller isolationistischen Gegner der Verwicklung der USA in den Zweiten Weltkrieg. Ihm gehörten sowohl konservative Isolationisten (Ford, Hoover, Lindbergh) als auch unbedingt pazifistisch eingestellte Persönlichkeiten (Beard, Nye, Pinchot) an.

9 Peace and War. United States Foreign Policy 1931–1941, Washington 1943, S. 607.

10 Ebenda, S. 611.

11 Ebenda, S. 684.

12 Briefwechsel Stalins mit Churchill, Attlee, Roosevelt und Truman 1941–1945, Berlin 1961, S. 647.

13 Vgl.: Edward M. Bennett, Franklin D. Roosevelt and the Search for Victory. American-Soviet Relations, 1939–1945, Wilmington, Delaware, 1990.

14 The Public Papers and Addresses of Franklin D. Roosevelt, 1944–45, New York 1950, S. 585.

15 Ebenda, S. 615.

Bibliographische Hinweise

Die Botschaften, Reden und Erklärungen Roosevelts während der Präsidentschaft finden sich in:
The Public Papers and Addresses of Franklin D. Roosevelt, 13 Bde., New York 1938–1950.

Als Nachschlagewerk für die Roosevelt-Administration ist nützlich:
Franklin D. Roosevelt: His Life and Times. An Encyclopedic View, Otis L. Graham, jr./Meghan R. Wander, Boston 1985.

Eine Chronik, Dokumentation und Bibliographie enthält:
Franklin D. Roosevelt, 1882–1945, hg. v. Howard F. Bremer, Dobbs Ferry, New York, 1971.

Eine ausführliche Biografie (bis Ende 1933) veröffentlichte:
Frank Freidel, Franklin D. Roosevelt, 4 Bde., Boston 1952–1973.

Von ihm stammt die einbändige Darstellung:
Frank Freidel, Franklin D. Roosevelt. A Rendezvous with Destiny, Boston/London 1990.

Weitere Darstellungen stammen von:
James M. Burns, William E. Leuchtenburg, Ted Morgan, Arthur M. Schlesinger, jr., u. a.; aus deutscher Sicht die Roosevelt-Biografien von Wolfgang J. Helbich (1971), Detlef Junker (1979) und Alan Posener (1999).

Für die Außenpolitik Roosevelts als Einführung nützlich:
Robert Dallek, Franklin D. Roosevelt and American Foreign Policy, 1932–1945, New York 1979.

In der »American Presidency Series« erschien inzwischen:
George McJimsey, The Presidency of Franklin Delano Roosevelt, Lawrence, Ka., 2000.

Eine neue Biografie von Eleanor Roosevelt erscheint seit 1992:
Blanche Wiesen Cook, Eleanor Roosevelt, Bd. 1 (1884–1933), Bd. 2 (1933–1938), New York 1999.

Neuerdings erscheint eine mehrbändige, thematisch geordnete Dokumentation zur Präsidentschaft Franklin D. Roosevelts:
Documentary history of the Franklin D. Roosevelt presidency, general editor: George T. McJimsey, Bethesda, Md., 2001 ff., bisher 20 Bde. erschienen.

Eine neue Biografie veröffentlichte:
Patrick Renshaw, Franklin D. Roosevelt, Harlow 2004.

HABRY S. TRUMAN

1884–1972

33. PRÄSIDENT DER USA 1945–1953

8. Mai 1884	Harry S. Truman wird in Lamar, Missouri, geboren.
1901–1917	Truman übt verschiedene Berufe aus, seit 1906 arbeitet er auf der väterlichen Farm.
1917–1918	Truman dient als Artillerieoffizier im Weltkrieg.
1919	Heirat mit Elizabeth Virginia Wallace (1885–1982).
1919–1922	Truman führt ein Herrenartikelgeschäft in Kansas City, Missouri.
1922–1924	und
1926–1934	Gewählter Verwaltungsbeamter am County Court, Jackson County, Missouri.
1923–1925	Rechtsstudium an der Kansas City Law School.
1935–1945	Senator von Missouri in Washington.
20. Januar 1945	Truman wird Vizepräsident der USA.
1945–1953	Präsident der USA.
1957	Einrichtung der Truman Library in Independence, Missouri.
26. Dezember 1972	Truman stirbt im Alter von 88 Jahren in Kansas City, Missouri.

Harry S. Truman, beim Ausscheiden aus dem Präsidentenamt umstritten und unpopulär, wird inzwischen als Präsident überwiegend positiv beurteilt.[1] Er zählt zu den Präsidenten, die einen starken Einfluss auf ihr Amt und die Politik der USA ausgeübt haben und der die Machtbefugnisse des Weißen Hauses wesentlich erweiterte. Ebenso wurde durch ihn die globale Machtstellung der USA sprunghaft vergrößert.

Truman stammte aus dem Mittleren Westen der USA. Er wurde am 8. Mai 1884 in Lamar, Missouri, in einer Farmerfamilie geboren. Nach dem Besuch der Public School in Independence, Missouri, übte der junge Truman verschiedene Tätigkeiten aus und war als Zeitungspacker, Lohnbuchhalter und Bankangestellter tätig, bis er 1906 der Bitte seines Vaters folgte und auf dessen Farm mitarbeitete. Den Wunsch, an der Militärakademie von West Point zu studieren, konnte sich der sehr kurzsichtige Truman nicht erfüllen, doch schloss er sich 1905 der Nationalgarde von Missouri an. Im Ersten Weltkrieg diente er dann seit August 1917 als Artillerieoffizier, zuletzt im Rang eines Hauptmanns, der als Batteriechef in Frankreich im September 1918 seine Feuertaufe erlebte.

1919 heiratete der 35-jährige Truman Elizabeth (»Bess«) Virginia Wallace, eine Bekannte aus Kindertagen in Independence. 1924 wurde die Tochter Margaret Truman geboren, die nach dem Zweiten Weltkrieg als Konzertsängerin auftrat, später machte sie sich als Autorin von Kriminalromanen einen Namen. Ihre Mutter, Mrs. Truman, stand als First Lady weniger im Licht der Öffentlichkeit als ihre Vorgängerin im Weißen Haus. Allerdings hatte sie Haushalt und Personal dort fest in der Hand. Ebenfalls 1919 übernahm Truman gemeinsam mit einem Partner ein Herrenartikelgeschäft in Kansas City, Missouri, das 1922 im Gefolge der Krise Bankrott ging. Mit Unterstützung des demokratischen Parteibosses von Missouri, Thomas J. Pendergast, der ihn auch später politisch unterstützte, bis er 1940 wegen Steuerhinterziehung zu einer Gefängnisstrafe verurteilt wurde, wechselte Truman nun 1922 in die Politik. Er wurde 1922–1924 und noch einmal 1928–1934 gewählter Verwaltungsbeamter von Jackson County, Missouri. In der

Zwischenzeit (1923–1925) ergänzte er seine Ausbildung durch den Besuch der Kansas City Law School. Als aktiver Provinzpolitiker, der zur Baptistischen Kirche gehörte, aber auch in der örtlichen Freimaurerloge aktiv war, konnte Truman damals jene politischen Verbindungen in seinem Heimatstaat Missouri knüpfen, die ihm 1934 den Sprung in den Bundessenat ermöglichten. In Washington widmete sich Truman als Senator von Missouri (der 1934 gewählt und 1940 wieder gewählt wurde) vor allem innen- und wirtschaftspolitischen Aufgaben. Er trat für den »New Deal« Roosevelts ein, gehörte allerdings nicht zum engeren Kreis der Machtspitze um den Präsidenten. 1941–1944 hatte er den Vorsitz in einem von ihm vorgeschlagenen Senatsausschuss (Senate Special Committee to Investigate the National Defense Program), der landesweit beachtete Untersuchungen über Verschwendung und Ineffizienz in der Kriegsindustrie führte.

Truman hatte einige Zeit Mühe, die Meinung zu entkräften, er sei der »Senator von Pendergast« und in dessen Korruptionsaffären verwickelt. Sein politischer Standort entsprach damals einer Mischung aus traditionell mittelwestlicher Reformbereitschaft und konservativen Einstellungen. Er unterstützte gewerkschaftsfreundliche Gesetze und trat gegen die Diskriminierung der schwarzen Amerikaner auf.

Trumans nationalistische und antikommunistische Einstellung zeigte sich in der Stellungnahme zum deutschen Überfall auf die Sowjetunion im Juni 1941. Damals äußerte der Senator gegenüber der New York Times: »Wenn wir sehen, dass Deutschland gewinnt, sollten wir Russland helfen, und wenn Russland gewinnt, sollten wir Deutschland helfen. Sollen sich auf diese Weise nur so viel als möglich töten, obgleich ich unter keinen Umständen wünsche, Hitler siegen zu sehen.«[2] Später unterstützte Truman im Senat die von Präsident Roosevelt beschrittene Politik der Zusammenarbeit mit dem sowjetischen Verbündeten, dessen Leistungen im Krieg er öffentlich mehrfach anerkannte.

Auf dem Nationalkonvent der Demokraten im Juli 1944, der die Präsidentschaftswahlen von 1944 vorbereitete, wurde Truman, für ihn selbst überraschend, als Vizepräsidentschaftskandidat an der Seite Roosevelts nominiert. Der Fachmann für eine effiziente Verwaltung galt als ein für die verschiedenen Parteiflügel akzeptabler Kompromisskandidat und wurde dann im November 1944 gemeinsam mit Franklin D. Roosevelt gewählt. Vor allem in außenpolitischen Fragen unerfahren, übernahm Truman am 12. April 1945, nach dem überraschenden Tod Roosevelts, das Präsidentenamt. Truman, der sich zeitlebens für Geschichte interessierte, war stolz auf seine historischen Kenntnisse und meinte, die Lehren der jüngsten Vergangenheit verstanden zu haben. Seine Auffassungen von der internationalen Politik gingen bei Amtsantritt dahin, dass die militärische Schwäche und der Isolationismus der USA zur Entstehung des Zweiten Weltkrieges beigetragen hätten. Daher sah er eine aktive und globale Politik seines Landes für lebenswichtig an, betonte die Bedeutung des militärischen Faktors und hielt es für notwendig, rasch und entschieden aggressiven Staaten entgegenzutreten.

Die inneren und äußeren Bedingungen der amerikanischen Politik hatten sich im Ergebnis des Krieges erheblich verändert. Dem entsprach in der Nachkriegszeit eine politische, insbesondere außenpolitische Kursänderung der neuen Administration. Zunächst allerdings galt es in der Endphase des Krieges gegen Deutschland und Japan, den nahe bevorstehenden Sieg zu erringen und zu sichern.

Am 30. April 1945 nahm sich Hitler das Leben, am 8. Mai folgte die bedingungslose Kapitulation der deutschen Streitkräfte. Damit endete der Krieg in Europa. In New York und anderen amerikanischen Städten kam es zu entsprechenden Freudenbekundungen. Im Juni wurde in San Francisco die Gründung der Vereinten Nationen abgeschlossen. Im Juli nahm Truman an der Potsdamer Konferenz teil, welche die Grundsätze der alliierten Deutschlandpolitik festlegte. Ende Juli befahl Truman den Einsatz der beiden amerikanischen Atombomben gegen Japan. »Die neue Waffe schien geeignet, die bedingungslose Kapitulation Japans schneller und zu einem niedrigeren Preis zu erzwingen als eine Invasion. Zusätzliche Überlegungen beeinflussten ebenfalls die Entscheidung zum Einsatz der neuen Waffe; in erster Linie hoffte man, dass die Bombe die russische Expansion begrenzen und das sowjetische Verhalten ändern werde, das – besonders in Osteuropa – alarmierend geworden war.«[3] Am 6. und 9. August fielen die beiden Atombomben auf Hiroshima und Nagasaki. Truman kommentierte den Atombombenangriff auf Hiroshima mit den Worten: »Das ist das größte Ereignis der Weltgeschichte.«[4] Am 2. September wurde in Tokio die japanische Kapitulation unterzeichnet. Damit endete der Zweite Weltkrieg auch in Asien. Nach der Beendigung des Weltkrieges und der relativ problemlosen Umstellung der Kriegs- auf die Friedenswirtschaft wurden der Beginn des Kalten Krieges und seine weitere Eskalation zum beherrschenden Ereignis der Truman-Administration. In der auf beiden Seiten nun schrittweise erfolgenden Beendigung der Zusammenarbeit der bisherigen Kriegsverbündeten, der USA und der UdSSR, und in der für ihr Verhältnis mehr und mehr charakteristisch werdenden Konfrontationspolitik zeigten sich deutlich die mit dem Kriegsende veränderte Weltlage, der scharfe Interessenkonflikt zwischen den beiden, auch noch gesellschaftspolitisch gegensätzlichen Weltmächten und die auf beiden Seiten vorhandenen Ängste, Befürchtungen und Erwartungen hinsichtlich der expansiven, aggressiven Absichten des anderen. In der Russlandpolitik Trumans war der außenpolitische Wandel gegenüber der Roosevelt-Administration frühzeitig zu erkennen. Auf die Entscheidungen des neuen Präsidenten hatten vorwiegend diejenigen Mitarbeiter der bisherigen Administration Einfluss, die wie Forrestal, Grew, Harriman, Leahy für eine harte Politik gegenüber Stalin eintraten. Dagegen schieden jetzt die Protagonisten einer Fortsetzung der Kooperation mit dem russischen Kriegsverbündeten wie Ickes, Morgenthau, Wallace aus der Regierung aus oder wurden von Truman entlassen. Verstärkt sichtbar wurde auch der Einfluss des militärisch-industriellen Komplexes. Von 125 Personen, die Truman zwischen 1946 und 1948 mit Regierungsfunktionen betraute, waren 66 Konzerndirektoren und 31 Militärs.

Die seit Kriegsende veränderte politische Kräftekonstellation im Land kam auch darin zum Ausdruck, dass in den ersten Nachkriegskongresswahlen im November 1946 die Republikaner die Mehrheit in beiden Häusern des Kongresses eroberten und generell der Einfluss konservativer Politiker erweitert wurde. Dies erschwerte es Truman, in der Innenpolitik die von ihm im September 1945 angekündigte Fortsetzung der New-Deal-Reformen in der beabsichtigten Weise zu realisieren.

Das Verhältnis zu Stalins UdSSR, das »Problem Nr. 1« der Nachkriegspolitik Trumans[5], verschlechterte sich mit der Entstehung des Kalten Krieges – trotz einiger letzter Formen der Zusammenarbeit (Potsdamer Konferenz, Nürnberger Prozess, Pariser Friedenskonferenz von 1946) – seit Kriegsende in raschem Tempo. Truman zeigte Härte schon bei der Einstellung der Leih-Pacht-Lieferungen an die UdSSR am

8. Mai 1945, die dann nach einem sowjetischen Protest allerdings wieder zurückgenommen wurde. Der Einsatz der Atombomben in Japan im August 1945 sollte auch – wie schon erwähnt – die militärische Stärke der Vereinigten Staaten gegenüber Stalin demonstrieren. Die Aufnahme neuer Atombombentests im Pazifik im Juli 1946 lag auf derselben Linie. In der amerikanischen Deutschlandpolitik erfolgte die Abgrenzung gegenüber dem früheren Verbündeten öffentlich mit der Stuttgarter Rede von Außenminister Byrnes im September 1946. Die Verkündung der Trumandoktrin in der Kongressbotschaft des Präsidenten vom 12. März 1947 erhob dann die »Verteidigung der freien und unabhängigen Völker« gegenüber kommunistischer Bedrohung zum Ziel amerikanischer Außenpolitik und begründete in der Auseinandersetzung des Kalten Krieges mit der UdSSR den globalen amerikanischen Führungs- und Interventionsanspruch. Wenige Monate später kündigte der neue Außenminister George C. Marshall, der frühere Stabschef der US-Armee, in einer Rede vor der Harvard-Universität (5. Juni 1947) das »European Recovery Program«, den »Marshallplan«, an, mit dem 16 westeuropäische Staaten finanziell-ökonomisch unterstützt und in das im Aufbau befindliche Bündnissystem der USA einbezogen wurden. Die »Luftbrücke« zur Versorgung Westberlins in der Zeit der sowjetischen Berlinblockade (Juni 1948 bis Mai 1949) demonstrierte ebenso die Entschlossenheit der Truman-Administration, gegenüber Versuchen der Sowjetunion, den Status quo zu verändern, fest und entschieden zu reagieren. Mit der Gründung der NATO, der »North Atlantic Treaty Organization«, am 4. April 1949 durch zwölf Staaten war dann die von Truman und seinem im Januar 1949 berufenen Außenminister Dean Acheson gewünschte Bildung eines amerikanisch geführten Militärbündnisses mit den westlichen Demokratien Europas und mit Kanada verwirklicht worden.

Diese Politik gegenüber der UdSSR und ihren »volksdemokratischen« Verbündeten bzw. Satelliten beruhte wesentlich auf der unter Einfluss des Diplomaten George F. Kennan erarbeiteten »Containment-Strategie«, der Politik der »Eindämmung des Kommunismus«. Truman trug damit der seit dem Zweiten Weltkrieg erfolgten Ausbreitung und Machterweiterung des Kommunismus in Europa und Asien insofern Rechnung, als er durch ständigen militärischen, politischen und ökonomischen Druck die weitere Expansion der UdSSR und ihres Einflussgebietes zu begrenzen strebte und die Koexistenz der Anti-Hitler-Koalition durch die Konfrontation des Kalten Krieges ersetzte.

In der Innenpolitik Trumans dominierten nach Kriegsende zunächst staatliche Maßnahmen zur Umstellung der Kriegs- auf die Friedenswirtschaft. Mit der Verabschiedung des »Employment Acts« konnte Truman im Februar 1946 einen legislativen Erfolg buchen. Das Gesetz verpflichtete die Bundesregierung, ein Maximum an Beschäftigung, Produktion und Kaufkraft zu fördern. Zur Unterstützung dieser Aufgabe, über deren Ergebnisse jährlich vor dem Kongress zu berichten war, wurde ein »Council of Economic Advisers« eingerichtet. Der Ausbau exekutiver Machtorgane, der »unsichtbaren Regierung«, ging unter Truman zügig weiter voran. 1947 wurde der Geheimdienst CIA (Central Intelligence Agency) geschaffen. Mit der Bildung des Verteidigungsministeriums wurde die Leitung der Streitkräfte reorganisiert, und mit der Einrichtung des »National Security Council« schuf der Präsident einen politischen Planungs- und Krisenstab (National Security Act, Juli 1947). Parallel zum Kalten Krieg wurde das innenpolitische Klima nun mehr und mehr durch einen bis ins tägliche

Leben reichenden Antikommunismus bestimmt. Mit seiner Loyalitätsorder »säuberte« Truman im März 1947 die Regierung und den Staatsapparat von Personen, die der Sympathie für den Kommunismus verdächtig waren. Der Antikommunismus war nun unter Truman Regierungsdoktrin. Auf Initiative des Justizministers wurde seit Juli 1948 ein Prozess gegen elf Funktionäre der Kommunistischen Partei vorbereitet und geführt, der im Oktober 1949 mit ihrer Verurteilung zu mehrjährigen Haftstrafen wegen »Verschwörung zum gewaltsamen Sturz der Regierung« endete.[6] Gegen das Veto Trumans verabschiedete die republikanische Kongressmehrheit im Juni 1947 das gewerkschaftsfeindliche Taft-Hartley-Gesetz, das die Gewerkschaftsrechte der New-Deal-Zeit einschränkte, den Streikbeginn erschwerte und den Ausschluss von Kommunisten aus Gewerkschaftsfunktionen verlangte.

Im Vorfeld der Präsidentschaftswahlen von 1948 und zu Beginn seiner zweiten Amtszeit sprach sich Truman für ein Programm weiterer sozialer und liberaler Reformen, für einen »Fair Deal« aus. Sie sollten größere soziale Sicherheit, bessere medizinische Versorgung, Ausbildungsförderungen und Ähnliches beinhalten. Neu gegenüber dem New Deal seines Vorgängers war, dass Truman um erste Schritte in Richtung auf die gesetzliche Sicherung von Bürgerrechten für die schwarzen Amerikaner bemüht war (Civil-Rights-Botschaft vom Februar 1948, Verordnung vom Juli 1948 über die gleiche Behandlung aller Personen in den Streitkräften, ungeachtet ihrer Rasse, Hautfarbe oder Religion). Abgesehen von der Förderung des sozialen Wohnungsbaus, der weiteren Slumsanierung und der Erhöhung der Mindestlöhne wurde allerdings die Mehrzahl seiner Reformvorhaben während Trumans zweiter Amtszeit nicht verwirklicht.

In den Präsidentschaftswahlen von 1948 musste sich Truman dann nicht allein mit seinem republikanischen Gegner Thomas Dewey auseinander setzen, den Umfragen und Presse vor dem Wahltag bereits als sicheren Sieger sahen, sondern mit einem eigenen Kandidaten konservativer Südstaaten-Demokraten, Strom Thurmond, der für die Erhaltung des »Southern way of life« eintrat, sowie mit dem Kandidaten einer neuen »Progressive Party«, dem ehemaligen Vizepräsidenten Henry A. Wallace, der die antikommunistische Außen- und Innenpolitik der Regierung scharf angriff und für einen Modus Vivendi mit Stalins UdSSR eintrat.

Truman gewann die Wahlen im November 1948 zur Überraschung der Meinungsforscher knapp, aber immerhin doch mit einem Vorsprung von fast 2,2 Mio. Stimmen vor Dewey. Die Demokraten gewannen die Mehrheit im Kongress zurück. Im Klima des Kalten Krieges gab wohl die unter Roosevelt entstandene und weiter bestehende Stärke der Demokratischen Partei an der Wählerbasis für den Sieg Trumans den Ausschlag sowie seine lange und energische Wahlkampagne, in der er seine Reformbereitschaft dem »tatenlosen« republikanischen Kongress gegenüberstellte. Mit seiner Whistle Stop Tour über 30.000 Meilen nutzte Truman dabei noch einmal die Eisenbahn zu einer ausgedehnten Wahlkampagne kreuz und quer durch das ganze Land.

In der zweiten Amtszeit Trumans, die am 20. Januar 1949 begann, verstärkte sich der militärische Faktor der Containment-Politik weiter.[7] Als im Februar 1950 der republikanische Senator Joseph McCarthy mit der Beschuldigung »Kommunisten in der Regierung« eine neue Runde der antikommunistischen Hexenjagd im Land eröffnete, gerieten Truman und Außenminister Acheson verstärkt unter den Beschuss militanter Republikaner (Dulles, Knowland, McCarthy, Taft), die eine aktivere »Politik der Stärke«, ein »roll back« des Kommunismus forderten. Der Verlust des amerikanischen Atombombenmonopols, den Truman im September 1949 der Öffentlichkeit bekannt gab, der Sieg Mao Tse-tungs auf dem chinesischen Festland, die Gründung der Volksrepublik China Anfang Oktober 1949 und die Flucht des amerikanischen Protegés Tschiang Kai-schek nach Taiwan wurden in Washington als empfindliche Niederlagen der amerikanischen Politik empfunden.

Im Juni des folgenden Jahres wurde dann mit dem Beginn des Koreakrieges Asien zeitweilig zu einem Hauptbrennpunkt der amerikanischen und der internationalen Politik.

»Der Ausbruch der Kampfhandlungen in Korea im Juni 1950 war ein Wendepunkt sowohl in der Truman-Präsidentschaft wie in der jüngsten Geschichte der USA.«[8] Bereits am ersten Tag des Krieges, am 25. Juni 1950, entschied Truman, ohne den Kongress zu befragen und ohne eine Entscheidung des UN-Sicherheitsrates abzuwarten, militärisch in Korea einzugreifen, um dort einem Angriff des Kommunismus, wie er ihn sah, entgegenzutreten. Zunächst ordnete Truman die Besetzung der Flugplätze in Südkorea an und entsandte die 7. Flotte nach Taiwan. Am 27. Juni gab er den Befehl zum Eingreifen der US-Luft- und Seestreitkräfte, am 30. Juni auch der amerikanischen Landstreitkräfte. Unter dem Mandat der Vereinten Nationen und unter dem Befehl von General MacArthur führten die amerikanischen Streitkräfte und andere UN-Kontingente einen verlustreichen, wechselvollen Landkrieg in Asien, der nach einem Vorstoß bis in die Nähe der Grenze der Volksrepublik China zum Eingreifen chinesischer Streitkräfte in den Krieg führte. MacArthur schlug darauf den Einsatz der Atombombe in Korea und gegen die Volksrepublik China vor. Der General hielt daran auch hartnäckig und öffentlich fest, nachdem Truman – in Übereinstimmung mit der Meinung der US-Stabschefs und der europäischen Verbündeten – die Ablehnung derartiger Pläne zur Ausweitung des Krieges als zu kostspielig, zu gefährlich und überflüssig signalisiert hatte. Daraufhin entschloss sich der von MacArthur in seiner Autorität als Präsident herausgeforderte Truman am 11. April 1951 zur spektakulären Ablösung des im Land populären Generals als Oberbefehlshaber in Korea. Die Art und Weise, in der Truman den Konflikt mit MacArthur handhabte, zeigte den selbstbewussten persönlichen Stil dieses Präsidenten und die Selbstverständlichkeit, mit der er sein Amt ausübte, auf beeindruckende Weise. Senator McCarthy und seine Gesinnungsgenossen sahen dagegen in der Entscheidung Trumans einen weiteren Beweis für dessen zu großer Nachgiebigkeit gegenüber dem Kommunismus. Im Juli 1951 wurden dann in Korea Waffenstillstandsverhandlungen aufgenommen, die allerdings bis Ende 1952 noch kein Ergebnis zeitigen sollten.

Einige Monate nach Beginn des Koreakrieges, im November 1950, scheiterte in Washington ein Anschlag auf das Leben des Präsidenten, den zwei Puerto-Ricaner im Zusammenhang mit einem fehlgeschlagenen nationalistischen Aufstand in ihrer Heimat unternahmen.

Unter dem Einfluss des Koreakrieges verstärkte Truman seit September 1950 Bemühungen zur Einbeziehung der Bundesrepublik Deutschland in die Militärallianz des Westens. Die von ihm schon im Januar 1950 verfügte Herstellung der Wasserstoffbombe wurde beschleunigt, die erste Versuchsexplosion fand am 1. November 1952 statt. Australien und Neuseeland (ANZUS-Pakt), die Philippinen und Japan wurden

1951 in das amerikanische militärische Bündnissystem einbezogen. Damit war unter Truman auch der Kern eines pazifisch-asiatischen Paktsystems der USA entstanden.

Die innenpolitischen Auswirkungen des Koreakrieges waren ebenfalls erheblich. Seit 1951 erweiterte Truman die Rüstungsausgaben außerordentlich. In den Vereinigten Staaten entstand eine »permanente Kriegswirtschaft«.[9] Mit dem »Defense Production Act« vom September 1950 sicherte sich der Präsident umfangreiche Vollmachten zur staatlichen Kontrolle der Preise und Löhne, der Kredite und der Rohstoffverteilung im Rüstungssektor.

Kalter Krieg, Koreakrieg und McCarthys Hexenjagd führten im Land Anfang der Fünfzigerjahre zu einem Klima von Intoleranz und politischer Hysterie, deren Angriffsziel nun zunehmend auch die demokratische Administration Trumans wurde. In Meinungsumfragen erreichten Prestige und Zustimmung zur Politik Trumans 1952 einen Rekordtiefpunkt. Nur 23 % der Befragten bewerteten Ende 1951 seine Leistungen positiv, ein Negativrekord, der später (1974) nicht einmal von Richard Nixon übertroffen worden ist.

Für die Präsidentschaftswahlen von 1952 verzichtete dann Truman auf die nochmalige Bewerbung um das Präsidentenamt. Daraufhin nominierten die Demokraten auf ihrem Nationalkonvent im Juli 1952 den liberalen Gouverneur von Illinois, Adlai Stevenson, der auch die Unterstützung Trumans erhielt. Die Republikaner stellten den seit dem Zweiten Weltkrieg populären General Eisenhower als ihren Kandidaten auf. Sie führten den Wahlkampf gegen Stevenson mit den Schlagworten »Corea, Communism, Corruption« und profitierten vom persönlichen Ansehen Eisenhowers. Infolgedessen fiel sein Wahlsieg mit einem Vorsprung von 6,6 Mio. Stimmen vor Stevenson eindeutig aus.

Truman seinerseits nahm als Präsident am 15. Januar 1953 mit seiner »Farewell Address« von den amerikanischen Bürgern Abschied, sichtlich mit sich und seiner Leistung zufrieden: »Wir fühlen, dass wir unser Bestes im öffentlichen Dienst getan haben. Ich hoffe und glaube, dass wir zur Wohlfahrt dieser Nation und zum Frieden der Welt beigetragen haben.«[10] Im Rückblick auf seine Zeit wird Truman heute von den Historikern bei Umfragen den 10 »Großen« bzw. »Nahezu Großen« Präsidenten zugerechnet.

Nach dem Ausscheiden aus dem Präsidentenamt zog sich Truman mit seiner Ehefrau »Bess« in seinen Heimatort Independence, Missouri, zurück. Er schrieb seine Memoiren (1955/56), ordnete seine Briefe und Papiere und richtete 1957 in Independence die Harry S. Truman Library ein – wie die anderen Presidential Libraries seit der Franklin D. Roosevelt Library in Hyde Park, New York, eine Kombination von Archiv, Bibliothek und Museum.

Der frühere Präsident behielt weiterhin Einfluss in der Demokratischen Partei. 1960 nahm er anfangs gegen die Nominierung Kennedys zum Präsidentschaftskandidaten seiner Partei Stellung, den er für zu wenig erfahren für dieses Amt hielt. Nach Kennedys Amtseinführung war Truman dann mit Frau und Tochter dessen erster Besucher im Weißen Haus. Seit 1964 verschlechterte sich sein Gesundheitszustand nach einem Unfall im eigenen Haus erheblich. Am 26. Dezember 1972 starb Truman, 88 Jahre alt, im Research Hospital von Kansas City. In Independence wurde er beigesetzt.

Truman war der erste Präsident im Atomzeitalter. Internationale Ereignisse prägten besonders den Verlauf seiner Präsidentschaft. In der Außenpolitik war Trumans Einfluss erheblich, zahlreiche seiner Entscheidungen bestimmten das Nachkriegsjahrzehnt nicht nur der amerikanischen Politik mit.

Anmerkungen

1 Hierzu: Robert H. Ferrell, Truman's Place in History, in: Reviews in American History, Bd. 18, N° 1, 1990, S. 1 ff.
2 The New York Times vom 24. Juni 1941, S. 9.
3 The American Presidents. The Office and the Men, hg. v. Frank N. Magill/John L. Loos, Bd. 3, Pasadena, California/Englewood Cliffs, New Jersey, 1986, S. 632 (Richard S. Kirkendall).
4 Harry S. Truman, Memoiren, Bd. 1, Stuttgart 1955, S. 433. Die Äußerung stammt vom 6. August 1945.
5 Diese Meinung vertrat Botschafter Harriman in einer Besprechung mit Truman im Weißen Haus am 15. Mai 1945, und Truman stimmte zu. FRUS: The Conference of Berlin (The Potsdam Conference), Bd. 1, Washington 1960, S. 13.
6 1957 revidierte das Oberste Gericht die Urteile.
7 Einen Beleg dafür bildet das Strategie-Papier des Nationalen Sicherheitsrates vom 14. April 1950 »NSC 68«, in: Containment: Documents on American Policy and Strategy, 1945–1950, hg. v. Thomas H. Etzold/John L. Gaddis, New York, 1978, S. 385 ff.
8 Donald R. McCoy, The Presidency of Harry S. Truman, Lawrence, Kansas, 1984, S. 221. Über neuere Darstellungen zum Koreakrieg informiert: Philip West, Interpreting the Korean War, in: American Historical Review, Bd. 84, N° 1, Februar 1989, S. 80 ff.
9 C. Wright Mills, Die amerikanische Elite, Hamburg 1962, S. 240.
10 Public Papers of the Presidents of the United States. Harry S. Truman. Containing the Public Messages, Speeches and Statements of the President, January 1, 1952 to January 20, 1953, Washington 1966, S. 1202.

Bibliographische Hinweise

Die Botschaften, Reden und Erklärungen Trumans als Präsident sind veröffentlicht in:
Public Papers of the Presidents of the United States, Containing the Public Messages, Speeches, and Statements of the President. Harry S. Truman, 8 Bde., Washington 1961–1966.
Die Memoiren Trumans erschienen:
Harry S. Truman, Memoirs, 2 Bde., Garden City, New York, 1955/56 (deutsche Übersetzung: Stuttgart 1955/56).
Eine Auswahl interner Aufzeichnungen bietet:
Off the Record. The Private Papers of Harry S. Truman, hg. v. Robert H. Ferrell, New York 1980.
Eine Chronik, Dokumentation und Bibliographie enthält:
Harry S. Truman, 1884–1972, hg. v. Howard B. Furer, Dobbs Ferry, New York, 1970.
Über die Präsidentschaft informieren:
Robert J. Donovan, Conflict and Crisis: the Presidency of Harry S. Truman, 1945–1948, New York 1977.
Ders., Tumultuous Years: the Presidency of Harry S. Truman, 1949–1953, New York 1982.
Donald R. McCoy, The Presidency of Harry S. Truman, Lawrence, Kansas, 1984.

Von den Biografien seien genannt:

Roy Jenkins, Truman, New York 1986.

David MacCullough, Truman, New York 1992.

Robert H. Ferrell, Harry S. Truman, Washington, D. C., 2003 [American presidents reference series].

Kurt L. Shell, Harry S. Truman. Politiker, Populist, Präsident, Göttingen 1998.

Kritische Analysen der Truman-Jahre enthalten:

The Politics and Policies of the Truman Administration, hg. v. Barton J. Bernstein, Chicago 1970.

Karl Drechsler, Die USA zwischen Antihitlerkoalition und kaltem Krieg, Berlin 1986.

William E. Pemberton, Harry S. Truman, Fair Dealer and Cold Warrior, Boston 1989.

Für die Anfangsjahre der Truman-Administration wichtig:

Robert J. Maddox, From War to Cold War. The Education of Harry S. Truman, Boulder, Colorado/London 1988.

James L. Gormly, From Potsdam to the Cold War. Big Three Diplomacy 1945–1947, Wilmington, Delaware 1990.

Zum Einsatz der Atombombe im Krieg gegen Japan:

Harry S. Truman and the bomb: a documentary history, hg. von Robert H. Ferrell, Worland, Wy., 1996.

DWIGHT D. EISENHOWER

1890–1969

34. PRÄSIDENT DER USA 1953–1961

14. Oktober 1890	Dwight David Eisenhower wird in Denison, Texas, geboren.
1911–1915	Eisenhower absolviert die Militärakademie in West Point, New York.
1916	Heirat mit Mamie Geneva Doud (1896–1979).
1922–1924	Dienst als Stabsoffizier in der Panamakanalzone.
1927–1928	Eisenhower absolviert das Army War College in Washington, D. C.
1933–1939	Militärischer Assistent beim Stabschef der Armee, General MacArthur.
1941–1942	In der »War Plans Division«, Washington, D. C.
1942	Kommandeur der alliierten Streitkräfte bei der Invasion in Nordafrika, anschließend
1943	bei der Invasion in Italien.
1944	Oberbefehlshaber der alliierten Streitkräfte bei der Invasion in Frankreich (»Overlord«).
1945–1948	Stabschef der US-Armee.
1948–1950	Präsident der Columbia-Universität, New York.
1950–1952	Oberbefehlshaber der NATO-Streitkräfte.
1953–1961	Präsident der USA.
1955	Eisenhower erleidet eine heftige Herzattacke.
1962	Eröffnung der Dwight D. Eisenhower Presidential Library in Abilene, Kansas.
28. März 1969	Eisenhower stirbt im Alter von 78 Jahren im Walter Reed Army Hospital in Washington, D. C.

Der 34. Präsident der USA, Dwight David Eisenhower, war wie die Präsidenten Jackson, Taylor und Grant im 19. Jahrhundert Berufssoldat. Vor seiner Wahl zum Präsidenten hatte er kein politisches Amt inne, bis 1948 nahm er nicht einmal an den Präsidentschaftswahlen teil. Militärisches Denken und militärische Erfahrungen prägten die Persönlichkeit Eisenhowers, der als konservativer Realpolitiker zu den bedeutenden Präsidenten in diesem Jahrhundert zu rechnen ist.

Eisenhower wurde am 14. Oktober 1890 in Denison, Texas, geboren. Er verbrachte dann, nach dem Umzug mit den Eltern, Kindheit und Jugend in ländlichen Verhältnissen in Abilene, Kansas. Der Vater war dort Mechaniker in einem Eiscreme-Betrieb. Gegen den Wunsch seiner streng religiösen, christlich eingestellten Mutter entschied sich der junge Eisenhower für den Offiziersberuf. Er besuchte von 1911 bis 1915 die Militärakademie in West Point, New York, und beendete dort seine militärische Ausbildung als 61. von 164 Absolventen. 1916 heiratete der junge Leutnant die 19-jährige Mamie (Marie) Geneva Doud aus Denver, Colorado, die das wechselvolle Schicksal einer Offiziersfrau teilte und später im Weißen Haus eine liebenswürdige Gastgeberin für die in großer Zahl eintreffenden ausländischen Staatsmänner wurde.

Im Rahmen seiner Laufbahn als Offizier konnte er vielfältige Erfahrungen sammeln. Neben dem üblichen Truppendienst war er nach 1933 mehrere Jahre als Adjutant von General MacArthur, dem Stabschef der Armee, und als sein Mitarbeiter während einer

Militärmission auf den Philippinen tätig. 1941 wurde er kurz nach dem japanischen Überfall auf Pearl Harbor in die Planungsabteilung des Kriegsministeriums nach Washington berufen. Er war damals bereits ein Offizier, der sich durch Manöverleistungen, gute Menschenführung und Organisationstalent auszeichnete. General Marshall, der neue Stabschef der Armee, erkannte diese Fähigkeiten Eisenhowers und setzte 1942 in einer glücklichen Entscheidung, bei der 366 hohe Offiziere zur Auswahl standen, dessen Ernennung zum Oberbefehlshaber der alliierten Landungstruppen in Nordafrika durch. Der Erfolg dieser Landungsoperation im November 1942 und das von Eisenhower dabei bewiesene militärische und diplomatische Geschick bestätigten die Richtigkeit der Personalentscheidung Marshalls und verliehen dem bis dahin kaum bekannten General auch ein erstes internationales Renommee.

Nachdem Eisenhower im Sommer 1943 dann die alliierten Landungen in Sizilien und Süditalien geleitet hatte, wurde er Ende 1943 zum Oberbefehlshaber der alliierten Streitkräfte ernannt, die im Juni 1944 in Nordfrankreich landen sollten. Als Befehlshaber der Invasion und beim Vormarsch nach Deutschland hinein bewies der in seinen Entscheidungen bedachtsame Eisenhower Überblick über die Lage und gesunden Menschenverstand. Seine Soldaten nannten ihn liebevoll mit dem Kosenamen der Kinderzeit »Ike«. Mit seinem militärischen Können, seiner Integrität und seinem Takt trug Eisenhower wesentlich zum reibungslosen Funktionieren der Koalitionskriegführung der Alliierten bei. In diese Zeit des Aufenthalts in Europa fällt auch die Liebesaffäre mit seiner englischen Fahrerin Kay Summersby.

Am 7. Mai 1945 nahm Eisenhower in seinem Hauptquartier in Reims die deutsche Kapitulation entgegen. Der militärische Sieg erfüllte Eisenhower mit einem »Gefühl persönlicher Genugtuung«.[1] Als Oberbefehlshaber der US-Streitkräfte in Deutschland erlebte Eisenhower dort die Anfänge der Arbeit des Alliierten Kontrollrates mit, wobei er es für richtig hielt, »mit den Russen gut auszukommen«.[2] Im November 1945 berief Präsident Truman Eisenhower zum Stabschef der Armee nach Washington. Dort sorgte er für die Reorganisation der Streitkräfte. Mit dem Übergang zum Kalten Krieg wurde er nun ein Befürworter der »Politik der Stärke« im Verhältnis zur UdSSR. Im Mai 1948 schied der erste Fünfsterne-General aus dem aktiven Militärdienst aus. Für einige Jahre wurde er Präsident der New Yorker Columbia-Universität. In dieser angesehenen Universität unterstützte Eisenhower – der wenig auf eine derartige Aufgabe vorbereitet war – einige Neuerungen wie Arbeitsschutz, Friedensforschung und Weiterbildung. Ende 1950 – in der spannungsgeladenen Zeit des Koreakrieges – wurde er dann von Truman zum NATO-Oberbefehlshaber in Europa ernannt, wo er sich bis Juni 1952 für verstärkte Anstrengungen der gemeinsamen Verteidigung von Amerikanern und Europäern einsetzte.

Seit 1951 bemühte sich der gemäßigt-konservative Ostküstenflügel der Republikaner (Thomas E. Dewey, Henry C. Lodge, jr.) mit Erfolg, den weiterhin populären Fünfsterne-General des Zweiten Weltkrieges für die Kandidatur zu den Präsidentschaftswahlen von 1952 zu gewinnen. Nach 20 Jahren republikanischer Niederlagen sahen diese Kräfte in dem beliebten, parteipolitisch unverbrauchten Eisenhower den aussichtsreichsten Kandidaten. Dagegen setzten der entschieden konservative Parteiflügel und ein Teil der republikanischen Berufspolitiker auf den konservativen Senator von Ohio, Robert A. Taft, den Mitinitiator des gewerkschaftsfeindlichen »Taft-Hartley Acts« von 1947. Nach heftigen parteiinternen Auseinandersetzungen wurde Eisenhower dann im

Juli 1952 vom republikanischen Nationalkonvent im ersten Wahlgang als Präsidentschaftskandidat nominiert.

Eisenhower war kein origineller politischer Denker, drückte sich gern in Gemeinplätzen aus, verfügte aber dabei nichtsdestoweniger über ein visionäres Konzept einer harmonischen, geordneten Gesellschaft im Innern und einer untereinander abhängigen, kooperativen Weltordnung in den äußeren Beziehungen der USA Er verstand sich selbst als ein Mann des »Mittelweges« zwischen konservativen und liberalen Republikanern, als ein aufgeklärter »dynamischer Konservativer«. Er war den üblichen konservativ-republikanischen Leitbildern verhaftet, ihrer uneingeschränkten Befürwortung der freien Marktwirtschaft, ihrer Ablehnung einer Bevormundung der Wirtschaft durch den Staat, ihrem Eintreten für einen ausgeglichenen Bundeshaushalt, also für Sparpolitik. Er teilte die antikommunistischen Einstellungen, die die Nachkriegsaußenpolitik der USA prägten. Zu seinem außenpolitischen Konzept gehörte das Engagement für militärische Stärke und aktive globale Politik seines Landes im weltpolitischen Ringen mit der UdSSR. Bei alldem besaß Eisenhower viel praktischen Sinn, gesunden Menschenverstand und Augenmaß für das in der Politik Erreichbare. Wiederholt grenzte er sich in innen- oder außenpolitischen Entscheidungen von den Ultrakonservativen in seiner Partei ab. Im persönlichen Leben bevorzugte Eisenhower Westernfilme und Kriminalromane. Er war ein leidenschaftlicher Golfspieler, der selbst den Rasen des Weißen Hauses für dieses Spiel nutzte.

Die Republikaner stellten den Wahlkampf gegen den Kandidaten der Demokraten, den liberalen Gouverneur Adlai Stevenson, mit Losungen wie »We can win with Ike« ganz auf die Person Eisenhowers ab. Dem Ansehen des in Geldangelegenheiten redlichen Eisenhower schadete es auch nicht, als im Wahlkampf bekannt wurde, dass der auf seinen Vorschlag nominierte Vizepräsidentschaftskandidat Richard Nixon, der sich seine politische Karriere durch antikommunistische Hexenjagd bahnte, als Senator Geldspenden kalifornischer Geschäftsleute angenommen hatte. Eisenhower gewann die Wahl am 4. November 1952 mit der großen Mehrheit von 6,6 Mio. Stimmen. Er siegte sogar in vier Hochburgen der Demokraten im Süden: in Florida, Tennessee, Texas und Virginia. Sein Erfolg beruhte neben seiner Popularität und seinem Wahlversprechen, den Koreakrieg zu beenden, auch auf der Unzufriedenheit vieler Wähler mit den sozialen und politischen Folgen der Politik der Truman-Administration.

Nach dem Wahlsieg flog Eisenhower Anfang Dezember 1952 nach Korea, um sich vom Stand des Krieges und der Waffenstillstandsverhandlungen zu überzeugen. Der Abschluss des Waffenstillstands am 27. Juli 1953, der den dreijährigen Koreakrieg beendete, gehörte dann zu seinen ersten außenpolitischen Maßnahmen.

Die Amtseinführung Eisenhowers als 34. Präsident fand am 20. Januar 1953 in Washington statt. Die neue Administration ging, darin der Tradition republikanischer Präsidenten in diesem Jahrhundert folgend, in der Einbeziehung der Managerelite der amerikanischen Konzernwelt in staatliche Schlüsselstellungen noch beträchtlich weiter als die Truman-Administration.

Eisenhowers Kabinett bestand, wie die liberale »New Republic« schrieb, aus »acht Millionären und einem Klempner«.[3] Mit Letzterem war Arbeitsminister Martin Durkin gemeint, ein früherer Gewerkschaftsfunktionär, der schon bald (Oktober 1953) zurücktrat. Wichtige Regierungspositionen nahmen maßgebliche Konzernvertreter ein. Der größte Auto- und Rüstungskonzern, General Motors Corp., war sogar durch drei Minister vertreten: durch den Verteidigungsminister Charles Erwin Wilson, den Innenminister Douglas McKay und den Generalpostmeister Arthur Summerfield. Aus der Cleveland-Stahl-Gruppe kam Finanzminister George M. Humphrey.

Hinzu kamen zahlreiche weitere Persönlichkeiten aus der Wirtschaft in Regierungsbehörden und Beratungsgremien. Über diesen politischen Einfluss des »Corporate Commonwealth« und seiner Repräsentanten schrieb 1955 der Soziologe C. Wright Mills: »Wenn sie schon nicht offen regieren, so beherrschen sie doch viele der Schlüsselpositionen, die für die Vereinigten Staaten von Amerika und das tägliche Leben seiner Bewohner entscheidend sind.«[4]

Eisenhowers Innenpolitik bewegte sich im Allgemeinen auf konservativen Bahnen. Er lehnte, auch in Zeiten von Wirtschaftskrisen (1953/54 und 1957/58), bundesstaatliche Arbeitsbeschaffungsprogramme ab, beseitigte wirtschaftsregulierende Maßnahmen wie Lohn- und Preiskontrollen aus der Truman-Zeit, verschaffte den Konzerngesellschaften wieder mehr Handlungsspielraum und senkte die Steuern. Auch war es nicht verwunderlich, dass ein mit dem Autokonzern General Motors personell eng verbundenes Kabinett 1956 mit dem »Federal Highway Act« ein langfristiges, kostspieliges Straßenbauprogramm auflegte. Dagegen lehnte die Gesundheitsministerin Oveta C. Hobby 1955 aus konservativen Bedenken die kostenlose Einführung der Schulkinderimpfung gegen Kinderlähmung ab. Ihr ungeschicktes Auftreten vor dem Senat führte dann nach landesweiten Protesten zu ihrem Rücktritt.

Eine durchgreifende soziale Demontage lag jedoch nicht in der Absicht des Präsidenten. Seine pragmatischen Einsichten in dieser Frage, die Kräftekonstellation im Kongress und in der Öffentlichkeit führten einige moderate Reformen herbei, wie die Erweiterung der Sozialfürsorgebestimmungen und der Arbeitslosenunterstützung, die Erhöhung der gesetzlichen Mindestlöhne und die bundesstaatliche Förderung des Hochschulwesens.

Wirtschaftlich war die Lage in den USA in den Eisenhower-Jahren überwiegend günstig, wenn auch nicht frei von Rezessionen und Strukturkrisen. Einkommen, Geschäftsprofite, aber auch die Reallöhne waren hoch, die Arbeitslosigkeit mit einem Anteil von ca. vier Prozent relativ niedrig. Vielerorts schien der Glanz der »Konsumentenkultur« (Leuchtenburg) das äußere Erscheinungsbild zu prägen.

Überfluss und Furcht waren ein Markenzeichen der inneren Entwicklung des Landes in den Fünfzigerjahren. Die Politik und das Klima der Furcht gingen vordergründig von Senator Joseph McCarthy und seiner Kampagne des ungezügelten Antikommunismus aus. Durch die Folgen des Kalten Krieges begünstigt, aber auch durch den Wahlsieg der Republikaner bestärkt, uferte der McCarthyismus noch weiter aus, ohne dass Eisenhower sich entschließen konnte, gegen den eifernden Demagogen aus seiner eigenen Partei öffentlich Stellung zu beziehen. Die Rufmordkampagne McCarthys schuf damals in Washington und im ganzen Land eine lähmende Atmosphäre der Furcht. Sie blieb nicht ohne Auswirkungen auf die Politik des Präsidenten. Eisenhower verschärfte 1953 die Loyalitätsbestimmungen für Bundesangestellte, was zu weiteren 1500 Entlassungen aus dem Staatsdienst führte. Zu den prominentesten der nun als »Sicherheitsrisiko« eingestuften Persönlichkeiten zählte der Atomwissenschaftler Robert Oppenheimer. In diese Zeit fiel auch die Hinrichtung von Ethel und Julius Rosenberg, die 1951 wegen Atomspionage zugunsten der UdSSR zum Tod verurteilt worden waren. Eisenhower verweigerte die Begnadigung aus Sicherheitsgründen. Neuere sowjetische Quellen lassen vermuten, dass der Vorwurf der Spionage nicht zu Unrecht bestand. Dennoch waren Todesurteil und Hinrichtung der beiden Rosenbergs unter Friedensbedingungen ein Symptom für das politische Klima jener Jahre, ein »trauriges Opfer an den Geist einer Zeit«.[5] McCarthy und dessen politischer Stil missfielen Eisenhower zwar, aber er vermied kritische Äußerungen gegenüber dem einflussreichen Senator.

In der Mitte der Fünfzigerjahre begann der Widerstand gegen McCarthy anzuwachsen. Im Dezember 1954 sprach der Senat mit einer ungewöhnlichen und Aufsehen erregenden Maßnahme McCarthy einen förmlichen Tadel aus. Von dieser politischen Niederlage sollte sich der gefährliche Demagoge nicht mehr erholen.

Einen sichtbaren Aufschwung nahm Mitte der Fünfzigerjahre der Kampf um Bürgerrechte, gegen Rassentrennung und Diskriminierung der 15 Mio. Afroamerikaner, von denen noch immer mehr als die Hälfte im Süden des Landes lebte. Im Mai 1954 erklärte das Oberste Gericht unter seinem von Eisenhower berufenen Chefrichter Earl Warren die Rassentrennung in öffentlichen Schulen für verfassungswidrig. Damit wurde nun endlich eine Entscheidung des Obersten Gerichts aus dem Jahr 1896 revidiert, die die Segregation legalisiert hatte. Ein Jahr später, Ende 1955, begann in Montgomery, Alabama, unter Führung von Martin Luther King ein einjähriger Busboykott der Afro-Amerikaner gegen die Rassentrennung im städtischen Verkehrswesen, mit der die Massenaktionen der schwarzen Amerikaner um ihre Rechte begannen.

Eisenhowers Einstellung zur Bürgerrechtsfrage war widersprüchlich und schwankend. So unterstützte er in der Bundeshauptstadt und in Einrichtungen der Bundesregierung bzw. in den Streitkräften Maßnahmen zur Abschaffung der Rassentrennung. 1957 schickte er Bundestruppen nach Little Rock, Arkansas, um den High-School-Besuch von einigen Afro-Amerikanern gegen den Widerstand des Gouverneurs Faubus zu erzwingen. Auch unterzeichnete er 1957 und 1960 zwei erste – allerdings noch wenig wirksame – »Civil Rights Acts«, die den Afro-Amerikanern das Wahlrecht zusicherten, das ihnen im Süden noch ganz überwiegend verweigert wurde. Doch war er nicht bereit, die Autorität der Bundesregierung zur generellen Durchsetzung der Bürgerrechte einzusetzen. Er sprach sich auch nicht direkt zugunsten der Entscheidung des Obersten Gerichts von 1954 aus. Infolgedessen konnte dann zehn Jahre später erst ein verschwindend kleiner Teil der schwarzen Schüler im Süden die bislang den Weißen vorbehaltenen Schulen besuchen. Ebenso blieb die Wahlrechtsdiskriminierung der Afro-Amerikaner im Wesentlichen erhalten.

Bei einer relativ günstigen wirtschaftlichen Lage konnte der Präsident in den Wahlen vom November 1956 – wiederum gegen den Demokraten Stevenson – den Erfolg von 1952 noch steigern. Sein Vorsprung vor Stevenson betrug diesmal sogar 9,5 Mio. Stimmen. Erneut beruhte der Wahlsieg hauptsächlich auf der großen Popularität Eisenhowers, in dem viele Wähler eine Garantie für wirtschaftliche Prosperität, für inneren und äußeren Frieden sahen. Dagegen schnitt die von Konservativen geführte Republikanische Partei bei den Kongresswahlen weniger gut ab. Die Republikaner verblieben im Kongress (wie schon 1954) in der Minderheit. Eine solche Parteienkonstellation – Sieg bei der Präsidentschaftswahl, Niederlage bei der Kongresswahl – hatte es seit über 100 Jahren nicht mehr gegeben.

In der zweiten Amtszeit Eisenhowers (1957–1961) traten die wirtschaftlichen und sozialen Probleme der amerikanischen Gesellschaft deutlicher zutage. Die industriellen Wachstumsraten schwächten sich ab, eine Rezession ließ 1958 die Arbeitslosigkeit auf 4,7 Mio. = 6,8 % der Arbeitskräfte ansteigen. In Verbindung mit außenpolitischen Krisen und Rückschlägen verstärkte sich daher gegen Ende der Eisenhower-Administration im Lande die Forderung nach einem politischen Wandel, nach größerer Reformbereitschaft. Diese Tendenz führte dann in den Präsidentschaftswahlen von 1960 zu dem nach Wählerstimmen äußerst knappen Wahlsieg John F. Kennedys über den bisherigen Vizepräsidenten Richard Nixon, der die Nachfolge Eisenhowers anzutreten gedacht hatte.

Die Außenpolitik der Eisenhower-Administration war seit 1953 von drei Grundbedingungen abhängig:

Erstens von dem nach Berlinblockade, Koreakrieg und Niederschlagung des Aufstandes vom 17. Juni 1953 in der DDR inzwischen erreichten Ausmaß des Kalten Krieges, bei dem die Ost-West-Beziehungen nun auf beiden Seiten hauptsächlich in militärstrategischen Kategorien beurteilt wurden. Daran änderten auch grundsätzlich der Tod Stalins im März 1953 und das anschließende zeitweilige »Tauwetter« nur wenig. In dieser Konstellation – und bei einem in diesem Jahrzehnt wachsenden weltpolitischen Einfluss der UdSSR – schwankten die Ost-West-Beziehungen Mitte der Fünfzigerjahre zwischen zahlreichen Krisen und Phasen einer Zuspitzung der internationalen Lage und Abschnitten einer vorübergehenden, Hoffnungen weckenden Entspannung.

Zweitens war die Außenpolitik abhängig von dem innenpolitischen Kräfteverhältnis in den USA zu jener Zeit, dem Zuwachs an konservativem, in den Kategorien militärischer Stärke verbleibendem globalen Denken. Ausdruck dessen war der neue Außenminister John Foster Dulles, dessen Ansichten von einem christlichen Rigorismus als moralisch-ethischer Grundlage seiner Politik und einem radikalen Antikommunismus geprägt waren. Dulles ersetzte, jedenfalls in seiner außenpolitischen Rhetorik, die als zu defensiv empfundene Containment-Doktrin durch das Konzept der »liberation«, des »roll back« des Kommunismus. Für dieses Ziel schienen ihm alle Mittel bis zur Schwelle des Krieges (»short of war«) recht und erlaubt. Andererseits mehrten sich in der öffentlichen Diskussion in der zweiten Hälfte der Fünfzigerjahre Stimmen, die einen aktiven amerikanischen Beitrag zur Verbesserung des Ost-West-Verhältnisses, in Richtung auf Rüstungskontrolle, Abrüstung und Gewaltverzicht forderten.

Drittens waren die außenpolitischen Ansichten und Zielvorstellungen des Präsidenten von Bedeutung. Eisenhowers Denken war einerseits durch Kalten Krieg und Politik der Stärke bestimmt, andererseits glaubte er an die Möglichkeit einer friedlichen Weltordnung und bekannte sich zu der Ansicht, die einzige Möglichkeit, den Dritten Weltkrieg zu gewinnen, bestünde darin, ihn zu vermeiden. Sein Pragmatismus und seine vorsichtige Zurückhaltung charakterisierten häufig auch seine außenpolitischen Entscheidungen. Der Historiker Divine bemerkt dazu: »Nahezu alle außenpolitischen Leistungen Eisenhowers waren negativer Natur. Er beendete den Koreakrieg, er weigerte sich, militärisch in Indochina zu intervenieren, er hielt sich von einer Verwicklung der Vereinigten Staaten in die Suezkrise zurück, er vermied den Krieg mit China über Quemoy und Matsu, er widerstand der Versuchung, eine Kraftprobe über Berlin zu erzwingen, er stoppte die Kernwaffenversuche in der Atmosphäre.«[6]

Militärischer Druck und Interventionismus blieben unter Eisenhower Grundzüge amerikanischer Politik. 1953 war der Geheimdienst CIA am Sturz der Mossadegh-Regierung im Iran beteiligt, 1954 steuerten die USA von Honduras aus eine Militärintervention in Guatemala gegen die Arbenz-Regierung. 1958 schickte Eisenhower ein größeres Kontingent von Marinesoldaten in den Libanon, um dort ein Übergreifen der Revolution vom Irak aus zu verhindern. Gegen Ende seiner Regierung begann die CIA mit den Vorbereitungen einer Intervention in Kuba, um den Sturz Fidel Castros herbeizuführen.

Das amerikanische Militärpaktsystem wurde zügig ausgebaut. In Europa wurde 1954/55 die Bundesrepublik Mitglied der NATO. In Südostasien wurde 1954 die SEATO als ein antikommunistischer Schutzpakt geschaffen. Unter Eisenhower wurde seit 1955 Südvietnam in einen wichtigen Stützpunkt der USA in dieser Region verwandelt. 1955 hatten die USA 43 Staaten direkt in ihr Militärpaktsystem einbezogen, mit sieben weiteren Ländern bestanden Militärabkommen bzw. Stützpunktverträge. Im Ergebnis dieser Politik waren die USA an der Entstehung mehrerer internationaler Krisen mitbeteiligt.

Andererseits hegte Eisenhower, dem die Schrecken des Krieges in Erinnerung geblieben waren, sehr stark den Wunsch, seinem Land und der Welt den Frieden zu erhalten. Daher wurde die Vermeidung eines großen Krieges zu einer weiteren Dominante seiner Politik. Eisenhowers Abrüstungsvorschläge »Atome für den Frieden« (1953) und »Offener Himmel« (1955) waren nicht lediglich Manöver im Kalten Krieg, sondern durchaus ernst gemeint. Mit Ersterem schlug Eisenhower den Vereinten Nationen die Einrichtung einer Internationalen Atomenergiebehörde und die Entwicklung einer friedlichen Nutzung der Kernenergie vor. Letzterer betraf den Vorschlag des Präsidenten auf der Genfer Viermächte-Gipfelkonferenz im Juli 1955, wechselseitig in Ost und West eine Luftüberwachung des Territoriums bzw. der militärischen Einrichtungen der anderen Seite zuzulassen. Beide Initiativen blieben ohne Ergebnis. Der Präsident wusste um die Risiken einer unkontrollierten Aufrüstung, einer hemmungslosen Politik der Stärke. Infolgedessen beteiligte sich die Eisenhower-Administration an einer Reihe von internationalen Konferenzen, Abkommen und Maßnahmen, von denen zu ihrer Zeit eine beruhigende Wirkung auf die Ost-West-Beziehungen ausging. Beispiele hierfür sind der schon erwähnte Abschluss des Waffenstillstands in Korea 1953 sowie des Österreichischen Staatsvertrages 1955, das Genfer Gipfeltreffen von 1955 und das Treffen Eisenhowers mit dem sowjetischen Ministerpräsidenten Chruschtschow in Camp David 1959. In diesem ersten bilateralen amerikanisch-sowjetischen Gipfeltreffen unterstrichen beide Staatsmänner die Bedeutung der Abrüstung und betonten ihre Bereitschaft, alle Streitfragen friedlich zu regeln. Doch blieb der »Geist von Camp David« eine vorübergehende Episode, zumal im Mai 1960 mit dem Abschuss eines amerikanischen U-2-Spionageflugzeugs über der UdSSR eine neuerliche Verschlechterung im Verhältnis der beiden Supermächte heraufzog. Der Kalte Krieg blieb auch am Ende der Eisenhower-Jahre als bestimmender Faktor auf der Tagesordnung der amerikanisch-sowjetischen Beziehungen.

In seiner Abschiedsbotschaft vom 17. Januar 1961 warnte der scheidende Präsident vor dem zunehmenden Einfluss des militärisch-industriellen Komplexes auf alle Bereiche von Gesellschaft und Politik in den USA. Nachdrücklich sprach er sich für Abrüstung und eine friedliche Regelung der Differenzen mit der UdSSR aus. In seiner letzten

Pressekonferenz (18. Januar 1961) antwortete Eisenhower auf die Frage eines Reporters, wie die USA aussehen sollten, in denen Eisenhower seine Enkel leben sehen möchte, mit dem Wunsch, dass »sie in einer Welt des Friedens leben können«.[7]

Nach dem Ausscheiden aus dem Weißen Haus zog sich Eisenhower mit seiner Ehefrau Mamie auf seine Farm in Gettysburg in Pennsylvania zurück. Er schrieb seine Memoiren und spielte weiter regelmäßig Golf. Sein Rat als erfahrener Staatsmann wurde noch von den Präsidenten Kennedy und Johnson eingeholt. Die Ausweitung des Vietnamkrieges billigte er und gab Johnson Ratschläge, wie der Krieg zu führen sei, sah aber auch die internationalen Konsequenzen dieses Krieges. Im Alter verstärkten sich die konservativen Züge seines Denkens. 1968 unterstützte er die Nominierung Nixons zum Präsidentschaftskandidaten der Republikaner. Am 28. März 1969 starb er in Washington, 78 Jahre alt, an den Folgen eines langjährigen Herzleidens. Er wurde im Eisenhower Center in Abilene, Kansas, beigesetzt.

Eisenhower verkörperte als Präsident militärische und politische Traditionen seines Landes, die – bei aller Betonung der Weltmachtrolle der USA – Realismus und Vernunft walten ließen. Es gelang ihm nicht, den Kalten Krieg zu beenden, jedoch vermied er militärische Eskalationen und berücksichtigte die Grenzen der Macht der USA nicht selten realistischer als einige seiner Nachfolger.

Anmerkungen

1 Dwight D. Eisenhower, Die Jahre im Weißen Haus 1953–1956, Düsseldorf/Wien 1964, S. 11.
2 John H. Backer, Die deutschen Jahre des Generals Clay. Der Weg zur Bundesrepublik 1945–1949, München 1983, S. 105.
3 Stephen E. Ambrose, Eisenhower, Bd. 2, New York 1984, S. 24.
4 C. Wright Mills, Die amerikanische Elite, Hamburg 1962, S. 151.
5 Piers Brendon, Eisenhower: Von West Point ins Weiße Haus, München 1988, S. 426.
6 Robert A. Divine, Eisenhower and the Cold War, New York 1981, S. 154.
7 Public Papers of the Presidents of the United States. Dwight D. Eisenhower, Bd. 1960/61, Washington 1961, S. 1050.

Bibliographische Hinweise

Die umfassende Ausgabe der Papers of Dwight D. Eisenhower erscheint seit 1970. Bisher liegen 21 Bde. vor, die bis in die Zeit der Präsidentschaftsjahre reichen.

Reden und Erklärungen des Präsidenten sind veröffentlicht in:

Public Papers of the Presidents of the United States. Containing the Public Messages, Speeches, and Statements of the Presidents. Dwight D. Eisenhower, 8 Bde., Washington 1960–1961.

Seine Memoiren veröffentlichte Eisenhower:

Dwight D. Eisenhower, The White House Years – Mandate for Change 1953–1956, New York 1963; Waging Peace 1956–1961, New York 1965 (deutsche Übers.: Düsseldorf/Wien 1964/1966).

Eine Auswahl der Tagebücher bietet:

The Eisenhower Diaries, hg. v. Robert H. Ferrell, New York 1981.

Eine Chronik, Dokumentation und Bibliographie enthält:
Dwight David Eisenhower, 1890–1969, hg. v. Robert I. Vexler, Dobbs Ferry, New York, 1970.
Von den Biografien sind zu nennen:
Stephen E. Ambrose, Eisenhower, 2 Bde., New York 1983/84.
Robert F. Burk, Dwight D. Eisenhower. Hero and Politician, Boston 1986.
Piers Brendon, Eisenhower: Von West Point ins Weiße Haus (aus dem Englischen), München 1988.
Tom Wieker, Dwight D. Eisenhower, New York 2002.
Über die Präsidentschaft informiert am besten:
Elmo R. Richardson, The Presidency of Dwight D. Eisenhower, Lawrence, Kansas, 1979.
Neuausgabe von Chester J. Pach, Lawrence, Kansas, 1991.
Studien zur Außenpolitik Eisenhowers bieten:
Robert A. Divine, Eisenhower and the Cold War, New York 1981.
John Foster Dulles and the Diplomacy of the Cold War, hg. v. Richard H. Immerman, Princeton, New Jersey, 1990.
Persönliche Zeugnisse für das politische Denken Eisenhowers enthalten seine Briefe an den Jugendfreund Everett E. Hazlett:
Ike's Letters to a Friend 1941–1958, hg. v. Robert Griffith, Lawrence, Kansas, 1984.
Eine neue Bibliographie ist:
Dwight D. Eisenhower, A Bibliography of His Times and Presidency, hg. v. R. Alton Lee, Wilmington, Delaware, 1991.
Zum militärischen Establishment in der Eisenhower-Ära:
Gerard H. Clarfield, Security with solvency: Dwight D. Eisenhower and the shaping of the American military establishment, Westport, CT, 1999

JOHN F. KENNEDY

1917–1963

35. PRÄSIDENT DER USA 1961–1963

29. Mai 1917	John Fitzgerald Kennedy wird in einem Vorort von Boston, Massachusetts, geboren.
1935	Studium an der London School of Economics.
1936–1940	Studium der Political Science an der Harvard-Universität.
1941–1945	Marineoffizier in der US-Navy.
1945	Als Journalist berichtet Kennedy über die Gründung der Vereinten Nationen und über die Potsdamer Konferenz.
1946	Kennedy wird ins Repräsentantenhaus gewählt (Wiederwahl 1948 und 1950).
1947	Kennedy wird in den Senat gewählt (Wiederwahl 1958).
1948	Heirat mit Jacqueline Lee Bouvier (1929–1994).
1957	Kennedy erhält den Pulitzer-Preis für sein Buch »Profiles in Courage«.
1960	Der Kandidat der Demokraten Kennedy siegt in den Präsidentschaftswahlen knapp über den Republikaner Richard Nixon.
1961–1963	Präsident der USA.
22. November 1963	Kennedy wird in Dallas, Texas, ermordet, die Beisetzung findet auf dem Nationalfriedhof in Arlington, Virginia, statt.
1979	Einweihung der John F. Kennedy Library in Boston, Massachusetts.

John Fitzgerald Kennedy gehört heute zu den eher umstrittenen Persönlichkeiten im Weißen Haus. Nach seiner Ermordung dominierte eine Zeit lang bei Historikern und in der Öffentlichkeit der Mythos eines durch den jähen Tod gestürzten strahlenden Helden. Inzwischen wurde das Kennedy-Bild kritischer gefärbt, teilweise wegen der in seiner Amtszeit anwachsenden Verwicklung der USA in den Vietnamkrieg, teilweise wegen seiner innenpolitischen Untätigkeit und seiner ambivalenten Haltung in der Bürgerrechtsfrage, schließlich auch und nicht zuletzt wegen seiner persönlichen Schwächen, seines Charakters und Lebenswandels. Nach einem Biographen, Thomas C. Reeves, gab es eine tiefe Kluft zwischen dem Kennedy-Image und der Realität. »Während er reichlich Mut und bisweilen ein beachtliches Maß an Klugheit und Umsicht zeigte, so mangelte es ihm jedoch an Integrität, Mitgefühl und Selbstbeherrschung.«[1] Wie auch immer man über sein politisches Format, seine innen- und außenpolitische Leistung oder seinen Charakter urteilen mag, Kennedy »wird auch in der Zukunft ein Gegenstand historischer Kontroversen bleiben«.[2] Seine häufigen Affären, auch während der Jahre im Weißen Haus, sorgten zusätzlich für biografisches Aufsehen. Im Urteil der 1982 zuletzt befragten fast 2.000 amerikanischen Historiker rangiert Kennedy hinter Eisenhower und Polk in der Gruppe der »Über dem Durchschnitt« gewerteten Präsidenten auf Platz 13.

John F. Kennedy wurde am 29. Mai 1917 in einer sehr wohlhabenden, angloirischen, katholischen Familie in Brookline, Massachusetts, einem Vorort von Boston, als zweites von neun Kindern geboren. Sein Vater Joseph P. Kennedy war Bankier, Börsenmakler, Multimillionär und einflussreicher konservativer Demokrat. Unter

Franklin D. Roosevelt diente er 1937–1940 als Botschafter seines Landes in Großbritannien.

John F. Kennedy studierte vor allem an der Harvard-Universität bis 1940 Politische Wissenschaften und Internationale Beziehungen. Seine Abschlussarbeit, eine Kritik an der britischen Appeasement-Politik während der Münchener Konferenz, veröffentlichte er 1940 mit gutem Echo unter dem Titel »Why England Slept«.

Im Zweiten Weltkrieg zeichnete sich Kennedy 1943 als Schnellboot-Kommandant im Pazifik aus. Sein Boot wurde vor den Salomoneninseln von einem japanischen Zerstörer gerammt, Kennedy und die Mehrzahl der Besatzung konnten sich retten. Eine schmerzhafte Rückenkrankheit verschlimmerte sich seitdem.

Bei Kriegsende berichtete er als Reporter über die Gründung der Vereinten Nationen in San Francisco und über die Potsdamer Konferenz. Mit den Kongresswahlen von 1946, als er für die Demokraten ins Repräsentantenhaus gewählt wurde, begann seine politische Laufbahn. Er unterstützte Trumans Fair Deal, kritisierte aber den Präsidenten dafür, gegen den Kommunismus in China nicht aktiv genug vorzugehen. Im Übrigen verlief seine Abgeordnetenzeit in Washington, die nach zwei weiteren Wahlerfolgen bis 1952 reichte, eher unauffällig. In den Senatswahlen von 1952 gelang es ihm dann allerdings, den republikanischen Senator Henry C. Lodge zu schlagen. Damit gehörte er seit 1953 dem Bundessenat in Washington an, setzte sich dort für seinen Heimatstaat Massachusetts ein und unterstützte den Kampf gegen den heimischen Kommunismus, ohne direkt die Methoden Senator McCarthys gutzuheißen.

1953 heiratete er die attraktive, intelligente Jacqueline Bouvier, die Tochter eines New Yorker Börsenmaklers. Die jüngste First Lady überhaupt beeindruckte durch ihre jugendliche, gepflegte Erscheinung und ihren künstlerischen Geschmack. Sie bereicherte die museale Ausgestaltung des Weißen Hauses und lud zu den Empfängen regelmäßig auch Künstler, Musiker und Schriftsteller ein. Zum ersten Mal seit den Tagen Clevelands vernahm man wieder das Lachen kleiner Kinder im Haus des Präsidenten, nachdem 1957, 1960 und 1963 eine Tochter und zwei Söhne zur Welt kamen. Der jüngste Sohn verstarb allerdings bereits als Säugling.

Nach der Ermordung ihres Gatten zog Jacqueline Kennedy nach New York City und heiratete einige Jahre später den vermögenden griechischen Großreeder Aristoteles Onassis. In ihren letzten Lebensjahren arbeitete sie als Lektorin für einen New Yorker Verlag. Sie starb 1994.

1956 verfehlte Kennedy nur knapp die Nominierung als demokratischer Vizepräsidentschaftskandidat, er verlor die Abstimmung gegen Senator Kefauver aus Tennessee. Seitdem – und nach seiner Wiederwahl als Senator 1958 – bereitete er zielstrebig seine Nominierung als Kandidat der Demokraten für die Präsidentschaftswahl von 1960 vor. Das eigene Vermögen, der familiäre Hintergrund und politische Einfluss seines Vaters, Kennedys Jugend und Aktivität, sein gutes Aussehen und der frühzeitig geschaffene politische Stab des Senators waren dafür günstige Voraussetzungen.

Kennedys politische Einstellung und seine tagespolitische Haltung waren zu jener Zeit unbestimmt und pragmatisch, häufig von taktischen Rücksichten auf die Verhältnisse in seinem Heimatstaat Massachusetts bestimmt. Der ehrgeizige, in erster Linie dem eigenen Aufstieg verpflichtete Politiker gehörte nicht zum Kreis der entschieden liberal eingestellten Demokraten um den zweimaligen erfolglosen Präsidentschaftskandidaten Adlai Stevenson. Er war mehr der pragmatischen Mitte zuzurechnen. Senator McCarthy gegenüber, dessen Kreuzzugsmethoden im Dezember 1954 vom Senat getadelt wurden, verhielt er sich vorsichtig neutral. McCarthy war ein Freund der Familie, und Kennedys Bruder Robert arbeitete zeitweilig in McCarthys Stab. Für die Bürgerrechtsforderungen der schwarzen Amerikaner in der Mitte der Fünfzigerjahre oder für bundesweite Programme zur Bekämpfung der Arbeitslosigkeit zeigte Kennedy als Senator wenig Engagement. Doch tendierte er trotzdem im Wahljahr 1960 eher zum liberalen Flügel der Demokraten und sprach sich am Ende der Eisenhower-Ära nach innen und außen für einen gemäßigten Wandel aus. Damals kam er auf Wahlreisen zum ersten Mal direkt und persönlich mit der Armut in seinem Land in Berührung. Sein Mitarbeiter Sorensen berichtet: »Als wir 1960 durch West Virginia reisten, stieg er, nachdem er die Hütte eines arbeitslosen Bergarbeiters gesehen hatte, sichtlich bewegt in seinen Wagen, schüttelte den Kopf und sagte nichts.«[3] Immerhin gehörten nach den Berechnungen Robert Lampmans um 1960 etwa 32 Mio. Amerikaner, rund 19 % der Bevölkerung, zu den Armen, deren Einkommen unterhalb der Armutsgrenze von damals 2500 $ für eine vierköpfige städtische Familie lag.

Kennedy gelang es im Juli 1960 nach Erfolgen in einer Reihe von Vorwahlen, in denen er seine demokratischen Mitbewerber, die Senatoren Hubert Humphrey, Lyndon Johnson und Stuart Symington, schlug, die Nominierung zum Präsidentschaftskandidaten der Demokratischen Partei auf dem Parteikonvent in Los Angeles schon im ersten Wahlgang zu erreichen. Auf seinen Vorschlag hin wurde der aus Texas stammende Mehrheitsführer im Senat, Lyndon Johnson, als Vizepräsidentschaftskandidat nominiert. Johnsons Einfluss im Kongress und dessen Unterstützung durch den Süden des Landes versprachen für die Wahlentscheidung einige Vorteile, deren sich Kennedy versichern wollte.

Anlässlich der Annahme der Nominierung verkündete Kennedy den Wählern programmatisch einen politischen Wandel und prägte dafür das Schlagwort von der »New Frontier«, der »Neuen Grenze«, die es zu überschreiten gelte und hinter der »unerforschte Gebiete der Wissenschaft und des Weltraums, ungelöste Probleme des Friedens und des Krieges, unbewältigte Überreste der Unwissenheit und des Vorurteils, unbeantwortete Fragen der Armut und des Überflusses« lägen.[4] Dieses Vordringen in neue Regionen gelangte dann in den Jahren der Kennedy-Präsidentschaft über Ansätze nicht hinaus. Gegen den Kandidaten der Republikaner, Eisenhowers Vizepräsidenten Richard Nixon, versprach Kennedy im Wahlkampf eine Reform der Innen- und eine Korrektur der Außenpolitik. Er konnte dabei auf die kritische Wirtschaftslage, die hohe Arbeitslosigkeit, den Rückgang der Farmeinkommen, die Probleme im Bildungswesen und auf das sinkende internationale Ansehen der USA verweisen. Der demokratische Herausforderer kritisierte die außenpolitische Strategie der Eisenhower-Administration, die »allein im Rüstungswettlauf und im Kalten Krieg« bestanden habe und »ohne Rücksicht auf die Weltlage oder auf Amerikas wahre Bedürfnisse abgesteckt« worden sei.[5] Allerdings hielt auch Kennedy in seinen außenpolitischen Wahlkampfstellungnahmen grundsätzlich an der »Politik der Stärke«, am Ausbau der NATO und an den Zielen und der Terminologie des Kalten Krieges fest. Im Herbst 1960 traten dann die beiden Kandidaten Nixon und Kennedy zum ersten Mal in der Geschichte der Präsidentenwahlen gemeinsam in einer Reihe von Fernsehdebatten auf, bei denen Kennedy besser abschnitt, sicherer und kompetenter wirkte.

Die Wahlen am 8. November 1960 endeten mit einem äußerst knappen Vorsprung Kennedys mit weniger als 120.000 Wählerstimmen vor dem Republikaner Nixon. Nach Wahlmännerstimmen siegte Kennedy mit 303 : 219 Stimmen. Wenn Kennedy seinen Sieg offenbar auch dem Wunsch nach einem politischen Wandel verdankte, so wurde mit dem Wahlausgang doch deutlich, dass fast die Hälfte der Wähler diesen Wandel nicht für notwendig hielt.

Mit Kennedy zog zum ersten Mal ein katholischer Präsident ins Weiße Haus ein. Er war auch mit 43 Jahren der jüngste gewählte Präsident, nur Theodore Roosevelt, der über die Vizepräsidentschaft ins Weiße Haus gelangte, war bei seinem Amtsantritt noch jünger.

Am 20. Januar 1961 – einem klaren Frosttag in Washington – wurde Kennedy als Präsident vereidigt. Das Fernsehen zeigte erstmals die Inauguration in Farbe. Die Antrittsrede, glänzend formuliert, enthielt einige neue Töne, die der Erwartung Nahrung gaben, der Präsident werde den angekündigten Wandel in der Politik seines Landes einleiten. Im außenpolitischen Teil seiner Rede rief Kennedy dazu auf, dass »beide Seiten«, also die USA und die UdSSR, »erneut mit der Suche nach dem Frieden beginnen«, Rüstungskontrollvorschläge formulieren und gemeinsam lösbare Probleme herausfinden sollten.[6] Dazu sollte es dann – mit Teilergebnissen wie dem Atomteststoppvertrag – erst im dritten Jahr der Präsidentschaft kommen. In den ersten beiden Jahren der Kennedy-Regierung dominierten dagegen neue internationale Krisen um Kuba, Laos und Berlin, die den britischen Kritiker Fairlie veranlassten, in der »Krisenpolitik« Kennedys einen Grundzug seiner Regierung zu sehen.

Die innen- und außenpolitische Lagebeurteilung der neuen Regierung enthielt – im Vergleich mit den Eisenhower-Jahren – teilweise ein verändertes Herangehen und einige nüchtern-pragmatische Einsichten. Doch besaß Kennedy aufgrund der politischen Konstellation im Lande und ebenso außerhalb der Grenzen der USA sowie infolge der weiterhin starken Position konservativer Demokraten und Republikaner im Kongress nur einen engen Handlungsspielraum, um Veränderungen nach innen und außen tatsächlich realisieren zu können. Man sprach infolgedessen gar von einer »dritten Amtszeit Eisenhowers«. Auch war die Zusammensetzung der Kennedy-Administration und des Mitarbeiter- und Beraterstabes des neuen Präsidenten uneinheitlich und widersprüchlich. Konservative Politiker und außenpolitische »Falken« waren stark vertreten (Bundy, McNamara, McCloy, McCone, Rostow, Taylor). In wichtigen Regierungsstellen saßen Angehörige des Ostküsten-Establishments mit guten Verbindungen zur Wallstreet. Verteidigungsminister Robert McNamara, ein brillanter und intelligenter Organisator, war zuvor Präsident der Ford Motor Co. gewesen, Außenminister Dean Rusk Präsident der Rockefeller Foundation, Finanzminister C. Douglas Dillon war Direktor der New Yorker Bank Dillon, Read & Co. Einen Business-Hintergrund hatten ebenfalls der Handelsminister Luther Hodges, der Postminister Edward Day und der neue CIA-Chef John McCone.

Zugleich gehörten der Regierung und dem Stab des Präsidenten eine Reihe von überzeugten Liberalen und Reformpolitikern an. Dazu gehörten der Arbeitsminister Arthur J. Goldberg, der Landwirtschaftsminister Orville Freeman, die Sonderberater

Kennedys Theodore Sorensen und Arthur M. Schlesinger, jr., die Diplomaten John K. Galbraith und George F. Kennan. Einen starken Einfluss hatte der Bruder des Präsidenten und Justizminister Robert F. Kennedy. Das Idol der Liberalen, Adlai Stevenson, der gehofft hatte, Außenminister zu werden, wurde ständiger Vertreter der USA bei den Vereinten Nationen.

Die Innenpolitik der Kennedy-Administration hatte sich zunächst mit der Wirtschaftskrise vom Winter 1960/61 und ihren sozialen Folgen auseinander zu setzen. Hauptsächlich diesen Problemen war Kennedys erster Bericht über die Lage der Nation vom 30. Januar 1961 gewidmet. Im Februar 1961 empfahl Kennedy dem Kongress, die Arbeitslosenunterstützung zu erweitern, die Entwicklung in den 100 regionalen Notstandsgebieten zu fördern, die Leistungen der Sozialversicherung zu verbessern, den Not leidenden Getreidefarmern zu helfen und ein Wohnungsbau- und Slumsanierungsprogramm zu finanzieren. Bis Ende Juni 1961 wurden dementsprechende, wenn auch nach dem Umfang der bereitgestellten Bundesmittel bescheidene Maßnahmen vom Kongress beschlossen. Kennedy knüpfte damit tendenziell an die Wirtschaftspolitik Franklin Roosevelts zur Überwindung der »Great Depression« an, d. h. an den Kurs, »Geld in die Wirtschaft zu pumpen« und die Sozialausgaben zu erweitern, wie er sich überhaupt gern mit seinem großen Vorgänger verglich.

Ab Mitte 1961 machte sich dann ein starker und anhaltender Wirtschaftsaufschwung bemerkbar. Er beruhte, neben den wachsenden Staatsausgaben, vor allem auf umfangreichen Neuinvestitionen im Zusammenhang mit dem wissenschaftlich-technischen Fortschritt, auf einer neuen Exportoffensive, die mit dem Handelsgesetz von 1962 weiter gefördert wurde, und auf einem wieder ansteigenden individuellen Verbrauch. Die Arbeitslosigkeit, für Kennedy das »Problem Nummer eins« der Wirtschaft, ging jedoch nur leicht zurück und schwankte 1962 und 1963 weiter um die 4-Millionen-Grenze. Das waren 5,5 % der Arbeitskräfte. Staatliche Arbeitsbeschaffungsprogramme und weiter gehende Reformen im Farmbereich, in der medizinischen Versorgung oder im Bildungswesen konnten infolge der Obstruktionspolitik der konservativen Demokraten und Republikaner im Kongress und wegen eines nachlassenden Interesses des Präsidenten für diese innenpolitischen Fragen nicht realisiert werden.

Im Rahmen der staatlichen Wirtschaftsregulierung knüpfte Kennedy ebenfalls an Vorbilder früherer demokratischer Präsidenten an. Er berief einen Beratungsausschuss für Gewerkschafts- und Industriefragen und ließ regelmäßig »nationale Leitlinien für Löhne und Preise« mit empfehlendem Charakter ausarbeiten, die eine antiinflationäre Zielstellung hatten. Diese »Leitlinien« engten den Spielraum von Industrie und Gewerkschaften in Lohnverhandlungen und -kämpfen ein. Der schärfste Angriff gegen sie erfolgte im April 1962 durch den Stahlkonzern United States Steel Corp., der gegen den ausdrücklichen Wunsch des Präsidenten und trotz des Verzichtes der Stahlarbeitergewerkschaft auf höher gehende Lohnforderungen eine erhebliche Preissteigerung für Stahl vornahm. Andere Stahlkonzerne folgten dem Beispiel. Kennedy sah darin eine offene Herausforderung seiner Autorität als Präsident. Er reagierte unverzüglich, sehr heftig und mit allen staatlicherseits zur Verfügung stehenden Mitteln. Massiver Druck, Mobilisierung der Öffentlichkeit und Verhandlungen veranlassten die Stahlindustrie, die Stahlpreiserhöhung zurückzunehmen. Kennedy hatte in dieser Machtprobe mit den Industriegewaltigen gesiegt. Die Liberalen waren begeistert, ein Teil der Geschäftsleute beschuldigte jetzt den Präsidenten, Sozialismus und Preiskontrollen zu begünstigen. Kursstürze an der Börse zeigten ein zeitweilig gestörtes Verhältnis der Regierung zur Geschäftswelt an. Jedoch bemühte sich Kennedy bald wieder um Zusammenarbeit mit den Industriellen. Seine Steuer-, Handels- und Antitrustpolitik »entsprach ganz und gar dem Geschmack von Handel und Industrie«.[7]

Zum beherrschenden innenpolitischen Problem wurde in der Regierungszeit Kennedys das Rassenproblem und der Kampf der Afro-Amerikaner um die Bürgerrechte. Seit Mai 1961 eskalierte im Süden die rassistische Gewalt gegen Bürgerrechtsaktivisten. Die Bürgerrechtsbewegung breitete sich weiter aus. Kennedy, der mit den Stimmen der schwarzen Wähler Präsident geworden war, taktierte längere Zeit in der Bürgerrechtsfrage, fürchtete, die Unterstützung der Demokraten der Südstaaten im Kongress zu verlieren, und wurde erst aktiv, als die Unruhen das Land zu spalten drohten. Im Oktober 1962 schickte Kennedy Bundestruppen nach Mississippi, um die Rassentrennung an der Universität von Mississippi aufzuheben. Im Juni 1963 legte er dem Kongress den Entwurf eines Bürgerrechtsgesetzes vor und sagte öffentlich der Rassentrennung den moralischen Kampf an. Ein Jahr später – unter Präsident Johnson – konnte das Gesetz dann unterzeichnet werden.

Die widerspruchsvollen Seiten der Außenpolitik Kennedys, die sich zwischen globaler Aktivität zur »Verteidigung der Freiheit von Berlin bis Vietnam« und dem tastenden Bemühen um Kompromisse mit der UdSSR in den Fragen von Rüstung und Abrüstung sowie in anderen Streitfragen bewegte, waren Ausdruck der weltpolitischen Veränderungen um 1960, als nicht nur in Afrika, wie der britische Premier Harold MacMillan damals feststellte, ein »Wind der Veränderung« wehte.[8] In einer Unterredung mit dem französischen Staatspräsidenten de Gaulle äußerte Kennedy im Juni 1961: »Alle Machtverhältnisse auf der Erde haben sich in den letzten 15 Jahren verändert, und unsere Politik muss das in Rechnung stellen.« Amerika habe sein Kernwaffenmonopol eingebüßt und sei »für einen Angriff verwundbar geworden«.[9] Daher müssten im Verhältnis zur UdSSR »grobe Fehlkalkulationen« vermieden werden. Im Selbstgefühl der militärischen und wirtschaftlichen Stärke Amerikas, aber auch im Wissen um die strategische Verletzbarkeit des Landes, um die gewachsene militärische Stärke des sowjetischen Rivalen und angesichts von Hunger und Armut in den Ländern der Dritten Welt zeigte Kennedy bei der Neubestimmung der amerikanischen Außenpolitik Realitätssinn, Verständnis für die internationale Lage der Vereinigten Staaten und zugleich das Festhalten am üblichen Globalismus und am Konzept der »Politik der Stärke«. Im Verhältnis mit dem sowjetischen Ministerpräsidenten Chruschtschow, mit dem er im Juni 1961 in Wien zusammentraf, war es ihm vordringlich, als neuer und zudem junger Präsident nicht etwa schwach oder ängstlich zu erscheinen. So begann denn auch seine Präsidentschaft mit neuen verstärkten Rüstungsanstrengungen, mit neuen amerikanischen Interventionen (Kuba 1961) und mit der Teilmobilisierung der Streitkräfte im Juli 1961 angesichts der herausfordernden sowjetischen Haltung in der Berlinkrise.

Kennedys Militärdoktrin war elastischer als die Strategie der »massiven Vergeltung« während der Fünfzigerjahre. Er gab die Versicherung ab, dass die USA keinen atomaren Erstschlag führen würden. Gleichzeitig wurde in seiner Regierungszeit die Aufrüstung im Raketen- und Kernwaffenbereich erheblich vorangetrieben. Ebenso wurde die konventionelle Rüstung ausgebaut, um die Fähigkeit zur Führung »begrenzter Kriege« zu vergrößern und flexibler – auch in der Dritten Welt – reagieren zu können. Insbesondere gegen das Kuba Fidel Castros und gegenüber Vietnam wurde die Strategie »begrenzter Aktionen«, die nach Auffassung Kennedys im »Sicherheitsinteresse« der USA lagen, tatkräftig angewandt. Kennedy hatte das amerikanische Engagement in Südostasien und speziell in Südvietnam von seinem Vorgänger Eisenhower geerbt. Angesichts der labilen, ja kritischen Lage der proamerikanischen Diem-Regierung in Saigon machte sich Kennedy die Lageberichte zu Eigen, die Vizepräsident Johnson, General Maxwell Taylor und Walt W. Rostow nach einem Besuch in Saigon im Mai bzw. Oktober 1961 getroffen hatten. Sie liefen auf die Verstärkung des amerikanischen Engagements in Südvietnam hinaus. In den Jahren seiner Administration wurde die Zahl der in Südvietnam eingesetzten amerikanischen Militärberater von 1364 auf 15.500 erhöht. Kampftruppen wurden allerdings noch nicht entsandt. Der US-Geheimdienst beteiligte sich am Sturz von Präsident Diem (1. November 1963), wodurch auch die politische Verwicklung der USA in Südvietnam noch verstärkt wurde. Doch scheint es, als ob Kennedy in den Wochen vor seinem Tod noch unentschieden über das weitere Vorgehen in Vietnam gewesen war.

Ebenso wie die Verwicklung in Vietnam übernahm Kennedy von Eisenhower auch den Plan und die Vorbereitung einer vom Geheimdienst CIA betreuten Intervention einer exilkubanischen Kampftruppe von etwa 1500 Mann gegen Kuba. Der Präsident gab nach internen Beratungen seine Zustimmung zu dem riskanten Landeunternehmen gegen Kuba, das am 17. April 1961 an der Playa Giron begann und binnen weniger Tage total scheiterte. »Die Aktion Schweinebucht war die schlimmste Niederlage seiner Karriere.«[10] Die negativen Rückwirkungen der Aktion in den lateinamerikanischen Ländern konnten durch die von Kennedy bereits im März 1961 verkündete neue Lateinamerikapolitik nur teilweise wettgemacht werden. Diese seine »Allianz für den Fortschritt« stellte Lateinamerika seitens der USA eine umfangreiche Wirtschaftshilfe und die Zusammenarbeit bei wirtschaftlichen und sozialen Reformen in Aussicht. Neu war dabei auch das beabsichtigte Zusammengehen mit dem Reformismus in Lateinamerika, um ein Übergreifen des Kommunismus von Kuba aus abzuwehren. Insgesamt war Kennedys Lateinamerikapolitik flexibler als die seines Vorgängers, ihre Ziele konnten allerdings nur in bescheidenem Umfang realisiert werden.

1961 wurde auch auf Initiative Hubert Humphreys von Kennedy das Friedenskorps gegründet, um damit fachlich ausgebildete Freiwillige in die Entwicklungsländer zu schicken, wo sie bei der Lösung wirtschaftlicher und sozialer Probleme mithelfen sollten. In wenigen Jahren gehörten dem Friedenskorps 10.000 derartige Helfer an, womit es zu einem der erfolgreichsten Projekte der Kennedy-Regierung wurde.

Im Herbst 1962 kam es im Gefolge der amerikanischen und sowjetischen Kubapolitik zu einer gefährlichen Krise im karibischen Raum, zur ersten direkten nuklearen Konfrontation der Geschichte, bei der für einige Tage im Oktober der Schatten des Dritten Weltkrieges über der Menschheit hing. Im Frühjahr 1962 begann die UdSSR, atomare Mittelstreckenraketen auf Kuba zu stationieren. Chruschtschow hatte für diese heimlich betriebene Maßnahme offenbar verschiedene Motive, darunter die Absicht, Kuba vor einer möglichen neuen Invasion zu schützen, aber auch den Wunsch, den strategischen Rückstand der UdSSR auf – wie es schien – billige und mühelose Weise zu verringern.

Am 14. Oktober fotografierte ein amerikanisches U-2-Aufklärungsflugzeug die im Entstehen begriffenen Raketenabschussrampen in Kuba. Kennedy wurde am 16. Oktober informiert und beauftragte einen Exekutivausschuss des Nationalen Sicherheitsrats damit, die amerikanische Antwort zu beraten und vorzubereiten. In zahlreichen Krisensitzungen, die in gespannter Atmosphäre stattfanden, wurden verschiedene Varianten zwischen einer direkten Militäraktion gegen Kuba (Luftangriffe bzw. Invasion), einer Seeblockade Kubas bis hin zum Einschalten der Vereinten Nationen erörtert. Kennedy entschied sich schließlich für den »mittleren Weg« einer Seeblockade Kubas durch die amerikanische Flotte, die er als »Quarantäne«-Maßnahme am 24. Oktober ankündigte. Da eine Anzahl sowjetischer Schiffe mit Kurs auf Kuba von der »Quarantäne« betroffen war, bestand auf dem Höhepunkt der »Raketenkrise«, zwischen dem 26. und dem 28. Oktober, durchaus die Gefahr, dass die Entwicklung außer Kontrolle geriet und zu einem Atomkrieg der beiden Supermächte führte. In dieser Situation bewiesen dann beide Seiten Zurückhaltung, hielten den Ausweg für eine politische Lösung offen und zeigten Kompromissbereitschaft. Chruschtschow bot den Abzug der sowjetischen Raketen von Kuba gegen die amerikanische Zusicherung an, es werde keine neuerliche Invasion gegen Kuba geben. Kennedy akzeptierte, die Seeblockade wurde aufgehoben, die sowjetischen Raketen verschwanden aus Kuba.

Die Folgen der Raketenkrise waren widersprüchlich. Das Wettrüsten nahm eher noch zu, der Erfolg Kennedys verstärkte amerikanischerseits die »Arroganz der Macht«, den Glauben, die offenen weltpolitischen Probleme mit militärischen Mitteln lösen zu können, aber bei Kennedy führten die Erfahrungen der Krise auch zu einem starken Gefühl der Verantwortung. Seitdem »fühlte sich Kennedy mehr durch die Gefahren eines Krieges als durch die Risiken der Entspannung beunruhigt«.[11] Während der dramatischen Krisentage sagte er zu einem Berater, er müsse immer wieder an die Kinder denken, deren Leben ausgelöscht würde, falls die Krise zum Krieg eskaliere. Es war daher kein Zufall, dass nun die andere Seite seiner Außenpolitik, das Bemühen um einen amerikanischen Friedensbeitrag und um einen Ausgleich mit der UdSSR, zum Tragen kam. In seiner Rede vor der Amerikanischen Universität in Washington vom 10. Juni 1963 definierte Kennedy die amerikanische Haltung zu den Problemen von Krieg und Frieden neu. Mit der in der Rede dargelegten »Strategie des Friedens« stellte er eine Überprüfung der Positionen seiner Administration in der Abrüstungsfrage, zum Kalten Krieg und im Verhältnis zur UdSSR in Aussicht. Der Präsident hob nun das gemeinsame Interesse beider Länder an »einem gerechten und wirklichen Frieden und einer Einstellung des Wettrüstens« hervor.[12] Am 5. August 1963 unterzeichneten dann die Regierungen der USA, der UdSSR und Großbritanniens in Moskau den Vertrag über ein Verbot der Kernwaffenversuche in der Atmosphäre, im Weltraum und unter Wasser. Dieser Atomteststoppvertrag war das erste wichtige Übereinkommen zwischen den beiden atomaren Weltmächten seit dem Österreichischen Staatsvertrag von 1955 und ein erster Schritt in Richtung auf Rüstungskontrolle und Entspannung. Im Oktober 1963 einigten sich auch die drei Mächte auf den Verzicht der Entsendung von kernwaffentragenden Objekten in den Weltraum. Einige Zeit zuvor, im Juni 1963, wurde der »heiße Draht«, d. h. eine direkte Telefonverbindung zwischen Washington und Moskau, eingerichtet, um in künftigen Krisensituationen schnell und direkt den Kontakt beider Regierungen zu ermöglichen.

Bevor diese im Lande umstrittenen Neuansätze in der Politik des Präsidenten weitere Früchte tragen konnten, wurde Kennedy während eines Besuches in Dallas, Texas, am 22. November 1963 ermordet. Die politischen Hintergründe der Tat wurden nicht aufgeklärt. Eine von Präsident Johnson eingesetzte Untersuchungskommission unter dem Vorsitz von Chefrichter Earl Warren erklärte in ihrem Bericht vom September 1964, Lee Harvey Oswald habe die Tat allein begangen. Oswald erschoss bei seiner Verhaftung einen Polizisten und wurde dann zwei Tage später von dem Nachtklubbesitzer Ruby erschossen. Eine spätere Untersuchung eines Kongressausschusses schloss die Möglichkeit eines zweiten Täters nicht aus. Indizien sprechen dafür, dass Kennedy einer Verschwörung zum Opfer fiel, mit der eine politische Kursänderung erreicht werden sollte. Doch gibt es keine letzte Gewissheit über Motive und Hintergründe der Tat. Kennedy wurde mit militärischen Ehren auf dem Nationalfriedhof in Arlington bestattet.

Ergebnisse, Versäumnisse und Leistungen der Kennedy-Präsidentschaft, die nicht ganz drei Jahre währte, sind schwer gegeneinander aufzurechnen. »Ungeachtet der unvermeidlichen Mängel jeder Präsidentschaft, bewunderten viele Amerikaner Kennedy wegen seiner jugendlichen Ausstrahlungskraft, seiner Intelligenz und Vitalität. Der Nachkriegsgeneration versprach er eine freiere, noblere und blühendere Welt. Und im Vergleich mit der Korruption und dem Zynismus, die in den späten Sechziger- und frühen Siebzigerjahren in das öffentliche Leben eindrangen, zeigen sich die Kennedy-Jahre im Rückblick zunehmend attraktiv als eine Periode von Hoffnung und Erneuerung.«[13]

Anmerkungen

1 Thomas C. Reeves, John F. Kennedy. Die Entzauberung eines Mythos. Biografie, Hamburg 1992, S. 553.

2 Research Guide to American Historical Biography, hg. v. Robert Muccigrosso/Suzanne Niemeyer, Bd. 2, Washington, D. C., 1988, S. 869.

3 Theodore C. Sorensen, Kennedy, München 1966, S. 37.

4 Arthur M. Schlesinger, Die tausend Tage Kennedys, Bern/München/Wien 1967, S. 64 f.

5 Der neue Kurs. Amerikas Außenpolitik unter Kennedy 1961–1963, hg. v. Klaus Schoenthal, München 1964, S. 18 f.

6 Ebenda, S. 29

7 Reeves, S. 440.

8 Siegfried Bünger/Hella Kaeselitz, Geschichte Großbritanniens von 1918 bis zur Gegenwart, Berlin 1989, S. 226.

9 Schlesinger, S. 335.

10 Sorensen, S. 307

11 Schlesinger, S. 775.

12 Der neue Kurs, S. 147

13 Research Guide, S. 871

Bibliographische Hinweise

Eine Bibliographie liegt jetzt vor:
John F. Kennedy: a Bibliography, comp. by James N. Giglio, Westport, Conn., 1995.
Die Botschaften, Reden und Erklärungen Präsident Kennedys sind veröffentlicht in:
U. S. President. Public Papers of the Presidents of the United States, Containing the Public Messages, Speeches, and Statements of the President. John F. Kennedy, 3 Bde., Washington 1962–1964
Eine Zusammenstellung der Pressekonferenzen des Präsidenten bietet:
The Kennedy Presidential Press Conferences, mit Einf. v. David Halberstam, New York 1978.
Eine Chronik, Dokumentation und Bibliographie enthält:
John F. Kennedy, 1917–1963, hg. v. Ralph A. Stone, Dobbs Ferry, New York, 1971
Von den Biografien seien genannt:
Herbert S. Parmet, Jack: The Struggles of John F. Kennedy, New York 1980 (bis zur Präsidentschaft).
Ders., JFK: the Presidency of John F. Kennedy, New York 1983.
Thomas C. Reeves, John F. Kennedy. Die Entzauberung eines Mythos. Biografie, Hamburg 1992 (amerikanische Ausg.: 1991).
Georg Schild, John F. Kennedy. Mensch und Mythos, Göttingen 1997.
Karl Drechsler, Gegenspieler – John F. Kennedy. Nikita Chruschtschow, Frankfurt/Main 1999.
Robert Dallek, An unfinished life: John F. Kennedy, 1917–1963, Boston, Mass. 2003 (dt. Ausgabe: Stuttgart 2003).
Über die Präsidentschaft:
James N. Giglio, The Presidency of John F. Kennedy, Lawrence, Kansas, 1991.
The Kennedy Presidency: Seventeen Intimate Perspectives of John F. Kennedy, hg. v. Kenneth W. Thompson, Lanham/New York/London 1985.
Über die Raketenkrise von 1962:
Michael R. Beschloss, The Crisis Years. Kennedy and Khrushchev 1960–1963, New York 1991.
Die Kubakrise 1962, hg. v. Heiner Timmermann, Münster 2003 (mit bibliogr. Angaben).
Zur Deutschlandpolitik Kennedys:
Adrian W. Schertz, Die Deutschlandpolitik Kennedys und Johnsons, Köln/Weimar/Wien 1992.

LYNDON B. JOHNSON

1908–1973

36. PRÄSIDENT DER USA 1963–1969

27. August 1908	Lyndon Baines Johnson wird in Stonewall, Texas, geboren.
1930	Johnson legt am Southwest Texas Teachers College das Examen ab.
1930–1931	Johnson arbeitet als High-School-Lehrer in Houston, Texas.
1932–1935	Sekretär des Abgeordneten Richard M. Kieberg (D) in Washington.
1934	Heirat mit Claudia Alta (»Lady Bird«) Taylor (geb. 1912).
1935–1937	Direktor der National Youth Administration in Texas.
1937	Wahl als Abgeordneter des US-Repräsentantenhauses, fünfmal wieder gewählt.
1941–1942	Johnson dient als Marineoffizier im Zweiten Weltkrieg.
1948	Johnson wird in den Bundessenat gewählt, 1954 wieder gewählt.
1953–1961	Johnson ist Führer der Demokraten im Senat.
1960	Wahl zum Vizepräsidenten der USA.
1963–1969	Präsident der USA.
1971	Einweihung der Lyndon B. Johnson Library in Austin, Texas.
22. Januar 1973	Johnson stirbt im Alter von 64 Jahren an einem Herzanfall.

Lyndon B. Johnson gehört zu den Präsidenten, die viele ihre Ziele nicht erreicht haben. »Er strengte sich hart an und scheiterte so sehr.«[1] Sein Bild als Präsident, bei Umfragen unter Historikern als »über dem Durchschnitt« noch vor Eisenhower und Kennedy platziert, wird vom Vietnamkrieg und von brennenden Städten in Amerika überschattet. Jedoch ist nicht zu übersehen, dass er als Gesetzgeber erfolgreicher war und ein umfangreiches Bündel wichtiger Reformgesetze im Kongress verabschieden konnte.

Lyndon Baines Johnson wurde am 27. August 1908 auf einer Farm bei Stonewall in Texas geboren. 1913 zog die Familie, die dem Mittelstand angehörte, nach Johnson City, in Texas, um. Sein Vater, Sam Johnson, spekulierte im Vieh- und Grundstücksgeschäft, war als High-School-Lehrer tätig und gehörte der Legislative von Texas an. Nach dem Besuch der High School in Johnson City und dem Studium am Southwest Texas Teachers College in San Marcos arbeitete Johnson 1930/31 als Lehrer in Houston. 1934 heiratete Johnson die 21-jährige »Lady Bird« Taylor[1a], die aus wohlhabenden Verhältnissen kam und seine nun beginnende politische Karriere tatkräftig unterstützte. 1944 und 1947 wurden die beiden Töchter Lynda Bird und Lucy geboren. Als First Lady knüpfte »Lady Bird« an das sozial engagierte Vorbild von Eleanor Roosevelt an und setzte sich für den Umweltschutz ein. Im Alter gründete sie das National Wildflower Research Center.

Johnsons politische Laufbahn begann 1932, als er Sekretär des Abgeordneten der Demokraten aus Texas im Repräsentantenhaus, Richard M. Kleberg, wurde. Johnson lebte nun in Washington. 1935 absolvierte er an der dortigen Georgetown-Universität ein Rechtsstudium. Als Befürworter des New Deals, mit dessen Zielen er sich unbedingt identifizierte, wurde Johnson 1935 Direktor der National Youth Administration in Texas, einer der vielen neu entstandenen Regierungsbehörden. 1937 gelang ihm –

dem Anhänger Präsident Roosevelts – bei einer Nachwahl der Sprung ins Repräsentantenhaus nach Washington. In der Folgezeit wurde er fünfmal wieder gewählt.

Nach dem japanischen Überfall auf Pearl Harbor war Johnson das erste Kongressmitglied, das sich zum Militärdienst zur Marine meldete. Als Fregattenkapitän war er 1942 auf dem pazifischen Kriegsschauplatz im Einsatz und wurde ausgezeichnet.

1948 und neuerlich dann 1954 und nochmals 1960 wurde Johnson als Vertreter von Texas in den Senat gewählt. 1953 rückte er, inzwischen ein erfahrenes Kongressmitglied und geschickter Politiker, zum Führer der Demokraten im Senat auf. Vor allem als Mehrheitsführer von 1955 bis 1960 sah er sich nun an den Schalthebeln der legislativen Macht. Inzwischen war – auch unter dem Einfluss der veränderten politischen Konstellation – aus dem begeisterten »New Dealer« ein gemäßigter Pragmatiker der Mitte geworden, ein »Mann der Kompromisse und ein Macher«, wie er einmal selbst von sich sagte.

Als Senator war Johnson ein komplizierter, widersprüchlicher Politiker, in den Kongress-Interna und im politischen Taktieren geschickt und erfahren, energisch und flexibel, listig und hartnäckig. Wenn er auch 1947 und 1959 für gewerkschaftsfeindliche Gesetze stimmte, so ging er doch sonst überwiegend mit den liberalen Demokraten zusammen, ohne direkt zu ihnen zu zählen. In Reader's Digest schrieb Johnson 1959 über sich selbst: »Ich bin ein freier Mann, ein Amerikaner, ein Senator der Vereinigten Staaten und ein Demokrat, in dieser Reihenfolge. Ich bin ebenso ein Liberaler, ein Konservativer, ein Verbraucher, ein Vater, ein Wähler und nicht so jung, wie ich wünschte, sowie nicht so alt, wie ich erwarten könnte – und ich bin all dies in keiner bestimmten Reihenfolge.«[2]

1954 erlitt Johnson einen schweren Herzanfall. 1960 bewarb er sich um die Nominierung als Präsidentschaftskandidat der Demokraten, konnte sich aber gegen Kennedy nicht durchsetzen. Auf dessen Vorschlag wurde er nun als Vizepräsidentschaftskandidat aufgestellt, wohl auch mit der Hinterabsicht, damit die Wahlunterstützung des Südens zu sichern. Mit Kennedy wurde Johnson dann 1960 in sein Amt gewählt. Auf den zum dritten Mal gewonnenen Senatorensitz verzichtete der künftige Vizepräsident, inzwischen 52 Jahre alt.

Das Verhältnis zwischen dem neuen Präsidenten und seinem ehrgeizigen und älteren Vizepräsidenten gestaltete sich nicht ohne Probleme. Allerdings war sein politischer Einfluss als Vizepräsident begrenzt. Im Allgemeinen verhielt er sich zu Kennedy loyal. Das neue Amt bot ihm auch die Möglichkeit, auf Auslandsreisen insgesamt 33 Länder zu besuchen. Nach einem Besuch in Südvietnam berichtete Johnson an Kennedy: »Die Grundentscheidung über Südostasien muss jetzt gefällt werden. Wir müssen uns entscheiden, ob wir diesen Ländern nach besten Kräften helfen oder den Kampf aufgeben und unsere Verteidigungslinie nach San Francisco zurücknehmen wollen ... Ich kann das nicht billigen und empfehle deshalb, dass wir unverzüglich energische Schritte unternehmen, um diese Länder bei ihrer Selbstverteidigung zu unterstützen.«[3] Wie in dieser Frage blieb sein außenpolitischer Horizont von Denkmustern des Kalten Krieges geprägt. Dagegen beruhte sein innenpolitischer, sozial- und wirtschaftspolitischer Standpunkt eher auf der Erkenntnis eines notwendigen gesellschaftspolitischen Wandels durch Reformen und durch staatliche Eingriffe in die Wirtschaft. Die Kombination innenpolitischer Reformen mit militanter Weltmachtpolitik nach außen sollte zur auffallenden

Dominante seiner Regierungszeit werden. Beides war schwer zu vereinbaren. Der Vietnamkrieg erstickte - auch durch seine hohen Kosten – den bemerkenswerten inneren Reformansatz dieses Präsidenten.

Durch die Ermordung John F. Kennedys fiel Johnson dann am 22. November 1963 die Verantwortung für das höchste Amt der Vereinigten Staaten zu. In der Innenpolitik übernahm Johnson das von Kennedy eingeleitete Programm der Konjunkturförderung und Wirtschaftsstabilisierung durch eine im Februar 1964 beschlossene umfangreiche Steuersenkung. Damit sollten die Investitionsbereitschaft der Wirtschaft, aber auch die Kaufkraft der Arbeiter und Angestellten gestärkt werden. Die noch zögernden Reformmaßnahmen Kennedys wurden von Johnson mit seinem im Januar 1964 programmatisch verkündeten »Kampf gegen die Armut« zusammengefasst und erweitert. In zwei Jahren verabschiedete der Kongress hierzu auf Vorschlag der Regierung ein beachtliches Bündel von Gesetzen, mit denen der »Großen Gesellschaft« der Weg gebahnt werden sollte, einer Gesellschaft, in der es nach Johnsons Vision keine Armut und rassische Ungleichheit geben sollte.

Mit den Präsidentenwahlen vom November 1964 gelang es, den Angriff rechtsextremer Kreise um den republikanischen Kandidaten, Senator Barry Goldwater, abzuwehren und zugleich den Einfluss von Konservativen und Rassisten im Kongress zu schwächen. Johnsons nahezu einmalige Rekordmehrheit von 16 Mio. Stimmen, sein Erfolg in 44 der 50 Einzelstaaten, ließen deutlich die Absicht der Wähler nach einer Fortsetzung des »Kampfes gegen die Armut« und für die Überwindung der Rassentrennung erkennen. Die Stellung des Präsidenten war gestärkt. Im Kongress verfügten die liberalen Kräfte zeitweilig über erweiterte Einflussmöglichkeiten.

Der »Kampf gegen die Armut«, von der nach den Aussagen des Präsidenten ein Fünftel aller amerikanischen Familien betroffen war, begann im August 1964 mit einem Gesetz, das Maßnahmen für die Wiedereingliederung von Arbeitslosen festlegte, so z. B. berufliche Schulungskurse (Job-Training) einführte und dafür umfangreiche Mittel bereitstellte. Ein weiteres Gesetz stellte im März 1965 ein Entwicklungsprogramm auf, das Mittel in Höhe von einer Milliarde Dollar zur Unterstützung chronischer Notstandsgebiete in der Bergbauregion der Appalachen vorsah. Weitere Maßnahmen betrafen staatliche Lebensmittelhilfen für die Ärmsten (Food Stamp Program), die Gesundheitsfürsorge für alte Menschen (Medicare, 30. Juli 1965), den sozialen Wohnungsbau und Wohngeld für sozial schwache Schichten. Hinzu kamen schließlich gesetzliche Maßnahmen zur Entwicklung des städtischen Nahverkehrs, für den Umweltschutz (Water Quality Act, 21. September 1965) sowie staatliche Ausgaben zur Förderung des Schul- und Hochschulwesens. Seit der Zeit der New-Deal-Reformen hatte es in den USA nicht derart weit reichende Reformgesetze gegeben. Dazu kam noch die unabdingbar wichtige Bürgerrechtsgesetzgebung hinzu. Am 2. Juli 1964 verabschiedete der Kongress das noch von der Kennedy-Administration eingebrachte Bürgerrechtsgesetz, den »Civil Rights Act«. Das Gesetz verbot die Rassentrennung in öffentlichen Einrichtungen, in Krankenhäusern, Hotels, Restaurants, Parks usw., im Schulwesen sowie bei Wahlen. Es war ein beachtlicher Erfolg des Kampfes der Bürgerrechtsbewegung der Afro-Amerikaner. »Johnsons ausgestreckte Hand für Amerikas Benachteiligte und sein Kampf gegen die Rassentrennung waren vielleicht sein bedeutendster Beitrag zur jüngsten Geschichte der USA.«[4]

Ein Jahr später (6. August 1965) folgte ein Wahlrechtsgesetz (Voting Rights Act), das die Teilnahme der schwarzen Amerikaner im Süden garantieren sollte, wo ihre Wahlbeteiligung 1964 zum Teil unter 30 % gelegen war. Auch dieses Gesetz stellte einen Fortschritt dar. Seine Durchsetzung erfolgte allerdings nur langsam.

Johnsons Reformmaßnahmen zielten darauf ab, Krisenerscheinungen in der amerikanischen Wirtschaft und Gesellschaft zu überwinden und die USA – worauf Johnson wiederholt hinwies – auch nach außen, als Führungsmacht der kapitalistischen Welt und der westlichen Demokratien, attraktiver zu machen. Die Reformen enthielten beachtliche Ansätze zur Milderung sozialer Missstände vor allem im städtischen Bereich und zur Verbesserung der Lage der einfachen Amerikaner. Allerdings waren die bereitgestellten staatlichen Mittel, gemessen an der Notlage vieler Städte, Industrieregionen und Notstandsgebiete, auch am Beginn des »Kampfes gegen die Armut« begrenzt. Sie betrugen nur einen Bruchteil der Rüstungsausgaben. Mit der Eskalation des Vietnamkrieges wurden dann seit 1966 die Mittel für den »Kampf gegen die Armut« ständig gekürzt. Die steigenden Kosten des Vietnamkrieges, 1968 waren es 25 Mrd. $, beendeten schließlich das Reformprogramm der »Großen Gesellschaft«. Dazu stellte der Kennedy-Mitarbeiter Arthur M. Schlesinger, jr., 1967 fest: »Von Trostgesten abgesehen, ist die Great Society heute tot. Das Ringen um gleiche Chancen für den Neger, der Krieg gegen die Armut, der Kampf für die Rettung unserer Städte, die Verbesserung unserer Schulen – alles das muss um Vietnams willen darniederliegen.«[5]

Die USA erlebten in jenen Jahren mit industriellen Wachstumsraten von durchschnittlich sechs Prozent im Jahr einen kräftigen Wirtschaftsaufschwung. Neuinvestitionen im Zusammenhang mit der wissenschaftlich-technischen Revolution, Steuersenkungen, staatliche Sozialausgaben und Arbeitsprogramme, zunehmender innerer Verbrauch bei steigenden Reallöhnen wirkten kräftig stimulierend auf die Wirtschaft ein. Dann aber brachten die Ausweitung des Vietnamkrieges und die Steigerung der Rüstungsausgaben durch die Johnson-Regierung neue Belastungen für die Wirtschaft, die Bundesfinanzen und die Außenwirtschaftsstellung. Die Verschuldung der Bundesregierung nahm erheblich zu und vergrößerte sich von 286 Mrd. $ (1960) auf 348 Mrd. $ (1968). Das Defizit des Bundeshaushaltes erreichte 1968 mit 25 Mrd. $ einen Nachkriegsrekord. Die Goldreserven der USA fielen bis 1967 auf den tiefsten Stand seit 1937. Die Inflationsrate stieg bis 1968 auf fünf Prozent. Nur die Arbeitslosenziffer entwickelte sich positiv, sie ging bis 1968 um eine Million auf 2,8 Mio. zurück, was einer Arbeitslosenrate von 3,5 % entsprach.

In der Mitte der Sechzigerjahre und vor allem 1967 entlud sich die trotz der Bürgerrechtsgesetze andauernde wirtschaftliche und soziale Benachteiligung der schwarzen Amerikaner in einer landesweiten Welle von gewaltsamen Rassenunruhen. Diese Unruhen in Los Angeles, Chicago, Cleveland, Newark, Detroit und 100 anderen Städten forderten zahlreiche Tote, endeten in brennenden Städten und konnten nur durch den Einsatz von Bundestruppen und Nationalgarde unterdrückt werden. Sie waren ein alarmierendes Signal dafür, dass sich das Land, wie die zur Untersuchung der Unruhen von Präsident Johnson eingesetzte Kerner-Kommission 1968 feststellte, in Richtung auf zwei Gesellschaften bewegte, »eine schwarz, eine weiß – getrennt und ungleich«.[6] Neue Demonstrationen gegen die Armut fanden 1968 statt. Eine Welle krimineller Gewalt und politischer Morde, deren prominenteste Opfer 1968 der Bürgerrechtler Martin

Luther King und der frühere Justizminister Robert Kennedy wurden, erschütterten das Land. Die inneramerikanische »Schadenstreuung« des Vietnamkrieges zeigte sich im Vertrauensverlust und Aufbegehren der jungen Generation an den Universitäten gegen den Krieg in Vietnam und gegen das politische Establishment in Washington. Dies alles deutete darauf hin, dass die Vereinigten Staaten am Ende der Johnson-Präsidentschaft weit vom Ziel der »Großen Gesellschaft« entfernt waren. Das Land hatte für den Kurs einer globalistischen und interventionistischen Außenpolitik, für die »Arroganz der Macht«, die in diesen Jahren in der fortgesetzten Eskalation des Vietnamkrieges kulminierte, einen hohen Preis zu zahlen.

Die Außenpolitik Präsident Johnsons bekannte sich anfangs zur Fortsetzung der unter Kennedy eingeleiteten flexiblen Weltpolitik. Sie suchte – gestützt auf militärische Stärke und moderne Rüstungssysteme – direkte, offene Konfrontationen zwischen den atomaren Weltmächten USA und UdSSR zu vermeiden. Johnson nahm in der Zusammensetzung des Kabinetts, das er von Kennedy übernommen hatte, keine größeren Änderungen vor, behielt vor allem Außenminister Rusk und Verteidigungsminister McNamara im Amt. Dagegen ersetzte er den Beraterstab Kennedys bald durch ein eigenes Beraterteam, in dem Walt W. Rostow, militanter Antikommunist und außenpolitischer »Falke«, als Berater für Nationale Sicherheit seit 1966 erheblichen Einfluss hatte.

Die Außenpolitik Johnsons ließ bald erkennen, dass sie wieder stärker das globale Übergewicht der USA anstrebte, dass sie dabei Militärinterventionen, »begrenzte Kriege« und Geheimoperationen der CIA als legitimes Mittel ansah, um in Lateinamerika, in Asien oder anderen Teilen der Welt Boden zu gewinnen. Gleichzeitig wollte seine Politik des »Brückenschlages nach Osteuropa« mit wirtschaftlichen und kulturellen Beziehungen dorthin eine Liberalisierung der kommunistischen Staaten in Osteuropa fördern.

Auf zwei Schauplätzen zeigte sich in den Johnson-Jahren der Globalismus dieser Politik besonders offen. In Lateinamerika begann unter Johnson, trotz des offiziellen Festhaltens an der »Allianz für den Fortschritt«, amerikanische Interventionspolitik wieder zum Normalfall zu werden. Im April 1964 war die CIA an einem reaktionären Militärputsch in Brasilien beteiligt, mit dem der 1961 eingeschlagene Reformkurs unter Präsident Goulart rückgängig gemacht werden sollte. Im April und Mai 1965 griffen Einheiten der US-Marineinfanterie massiv militärisch in der Dominikanischen Republik ein, um sich abzeichnende politische Veränderungen in diesem Land und die Rückberufung des 1962 demokratisch gewählten, 1963 wegen seiner Sozialreformen durch einen Militärputsch gestürzten früheren Präsidenten Juan Bosch zu verhindern. Zur Rechtfertigung der Intervention erklärte Johnson am 2. Mai 1965 in einer Rede: »Die amerikanischen Nationen können, dürfen und wollen nicht die Errichtung einer weiteren kommunistischen Regierung in der westlichen Hemisphäre zulassen.«[7]

Mit dieser »Johnsondoktrin« wurde nun erneut der Interventionsanspruch der USA in der Auseinandersetzung mit dem Kommunismus in Lateinamerika und anderswo zum Grundsatz der amerikanischen Außenpolitik erhoben.

Südostasien wurde unter Johnson zum zweiten Hauptschauplatz des neuen Interventionismus. Die Eskalation des Vietnamkrieges wurde zu einer Dominante der Politik dieses Präsidenten. Südostasien und besonders Vietnam bildeten seit dem Unabhängigkeitskrieg gegen die französische Kolonialmacht (1946–1954) eine Zentralregion bewaffneter nationaler und kommunistischer Revolutionen in Asien. Johnson hatte das amerikanische Engagement in Südostasien, aus dem mehr und mehr aktive militärische Einmischung wurde, von seinen Vorgängern Truman, Eisenhower und Kennedy geerbt. Mit der durch seine Administration vollzogenen Ausweitung und Intensivierung des Vietnamkrieges sollte eine weitere Ausbreitung der kommunistischen Revolution in Südostasien verhindert und darüber hinaus der Einfluss der USA als pazifischer Macht befestigt und ausgebaut werden. Nach der durch manipulierte Informationen über angebliche Angriffe nordvietnamesischer Schnellboote auf amerikanische Zerstörer im Golf von Tonking vom Kongress verabschiedeten Blankovollmacht für den Präsidenten (»Tonking-Resolution« vom 7. August 1964, später 1970 vom Senat widerrufen) begann die Johnson-Administration im Februar den massiven Luftkrieg gegen das kommunistische Nordvietnam und gegen die vom Vietcong kontrollierten Gebiete Südvietnams. Ab dem Frühjahr 1965 wurden dann auch amerikanische Kampftruppen eingesetzt und laufend verstärkt.

Präsident Johnson begründete das Vorgehen seiner Regierung im Vietnamkrieg in einer programmatischen Rede in Baltimore am 7. April 1965. Darin stellte er fest, die USA seien in Südvietnam, erstens weil sie dort seit 1954 ein Versprechen der Unterstützung zu halten hätten; zweitens sei man in Südvietnam, »um die Ordnung der Welt zu stärken«. Vietnam seinem Schicksal zu überlassen, würde das Vertrauen in den Wert amerikanischer Versprechen – von Berlin bis Thailand – erschüttern. Die Folge würden vermehrte Unruhe, Unsicherheit oder gar Krieg sein; drittens seien die USA dort, »weil große Dinge auf dem Spiel stehen«. Bei einem Rückzug aus Vietnam würde der Kampf in einem anderen Land, und dann wieder in einem weiteren Land, erneut entbrennen.[8]

Am Ende der Amtszeit Johnsons, im Januar 1969, betrug die Gesamtstärke der nach Vietnam geschickten US-Streitkräfte schließlich 543.000 Mann. Trotz des massiven Militäreinsatzes der USA gelang es nicht, die amerikanischen Ziele in Vietnam zu erreichen, die Lage unter Kontrolle zu bringen oder das proamerikanische Regime in Saigon zu stabilisieren. Die spektakuläre Tet-Offensive der nordvietnamesischen Streitkräfte gegen 30 Provinzhauptstädte in Südvietnam zeigte dies im Januar 1968 auf spektakuläre Weise an. Dieser unerwartete militärische Rückschlag und die inneramerikanischen und internationalen Widerstände und Proteste gegen die amerikanische Kriegführung in Vietnam führten schließlich eine Änderung der Vietnampolitik Johnsons herbei. Die amerikanische Öffentlichkeit war in der Haltung zum Vietnamkrieg tief gespalten. Die Protestbewegung gegen den Krieg nahm 1968 an Umfang und Stärke zu. In der Demokratischen Partei, der Partei des Präsidenten, sprach sich eine starke Gruppe von Senatoren, Abgeordneten und früheren Regierungsmitarbeitern (Church, Fulbright, Edward und Robert Kennedy, McCarthy, McGovern, Mansfield, Kennan, Schlesinger, Sorensen u. a.) gegen die Fortsetzung des Krieges aus.

Im Mai 1968 begannen die Vorverhandlungen zur Vorbereitung von Waffenstillstandsverhandlungen in Paris, im Oktober 1968 verfügte Johnson die zeitweilige Einstellung der Luftangriffe auf Nordvietnam. Im Januar 1969, in den letzten Amtstagen Johnsons, begannen dann die offiziellen Waffenstillstandsverhandlungen zur Beendigung des Vietnamkrieges in Paris.

Der Vietnamkrieg beeinflusste auch das amerikanisch-sowjetische Verhältnis. Ein Treffen zwischen Johnson und dem sowjetischen Ministerpräsidenten Kossygin, anlässlich einer UN-Vollversammlung Ende Juni 1967 in Glassboro, New Jersey, zustande gekommen und zu diesem Zeitpunkt von den Folgen des israelischen »Sechstagekrieges« gegen Ägypten, Syrien und Jordanien überschattet, blieb ohne Ergebnis. Doch konnte ein Jahr später, am 1. Juli 1968, in Washington, London und Moskau der Vertrag über die Nichtweiterverbreitung von Kernwaffen unterzeichnet werden. Bei dieser Gelegenheit kündigte Johnson die beabsichtigte Aufnahme von Verhandlungen über die Begrenzung der Nuklearrüstung an. Diese SALT-Verhandlungen wurden dann allerdings erst unter seinem Nachfolger Nixon im November 1969 aufgenommen.

Die – wie es scheinen konnte – unlösbaren inneren und äußeren Probleme und Krisenerscheinungen des Landes führten Johnson – als die Präsidentschaftswahlen von 1968 anstanden – zu dem unerwarteten Entschluss, nicht mehr für eine Wiederwahl als Präsidentschaftskandidat der Demokraten zu kandidieren. Am Schluss einer Fernsehansprache erklärte er am 31. März 1968 überraschend: »Ich werde die Nominierung durch meine Partei für eine weitere Zeit als ihr Präsident weder suchen noch annehmen.« Die Gründe der Entscheidung waren komplexer Natur. »Irgendwann Anfang 1968 entschied Johnson, frustriert durch seine Unfähigkeit, den Krieg in Vietnam zu beenden, bedrückt durch dessen Opfer, im Bewusstsein seiner Unpopularität seit den Vorwahlen in New Hampshire (dort schnitt am 12. März 1968 der Vietnamkriegsgegner Senator Eugene McCarthy auffallend gut ab) und behindert in seinen Bemühungen um eine Steuererhöhung, dass er eine gespaltene Nation nicht regieren, geschweige denn einigen könne.«[9] In seinen Memoiren bestätigte Johnson später die Tatsache, dass damals im Lande Widersprüche aufgebrochen waren, die zu beseitigen er sich außerstande fühlte. Hinzu kam sein Gesundheitszustand. Johnson hatte 1955 einen schweren Herzanfall erlitten und war während seiner Zeit im Weißen Haus zweimal operiert worden.

Die politische Öffentlichkeit des Landes war im Wahljahr 1968 durch den Vietnamkrieg gespalten und beunruhigt. Mit der Ermordung Robert Kennedys am 6. Juni 1968 war der aussichtsreichste Bewerber um eine Nominierung als Präsidentschaftskandidat unter den Kritikern Johnsons in der Demokratischen Partei nicht mehr am Leben. Auf ihrem Nationalkonvent nominierten die Demokraten im August 1968 im ersten Wahlgang den amtierenden Vizepräsidenten Hubert Humphrey, einen Liberalen, der nicht zu den Gegnern des Vietnamkrieges, aber auch nicht zu den »Falken« zählte. Vizepräsidentschaftskandidat wurde Senator Edmund Muskie, der durch Initiativen für den Umweltschutz bekannt geworden war.

Die Republikaner ihrerseits nominierten den früheren Vizepräsidenten Richard Nixon, dem damals ein politisches Come-back gelang und der sich für eine Verringerung des amerikanischen Engagements in Vietnam aussprach. Auf der äußersten Rechten trat der rassistische ehemalige Gouverneur von Alabama, George C. Wallace, als dritter Kandidat für die American Independent Party in den Wahlkampf ein. Wallace und sein »running mate«, Luftwaffengeneral Curtis LeMay, machten den Sieg in Vietnam, möglicherweise auch um den Preis des Atombombeneinsatzes, zu ihrem Wahlkampfschwerpunkt.

Nixons knapper Wahlsieg vom 5. November 1968 und die Niederlage Humphreys zeigten auch die Enttäuschung vieler Wähler über den Weg der Johnson-Administration seit den letzten Erdrutschwahlen von 1964 an. Für Nixon stimmten 31,8 Mio.

Amerikaner (43,4 %), für Humphrey 31,3 Mio. (42,7 %) und für Wallace 9,9 Mio. (13,5 %). Die Wahlbeteiligung betrug 61 %.

Insgesamt spiegelte die Wahl einen einsetzenden konservativen Trend unter den Wählern wider. Auch bei den Kongresswahlen mussten die Demokraten Verluste hinnehmen, behielten aber noch die Mehrheit in beiden Häusern des Kongresses bei.

Im Januar 1969 schied Lyndon B. Johnson mit der Amtseinführung seines Nachfolgers Richard Nixon aus dem Weißen Haus aus. Überschattet durch den Vietnamkrieg und seine Folgen enthielt seine Amtszeit reale Reformimpulse mit der Bürgerrechtsgesetzgebung, den Bemühungen um die Überwindung der Rassentrennung und um den »Kampf gegen die Armut«, mit der eine neue Richtung in der sozialpolitischen Gesetzgebung des Landes eingeschlagen werden sollte.

»Die Präsidentschaft Lyndon B. Johnsons wird unvermeidlich in Erinnerung bleiben – und sollte es auch – durch die charakteristischen Eigenschaften ihrer zentralen Figur; durch den unbeabsichtigten, aber tatsächlichen Schaden, den sie mit einigen katastrophalen außenpolitischen und irrigen innenpolitischen Entwicklungen anrichtete, und – vor allem – durch die vielen lohnenden Veränderungen, die sie tief greifend in der Gesetzgebung verankerte, im Leben von Millionen und in der amerikanischen Gesellschaft.«[10]

Nun zog sich Johnson auf seine Ranch in Texas und ins Privatleben zurück, gab Fernsehinterviews und schrieb seine Memoiren »The Vantage Point« (1971). Zum letzten Mal erschien er sechs Wochen vor seinem Tod in der Öffentlichkeit, als er eine Ansprache auf einem Civil Rights Symposium an der Lyndon B. Johnson Library in Austin, Texas, hielt. Er starb am 22. Januar 1973, 64 Jahre alt, an den Folgen eines Herzanfalls.

Anmerkungen

1 Theodore H. White, America in Search of Itself. The Making of the President 1956–1980, New York 1982, S. 2.

1a Der Kosename »Ladybird« (Marienkäfer) stammt aus der Kinderzeit Claudia Taylors.

2 Joseph N. Kane, Facts about the President, 4. Aufl., New York 1981, S. 270.

3 Arthur M. Schlesinger, Das bittere Erbe. Vietnam – Prüfstein der Demokratie, Bern/München/Wien 1967, S. 33 f.

4 Robert Dallek, Lone Star Rising. Lyndon Johnson and His Times 1908–1960, New York/Oxford 1991, S. 8.

5 Schlesinger, Erbe, S. 64.

6 The World Almanac & Book of Facts, 1969, New York 1968, S. 70.

7 The World Almanac & Book of Facts, 1966, New York 1966, S. 63.

8 Major Problems in American Foreign Policy. Documents and Essays, hg. v. Thomas G. Paterson, Bd. 2, Lexington, Massachusetts/Toronto 1978, S. 446 f.

9 The American Presidents. The Office and the Men, hg. v. Frank N. Magill/John L. Loos, Bd. 3, Pasadena, California/Englewood Cliffs, New Jersey, 1986, S. 742 f.

10 Vaughn D. Bornet, The Presidency of Lyndon B.Johnson, Lawrence, Kansas, 1983, S. 351.

Bibliographische Hinweise

Botschaften, Reden und Erklärungen von Präsident Johnson sind veröffentlicht in:
U. S. President. Public Papers of die Presidents of the United States, Containing the Public Messages, Speeches, and Statements of the President. Lyndon B. Johnson, 10 Bde., Washington 1965–1970.
Die Pressekonferenzen Johnsons sind dokumentiert in:
The Johnson Presidential Press Conferences, Einf. v. Doris Kearns Goodwin, 2 Bde., New York 1978.
Seine Memoiren erschienen unter dem Titel:
Lyndon B. Johnson, The Vantage Point: Perspectives of the Presidency, 1963–1969, New York 1971 (deutsche Übers.: München 1972).
Eine Chronik, Dokumentation und Bibliographie enthält:
Lyndon B. Johnson, 1908–, hg. v. Howard B. Furer, Dobbs Ferry, New York, 1971.
Über Johnson und seine Präsidentschaft informieren:
Vaughn D. Bornet, The Presidency of Lyndon B. Johnson, Lawrence, Kansas, 1983.
Joseph A. Califano, The Triumph & Tragedy of Lyndon Johnson: the White House Years, New York 1991.
Robert A. Caro, The Years of Lyndon Johnson, Bd. 1: The Path to Power, New York 1982; Bd. 2: Means of Ascent, New York 1990.
Paul K. Conkin, Big Daddy from the Pedernales. Lyndon B. Johnson, Boston 1986.
Robert Dallek, Lone Star Rising: Lyndon Johnson and his Times 1908–1960, New York 1991.
Ders., Flawed giant: Lyndon Johnson and his Times, 1961–1973, New York 1998.
Thomas S. Langston, Lyndon Baines Johnson, Washington, D. C., 2002 [American presidents reference series].
The Johnson Presidency. Twenty Intimate Perspectives of Lyndon B. Johnson, hg. v. Kenneth W. Thompson, Lanham/London 1987.
The Johnson Years, hg. v. Robert A. Divine, 2 Bde., Lawrence, Kansas, 1987/1990.
Irving Bernstein, Guns or Butter? The Presidency of Lyndon Johnson, New York 1996.
Zur Vietnampolitik Johnsons:
The Pentagon Papers, hg. v. d. New York Times, New York 1971 (deutsche Übers.: München 1971).
Robert S. McNamara/Brian VanDeMark, Vietnam. Das Trauma einer Weltmacht, Hamburg 1996.
Marc Frey, Geschichte des Vietnamkrieges, München²1999.
Zu Johnsons Great Society neuerdings:
John A. Andrew, Lyndon Johnson and the Great Society, Chicago 1998.
Ein enger Mitarbeiter Johnsons zu dessen Präsidentschaft:
William M. Watson, Chieff of staff: Lyndon Johnson and his presidency, New York 2004.

RICHARD M. NIXON

1913–1994

37. PRÄSIDENT DER USA 1969–1974

9. Januar 1913	Richard Milhous Nixon wird in Yorba Linda, Kalifornien, geboren.
1934	Nixon legt nach Studium am Whittier College das Bachelor-Examen ab.
1937	Nixon beendet das Studium an der Duke University Law School.
1940	Heirat mit Thelma Catherine Patricia Ryan (1912–1993).
1942	Nixon ist in Washington als Anwalt im Office of Price Administration tätig.
1942–1944	Nixon nimmt als Flottenoffizier am Krieg im Südpazifik teil.
1946	Nixon wird als Republikaner ins Repräsentantenhaus gewählt (1948 wieder gewählt).
1950	Wahl in den Senat.
1953–1961	Nixon ist Vizepräsident unter Präsident Eisenhower.
1960	Nixon verliert die Präsidentenwahl gegen John F. Kennedy.
1961	Anwalt in Los Angeles.
1962	Nixon verliert die Gouverneurswahl in Kalifornien.
1963	Nixon tritt in die New Yorker Anwaltsfirma Mudge, Stern, Baldwin & Todd ein.
1968	Nixon bewirbt sich erneut um die Präsidentschaft und wird gewählt.
1969–1974	Präsident der USA.
9. August 1974	Rücktritt Nixons als Präsident.
1978	Nixons Memoiren erscheinen.
1990	Einweihung der Richard Nixon Library in Yorba Linda, California.
22. April 1994	Nixon stirbt in New York City.

Als Richard Nixon, der 37. Präsident der USA, im Ergebnis des Watergate-Skandals am 9. August 1974 zurücktrat, war er der erste Präsident, der auf diese Weise – um einem Amtsenthebungsverfahren durch den Kongress zu entgehen – das Weiße Haus verließ. Die anderthalb Amtszeiten seiner Regierung sahen einerseits wichtige Veränderungen im Innern des Landes und in der Außenpolitik, wie sie andererseits mit einer schweren Verfassungskrise abschlossen. Damit endete eine Karriere, deren Auf und Ab, deren schillernde Züge und politischen Folgen den Historiker herausfordern, wenn er die Bedeutung Nixons für sein Land gerecht nachzeichnen will.

Richard Milhous Nixon wurde am 9. Januar 1913 in Yorba Linda, Kalifornien, geboren. Er stammte aus eher einfachen Verhältnissen, sein Vater war Zitronenfarmer, später Tankstellen- und Gemischtwarenladenbesitzer. Die Eltern waren Quäker, der spätere Präsident fühlte sich den strengen Glaubensregeln der Quäker, ihrem Pazifismus und ihrer Ablehnung des Eides, nicht verpflichtet. Nach dem Studium und der juristischen Ausbildung an der Duke University Law School in North Carolina praktizierte Nixon als Rechtsanwalt in Whittier, Kalifornien, und für kurze Zeit 1942 auch als Anwalt in Washington beim Office of Price Administration. 1940 heiratete er die Lehrerin Thelma

Catherine »Pat« Ryan. 1946 und 1948 wurden die Töchter Patricia und Julie geboren. Julie Nixon heiratete 1968 den Enkel Eisenhowers, Dwight David Eisenhower. Als First Lady förderte Mrs. Nixon später die Unterstützung hilfsbedürftiger Amerikaner. Sie trat ebenso wie ihr Mann für das später gescheiterte Equal Rights Amendment ein, das die Gleichberechtigung der Frau zum Verfassungsgrundsatz erklärt hätte.

Im Zweiten Weltkrieg diente Nixon von 1942 bis 1944 als Offizier in einer Lufttransporteinheit der Navy. Nixons politische Karriere begann 1946, als ihn eine Gruppe kalifornischer Republikaner für die Kandidatur zu den damaligen Kongresswahlen gewann. Nixon machte im Wahlkampf den Antikommunismus zu seinem Hauptthema und beschuldigte den Kandidaten der Demokraten in seinem Wahlbezirk, Jerry Voorhis, gegenüber dem Kommunismus zu »weich« zu sein. An dieser Taktik hielt er auch in späteren Wahlkampagnen ohne Skrupel gegen Rivalen der Demokratischen Partei fest. Im Ergebnis der Wahlen vom November 1946, bei denen die Republikaner landesweit erfolgreich waren, zog Nixon als politischer Neuling ins Repräsentantenhaus ein. 1948 wurde er wieder gewählt. Er unterstützte als Mitglied im Ausschuss für Bildung und Arbeit die Verabschiedung des gewerkschaftsfeindlichen Taft-Hartley Acts. Als Mitglied des Ausschusses für Unamerikanische Tätigkeit profilierte er sich seit 1948 als Kommunistenjäger. Nixon wurde zu einer nationalen Berühmtheit, als er mit Hilfe des früheren Kommunisten Whittaker Chambers den Roosevelt-Mitarbeiter Alger Hiss beschuldigte, Kommunist gewesen zu sein und Spionage zugunsten der UdSSR betrieben zu haben. Hiss war ein liberaler New Dealer, ein früherer Mitarbeiter des State Department, zuletzt Präsident des Carnegie Endowment for International Peace. Nixon erreichte, dass Hiss vor Gericht gestellt wurde. Der Spionagevorwurf – bis heute strittig – konnte damals und später nicht schlüssig bewiesen werden, aber in einem zweiten Verfahren wurde Hiss 1950 wegen Meineids zu fünf Jahren Gefängnis verurteilt. Im Hexenjagdklima des entstehenden »McCarthyismus« wurde der Fall Hiss für den ehrgeizigen und trickreichen (»Tricky Dick«) Nixon das Sprungbrett für die Wahl in den Senat, die 1950 erfolgte. Als damals mit 38 Jahren jüngster Senator kritisierte Nixon die Truman-Administration wegen ihrer seiner Meinung nach zu zurückhaltenden Kriegführung in Korea und wegen der Entlassung General MacArthurs, als dieser den Einsatz der Atombombe im Koreakrieg empfahl. Nixon warnte vor kommunistischen Einflüssen in der Truman-Regierung. Zugleich mit Eisenhower, dem republikanischen Präsidentschaftskandidaten, wurde Nixon 1952 von den Republikanern als Vizepräsidentschaftskandidat aufgestellt. Im Wahlkampf behauptete die »New York Post«, Nixon habe als Senator eine private Spende von 18.000 $ entgegengenommen. In einem geschickt inszenierten Fernsehauftritt bestätigte Nixon, das Geld erhalten, diesen »Fonds« aber nur für politische Ausgaben verwendet zu haben, um den amerikanischen Steuerzahler zu entlasten. Damit gelang es ihm – auch für Eisenhower überzeugend –, den Vorwurf der Bestechlichkeit zurückzuweisen.

Als Vizepräsident war Nixon 1953–1961 ein aktives Mitglied der Eisenhower-Administration. Er führte mehrmals für den unter Herzattacken leidenden Eisenhower die Amtsgeschäfte (1955 und 1957). Nixon unternahm als Vizepräsident Auslandsreisen in 56 Länder und betätigte sich weiter als militanter Antikommunist, der 1954 ein militärisches Eingreifen der USA in den von Frankreich verlorenen Indochinakrieg befürwortete. Während einer Goodwilltour durch mehrere südamerikanische Staaten war Nixon

1958 Zielscheibe heftiger antiamerikanischer Kundgebungen in Caracas, Venezuela. Schlagzeilen in der Presse brachte ihm auch sein Moskaubesuch im Juli 1959 ein, als er anlässlich der Eröffnung einer amerikanischen Ausstellung im Disput mit Chruschtschow und in sehr scharfer Form die überlegene amerikanische Lebensform propagierte.

1960 kandidierte Nixon bei den Präsidentenwahlen gegen Kennedy. Er unterlag knapp, wohl auch darum, weil in den Fernsehdebatten Kennedy überzeugender wirkte und weil die Mehrheit der Wähler einen politischen Wandel, Reformen und einen aktiveren Beitrag zur Bewahrung des äußeren Friedens wünschte.

Nach vorübergehender Anwaltstätigkeit in Kalifornien bewarb sich Nixon 1962 in diesem Staat um die Gouverneurswahl, bediente sich dabei im Wahlkampf erneut der für seinen Wahlkampfstil charakteristischen unsauberen Mittel, verlor aber dennoch gegen den Demokraten Edmund G. Brown. Im Wahljahr veröffentlichte Nixon auch sein erfolgreichstes Buch »Six Crises«, in denen er den Fall Alger Hiss, die »Fund-Affäre« von 1952, Eisenhowers Herzattacke im Jahr 1955, den Zwischenfall in Caracas, die »kitchen debate« mit Chruschtschow und die Wahlkampagne von 1960 schilderte. Sein Abschied von der Politik, den er auf seiner »letzten Pressekonferenz« Ende 1962 bekannt gab, wurde von Nixon vor allem der »feindlichen Presse« zugeschrieben, der Presse, mit der er auch später seine Probleme haben sollte. In den folgenden Jahren arbeitete Nixon in New York in einer Wallstreet-Anwaltskanzlei. 1964 unterstützte er den Republikaner Barry Goldwater.

Mit den Präsidentschaftswahlen von 1968 gelang Nixon – für viele Zeitgenossen überraschend – ein erfolgreiches politisches Come-back. Mit Unterstützung der Republikaner in den Südstaaten konnte Nixon seine Mitbewerber um die Nominierung, darunter war auch damals schon der Kalifornier Ronald Reagan, aus dem Feld schlagen. Auf dem Nationalkonvent der Republikaner in Miami erreichte Nixon im August 1968 bereits im ersten Wahlgang die Nominierung. Für die Kandidatur um die Vizepräsidentschaft wählte Nixon den Gouverneur von Maryland Spiro T. Agnew aus, dem später die Annahme von Bestechungsgeldern und Steuerhinterziehung während der Gouverneurszeit nachgewiesen wurden und der dann 1973 als Vizepräsident zurücktrat.

Der Präsidentschaftsbewerber von 1968 war vor den Wählern um das Image eines »neuen Nixon« bemüht. Er gab sich nun als ein »Falke mit Taubenfedern«[1], als ein gemäßigt konservativer Staatsmann, vernünftig und diszipliniert. Nixon trat als Erbe Eisenhowers auf und versprach, dem Land, das seit Jahren in Vietnam Krieg führte und darüber tief gespalten war, nach innen und außen Frieden zu schaffen. Nixon erklärte, er werde den Krieg in Vietnam zu einem »ehrenvollen Ende« bringen und in den USA »law and order« wiederherstellen. Sein konservativer Standpunkt zeigte sich auch darin, dass er praktischen, aber kostspieligen Maßnahmen wie dem »Busing«, d. h. den Bustransport schwarzer Schulkinder in benachbarte weiße Schulen (und umgekehrt), mit dem die Rassentrennung in den Schulen überwunden werden sollte, reserviert gegenüberstand. Als konservativer Pragmatiker, als ein viktorianischer Moralist, der nie seine Sympathien für die einfachen Verhältnisse verlor, in denen er aufgewachsen war, sprach Nixon damals und später besonders den »vergessenen Amerikaner«, den Amerikaner der »schweigenden Mehrheit«, an. Farmer, Kleinstadtbewohner, die Vorstadtbewohner der Mittelschichten, konservative Südstaatler oder katholische Wähler, die über den Machtverlust nach außen und die Unruhen im Lande beunruhigt waren, sowie die höheren Einkommensgruppen zählten zu seinen Wählern.[2] Nixon erreichte im November 1968 mit einem Vorsprung von 500.000 Stimmen einen knappen Wahlsieg über seinen liberalen Gegner, den Demokraten Humphrey.

Das Wahlergebnis zeigte die Unzufriedenheit vieler Wähler mit der Politik Johnsons an, aber auch einen konservativen Trend in der amerikanischen Politik, der umso mehr ins Auge fiel, als der Rassist und rechtspopulistische dritte Kandidat George C. Wallace aus Alabama von der American Independent Party fast zehn Millionen Stimmen (13,5 %) verbuchen konnte.

Die Nixon-Administration, die im Januar 1969 die Regierungsgeschäfte übernahm, unterhielt enge Beziehungen zu den Hauptgruppen der amerikanischen Konzernwelt, einschließlich der neuen Rüstungsfirmen im Westen und Südwesten des Landes. Der Einfluss des militärisch-industriellen Komplexes auf Regierungsentscheidungen verstärkte sich bei weiterhin hohen Rüstungsausgaben. Mehrere Kabinettsmitglieder hatten zuvor leitende Posten bei Banken oder Industriekonzernen bekleidet. Roy Ash, der Präsident von Lytton Industries, wurde mit der Reorganisation der Exekutive betraut. Henry Kissinger wurde Berater des Präsidenten für Nationale Sicherheit. Die Konzentration und Nutzung staatlicher Macht im Präsidentenamt, im Stab des Weißen Hauses, in den Institutionen der »Unsichtbaren Regierung« (Office of Management and Budget, National Security Council, Domestic Council, Urban Affairs Council, White House Office), die nicht der Kontrolle durch den Kongress unterstanden, wurde unter Nixon beschleunigt vorangetrieben. Dies hing auch mit dem Umstand zusammen, dass Nixons Handlungsspielraum durch die Mehrheitsstellung der Demokraten im Kongress eingeschränkt war. Nach Nixons Wiederwahl 1972 und in der im Januar 1973 beginnenden zweiten Amtszeit verstärkte sich noch der Kurs dieses Präsidenten in Richtung auf eine hauptsächlich über den Beraterstab (Ehrlichman, Haldeman, Kissinger) amtierende Präsidialregierung.

Für die Siebzigerjahre kündigte Nixon eine »Dekade von Regierungsreformen« an. Er verfolgte dabei die Absicht, Wohlfahrt, Bürgerrechte, Wirtschaftswachstum, Wirtschaftspolitik, Umweltschutz und Reorganisation der Bundesbürokratie weiterzuentwickeln. Damit sollte eine konservative und moderne Politik gegenüber der Öffentlichkeit eingeschlagen werden. Nixon erprobte in seiner Wirtschaftspolitik verschiedene Varianten staatlicher Regulierung einschließlich neoliberaler Elemente, die auf Theorien des britischen Ökonomen Keynes zurückgingen. Den Abbau der Sozialprogramme aus der Johnson-Zeit hielt er fürs Erste in Grenzen. In seiner zweiten Amtszeit, die 1973 nach dem eindeutigen Wahlerfolg über den Demokraten McGovern begann, driftete seine Innen-, Wirtschafts- und Sozialpolitik weiter nach rechts. Mit der Watergate-Affäre und ihrer Behandlung durch den Präsidenten und seinen Stab wurde schließlich ein Gipfelpunkt an Gesetzesverletzung, Verfassungsverstößen und Machtmissbrauch erreicht.

Die wirtschaftliche Situation wurde gegen Ende der Sechzigerjahre, als Nixon die Präsidentschaft antrat, kritischer. Die Konjunktur, die 1962 begonnen hatte, ging zu Ende. 1970 zeigte sich eine heftige Wirtschaftskrise. Die Zahl der Arbeitslosen stieg 1971 auf fünf Millionen, das waren knapp sechs Prozent der Arbeitskräfte. Die Inflationsrate lag 1970 weiterhin bei fünf Prozent. Die Handelsbilanz gestaltete sich 1971 zum ersten Mal seit 1893 negativ. Die Goldreserven der USA schrumpften weiter zusammen, da durch die Führung des Vietnamkrieges, die Unterhaltung auswärtiger Militärbasen und die Truppenstationierung rund um die Welt sowie durch Militärhilfe an überseeische Freunde und Verbündete der USA mehr Dollar aus dem Lande gingen als in der Zahlungsbilanz einkamen. Nachdem die anfängliche Bundespolitik der Ausgabenkürzung und der Kreditverteuerung die Wirtschaftskrise erst recht verschärft hatte, entschloss sich Nixon 1971 zu einer wirtschaftspolitischen Kehrtwendung und zur Anwendung von Mitteln, die in der republikanischen Politik unüblich waren. Nixon kündigte eigene neue Sozialprogramme an, brachte im Kongress ein Gesetz ein, um die Mindestunterstützung für Not leidende Familien zu erhöhen, und ordnete im August 1971 das zeitweilige Einfrieren der Löhne, Preise und Mieten an, um die Inflation unter Kontrolle zu bringen.

Zweimal (1971 und 1973) wertete Nixon den Dollar ab. Schließlich wurde im August 1971 eine zehnprozentige Importabgabe verordnet. Mit diesen Maßnahmen wurden in den Nixon-Jahren die Folgen der Krise zeitweilig und partiell gemildert. Aber der Wirtschaftsaufschwung, der 1972/73 folgte, blieb kurzfristig und begrenzt. Arbeitslosigkeit und Inflation hielten fast unvermindert an. 1974 schnellte die Inflation sogar auf zwölf Prozent. 1973/74 rief die Embargopolitik der arabischen Erdölproduzenten gegen die USA – als Antwort auf die amerikanische Unterstützung Israels im vierten Nahostkrieg vom Oktober 1973 – eine akute Energiekrise im Land hervor. 1974 kündigte sich eine neue Rezession an.

In der ersten Amtszeit Nixons mit ihrem konservativen »Mittelkurs« hatten sowohl einige wichtige Reformen, Umweltmaßnahmen wie die Einsetzung einer Umweltbehörde (1970) und die gesetzliche Senkung des Wahlalters auf 18 Jahre im 26. Verfassungszusatz von 1971 ihren Platz als auch Aktivitäten zur Durchsetzung von »law and order«. Justizminister John N. Mitchell, ein früherer Wallstreet-Anwalt und der starke Mann im Kabinett bis 1972, ließ die Polizeibefugnisse im Kampf gegen das organisierte Verbrechertum erweitern, strengte aber auch politische Prozesse gegen Bürgerrechtsaktivisten und Vietnamkriegsgegner an. Durch die Neubesetzung frei werdender Richterstellen am Obersten Gericht erreichte Nixon dort eine Kräfteverlagerung zugunsten konservativer Richter, nachdem das Oberste Gericht zuvor über Jahre mit liberalen Rechtsentscheidungen Aufsehen erregt hatte.

In der Bürgerrechtsfrage und hinsichtlich von Maßnahmen zur Überwindung der Rassentrennung steuerte Nixon einen Mittelkurs. Während liberale Kritiker Nixon in dieser Frage eine Hinhaltetaktik vorwarfen und ihn dafür kritisierten, dass er das »Busing« nicht auf Städte im Norden ausdehnte, konnte Nixon bei der Überwindung der Rassentrennung im Schulwesen des Südens auf Fortschritte und auf eine erhebliche Ausgabensteigerung für die Civil Rights-Angelegenheiten verweisen. Nixon unterstützte das vom Kongress 1972 gebilligte »Equal Rights Amendment« zur juristischen Sicherung der Gleichberechtigung der Frauen, das dann aber nicht die für die Ratifizierung erforderliche einzelstaatliche Zustimmung erreichte. Überraschend aufgeklärt verlief auch Nixons Indianerpolitik, die im Unterschied zu früheren Präsidenten die Selbstbestimmungsforderungen der Indianer akzeptierte, ohne den Verzicht auf ihre Stammeszugehörigkeit zu fordern. Zu den spektakulärsten Ereignissen, die in die erste Amtszeit Nixons fielen, gehörte die erste amerikanische Mondlandung im Rahmen des Apollo-Programms am 20. Juli 1969, der bis 1972 noch weitere folgen sollten.

In der Außenpolitik verfolgte Nixon seit 1969 gleichfalls einen, gemessen an seinem politischen Vorleben, unerwartet flexiblen, pragmatischen Kurs. Nixon, Außenminister Rogers, Sicherheitsberater Kissinger und Verteidigungsminister Laird schickten sich an, die Außenpolitik neu zu gestalten, das Vietnam-Engagement zu beenden und das Verhältnis zu Moskau und Peking, zur UdSSR und zur Volksrepublik China, neu zu ordnen. Unter Beibehaltung der »Politik der Stärke« und des globalen Vorgehens der USA kam es unter Nixon zu einer außenpolitischen Neuorientierung in Hinblick auf Prioritäten und Methoden. Anstelle der bipolaren, konfrontativen Struktur des Kalten Krieges hoffte Nixon, »die fünf großen Wirtschaftsregionen der Welt – die Vereinigten Staaten, die Sowjetunion, Festland-China, Japan und Westeuropa – in konstruktive Verhandlungen und gegenseitig vorteilhaften wirtschaftlichen Wettstreit zu bringen«.[3]

Ein gewisses Signal für die künftigen Beziehungen zur UdSSR setzte Nixon mit seiner bereits im Wahlkampf getroffenen und in der Antrittsrede bekräftigten Feststellung, nach einer »Ära der Konfrontation« sei nun die »Zeit für eine Ära der Verhandlungen« gekommen. Im Verhältnis der beiden Weltmächte gebe es »keine akzeptable Alternative für friedliche Verhandlungen«.[4] Die erste außenpolitische Priorität der Nixon-Administration war zunächst die Beendigung des Vietnamkrieges durch einen »ehrenhaften Frieden«. Während von Nixon schrittweise die amerikanischen Streitkräfte in Südvietnam verringert wurden (»Vietnamisierung des Krieges«), verstärkte der Präsident, um Druck auf Nordvietnam auszuüben, die Luftangriffe auf den vietnamesischen Norden, weitete zeitweilig die Angriffe auf Laos und vor allem 1970 auf Kambodscha aus und ließ im Mai 1972 die nordvietnamesischen Häfen verminen. Im August 1972 verließen die letzten amerikanischen Bodentruppen Südvietnam. Bei äußerst komplizierten Verhandlungen in Paris, die amerikanischerseits von Henry Kissinger geführt wurden, und angesichts des hartnäckigen Beharrens beider Seiten auf ihren Verhandlungspositionen, dauerte es vier Jahre, bis am 27. Januar 1973 der Waffenstillstand mit Vietnam unterzeichnet werden konnte. Damit löste Nixon sein Wahlversprechen ein, den amerikanischen Krieg in Vietnam zu beenden. Das Waffenstillstandsabkommen sah die Einstellung der Kampfhandlungen in Vietnam vor, den Abzug der letzten noch verbliebenen amerikanischen Streitkräfte, die Freilassung der amerikanischen Kriegsgefangenen durch Nordvietnam und amerikanische Hilfe für den im Luftkrieg zerstörten Norden. Letztere Bestimmung wurde dann nicht ausgeführt – wie auch der Frieden in Vietnam mit dem Waffenstillstandsabkommen, das eigentlich ein Friedensabkommen sein sollte, nicht erreicht werden konnte. Parallel zu dieser Entwicklung bekräftigte Nixon in der »Guamdoktrin« oder »Nixondoktrin« vom 25. Juli 1969 das amerikanische Engagement als »pazifischer Macht« in Asien, forderte zugleich größere eigene Anstrengungen der asiatischen Verbündeten, deren Truppen künftig die Führung von Landkriegen selbst übernehmen müssten.

Für den weiteren Fortgang der Asienpolitik der USA wurde der Besuch Nixons in der Volksrepublik China im Februar 1972 von Bedeutung. Den Besuch hatte Henry Kissinger unter strikter Geheimhaltung selbst gegenüber Außenminister Rogers vorbereitet. Mit ihm, dem ersten Besuch eines amerikanischen Präsidenten in China, traten an die Stelle der bisherigen Feindschaft zum kommunistischen China normalere Beziehungen zwischen beiden Ländern. Nixon nannte den Chinabesuch, bei dem er in Peking mit Mao Tse-tung und Tschou En-lai zusammentraf, »eine Reise für den Frieden«. Durch die Korrektur ihrer Chinapolitik hofften Nixon und Kissinger auch, in der Asienpolitik und in anderen Bereichen der Außenpolitik erweiterte Handlungsräume zu gewinnen, wenn sie auch bestritten, die »chinesische Karte« gegen die UdSSR ausspielen zu wollen.

Von vorrangiger Bedeutung wurde nach und in einer Zeit wirtschaftlicher und politischer Konflikte im Verhältnis der USA zu den westeuropäischen Verbündeten das nun erneut betonte Primat des »Atlantischen Bündnisses«. Stärkung der NATO, Festigung der Europapolitik der USA, Übernahme größerer Rüstungsaufgaben durch die Europäer und eine gemeinsame militärische und politische Strategie waren vordringliche Ziele dieser Politik. Kissinger formulierte für sie sogar eine »neue Atlantik-Charta«, eine »Atlantische Deklaration«, die auf dem Brüsseler NATO-Gipfel im Juni 1974 verabschiedet wurde.

Gegenüber den Ländern des Nahen und Mittleren Ostens wurde das Engagement der USA verstärkt. Der 1969 vom Nationalen Sicherheitsrat bestätigte Nahostplan von Außenminister Rogers für ein amerikanisch-sowjetisches Übereinkommen über eine umfassende Friedensregelung im Nahen Osten und für eine »unparteiische« Haltung beiden Seiten – Israel und den arabischen Staaten – gegenüber, konnte nicht verwirklicht werden. Erst nach dem Yom-Kippur-Krieg vom Oktober 1973 gelang es der amerikanischen Nahostpolitik, vor allem mittels der »Pendeldiplomatie« Kissingers, den toten Punkt zu überwinden und den Boden für ein ägyptisch-israelisches Sinai-Abkommen vorzubereiten. Die Nahostreise Nixons im Juni 1974 nach Ägypten, Saudi-Arabien, Syrien, Israel und Jordanien ließ erkennen, dass die USA nun im Begriff waren, ihren zeitweilig geschwundenen Einfluss in dieser Region wiederherzustellen.

In der Lateinamerikapolitik erfolgte unter Nixon ein Abrücken von der »Allianz für den Fortschritt«, die durch die neue Losung »Handel statt Hilfe« ersetzt wurde. Die Feindschaft der USA gegenüber dem kommunistischen Kuba unter Fidel Castro wurde seit 1970 durch Befürchtungen Nixons vor den Auswirkungen der Umwälzungen in Chile unter Salvador Allende erweitert. Nixon machte sich »Sorgen, dass Allende nach der Konsolidierung seiner Macht alle unsere Gegner in Lateinamerika auf seine Seite ziehen und die bisher unentschiedenen Elemente gegen uns in die Opposition drängen könnte«, vermerkt Kissinger in seinen Memoiren.[5] Mit allen zur Verfügung stehenden wirtschaftlichen, finanziellen sowie diplomatischen Mitteln und auch unter Beteiligung des Geheimdienstes CIA wurde Druck auf Chile ausgeübt, um den Sturz Allendes und seiner Volksfrontregierung herbeizuführen. Mit dem Militärputsch vom September 1973 unter General Pinochet gelang dies dann. Die Probleme und Schwierigkeiten im Verhältnis der Vereinigten Staaten zu Lateinamerika sollten sich damit aber erst recht vergrößern.

Zu den auffallendsten außenpolitischen Neuorientierungen Nixons gehörte die Neugestaltung des Verhältnisses der Vereinigten Staaten zur UdSSR. Die Bereitschaft zur politischen Lösung von Problemen des Ost-West-Konfliktes, zu Entspannung und Abrüstung zeigte sich vor allem in der Entwicklung des amerikanisch-sowjetischen Verhältnisses während der Nixon-Jahre. Angesichts des inzwischen nahezu erreichten militärstrategischen Gleichgewichts zwischen den beiden atomaren Weltmächten hatten Rüstungskontroll- und Abrüstungsvereinbarungen am Beginn der Siebzigerjahre eine noch weiter gewachsene Bedeutung.

Mit dem Abschluss des vierseitigen Berlin-Abkommens vom 3. September 1971 wurde eine politische Lösung für ein besonders sensibles Problem der Ost-West-Beziehungen gefunden. Damit wurde ein wesentliches Element von Berechenbarkeit in diesen Beziehungen erreicht und die Sicherheitslage in Europa stabilisiert.

Die in dieser Zeit einsetzende, vorübergehende Normalisierung der amerikanisch-sowjetischen Beziehungen wurde durch den Besuch Nixons in Moskau im Mai 1972 demonstriert sowie durch den Gegenbesuch von Generalsekretär Breschnew in Washington im Juni 1973 und dann nochmals durch den zweiten Moskaubesuch Nixons Mitte 1974. Die mit der UdSSR 1972 ausgehandelten Vereinbarungen und Abkommen sahen die Verhütung militärischer Zwischenfälle auf See und in der Luft über der See vor; sie betrafen die wissenschaftliche und technologische Zusammenarbeit; sie hatten die Kooperation im Gesundheitswesen, in Umweltfragen und in der Weltraumerkundung zum Gegenstand; sie sollten der Erweiterung der Handels- und Wirtschaftsbeziehungen dienen; und schließlich betrafen sie, und dies war am Moskaubesuch Nixons 1972 von besonderer Bedeutung, Rüstungskontrollvereinbarungen. Mit dem in Moskau damals unterzeichneten ABM-Vertrag begrenzten beide Seiten die Zahl der Raketenabwehrsysteme auf jeweils zwei Systeme für jede Seite. Die Zahl der offensiven Interkontinentalraketen wurde eingefroren. Das SALT-I-Abkommen schuf eine ungefähre Balance zwischen den nuklearen Arsenalen der beiden Supermächte. »SALT I stoppte zwar durchaus nicht das nukleare Wettrüsten, aber es anerkannte, dass ein unregulierter Rüstungswettkampf zwischen den beiden Supermächten nicht länger auf vernünftige Weise zu entschuldigen war.«[6]

Im Juni 1973 unterzeichneten Nixon und Breschnew ein Abkommen über die Verhütung eines Nuklearkrieges und gaben die Versicherung ab, dass das Ziel ihrer Politik die Verhütung der Gefahr eines Nuklearkrieges und der Anwendung von Kernwaffen sei. Bei den Verhandlungen in Moskau im Sommer 1974, die schon unter dem Schatten des Watergate-Skandals standen, erklärten beide Seiten ihre Absicht, den Prozess der Verbesserung der amerikanisch-sowjetischen Beziehungen unumkehrbar zu machen. Im September 1973 wurden außerdem in Genf die SALT-II-Verhandlungen eröffnet, bei denen Höchstzahlen für die strategischen Nuklearsysteme vereinbart werden sollten. Mit den amerikanisch-sowjetischen Verhandlungen, Abkommen und Vereinbarungen dieser Jahre wurde die Détente, die Entspannung für eine Zeit lang zur Dominante der Ost-West-Beziehungen. Es sollte jedoch bald deutlich werden, dass beide Seiten trotz ihrer erklärten Absicht, gefährliche Situationen zu verhindern, Zurückhaltung zu üben, entstehende Konflikte friedlich beizulegen und keinen einseitigen Vorteil zu suchen, am Wettrüsten festhielten. Die UdSSR ließ überdies seit der Mitte der Siebzigerjahre zunächst in Angola, dann am Horn von Afrika erkennen, dass sie ihren Macht- und Einflussbereich gegebenenfalls auch mit militärischen Mitteln zu erweitern gedachte. Damit wurde die »Struktur des Friedens« – wie sie unter Nixon errichtet worden war – Schritt um Schritt untergraben.

Bei den Präsidentschaftswahlen von 1972 traf Nixon auf seinen Herausforderer, den demokratischen Senator McGovern. Der war ein entschieden liberaler Reformpolitiker und Vietnamkriegsgegner, dem es weder gelang, die gemäßigte Mitte der Wähler anzusprechen, noch alle traditionellen Wählerschichten seiner Partei zu gewinnen. Infolgedessen konnte Nixon 1972 einen spektakulären Wahlerfolg mit seltener Eindeutigkeit verbuchen. 47,2 Mio. Wähler stimmten für ihn, nur 29,2 Mio. für McGovern. Dieser konnte lediglich in Massachusetts und im District of Columbia die Stimmenmehrheit erringen, alle anderen Staaten fielen an Nixon.

Im Wahlkampf war es zu Vorkommnissen gekommen, aus denen sich bald der wohl schwerwiegendste politische Skandal in der Präsidentengeschichte der USA entwickeln sollte. Am 17. Juni 1972 waren fünf Mitarbeiter aus dem Wahlkampfstab des Präsidenten (Committee to Reelect the President) beim Einbruch in das Wahlkampf-Hauptquartier der Demokraten in Washington, in den Watergate-Komplex, auf frischer Tat ertappt und verhaftet worden. Während das Weiße Haus den Vorgang als eine drittrangige Einbruchsgeschichte herunterspielen wollte, wurde durch Enthüllungen der »Washington Post« und nachfolgend seit Mai 1973 durch Senatsuntersuchungen ein ganzes Geflecht krimineller und verfassungswidriger Handlungen aufgedeckt, in die Mitarbeiter des Weißen Hauses, Berater des Präsidenten und Offizielle seines Wahlkampfstabes verwickelt waren. Mag Nixon selbst auch nicht diesen und einen weiteren Einbruch autorisiert haben, so leitete er doch maßgeblich die Vertuschungsmanöver, die auf den Watergate-Einbruch und auf die Enthüllungen weiterer Vergehen folgten, an denen das Weiße Haus beteiligt war. Dem Präsidenten und zahlreichen ranghohen Mitarbeitern des Weißen Hauses wie den Präsidentenberatern Ehrlichman und Haldeman konnten Beteiligung an kriminellen Handlungen, Behinderung der Aufklärung von Verbrechen, Unterschlagung von Beweismaterial, Machtmissbrauch, Täuschung der Öffentlichkeit und andere Delikte nachgewiesen werden. 25 Personen wurden schließlich in Verbindung mit den Watergate-Vorgängen zu Gefängnisstrafen verurteilt. Zu ihnen gehörte auch der frühere Justizminister unter Nixon, John Mitchell.

Die Vorbereitung eines Amtsenthebungsverfahrens gegen Nixon im Kongress, die Abstimmungen im Rechtsausschuss des Repräsentantenhauses im Juli 1974 und die zu erwartende Haltung der Mehrheit des Kongresses ließen schließlich die Absetzung Nixons im Gefolge des Watergate-Skandals als unvermeidbar erscheinen. Daher entschloss sich der Präsident am 8. August 1974, um der Absetzung und einem dann möglich und wahrscheinlich werdenden Gerichtsverfahren zu entgehen, selbst den Rücktritt zu erklären. Sein Rücktritt als Präsident trat am 9. August 1974 in Kraft. Am Morgen verabschiedete sich Nixon von seinem Kabinett und seinem Stab, ohne Gefühle von Schuldbewusstsein zu zeigen. Allerdings räumte er ein, Fehler gemacht zu haben. Unmittelbar darauf verließen Nixon und seine Familie Washington, um sich nach San Clemente in Kalifornien zu begeben, ohne noch die Vereidigung und Amtseinführung Gerald Fords als 38. Präsident abzuwarten.

Das Amtsenthebungsverfahren gegen Nixon wurde eingestellt. Einen Monat später, am 8. September 1974, gewährte Präsident Ford Nixon einen Generalpardon für alle von ihm im Zusammenhang mit der Watergate-Affäre begangenen Vergehen gegen Bundesgesetze.

Nach seinem Rücktritt hatte Nixon kein politisches Amt mehr inne und wurde selbst zu den Parteikonventen der Republikaner nicht eingeladen. Er schrieb seine Memoiren, die 1978 erschienen, und veröffentlichte eine Reihe weiterer Bücher zu politischen Fragen der Gegenwart. In »The Real War« (1980) ging er auf die Mittel ein, mit denen die USA die Konfrontation mit der UdSSR gewinnen könnten. In »Real Peace: Strategy for the West« (1983) behandelte er neuerlich das Thema der Ost-West-Beziehungen und vertrat die Auffassung, dass es in der Welt keinen wirklichen Frieden ohne ein neues Verhältnis zwischen den USA und der Sowjetunion geben könne. In »No More Vietnams« (1985) erörterte er die Rolle der USA in Vietnam und skizzierte eine Strategie zur Vermeidung eines Dritten Weltkriegs. Sein besonderes Engagement galt der Transformation Russlands – wohin er zuletzt regelmäßig reiste – von einer kommunistischen zu einer demokratischen Macht mit marktwirtschaftlicher Orientierung. Sein letztes Buch »Beyond Peace« (1994) beschrieb die Aufgaben seines Landes für die Zeit nach dem Ende des Kalten Krieges.

Am 22. April 1994 – ein Jahr nach dem Tod seiner Frau – starb Nixon in New York City. Er wurde in Yorba Linda, Kalifornien, im Beisein von fünf Präsidenten bzw. Expräsidenten (Clinton, Ford, Carter, Reagan, Bush) beigesetzt.

1982 ordnete eine Meinungsumfrage unter Historikern Nixon in Gemeinsamkeit mit Andrew Johnson, Buchanan, Grant und Harding unter den »Versagern« im Präsidentenamt ein. Trotz seiner Leistungen auf außenpolitischem Gebiet und seiner innenpolitischen Bilanz gab es dafür nur einen Grund: Watergate. Inzwischen hat sich eine gewisse Aufwertung der Nixon-Politik und seines pragmatischen Stils ergeben. Nixon absolvierte in dieser Zeit eine Fülle von Auslandsreisen, traf mit zahlreichen Staatsmännern zusammen und wurde wiederholt von den Präsidenten Reagan, Bush und Clinton in Fragen des Ost-West-Konflikts, der sowjetischen bzw. russischen und der chinesischen Politik konsultiert.

Anmerkungen

1 Norman Mailer, Nixon in Miami und die Belagerung von Chicago, Reinbek bei Hamburg 1969, S. 37.
2 Hierzu: Herbert S. Parmet, Richard Nixon and His America, Boston 1990.
3 The American Presidents. The Office and the Men, hg. v. Frank N. Magill/John L. Loos, Bd. 3, Pasadena, California/Englewood Cliffs, New Jersey, 1986, S. 771.
4 U. S. News & World Report, Bd. 65, Nr. 8, v. 19. August 1968, S. 56.
5 Henry A Kissinger, Memoiren, Bd. II 1970–1972, München 1981, S. 864
6 American Presidents, S. 777.

Bibliographische Hinweise

Reden, Botschaften und Erklärungen Präsident Nixons sind veröffentlicht:
U. S. President Public Papers of the Presidents of the United States, Containing the Public Messages, Speeches, and Statements of the President. Richard M. Nixon, 6 Bde., Washington, D. C., 1971–1975.
Die Memoiren Nixons erschienen unter dem Titel:
RN: the Memoirs of Richard Nixon, New York 1978 (deutsche Übers.: Köln 1979).
Zu den Pressekonferenzen Nixons:
The Nixon Presidential Press Conferences, mit einer Einführung v. Helen Thomas, New York 1978.

Eine Chronik, Dokumentation und Bibliographie bietet:

Richard M Nixon, 1913–, hg. v. Howard F. Bremer, Dobbs Ferry, New York, 1975.

Zu Nixons Biografie bzw. Präsidentschaft:

Stephen E. Ambrose, Nixon, 3 Bde., New York 1987–1991.

Michael A. Genovese, The Nixon Presidency Power and Politics in Turbulent Times, New York 1990.

Laurie Nadel, The Great Stream of History: a Biography of Richard M. Nixon, New York 1991.

Zur Außenpolitik Nixons:

Christian Hacke, Die Ära Nixon-Kissinger 1969–1974. Konservative Reform der Weltpolitik, Stuttgart 1983.

Franz Schurmann, The Foreign Policy of Richard Nixon. The Grand Design, Berkeley, California, 1987.

Robert S. Litwak, Détente and the Nixon Doctrine. American Foreign Policy and the Pursuit of Stability, 1969–1976, Cambridge 1984.

Neuere Veröffentlichungen zu Nixon:

Joan Hoff-Wilson, Nixon Reconsidered, New York 1994.

Thomas Monsell, Nixon on Stage and Sreen: the Thirty-Seventh President as Depicted in Films, Television, Plays and Opera, Jefferson, N. C., 1998.

Melvin Small, The Presidency of Richard Nixon, Lawrence, Ka., 1999.

Irwin F. Gellman, The Contender: Richard Nixon, The Congress Years, 1946–1952, New York 1999.

Zur Watergate-Affäre:

Harry P. Jeffrey/Thomas Maxwell-Long, Watergate and the resignation of Richard Nixon: impact of a constitutional crisis, Washington, D. C., 2004.

GERALD R. FORD

* 1913

38. PRÄSIDENT DER USA 1974–1977

14. Juli 1913	Ford wird als Leslie Lynch King, jr., in Omaha, Nebraska, geboren. Nach der Scheidung und Wiederverheiratung der Mutter (1916) wird Ford von seinem Stiefvater adoptiert und nimmt den Namen Gerald Rudolph Ford, jr., an.
1931–1935	Studium an der University of Michigan.
1938–1941	Rechtsstudium an der Yale Law School.
1941–1942	Tätigkeit als Anwalt in Grand Rapids, Michigan.
1942–1945	Teilnahme am Krieg gegen Japan als Marineoffizier im Südpazifik.
1946–1948	Erneute Anwaltstätigkeit in Grand Rapids.
1948	Heirat mit Elizabeth Bloomer Warren (geb. 1918).
1948	Ford wird als Republikaner im fünften Wahldistrikt von Michigan ins Repräsentantenhaus gewählt; bis 1973 gehört er ohne Unterbrechung dem Kongress an.
1973	Nach dem Rücktritt von Vizepräsident Agnew wird Ford von Nixon als Vizepräsident vorgeschlagen und vom Kongress bestätigt.
9. August 1974	Nach dem Rücktritt Nixons wird Ford Präsident der Vereinigten Staaten.
1974–1977	Präsident der USA.
1979	Seine Memoiren »A Time to Heal« erscheinen.
1981	Einweihung der Gerald R. Ford Library in Ann Arbor, Michigan.

Gerald Rudolph Ford, dessen Amtszeit nur 835 Tage dauerte, war der erste nicht gewählte Vizepräsident (er wurde gemäß dem 25. Amendment berufen) und somit auch der erste nicht gewählte Präsident der USA. Seine Präsidentschaft wurde durch die Nachwirkungen des Watergate-Skandals überschattet und durch die politische Stimmungslage im Land, die auf den amerikanischen Rückzug aus Vietnam folgte. Trotz der kurzen Amtszeit gilt Ford als ein Präsident, »der mit persönlicher Ehrlichkeit und mit Anstand das Ansehen und die Integrität der Präsidentschaft wiederherstellte«.[1] Gerald Rudolph Ford (ursprünglich Leslie Lynch King) wurde am 14. Juli 1913 in Omaha, Nebraska, als Sohn von Leslie und Dorothy King geboren. Nach der Scheidung und Wiederverheiratung der Mutter (1916) wurde er von seinem Stiefvater Gerald R. Ford, sen., dem Besitzer einer kleinen Farbenfabrik in Grand Rapids, Michigan, adoptiert. Hier wuchs er gemeinsam mit drei Stiefbrüdern auf, besuchte die Elementarschule und die High School. Als Student der Wirtschaftswissenschaft und der Political Science an der Universität von Michigan zeichnete er sich als sehr erfolgreicher Footballspieler aus, er wurde 1935 in eine College-All-Stars-Mannschaft aufgenommen. Auch während des darauf folgenden Jurastudiums (1938–1941) an der Yale Law School war er noch als Football- und Boxtrainer sportlich tätig.

1941 wurde Ford in Michigan als Anwalt zugelassen. Er begann seine Rechtsanwaltstätigkeit in seiner Heimatstadt Grand Rapids. Nach dem Kriegseintritt der USA meldete er sich 1942 zur Marine und machte nun den Krieg gegen Japan als Marineoffizier auf dem Flugzeugträger »Monterey« im Südpazifik mit. Nach Kampfeinsätzen wurde er mehrmals ausgezeichnet. 1946 schied er im Rang eines Korvettenkapitäns (Lieutenant Commander) aus der Marine aus. Danach arbeitete er wieder als Anwalt in Grand Rapids. 1947 leitete er dort eine republikanische Organisation (»Home Front«), die für eine Verwaltungsreform in Grand Rapids eintrat. Mit Unterstützung des einflussreichen republikanischen Senators Arthur Vandenberg, der ebenfalls aus Grand Rapids stammte, bewarb sich Ford dann 1948 in einem traditionell republikanischen Wahldistrikt in Michigan um einen Sitz im Repräsentantenhaus. Die Wahl – und ebenso die darauf folgenden zwölf Kongresswahlen – gewann Ford mit deutlichem Stimmenvorsprung (der nie unter 60 % der Stimmen lag). In den 25 Jahren als Kongressabgeordneter in Washington, seit 1965 dann als Führer der Republikaner im Repräsentantenhaus, wurde Ford ein erfahrener und geachteter Parlamentarier. Mit seiner mittelwestlich-kleinstädtischen Lebens- und Denkweise, seiner offenen, unkomplizierten Persönlichkeit entsprach er den Erwartungen und Wünschen des konservativ eingestellten Durchschnittsamerikaners. Das Ansehen Fords beruhte sowohl auf seinem aus eigener Kraft erreichten sozialen und politischen Aufstieg – noch als Student hatte Ford in den Semesterferien, um Geld zu verdienen, als Parkhüter in den Nationalparks gearbeitet – als auch auf dem Bild seiner glücklichen, harmonischen Familie. 1948 hatte Ford die 30-jährige Elizabeth Bloomer Warren geheiratet, eine künstlerisch, als Tänzerin und Tanzpädagogin tätige junge Frau, die vor ihrer zweiten Ehe als Modeberaterin in einem Warenhaus arbeitete. Zur Familie gehörten drei Söhne und eine Tochter, die zwischen 1950 und 1957 geboren wurden.

Ein Experte in Militärfragen, gegen Sozialreformen und Präsident Johnsons »Great Society« eingestellt und für »law and order« eintretend, gehörte der Republikaner Ford in den Sechzigerjahren zu den Kritikern der Vietnampolitik Johnsons, die ihm nicht hart und unnachgiebig genug war. Dem Bürgerrechtsgesetz von 1964 stand er zunächst reserviert gegenüber. Angesichts der politischen Konstellation im Lande stemmte er sich dann aber nicht weiter gegen seine Verabschiedung.

Mit dem Regierungsantritt des Republikaners Nixon wuchs seit 1969 naturgemäß die politische Rolle des republikanischen Führers im Repräsentantenhaus noch an. Ford wurde in dieser Zeit zu einem Anhänger der Außenpolitik Nixons einschließlich der von diesem eingeleiteten Normalisierung der Beziehungen zur UdSSR, die er schließlich nach seinen eigenen Worten rückhaltlos unterstützte. Nach dem Rücktritt des durch die Annahme von Bestechungsgeldern und die Fälschung seiner Steuererklärungen belasteten Vizepräsidenten Spiro T. Agnew im Oktober 1973 nominierte Nixon entsprechend den Bestimmungen des neuen 25. Verfassungszusatzartikels, der die Nachfolge für einen aus dem Amt ausscheidenden Vizepräsidenten regelt, den nachweislich redlichen Ford als neuen Vizepräsidenten. Vor seiner Ernennung hatten über 400 FBI-Mitarbeiter sein Vorleben überprüft, ohne einen Makel darin finden zu können. Der von den Demokraten beherrschte Kongress stimmte der Ernennung mit großer Mehrheit zu, wohl auch deshalb, weil man in dem respektablen, aber wenig ambitionierten Ford für die 1976 bevorstehenden Präsidentschaftswahlen einen eher schwachen republikanischen Kandidaten und Gegner sah. Am 6. Dezember 1973 trat Ford sein neues Amt an. In seiner Antrittsrede erklärte er bescheiden und stolz zugleich, »ich bin ein Ford, kein Lincoln«.[2] Ford wurde Vizepräsident zu einer Zeit, als der immer mehr um sich greifende Watergate-Skandal die Stellung Nixons und seiner Administration bereits schwer erschütterte.

Ford verhielt sich Nixon gegenüber loyal und war unermüdlich im Lande bemüht, das Vertrauen in die Republikanische Partei und Administration wiederherzustellen.

Durch den angesichts der drohenden Impeachment-Anklage unvermeidlichen Rücktritt Nixons wurde Ford dann am 9. August 1974 als neuer Präsident der USA vereidigt. Zum Vizepräsidenten schlug er nun den Gouverneur von New York, Nelson A. Rockefeller, vor. Bei seiner Vereidigung rief Ford aus: »Meine amerikanischen Mitbürger, unser langer nationaler Alptraum ist vorüber. Unsere Verfassung funktioniert, unsere große Republik ist eine Regierung des Gesetzes, nicht der Menschen.«[3] Einer seiner Berater, Robert T. Hartmann, ist der Ansicht, »kein Präsident begann mit mehr Freunden und weniger Feinden« als Ford.[4] Dies sollte sich im Lauf der Zeit durchaus ändern.

In der Innenpolitik stand die Ford-Administration einer Hinterlassenschaft ihrer Vorgängerin gegenüber, die neben den Auswirkungen des Watergate-Skandals, der damit verbundenen politischen Vertrauenskrise im Lande, den Nachwirkungen des Vietnamkrieges auf das politische Klima und dann vor allem durch eine kritische Wirtschaftslage bestimmt wurde. Wirtschaftliche Stagnation, die gegen Ende des Jahres 1974 in eine neue Rezession überging, eine Besorgnis erregende Inflation mit einer Preissteigerungsrate von elf Prozent, die Arbeitslosigkeit, von der fünf Millionen bzw. 5,6 % der Arbeitskräfte betroffen waren, das Defizit in der amerikanischen Zahlungsbilanz und die zunehmende Staatsverschuldung waren Kennzeichen dieser kritischen Situation.

Der neue Präsident, der im Kabinett zunächst keine Veränderungen vornahm und es auch lange versäumte, im Stab des Weißen Hauses die Prätorianer seines Vorgängers durch Persönlichkeiten seines eigenen Vertrauens zu ersetzen, rückte bald den Kampf gegen die Inflation in den Mittelpunkt seiner wirtschaftspolitischen Maßnahmen. Durch eine Kürzung der Ausgaben und diverse staatliche Maßnahmen suchte Ford die Inflation, den »Staatsfeind Nummer eins«, wie er in seiner Rede am 12. August 1974 sagte, unter Kontrolle zu bringen. Dies gelang bis 1976 insofern, als dann die Inflationsrate noch 5,8 % betrug. Zu den wichtigeren Gesetzen, die der Präsident noch 1974 unterzeichnete, gehörte die Bereitstellung von 25 Mrd. $ an Bundesmitteln für die Erziehung, gekoppelt mit einer Beschränkung des »Busing«, sowie eine Reform der Bundeswahlkampagnen, wodurch die Finanzierung der Kampagnen von Präsidentschafts- und Kongresskandidaten neu geregelt und partiell beschränkt wurde. Hauptsächlich aber blockierte der konservative Ford mit über 50 Vetos in der Folgezeit verschiedene Initiativen des von den Demokraten dominierten Kongresses, mit denen neue Mittel für den Wohnungsbau, die Gesundheitsfürsorge, die Lebensmittelhilfe für die Armen, die Schaffung von Arbeitsplätzen oder die Unterstützung der Farmer bereitgestellt werden sollten. Unter dem Eindruck der im Winter 1974/75 um sich greifenden Rezession (im Juni 1975 erreichte die Arbeitslosenrate mit 9,2 % den höchsten Stand seit 1941) änderte Ford seinen wirtschaftspolitischen Kurs dann insofern, als er nun Anti-Krisenmaßnahmen Priorität einräumte. Zu den neuen Maßnahmen gehörten 1975 eine umfangreiche Steuersenkung sowie Steuererhöhungen für importiertes Erdöl.

Zu den umstrittensten innenpolitischen Maßnahmen Fords zählt die von ihm am 8. September 1974 seinem Amtsvorgänger Nixon gewährte Generalamnestie für alle von diesem während seiner Amtszeit zu verantwortenden kriminellen Vergehen im Zusammenhang mit dem Watergate-Skandal. Der Nixon-Pardon, mit dem Ford womöglich einen Schlussstrich unter die Watergate-Affäre und die damit verbundene Verfassungskrise ziehen wollte, löste in der Öffentlichkeit, im Kongress und teilweise selbst in der Republikanischen Partei einen Proteststurm aus. Der Pressesekretär des Weißen Hauses, Jerald F. ter Horst, trat aus Protest von seinem Amt zurück. Durch Spannungen zwischen Ford-Administration und Kongress, durch die kritische Haltung der Medien zum neuen Präsidenten und durch Uneinigkeit in seinem, zumeist von Nixon übernommenen politischen Stab war die politische Stellung Fords nach dem Nixon-Pardon eher labil. Bei den Kongresswahlen im November 1974 mussten die Republikaner eine Niederlage quittieren. Die Demokraten erreichten nun im Repräsentantenhaus sogar eine Zweidrittelmehrheit. Im Senat bauten sie den Vorsprung auf 61 Sitze aus.

Durch Senatsuntersuchungen über illegale Aktivitäten von CIA und FBI im In- und Ausland, die im Herbst 1974 begannen, erhielt die Vertrauenskrise gegenüber dem Nixon-Nachfolger Ford weitere Nahrung. Um seine Position zu stärken, wechselte daraufhin der Präsident 1975/76 einen großen Teil der noch aus der Nixon-Zeit stammenden Kabinettsmitglieder und den CIA-Direktor aus. Lediglich Außenminister Henry Kissinger und Finanzminister William E. Simon blieben weiter im Amt. Neuer Verteidigungsminister und Nachfolger James R. Schlesingers wurde Donald H. Rumsfeld, ein Vertrauter Fords; neuer CIA-Direktor und Nachfolger William E. Colbys wurde George Bush, der bisherige diplomatische Vertreter der USA in der Volksrepublik China.

Politische Kontroversen, Krisenerscheinungen und schwindende Glaubwürdigkeit der Regierung konnten auch durch die 1975 beginnenden zweijährigen Feierlichkeiten zum 200. Jahrestag der Gründung der USA nur vorübergehend überdeckt werden. Mit der Losung »Das amerikanische Abenteuer« sei »ein fortdauernder Prozess« suchte Ford die offiziellen Bicentennial-Feiern zur Stärkung des Prestiges seiner Administration zu nutzen. Dies gelang nur bedingt und zeitweilig. Wie stark seine Stellung selbst unter den Republikanern in Frage gestellt war, zeigte sich im August 1976, als Ford auf dem Nationalkonvent der Republikaner mit 1187 Stimmen zwar im ersten Wahlgang als Präsidentschaftskandidat nominiert wurde, sein schärfster Rivale, der Exgouverneur von Kalifornien, Ronald Reagan, mit 1070 Stimmen aber nur knapp unterlag.

Die Außenpolitik der Ford-Regierung, für die Außenminister Henry Kissinger weiterhin eine Schlüsselstellung besaß, setzte zunächst den unter Nixon begonnenen Kurs der Neudefinition der amerikanischen Weltpolitik und der Neugestaltung der amerikanisch-sowjetischen Beziehungen fort. Die Entspannungspolitik jener Jahre wurde beibehalten und zeitigte weitere Ergebnisse. Beim Gipfeltreffen des Präsidenten mit dem sowjetischen Generalsekretär Breschnew im November 1974 in Wladiwostok bekräftigten beide Politiker den Wandlungsprozess in den sowjetisch-amerikanischen Beziehungen und ihre Absicht, diese Beziehungen auf der Basis von Koexistenz und gleicher Sicherheit weiterzuentwickeln und unumkehrbar zu machen. Vorgesehen war nun der Abschluss eines weiteren Abkommens über die Begrenzung der strategischen Offensivwaffen (SALT II), das ab 1977 Gültigkeit haben sollte.

Zu einem wichtigen außenpolitischen Ereignis der Ford-Präsidentschaft wurde die am 1. August 1975 in Anwesenheit des Präsidenten in Helsinki stattfindende Unterzeichnung der Schlussakte der Konferenz über Sicherheit und Zusammenarbeit in Europa (KSZE). Die über Jahre hindurch vorbereitete Konferenz und ihr mit der Schlussakte kodifiziertes Ergebnis waren ein Beitrag zur friedlichen Gestaltung der europäischen Verhältnisse und zur Entschärfung des Ost-West-Konfliktes. Helsinki – durch die neue Ostpolitik der Brandt-Scheel-Regierung in Bonn seit 1969 ebenso wie durch die Nixon-Kissinger-Ford-Außenpolitik möglich geworden – wurde zu einem Symbol für die Entspannungspolitik jener Jahre. In der Euphorie über das Erreichte sprach man zeitweilig gar von einem »Ende des Kalten Krieges«. Die von 35 Staaten in West und Ost unterzeichnete Schlussakte war ein beiderseits akzeptabler Kompromiss. Der darin verankerte Grundsatz des Gewaltverzichtes entsprach den Interessen beider Seiten. Die Anerkennung der territorialen und politischen Verhältnisse in Europa, wie sie sich im Ergebnis des Zweiten Weltkrieges und der Nachkriegsentwicklung herausgebildet hatten, war ein lang zurückreichender Wunsch der Sowjetunion und schien, wie der damalige Bundeskanzler Helmut Schmidt rückblickend diagnostizierte, die UdSSR de facto in ihrer Vormachtstellung in Osteuropa zu bestätigen. Dafür mussten im Gegenzug die Staaten des Warschauer Vertrages in Helsinki hinsichtlich der Menschenrechte und der Grundfreiheiten (Korb 3 der Schlussakte) die Vorstellungen des Westens akzeptieren. Insgesamt gelang es mit dem Konferenzergebnis, die Lage im geteilten Europa und damit zugleich auch die Lage der geteilten deutschen Nation zu bessern.[5]

In die Amtszeit Fords fiel auch die bereits ein Jahr vor der Helsinki-Konferenz – am 4. September 1974 – vereinbarte Herstellung diplomatischer Beziehungen zwischen den Vereinigten Staaten und der DDR. Auch dies war ein Produkt der veränderten internationalen Situation in der »Entspannungsära« der frühen Siebzigerjahre. Allerdings gelang es der DDR in den darauf folgenden 15 Jahren nicht, in der Gestaltung ihrer Beziehungen zur Führungsmacht des Westens die verschiedenen politischen und finanziellen Hemmnisse und Streitpunkte zu beseitigen.

In Vietnam musste Ford den von seinem Vorgänger Nixon begonnenen Rückzug abschließen. Angesichts des militärischen Zusammenbruchs des Thieu-Regimes und des bevorstehenden Einzuges der Streitkräfte Nordvietnams und des Vietcong in Saigon ordnete Ford Ende April 1975 die sofortige Evakuierung des noch in Südvietnam verbliebenen amerikanischen Personals an. In einer Erklärung hierzu stellte er am 29. April 1975 lakonisch fest: »Diese Aktion schließt ein Kapitel in dem amerikanischen Experiment ab.«[6] Einen Monat später, im Mai 1975, kaperten kambodschanische Vorpostenboote das amerikanische Handelsschiff »Mayaguez«, das auf dem Weg von Hongkong nach Thailand war, im Golf von Thailand. Bei der dramatischen Rettungsaktion durch die amerikanische Flotte kamen 15 Seeleute ums Leben, drei kambodschanische Vorpostenboote wurden versenkt.

Zu den dauerhaften außenpolitischen Leistungen der Ford-Kissinger-Administration zählt das von Außenminister Kissinger mit seiner »Pendeldiplomatie« vermittelte Sinai-Abkommen vom 4. September 1975 zwischen Israel und Ägypten. Mit der Truppenentflechtung auf der Sinai-Halbinsel regelte das Abkommen Folgen des vierten Nahostkrieges von 1973 und war damit ein Schritt auf dem Weg zum späteren, unter Präsident Carter erreichten ägyptisch-israelischen Frieden.

Neben den erwähnten Schritten zur Fortsetzung der Entspannungspolitik zeigte sich in der Außenpolitik Fords in der Mitte der Siebzigerjahre aber auch eine gegenläufige Tendenz. Der Einfluss der weltpolitischen »Falken« (Verteidigungsminister James Schlesinger, Sicherheits- und Abrüstungsexperte Paul Nitze, Exgouverneur Ronald Reagan, Senator Henry M. Jackson), der Protagonisten einer vor allem militärisch abgestützten amerikanischen Weltpolitik, nahm damals nicht nur im republikanischen Lager zu. Sie setzten – herausgefordert durch neue sowjetische Aufrüstungsanstrengungen und Interventionen in der Dritten Welt – weiterhin auf das Instrument der Politik der militärischen Stärke und gingen von der Notwendigkeit eines globalen weltpolitischen Führungsanspruches der USA aus. Einer ihrer Sprecher in der Administration war Verteidigungsminister (bis November 1975) Schlesinger, der damals die These vom führbaren »begrenzten strategischen Nuklearkrieg« und von einer »zeitlich begrenzten« Entspannung vertrat, auf die eine erneute Phase des Ost-West-Konflikts folgen könne. Der Rückzug der USA aus Südvietnam und der Einzug der Streitkräfte des kommunistischen Nordvietnams in Saigon wurde von den »Falken« als womöglich vermeidbare Niederlage verstanden. Der Präsident geriet mit seinem pragmatischen, realpolitischen Mittelkurs nun ins Kreuzfeuer der Kritik von zwei Seiten. Den vor allem unter den Demokraten zu findenden »Tauben« gingen die von Ford betriebenen Abrüstungsschritte und der Rückzug aus Südostasien nicht weit genug, der Meinung der »Falken« nach verhielt sich der Präsident gegenüber Kommunismus und UdSSR zu »weich«. Aus diesem politischen Lager heraus wurde auch die Teilamnestie Fords vom September 1974 für Vietnamkriegsgegner kritisiert, eine bedingte Amnestie für diejenigen 124.000 Amerikaner, die den Wehrdienst in Vietnam verweigert hatten oder desertiert waren. Ein reichliches Fünftel von ihnen, 22.500, erfüllte die für die Amnestie gesetzten Bedingungen.

Zweimal wäre Ford während seiner Amtszeit im Weißen Haus um ein Haar das Opfer eines Attentats geworden. Am 5. September 1975 versuchte eine Anhängerin des kalifornischen Massenmörders Charles Manson, in Sacramento auf Ford zu schießen, doch der Colt versagte. Kurz darauf, am 22. September 1975, feuerte eine andere Frau, die Verbindungen zu radikalen Gruppen in Berkeley, Kalifornien, unterhielt, in San Francisco aus einem Revolver auf den Präsidenten, der Schuss verfehlte aber sein Ziel, weil ein Passant den Arm der Attentäterin herunterriss.

Im Wahlkampf des Jahres 1976 machte Ford dann den »Falken« Zugeständnisse. Er distanzierte sich nun verbal vom Begriff »Entspannung« (Détente) und schlug in einem Interview im März 1976 vor, den Begriff Détente durch die Formulierung »Frieden durch Stärke« zu ersetzen. Am Vorabend der Präsidentenwahlen konnte sich dann Ford – wie schon erwähnt – in seiner eigenen Partei nur schwer gegen den erzkonservativen Mitbewerber Ronald Reagan durchsetzen. Er verlor schließlich die Wahlen im November 1976 knapp (39,1 Mio. zu 40,8 Mio. Stimmen) gegen den Kandidaten der Demokraten Jimmy Carter. Während damals 74 % der liberalen Wähler für Carter stimmten, gaben 70 % der konservativen Wähler Ford ihre Stimme. Die Wahlbeteiligung betrug lediglich 53 %. Die Schädigung des republikanischen Ansehens durch den Watergate-Skandal, die durch den Nixon-Pardon mögliche Gleichsetzung von Ford mit Nixon und Ungeschicklichkeiten in seinen Fernsehauftritten trugen mit zur Niederlage Fords bei. Carter war damals für viele Wähler gerade als politischer »Außenseiter« attraktiv, ihm konnten keine Verbindungen zum diskreditierten Washingtoner Establishment vorgeworfen werden.

Nach dem Ausscheiden aus dem Präsidentenamt zog sich Ford im Januar 1977 aus der offiziellen Politik zurück. Er schrieb seine Autobiografie »A Time to Heal« (1979) und richtete in Ann Arbor, Michigan, die Gerald R. Ford Library ein, die 1981 als Presidential Library eingeweiht wurde. Ford blieb in der Politik der Republikaner aktiv, gab gelegentlich Interviews und unterstützte die Nominierung Richard Cheneys, der seiner

Administration als Stabschef angehört hatte, für die Kandidatur als Vizepräsidentschaftskandidat der Republikaner zur Wahl im November 2000. Er gehört dem Aufsichtsrat verschiedener Konzerne an. Präsident Clinton ehrte Ford mit der »Medal of Freedom«, der höchsten zivilen Auszeichnung des Landes, um damit seine Rolle bei der Behandlung der Watergate-Affäre, beim Rücktritt Nixons und bei der Beendigung des Vietnamkrieges zu würdigen.

Anmerkungen

1 Research Guide to American Historical Biography, hg. v. Robert Muccigrosso/ Suzanne Niemeyer, Bd. 1, Washington 1988, S. 506.

2 The American Presidents. The Office and the Men, hg. v. Frank N. Magill/John L. Loos, Bd. 3, Pasadena, California/Englewood Cliffs, New Jersey, 1986, S. 792.

3 Joseph N. Kane, Facts about the Presidents, 4. Aufl., New York 1981, S. 292.

4 American Presidents, S. 793.

5 Gregor Schöllgen, Stationen deutscher Außenpolitik. Von Friedrich dem Großen bis zur Gegenwart, München 1992, S. 155 ff.

6 Kane, Facts, S. 293.

Bibliographische Hinweise

Eine Bibliographie liegt vor:

Gerald R. Ford. A Bibliography, comp. by John R. Greene, Westport, Conn., 1994.

Die Botschaften, Reden und Erklärungen des Präsidenten Ford sind publiziert in:

U. S. President. Public Papers of the Presidents of the United States, Containing the Public Messages, Speeches, and Statements of the President Gerald R. Ford, 6 Bde., Washington 1975–1979.

Eine Chronik und Dokumente enthält:

Gerald Ford 1913–, hg. v. George J. Lankevich, Dobbs Ferry, New York, 1977.

Seine Autobiografie erschien unter dem Titel:

A Time to Heal. The Autobiography of Gerald R. Ford, New York 1979.

Von einem der Mitarbeiter des Präsidenten stammt die informative Darstellung:

Robert T. Hartmann, Palace Politics: An Insider's Account of the Ford Years, New York 1980.

Eine neuere Biografie Fords bietet:

James M. Cannon, Time and Chance. Gerald Ford's Appointment with History, Ann Arbor, Mi,^{2}1998.

Über die Präsidentschaft Fords:

A. James Reichley, Conservatives in an Age of Change. The Nixon and Ford Admimstrations, Washington 1981.

The Ford Presidency: Twenty-two Intimate Perspectives of Gerald R. Ford, hg. v. Kenneth W. Thompson, Lanham/New York/London 1988.

John R. Greene, The Presidency of Gerald R. Ford, Lawrence, Ka., 1995.

Die Erinnerungen Kissingers über seine Zeit unter Präsident Ford liegen auch deutsch vor:

Henry Kissinger, Jahre der Erneuerung. Erinnerungen, München 1999.

JIMMY CARTER
(James E. Carter, jr.)

* 1924

39. PRÄSIDENT DER USA 1977–1981

1. Oktober 1924	James Earl Carter, jr., wird in Plains, Georgia, geboren.
1941–1943	Studium an der Georgia-Southwestern-Universität und am Georgia Institute of Technology.
1943–1946	Offiziersstudium an der US Naval Academy in Annapolis, Maryland.
1946–1953	Flottenoffizier, seit 1951 unter Admiral Rickover beteiligt an der Entwicklung von Atom-U-Booten.
1946	Heirat mit Rosalynn Smith (geb. 1927).
1952	Carter studiert Atomphysik am Union College in Schenectady, New York.
1953	Carter scheidet aus der Marine aus, um sich der Familienfarm in Plains, Georgia, zu widmen.
1963–1966	Carter ist für zwei Amtszeiten Staatssenator in Georgia.
1970	Wahl zum Gouverneur von Georgia (Amtszeit: 1971–1975).
1976	Carter gewinnt als Bewerber der Demokraten die Präsidentschaftswahl.
1977–1981	Präsident der USA.
1982	Carter veröffentlicht seine Memoiren »Keeping Faith«.
1982	Grundlegung des Carter Center an der Emory-Universität, Atlanta, Georgia.
1987	Eröffnung der Carter Presidential Library in Atlanta, Georgia.

Im Vorfeld der Präsidentenwahlen von 1976 traf der künftige Präsident der USA, der erste Präsident seit über 100 Jahren, der aus dem »tiefen Süden« stammte, eine für ihn charakteristische Selbstdarstellung: »Ich bin ein Südstaatler und Amerikaner, ich bin ein Farmer, ein Ingenieur, ein Vater und Ehegatte, ein Christ, ein Politiker und früherer Gouverneur, ein Planer, ein Geschäftsmann, ein Atomphysiker, Marineoffizier, ein Kanusportler und neben anderen Dingen ein Liebhaber der Songs von Bob Dylan und der Gedichte von Dylan Thomas.«[1] Tatsächlich unterschied sich die politische Laufbahn Carters von den zumeist in Washington gewonnenen Erfahrungen seiner Vorgänger. Insofern konnte Carter den Weg ins Weiße Haus als ein politischer »Außenseiter« antreten, der den Anspruch anmeldete, nach einer Zeit von Lüge und Machtmissbrauch die Präsidentschaft moralisch erneuern zu wollen.

James Earl (Jimmy) Carter wurde am 1. Oktober1924 in der Gemeinde Plains in Georgia geboren, wo sein Vater eine Farm und kleinere geschäftliche Unternehmungen betrieb. Nach dem Studium am Georgia Southwestern College in Americus, Georgia (1941/42), und Mathematikstudien am Georgia Institute of Technology in Atlanta trat Carter 1943 als Seekadett in die Marineakademie der USA in Annapolis, Maryland, ein. 1946 erwarb er dort das Patent als Seeoffizier. Im gleichen Jahr heiratete er die Freundin seiner Schwester Ruth, Rosalynn Smith. Die Carters haben drei Söhne und eine Tochter. Als First Lady war Mrs. Carter eine aktive Partnerin ihres Mannes im Präsidentenamt, unterhielt ein eigenes Büro und befürwortete Reformen zur besseren Versorgung psychisch Kranker, zur Altenpflege und zur Unterstützung der Gemeindearbeit.

In den folgenden Jahren tat Carter als Flottenoffizier Dienst auf U-Booten, schließlich als Bordingenieur auf dem Atom-U-Boot »Sea Wolf« unter dem Kommando von Admiral Hyman G. Rickover. Im Zusammenhang mit seinem Einsatz bei der Entwicklung der amerikanischen Atom-U-Boote studierte Carter 1952 Atomphysik am Union College in Schenectady, New York. Nach dem Tod seines Vaters schied Carter 1953 mit dem Rang eines Leutnants aus der Marine aus, übrigens gegen den Wunsch seiner Frau, und übernahm die Leitung der elterlichen Erdnussfarm und der anderen Familiengeschäfte. Gleichzeitig wirkte er auch in seiner Gemeinde als Baptistenprediger und Sonntagsschullehrer.

1962 wurde Carter als Demokrat in den Senat des Bundesstaates Georgia gewählt. 1964 wurde er wieder gewählt. Als Staatssenator setzte er sich besonders für Verbesserungen im Erziehungswesen ein. 1970 gelang ihm dann im zweiten Anlauf der Sieg bei den Gouverneurswahlen in seinem Heimatstaat Georgia. Der Wahlkampf wurde von ihm noch eher mit konservativen Argumenten geführt, er erfreute sich damals auch der politischen Unterstützung durch den rassistischen Gouverneur von Alabama, George Wallace. Nach der Wahl, in seiner Rede zum Amtsantritt als Gouverneur, sprach sich der von Haus aus liberale Carter dann deutlich gegen die Rassendiskriminierung der schwarzen Amerikaner aus, die in Georgia ein Viertel der Bevölkerung bildeten. Carter trat nun für ihre soziale und wirtschaftliche Gleichberechtigung ein. Dies sicherte ihm damals und später die Unterstützung namhafter Persönlichkeiten der Bürgerrechtsbewegung wie James Baldwin, Coretta King und Andrew Young.

Als Gouverneur von Georgia profilierte sich Carter zwischen 1971 und 1975 als ein aktiver und reformbereiter politischer Führer des »neuen« Südens, der zu einem bevorzugten Standort der Weltraum-, Elektronik- und Rüstungsindustrie geworden war. Ende 1974 gab er seine Absicht bekannt, sich innerhalb der Demokratischen Partei für die Kandidatur zu den Präsidentschaftswahlen von 1976 zu bewerben. Obgleich im nationalen Rahmen noch wenig bekannt, setzte sich Carter 1976 überraschend bereits in den Vorwahlen gegenüber den Mitbewerbern in der Demokratischen Partei (Morris K. Udall, Jerry Brown) durch. Er wurde im Juli 1976 vom Nationalkonvent der Demokraten in New York im ersten Wahlgang mit großem Stimmenvorsprung nominiert, wohl auch in der Erwartung, er werde am ehesten die divergierenden politischen Flügel der Partei zusammenhalten können.

Gegen den durch die Folgen des Watergate-Skandals, die Nixon gewährte Generalamnestie und die kritische Wirtschaftslage belasteten republikanischen Kandidaten, den amtierenden Präsidenten Ford, führte Carter den Wahlkampf hauptsächlich unter der Losung »anders als bisher«. Er versprach den Amerikanern, dass er sie nie belügen werde, trat einfach und populistisch auf und gab sich »weder liberal noch konservativ, weder als Rassist noch als religiöser Fanatiker, nicht der Bürokratie Washingtons verpflichtet, aber auch nicht als der typische ‚bornierte' Südstaatler, im Ganzen aber hauptsächlich ‚nicht wie die anderen'«.[2] Dabei war er unermüdlich für den Wahlsieg tätig. In den 22 Monaten seiner Präsidentenkampagne hielt er 1495 Reden in 1029 Städten und bewältigte dabei 461.240 Meilen. Carter verkündete seine Absicht, neue Sozialprogramme einzuführen, die Wirtschaftskrise zu überwinden, den Staatshaushalt auszugleichen, die Bundesbürokratie zu reduzieren, den Rüstungsetat um 10 % zu senken. Nach außen sprach er sich vage für die Fortsetzung der Entspannungspolitik aus, vor allem aber dafür, nach den Erschütterungen durch »Vietnam, Kambodscha, Chile, Pakistan, Angola, Watergate, CIA«[3] Amerika wieder stark zu machen und erneut zu seiner Weltführungsrolle zu befähigen. Über die vom Vorsitzenden der Chase Manhattan Bank, David Rockefeller, 1973 begründete Trilateral Commission, ein privates Gremium für außenpolitische Fragen, hielt Carter im Wahlkampf Kontakt zum etablierten Vermögen, zu den Medien und zu diversen Interessengruppen. Sein Vizepräsidentschaftskandidat, der Senator von Minnesota, Walter F. Mondale, verfügte über gute Beziehungen zu Gewerkschaften und Liberalen. Gestützt auf eine so vorübergehend wiederbelebte »Roosevelt-Wählerkoalition« (gewerkschaftlich organisierte Arbeiter, untere Einkommensschichten, Afro-Amerikaner und andere Minderheiten) gelang Carter am Wahltag (2. November 1976) mit einer Stimmenmehrheit von 1,7 Mio. ein knapper Sieg über Präsident Ford. Sein Wahlsieg war großenteils Ausdruck des Protestes gegen die Ergebnisse der achtjährigen Regierungszeit der Republikaner, der Distanz vieler Wähler zum Washingtoner Establishment und der Hoffnung, Carter werde eine Erneuerung der amerikanischen Gesellschaft in Angriff nehmen.

Das Regierungsprogramm Carters, der am 20. Januar 1977 als Präsident vereidigt wurde, knüpfte insofern an das Konzept früherer demokratischer Präsidenten an, als sich der neue Präsident vorrangig die Aufgabe stellte, die USA nach innen zu stärken, um auch nach außen wieder aktiv werden zu können. »Unsere Nation kann draußen nur stark sein, wenn sie zu Hause stark ist«[4], erklärte Carter in seiner Antrittsrede.

Die neue Administration verfügte infolge der Knappheit des Wahlsieges, der Schwierigkeiten im Umgang mit dem seit Watergate sehr selbstbewussten Kongress und als »Fremdling« im Washingtoner Establishment über einen eher begrenzten Handlungsspielraum. Hinzu kam die ungünstige Wirtschaftslage des Landes. Dennoch stellte sich der Präsident in seiner Innen- und Wirtschaftspolitik ehrgeizige Ziele, so im Erziehungswesen, Verkehrswesen, im Naturschutz und in der Energiepolitik. Durch Einsparungen sollte das Defizit im Staatshaushalt vermindert und der Bundeshaushalt bis 1981 ausgeglichen werden. Infolge weiter wachsender Rüstungsausgaben wurde dieses Ziel nicht erreicht. Das Haushaltsdefizit betrug 1980 nach vorübergehendem Rückgang wieder 59,5 Mrd. $ und 1981 57,9 Mrd. $. Steuerliche Anreize für Neuinvestitionen und staatliche Ausgaben zur Schaffung neuer Arbeitsplätze konnten keinen dauerhaften Wirtschaftsaufschwung sichern, 1979 endete der 1976 begonnene Aufschwung und machte einer neuen Rezession Platz.

Auch die Maßnahmen zur Bekämpfung der Arbeitslosigkeit und der Inflation waren wenig erfolgreich. Mit der »Humphrey-Hawkins Full Employment Bill« vom Oktober 1978 stellte sich die Carter-Administration das Ziel, bis 1983 die Arbeitslosenrate auf vier Prozent und die Inflationsrate auf drei Prozent zu senken. Der Fehlschlag der Wirtschaftspolitik Carters war auf diesen beiden Gebieten besonders eklatant. Zwar gelang es zunächst, die Senkung der Arbeitslosigkeit auf eine Rate von 5,8 % (1979) zu erreichen, aber 1980 schnellte sie dann wieder auf 7,1 % hoch. Für die Inflation gab es in den Carter-Jahren nicht einmal eine vorübergehende Lösung. 1976, im letzten Jahr der Ford-Administration, hatte die Inflationsrate bei 5,8 % gelegen. 1977 betrug sie 6,5 %, 1979 schnellte sie auf 11,5 % und 1980 lag sie schließlich bei 13,5 %. Allerdings lagen die Ursachen dafür hauptsächlich in der international damals um sich greifenden Energiekrise mit ihren dramatisch steigenden Erdöl- und Benzinpreisen. Die Energiekrise wurde damit zu einem zusätzlichen und schwerwiegenden Krisenmoment für die amerikanische Wirtschaft in den Carter-Jahren. Die von Carter befürworteten Sondermaßnahmen zur Bekämpfung der Energiekrise sahen den Schutz der heimischen Erdöl- und Erdgasvorkommen, die Reduzierung der Abhängigkeit vom auswärtigen Erdöl und die Zusammenfassung der verschiedenen Energie-Bundesbehörden zu einem Energieministerium vor. Insbesondere die von Carter beantragten verschiedenen steuerlichen Maßnahmen, um den sparsamen Benzin- und Erdgasverbrauch und die Umstellung von Erdöl und Erdgas auf Kohle im industriellen Verbrauch zu fördern, stießen auf Vorbehalte der Erdöl- und Autoindustrie und konnten im Kongress nur schrittweise und mit Abstrichen durchgesetzt werden. Die notwendigen energiepolitischen Vorhaben des Präsidenten brauchten teilweise drei Jahre, bis sie die Hürde der Zustimmung des Kongresses genommen hatten, und noch im Juni 1980 scheiterte die von Carter gewünschte Importabgabe für Erdöl am Widerstand des Kongresses, der ja von der eigenen Partei des Präsidenten beherrscht wurde.

In weiten Bereichen verfehlte somit die Wirtschafts- und Finanzpolitik Carters die selbst gesteckten Ziele. Am Ende seiner vierjährigen Amtszeit sahen sich die USA mit einer neuen Wirtschaftskrise konfrontiert. Auch in anderen Sektoren der Innenpolitik, wie der Wohlfahrt, Stadtentwicklung oder Erziehung, blieben die angestrebten Reformen im Ansatz stecken. Nach Meinung seiner Kritiker zeigte diese Seite der Politik Carters erhebliche Führungsschwächen. Der Rücktritt des mit Carter befreundeten Budgetdirektors Bert Lance wegen dubioser privater Geldgeschäfte (September 1977) war ebenfalls dem Ruf des Präsidenten abträglich. Lediglich sein Eintreten für Bürgerrechte, Rassengleichheit, für die Rechte der Frauen sowie für den Umweltschutz fanden rückblickend eine positive Bewertung. »Die Carter-Administration legte ein gewichtiges und differenziertes Programm von Bürgerrechts-Initiativen vor.«[5] Doch auch hier gelang es dem Präsidenten nicht, den überwiegend konservativ gestimmten Kongress zum Handeln zu veranlassen.

Die Außenpolitik der Carter-Regierung, die zeitweilig das beherrschende Thema war, verlief erfolgreicher, war aber ebenfalls uneinheitlich. In Carters Außenpolitik zeigte sich neben den globalen Ansprüchen und dem neuen Moralismus der für die späten Siebzigerjahre generell feststellbare Übergang von der Entspannungspolitik der Nixon-Kissinger-Jahre zu einer neuen Runde im Ost-West-Konflikt und im Wettrüsten. Die innerhalb und außerhalb seiner Administration stattfindenden Auseinandersetzungen zwischen militanten »Falken« (Sicherheitsberater Brzezinski) und kompromissbereiten »Tauben« (Außenminister Vance) wurden mehr und mehr und besonders seit 1979 von den »Falken« entschieden. Dabei hielten sich aber zunächst eine neue Dimension der Aufrüstung und die Abrüstungsangebote in der Politik Carters noch die Waage. Dies galt auch für den in seine Amtszeit fallenden, folgenreichen NATO-Doppelbeschluss vom Dezember 1979, der die Stationierung neuer US-Mittelstreckenraketen und Marschflugkörper in Westeuropa und zugleich die Weiterführung der Rüstungskontrollverhandlungen mit der UdSSR vorsah. Damit sollte die Sowjetunion, deren verstärkte Rüstung und deren neuartiges militärisches Engagement am Horn von Afrika in Washington besorgt beobachtet wurden, in den Worten Carters vor die Wahl zwischen Konfrontation und Kooperation gestellt werden.

Besondere Aktivitäten galten während der Carter-Jahre dem Eintreten der USA für Menschenrechte, sowohl gegenüber der UdSSR und den anderen kommunistischen Staaten als auch gegenüber den Ländern der Dritten Welt, einschließlich Lateinamerikas. Für Carter war dies ein fundamentales Ziel seiner Außenpolitik, womit er sich in dieser Frage von der mehr pragmatischen Haltung Nixon-Kissinger-Fords unterschied. Der Feldzug für die Menschenrechte blieb jedoch insgesamt wenig erfolgreich. Kritiker sahen darin mehr Rhetorik als Aktion. Andere verwiesen auf das selektive Vorgehen in der Menschenrechtsfrage, das bestimmte Verbündete der USA wie den Iran unter dem Schah-Regime oder die Philippinen unter Marcos und Südkorea unter Park Chung Hee aussparte. Noch andere sahen in der Verurteilung sowjetischer Menschenrechtsverletzungen, wie in der Kritik an der Verbannung des sowjetischen Regimekritikers Andrej Sacharow nach Gorki (1980), ein Handikap für neue Abrüstungsverträge.

Zu den wesentlichen außenpolitischen Erfolgen der Carter-Administration zählten die Verträge mit Panama, die am 7. September 1979 in Washington von Carter und Panamas Präsident Torrijos unterzeichnet wurden. Die Verträge sahen die Übergabe bzw. Rückgabe des Panamakanals und der Kanalzone an Panama bis Ende 1999 vor und garantierten die dauernde Neutralität des Panamakanals. Über den Abschluss der Verträge war seit 1964 verhandelt worden. Die Rückgabe des bis 1914 durch die USA erbauten Kanals war in den Vereinigten Staaten umstritten. Ronald Reagan, der republikanische Mitbewerber im Wahlkampf von 1976, hatte damals erklärt: »Was den Kanal betrifft, wir haben ihn gebaut, wir haben ihn bezahlt, er gehört uns und wir sollten Torrijos und Co. sagen, dass wir ihn behalten werden.«[6] Umfragen vom Herbst 1977 zeigten, dass 78 % der Amerikaner gegen die Aufgabe des Kanals waren, nur acht Prozent dafür. Bei dieser Konstellation ist es Carter anzurechnen, dass er mit der Unterzeichnung der Panamaverträge ein jahrzehntealtes Problem der amerikanischen Lateinamerikapolitik bereinigte. Der Senat stimmte im April 1978 den Verträgen, wenn auch mit knapper Zweidrittelmehrheit (68 : 32), zu. Dies war ein persönlicher Erfolg des Präsidenten. Im Oktober 1979 übergaben die USA die Panamakanalzone an Panama, unter Beibehaltung von Rechten zur Verwaltung und Verteidigung des Kanals bis zum Ende des Jahrhunderts. Dann folgte auch die Übergabe der Verwaltung des Kanals an Panama.

Ein weiterer außenpolitischer Erfolg war das Friedensabkommen zwischen Israel und Ägypten, das am 26. März 1979 in Anwesenheit Carters in Camp David durch den israelischen Premierminister Begin und den ägyptischen Präsidenten Sadat unterzeichnet wurde. In der Schlussphase der Verhandlungen war das Abkommen durch den amerikanischen Präsidenten in einer dreizehntägigen Verhandlungsrunde zu dritt vorbereitet worden. Es sah zwischen Ägypten und Israel die Aufnahme normaler, freundschaftlicher Beziehungen vor sowie den Beginn von Verhandlungen über das Selbstbestimmungsrecht der Palästinenser auf der von Israel besetzten West-Bank und im Gaza-Streifen. Israel zog sich nun ganz von der Sinai-Halbinsel zurück, und Ägypten beendete den Wirtschaftsboykott Israels und gestattete israelischen Schiffen die Passage durch den Suezkanal. Auch dies war ein persönlicher Erfolg Carters. War damit der Einfluss der USA im Nahen Osten gestärkt, so ergab sich mit dem Sturz des Schah im Iran Anfang 1979 und der sich unter Ayatolla Khomeini entwickelnden islamischen Revolution im Iran ein folgenreicher Rückschlag, eine Machteinbuße für die amerikanische Politik in dieser Region. Seit dem Sturz des Schah ging ein wichtiger Eckpfeiler für die Mittel-Ost-Politik der USA dauerhaft verloren. Mit der Geiselnahme von über 60 Amerikanern in der US-Botschaft in Teheran durch islamische Fundamentalisten, die damit die Auslieferung des Schah an den Iran erzwingen wollten, wurde darüber hinaus im November 1979 ein für Carter schwerwiegendes und seinem Ansehen im Inland abträgliches Problem geschaffen.

Nachdem wirtschaftlicher und politischer Druck der USA auf Khomeinis Iran (Einstellung der Ölimporte aus dem Iran, Einfrieren der iranischen Guthaben in den USA, Ausweisung aller 183 iranischen Diplomaten aus den USA) erfolglos geblieben war, entschloss sich Carter auf Drängen seines Sicherheitsberaters Brzezinski und gegen den Rat von Außenminister Vance zu einem riskanten und wenig aussichtsreichen militärischen Befreiungsversuch, der am 24./25. April 1980 stattfand. Die Aktion scheiterte bereits in der Landephase der amerikanischen Hubschrauber in einem Wüstengebiet in der Nähe von Teheran. Beim Absturz eines der Hubschrauber kamen acht Amerikaner ums Leben. Aus Protest gegen die Militäraktion trat Außenminister Vance zurück. Die Teheraner Geiselaffäre lastete weiter über dem Präsidenten, der keine Lösung erzielen konnte und mehr und mehr zum Gefangenen der Geiselkrise wurde. Im Wahlkampf von 1980, als Carter sich um seine Wiederwahl bewarb, stand er infolgedessen in der Öffentlichkeit weitgehend als schwacher Präsident da. Erst mit dem Amtsantritt seines Nachfolgers Ronald Reagan wurden dann am 20. Januar 1981 die Teheraner Geiseln freigelassen, nachdem noch einige Tage zuvor von Carter ein entsprechendes Abkommen erzielt worden war. Die Aufnahme voller diplomatischer Beziehungen zur Volksrepublik China (1978) führte zum Abbruch der diplomatischen Beziehungen Taiwans zu den USA.

Widersprüche in der Sicherheit-, Rüstungs- und Militärpolitik verstärkten den Eindruck, bei Carter habe man es mit einem entscheidungsschwachen Präsidenten zu tun. Entgegen seinen Wahlaussagen von 1976 stiegen die Rüstungsausgaben unter Carter weiter und teilweise drastisch an. Der Rüstungswettlauf im Ost-West-Konflikt trat trotz der vorausgegangenen Entspannungsphase in eine neue Runde ein, wofür beide Seiten die Verantwortung trugen. Neue Waffensysteme wurden unter Carter entwickelt und gebaut, so die MX-Interkontinentalraketen, die Pershing-II-Mittelstreckenraketen, die Marschflugkörper Cruise-Missiles und die Trident-U-Boote. Der Bau der auch international umstrittenen Neutronenbombe, der Strahlenwaffe und des kostspieligen B-1-Bombers wurden dagegen von Carter nach einigem Zögern gestoppt.

Im Juni 1979 unterzeichneten Carter und Breschnew in Wien das SALT-II-Abkommen mit der UdSSR über eine Begrenzung der strategischen Offensivwaffen beider Länder. Das Abkommen sollte bis 1985 gelten, sah Höchstzahlen für die strategischen Waffensysteme beider Länder vor, bestätigte das militärische Gleichgewicht bzw. die militärische Gleichberechtigung der Sowjetunion und fasste bereits einen SALT-III-Vertrag ins Auge, der dann eine wesentliche Reduzierung der offensiven strategischen Waffen vornehmen sollte. »Der Wiener Gipfel war nur dem Anschein nach ein weiterer Höhepunkt in der partiellen Kooperation zwischen den USA und der Sowjetunion.«[7]

Beide Seiten überprüften zu dieser Zeit bereits ihre bisherige Entspannungspolitik. Amerikanischerseits zeigte sich dies mit der Rede Carters vor Absolventen der Marineakademie in Annapolis (7. Juni 1978), die eine Überprüfung des Verhältnisses zur Sowjetunion in Aussicht stellte, in der heftigen konservativen Senatskritik am SALT-II-Vertrag, angeführt von den Senatoren Sam Nunn (D) aus Georgia, John G. Tower (R) aus Texas und Henry M. Jackson (D) aus Washington, sowie in der Verabschiedung des NATO-Doppelbeschlusses im Dezember 1979, gegen den sich Carter anfangs noch gesträubt hatte.

Mit dem Einmarsch der Sowjetunion in Afghanistan Ende Dezember 1979 schlug das Pendel der Außenpolitik Carters in Richtung auf eine Konfrontationspolitik gegenüber der UdSSR um. Als Antwort auf die sowjetische Intervention in Mittelost unterbrach Carter den Ratifizierungsprozess des SALT-II-Vertrages, der sich damit erledigt hatte, verhängte im Januar 1980 drastische Embargomaßnahmen gegen die UdSSR (Ausfuhrverbot für Hochtechnologie, Reduzierung der Weizenlieferungen) und setzte außerdem den Boykott der Olympischen Spiele im Sommer 1980 in Moskau durch amerikanische Sportler durch. Auf die neue Lage seit der Revolution im Iran und seit dem sowjetischen Einmarsch in Afghanistan reagierte Carter in seiner Kongressbotschaft vom 23. Januar 1980 mit der Verkündung einer dann nach ihm benannten außenpolitischen Doktrin. Drei Herausforderungen der USA würden neuerdings Gestalt annehmen, nämlich das stetige Anwachsen der sowjetischen Militärmacht und ihre zunehmende Projektion über die eigenen Grenzen hinweg, ferner die überwältigende Abhängigkeit der demokratischen Industriestaaten von der Ölversorgung aus dem Nahen und Mittleren Osten und schließlich der Druck sozialen, religiösen, wirtschaftlichen und politischen Wandels in vielen Ländern der Entwicklungswelt, beispielhaft demonstriert durch die Revolution im Iran. Die neue »Carterdoktrin« sah in jedem Versuch einer fremden Macht, die Kontrolle über die Region um den Persischen Golf zu errichten, einen Verstoß gegen die vitalen Interessen der Vereinigten Staaten. Eine derartige Herausforderung werde mit allen erforderlichen Mitteln, einschließlich militärischer Gewalt, zurückgewiesen werden. In der gleichen Botschaft forderte Carter die weitere Erhöhung der Militärausgaben und die Wiedereinführung der unter Nixon abgeschafften allgemeinen Wehrpflicht. Wie die Zukunft zeigte, veranlassten allerdings weder Carters Wirtschaftssanktionen noch seine harte Sprache die UdSSR zum Abzug aus Afghanistan. Er wurde erst mit dem Kurswechsel der sowjetischen Politik unter Gorbatschow möglich.

Die Präsidentenwahlen des Jahres 1980 fanden dann unter für eine Wiederwahl Carters ungünstigen Verhältnissen statt. Im April 1980 musste der Präsident den Beginn einer Wirtschaftsrezession verkünden. Die Arbeitslosigkeit stieg Mitte des Jahres auf eine Rate von 7,8 %, die Inflation bewegte sich bei 13,5 %. Ein konservativer Trend bestimmte mehr und mehr infolge des Vietnam-Traumas, der Nachwirkungen der Watergate-Affäre und der – wie es schien – schwindenden Machtstellung der USA nach außen das politische Klima im Wahljahr. Die Republikaner nominierten diesmal auf ihrem Wahlkonvent den rechtskonservativ eingestellten Ex-Gouverneur von Kalifornien Ronald Reagan. Sie forderten in ihrem Wahlprogramm unumwunden, die militärische Überlegenheit der USA über die UdSSR herzustellen und die Entspannung endgültig zu verabschieden. Bei einer Fernsehdebatte im Oktober 1980 griff Carter seinen Kontrahenten Reagan als eine Gefahr für den Weltfrieden und für die seit langem bestehenden Sozialprogramme an. Reagan wischte die Argumente beiseite und forderte den Wähler auf, sich am Wahltag zu fragen, ob es ihm gegenwärtig besser ginge als vor vier Jahren.

Carter, dem inzwischen der Ruf anhing, ein inkompetenter und ineffektiver Führer zu sein, hatte bei all dem – und noch dazu in Zeiten einer Krise des liberalen Lagers – wenig Chancen. Infolgedessen siegte der Republikaner Reagan bei den Wahlen im November 1980 mit großer Stimmen- und überlegener Wahlmännermehrheit. Reagan eroberte 44 Bundesstaaten, Carter lediglich sechs Staaten und den District of Columbia. Der Stimmenvorsprung Reagans betrug acht Millionen, d. h. zehn Prozent der Wählerstimmen. Die Wahlbeteiligung war mit 52 % wieder extrem niedrig. Das Wahlergebnis und die überdeutliche Niederlage Carters, der 1976 vor allem mit den Stimmen der liberalen Wähler gewählt worden war, zeigte in den USA einen deutlichen politischen Rechtsruck, den Beginn einer – zwölf Jahre währenden – konservativen Ära an.

Nach dem Ausscheiden aus dem Amt kehrte der jetzt 56-jährige Carter nach Plains in Georgia zurück, schrieb seine Memoiren und führte das »Leben eines ehemaligen Präsidenten«, wozu jetzt regelmäßig auch die Einrichtung einer Presidential Library mit den Papieren, Dokumenten und musealen Erinnerungsstücken des ehemaligen Präsidenten gehörte. Die Carter Presidential Library wurde 1987 in Atlanta, Georgia, eröffnet. Den Ehrgeiz, sich nochmals für ein öffentliches Amt zu bewerben, zeigte Carter nicht. Das von ihm 1982 in Atlanta begründete Carter Center unterstützt Projekte zur Konfliktlösung, zum Schutz der Menschenrechte, zum Aufbau demokratischer Strukturen und zur Gesundheitsfürsorge in 65 Ländern. In den vergangenen Jahren profilierte sich der Expräsident als Schlichter und Vermittler internationaler Konflikte und betätigte sich entsprechend aktiv in Panama, Nicaragua, Äthiopien, Korea, Haiti, im Sudan, in Indonesien bzw. Ost-Timor und anderen Krisenpunkten dieser Welt als diplomatischer »Feuerwehrmann«. 1999 wurden Carter und seine Frau Rosalynn von Clinton mit der »Medal of Freedom« geehrt. 2002 wurde ihm für seinen beharrlichen Einsatz zur friedlichen Lösung internationaler Konflikte, für Demokratie und Menschenrechte der Friedensnobelpreis verliehen.

Anmerkungen

1 Joseph N. Kane, Facts about the Presidents, 4. Aufl., New York 1981, S. 303.

2 Ernest A. Menze, Carter und der amerikanische Kongreß. Die ersten sechs Monate, in: Das Parlament, Jg. 1977, Beilage »Aus Politik und Zeitgeschichte«, B. 33–34 (20. August 1977), S. 3.

3 Aus Carters Wahlkampferklärung vom 7. Oktober 1976, in: Major Problems in American Foreign Policy. Documents and Essays, hg. v. Thomas G. Paterson, Bd. 2, Lexington, Massachusetts/Toronto 1978, S. 500.

4 »A New Spirit, A New Commitment, A New America.« The Inauguration of President Jimmy Carter and Vice President Walter F. Mondale, New York 1977, S. 6.

5 The Carter Years. The President and Policy Making, hg. v. M. Glenn Abernathy/Dilys M. Hill/Phil Williams, London 1984, S. 12 ff.

6 The American Presidents. The Office and the Men, hg. v. Frank N. Magill/John L. Loos, Bd. 3, Pasadena, California/Englewood Cliffs, New Jersey, 1986, S. 810.

7 Ernst-Otto Czempiel/Carl-Christoph Schweitzer, Weitpolitik der USA nach 1945. Einführung und Dokumente, Bonn 1989, S. 312.

Bibliographische Hinweise

Die Reden, Botschaften und Erklärungen von Präsident Carter sind veröffentlicht in:
U. S. President. Public Papers of the Presidents of the United States, Containing the Public Messages, Speeches, and Statements of the President. Jimmy Carter, 8 Bde., Washington 1977–1982.
Eine Dokumentation, Chronik und Bibliographie zu Carter:
James E. Carter, 1924–, hg. v. George J. Lankevich, Dobbs Ferry, New York, 1981.
Die Memoiren Carters erschienen unter dem Titel:
Jimmy Carter, Keeping Faith: Memoirs of a President, New York 1982.
Eine neuere historische Bilanz der Präsidentschaft:
Erwin C. Hargrove, Jimmy Carter as President, Baton Rouge/London 1988.
Carter als Gouverneur von Georgia untersucht:
Gary M. Fink, Prelude to the Presidency, Westport, Connecticut, 1980.
Weitere Veröffentlichungen zur Präsidentschaft Carters:
Haynes Johnson, In the Absence of Power: Governing America, New York 1980.
The Carter Years. The President and Policy Making, hg. v. M. Glenn Abernathy/Dilys M. Hill/Phil Williams, London 1984.
Joshua Muravchik, The Uncertain Crusade: Jimmy Carter and the Dilemmas of Human Rights Policy, Lanham/London 1986.
Betsy Smith, Jimmy Carter, President, New York 1986.
Richard C. Thornton, The Carter Years: Towards a New Global Order, New York 1991. Garland A. Haas, Jimmy Carter and the Politics of Frustration, Jefferson, North Carolina, 1992.
Neuere Veröffentlichungen über Carter bzw. seine Präsidentschaft:
Burton I. Kaufman, The Presidency of James Earl Carter, jr., Lawrence, Ka., 1993.
Peter G. Bourne, Jimmy Carter: a Comprehensive Biography from Plains to Postpresidency, New York 1997.
Robert A. Strong, Working in the World: Jimmy Carter and the making of American foreign policy, Baton Rouge, La. 2000.
Rod Troester, Jimmy Carter as peacemaker: a post-presidential biography, Westport, CT, 1996.
Gregory P. Domin, Jimmy Carter, public opinion, and the search for values, 1977–1981, Macon, Ga., 2003.

RONALD REAGAN

1911–2004

40. PRÄSIDENT DER USA 1981–1989

6. Februar 1911	Ronald Reagan wird in Tampico, Illinois, geboren.
1932	Studienabschluss am Eureka College, Illinois.
1932–1937	Tätigkeit als Radio-Sportreporter.
1937	Erste Rollen als Filmschauspieler in Hollywood.
1940	Heirat mit Jane Wyman (geb. 1914); die Ehe wird 1949 geschieden.
1942–1945	Reagan dreht Trainingsfilme für die U. S. Air Force.
1947–1952	und
1959–1960	Reagan ist Präsident der Screen Actors Guild, der Filmschauspielergewerkschaft.
1952	Reagan heiratet Nancy Davis (geb. 1921).
1962–1965	Reagan wirkt in TV-Serien mit.
1965	Reagan veröffentlicht seine Autobiografie »Where's the Rest of Me?«.
1967–1975	Gouverneur von Kalifornien.
1980	Reagan gewinnt die Präsidentenwahlen gegen Jimmy Carter.
1981–1989	Präsident der USA.
1990	Reagan veröffentlicht seine Memoiren »An American Life«.
1991	Eröffnung der Ronald Reagan Library in Simi Valley, Kalifornien.
5. Juni 2004	Reagan stirbt in seinem Haus in Bel Air, Kalifornien.

Ronald Reagan war bei Amtsantritt mit 69 Jahren der älteste Präsident der Vereinigten Staaten. Er war ein erfolgreicher konservativer Politiker, der erste durchwegs konservative Präsident seit Herbert Hoover, und er verstand es perfekt, Absichten und Details der Politik seiner Administration persönlich über das Fernsehen den Amerikanern nahe zu bringen, was ihm den Beinamen »Great Communicator« einbrachte. Beim Ausscheiden aus dem Amt war Reagan der populärste Präsident seit Eisenhower.

Ronald Wilson Reagan wurde am 6. Februar 1911 in der kleinen Stadt Tampico in Illinois geboren und verbrachte auch seine Jugend im dortigen Mittleren Westen. Sein Vater John Edward Reagan – irischer Abstammung – war Schuhverkäufer und beruflich wenig erfolgreich. Von seiner Mutter Nelle Wilson Reagan, einer warmherzigen, hilfsbereiten und frommen Frau, erbte der junge Ronald die Liebe zum Theater. Während seiner Schul- und Studienzeit an der High School von Dixon und dem Eureka College in Illinois war er bis 1932 vor allem sportlich als Footballspieler aktiv. 1932 begann er dann zunächst als Sportreporter für die Radiostation WOC in Davenport, Iowa, zu arbeiten, später wechselte er als Baseball- und Footballreporter zur Station WHO in Des Moines. Politisch war er damals ein Anhänger von Franklin D. Roosevelt, für den er auch 1932 seine Stimme abgab.

1937 gelang ihm durch die Vermittlung eines Freundes der Sprung nach Hollywood, wo er bei Warner Brothers einen Siebenjahresvertrag erhielt, der ihm ein Anfangsgehalt von zunächst 200 $ wöchentlich einbrachte. In den nun folgenden rund 25 Jahren war er als Filmschauspieler in etwa 50 Filmen – später auch in TV-Serien – tätig und galt als ein solider, zuverlässiger Schauspieler mit Erfahrungen besonders im Western-Genre.

1940 heiratete er die Filmschauspielerin Jane Wyman, die 1948 einen Oscar gewann. Die Eheleute trennten sich im folgenden Jahr. Reagan hat zwei Kinder, Maureen und Michael, aus erster Ehe. 1952 heiratete Reagan zum zweiten Mal. Die zehn Jahre jüngere Nancy Reagan war ebenfalls Schauspielerin. Als First Lady war sie später fast stets an der Seite ihres Mannes zu sehen. Mrs. Reagan widmete sich aktiv der Bekämpfung von Drogen- und Alkoholmissbrauch. Ronald und Nancy Reagan haben zwei erwachsene Kinder, Patricia Ann und Ronald Prescott.

Im Zweiten Weltkrieg diente Reagan zwischen 1942 und 1945, zuletzt im Rang eines Hauptmanns, in einer Filmeinheit des US-Army Air Corps, die Schulungsfilme für Bomberpiloten herstellte. Nach dem Krieg war er von 1947 bis 1952 und nochmals 1959 bis 1960 Präsident der »Screen Actors Guild«, der Filmschauspielergewerkschaft in Hollywood. In dieser Eigenschaft und gleichzeitig auch als Informant des FBI mit dem Code-Namen T-10 beteiligte sich Reagan seit 1947 aktiv an der »Säuberung« Hollywoods von Kommunisten und deren Sympathisanten. Vor dem »House Committee on Un-American Activities« sagte er 1947 als Zeuge in Untersuchungen aus, die den Einfluss von Kommunisten in Hollywood betrafen.

Politisch wandelte sich Reagan in jenen Jahren von einem liberalen Demokraten, der 1948 noch Truman gewählt hatte, zu einem konservativen Republikaner. 1952 und 1956 unterstützte er – noch als Demokrat – die Wahl Eisenhowers, 1960 trat er für Nixon ein, 1962 schloss er sich dann auch formell der Republikanischen Partei an. Seit der Mitte der Fünfzigerjahre war er zeitweilig als gut bezahlter Public-Relations-Mitarbeiter landesweit für den Elektrokonzern General Electric tätig. Zuvor eher ein liberaler Gegner der großen Geschäftswelt wurde er nun zum Anwalt des Big Business. 1964 unterstützte er als Kovorsitzender der »California Republicans for Goldwater« den ultrarechten republikanischen Präsidentschaftskandidaten Barry Goldwater, der in den Wahlen haushoch gegen Lyndon Johnson unterlag.

1966 konnte Reagan selbst in die Politik überwechseln. In seinen politischen Ansichten war er damals ein entschiedener »Falke«, ein Gegner des von Präsident Johnson geführten »Kampfes gegen die Armut« und ein Verfechter von »law and order«. Im November 1966 siegte er mit einer Mehrheit von 58 % der Stimmen bei den Gouverneurswahlen in Kalifornien als konservativer Republikaner über den liberalen Demokraten und zweimaligen Amtsinhaber Edmund G. Brown. Sein Programm als gewählter Gouverneur lautete: »Ich glaube, dass das Recht der Verfügung und Kontrolle des eigenen Vermögens ein grundlegendes Menschenrecht bildet, und als Gouverneur will ich für die Aufrechterhaltung dieses Rechtes kämpfen.«[1] Von 1967 bis 1975 war Reagan, der 1970 wieder gewählt wurde, über zwei Amtsperioden Gouverneur von Kalifornien. Im inzwischen bevölkerungsreichsten Einzelstaat setzte er ein konservatives Programm der Ausgabenkürzung im Sozialbereich, Erziehungs- und Gesundheitswesen in die Tat um und verringerte das Haushaltsdefizit. Er ging hart gegen Vietnamkriegsgegner an den staatlichen Universitäten vor. Andererseits unterzeichnete er ein liberales Abtreibungsgesetz, schuf staatliche Umweltschutzagenturen und verhinderte den Ausschluss homosexueller Lehrer von den Public Schools.

1968 bewarb sich Reagan erstmals um die Nominierung als republikanischer Präsidentschaftskandidat, landete damals aber noch abgeschlagen auf dem dritten Platz hinter Richard Nixon und Nelson Rockefeller. Nach dem Ausscheiden aus dem Gouverneursamt Anfang 1975 war er zunächst als Leitartikelschreiber für Zeitungen und als Kommentator im Rundfunk tätig. 1976 bewarb er sich erneut um die Nominierung als republikanischer Präsidentschaftskandidat, diesmal unterlag er nur knapp dem amtierenden Präsidenten Gerald Ford. Er war nun der führende Exponent des rechtskonservativen republikanischen Flügels und mobilisierte »Patriotismus, unreflektierten Antikommunismus, Furcht vor Veränderungen und Fremden, in den Attacken gegen Kissinger auch Antiintellektualismus«.[2] Vier Jahre später, im Juli 1980, gelang ihm dann die Nominierung im ersten Wahlgang auf dem Nationalkonvent seiner Partei in Detroit. In seiner Rede vor dem Konvent kündigte Reagan die Einschränkung des Anwachsens der Bundesregierung an und eine starke nationale Verteidigungspolitik. Angesichts der problemgeladenen Bilanz der Carter-Administration fiel es Reagan nicht schwer, den Wahlkampf gegen Carter erfolgreich zu führen. Reagan griff Carter sowohl wegen des traurigen Zustandes der amerikanischen Wirtschaft an als auch wegen der zu Sorgen Anlass gebenden internationalen Stellung der Vereinigten Staaten. »Er verkündete eine alte Botschaft, belebte das Sendungsbewusstsein Amerikas, pries Demokratie und Kapitalismus, verurteilte den Kommunismus und eine übermächtige Regierung und versprach, die Größe Amerikas wiederherzustellen.«[3] Das republikanische Wahlprogramm orientierte sich auf die Selbstheilungskräfte der privaten Wirtschaft, stellte eine baldige Steuersenkung in Aussicht, trat für einen ausgeglichenen Staatshaushalt ein, verlangte einen Verfassungszusatz über das Verbot der Abtreibung, sprach sich gegen eine nationale Gesundheitsversicherung und gegen den Verfassungszusatz über die Gleichberechtigung der Frau aus. Außenpolitisch befürworteten die Republikaner die Erhöhung der Verteidigungsausgaben, die Schaffung einer militärischen Überlegenheit der USA über die UdSSR, den Verzicht auf die Ratifizierung des SALT-II-Vertrages. In Lateinamerika und anderen Regionen der Welt stellten sie eine rigorosere Unterstützung der Freunde der USA in Aussicht.

Die Demokraten um Carter und Mondale suchten im Wahlkampf die liberalen Traditionen ihrer Partei herauszustellen. Carter warnte, dass Reagans Konservatismus den Weltfrieden ebenso bedrohen werde wie die progressiven sozialen Wohlfahrtsprogramme vom New Deal bis zur Great Society. In einem politischen Klima, das nochmals durch die politischen Spätfolgen von Vietnam und Watergate bestimmt wurde sowie durch den Ansehensverlust Carters und einen neuen Nationalismus, siegte Reagan im November 1980 – bei wiederum sehr niedriger Wahlbeteiligung von 52,3 % – sehr deutlich über Carter. Er erreichte einen Vorsprung von über acht Millionen Wählerstimmen und eroberte 489 Wahlmänner. Carter konnte lediglich in sechs Staaten und im District of Columbia eine Stimmenmehrheit erzielen und verfügte über 49 Wahlmänner. Fast der gesamte Süden – einst eine Domäne der Demokraten – stimmte für Reagan. Die Kongresswahlen erbrachten zum ersten Mal seit 1954 wieder eine republikanische Senatsmehrheit (53 Republikaner zu 46 Demokraten). Die Mehrheit der Demokraten im Repräsentantenhaus verringerte sich (242 Demokraten zu 190 Republikanern). Außenpolitisch setzten sich mit der Wahl Reagans nun jene Kräfte in den Vereinigten Staaten voll durch, die uneingeschränkt auf Amerikas militärische Stärke und einen kompromisslosen Konfrontationskurs gegenüber der UdSSR setzten. Innenpolitisch zeigte der eindeutige Wahlsieg Reagans eine längerfristig angelegte Schwerpunktverlagerung der amerikanischen Politik zu ausgeprägt konservativen Werten und Formen an, so dass damals von einer konservativen Revolution gesprochen wurde.

Reagan und sein Vizepräsident George Bush traten am 20. Januar 1981 ihr Amt an. Der neue Präsident rückte in seiner Antrittsrede die Aufgabe der Wiederherstellung der wirtschaftlichen Stärke und der globalen militärischen Machtentfaltung in den Mittelpunkt. Er sprach von der »Erneuerung Amerikas« und von der »Zweiten Amerikanischen Revolution«. Seine Administration verkörperte eine in sich uneinheitliche Koalition von Kräften der »Neuen Rechten« (National Conservative Political Action Committee, Moral Majority, Heritage Foundation), der Neokonservativen (Kirkpatrick, Kristol, Pipes, Podhoretz, Committee on the Present Danger) und der traditionellen konservativen Strömungen in der Republikanischen Partei. Reagan verfügte mit seinem Wahlsieg über eine starke politische Position. Im Kongress konnte er sich auf eine Koalition aus Republikanern und konservativen Südstaaten-Demokraten stützen, um seine Gesetzesvorhaben erfolgreich zu verabschieden. Seine Popularitätskurve ging noch weiter nach oben, als der offenbar unzurechnungsfähige John W. Hinckley, jr., am 30. März 1981 in Washington ein Attentat auf den Präsidenten verübte und ihn mit einem Revolverschuss gefährlich verletzte. Der 70-jährige Präsident erholte sich erstaunlich schnell von den Folgen des Attentats und konnte bereits nach zwölf Tagen die Amtsgeschäfte im Weißen Haus wieder aufnehmen.

Die neue Regierung bestand überwiegend aus Konservativen, die häufig über enge, persönliche Beziehungen zur Konzernwelt verfügten. Außenminister Alexander M. Haig, Mitte der Siebzigerjahre NATO-Oberbefehlshaber, war vor dem Eintritt in das Kabinett Präsident eines Hightech-Konzerns gewesen. Sein Amtsnachfolger seit 1982, George P. Shultz, war zuvor Präsident eines kalifornischen multinationalen Baukonzerns. Verteidigungsminister Caspar W. Weinberger, der schon unter den Präsidenten Nixon und Ford zur Regierungsmannschaft gehört hatte, stand ebenfalls in Verbindung zu diesem Konzern. Finanzminister Donald Regan war Vorsitzender der New Yorker Maklerfirma Merrill Lynch & Co. Weitere Beispiele ließen sich anführen. Gemeinsam repräsentierten die Mitglieder der Reagan-Regierung alle drei Hauptbestandteile der Wirtschaftspolitik des Präsidenten: Verringerung der Ausgaben des Bundes durch Kürzung der Sozialprogramme, einschneidende Steuersenkungen und den Abbau der staatlichen Wirtschaftsregulierung.

Die wirtschaftliche Wiederbelebung durch eine konservative Wirtschaftspolitik hatte für Reagan erste Priorität. Dementsprechend wurden seit 1981 wesentliche Elemente seines wirtschaftspolitischen Kurses ausgebildet.

Es kam zu beträchtlichen Haushaltskürzungen im Bereich der staatlichen Sozialprogramme, schon 1981 um fast 50 Mrd. $. Im Haushalt von 1982 wurden Kürzungen bei 83 größeren zivilen Programmen vorgenommen. Die Maßnahmen reichten »von der Veränderung der Berechtigungskriterien für die Sozialhilfe über die Verringerung der Zuweisung von ‚food stamps' (Lebensmittelgutscheine für die ärmsten Schichten), die Abschaffung von Lebensmittelzuweisungen für bedürftige Säuglinge, Kinder und ihre Mütter, die Kürzung von Mietbeihilfen bis hin zur Kürzung von Ausbildungsbeihilfen und Stipendien«.[4] Im Wohnungsbaubereich, bei der Stadtentwicklung und im Erziehungswesen waren die Kürzungen und Einsparungen am stärksten fühlbar, in den Großstädten machten sie sich am deutlichsten negativ bemerkbar.

Seit Januar 1982 befürwortete Reagan einen »Neuen Föderalismus«, d. h. die Verlagerung der Aufgaben und Ausgaben im Sozialbereich, im Gesundheitswesen, Verkehr, im Bildungswesen, bei der Städteplanung und Stadtsanierung von der Bundesregierung auf die Einzelstaaten, Kommunen bzw. den privaten Sektor. Vom Anspruch und den Zielen her bedeutete der »Neue Föderalismus« eine weitere Entlastung der bundesstaatlichen Sozialpolitik und eine innenpolitische Zäsur vom Gewicht der New-Deal-Reformen. »Die Ziele, die die Reagan-Administration sich gesetzt hatte, waren in ihrem ganzen Umfang nicht durchsetzbar, wenn auch der ‚New Federalism' in seinen Auswirkungen im ganzen Land und bis hinunter nach Middletown und in die kleinste Gemeinde zu spüren gewesen ist. Dennoch gelang es nicht, sozialstaatliche Programme an die Einzelstaaten ‚zurückzugeben'.«[5]

Parallel hiermit wurde 1981 eine umfassende Senkung der Einkommensteuern eingeleitet, die die Wirtschaft entlasten, die Investitionsbereitschaft anspornen sollte. Das Steuergesetz von 1981 sah die größte Steuersenkung in der amerikanischen Geschichte vor, die allerdings weniger den Kleinverdienern zugute kam. Dieses angebotsorientierte Wirtschaftsprogramm verband die Steuersenkungen mit dem Abbau investitionshemmender Vorschriften im Interesse eines neuen Wirtschaftswachstums. Dies geschah besonders hinsichtlich der Vorschriften zur Lohn- und Preispolitik sowie im Bereich von Arbeits- und Umweltschutz.

Schließlich suchte die Reagan-Administration die Dämpfung der Inflation durch eine Hochzinspolitik und durch die Begrenzung des Geldmengenwachstums zu erreichen, womit auch das Ziel verbunden wurde, die internationalen Positionen des Dollars zu stärken.

Die »konservative Revolution« der Reagan-Präsidentschaft drückte auch anderen Bereichen der Innenpolitik ihren Stempel auf. Im August 1981 zeigte Reagan gegenüber einem Fluglotsenstreik Härte und entließ 13.000 staatlich beschäftigte Fluglotsen, als diese nicht bereit waren, den nach Meinung des Präsidenten illegalen Streik zu beenden. Vor allem aber ging es um die Stärkung der traditionellen Werte der amerikanischen Familie, die im Wahlkampf 1980 von den Republikanern beschworen worden waren. Maßnahmen zur Einschränkung des Rechts auf Schwangerschaftsunterbrechung, das 1973 vom Obersten Gericht bestätigt worden war, erreichten zunächst die Einstellung einer staatlichen Finanzierung derartiger Eingriffe. Der tägliche Bustransport von Schülern zu Schulen außerhalb ihrer unmittelbaren Nachbarschaft zum Zweck der Überwindung der Rassentrennung im Schulwesen (busing) wurde nun regierungsseitig weniger als früher juristisch unterstützt. Der Präsident befürwortete – wenn auch mit geringem Nachdruck – die Einführung des Schulgebets in den öffentlichen Schulen, wie es von christlichen Konservativen und Fundamentalisten gefordert wurde, die dazu einen Verfassungszusatz verlangten. Reagan, der annähernd 25 Jahre im kulturellen und in den Fragen der persönlichen Moral eher toleranten Milieu Hollywoods gelebt hatte, »kämpfte um die Wiederherstellung von Tugend und Familienwerten nicht mit demselben Eifer und Enthusiasmus, den er in seinen wirtschaftlichen und außenpolitischen Kreuzzügen bewies«.[6] Er bekannte sich wohl verbal zu den Grundsätzen der konservativen Eiferer im Lande, verzichtete jedoch auf größere Anstrengungen, ihre Forderungen seitens der Bundesregierung politisch umzusetzen.

Die Folgen der Wirtschaftspolitik Reagans waren im Laufe seiner ersten Amtszeit widersprüchlich. Einzelne Faktoren der Krise von Wirtschaft und Gesellschaft wurden weiter und zum Teil sprunghaft verschärft. Trotz der Einsparungen im Sozialbereich wurden infolge der raschen und konstanten Erhöhung der Rüstungsausgaben das Defizit des Bundeshaushaltes und gleichzeitig die Staatsverschuldung enorm vergrößert. Das Haushaltsdefizit betrug 1981 57,9 Mrd. $, 1982 110,6 Mrd. $, 1983 195,4 Mrd. $ und 1984 175,3 Mrd. $. 1982 kam es vorübergehend zu einer Rezession der Wirtschaft und zu einer Zunahme der Arbeitslosigkeit auf 10,7 Mio. = 9,7 % der Arbeitskräfte, das war damals der höchste Stand der Arbeitslosigkeit seit 1941.

Die Armut in den Vereinigten Staaten erfasste im Ergebnis der sozialpolitischen Wende der Reagan-Administration weitere Millionen Amerikaner. Nach den Angaben der offiziellen Statistik, welche die tatsächliche Situation eher zu günstig darstellt, lebten 1980 29,3 Mio. Amerikaner = 13,0 % unterhalb der Armutsgrenze, 1984 waren es schon 33,7 Mio. = 14,4 %. In der zweiten Amtszeit Reagans besserte sich dieses Bild wieder leicht, 1988 zählte man 31,7 Mio. Arme = 13,0 %. Andererseits kam es im Verlauf der Achtzigerjahre – beginnend im November 1982 – nun zu einer bemerkenswert starken und lang anhaltenden Wirtschaftskonjunktur mit erheblichen Neuinvestitionen, in deren Ergebnis 15 bis 16 Mio. neue Arbeitsplätze geschaffen wurden. Das damalige Wachstum der Industrieproduktion, der Produktivitätszuwachs und die Exportentwicklung waren beträchtlich. Die Arbeitslosenzahl ging seit 1983 – allerdings von dem hohen Sockel von 10,7 Mio. (9,6 %) – kontinuierlich zurück, die Arbeitslosenrate lag 1984 bei 7,5 %, 1988 schließlich bei 5,5 %. Besonders erfolgreich war man bei der Inflationsbekämpfung. Hier gelang der Administration eine Dämpfung der jährlichen Inflationsrate von 1980 = 13,5 % auf 1984 = 4,3 %.

In direkter Wechselbeziehung mit der innenpolitischen Umorientierung zu einer konservativen »Erneuerung Amerikas« vollzog sich ebenso in der Außenpolitik der Reagan-Administration ein Kurswechsel zu verstärkter Rüstung, betonterer Demonstration der militärischen Stärke und größter Zurückhaltung in den Abrüstungsgesprächen mit der UdSSR. Der Präsident erhöhte die Verteidigungsausgaben von 130 Mrd. $ (1980) auf 282 Mrd. $ (1988). Ziel war dabei – neben der Sicherheit des Landes – die Erneuerung und Erweiterung der weltmachtpolitischen Stellung der Vereinigten Staaten. Im Verhältnis zur UdSSR ging Reagan – anders als sein Vorgänger Carter – nun auf demonstrativen Konfrontationskurs und erteilte der von seinen Vorgängern Nixon, Ford und Carter der Sowjetunion zugestandenen rüstungsstrategischen Parität eine Absage. Er erneuerte die militanten Feindbilder des Kalten Krieges und betonte den unüberbrückbaren Gegensatz der gesellschaftspolitischen Systeme beider Weltmächte. Den Höhepunkt dieser Kampagne erreichte Reagan mit seiner Rede vom 8. März 1983 vor evangelischen Fundamentalisten, in der er die UdSSR als »das Zentrum des Bösen in der modernen Welt« bezeichnete. In der nun einsetzenden Eskalation des Wettrüstens bildete zunächst die nukleare und maritime Rüstung (MX-Raketen, Trident-II-Unterseeboote, Pershing-II-Raketen, Cruise-Missiles sowie der strategische Bomber B-1) den Schwerpunkt. Gleichzeitig blieben in der ersten Amtszeit Reagans die Rüstungskontrollverhandlungen mit der UdSSR, die INF-Verhandlungen seit November 1981 und die START-Verhandlungen seit Juni 1982, durch beiderseitig gestellte, nicht zu vereinbarende Forderungen und durch die Folgen der im November 1983 beginnenden Stationierung neuer amerikanischer Mittelstreckenwaffensysteme in Westeuropa ergebnislos.

Mit der Ankündigung Reagans am 26. März 1983, ein weltraumgestütztes Raketenabwehrsystem (Strategie Defense Initiative, SDI) bis zum Ende des Jahrhunderts für die USA zu entwickeln und damit das Land vor atomaren Angriffen seitens der UdSSR sicher zu schützen, erreichte die immer kostspieliger werdende Rüstungseskalation eine neue Dimension. Das Wettrüsten wurde mit diesem, auch in den USA wegen seiner Kosten, Risiken und Gefahren umstrittenen Programm auf den Weltraum ausgedehnt. Nach Gesamtausgaben von 30 Mrd. $ wurde zehn Jahre später in einer gänzlich veränderten Sicherheitslage durch Präsident Clinton die Einstellung des SDI-Programms beschlossen.

Gegenüber den Verbündeten in Europa und im asiatisch-pazifischen Raum konnte der Präsident – trotz zeitweiliger Belastung des Verhältnisses durch sicherheitspolitische Meinungsunterschiede – die Führungsstellung der Vereinigten Staaten wiederherstellen und befestigen. Carters Menschenrechtspolitik wurde von Reagan bewusst aufgegeben. Statt dessen verstärkte seine Regierung die Kooperation mit autoritären antikommunistischen Regierungen und intervenierte mehrfach in der Dritten Welt, »um amerikanische ‚Glaubwürdigkeit' und ‚Stärke' zu demonstrieren mit dem Ziel, Regime, die von Kommunisten oder ihnen nahe stehenden Gruppen beherrscht wurden, zu stürzen oder ihre Etablierung oder Festigung zu verhindern – die so genannte Reagandoktrin«.[7] Direkte oder indirekte Interventionen gab es in El Salvador, Nicaragua und Grenada, in Afghanistan, Angola, in Libyen und im Libanon. Im Libanon kam es 1983 zweimal zu terroristischen Anschlägen gegen amerikanische Einrichtungen, bei denen 16 Amerikaner in der US-Botschaft in Beirut, später 241 US-Marinesoldaten in ihrem Hauptquartier getötet wurden.

Gegenüber Nicaragua kam die neue Politik frühzeitig und massiv zum Tragen. Der Sturz der 1979 in Nicaragua an die Macht gelangten Sandinisten wurde zum vorrangigen Ziel der Politik Reagans in Lateinamerika. Ein totales Wirtschaftsembargo, militärischer Druck, Geheimdienstoperationen und die finanzielle und militärische Unterstützung der von Honduras und Costa Rica aus vorgehenden »Contras« wurden wesentliche Seiten des amerikanischen Verhaltens. Damit im Zusammenhang stand die Invasion der USA auf der Karibikinsel Grenada im Oktober 1983, mit der Reagan eine eindeutige Demonstration der Macht und Entschlossenheit seiner Regierung bezweckte. Anlass boten gewaltsame Auseinandersetzungen zwischen verschiedenen marxistischen politischen Kräften auf der Insel, die von annähernd 100.000 Einwohnern bewohnt wurde.

Im Vorfeld der Wahlen von 1984 zeigten sich in den außenpolitischen Stellungnahmen des Präsidenten eher moderate Töne. Reagan ging vorsichtiger auf die Probleme im amerikanisch-sowjetischen Verhältnis ein und äußerte sich über die Wünschbarkeit neuer internationaler Verhandlungen. Die Wahlen fanden 1984 in einem Jahr deutlichen wirtschaftlichen Aufschwungs statt. Viele Wähler sahen in Reagan die Verkörperung eines starken und sicheren Amerika. Die Demokraten traten gegen den nach wie vor populären Reagan mit Walter Mondale an, dem Vizepräsidenten unter Carter, einen im liberalen Lager geschätzten Politiker. Doch waren die Demokraten als Partei geschwächt und uneinig, gingen ohne überzeugende Alternative in den Wahlkampf, und Mondales Wahl für das Amt des Vizepräsidenten, die Abgeordnete Geraldine Ferraro, bekam in der Öffentlichkeit Probleme wegen finanzieller Unregelmäßigkeiten ihres Mannes.

Unter diesen Umständen konnte Reagan einen eindeutigen Wahlsieg erzielen, der noch überzeugender ausfiel als sein Erfolg über Carter vor vier Jahren. Reagan bekam 54,3 Mio. Stimmen (59 %), Mondale lediglich 37,5 Mio. (41 %). Reagan hatte 525 Wahlmänner auf seiner Seite, damit die größte Wahlmännerzahl in der amerikanischen Geschichte. Mondale bekam lediglich 13 Wahlmänner im District of Columbia und in Minnesota, seinem Heimatstaat. Viele Beobachter werteten diesen Sieg Reagans eher als einen persönlichen Erfolg des Präsidenten, als dass sie darin eine Zustimmung zu dem wiederum rechtskonservativen Programm der Republikaner sahen. Im Ergebnis der Kongresswahlen blieb die republikanische Mehrheit im Senat ebenso wie die demokratische Mehrheit im Repräsentantenhaus erhalten.

Am 20. Januar 1985 begann die zweite Amtszeit Reagans. In seiner zweiten Antrittsbotschaft und den folgenden Regierungserklärungen kündigte der Präsident die Fortsetzung der konservativen Politik an, ließ aber dabei zugleich die Bereitschaft zu pragmatischen Modifizierungen erkennen. Im Unterschied zur ausgeprägt rechtskonservativen Programmatik und dem antikommunistischen Kreuzzugsgeist der ersten Amtszeit zeigte sich seit 1985 stärker der Einfluss gemäßigt konservativer, realpolitisch gefärbter Politik und Ideologie.

In der Wirtschafts- und Sozialpolitik wurde der bisherige Kurs beibehalten. 1986 entlastete eine weitere Steuerreform die persönliche Einkommensteuer, deren Obergrenze mit 28 % festgelegt wurde. Auch das Konzept des Rückzuges des Staates aus der Wirtschaft im Interesse des freien Spiels der Kräfte der marktorientierten kapitalistischen Wirtschaft blieb tragender Bestandteil der Wirtschaftspolitik. Doch waren es nun hauptsächlich noch medienwirksame, symbolische Maßnahmen dieser Art. Die Kürzung der Sozialausgaben ging weiter. Auf Versicherungsleistungen beruhende Unterstützungen und Rentenzahlungen des »sozialen Netzes« (Arbeitslosen-, Rentenversicherung) wurden weniger angetastet als Beihilfen der Sozialunterstützung und der »Armutsprogramme«, bei denen massive Kürzungen erfolgten. Charakteristisch war auch, dass der gesetzliche Mindestlohn seit 1981 nicht mehr erhöht, nicht einmal der Inflationsrate angepasst wurde.

Das Wirtschaftswachstum setzte sich auch in der zweiten Amtszeit Reagans fort. Die jährlichen Wachstumsraten des Bruttosozialprodukts betrugen drei Prozent. Die Entstehung neuer Arbeitsplätze und die sinkende Tendenz der Verbraucherpreise hielten an. Die Arbeitslosenquote lag 1988 mit 5,5 % auf dem niedrigsten Stand seit der Mitte der Siebzigerjahre, die Inflationsrate hatte sich auf 4,4 % eingependelt.[8] Andererseits wuchs die Staatsverschuldung explosionsartig. 1988 erreichte sie die Rekordhöhe von 2,6 Billionen $, das war fast das Dreifache der Schulden von 1980. Das Defizit im Staatshaushalt blieb konstant hoch, die Handels- und Zahlungsbilanz war ständig negativ. Die Wirtschaftskonjunktur schwächte sich in der Mitte der Achtzigerjahre vorübergehend ab. Der dramatische Börsenkrach vom 19. Oktober 1987 in New York mit Kursverlusten von 22,6 % ließ ebenfalls die weiter bestehende Krisenanfälligkeit der amerikanischen Wirtschaft erkennen. Alles in allem aber vermittelte die wirtschaftliche Entwicklung in der Reagan-Ära einer Mehrheit der Amerikaner den Eindruck, dass es ihr am

Ende der Reagan-Administration besser ging als zu deren Beginn. Bei einer Umfrage bekannten sich im Januar 1989 60 % der Befragten zu dieser Ansicht, während nur 27 % der gegenteiligen Meinung waren.

Die Außenpolitik Reagans setzte in seiner zweiten Amtszeit die amerikanischen Ansprüche auf eine globale Ordnungsmacht fort und verband dies mit pragmatischen Schritten zu internationalen Übereinkommen. Die amerikanische Politik begann, zu einer Entkrampfung des amerikanisch-sowjetischen Verhältnisses beizutragen und an der Entschärfung internationaler Konflikte mitzuwirken. In der Sowjetunion trat im März 1985 Michail Gorbatschow das Amt des Generalsekretärs des ZK der KPdSU an und sprach sich für ein »neues Denken« im weltpolitischen Verhalten der atomaren Supermächte aus. Auch in den USA und bei führenden republikanischen Politikern griff die Erkenntnis um sich, dass die Mittel und Ressourcen des Landes keine unbegrenzte Eskalation des Wettrüstens zuließen. In den Worten des republikanischen Senators Richard G. Lugar hatte sich außenpolitisch »eine wachsenden Lücke zwischen unseren Zielen und unseren Fähigkeiten« ergeben.[9] Der Zuwachs im Militärhaushalt verlangsamte sich 1985. Im November 1985 fand in Genf das erste von vier Gipfeltreffen zwischen Reagan und Gorbatschow statt. Im Ergebnis dieses Dialogs der beiden Staatsmänner, der im Oktober 1986 in Reykjavik fortgesetzt wurde, kam es zu einer Wende in den amerikanisch-sowjetischen Beziehungen, zur Beendigung der Konfrontationspolitik und zu einer neuen Phase der Entspannung des Ost-West-Konflikts. Auf dem dritten Gipfeltreffen, das in Washington im Dezember 1987 stattfand, konnte dann der amerikanisch-sowjetische Vertrag über die Liquidierung der Raketen mittlerer und kürzerer Reichweite (INF-Vertrag) unterzeichnet werden, die erste reale Abrüstungsvereinbarung seit 1945. Der INF-Vertrag, dem der Senat im Mai 1988 zustimmte, öffnete den Weg zu weiteren Abrüstungsverhandlungen im Bereich der strategischen Waffensysteme, der chemischen und der konventionellen Waffen. Er trug zur Beruhigung der Lage in Europa bei und bestätigte die Politik des »neuen Denkens« in weltpolitischen Fragen.

Im Juni 1987 weilte Reagan im Anschluss an die 13. Gipfelkonferenz der führenden westlichen Industrienationen, die in Venedig stattfand, in Westberlin und forderte dort in einer viel beachteten Rede seinen sowjetischen Dialogpartner Gorbatschow auf, die Mauer zu beseitigen. Was damals vielen Politikern noch wenig aussichtsreich erschien, das Verschwinden der Mauer, sollte reichlich zwei Jahre später eintreten und das Ende des Kalten Krieges symbolisieren.

Durch die von Reagan im März 1986 dem Kongress erläuterte Reagandoktrin[10] sollte der Einfluss der Sowjetunion und des Kommunismus in der Dritten Welt bekämpft und weltweit zum Rückzug gezwungen werden. Als Mittel dazu dienten: die Demonstration der militärischen Macht (Luftangriff auf Tripolis in der Nacht des 15. April 1986), »Kriegführung niedriger Intensität« (amerikanische Unterstützung für die Kriegführung der Mujahedin in Afghanistan und für den Bürgerkrieg der UNITA in Angola, Unterstützung der Contras in Nicaragua) und die Auslands- und Militärhilfe der USA, die 1988 zu nahezu 60 % militärischer Natur war.

Da der Kongress im Fall des Bürgerkrieges in Nicaragua jede amerikanische Einmischung und militärische Unterstützung der Contras untersagte, unterstützte der Nationale Sicherheitsrat durch Reagans Sicherheitsberater John Poindexter und seinen Mitarbeiter Oliver North insgeheim die Bewaffnung der Contras durch Erlöse aus ebenfalls geheimen amerikanischen Waffengeschäften mit dem Iran. Als diese Iran-Contra-Affäre der Öffentlichkeit Ende 1986 bekannt wurde, ergab dies eine schwere Belastung für die Reagan-Präsidentschaft, umso mehr als bei den 1987 stattfindenden Kongressuntersuchungen Amtsmissbrauch und Gesetzesverstöße in der unmittelbaren Umgebung des Präsidenten ans Licht kamen. Auch wenn Reagan erklärte und Poindexter bekräftigte, er habe als Präsident von den illegalen Transaktionen des Iran-Contra-Deals nichts gewusst, war doch für einige Zeit seine Glaubwürdigkeit erschüttert. Dazu kamen dann im letzten Jahr der Präsidentschaft noch Informationen, nach denen das FBI Fällen von Korruption zwischen dem Verteidigungsministerium und Kontraktpartnern in der Rüstungsbranche auf der Spur sei.

»Die große Popularität des Präsidenten war durch keine Krise und keinen Skandal ernsthaft zu erschüttern, Kritik an der Politik seiner Administration ließ seine Person nahezu unberührt. Umfragen ergaben, dass eine Mehrheit der Amerikaner in wesentlichen innen- und außenpolitischen Fragen anderer Meinung als der Präsident war, ihm jedoch unverändert ihr Vertrauen schenkte. Jenseits aller Meinungsverschiedenheiten verkörperte der bei seinem Amtsantritt immerhin fast siebzigjährige Reagan die Tugenden, die von einem amerikanischen Präsidenten erwartet werden: Mut, Entschlossenheit, Optimismus und die Fähigkeit zur direkten Zwiesprache mit der Nation.«[11]

Gegen Ende seiner Amtszeit konnte Präsident Reagan eine überwiegend positive Bilanz ziehen. Der Niedergang der Präsidentenmacht im Gefolge von Vietnam und Watergate war gestoppt, Macht und Ansehen des Weißen Hauses waren während seiner Regierungszeit wieder gestärkt worden. Die wirtschaftliche Stärkung Amerikas – bei Fortdauer seiner zahlreichen sozialen Probleme – war ebenso festzustellen wie der gewachsene internationale Einfluss der Vereinigten Staaten, die ihre Rolle als Führungsmacht der westlichen Demokratien wiederherstellen konnten. Mit der Entschärfung des Ost-West-Konfliktes waren 1988 auch mehrere bewaffnete Konflikte und Kriege in der Welt zu Ende gegangen, worunter vor allem wohl das Ende des Golfkrieges zwischen Iran und Irak sowie der Abzug der Sowjetunion aus Afghanistan zu nennen wären.

Im November 1988 standen wieder Präsidentschaftswahlen auf der Tagesordnung. Die Demokratische Partei nominierte dafür den in seinem Heimatstaat Massachusetts als Gouverneur erfolgreichen Michael Dukakis, einen liberalen Technokraten. Die Republikaner stellten Reagans Vizepräsidenten und »Erben« George Bush sowie den rechtskonservativen Senator Dan Quayle als Präsidentschafts- bzw. Vizepräsidentschaftsbewerber auf. Der Wahlkampf zwischen Dukakis und Bush wurde hauptsächlich mit persönlichen Angriffen bestritten, doch konnte Bush die Mehrheit der Wähler mit dem Versprechen überzeugen, er werde die erfolgreiche Politik Reagans fortsetzen. Das Wahlergebnis fiel entsprechend zu seinen Gunsten aus: 47,9 Mio. Amerikaner (54 %) stimmten für ihn, 41 Mio. (46 %) für Dukakis. In den gleichzeitigen Kongresswahlen konnten dagegen die Demokraten ihre seit 1987 wieder in beiden Häusern bestehende Mehrheit verteidigen und sogar leicht ausbauen.

Nach der Amtseinführung seines Nachfolgers George Bush am 20. Januar 1989 kehrten Ronald Reagan und seine Frau Nancy nach Bel-Air, Kalifornien, zurück. Reagan veröffentlichte 1990 seine Memoiren »An American Life« und sorgte für die Einrichtung der »Ronald Reagan Library« bei Los Angeles, die 1991 eingeweiht werden konnte. In den letzten Jahren wurde es still um den früher so eloquenten Präsidenten, der an der Alzheimer Krankheit litt und sehr zurückgezogen seinen Lebensabend verbrachte. Am 5. Juni 2004 verstarb Reagan im Alter von 93 Jahren. Sein internationaler Gegenspieler Michail Gorbatschow würdigte den Verstorbenen als großen Staatsmann, der die Weitsicht und Entschlossenheit besessen habe, das Wettrüsten zu beenden und die Beziehungen mit Moskau zu normalisieren.

Der zeitliche Abstand zur Reagan-Präsidentschaft ist heute noch nicht hinreichend groß, um eine definitive Gesamtbilanz ihrer Leistungen, Grenzen und Versäumnisse zu erlauben. Ob die Ergebnisse der »konservativen Revolution« während der Achtzigerjahre, die ohnehin hinter den eigenen Ansprüchen und Zielen zurückblieben, von Dauer sein werden, muss sich erst zeigen. Unbestritten gehört Ronald Reagan zu den starken und erfolgreichen Präsidenten in diesem Jahrhundert, die mit ihrer Innen- und Außenpolitik in besonderem Maß die Entwicklung ihres Landes mitbestimmt und mitgeprägt haben.

Anmerkungen

1 U. S. News & World Report, Bd. 62, Nr. 1 vom 2. Januar 1967, S. 35.

2 Peter Lösche, Die amerikanischen Präsidentschaftswahlen 1976, in: Das Parlament, Beilage »Aus Politik und Zeitgeschichte«, Jg. 1976, B. 50 (11. Dezember 1976), S. 52.

3 The American Presidents. The Office and the Men, hg. v. Frank N. Magill/John L. Loos, Bd. 3, Pasadena, California/Englewood Cliffs, New Jersey, 1986, S. 821.

4 Siegmar Mosdorf, Die Reagan-Bilanz: Neue Armut und neuer Reichtum, in: Das Parlament, Beilage »Aus Politik und Zeitgeschichte«, Jg. 1984, B. 43 (27. Oktober 1984), S. 28.

5 Peter Lösche, Amerika in Perspektive. Politik und Gesellschaft der Vereinigten Staaten, Darmstadt 1989, S. 99.

6 American Presidents, S. 838.

7 Länderbericht USA, hg. v. Willi Paul Adams u. a., Bd. I, 2. Aufl., Bonn 1992, S. 240.

8 The World Almanac and Book of Facts 1991, New York 1990, S. 115, 135.

9 Richard G. Lugar, A Republican Looks at Foreign Policy, in: Foreign Affairs, Bd. 66, Nr. 2, 1987/88, S. 250.

10 Text der Reagandoktrin in: Ernst-Otto Czempiel/Carl-Christoph Schweitzer, Weltpolitik der USA nach 1945. Einführung und Dokumente, Bonn 1989, S. 434 ff.

11 Länderbericht USA, S. 212.

Bibliographische Hinweise

Die Reden, Botschaften und Erklärungen Präsident Reagans findet man in:

U. S. President. Public Papers of the Presidents of the United States, Containing the Public Messages, Speeches, and Statements of die President. Ronald Reagan, 15 Bde., Washington 1982–1991.

Eine Auswahl seiner Reden zur Stellung der Vereinigten Staaten in der Welt liegt vor:

President Ronald Reagan. The Quest for Peace. The Cause of Freedom. Selected Speeches, Washington 1988.

Reagans Autobiografie von 1965 hat den Titel:

Ronald Reagan, My Early Life or Where's the Rest of Me? with Richard G. Hubler, New York 1965 (Neuauflage: 1981).

Seine Memoiren:

Ronald Reagan, An American Life, New York 1990 (deutsche Übersetzung: 1990).

Die Sicht seiner Ehefrau Nancy Reagan bietet:

Nancy Reagan, My Turn: the Memoirs of Nancy Reagan, with William Novak, New York 1989.

Zur Biografie Reagans und zu seiner politischen Entwicklung:

Bill Boyarsky, Ronald Reagan: His Life and Rise to the Presidency, New York 1981.

Lou Cannon, Reagan, New York 1982.

Lou Cannon, President Reagan: The Role of a Lifetime, New York 1991

Robert Dallek, Ronald Reagan: The Politics of Symbolism, Cambridge, Massachusetts, 1984.

Über die Präsidentschaft Reagans:

Looking back on the Reagen Presidency, hg. v. Larry Berman, Baltimore 1990.

Reagan as President: Contemporary Views of the Man, His Politics, and His Policies, hg. v. Paul Boyer, Chicago 1990.

The Reagan Years: The Record in Presidential Leadership, hg. v. Joseph Hogen, Manchester 1990.

Michael Schaller, Reckoning with Reagan. America and Its President in the 1980's, New York 1992.

Die Ära Reagan. Eine kritische Bilanz, hg. v. Hartmut Wasser, Stuttgart 1988.

Rekonstruktion amerikanischer Stärke. Sicherheit- und Rüstungskontrollpolitik der USA während der Reagan-Administration, hg. v. Helga Haftendorn/Jakob Schissler, Berlin/New York 1988.

Christian Tuschhoff, Einstellung und Entscheidung. Perzeptionen im sicherheitspolitischen Entscheidungsprozeß der Reagan-Administration 1981–1984, Baden-Baden 1990.

Neuere Veröffentlichungen zu Reagan:

The Reagan Presidency: Ten Intimate Perspectives of Ronald Reagan, hg. von Kenneth W. Thompson, Lanham, Md., 1997.

Ronald Reagan's America, hg. von Eric J. Schmertz,/Natalie Datlof/Alexej Ugrinsky, 2 Bde., Westport, Conn., 1997.

Stephen Vaughn, Ronald Reagan in Hollywood: Movies and Politics, Cambridge 1994.

Edmund Morris, Dutch: a memoir of Ronald Reagan, New York 1999.

GEORGE BUSH

* 1924

41. PRÄSIDENT DER USA 1989–1993

12. Juni 1924	George Bush wird in Milton, Massachusetts, geboren.
1942–1945	Bush dient als Pilot in der U. S. Navy.
1945	Heirat mit Barbara Pierce (geb. 1925).
1948	Bush beendet sein Ökonomie-Studium an der Yale-Universität.
1948–1966	Bush ist in verschiedenen Firmen im Ölgeschäft tätig.
1967–1971	Mitglied des Repräsentantenhauses in Washington.
1970	Bush verliert die Senatswahl in Texas gegen Lloyd M. Bentsen, jr.
1971–1973	Botschafter der Vereinigten Staaten bei den Vereinten Nationen.
1973–1974	Vorsitzender des Nationalkomitees der Republikanischen Partei.
1974–1975	Bush leitet das Verbindungsbüro in Peking, ist damit faktisch der erste Botschafter der USA in der Volksrepublik China.
1976–1977	Direktor der Central Intelligence Agency (CIA).
1981–1989	Vizepräsident der USA.
1989–1993	Präsident der USA.
1997	Einweihung der George Bush Presidential Library in College Station, Texas.

George Bush war der erste Vizepräsident seit Martin Van Buren (1836), der aus diesem Amt zum Präsidenten gewählt wurde. Er übernahm die Präsidentschaft mit beträchtlichen Erfahrungen im Kongress, in verschiedenen Abteilungen der Exekutive unter den Präsidenten Nixon und Ford und als Vizepräsident unter Ronald Reagan.

George Herbert Walker Bush wurde am 12. Juni 1924 in Milton, Massachusetts, in begüterten Verhältnissen geboren. Sein Vater, Prescott S. Bush, war ein erfolgreicher Geschäftsmann, Republikaner und später – in den Eisenhower-Jahren – auch Senator der Vereinigten Staaten. Seine Mutter, Dorothy Walker Bush, stammte aus Kennebunkport, Maine. Sie kam ebenfalls aus einer wohlhabenden Familie und war als Mädchen und junge Frau eine begeisterte Tennisspielerin, die demjenigen ihrer Söhne fünf Dollar versprach, der sie im Tennis schlagen würde. George Bush gewann den Preis mit 16 Jahren.

Im Zweiten Weltkrieg diente er auf dem pazifischen Kriegsschauplatz als Flugzeugführer in einer Bombereinheit eines Flugzeugträgers und flog zahlreiche Einsätze gegen japanische Stellungen im Pazifik. Er wurde 1944 über den Bonin Islands abgeschossen und verschiedentlich dekoriert. 1945 heiratete er Barbara Pierce, die Tochter des Herausgebers der Magazine »Redbook« und »McCall's«. Die Bushs haben fünf Kinder und 14 Enkelkinder. Der älteste Sohn, George W. Bush, ist wie sein Vater Republikaner. Er wurde 1994 und erneut 1998 zum Gouverneur von Texas gewählt. Er ist gegenwärtig der 43. Präsident der Vereinigten Staaten. Sein Bruder Jeb ist Gouverneur von Florida. Im Laufe ihres Ehelebens wohnten sie selten längere Zeit an ein und demselben Ort, insgesamt in 29 Wohnungen und 17 Städten. Als First Lady war Mrs. Bush wegen ihrer menschlichen Wärme allgemein beliebt. Sie widmete sich besonders dem

Kampf gegen das Analphabetentum in ihrem Land und trat für ein »lesekundiges Amerika« ein.

Nach Kriegsende und dem Ausscheiden aus der Navy studierte Bush zwischen 1945 und 1948 in einem beschleunigten Studienprogramm an der Yale Universität Ökonomie und Soziologie, zeichnete sich als Baseballspieler aus und beendete seine Studien mit dem Bachelorexamen. Im Anschluss daran stieg er in Texas in das Ölgeschäft ein und war nun in den folgenden Jahren bis 1966 erfolgreich im Ölgeschäft, mit dem Verkauf von Bohrausrüstungen und im Kauf und Verkauf von Ölländereien, tätig. 1954 wurde er Präsident, 1964 Vorsitzender des Aufsichtsrates der Zapata Off-Shore Co., einer Pionierfirma in der Konstruktion von Bohrinseln. 1966, als Bush endgültig in die Politik überwechselte, verkaufte er seinen Anteil an der Zapata Off-Shore Co. für eine Million Dollar.

Zuvor war er schon längere Zeit in der Republikanischen Partei politisch aktiv gewesen. Bush unterstützte 1952 und 1956 die Wahl Eisenhowers, war Delegierter auf dem Republikanischen Nationalkonvent von 1964, der den »Rechts außen« Barry Goldwater als Präsidentschaftskandidat nominierte, und bewarb sich im gleichen Jahr erstmals und erfolglos um einen Senatorensitz in Washington. Er sprach sich damals als Konservativer gegen den Atomteststoppvertrag von 1963, gegen die Gesundheitsreform Medicare und das Bürgerrechtsgesetz von 1964 aus. Bush, der seinen politischen Aufstieg in Texas begann, kandidierte 1966 erfolgreich – und mit Unterstützung von Richard Nixon und Gerald Ford – in den Kongresswahlen und zog für zwei Amtsperioden in das Repräsentantenhaus ein. Der Neuling unter den Abgeordneten erhielt einen Sitz im Mittelbewilligungsausschuss, trat jetzt gemäßigt konservativ auf, nahm sich der Interessen der Ölindustrie an, setzte sich aber auch für ein Gesetz ein, das die Rassendiskriminierung im Verkauf und Vermieten von Wohnungen untersagte. 1968 hätte er gerne seine Nominierung als Vizepräsidentschaftskandidat der Republikaner durch Richard Nixon erreicht, musste aber – politisch damals noch wenig erfahren – hinter dem Gouverneur Spiro Agnew zurückstehen. 1970 suchte er noch einmal in Texas den Sprung in den Senat der Vereinigten Staaten zu schaffen. Diesmal war sein Gegenspieler der demokratische Abgeordnete Lloyd Bentsen, der dann auch die Wahl gewann. Bush war nun, nach dieser zweiten Niederlage, entschlossen, sich in das Privatleben zurückzuziehen, zumal er seinen sicheren Sitz im Repräsentantenhaus 1970 zugunsten der unsicheren Aussicht auf einen Senatssitz aufgegeben hatte. In dieser Situation bot ihm Präsident Nixon einige Regierungsstellen an, Bush erbat sich und erhielt trotz seiner fehlenden Erfahrung auf dem diplomatischen Parkett den Posten des Botschafters bei den Vereinten Nationen. Er vertrat sein Land zwischen 1971 und 1973 in der Weltorganisation, und zwar in einer Zeit, in der die Aufnahme der Volksrepublik China und der überraschende Besuch Nixons in China erfolgten. Die Erfahrungen dieser beiden Jahre machten Bush »die Schwachstellen und Grenzen der Weltorganisation bewusster, aber er lernte auch ihre Möglichkeiten für humanitäre Hilfe besser kennen, wenn einmal ideologische Differenzen überwunden oder beiseite gestellt werden können«.[1]

Nach Ablauf dieser Tätigkeit übernahm Bush dann 1973–1974 auf Wunsch Nixons die Leitung des Republikanischen Nationalkomitees. Er hatte in diesem Parteiamt vor allem für die Folgen des Watergate-Skandals aufzukommen, zu versuchen, die Partei trotz des Skandals um Nixon zusammenzuschließen und den Schaden für die Republikaner zu begrenzen. Es war ein »politischer Alptraum«, wie er sich später in seiner Autobiografie erinnerte. Als dann nach dem Rücktritt Nixons Gerald Ford Präsident wurde, bemühte sich Bush hinter den Kulissen erneut um die Vizepräsidentschaft. Diesmal wurde ihm Nelson Rockefeller, der Gouverneur von New York, vorgezogen. Bush aber erhielt von Ford eine neue diplomatische Aufgabe, er wurde der Leiter des in Peking im Ergebnis des Nixonbesuches eingerichteten Verbindungsbüros. Damit wurde er der erste diplomatische Vertreter seines Landes in der Volksrepublik China und übernahm eine Aufgabe, die ihn wegen ihrer Neuartigkeit offenbar reizte. Sie bestand allerdings in den 13 Monaten, die er von 1974 bis 1975 in Peking weilte, hauptsächlich aus Routineangelegenheiten und aus Tennispartien mit den Offiziellen des chinesischen Außenministeriums. Das nächste Amt, das Bush von Präsident Ford angetragen wurde, war die Leitung des Geheimdienstes CIA. Bush stimmte diesmal nur zögernd zu, da er weiterhin mit dem Gedanken, einmal Vizepräsident zu werden, liebäugelte. Der Posten eines CIA-Direktors galt – noch dazu angesichts der Kongressenthüllungen über Mordpläne und andere gesetzwidrige Aktivitäten des Geheimdienstes – kaum als Sprungbrett für diese ehrgeizigen politischen Absichten. Bush reorganisierte den Geheimdienst personell und politisch, berücksichtigte das Kongressmandat, das eine Zügelung der im Kongress kritisierten Aktivitäten verlangte, und verstärkte den Austausch der Geheimdienstinformationen innerhalb der Verbündeten, vor allem mit Großbritannien. Nach der Wahl des Demokraten Carter (1976) wäre Bush, soweit es ihn betraf, lieber auf seinem Posten geblieben, doch der neue Präsident berief einen Mann seines Vertrauens zum CIA-Direktor. Seit dem Eintritt in die Politik hatte Bush damit in sehr unterschiedlichen Bereichen Erfahrungen sammeln können. Alle diese politischen Aufgaben, so urteilt ein Historiker, »waren wichtig und nützlich, aber keine von ihnen befähigte Bush, eine unabhängige Position als ein Gestalter der Politik abzustecken oder ein klares Image zu gewinnen«.[2]

Bush nahm nun seit 1979 Kurs darauf, in den für 1980 anstehenden Präsidentschaftswahlen seine Nominierung als Kandidat der Republikaner zu erreichen. In den Vorwahlen wurde er der wichtigste Rivale Ronald Reagans, verzichtete dann aber zugunsten Reagans auf die eigene Bewerbung. Reagan wählte ihn darauf als seinen künftigen Vizepräsidenten, und beide gewannen die Präsidentschaftswahlen von 1980.

Als Vizepräsident unter Reagan (1981–1989) gehörte Bush zum inneren Kreis der Administration und übernahm verschiedentlich Aufgaben für den Präsidenten, doch hielt er sich mit eigenen politischen Stellungnahmen zurück, passte sich Reagan unbedingt loyal an und gewann wenig neue Konturen. Seine Rolle in der Iran-Contra-Affäre ist unklar. Jedenfalls aber war Bush, wie Reagan, über die geheimen Waffenverkäufe und die Unterstützung der nicaraguanischen Contras informiert. Nach Ablauf der zwei Amtszeiten Reagans erreichte Bush dann 1988, von Reagan trotz kleinerer Vorbehalte unterstützt, die Nominierung als Präsidentschaftskandidat der Republikaner im ersten Wahlgang des Nationalkonvents seiner Partei. Zu seinem »running mate« für das Amt des Vizepräsidenten wählte er den jungen Senator von Indiana, Dan Quayle. Dies war eine viel diskutierte Entscheidung, da berechtigte Zweifel bestanden, ob der unerfahrene, rechtskonservative Quayle das politische Format eines möglicherweise künftigen Präsidenten besaß.

In einer wirtschaftlich nochmals günstigen Situation, bei niedriger Inflation und Arbeitslosigkeit und in einer Zeit des sicherer gewordenen Friedens nach außen siegte Bush, nicht zuletzt dank der weiterhin großen Popularität Ronald Reagans, nach einem hässlichen, mit persönlichen Angriffen gespickten Wahlkampf über seinen nur halbherzig liberal auftretenden demokratischen Gegenspieler Michael S. Dukakis, den Gouverneur von Massachusetts. An dessen Seite bewarb sich der Senator aus Texas, Lloyd Bentsen, um die Vizepräsidentschaft. Für Bush stimmten 54 % der Wähler, für Dukakis nur 46 %. Hinsichtlich der Wahlmännerstimmen fiel der Sieg von Bush noch deutlicher aus, er gewann 426 Wahlmänner, Dukakis lediglich 111.[3] Bush siegte in 40 Staaten, er gewann wiederum den gesamten Süden und hatte außerdem besonders im Mittleren Westen und Westen (Kalifornien) Erfolg. In den gleichzeitigen Kongresswahlen konnten allerdings die Demokraten ihre Mehrheit in beiden Häusern des Kongresses um zwei Senatoren- und vier Abgeordnetenmandate vergrößern.

Die Präsidentschaft Bushs begann am 20. Januar 1989. Die Antrittsrede des neuen Präsidenten war versöhnlich gehalten und ging auch auf die Notwendigkeit ein, »das Angesicht der Nation freundlicher zu gestalten«, den Schwachstellen der amerikanischen Gesellschaft, namentlich der schwierigen Situation der Städte, den Mängeln des Erziehungswesens, der hohen Kriminalität und dem Drogenproblem entgegenzutreten. Neben dieser Herausforderung durch die zunehmend gravierender werdenden inneren Mängel des Landes sah sich die neue Administration bald auch durch eine neue Weltlage zum Handeln gezwungen, durch Veränderungen der Weltpolitik, die sich aus den Folgen des Zusammenbruchs der UdSSR und der kommunistischen Welt in Osteuropa einschließlich des Endes der DDR und der anschließend vollzogenen deutschen Vereinigung ergaben.

Bei der Auswahl seiner Regierungsmannschaft und mit der Besetzung der Kabinettsposten bevorzugte Bush die konservative Mitte und wählte in der Regel erfahrene und pragmatische Politiker, die bereits unter Nixon, Ford oder Reagan Regierungsfunktionen bekleidet hatten, die zu den persönlichen Freunden des Präsidenten zählten oder aus dem Kongress kamen. Außenminister wurde James A. Baker aus Texas (Finanzminister unter Reagan), zum Verteidigungsminister berief er Richard B. Cheyney, den Stabschef des Weißen Hauses während der Ford-Administration. Cheney ist heute Vizepräsident der Vereinigten Staaten.

Die innenpolitischen Rahmenbedingungen der Politik des Präsidenten gestalteten sich seit dem ersten Jahr seiner Administration, in dem zunächst noch eine Rekordmehrheit von 70 bis 80 % der Amerikaner mit seiner Amtsführung einverstanden war[4], zunehmend komplizierter. Beide Häuser des Kongresses wurden von einer immer weniger kooperationsbereiten Mehrheit der Demokraten beherrscht. Die konservative Koalition aus Republikanern und Südstaaten-Demokraten, auf die sich sein Vorgänger Reagan gestützt hatte, verlor an Boden. Bei den Kongresszwischenwahlen im November 1990 gewannen die Demokraten noch einen Senatorensitz und neun Mandate im Repräsentantenhaus hinzu. Das Stimmenverhältnis lautete nun im Senat 56 Demokraten zu 44 Republikanern, im Repräsentantenhaus 267 Demokraten zu 164 Republikanern plus vier Unabhängigen. Diese Wahlen ließen die Unzufriedenheit vieler Wähler mit den etablierten Politikern und ihrer passiven Politik erkennen.

Die finanziellen, wirtschaftlichen und sozialen Probleme nahmen teilweise Besorgnis erregende Ausmaße an. Das prekäre Haushaltsdefizit – nach wie vor ungewöhnlich hoch – engte den finanziellen Handlungsspielraum der Regierung wesentlich ein. Im Haushalt 1989 betrug das Defizit 152 Mrd. $. Mit dem traditionellen republikanischen Verzicht auf Steuererhöhung und auf einschneidende Kürzungen im Verteidigungshaushalt war dem Damoklesschwert eines konstant hohen Budgetdefizits seitens der Bush-Administration nicht beizukommen. Eine notwendig werdende staatliche Rettungsaktion zur Sanierung der 1.000 zahlungsunfähigen Sparkassen, in der Savings & Loan Crisis von 1989, kostete die Regierung zunächst – über einen Zeitraum von zehn Jahren – 166 Mrd. $. Die Wirtschaftskonjunktur der Reaganjahre schwächte sich 1989 ab. Das Wachstum des Bruttosozialproduktes, das 1988 2,8 % betragen hatte, verlangsamte sich 1989 und lag im Durchschnitt der Bushjahre bei 1,2 %. Im Herbst 1990 trat die Wirtschaft des Landes in eine Rezession ein und stagnierte nun bis Mitte 1992. Die Arbeitslosenrate stieg infolgedessen von 5,3 % 1989 auf über 7 % 1992. Nur im Bereich der Inflation blieben die Werte auch während der Bush-Administration mit durchschnittlich drei bis vier Prozent jährlicher Zunahme günstig.[5]

Angesichts dieser haushaltspolitischen Zwangslage und wirtschaftlichen Schwierigkeiten setzte Bush die konservative Innen-, Wirtschafts- und Sozialpolitik Reagans in modifizierter Form fort. Ein Maßnahmenpaket zum Abbau des Defizits im Bundeshaushalt wurde 1990 verabschiedet. Es sah unter anderem Steuererhöhungen für Benzin, Tabak und Alkohol vor, erzielte aber keinen durchgreifenden Erfolg. »Allein im wirtschaftlichen Bereich sind die Vorlagen des Weißen Hauses für ein Banken- und ein Energiegesetz sowie für ein Konjunkturprogramm gescheitert; die Senkung der Kapitalertragsteuern ist bis heute Programm geblieben, der Budgetkompromiss vom Herbst 1990 verunglückt.«[6] Diese Handlungsschwäche in der Wirtschaftspolitik der Bush-Regierung kann nicht allein aus der Tatsache erklärt werden, dass im Weißen Haus und im Kapitol verschiedene Parteien regierten bzw. dominierten. Sie ergab sich auch aus strukturellen Schwächen von Gesellschaft und Politik im heutigen Amerika. In der Sozialpolitik verzichtete Bush zwar auf die einschneidenden Kürzungen seines Vorgängers, jedoch fehlte ihm ein angemessenes Handlungskonzept, um die notwendigen und in den Kosten ansteigenden Sozialhilfe- und Wohlfahrtsprogramme den Erfordernissen einer wieder zunehmenden Arbeitslosigkeit und Armutsziffer entsprechend weiterzuentwickeln. 1990 lebten 33,6 Mio. Amerikaner oder 13,5 % der Bevölkerung unterhalb der Armutsgrenze, bei den schwarzen Amerikanern waren es sogar 31,9 %.

Den konservativen Glaubenssätzen gemäß, nach denen zuvor Reagan und nun er selbst angetreten waren, verließ sich Bush auf die regulierenden Kräfte des Marktes und verkündete angesichts der Rezession von 1990 seinen Glauben, die Erholung der Wirtschaft und eine neue Konjunktur seien bereits in Sicht. Soziale Schwierigkeiten ließen sich in erster Linie durch freiwillige Wohltätigkeit und durch Stärkung der Eigenverantwortlichkeit des Einzelnen lösen.

In anderen Bereichen der Innenpolitik gab es zahlreiche Vorstöße der Regierung, die allerdings im Kongress nur teilweise durchgesetzt werden konnten. Besondere Priorität hatte Bush dem Kampf gegen das Drogenproblem eingeräumt. Nach Schätzungen des State Departments werden in den USA 65 % der in der Welt hergestellten Drogen konsumiert. Bushs Antidrogenstrategie kombinierte Maßnahmen der Vorbeugung, Aufklärung von Jugendlichen, der Behandlung der Drogenabhängigen mit staatlichen Sanktionen gegen Drogenkonsumenten. Nur ein kleiner Teil davon konnte gesetzlich verankert werden, so die Programme für die Drogenberatung in den Schulen und die Hilfe im Kampf gegen die Drogenmafia in Kolumbien, Bolivien und Peru. Eine weitere Initiative der Bush-Administration sollte die effektivere Bekämpfung der Kriminalität ermöglichen, dieses wuchernden Übels der amerikanischen Gesellschaft. Auch hier lag der Schwerpunkt auf der Verbrechensbekämpfung, d. h. auf einer Stärkung der Polizeikräfte, einer sicheren Bestrafung, härteren Strafen, der Ausdehnung der Todesstrafe. Ein Konsens hierüber konnte im Kongress nicht erzielt werden.

Besonders ehrgeizige Ziele verkündete Bush im April 1991 mit seinem Bildungsprogramm »Amerika 2000«, mit dem die Ausbildung für alle Amerikaner verbessert werden sollte. Ziel war es, den nationalen Bildungsrückstand in den Fächern Englisch, Mathematik, Naturwissenschaften, Geschichte und Geographie wettzumachen. Erreicht werden sollte dies durch den Aufbau besserer Schulen, die Schaffung neuer Schultypen, die Förderung der freien Schulwahl für Eltern und Schüler, die Einführung nationaler Prüfungen auf freiwilliger Grundlage und die Verbesserung der beruflichen Bildung. Auch das Bildungsreformprogramm konnte großenteils im Kongress nicht in Taten umgesetzt werden. Besonders umstritten war die Absicht der Regierung, den Eltern die freie Schulwahl – zwischen öffentlichen und privaten Schulen – durch Subventionen und Steuerkredite zu erleichtern. Liberale Demokraten und die Lehrergewerkschaft sahen darin eine Schwächung der öffentlichen und Begünstigung der privaten Schulen und verhinderten die Annahme dieses Plans. Verabschiedet wurde ein Stipendienprogramm zur Förderung von Studien in Mathematik und in den Naturwissenschaften.

Konservativ geprägt war die Haltung Bushs in der von der Öffentlichkeit kontrovers diskutierten Abtreibungsfrage. Während die Grundsatzentscheidung des Obersten Gerichtes von 1973 die Abtreibung bis zum dritten Monat unbeschränkt gebilligt hatte, waren inzwischen von Abtreibungsgegnern in mehreren Einzelstaaten restriktive Gesetze durchgesetzt worden, mit denen die Abtreibung neuerlich erschwert wurde. Gegen von den Demokraten im Kongress – im Gegenzug gegen diese Erschwernisse – eingebrachte Gesetzesklauseln, die die Inanspruchnahme öffentlicher Mittel für die Abtreibung vorsahen und die Beratung zur Familienplanung unter Einschluss der Schwangerschaftsunterbrechung gestatteten, legte Bush mehrfach sein Veto ein.

Zwei von Präsident Bush 1990 unterzeichnete Gesetze verdienen gesonderte Beachtung. Ein Gesetz über die Reinhaltung der Luft (Clean Air Act) traf Anti-Smog-Bestimmungen gegenüber der Industrie und wurde von den Umweltschutzorganisationen begrüßt. Ein neues Einwanderungsgesetz, das erste größere derartige Gesetz seit 1965, erhöhte den Umfang der zulässigen Einwanderungen auf jährlich 700.000 Personen, ab 1995 auf mindestens 675.000 Einwanderer, und sorgte für eine Aufstockung der Quote für hoch qualifizierte Arbeitnehmer.

In ihrer Gesamtheit wurde die Innenpolitik der Bush-Administration den komplizierten Verhältnissen und wachsenden inneren Schwierigkeiten des Landes nicht gerecht. Sie schwankte zwischen Status-quo-Politik, Schadensbegrenzung und hilflos wirkendem Aktionismus. Nach dem innenpolitisch aktiven und auch populären Reagan konnte Bush mit seiner Innenpolitik weder neue Akzente setzen noch seine anfängliche Popularität über die gesamte Amtszeit hinweg bewahren. Mitte 1992 waren nur noch 34 % der Amerikaner mit seiner Amtsführung einverstanden, seine Wirtschaftspolitik wurde nun lediglich noch von 16 % der Befragten unterstützt. In den Präsidentschaftswahlen von 1992 zeigte es sich dann nicht ganz überraschend, dass eine Mehrheit der Wähler die Zeit für einen Wandel der amerikanischen Politik gekommen hielt.

Anders als im Fall der Innenpolitik konnte Bush nach vier Jahren bei der Außenpolitik auf eine großenteils erfolgreiche Bilanz verweisen. In der weltpolitischen Umbruchsphase seit dem Ende des Kalten Krieges reagierte Präsident Bush zunächst vorsichtig abwartend, dann stellte er pragmatisch die amerikanische Außenpolitik auf die mit dem Zusammenbruch der UdSSR und ihres osteuropäischen Imperiums entstehende internationale Lage ein. Bush setzte den von Reagan in seiner zweiten Amtszeit begonnenen Abrüstungsdialog mit Gorbatschow fort. Im Dezember 1989 kam es in Malta zum ersten Gipfeltreffen zwischen Bush und Gorbatschow, bei dem beide Staatsmänner das Ende des Kalten Krieges verkündeten. Bush sicherte zu, die Sicherheitsinteressen der Sowjetunion zu respektieren, schlug zweiseitige Verträge zur Reduzierung der strategischen und konventionellen Waffen in Europa vor und stellte die Lockerung der amerikanischen Handelsbeschränkungen gegenüber der UdSSR in Aussicht.

Bei einem weiteren Zusammentreffen zwischen Bush und Gorbatschow, Ende Mai/Anfang Juni 1990 in Washington, wurden mehrere Abkommen zur Verbesserung der amerikanisch-sowjetischen Beziehungen, darunter auch ein neuer Handelsvertrag, unterzeichnet. Ein Jahr später, Ende Juli 1991, konnte Bush dann in Moskau mit Gorbatschow den START-Vertrag unterzeichnen, der die strategischen Atomwaffen beider Seiten um annähernd 30 % reduzierte. Kurz nach diesem Staatsbesuch von Bush in Moskau scheiterte dann dort der Putschversuch der sowjetischen Reformgegner, der den Auflösungsprozess der UdSSR beschleunigte. Die USA hatten es nun nach der Auflösung der UdSSR mit deren Nachfolgestaaten zu tun, die sich in einem komplizierten Prozess der Demokratisierung und Konsolidierung befanden. Dabei hatten für die Bush-Administration die Beziehungen zum Präsidenten Russlands, Boris Jelzin, erkennbaren Vorrang. Im Verhältnis zu Russland und den anderen Nachfolgestaaten der UdSSR bemühte sich die Bush-Administration erstens um die Kontrolle der dort stationierten Atomwaffen, zweitens um den Modus und Umfang der vom Westen zu leistenden Wirtschaftshilfe, drittens um die Gewinnung Russlands und anderer wichtiger Nachfolgestaaten »als verlässliche Partner bei der Bewältigung weltpolitischer Herausforderungen in anderen Krisenregionen der Welt«.[7] Gegen Ende der Amtszeit von Bush wurde in der Republikanischen Partei, so wiederholt durch Expräsident Nixon, der Vorwurf erhoben, die Vereinigten Staaten würden nicht alles in ihrer Macht Stehende unternehmen, um den Reform- und Demokratisierungsprozess in Russland, der Ukraine und den anderen Nachfolgestaaten der UdSSR zu unterstützen.

Nach der Öffnung der Berliner Mauer im November 1989 und der im Winter 1989/90 einsetzenden Überwindung der Teilung Deutschlands verhielt sich die Bush-Administration grundsätzlich zustimmend und gleichzeitig – im Interesse politischer Stabilität – zunächst zurückhaltend. Auf einem Gipfeltreffen der NATO-Staaten stellte Bush am 4. Dezember 1989 vier Prinzipien für die Deutschlandpolitik auf: 1. Anwendung der Selbstbestimmung, wobei eine Vision der Einheit weder unterstützt noch ausgeschlossen werden sollte. 2. Die Wiedervereinigung solle unter Wahrung der Verpflichtung der Bundesrepublik gegenüber der NATO und der Europäischen Gemeinschaft erfolgen und bei Berücksichtigung der Rechte und Verantwortung der alliierten Mächte. 3. Im Interesse der europäischen Stabilität müsse die Vereinigung friedlich, allmählich und schrittweise vor sich gehen. 4. In den Grenzfragen sollten die Prinzipien der Schlussakte von Helsinki gelten.[8] Als sich dann das Tempo der Vereinigung Deutschlands beschleunigte, unterstützten Bush und Baker aktiv die deutschen Bemühungen. Die USA sprachen sich als erste der vier Siegermächte für die schnellstmögliche Einigung aus, leisteten ihren Beitrag zum Erfolg der »Zwei-plus-vier«-Gespräche und waren bemüht, Besorgnisse hinsichtlich der künftigen Rolle des vereinigten Deutschlands zu zerstreuen. Als Bush am 25. September 1990 den Vertrag zur Vereinigung der beiden deutschen Staaten zur Ratifizierung an den Senat leitete, wies er darauf hin, dass das Ziel eines vereinigten, demokratischen und souveränen Deutschlands seit langem auch von den Amerikanern angestrebt worden sei.

Während die Bush-Administration in der Europapolitik, den Ost-West-Beziehungen nach dem Ende des Kalten Krieges und in der deutschen Frage ihre Interessen mit diplomatischen Mitteln zur Geltung brachte, scheute sie in anderen weltpolitischen Entwicklungen nicht vor dem Einsatz ihrer militärischen Machtmittel zurück. Den Anfang machte das militärische Eingreifen der USA in Panama, von Bush im Dezember 1989 angeordnet, um den starken Mann Panamas, General Noriega, dem man vorwarf, am internationalen Drogenhandel aktiv beteiligt zu sein, verhaften und vor Gericht stellen zu können. Die international umstrittene Militärintervention konnte zwar den amerikanischen Einfluss in diesem Land wieder befestigen, verstärkte aber in Lateinamerika die Besorgnis vor weiteren Rückfällen des nördlichen Nachbarn in die Interventionspolitik vergangen geglaubter Zeiten.

Gegenüber der irakischen Aggression in Kuwait im August 1990 zeigte Bush Entschlossenheit und Führungswillen. Die Interessen der USA im Nahen und Mittleren Osten, in einer für die Erdölversorgung der Weltwirtschaft höchst sensiblen Region, der Überfall auf das unabhängige Scheichtum Kuwait und der damit sichtbar werdende Machtzuwachs des Iraks schienen ein rasches und aktives amerikanisches Handeln zu verlangen. Da Iraks Staatschef Saddam Hussein alle Aufforderungen der USA und der Vereinten Nationen, sich aus Kuwait zurückzuziehen, ignorierte, konnte Bush, der schon seit November 1990 das Land auf den Krieg vorbereitet hatte, im Bündnis mit einer eigens geschaffenen Golf-Koalition und gestützt auf den Auftrag der Vereinten Nationen am 16. Januar 1991 den Golfkrieg zur Befreiung Kuwaits eröffnen. Die sechswöchige »Operation Wüstensturm«, an der 425.000 US-Soldaten und 118.000 Mann der Verbündeten beteiligt waren, verlief militärisch erfolgreich, Kuwait wurde von den Truppen Saddam Husseins befreit. Doch die Waffenruhe, die Ende Februar eintrat, ließ die politischen Machtverhältnisse im Irak unverändert, und der Krieg trug ebenso wenig zur Lösung der anderen Probleme der Region, schon gar nicht des israelisch-arabischen Konfliktes bei. Im Ergebnis blieben die USA die dominierende Macht im Nahen Osten und ein wesentlicher Stabilitätsfaktor in diesem weltpolitischen Unruheherd.

Angesichts der veränderten sicherheitspolitischen Lage nach dem Ende des Kalten Krieges entwickelte Präsident Bush seit Herbst 1990 in verschiedenen Reden das Konzept einer »Neuen Weltordnung«, einer Neuordnung der internationalen Verhältnisse.

»Danach sollte dem Völkerrecht und der Rechtsstaatlichkeit mehr Geltung verschafft, die Rolle der Vereinten Nationen gestärkt und den Aggressionen potenzieller Friedensbrecher mit dem entschiedenen kollektiven Einsatz zureichender Machtmittel begegnet werden.«[9] Obgleich Bush in diesem außenpolitischen Konzept den Verbündeten in Europa und Asien eine »Partnerschaft in der Führung« anbot, beanspruchte der Präsident sichtlich weiterhin die weltpolitische Führungsrolle für sein Land. Vor welchen schwierigen Problemen die Einführung einer »Neuen Weltordnung« stand, verdeutlichte am Ende der Bush-Administration der Bürgerkrieg im ehemaligen Jugoslawien, demgegenüber auch die amerikanische Politik zunächst keine zwingende Lösung anzubieten hatte.

Bei den Präsidentschaftswahlen im November 1992 musste Bush dann eine bittere Niederlage einstecken. 43 % der Wähler gaben seinem Herausforderer Clinton ihre Stimme, nur 38 % stimmten für Bush, der unabhängige dritte Kandidat, der texanische Milliardär Ross Perot spielte mit 19 % der Stimmen nur eine untergeordnete Rolle. Das Wahlergebnis spiegelte besonders den innenpolitischen Misserfolg von Bush wider, seine geschwundene persönliche Popularität und den Wunsch der Wähler nach einem Wandel. Wirtschaftliche Schwierigkeiten, die Zunahme der Gewalt in den Städten und das fortgesetzt hohe Haushaltsdefizit beunruhigten die Wähler. Wie vor ihm in diesem Jahrhundert die Republikaner Taft, Hoover, Ford und der Demokrat Carter verfehlte mit Bush wiederum ein amtierender Präsident die Wiederwahl. Mit dem Sieg Clintons und dem Ausscheiden von Bush aus dem Weißen Haus am 20. Januar 1993 endete vorerst die von manchen Beobachtern der politischen Szene für nahezu unabänderlich gehaltene »Reagan-Revolution«. Die Republikaner befanden sich in einer Identitätskrise, nicht zuletzt im Ergebnis des Beharrens ihres konservativ-fundamentalistischen Flügels auf einer offenbar nicht mehr mehrheitsfähigen Programmatik. Die Präsidentschaft von Bush jedenfalls, dies zeigte das Wahlverhalten der Amerikaner, hatte mit ihren unerfüllten Versprechungen die Erwartungen vieler Wähler enttäuscht.

Seit dem Ausscheiden aus dem Weißen Haus leben die Bushs in Houston, Texas. Im Wahlkampf von 1996 unterstützte George Bush den republikanischen Senator Bob Dole, der sich damals glücklos gegen Bill Clinton um das Präsidentenamt bewarb. 1997 wurde in College Station, Texas, in Anwesenheit von 40.000 Menschen die George Bush Presidential Library eröffnet.

Anmerkungen

1 William A. DeGregorio, The Complete Book of U. S. Presidents, 2 Aufl., New York 1989, S. 674

2 Charles A. Beard's The Presidents in American History. George Washington to George Bush, hg. v. William Beard/Detlev Vagts, Englewood Cliffs, New Jersey, 1989, S. 186.

3 Ein Wahlmann von West Virginia gab seine Stimme für Lloyd Bentsen als Präsident und Michael Dukakis als Vizepräsident ab. Zu den Wahlen von 1988. C. Boyden Gray, Interpreting the 1988 Presidential Election: Considerations on Congress and the Presidency, in Presidential Studies Quarterly, Bd. XIX, Nr. 2, 1989, S. 253 ff.; Newsweek, Election Special, 21. November 1988.

4 Zur Erklärung der ungewöhnlich hohen Popularitätsrate des Präsidenten in seinem ersten Amtsjahr: Casper Schmidt, The Abnormally Popular George Bush, in: The Journal of Psychohistory, Bd. 18, Nr. 2, 1990, S. 123 ff.

5 Andreas Falke, Eine trügerische Normalität? Amerikanische Innen- und Wirtschaftspolitik unter Präsident Bush, in: Das Parlament. Beilage »Aus Politik und Zeitgeschichte«, B. 45/89 (3. November 1989), S. 25 ff.; Stephan Bierling, Zur Lage der US-Wirtschaft Bestandsaufnahme und Perspektiven am Ende der ersten Amtszeit von George Bush, in: Das Parlament Beilage »Aus Politik und Zeitgeschichte«, B. 44/92 (23. Oktober 1992), S. 35 ff.

6 Bierling, Zur Lage der US-Wirtschaft, S. 42.

7 Manfred Knapp, Die Außenpolitik der USA unter George Bush, in: Das Parlament. Beilage »Aus Politik und Zeitgeschichte«, B. 44/92 (23. Oktober 1992), S. 46.

8 Michael H. Haltzel, Amerikanische Einstellungen zur deutschen Wiedervereinigung, Europa-Archiv, 45. Jg., Nr. 4, 1990, S. 129.

9 Knapp, Die Außenpolitik der USA unter George Bush, S. 53.

Bibliographische Hinweise

Die Reden, Botschaften und Erklärungen von Bush als Präsident wurden veröffentlicht in:

U. S. President. Public Papers of the Presidents of the United States. George Bush, 8 Bde., Washington 1990–1993.

Bushs Autobiografie erschien im Vorfeld der Wahlen von 1988:

George Bush, Looking Forward: An Autobiography, with Victor Gold, New York 1987 (deutsche Übers.: 1991).

Über Bush:

Webster G. Tarpley/Anton Chaitkin, George Bush, the Unauthorized Biography, Washington, D. C., 1992.

Über die Bush-Präsidentschaft:

The Bush Presidency, First Appraisals, hg. v. Colin Campbell/Bert A. Rockman, Chatham, New Jersey, 1991.

Leadership and the Bush Presidency. Prudence or Drift in an Era of Change, hg. v. Ryan J. Barrilleaux/Mary E. Stuckey, Westport, Connecticut, 1992.

Zum Golfkrieg:

Helmut Hubel, Der Zweite Golfkrieg in der internationalen Politik, Bonn 1991.

Zum Ende des Kalten Krieges:

Michael R. Beschloss/Strobe Talbott, Auf höchster Ebene. Das Ende des Kalten Krieges und die Geheimdiplomatie der Supermächte 1989–1991, Düsseldorf 1993.

Neue Veröffentlichungen zu George Bush und zu seiner Administration:

The Bush Presidency: Ten Intimate Perspectives of George Bush, hg. von Kenneth W. Thompson, Lanham, Md., 1997; Bd. 2: Lanham, Md., 1998.

Herbert S. Parmet, George Bush: the Life of a Lone Star Yankee, New York 1997, 2. Aufl.: 2001.

John R. Greene, The Presidency of George Bush, Lawrence, Ka., ^{2}2000.

All the best, George Bush: my life in letters and other writings, New York 1999.

Heartbeat: George Bush in his own words, comp. by Jim McGrath, New York 2001.

Die Lebenserinnerungen von Mrs. Bush:

Barbara Bush, A Memoir, New York 1994.

BILL CLINTON
(William Jefferson Clinton)

*1946

42. Präsident der USA 1993–2001

19. Aug. 1946	Bill Clinton wird als William Jefferson Blythe IV. in Hope, Arkansas, geboren.
1961	Clinton nimmt den Namen des Stiefvaters an und heißt nun Bill Clinton.
1964–1968	Studium an der School of Foreign Service der Georgetown University in Washington, D. C.
1968–1970	Clinton erhält ein Rhodes-Stipendium und setzt seine Studien in Oxford, England, fort.
1970–1973	Clinton beendet sein Studium an der Yale Law School.
1973–1976	Clinton arbeitet als Assistenzprofessor an der juristischen Fakultät der University of Arkansas in Fayetteville.
1974	Clinton verfehlt knapp das Mandat als Kongressabgeordneter.
1975	Clinton heiratet die Anwältin Hillary Rodham (geb. 1947).
1976	Clinton gewinnt die Wahl zum Justizminister von Arkansas.
1978–1981	Clinton ist der jüngste Gouverneur in der Geschichte der USA.
1981–1983	Anwalt in Little Rock, Arkansas.
1983–1993	Gouverneur von Arkansas.
1986	Clinton wird Sprecher der Gouverneure und Vorsitzender der Bildungskommission der Staaten.
1990	Vorsitzender des Democratic Leadership Council.
1993–2001	Präsident der Vereinigten Staaten von Amerika.
2004	Clinton veröffentlicht seine Memoiren »My Life«.
2004	Eröffnung der Clinton Presidential Library in Little Rock, Arkansas.

Bill Clinton, obwohl international vor seinem Amtsantritt eher unbekannt, galt am Beginn seiner Präsidentschaft wegen seines Intellekts, seiner Fähigkeiten, seiner großen politischen Erfahrungen und seines persönlichen Charmes als einer der Geeignetsten für dieses Amt, obwohl er nach Theodore Roosevelt und John F. Kennedy der drittjüngste Präsident in der Geschichte der Vereinigten Staaten war. Er war der erste Vertreter der Generation des »Baby Booms« und nach zwölf Jahren konservativer republikanischer Administration der erste Demokrat im Weißen Haus.

Bill Clinton wurde als William Jefferson Blythe IV. am 19. August 1946 in der landwirtschaftlich dominierten Kleinstadt Hope, Arkansas, geboren. Sein Vater, William Jefferson Blythe III., ein Vertreter für Maschinen, war 3 Monate vor der Geburt seines Sohnes mit dem Auto tödlich verunglückt. Bill verbrachte seine ersten Lebensjahre in Hope. Seine Mutter, Virginia Cassidy Blythe, arbeitete als Krankenschwester und ließ den Jungen während ihrer zweijährigen Ausbildung zur Anästhesistin bei ihren Eltern Eldrige und Edith Grisham Cassidy. Vier Jahre nach dem Tod ihres ersten Mannes heiratete Virginia Cassidy Blythe den Autohändler Roger Clinton. 1953 zog die Familie von Hope in den Kurort Hot Springs, wo sich das vom Stiefvater betriebene Geschäft befand. Die Ehe der Mutter wurde im Verlauf der nächsten Jahre von der Herrschsucht und dem übermäßigen Alkoholkonsum des Stiefvaters belastet, der unter Alkoholeinfluss auch gewalttätig gegen seine Frau vorging. Clinton wurde frühzeitig zum Beschützer seiner Mutter und übernahm mehr und mehr die Rolle des Mannes im Hause. Später war er für seinen Halbbruder, Roger Clinton jun., oft auch ein Vaterersatz. Da Clinton in Hot Springs neben den negativen Auswirkungen des Alkohols auf das Verhalten seines Stiefvaters auch die Folgen von Spielsucht täglich live erlebte, entwickelte er gegen beides eine bis heute andauernde Abneigung. Selbst am Tag seiner Wahl zum Präsidenten der USA ließ er statt Sekt und Champagner heißen Apfelsaft und Kakao anbieten.

1956 wurde Clintons Halbbruder Roger geboren. 1967 starb der Stiefvater an Krebs. Zu seiner Mutter hatte Clinton immer ein sehr enges Verhältnis. Sie förderte seine Bildung, verfolgte seine Karriere aufmerksam und unterstützte ihn aktiv im Wahlkampf. Bis zu ihrem Tode im Januar 1994 war sie ihrem ältesten Sohn und seiner Familie liebevoll verbunden.

Die Familie lebte in Hot Springs in gesicherten Mittelklasseverhältnissen. Es war die Zeit, in der jedermann davon überzeugt war, es aus eigener Kraft »schaffen zu können«, was immer sein Ziel auch sein mochte. Für Clinton waren es Bildung und Anerkennung, die Möglichkeit mitzubestimmen und sein Umfeld im positiven Sinne zu beeinflussen, zu aktivieren und zu verändern, die Welt zu verändern. Von Anfang an gehörte Clinton zu den aufgewecktesten Schülern seines Jahrganges.

Schon mit 14 Jahren verfolgte er aufgeregt den Wahlkampf zwischen Kennedy und Nixon am Fernseher. Clinton selbst interessierte sich frühzeitig für Wahlämter. In der Schule ließ er nahezu keine Gelegenheit aus, für eine ehrenamtliche Aufgabe zu kandidieren. Da er nicht nur ein guter Schüler sondern auch ein freundlicher, aufgeschlossener und hilfsbereiter Junge war, konnte er viele Wahlen gewinnen. Im Nachhinein ließen viele seiner ehemaligen Mitschüler und auch Lehrer verlauten, dass sie schon damals geglaubt hätten, er würde eines Tages Präsident werden.

Prägend für seine Zukunft sollte die Begegnung des 16-jährigen Highschool-Jungen mit dem damaligen Präsidenten John F. Kennedy werden. Clinton gehörte zu den Delegierten seines Heimatstaates, die im Rahmen des nationalen American Legion Boy's Programs in Washington den Präsidenten trafen. Clinton, der Mittelklassejunge aus dem Südstaat Arkansas, verehrte Kennedy wegen seiner Hinwendung zu den Problemen eben dieser Mittelklasseamerikaner und seiner Politik gegenüber der schwarzen Bevölkerung in den Südstaaten. Obwohl es ihm klar war, dass der Präsident kaum mit jedem einzelnen der über einhundert Jungen würde reden können, war Clinton davon überzeugt, die besondere Aufmerksamkeit Kennedys auf sich ziehen zu können. Zwei Faktoren waren ihm dabei hilfreich, erstens standen die Delegationen der einzelnen Staaten dem Alphabet nach geordnet und zweitens war Clinton den meisten seiner gleichaltrigen Kameraden körperlich in Höhe und Breite überlegen. Diese Überlegenheit nutzte er bewusst aus, um einen Platz in vorderster Reihe zu ergattern.[1] Seine Rechnung sollte aufgehen. Das Foto, das Clinton und Kennedy händeschüttelnd zeigt, ist inzwischen in aller Welt bekannt. Clinton selbst hat mehrmals betont, dass er von diesem Moment an selbst einmal Präsident der Vereinigten Staaten von Amerika werden wollte.

Zunächst entschloss er sich, nach Beendigung der High School an der renommierten Georgetown-Universität in der Bundeshauptstadt an der School of Foreign Service

Außenpolitik und Internationale Beziehungen zu studieren. Um sein Studium zu finanzieren und gleichzeitig durch praktische Tätigkeit das theoretische Wissen zu ergänzen, bewarb sich Clinton 1967 erfolgreich um einen Hilfsjob bei Senator Fulbright, den er schon im Sommer 1963 persönlich kennen gelernt hatte. Fulbright war nicht nur ebenfalls aus Arkansas sondern beschäftigte sich besonders mit Fragen der amerikanischen Außenpolitik. Er galt als einer der schärfsten Kritiker des Vietnamkrieges. Durch ihn und die Bürgerrechtsbewegung unter Leitung von Martin Luther King wurde Clintons politische Einstellung während seiner Washingtoner Studienzeit wesentlich geprägt. Er lehnte die Diskriminierung der schwarzen Bevölkerung, mit der er in seiner Heimat aufgewachsen war, entschieden ab. Dieser so lange benachteiligten Bevölkerungsgruppe zu ihrem Recht zu verhelfen, war für ihn mit ein Grund, die politische Laufbahn einzuschlagen. Nicht zuletzt durch den Einfluss Fulbrights sprach sich der Student Clinton gegen den Vietnamkrieg aus. Bewusst versuchte er sich der Wehrpflicht zu entziehen. Mit Geschick und Glück kam er um eine Einberufung und den Militärdienst in Vietnam herum. Später sollte ihm von seinen politischen Gegnern vorgeworfen werden, dass er sich einer Einberufung während des Vietnamkrieges entzogen und somit seine vaterländische Pflicht nicht erfüllt hätte.

1968 legte Clinton das Bachelor-Examen ab. Anschließend wurde er für seine hervorragenden Studienergebnisse mit dem Rhodes-Stipendium ausgezeichnet, das es ihm ermöglichte, seine politikwissenschaftlichen Studien für zwei Jahre in Oxford fortzusetzen. In England beteiligte er sich an Demonstrationen gegen den Vietnamkrieg vor der amerikanischen Botschaft in London. Clinton nutzte die Zeit in Europa, um sich mit Politik, Philosophie und Ökonomie zu beschäftigen. Außerdem unternahm er eine ausgedehnte Europareise, die ihn über Deutschland und die skandinavischen Länder bis nach Moskau führte. Auf der Rückreise machte er Station in Prag, ein Jahr nach dem Einmarsch sowjetischer Truppen. Das sollte ihn später in den Verdacht bringen, Kontakte zum KGB unterhalten zu haben. Sein Studium und seine Reisen in Europa haben wesentlich dazu beigetragen, den Internationalisten Clinton zu formen, der eine isolationistische Politik, wie sie in der Geschichte der USA zeitweilig Tradition hatte, ablehnt.

Nachdem Clinton sicher war, nicht mehr in den Vietnamkrieg eingezogen zu werden, verzichtete er auf ein mögliches drittes Studienjahr in England und kehrte in die Vereinigten Staaten zurück. Hier setzte er sein Studium an der Law School der Yale-Universität fort. Dabei lernte er seine spätere Frau Hillary Rodham kennen, die ebenfalls Rechtswissenschaften studierte. Hillary Rodham wurde 1947 in Chicago geboren. Ihr Vater, Hugh Rodham, ein Stoffproduzent und -händler galt als Anhänger der konservativen Partei und des republikanischen Präsidentschaftskandidaten Barry Goldwater. Ihre Mutter, Dorothy Rodham, kümmerte sich um die Tochter und die beiden jüngeren Söhne. Sie ermutigte Hillary nach Abschluss der Schule das College zu besuchen und eine berufliche Karriere anzustreben. Für Hillary mochte es nicht nur eine Trennung vom Elternhaus sondern auch von den dortigen politischen Einstellungen gewesen sein, als sie sich als Studentin in das den Demokraten nahestehende Wellesley-College einschrieb. Aufgrund ihrer hervorragenden Ergebnisse standen ihr anschließend die Türen der angesehen Yale Law School offen, wo sie ihren späteren Mann kennen und lieben lernte. Wie auch Bill interessierte sich Hillary besonders für soziale und politische Fragen der amerikanischen Gesellschaft. Bereits als Schülerin hatte sie sich im Rahmen der Kirche besonders für Kinder aus benachteiligten Familien eingesetzt. 1963 hatte auch sie eine nachhaltige Begegnung, sie traf den Bürgerrechtskämpfer Martin Luther King und durfte ihm die Hand schütteln. Sein gewaltsamer Tod war ihr Verpflichtung, sich weiter für soziale Gerechtigkeit einzusetzen. Gemeinsam mit Bill Clinton unterstützte sie 1972 den Wahlkampf des demokratischen Präsidentschaftskandidaten George McGovern. Dies war der Anfang einer Reihe von Wahlkämpfen, die beide bis heute gemeinsam auf dem Weg ins Weiße Haus bestritten haben.

Nach dem Abschluss seines Studiums zog es Clinton 1973 wieder nach Arkansas. Er wusste, dass eine politische Karriere am ehesten vom Heimatboden aus zu starten war. Dank seiner guten Studienergebnisse bekam er trotz seiner Jugend eine Stelle als Assistenzprofessor an der juristischen Fakultät der Universität von Arkansas in Fayetteville. Kaum in Fayetteville angekommen, sah sich Clinton auch schon nach einem möglichen Wahlamt um. 1974 kandidierte er bei den Wahlen zum Repräsentantenhaus. Gegen vier demokratische Mitbewerber konnte sich Clinton für die Nominierung als Kandidat auf Anhieb durchsetzen. Mit seinen Studenten als Wahlkampfhelfern gelang es ihm immerhin, dem Republikaner John Hammerschmidt, der das Amt verteidigte, ein ernstzunehmender Gegner zu sein, auch wenn er schließlich knapp unterlag.

Im Oktober 1975 heirateten Bill Clinton und Hillary Rodham, die zunächst als Anwältin im Watergate-Untersuchungsausschuss gearbeitet hatte und seit 1974 ebenfalls an der Universität von Arkansas in Fayetteville lehrte. 1980 wurde ihre Tochter Chelsea geboren.

1976 bewarb sich Clinton erfolgreich um das Amt des Justizministers (Attorney General) von Arkansas. Damit begann seine politische Karriere. Clinton nutzte seine neue Stellung, um sich selbst im Lande bekannt zu machen. Das sollte sich wiederum zwei Jahre später für den Jungpolitiker auszahlen. Er präsentierte sich als »progressiver, kompromissbereiter Kandidat« und gewann 1978 die Wahlen zum Gouverneur von Arkansas. Damit ging er als jüngster Gouverneur in die Geschichte der USA ein. Clinton trat mit einem überaus anspruchsvollen Programm sein neues Amt an. Arkansas zählte mit seinen 2,2 Mio. Einwohnern zu den ärmsten Bundesstaaten. Clinton orientierte sich besondere auf Fragen der Verbesserung des Bildungs- und des Gesundheitssystems, sowie auf die Sorge um Kinder, Alte und sozial Schwache. Dabei konnte er auf die Unterstützung seiner Frau zählen, die sich als Anwältin für Reformen des Bildungswesens, für die Bekämpfung der Kindersterblichkeit und die Gleichberechtigung der Frauen engagierte. Clinton ging für viele seiner Wähler etwas zu forsch voran, stieß auf Widerstände besonders bei Lehrern und Eltern, kam in den Ruf zu jung, zu glatt und zu arrogant zu sein. Er verlor bei den nächsten Wahlen sein Amt. Das blieb jedoch die letzte Wahl, die er verloren hat. Nach einer Amtszeit-Pause, während der er als Anwalt tätig war, konnte die Familie wieder in das Haus des Gouverneurs in Little Rock einziehen.

Seine Ziele waren die alten, aber er schien kompromissbereiter, weniger rebellisch, effektiver und überlegter. Clinton konnte während seiner 10-jährigen Amtszeit als Gouverneur beachtenswerte Erfolge erringen. So hat er das Bildungswesen reformiert, mit seiner unternehmerfreundlichen Wirtschaftspolitik neue Arbeitsplätze gefördert, Schwarze in wichtige Positionen eingebunden, mehr Frauen in staatliche Funktionen berufen als seine Vorgänger und seinem Staat ein moderneres Image verschafft.[2] Er zeigte dabei Durchsetzungsvermögen und Ausdauer. 1988 kam sein Name zum ersten Mal in Zusammenhang mit den Präsidentschaftswahlen ins Gespräch. Er selbst hielt die Zeit für dieses große Ziel noch nicht für gekommen. Ausdruck der Wertschätzung seiner Person innerhalb der Demokratischen Partei war jedoch, dass Clinton auf dem Nationalkonvent im Juli 1988 die Nominierungsrede zugunsten von Michael Dukakis halten durfte. Vier Jahre später strebte er selbst nach dem höchsten Amt im Staate. Im Herbst 1991 wurde seine Absicht deutlich, für die nächsten Wahlen zu kandidieren. Wie erwartet, stürzte sich die Presse sofort auf das Privatleben des vermeintlichen Kandidaten, noch bevor dieser sich als solcher offiziell erklärt hatte. Clinton war darauf vorbereitet. Schon vor ihm waren mehrere aussichtsreiche Präsidentschaftskandidaten über Frauengeschichten gestolpert. Das wollte Clinton erfolgreich verhindern. Am hartnäckigsten beschäftigte die Aussage von Gennifer Flowers, über ein Jahrzehnt die Geliebte Clintons gewesen zu sein, die Öffentlichkeit. Clinton handhabte die Bezichtigung, Ehebruch begangen zu haben, »auf eine Art und Weise, die würdig und souverän war.«[3] Er bekannte sich zu Eheproblemen, was ihn dem Durchschnittsamerikaner eher sympathisch machte, denn Umfragen zufolge gestehen 80 % der Amerikaner ein, selbst Eheprobleme zu haben oder gehabt zu haben, was in einem Land, in dem fast jede zweite Ehe geschieden wird, nicht weiter verwunderlich erscheint. Seine Frau stand zu jedem Zeitpunkt an seiner Seite. Wenn seine Frau damit leben konnte, warum dann nicht die Nation? Bei den Vorwahlen konnte sich Clinton als Spitzenkandidat der Demokratischen Partei durchsetzen und wurde auf dem Konvent als offizieller Präsidentschaftskandidat nominiert. Für viele überraschend wählte er den 44-jährigen Senator Albert (»Al«) Gore aus Tennessee zu seinem Running mate. Gore hatte sich besonders durch seine Forderung nach einem Umdenken in der Umweltpolitik ins Gespräch gebracht. Er galt als hartgesottener, versierter Politiker, der über Stil, Vehemenz und Substanz verfügt, den richtigen Ton zu treffen vermag und als Senator gute Beziehungen zum Kongress unterhält.[4] Ihr gemeinsamer Wahlkampf stand unter dem Motto »Change«: Wandel. Sie versprachen dem Land einen Neuanfang auf dem Gebiet der Wirtschaft, der Außenpolitik und innerhalb der Gesellschaft. Dabei ging es in erster Linie um Maßnahmen zur Ankurbelung der Wirtschaft, um die Schaffung neuer Arbeitsplätze, Reformen auf dem Gebiet der Bildung und des Gesundheitswesens sowie um eine Hinwendung zu den Problemen der Mittelschichten. Was erwarteten die Amerikaner von einem neuen Präsidenten? Er sollte die Probleme des Landes fair und ehrlich benennen, Lösungen aufzeigen, die für ein breites Wählerspektrum akzeptabel waren, die Risiken seiner politischen Linie deutlich machen und darlegen, wie er diese Risiken in den Griff bekommen wollte.[5] Diesen Erwartungen entsprach Clinton mehr als sein republikanischer Kontrahent, der amtierende Präsident Bush. Schützenhilfe bekam er von dem dritten Präsidentschaftskandidaten, dem texanischen Milliardär Ross Perot, der einen Teil der konservativen Wähler von Bush auf sich zog. Am 3. November 1992 stimmten 43,5 Mio. Wähler (43 %) für Clinton, 37,9 Mio. (38 %) für Bush und 19,1 Mio. (19 %) für Perot. Damit konnte Clinton 370 Wahlmännerstimmen und Bush nur 168 auf sich vereinigen. Der Wahlsieg Clintons fiel überraschend klar aus. Die Vorwürfe und Anschuldigungen seiner Gegner bezüglich seiner Kriegsdienstweigerung während des Vietnamkrieges, seiner tatsächlichen oder angeblichen Sexaffären und seines Drogenkonsums in den Sechzigerjahren hatten offensichtlich nicht die erhoffte Wirkung gebracht. Überdurchschnittlich hoch war die Wahlunterstützung für Clinton bei den schwarzen Wählern (82 %), bei den aus Lateinamerika stammenden »Hispanics« (62 %), bei Anhängern des jüdischen Glaubens (78 %), bei Einkommensschwächeren (59 %) und bei Frauen (46 %).[6] Bei den Wahlen zum Kongress wurde die demokratische Mehrheit bestätigt, was als Votum für die angekündigte Politik des Wandels gewertet wurde. Nach zwölf Jahren konnte erstmals wieder ein Präsident mit einer Mehrheit seiner eigenen Partei im Kongress regieren. Clinton versuchte diesen Wandel auch in der Zusammensetzung seiner Regierung deutlich zu machen, indem er mehr Frauen und Vertreter ethnischer Minderheiten in hohe Ämter berief als es je einer seiner Vorgänger getan hatte. So waren 33 % der von ihm in den ersten sechs Monaten seiner Amtszeit für die juristische Administration nominierten Personen Frauen, bei Reagan waren es während seiner gesamten Amtszeit 7,6 % und bei Bush 19,5 % gewesen.[7]

Am 20. Januar 1993 wurde Clinton als 42. Präsident der Vereinigten Staaten von Amerika ins Amt eingeführt. In seiner Inaugurationsrede griff er das Thema »Erneuerung und Wandel« wieder auf. Er sah in beidem die Voraussetzung »um Amerikas Ideale – das Leben, die Freiheit und das Streben nach Glück – zu bewahren«.[8]

Der Umzug vom Gouverneurspalast in Arkansas ins Weiße Haus war für die Familie und besonders für die Tochter Chelsea eine große Umstellung. Schon lange hatte kein Kind mehr im Weißen Haus gewohnt und die Frage, welche Schule die Präsidententochter besuchen würde, bewegte die Öffentlichkeit. Hillary Clinton beriet sich in dieser und ähnlichen Fragen wiederholt mit der früheren First Lady Jacky Kennedy-Onassis, die selbst mit Kindern im Weißen Haus gelebt hatte und zu der sie und ihr Mann ein sehr freundschaftliches Verhältnis pflegten. Besonders Hillary Clinton sorgte dafür, dass Chelsea für die Presse als Thema tabu war. Während der gesamten Amtszeit bemühten sich der Präsident und seine Frau, möglichst viel Zeit mit der Tochter zu verbringen. So durfte Chelsea ihre Eltern häufig auf Staatsreisen begleiten, nicht zuletzt als Ausgleich für die Einschränkungen und Belastungen, die das Leben im Weißen Haus mit sich brachten.

Vor dem neuen Präsidenten standen große Aufgaben und hohe Erwartungen. Er hatte seinen Wählern versprochen, die wirtschaftlichen und sozialen Probleme, die Reagan und Bush hinterlassen hatten, zu lösen. Nebenher galt es, die Rolle der USA als Weltmacht nach dem Ende des kalten Krieges neu zu definieren. Das politische Konzept Clintons sah vor, dass die USA als Wirtschaftsmacht, Ordnungsmacht und Militärmacht ihre führende Position in der Welt festigen sollten.[9] Dabei spielte die Ökonomie des Landes für ihn die herausragende Rolle. So war es ein erster Erfolg für die neue Administration, dass sie ein Fünfjahresbudget durchsetzen konnte, das zum Abbau des gigantischen Staatsdefizits beitragen sollte. Clinton versprach die Ausgaben für Regierungsprogramme zu senken und dafür öffentliche Investitionen zu fördern. Das war offensichtlich das richtige Signal um die konjunkturelle Erholung der Wirtschaft einzuleiten, die nach drei Jahren Rezession 1993 erstmals wieder einen Zuwachs zu verzeichnen hatte. Eine niedrige Inflationsrate und sinkende Arbeitslosenzahlen bestätigten die Richtigkeit des eingeschlagenen Weges, auch wenn viele der neugeschaffenen Arbeitsplätze zu den »Billiglohnjobs« gehörten.

Weniger Erfolg hatte der neue Präsident mit der angekündigten Reform des Gesundheitswesens. Er hatte seinen Wählern versprochen, innerhalb der ersten 100 Tage seiner

Amtszeit ein Gesetz zur Einführung einer allgemeinen Krankenversicherung auf den Weg zu bringen. Clinton berief seine Frau an die Spitze der dafür eingesetzten Arbeitsgruppe. Sehr bald musste Hillary Clinton erkennen, dass für eine grundlegende Reform im Kongress keine Mehrheiten zu gewinnen waren. Zum einen wurde der staatliche Eingriff in persönliche Freiheiten kritisiert und zum anderen wehrten sich die Arbeitgeber dagegen, einen Teil der Kosten zu übernehmen. Von den Republikanern wurde die Reform als »bürokratischer Alptraum« abgetan. Das Projekt wurde während des zweiten Amtsjahres zu den Akten gelegt und während der gesamten Amtszeit nicht wieder hervorgeholt.

Die zunehmende Gewalt auf den Straßen Amerikas veranlasste die neue Regierung, ein Gesetz zur Verbrechungsbekämpfung zu verabschieden. Vorgesehen wurden mehr Mittel für den Ausbau der Polizei, der Gefängnisse und besonders für Präventivmaßnahmen im Bereich der Jugendkriminalität. Einschneidende Veränderungen in den Bestimmungen zum Waffenbesitz konnte Clinton nicht durchsetzen, aber erste Schritte zu einer verschärften Kontrolle des Waffenbesitzes wurden in die Wege geleitet. Familien waren besonders dankbar für die Verabschiedung des zuvor von Präsident Bush blockierten Gesetzes, dass eine unbezahlte Freistellung vom Arbeitsplatz zur Pflege kranker Familienmitglieder garantierte (Family Medical Leave Act). Insgesamt fiel Clintons Bilanz nach einem Jahr Regierung positiv aus. Als kluger Taktiker war es ihm gelungen, in dieser Zeit mehr Gesetze auf den Weg zu bringen und zu verabschieden, als jeder seiner Vorgänger seit Franklin D. Roosevelt. Seine Popularität hatte einen Höchststand erreicht und unter der Bevölkerung stieß seine Amtsführung mehrheitlich auf Zustimmung. Auch auf außenpolitischem Gebiet hatte der neue Präsident in kurzer Zeit viel geleistet, obwohl die Innenpolitik für ihn Vorrang hatte. In Zusammenhang mit dem angestrebten wirtschaftlichen Aufschwung im Lande war die verstärkte Hinwendung zur Außenwirtschaftspolitik durch die neue Administration zu sehen. Erste Schritte waren sowohl die Ratifizierung des Nordamerikanischen Freihandelsabkommens (NAFTA) als auch das Auftreten Clintons während des GATT-Treffens und der Gipfelkonferenz der asiatisch-pazifischen Staaten (APEC). Ein persönlicher Erfolg für Clinton war auch das Treffen von Palästinenserführer Jasser Arafat und Israels Premierminister Jitzhak Rabin im September 1993 im Weißen Haus, das mit der Unterzeichnung einer Friedenslösung endete.

Trotzdem waren Entscheidungen seiner Regierung nicht immer unumstritten. So galt es allgemein als unglücklich, die Amtszeit mit einem so kontrovers diskutierten Thema wie der Frage nach dem Umgang mit Homosexuellen in der Armee zu beginnen. Und auch die angebotene Lösung »Don't ask – don't tell« konnte die erregten Gemüter kaum befriedigen. Auch der Umgang mit der religiösen Sekte der Branch Davidian, die sich in einem Camp in Waco, Texas, verbarrikadiert hatte und das von Regierungstruppen gestürmt wurde, stieß in breiten Kreisen auf Unverständnis und Ablehnung, besonders, da es in diesem Zusammenhang 80 Tote gegeben hatte. Letztendlich übernahm Justizministerin Janet Reno die Verantwortung dafür.

Insgesamt schienen nach einem Jahr Präsidentschaft die Weichen für eine erfolgreiche Amtszeit gestellt zu sein. Umso ernüchternder war das Ergebnis der Zwischenwahlen im November 1994 für den Präsidenten und die Demokratische Partei. Zum ersten Mal in vierzig Jahren erreichten die Republikaner in beiden Häusern eine deutliche

Mehrheit. Über die Ursachen wurde viel spekuliert. Vielleicht war Clinton für viele Wähler in Fragen wie der Gleichbehandlung Homosexueller, der Unterstützung von Minderheiten oder der Umgestaltung des Sozialsystems der USA mit seinen Forderungen zu radikal gewesen. Die starke republikanische Opposition hatte alle Führungsfehler (unglückliche Stellenbesetzungen, fehlende Amtswürde, Umgang mit den Medien) und persönliche Schwächen des Präsidenten erfolgreich in der eigenen Agitation verarbeiten können und den konservativen Trend innerhalb der amerikanischen Gesellschaft aufgegriffen und gestärkt. Die Zunahme eines militanten Konservatismus innerhalb der amerikanischen Gesellschaft zeigte sich im Laufe der letzten Jahre durch das zahlenmäßige Anwachsen der sogenannten Militia-Einheiten, die sich als paramilitärische Bürgerwehren gegen die Staatsgewalt organisieren. In diese Entwicklung ist auch der terroristische Akt der Sprengung des Verwaltungsgebäudes in Oklahoma City im April 1995 einzuordnen, der über 160 Todesopfer forderte und der gesamten Bevölkerung einen Schock versetzte.

Das populistische Programm der Republikaner (»Contract with America«) tat ein Übriges, die Wähler für eine konservativere Politik zu gewinnen. Nach diesen Wahlen sah sich Clinton einer neuen Herausforderung gegenüber, er musste nun gegen die republikanische Mehrheit unter Führung des wortgewaltigen Sprechers des Abgeordnetenhauses Newt Gingrich, seine Politik gestalten. Das verlangte mehr Fingerspitzengefühl und Kompromissbereitschaft.

Ein großes Problem sollten dabei die während seiner gesamten Amtszeit immer wieder aufkommenden Skandale und Affären darstellen, die mit seiner Person in Zusammenhang standen. Schon im Wahlkampf von 1992 war nach den Verbindungen der Clintons zur Whitewater Development Cooperation, einer in Arkansas beheimateten Landentwicklungsgesellschaft, gefragt worden. Sowohl Clinton als Gouverneur als auch seine Frau als Anwältin waren zumindest finanziell an diesem Unternehmen beteiligt, das durch ominöse Spekulationen Verluste machte und eine regionale Bank mit in den Bankrott zog, was die amerikanischen Steuerzahler 60 Mio. $ kostete. Das Justizministerium und die Öffentlichkeit beschäftigten sich mit diesem Fall und der Beteiligung des Präsidenten daran. Durch den Selbstmord seines Rechtsberaters Vincent Foster und das Verschwinden von Akten zum Fall Whitewater, wurde die Rolle des Präsidenten dabei immer nachdrücklicher hinterfragt. Clinton sah sich aufgrund des Druckes der Medien und der politischen Gegner gezwungen, einen Untersuchungsausschuss Whitewater einzusetzen, vor dem sowohl er als auch seine Frau zu ihrer Beteiligung an dem Unternehmen aussagten. Trotz aller Bemühungen von Seiten der republikanischen Partei konnten Clinton und seiner Frau keine ungesetzlichen Praktiken nachgewiesen werden.

Während sich die Wogen über Whitewater wieder glätteten, blieben die Vorwürfe gegen den Präsidenten wegen sexueller Belästigung und diverser sexueller Affären ständiger Gesprächsstoff sowohl in den Medien als auch in politischen Kreisen. Der Whitewater-Untersuchungsausschuss sollte sich nun damit beschäftigen. Hatten die Clintons die Angelegenheit Gennifer Flowers noch souverän gehandhabt, sah sich der Präsident im Mai 1994 einer von Paula Jones, einer früheren Mitarbeiterin während seiner Gouverneurszeit, bei Gericht eingereichten Klage wegen sexueller Belästigung gegenüber. Paule Jones reihte sich damit ein in eine lange Reihe von Frauen, die mehr oder weniger öffentlich behaupteten, mit dem Präsidenten intime Beziehungen gehabt zu haben. Bis auf den Fall Lewinsky ist keine dieser Affären zweifelsfrei bewiesen. Im April 1998 hat das Gericht im Fall Jones die von ihr eingereichte Schadensersatzklage in Höhe von mehreren Millionen abschlägig entschieden. Die richterliche Begründung, dass ihr kein Schaden entstanden sei, auch wenn sie »vielleicht nicht ganz anständig behandelt worden sei«[10], räumte jedoch nicht alle Zweifel am moralischen Verhalten des Präsidenten aus, die zu diesem Zeitpunkt mit der Affäre Lewinsky neue Nahrung erhalten hatten. Monica Lewinsky, eine ehemalige Praktikantin im Weißen Haus, die zunächst in Zusammenhang mit den Vernehmungen im Fall Paula Jones jede sexuelle Beziehung zum Präsidenten bestritt, gab später, nachdem ihr volle Straffreiheit garantiert wurde, doch zu, mit Clinton sexuelle Beziehungen unterhalten zu haben. Clinton geriet zudem in den Verdacht, Lewinsky zu einem Meineid angestiftet zu haben. Der Vorsitzende des seit Whitewater permanent tagenden Untersuchungsausschusses Kenneth Starr versuchte, Licht in die Angelegenheit zu bringen und bediente sich dabei ohne Scheu vor der Privatsphäre des Präsidenten der Medien. Erstmals in der Geschichte der Vereinigten Staaten von Amerika wurde der Präsident vor die Bundesanklagekammer geladen. Am 17. August 1998 sagte Clinton vier Stunden lang vor der Grand Jury über sein Verhältnis zu Miss Lewinsky aus. Hier und anschließend in seiner Ansprache an die Nation gestand er nach siebenmonatigen Abstreitens, eine »unangemessene Beziehung« zu Monica Lewinsky gehabt zu haben.

Diese Beziehung führte dazu, dass er sich als dritter Präsident nach Andrew Johnson und Richard Nixon einem möglichen Amtsenthebungsverfahren gegenüber sah. Vorgeworfen wurden ihm Meineid, Amtsmissbrauch, Zeugenbeeinflussung und Behinderung der Justiz. Während sich das Repräsentantenhaus für eine Amtsenthebung aussprach, hatten sich die politischen Kräfte im Senat durch die 1998 abgehaltenen Zwischenwahlen zugunsten Clintons und der Demokraten verschoben und es kam keine Mehrheit gegen Clinton zustande. Der Durchschnittamerikaner war ohnehin offensichtlich des Themas müde oder maß der Moral oder Unmoral des Präsidenten weitaus weniger Bedeutung bei als seiner Fähigkeit, politische und wirtschaftliche Probleme des Landes lösen zu können. Seine Erfolge diesbezüglich, fallende Arbeitslosenzahlen, wirtschaftlicher Aufschwung, soziale Verbesserungen, sinkende Kriminalität, weniger Steuern für den Durchschnittsverdiener sprachen für seine Administration. Aus diesem Grund konnte er bei den Wahlen 1996 erneut mit 49 % der Wählerstimmen die notwendige Mehrheit an Wahlmännern (379 : 159) auf sich vereinigen und damit den republikanischen Kandidaten Dole deutlich schlagen, nicht zuletzt, weil er in Anerkennung des politischen Kräfteverhältnisses mehr und mehr auf die konservative Mitte zuzugehen begann. Die seit 70 Jahren zweitniedrigste Wahlbeteiligung von nur 49,1 % der Wahlberechtigten wurde als Ausdruck allgemeiner Staatsverdrossenheit gewertet. Insgesamt hatten sich weniger als ein Viertel der Wahlberechtigten für den Präsidenten ausgesprochen. Obwohl bei diesen Wahlen die Demokraten im Repräsentantenhaus einige Sitze zurückerobern konnten, gelang es ihnen nicht, die Niederlage der Zwischenwahlen von 1994 umzukehren.

Ungeachtet seiner persönlichen Probleme versuchte Clinton auch in der zweiten Amtsperiode seine innen- und außenpolitische Strategie fortzusetzen. Dabei war er durchaus erfolgreich. Er löste sein Versprechen ein, die Staatsverschuldung zu reduzieren. 1998 konnte er dem Kongress und dem amerikanischen Volk erstmals einen ausgeglichenen Haushaltsplan vorlegen, der keine weitere Neuverschuldung vorsah. Durch wirtschaftspolitische Maßnahmen war es gelungen, die Wirtschaft zu stimulieren und neue dauerhafte Arbeitsplätze zu schaffen. In seiner State of the Union-Rede konnte Clinton 1997 darauf verweisen, dass während seiner ersten Amtszeit 11 Mio. neue Jobs entstanden waren. Mit der Schaffung des »National Science and Technology Councils« setzte sich die Regierung für die Entwicklung und Einführung neuer innovativer zukunftsorientierter Technologien ein, die durch staatliche Investitionen gefördert wurden. Nicht zuletzt wurde nach den Plänen Clintons ein Teil der Rüstungsindustrie in zivile Produktion überführt, da angesichts der neuen weltpolitischen Lage eine Reduzierung der Rüstung und des militärischen Personals zur Entlastung des Staatshaushaltes notwendig und möglich erschien. Auch die Reduzierung des Beamten- und Verwaltungsapparates in den verschiedenen Ministerien trug zur Einsparung von Steuergeldern bei. Höhere Ausgaben bewilligte Clinton jedoch für die Bildung. Nicht nur in seinen State of the Union-Ansprachen betonte er immer wieder die Notwendigkeit, das Bildungswesen in den Vereinigten Staaten zu verbessern, allen Kindern bessere Bildungschancen auf allen Ebenen einzuräumen, besonders auch die Berufsausbildung zu fördern.

Stellte die innenpolitische Herausforderung in der Präsidentschaft Clintons den Schwerpunkt seiner Tätigkeit dar, so konnte er auch auf außenpolitischem Gebiet beachtliche Erfolge vorweisen. Es war der Clinton Administration gelungen, relativ schnell und flexibel auf die Veränderungen in der internationalen Politik zu reagieren. Mit dem von Clinton 1993 vorgestellten und von der NATO 1994 angenommenen »Partnership for Peace Program« (PfP) und den außenpolitischen Leitlinien seiner Regierung, war der Rahmen des außenpolitischen Handelns der Vereinigten Staaten im Wesentlichen abgesteckt. Zum einen bedeutete das eine Verteilung der Verantwortung für den Weltfrieden auf alle Mitgliedsstaaten der NATO. Ohne die führende Rolle der USA grundsätzlich infrage zu stellen, sollten besonders bei Konflikten in Europa die europäischen Partner eingreifen. Zum anderen wäre ein direktes militärisches Eingreifen der USA, egal wo in der Welt nur unter bestimmten Vorgaben denkbar, wie dies beispielsweise ein klarer militärischer Auftrag, eine große Wahrscheinlichkeit auf Erfolg, die Unterstützung einer geplanten Aktion durch die amerikanische Bevölkerung, eine zeitliche Begrenzung der Aktion und die Gefährdung der USA oder der internationalen Gemeinschaft waren. Die neue europäische Arbeitsteilung fand ihren Ausdruck in der anfänglichen Zurückhaltung der USA gegenüber den Vorgängen im früheren Jugoslawien, wenngleich schließlich die NATO in Bosnien mit Luftangriffen gegen serbische Stellungen eingriff (August/September 1995). Die von den USA geförderten Friedensverhandlungen in Dayton, Ohio führten im November 1995 zur Beendigung des Bürgerkriegs zwischen Serben, Muslimen und Kroaten in Bosnien und zu einer föderativen Lösung der ethnischen Probleme in Bosnien.

Im Frühjahr 1999 führte die NATO, wesentlich auf Initiative der USA, einen längeren Luftkrieg gegen Jugoslawien um die Zukunft des mehrheitlich von Albanern bewohnten Kosovo. Im Ergebnis des Kosovo-Krieges wurde die früher jugoslawische Provinz Kosovo, deren Status ungeregelt war, einer internationalen Kontrolle unterstellt und militärisch besetzt.

Im Gefolge seiner Osteuropapolitik konnte Clinton Russland, den baltischen Staaten, der Ukraine und Weißrussland eine militärische Zusammenarbeit anbieten, ohne sie zu NATO-Partnern zu machen. Die neue Verantwortung der europäischen Allianzpartner entlastete die Vereinigten Staaten auch dahingehend, dass sie ihre in Europa stationierten Truppen auf 100.000 reduzieren und damit die Kosten drastisch verringern konnten. Europa spielte in den außenpolitischen Betrachtungen der amerikanischen Regierung aber nach wie vor eine überragende Rolle. Ausdruck dessen war nicht zuletzt das persönliche Engagement des Präsidenten in Nordirland, sein Bemühen zwischen den Konfliktparteien zu vermitteln. Regelmäßige Treffen mit den politischen Führern aller europäischen Staaten sollten zu einer Festigung des Bündnisses auf allen Ebenen beitragen. In diesem Zusammenhang war auch der Deutschlandbesuch Clintons im Frühjahr 1998 zu sehen. Während seiner Staatsbesuche in aller Welt bemühte sich Clinton, seine Volksverbundenheit zu demonstrieren, ob das in China, Afrika oder wie beim Deutschlandbesuch im thüringischen Eisenach war. Er ist ein Populist und liebt das Bad in der Menge, was von ihm in den letzten Tagen seiner Amtszeit, als er sich von den Amerikanern als Präsident verabschiedete, nochmals voll ausgekostet wurde.

Clinton bemühte sich in den acht Jahren seiner Präsidentschaft in allen anderen Teilen der Welt um eine offensive Politik, die sowohl auf die Verbesserung der außenwirtschaftlichen Beziehungen abzielte als auch der Sicherung des Friedens dienen sollte. Besonders hinsichtlich der Japan- und Chinapolitik standen wirtschaftliche Interessen im Vordergrund. So spielte die Menschenrechtsproblematik während des Chinabesuches des Präsidenten und seiner Familie im Frühjahr 1998 nur eine untergeordnete Rolle. Die Sicherung des chinesischen Marktes für die amerikanische Wirtschaft hatte eindeutig Vorrang.

Gegenüber den afrikanischen Staaten ging Clinton neue Wege. Die Beziehungen waren durch die jahrhundertelange Sklaverei und Benachteiligung der schwarzen Bevölkerung in Amerika belastet. Deshalb wurde dem Afrikabesuch Clintons im April 1998 besondere Aufmerksamkeit gewidmet. Er besuchte Ghana, Uganda, Ruanda, Botswana, Senegal und Südafrika. Erstmals fand ein amerikanischer Präsident auf afrikanischem Boden Worte des Eingeständnisses geschehenen Unrechts gegenüber der afroamerikanischen Bevölkerung in seiner Heimat. Damit schuf er eine wichtige Voraussetzung für die Verbesserung der Beziehungen zwischen den USA und den afrikanischen Staaten.

Bei der Nahostpolitik Clintons stand eindeutig die Friedenssicherung im Vordergrund. Dem Präsidenten gelang es, zu den meisten Nahoststaaten gute bilaterale Beziehungen herzustellen, die es der amerikanischen Regierung ermöglichen sollten, in Krisenzeiten vermittelnd eingreifen zu können. Die Nahostgespräche wurden kontinuierlich durch Vertreter der Clinton-Administration begleitet. Zahlreiche Treffen zwischen israelischen und palästinensischen Spitzenpolitikern fanden in Washington statt. Wenn das Wye Abkommen vom Oktober 1998 auch nicht den erhofften endgültigen Durchbruch gebracht hat, so wurde doch die Verhandlungsbereitschaft beider Seiten mit Hilfe amerikanischer Vermittlung immer wieder hergestellt. Damit schuf sich die amerikanische Regierung jedoch in den Kreisen militanter Moslems Gegner, die durch terroristische Bombenanschläge auf amerikanische Botschaften in Kenia und Tansania, die zusammen über 250 Menschenleben forderten, Clinton zu einer Änderung seiner Politik bewegen wollten. Bei Betonung der Ablehnung aller terroristischen

Akte, reagierte der Präsident zu einer Zeit, als er wegen persönlicher Schwierigkeiten (Lewinsky-Affäre) unter besonderem öffentlichen Druck stand, mit einem Vergeltungsschlag durch amerikanische Raketen auf Ziele in Afghanistan und im Sudan. Kritiker hielten dies für eine willkommene Ablenkungsmöglichkeit von innenpolitischen Folgen der Lewinsky-Affäre. Nach den Anschlägen vom 11. September 2001 wurde Clinton vorgeworfen, nicht ernsthaft genug gegen Bin Laden und seine Organisation vorgegangen zu sein, die für die Anschläge in Kenia und Tansania verantwortlich gemacht worden waren.

Große internationale Beachtung fand auch Clintons Reise nach Hanoi im November 2000. Er war der erste amtierende US-Präsident, der das kommunistische Vietnam seit Beendigung des Krieges, in dem über 58.000 Amerikaner und etwa 3 Mio. Vietnamesen ihr Leben gelassen hatten, besuchte. Für Clinton war die Reise ein Beitrag zur Versöhnung, verbunden mit dem Streben nach weiterer wirtschaftlicher und politischer Annäherung. Diesen Prozess hatte er mit der Aufhebung des fast zwanzigjährigen Handelsembargos gegen Vietnam 1994 und der Aufnahme diplomatischer Beziehungen zu diesem Staat 1995 eingeleitet.

Clinton war es während seiner achtjährigen Amtszeit gelungen, die vielfältigen, oft schwierigen globalen Probleme der Außenpolitik aufzugreifen und seine »doctrine of enlargement« umzusetzen, die auf eine Erweiterung des amerikanischen Einflusses in der Welt mittels Handel, Wirtschaft und Allianzen, nicht zuletzt auf dem Wege einer Osterweiterung der NATO zielte. Er passte seine Außenpolitik der veränderten internationalen Lage an und festigte die Stellung der USA als alleinige Weltmacht.

Am 2. Juni 2000 wurde Bill Clinton neben Václav Havel und König Juan Carlos von Spanien in Aachen der Karlspreis verliehen. Clinton erhielt ihn in Anerkennung seiner Bemühungen Europa zu einigen, demokratische Entwicklungen zu unterstützen, die transatlantische Allianz auszubauen und zu stärken, für seine Annäherungspolitik an Russland und seinen Einsatz für die Beendigung der ethnischen Säuberungen auf dem Balkan.

Im Sommer 2000 verlieh Clinton an 22 Amerikaner japanischer Herkunft, deren Familien in Camps interniert worden waren, die Congressional Medal of Honor für ihre Dienste in den Reihen der US-Streitkräfte während des II. Weltkrieges in Europa. Damit wollte Clinton lange geltendes Unrecht wieder gut machen. Etwa zeitgleich wurde mit Norman Mineta erstmals ein Amerikaner japanischer Abstammung mit einem Ministerposten betraut. Mineta übte für die verbleibenden Monate in der Clinton Administration das Amt des Handelsministers aus, nachdem sein Vorgänger Bill Daley die Leitung des Wahlkampfteams von Al Gore übernommen hatte.[11]

Während der letzten Monate seiner Amtszeit rückte seine Frau Hillary mehr und mehr in den Mittelpunkt des politischen Interesses im Land, hatte sie sich doch dazu entschieden, bei den Kongress-Wahlen im November 2000 für einen Sitz als Senatorin des Staates New York zu kandidieren. War ihr politisches Engagement während der Anfangszeit der Präsidentschaft ihres Mannes eher kritisch und ablehnend bewertet worden, konnte sie jetzt durch engagiertes Auftreten in einem vielbeachteten Wahlkampf überzeugen. Ihre Wahl zur Senatorin erregte nicht nur politisches Aufsehen sondern wurde auch deshalb besonders von den Medien verfolgt, weil der noch amtierende Präsident erstmals in aller Öffentlichkeit im Schatten seiner Frau stand. Hillary Clinton geht damit in die Geschichte der USA als erste First Lady ein, die vom Weißen Haus ins Kapitol umzieht.

Noch ist es zu früh, den historischen Platz Clintons als Präsident innerhalb der Geschichte der Vereinigten Staaten von Amerika abschließend zu bewerten. Am Ende seiner Amtszeit konnte er jedoch »... auf eine ernsthafte, politisch substantielle Präsidentschaft zurückblicken.«[12] Hatte er 1992 einen Haushalt mit einem Defizit von 290 Mrd. $ übernommen, so wurde der 2000er Haushalt mit 230 Mrd. $ Überschuss abgerechnet. Zum dritten Mal in Folge wurde die Staatsverschuldung abgebaut, insgesamt um 360 Mrd. $. Seit 1993 wurden 22 Mio. Jobs neu geschaffen, im September 2000 wurde mit 3,9 % die niedrigste Arbeitslosenrate in drei Jahrzehnten verzeichnet. Der durchschnittliche Einkommenszuwachs lag seit Jahren über der Inflationsrate. Besonders Familien mit Kindern spürten deutlich die positiven Auswirkungen der hohen Investitionen in das Bildungswesen, sei es durch mehr und besser ausgebildete Lehrer oder finanzielle Unterstützung für College- und Universitätsbesuche. Die Kriminalität war seit 1993 drastisch gesunken und hatte 2000 den niedrigsten Stand seit 25 Jahren erreicht. »Er hat die Demokratische Partei aus der Bedeutungslosigkeit herausgeführt und ein neues Verständnis von Regierung entwickelt.«[13] Dies und vieles mehr erklärt, warum Clinton als einziger Nachkriegspräsident am Ende seiner Amtszeit eine höhere Popularität verbuchen konnte, als zu Beginn. Etwa 65 % der Bevölkerung waren mit seiner Amtsführung zufrieden.[14] Trotzdem wird man auch die Skandale und Affären nicht vergessen, die zeitweilig die Politik in den Hintergrund rückten.

Nach der Amtseinführung seines Nachfolgers George Bush jr. zog Clinton mit seiner Frau nach Chappaqua, NY, etwa 40 Kilometer von Manhattan entfernt, in ein Haus, das sie gekauft hatten, nachdem sich Hillary Clinton entschossen hatte, als Senatorin für den Staat New York zu kandidieren.

Nach Beendigung seiner Amtszeit standen drei große Aufgaben vor Clinton. Die erste war der Aufbau seiner Präsidentenbibliothek, eine traditionelle Aufgabe, für die der Präsident die notwendigen finanziellen Mittel für Landkauf und Errichtung des Gebäudes durch Spendeneinwerbung aufbringen muss. Die National Archives stellen die inhaltliche Ausstattung und die Regierung das Personal zur Verfügung. Clinton wählte als Standort für seine Bibliothek, die im November 2004 eröffnet wurde, Little Rock, Arkansas.

Als zweites sah sich Clinton am Ende seiner Amtszeit einem 10-Millionen-Dollar großen Schuldenberg gegenüber, den er den Anwälten schuldete, die er mit der Bewältigung seiner Affären und deren Folgen beauftragt hatte. Einen Großteil dieser Summe konnte der auch nach seiner Amtszeit weltweit als Redner und Ehrengast gefragte Clinton durch das Halten von Vorträgen aufbringen.

Die dritte Aufgabe hatte er sich selbst gestellt: das Schreiben seiner Autobiografie. Nahezu zeitgleich mit seiner Frau, die in ihrem Buch schwerpunktmäßig die Jahre im Weißen Haus reflektiert, schrieb Bill Clinton eine umfangreiche und detaillierte Darstellung seines Lebens. Beide nehmen offen Stellung zu den viel diskutierten Affären, die die gesamte Regierungszeit überschatteten. Die Bücher wurden weltweit zu Bestsellern.

Nach der Erfüllung dieser drei Aufgaben stellt sich Clinton weiter in den öffentlichen und parteipolitischen Dienst. So engagiert er sich in einem internationalen AIDS-Projekt, nimmt Stellung zu aktuell politischen Themen und unterstützte 2004 den Wahlkampf des Demokraten John Kerry.

Im September 2004 musste sich Clinton, der sich als Präsident einerseits gerne sportlich und gesundheitsbewusst präsentierte, so wurde für ihn im Garten des Weißen Hauses ein Joggingpfad angelegt, anderseits aber auch nie ein Hehl aus seiner Vorliebe für Fastfood und Pizza gemacht hatte, einer Bypass-Operation in einem New Yorker Krankenhaus unterziehen, die viel Aufsehen erregte aber komplikationslos verlief.

Man kann sicher sein, ihn weiterhin im Rampenlicht der Öffentlichkeit zu finden. Vielleicht zieht er ja eines Tages wieder ins Weiße Haus ein – als First Husband der ersten Präsidentin der Vereinigten Staaten. Auszuschließen ist eine Kandidatur von Hillary Clinton nicht und ihr Ehemann würde sie sicher unterstützen.

»Clinton, das politische Megatalent, immer in rastloser Bewegung und immer auch gefährdet durch leichtsinnige Eskapaden. Clinton, der Charismatiker, der entweder geliebt oder gehasst wird.«[15]

Anmerkungen

1 Stanley A. Renshon, High Hopes, The Clinton Presidency and the Politics of Ambition, New York University Press, 1996, S. 300.

2 Hierzu: Uwe Knüpfer, Bill Clinton – Amerikas neue Hoffnung, Bergisch-Gladbach 1993.

3 Stephan Götz, Clinton. Was Amerika und Europa erwartet, Bonn/Berlin 1992, S. 28.

4 Ebenda, S. 33.

5 Vgl. Stanley A. Renshon, High Hopes. The Clinton Presidency and the Politics of Ambition, New York 1996, S. 286.

6 Zum Wahlergebnis vgl.: Archiv der Gegenwart, 62. Jg., 1992, Folge 22, S. 37.292 ff.

7 Vgl. Philip J. Daves (Hg.), An American Quarter Century, Manchester 1995, S. 146.

8 Text der Antrittsrede: Frankfurter Allgemeine Zeitung vom 22. Januar 1993, S. 6.

9 Vgl.: Klaus-Dieter Schwarz, Amerika, Weltmacht im Wandel, Aktuelle Materialien zur internationalen Politik 41, Baden-Baden 1994, S. 11.

10 Spiegel, Nr. 31, 27.07.1998, S. 120.

11 Vgl.: Bill Clinton, My Life, New York 2004, S. 910.

12 Joe Kleinert, Das Naturtalent. Die verkannte Präsidentschaft Bill Clintons, Berlin 2003, S. 216.

13 Ebenda.

14 NBC News online 21.01.2001.

15 Spiegel, Nr. 26, 21.06.2004, S. 89.

Bibliographische Hinweise

Neuere Veröffentlichungen über Clinton und seine Präsidentschaft:

Sidney Blumenthal, Krieg im Weißen Haus. Die Verschwörung gegen die Clintons. Stuttgart 2003.

Joe Kleinert, Das Naturtalent. Die verkannte Präsidentschaft Bill Clintons, Berlin 2003.

Nigel Hamilton, Bill Clinton. An American Journey, London 2003.

Allan Metz (Hg.), Bill Clinton: A Bibliography, Westport, Conn. 2002.

John Roper, American presidents: heroic leadership from John F. Kennedy to Bill Clinton, Edinburgh 2000.

The postmodern presidency: Bill Clinton's legacy in U. S. politics, hg. v. Steven E. Schier, Pittsburgh, Pa. 2000.

Kenneth S. Baer, Reinventing Democrats. The politics of liberalism from Reagan to Clinton, Lawrence, Ka. 2000.

Robert Cwiklik, Bill Clinton: president of the 90s, Brookfield, Conn. 1997.

Roger Morris, Die Clintons. Eine amerikanische Karriere, Hamburg 1996.

Klaus-Dieter Schwarz, Amerikanische Weltmacht im Wandel: Halbzeitbilanz der Clinton-Administration, Baden-Baden 1995.

Über Hillary Clinton:

Mario R. Dederichs, Hillary Clinton und die Macht der Frauen, München 1999.

Gil Troy, Mr. and Mrs. President. From the Trumans to the Clintons, 2. Aufl., Lawrence, Ka. 2000.

Autobiografische Werke:

Bill Clinton, My Life, New York 2004. Deutsche Ausgabe: Bill Clinton, Mein Leben. Berlin 2004.

Bill Clinton, Zwischen Vision und Wirklichkeit, München 2000.

Hillary Rodham Clinton, Living History, New York 2003. Deutsche Ausgabe: Hillary Rodham Clinton, Gelebte Geschichte. Berlin 2003.

GEORGE WALKER BUSH

* 1946

43. Präsident der USA seit 2001

6. Juli 1946	George W. Bush wird in New Haven, Connecticut geboren.
1948	Mit seinen Eltern zieht Bush nach Texas, wo er künftig wohnt.
1964–1968	Studium der Geschichte an der Yale Universität.
1968–1970	Wehrdienst bei der Texas Air National Guard.
1975	Er beendet mit dem M.A. ein Studium an der Harvard Business School.
1977	Bush heiratet Laura Welch (geb. 1946).
1978	Eintritt in das texanische Ölgeschäft.
1995–2000	Gouverneur von Texas.
2000	Er gewinnt in umstrittener Entscheidung die Präsidentschaftswahl gegen den Demokraten Al Gore.
2001	43. Präsident der USA.
2004	Bush gewinnt die Präsidentenwahl gegen Kerry.

Der Wahltexaner George W. Bush ist der Spross einer ehemals zum Ostküstenestablishment gehörenden alten Familie. Sein Vater, George Bush, war der 41. Präsident der USA, sein Großvater, ein erfolgreicher Geschäftsmann, war Senator von Connecticut unter Eisenhower. George W. Bush gilt als konservativer Republikaner und bezeichnet sich selbst als einen »mitfühlenden Konservativen« (»compassionate conservative«).

George Walker Bush wurde am 6. Juli 1946 in New Haven, Connecticut, geboren. Seine Eltern zogen bereits zwei Jahre später mit ihrem ältesten Sohn nach Texas, das seine neue Heimat wurde und wo er in Midland und Houston aufwuchs. Zwischen 1964 und 1968 studierte er an der renommierten Yale University Geschichte, erreichte aber nur den Bachelor-Abschluss (B.A.). In Yale spielte er Baseball, wurde Präsident der Studentenverbindung »Delta Kappa Epsilon«, war aber im Übrigen eher ein unauffälliger Student. Anschließend an sein Studium leistete er den Wehrdienst bei einer Lufteinheit der Texas National Guard ab und wurde zum F-102-Piloten ausgebildet, kam aber nicht in Vietnam zum Einsatz, was ihm später von gegnerischer Seite vorgeworfen wurde.

Im Wahlkampf des Herbstes 2000 zeigte er sich gern mit seinen militärischen Dekorationen aus jener Zeit. An der Harvard Business School erwarb er nach einem zusätzlichen Studium im Fach Business Administration 1975 den Master-Abschluss (M.A.). Hier lernte er den Nutzen kooperativer Lösungen von Problemen und der Delegation von Aufgaben auf einen Mitarbeiterstab begreifen, was ihm später als Politiker zugute kam.

1975 begann Bush mit wechselndem Erfolg sein Glück im texanischen Erdöl- und Erdgas-Geschäft, in dem schon sein Vater zu Vermögen gekommen war. Zeitweilig leitete er eine eigene Erdöl- und Erdgasgesellschaft, war aber auf lange Sicht damit nicht übermäßig erfolgreich. Gewinnbringender wurde der von ihm – mit anderen Geschäftsleuten gemeinsam – betriebene Kauf einer texanischen Baseballmannschaft, der Texas Rangers, deren Manager und Teileigentümer Bush bis zu seiner Wahl zum Gouverneur blieb.

Inzwischen hatte er 1977 die ebenfalls aus Texas stammende Laura Welch geheiratet. Die junge Laura, eine ruhige, sanft wirkende, willensstarke Frau, unterrichtete als Lehrerin an verschiedenen Schulen in Dallas, Houston und Austin. Sie verfügte auch über eine Ausbildung als Bibliothekarin. Erziehungsfragen und Literatur stehen seither im Mittelpunkt des Interesses der neuen First Lady. 1981 kamen die Töchter der Bushs, die Zwillinge Barbara und Jenna zur Welt. Die beiden jungen Frauen haben inzwischen ihr College-Studium beendet. Mit ihrer lebensfrohen, modebewussten Einstellung standen sie – ebenso wie ihre Mutter Laura, die als First Lady einen eigenen Sympathiewert genießt – ihrem Vater im Wahlkampf 2004 wirkungsvoll zur Seite.

1986 nahm das Leben des künftigen Präsidenten, wie Bush selbst sagt, eine Wende. Während er in seinem jüngeren Lebensabschnitt gern dem Alkohol zusprach und 1976 sogar einmal wegen Trunkenheit am Steuer von der Polizei vorübergehend festgenommen wurde, fand er nun als Vierzigjähriger zu seinem religiösen Glauben als Methodist, einer kirchlichen Gemeinschaft, der auch seine Frau angehört und nahm sich vor, sein Leben zu ändern und mit dem Trinken aufzuhören.[1]

Nachdem Bushs Versuch, sich um einen Sitz im Kongress zu bemühen 1978 fehlgeschlagen war, ging er im Präsidentschaftswahlkampf des Jahres 1988 nach Washington, D. C., um seinen Vater, den späteren 41. Präsidenten im Wahlkampf zu unterstützen. Der endgültige Durchbruch zu einer politischen Laufbahn stellte sich dann 1994 ein, als er mit 53,5 % der Stimmen die Gouverneurswahl in Texas gewann, und die Demokratin Ann W. Richards – die ihren Gegner im Wahlkampf unterschätzt hatte – ablöste. Vier Jahre später erzielte er bei der Wiederwahl sogar 68,6 % der Stimmen. Stolz verweist er darauf, immerhin fast 50 % der Wähler lateinamerikanischer Abkunft, mehr als ein Viertel der afroamerikanischen Wähler und 65 % der Frauen in der Wiederwahl von 1998 auf seine Seite gezogen zu haben.

Der Gouverneur bekannte sich zu den Werten eines konservativen Republikaners: »Beschränkung der Regierung (limited government), persönliche Verantwortung, eine starke Familie und lokale Kontrolle.«[2] In seiner Amtszeit sorgte er für eine drastische Steuersenkung, brachte eine Bildungsreform zur Stärkung der public schools, der staatlich finanzierten Schulen, voran, setzte sich für die Bekämpfung der Jugendkriminalität mittels erweiterter Ausgaben für die Polizei und für den Strafvollzug ein und ließ ein unternehmensfreundlicheres Schadenersatzrecht verabschieden. Seine Steuerreform, die größte in der Geschichte des Staates Texas, entlastete den Steuerzahler um ca. 2 Mrd. $. Auch die Schulvermögen wurden steuerlich um 1 Mrd. $ entlastet, die staatlichen Mittel für das Schulwesen wurden erweitert, die lokale Kontrolle über die Schulen verstärkt und das Angebot an schulischen Einrichtungen im Sinne größeren Wettbewerbs und besserer Leistungen ausgebaut. An diese Erfahrungen konnte Bush als Präsident mit seiner Reform des Schulwesens anknüpfen.

Im Lande umstritten war seine Haltung zum Umweltschutz und zum Vollzug der Todesstrafe. Bush befürwortet eine private, eigenverantwortliche Regelung des Umweltschutzes durch die Geschäftswelt und Konzerne. In Texas bedeutete dies, die Sorge für den Schutz der Umwelt vor allem den Erdöl- und Erdgasgesellschaften zu überlassen, zu denen der Gouverneur auf Grund seiner eigenen früheren geschäftlichen Betätigung gute Beziehungen unterhält. Bush lehnte auch das Kyoto-Protokoll von 1997 zur Verringerung der Treibhausgasemission in der Atmosphäre rigoros ab. Auch diese Linie seiner Politik als Gouverneur setzte er als Präsident fort. Sein Ansehen ist infolgedessen bei Umweltschützern denkbar schlecht.

In Texas gab es in den Jahren 1997 und 2000 eine regelrechte Hinrichtungswelle. Als Befürworter der Todesstrafe, der er eine abschreckende Wirkung zuschreibt und die er bei Kapitalverbrechen für angebracht hält, hat Bush als Gouverneur alle Todesurteile bzw. Hinrichtungen bestätigt, unbeeindruckt von den Protesten der Menschenrechtsgruppen innerhalb und außerhalb des Landes.

Nimmt man die Jahre der Gouverneurszeit in Austin zusammen, so ergibt sich eine Mischung aus konservativer und pragmatischer Politik, bei welcher der Einfluss des rechten Flügels der konservativen Republikaner mit der Zeit in dem Maß zurückging, in dem sich die Schwierigkeit der Durchsetzung einer vorwiegend ideologiebestimmten Politik erwies. Charakteristisch für den politischen Stil des Gouverneurs war auch seine parteiübergreifende Zusammenarbeit mit den Demokraten in der texanischen Abgeordnetenkammer, ein Vorhaben, das der gewählte Präsident auch für seine künftige Politik gegenüber dem Kongress in Washington bekundete, dann aber nicht realisierte.

Im Juli 1999 gab Bush seine Absicht bekannt, für die Republikaner in den nächsten Präsidentschaftswahlen zu kandidieren. Nachdem er sich in den Vorwahlen schließlich gegen seine parteiinternen Rivalen um die Kandidatur durchgesetzt hatte, wurde er im Juli 2000 vom Nationalkonvent der Republikaner zum Präsidentschaftskandidaten gekürt. An seiner Seite bewarb sich der frühere Verteidigungsminister unter Präsident Bush, Richard »Dick« Cheney um das Amt des Vizepräsidenten. Der 59-jährige konservative Politiker sollte die dem Präsidentenbewerber fehlende Erfahrung auf der politischen Bühne der Hauptstadt einbringen. Er wurde im Wahlkampf zunehmend zum Vertrauten des künftigen Präsidenten.

Die Demokraten nominierten für die Wahlentscheidung den bisherigen Vizepräsidenten unter Clinton »Al« Gore. Als Vizepräsidentschaftskandidaten schickten sie den demokratischen Senator von Connecticut, Joseph I. Lieberman ins Rennen, der zur jüdischen Religionsgemeinschaft gehört. Während der Monica-Lewinsky-Affäre war Lieberman ein scharfer Kritiker Clintons und seines moralischen Erscheinungsbildes. Beide Kandidaten für die Wahlen des Jahres 2000 bestachen die Wähler nicht durch ein herausragendes politisches Format, beide waren eher Durchschnittspolitiker, die es durch Fleiß, Glück und Umstände geschafft hatten, in der Politik ganz nach vorn zu kommen. Gore, ein intelligenter, mitunter steif oder arrogant wirkender früherer Senator aus Tennessee, hat einen Ruf als Umweltschützer, der sich frühzeitig für Maßnahmen zum Klimaschutz einsetzte. Er stand für den Status quo der Clinton-Politik im Land, verstand es aber nicht überzeugend, sich als Erbe und würdiger Nachfolger Clintons zu profilieren. Bush seinerseits trat für einen Führungs-, möglicherweise auch Richtungswechsel in Washington ein, versprach Bildungs- und Sozialreformen, wirkte aber im Wahlkampf nicht immer kompetent und ließ besonders in außenpolitischen Fragen tiefere Einblicke vermissen. Dies war vielleicht kein Wunder bei einem Mann, der bis dahin erst dreimal die Grenzen Nordamerikas überschritten hatte.

In ihrer Programmatik unterschieden sich die beiden Kandidaten in einigen wichtigen Fragen – nicht nur im Umweltschutz – deutlich. Bush kündigte – übereinstimmend mit der Steuerpolitik früherer republikanischer Präsidenten – eine drastische Steuerreform an. Er beabsichtige, ein Drittel des zu erwartenden Haushaltsüberschusses, ca. 1,6 Billionen $, für die steuermäßige Entlastung aller Bürger heranzuziehen. Neben

Jungverheirateten und Familien mit Kindern würde das vermögende obere Drittel der Steuerzahler davon besonders profitieren. Gore wollte die Steuersenkung auf lediglich 10 % des Haushaltsüberschusses beschränken, auf ca. 480 Mrd. $, und dabei besonders die niedrigen und mittleren Einkommen begünstigen. Bush und die Republikaner strebten eine Erhöhung der Ausgaben für den Gesundheitsschutz an, wobei bisher nicht versicherte Familien durch einen Steuerkredit in die Lage versetzt werden sollen, eine Versicherung zu erwerben. Gore und die Demokraten wollten vor allem Kinder von Eltern mit niedrigem und mittlerem Einkommen im Gesundheitsschutz besser stellen.

Bei der künftigen Besetzung frei werdender Stellen im Obersten Gericht dürfte Bush konservative Richter berufen, von denen eine Beschränkung des Rechts auf Abtreibung und eine Entscheidung zugunsten des Schulgebetes zu erwarten ist. Für Bush ist eine Abtreibung nur bei Vergewaltigung der Mutter, Inzest oder einer Gefahr für das Leben der Mutter statthaft. Die von Gore zu erwartenden Berufungen hätten eine liberale Interpretation der Verfassung gestärkt, Beschränkungen der Abtreibung verhindert, die Rechte Homosexueller anerkannt und Gesetze zur Kontrolle des Waffenbesitzes ermöglicht.

In der Außenpolitik sprach sich Bush, eindeutiger als Gore, für den Aufbau eines nationalen Raketenabwehrsystems aus, um das Land gegen feindliche Angriffe und Erpressung zu schützen. Er sprach dabei im Wahlkampf dem ABM-Vertrag von 1972, einem Eckstein der Rüstungskontrollvereinbarungen zwischen den USA und der UdSSR bzw. Russland, ein Existenzrecht in der heutigen Zeit ab, und kündigte noch im ersten Jahr seiner Präsidentschaft den Rücktritt der USA von diesem Vertrag an.

Die Präsidentenwahlen erbrachten im November 2000 die eigentümliche Situation einer in zwei fast gleiche Hälften gespaltenen Wählerschaft. Das endgültige Wahlergebnis lautete:[3]

Kandidat	*Gesamtzahl der Stimmen*	*in %*	*Wahlmänner*
Gore (D)	51 003 894	48, 41 %	266
Bush (R)	50 459 211	47, 89 %	271
Andere	3 835 594	4 %	0

Gore verfügte zwar, was es zuvor auch gelegentlich gegeben hatte, über ein leichtes Plus an Wählerstimmen, kam aber nicht auf die erforderliche absolute Mehrheit der Wahlmänner. Trotz der günstigen Wirtschaftsbilanz der Clinton-Jahre konnte der amtierende Vizepräsident nicht das Weiße Haus für sich erobern.

Auch die Kongresswahlen erbrachten ein derartiges, unentschiedenes Ergebnis. Dem Senat gehörten nun 50 Republikaner und 50 Demokraten an. Im Repräsentantenhaus blieb der knappe Vorsprung der Republikaner (221 Republikaner zu 211 Demokraten, 2 unabhängige Abgeordnete) erhalten. Das medienwirksamste Ergebnis der Kongresswahlen war der deutliche Wahlsieg der First Lady, Hillary Clinton, bei den Wahlen zur Senatorin von New York. Dem 107. Kongress gehörten nun 61 Frauen im Repräsentantenhaus und 13 Frauen im Senat an.

Die geographische Verteilung der Stimmenmehrheit für Gore oder Bush war deutlich abgegrenzt. Der Nordosten (mit Ausnahme von New Hampshire) mit New York und ein Teil des Mittleren Westens mit Illinois stimmten ebenso mehrheitlich für Gore wie der Westen mit Kalifornien, Oregon und Washington. Dagegen fielen der ganze Süden, ein Teil des Westens um die Rocky Mountains-Staaten und der angrenzende Teil des Mittleren Westens an Bush. Während die Männer mit 53 % überdurchschnittlich für Bush votierten, gaben die Frauen mit 54 % überdurchschnittlich zahlreich Gore ihre Stimme. Der Kandidat der Demokraten verzeichnete große Mehrheiten unter Afroamerikanern, Latinos, Asiaten und jüdischen Wählern. Er hatte einen Vorsprung bei den unteren Einkommensschichten. Der Republikaner Bush lag besonders bei weißen Protestanten vorn, erreichte aber mit 9 % der afroamerikanischen Stimmen einen – seit der Zeit Ronald Reagans nicht mehr gesehenen – Tiefpunkt.[4]

Noch in der Wahlnacht gratulierte Gore zunächst seinem Rivalen Bush zum Sieg. Stunden später zog er seinen Glückwunsch wegen verschiedener Unregelmäßigkeiten bei der Stimmauszählung in Florida zurück, dessen 25 Wahlmänner in der bestehenden Pattsituation schließlich den Ausschlag für die notwendige absolute Mehrheit an Wahlmännern und damit für den Sieger der Wahl erbringen mussten.

Nach der ersten Auszählung der Stimmen in Florida führte Bush hier bei einem Stand von 2.904.836 für ihn abgegebenen Wählerstimmen und 2.903.861 Stimmen für Gore denkbar knapp mit einem Vorsprung von 975 Stimmen. Es folgte ein wochenlanges dramatisches politisches und juristisches Tauziehen der beiden Lager um die von Gore gewünschte Handauszählung in vier Stimmbezirken Floridas, in denen bei der maschinellen Auszählung Stimmen für Gore unberücksichtigt geblieben waren. Ebenso beantragte das Gore-Lager eine Nachzählung der Briefwahlstimmen, bei deren Auszählung ebenfalls Unkorrektheiten vorgekommen waren. Durch diese Nachzählungen schwand der Vorsprung Bushs auf wenige hundert Stimmen. Bevor allerdings das ganze Gewicht der Neuauszählungen evident werden konnte, stoppte schließlich das Oberste Gericht in Washington mit seiner von republikanischen Präsidenten berufenen Mehrheit am 12. Dezember mit einer knappen 5:4-Entscheidung die nachträglichen Handauszählungen in Florida und bahnte Bush – der damit als Sieger der Wahl feststand – den Weg ins Weiße Haus. Die fünfwöchige Schlacht um die Stimmenmehrheit in Florida offenbarte noch weitere Missstände im Wahlgeschehen dieses Staates, an dessen Spitze mit »Jeb« Bush der Bruder des künftigen Präsidenten steht. So beschwerten sich zahlreiche schwarze Wähler, insbesondere schwarze Erstwähler, dass sie am Wahltag nicht zur Wahl im Wahllokal zugelassen worden seien.[5]

Allerdings bleibt festzuhalten, dass Al Gore letzten Endes die Wahl nicht in Florida verloren hat, sondern durch einen farblosen Wahlkampf und die Unfähigkeit, sich einer deutlichen Mehrheit der Wähler als wünschenswerter Nachfolger Bill Clintons zu präsentieren. Daneben spielte es möglicherweise eine Rolle, dass Ralph Nader, ein entschiedener Sozialkritiker und Umweltschützer, als Kandidat der Green Party mit seinen 2,8 Mill. Stimmen Wähler der Demokraten von Al Gore abzog. Ob der knappe Wahlausgang, die Umstände, durch die Bush schließlich zum Sieger der Wahl geworden ist, und die Pattsituation zwischen Republikanern und Demokraten im Kongress die Handlungsmöglichkeiten des künftigen Präsidenten einschränken würde, musste sich im Verlauf der Präsidentschaft erst noch zeigen. Durch die schlagartig veränderte politische Situation im Lande infolge der Anschläge vom 11. September 2001 wurde jedenfalls dieses mögliche Manko hinsichtlich seines Handlungsspielraums wieder wettgemacht.

Bei der Auswahl der Mitglieder seiner Regierung legte der künftige Präsident offensichtlich großen Wert auf die Einbeziehung erfahrener Politiker ebenso wie auf die Einbindung unterschiedlicher politischer Kräfte und Strömungen. So zeigte sich seine Regierung in personeller Zusammensetzung heterogener als die Kabinette der Republikanischen Präsidenten vor ihm.

Wohl nicht zufällig betraf Bushs erste Personalentscheidung mit Colin Powell einen in beiden Parteien angesehenen schwarzen Amerikaner, der zum neuen Außenminister (Secretary of State) berufen wurde, der erste Schwarze überhaupt in diesem Amt. Der ehemalige Generalstabschef der U.S. Streitkräfte in der Zeit des Golfkrieges von 1991 ließ mit seiner Person eine aktive Rolle der USA in der Weltpolitik erwarten. Nach seiner Ernennung kündigte er sogleich eine harte Politik seines Landes gegenüber dem Irak an. Ebenfalls Afroamerikaner sind Condoleeza Rice als Nationale Sicherheitsberaterin des Präsidenten, eine Funktion, die unter Nixon Henry Kissinger bekleidete, und Roderick A. Paige als Erziehungsminister (Education secretary). Rice, eine Professorin der Stanford Universität, brachte ihre brillante Intelligenz in den Bush-Beraterstab ein. Paige hat Erfahrungen in der texanischen Schulverwaltung und gilt als sehr erfolgreicher Schulfachmann. Frühzeitig berief Bush den Finanz- und den Handelsminister. Der Finanzminister der ersten beiden Amtsjahre Paul O'Neill war Chef des Aluminiumkonzerns Alcoa und hatte bereits unter Nixon und Ford Regierungserfahrung gesammelt. Sein Nachfolger ab 2003, John W. Snow, war Vorsitzender eines großen Eisenbahnkonglomerats. Bushs Wahlkampfleiter und langjähriger Freund Don Evans, ein Multimillionär des texanischen Ölgeschäfts, wurde Handelsminister, in dessen Aufgabenbereich auch der enge Kontakt mit der Geschäftswelt des Landes fällt. Zu den politisch erfahrendsten Persönlichkeiten zählt der neue Verteidigungsminister, Donald Rumsfeld, bereits in diesem Amt unter Präsident Ford, ein unbedingter Befürworter des umstrittenen Raketenabwehrsystems. Von Frauenverbänden und Menschenrechtinitiativen kritisiert wurde eine Personalentscheidung, die ein Zugeständnis an den rechten Flügel der Republikaner bedeutet, die Ernennung John Ashcrofts zum Justizminister (Attorney General). Der strikt konservative Ashcroft verabscheut Alkohol, Tabak und Tanz, lehnt das Recht auf Abtreibung ab, gilt als Gegner der Bürgerrechtsbewegung und ist ein Liebling der Rechtskonservativen.

Stabschef des Weißen Hauses wird Andrew H. Card jr., der frühere Minister für Transport unter dem Vater des heutigen Präsidenten. Zum Innenminister bestimmte Bush den früheren Generalstaatsanwalt von Colorado, Gale A. Norton. Eine Frau ist auch der Arbeitsminister, Elaine Chao, die an die Stelle der ursprünglich vorgesehenen Linda Chavez tritt.[6]

Jedenfalls bedeuteten das Profil des neuen Präsidenten, seine Regierungsmannschaft und die politischen und wirtschaftlichen Kräfte hinter der bzw. um die neue Administration einen Richtungswechsel in Washington. Noch vor seiner Amtseinführung diskutierte George W. Bush auf seiner ein Jahr zuvor erworbenen 600 ha großen Ranch in Crawford, Texas, mit Journalisten seine Absicht, bestimmte Maßnahmen seines Vorgängers zu korrigieren bzw. zurückzunehmen. Namentlich erwähnte er den Schutz der Forsten, deren gesetzliche Schutzbestimmungen überprüft werden müssten, sowie seine Absicht, einen härteren Kurs gegenüber Russland zu steuern.

Bei nasskaltem Winterwetter fand am 20. Januar 2001 vor dem Westflügel des Kapitols in Washington die Amtseinführung und Vereidigung des neuen Präsidenten und seines Vizepräsidenten statt. George W. Bush stellte in seiner Antrittsrede sein politisches Glaubensbekenntnis als gemäßigter Konservativer vor. Er kündigte Reformen im Bildungswesen, in der Sozialfürsorge und im Gesundheitswesen an, stellte die von ihm erwartete Steuersenkung in Aussicht und sprach sich für ein militärisch starkes Amerika und die Erfüllung seiner globalen Verpflichtungen aus. Er versprach, »eine geeinte Nation der Gerechtigkeit und der Chancen« zu schaffen. Dabei werde er sich von den Prinzipien leiten lassen »meine Überzeugungen auf zivile Weise voranzubringen, das öffentliche Interesse mit Mut zu verfolgen, meine Stimme für größere Gerechtigkeit und mehr Mitgefühl zu erheben, Verantwortung zu verlangen und zu versuchen, sie selbst zu leben.«[7]

Nahezu Fünfhunderttausend Menschen waren Zeugen der anschließenden Fahrt des Präsidentenpaares vom Kapitol zum Weißen Haus entlang der Pennsylvania Avenue, darunter auch Zehn- bis Zwanzigtausend Demonstranten, die gegen Bush mit dem Vorwurf Front machten, er habe Gore die Wahl gestohlen. Zum ersten Mal seit den Tagen Nixons erlebte dieser Tag der Amtseinführung des neuen Präsidenten wieder Proteste von Demonstranten.

Mit der Amtseinführung Bushs begann neuerlich, nach der achtjährigen Unterbrechung durch die Clinton-Ära, eine Zeit republikanischer Regierung in Washington. Ob sie tatsächlich zu einem neuen dauerhaften Anfang für Amerika wird, wie Bush ankündigte, muss die Zukunft zeigen. Jedenfalls konnte der neue republikanische Präsident nur bedingt an die Vorbilder früherer republikanischer Regierungen in Washington von Nixon über Ford und Reagan bis zu Bush sr. anknüpfen, da sich die inneren und äußeren Verhältnisse des Landes inzwischen erheblich verändert haben.

In der Innenpolitik bewegte sich die Bush-Administration zunächst innerhalb konservativer Bahnen. Zentrales Anliegen ihrer Sozial- und Wirtschaftspolitik war dabei eine umfassende Steuerreform, die im Mai 2001 vom Kongress bestätigt wurde und im Laufe der kommenden 10 Jahre eine Steuersenkung in Höhe von 1,35 Billionen $ vorsieht. Der Spitzensteuersatz der Einkommensteuer wurde auf 33 % gesenkt, der unterste Steuersatz auf 10 % festgelegt. Indem insbesondere die oberen und mittleren Einkommen entlastet wurden, sollte – im Sinne der republikanischen Tradition – Geld für Konsumausgaben und Investitionen frei und die Wirtschaft angekurbelt werden.

Eine weitere Steuersenkung in Höhe von 670 Mrd. $ kündigte Bush für 2003 an. Sie sah nun u. a. die Abschaffung der Steuer auf Börsengewinne vor. Nach Schätzungen der Brookings Institution werden die 1 % obersten Bezieher von Einkommen bei dieser Reform zu 28 % begünstigt, die 60 % Bezieher der unteren Einkommen dagegen nur zu 8 % entlastet. Im Senat musste dieses Steuergesetz allerdings erhebliche Abstriche erleben. Inwieweit das von der Bush-Regierung mit der Steuersenkung verbundene Ziel, die Wirtschaft zu beleben, erreicht werden kann, ist derzeit noch schwer zu sagen. Jedenfalls erreichte die Arbeitslosigkeit im Mai/Juni 2003 mit 6,4 % einen Höchststand seit 1994. Seit Beginn der Bush-Präsidentschaft Anfang 2001 gingen 2,6 Mill. Arbeitsplätze verloren, von August 2003 bis Juli 2004 wurden dann allerdings 1,5 Mill. Jobs neu geschaffen.

Eine weitere Spitzenpriorität für Präsident Bush bestand in seiner viel diskutierten und von Umweltschützern ebenso wie von Kanada scharf verurteilten Absicht, die Schutzbestimmungen im Artic National Wildlife Refuge, einem Naturschutzgebiet in

Alaska, zu lockern, um dort Ölgesellschaften die Suche nach und die Förderung von Erdöl und Erdgas zu ermöglichen. Ein entsprechendes Gesetz wurde vom Senat im März 2003 vorerst abgelehnt. Auf derselben Linie liegt die fortgesetzte Weigerung der US-Regierung, das Kyoto-Protokoll aus dem Jahre 1997 zu unterzeichnen, das die Emission von Treibhausgasen seitens der Industrieländer für den Zeitraum 2008–2012 um mindestens 5 % unter dem Niveau von 1990 begrenzen will.

Beachtung verdient die Bildungsreform vom Januar 2002, der No Child Left Behind Act. Er sieht die Verbesserung der Ausbildung der Schüler von Elementar- und Sekundarschulen im Lesen und in Mathematik vor. Da zur Zeit der Verabschiedung des Gesetzes im Jahre 2001 nur 11 der 50 Bundesstaaten die nationalen Standards der Erziehung erfüllten, sollen nach dem Gesetz u.a. landesweite Tests in den Fächern Lesen und Mathematik für die Klassen 3 bis 8 eingeführt werden, um den nationalen Standard in diesen Fächern allgemein bis 2013/14 zu erreichen. Des Weiteren soll der Ausbildung der Studenten in diesen Fächern mehr Aufmerksamkeit und Zeit eingeräumt werden. Der Nationale Lehrerverband (National Education Association) kritisiert allerdings das Gesetz, da es eher auf Bestrafung als auf Unterstützung, eher auf Privatisierung als auf Förderung der Lehrertätigkeit setze.

Weitere Reformmaßnahmen betreffen das System der Sozialen Sicherung (Social Security System), das Gesundheitswesen (Health Care) und die Wohlfahrtsreform (Welfare reform). In den Reformplänen Bushs für das Gesundheitswesen steht eine Reduzierung der Kosten der Gesundheitsfürsorge für alle Amerikaner im Mittelpunkt, ferner die Suche nach neuen Formen der Krankenversicherung und nach neuen Wegen für die medizinische Versorgung Bedürftiger. Umstritten war die Genehmigung Bushs im August 2001, Bundesmittel für eine begrenzte Stammzellforschung unter Nutzung menschlicher Embryonen bereitzustellen.

Nach den ersten hundert Tagen seiner Amtszeit waren 63 % der Amerikaner mit seiner Amtsführung zufrieden. Dies war eine vergleichsweise gute Rate, die höher lag als bei seinem Vorgänger Clinton zum gleichen Stichtag. Reichlich zwei Jahre später, im September 2003, waren nur noch 50 % der Amerikaner mit ihrem Präsidenten zufrieden. Inzwischen hatte sich allerdings im Gefolge des 11. September 2001 eine gänzlich neue Lage für die Politik der USA ergeben.

Ein Spiegelbild der politischen Stimmung im Lande boten zur knappen Hälfte der Amtszeit des Präsidenten die Kongresswahlen vom 5. November 2002. Die Republikaner konnten in diesen Zwischenwahlen ihre Mehrheit im Senat wieder herstellen (51 Republikaner : 48 Demokraten : 1 Unabhängiger). Im Repräsentantenhaus erweiterten sie sogar ihre Mehrheit (229 Republikaner : 205 Demokraten : 1 Unabhängiger). In einer landesweit geführten energischen Kampagne hatte Bush die Wähler aufgefordert, ihm mehr Verbündete für seine Politik in den Kongress zu schicken. Dieser Appell war offenbar nicht ohne Wirkung geblieben.

In den gleichzeitigen Gouverneurswahlen erzielten die Demokraten leichte Gewinne. Im Ergebnis stellten die Republikaner nun 26 Gouverneure, die Demokraten 24. Der Bruder des Präsidenten, der Republikaner Jeb Bush, wurde problemlos zum Gouverneur von Florida wieder gewählt, obgleich er wegen seiner Rolle in den Präsidentschaftswahlen von 2000 im besonderen Kreuzfeuer der Angriffe seitens der Demokraten gestanden hatte.

In der Außenpolitik stellte es sich bald heraus, dass der Präsident und seine engsten Berater eine Weltmachtpolitik alten imperialen Stils einzuschlagen gedachten, die rücksichtslos militärische Mittel einsetzte, wenn es um die tatsächlichen oder vermeintlichen Interessen des Landes ging. Insofern bedeutete der außenpolitische Kurs Bushs die Fortsetzung des Kalten Krieges gegenüber neuen Gegnern, mit anderen Mitteln und einer neuen Ideologie. Dabei waren die USA bereit, auch gegen die oder außerhalb der Vereinten Nationen zu handeln, über deren Charta man sich mit dem Irakkrieg brüsk hinwegsetzte.

Bushs erste Auslandsreise ging im Februar 2001 nach Mexiko zu einem Treffen mit dem ebenfalls neu gewählten Präsidenten Vincente Fox. Seine drei Vorgänger Reagan, Bush sr. und Clinton hatten ihre erste Auslandsreise stets nach Kanada unternommen.[8] Bush machte damit deutlich, welchen Stellenwert die wirtschaftlichen und politischen Beziehungen zum Nachbarn im Süden inzwischen besaßen.

Sein erstes Treffen mit einem europäischen Staatsmann fand Ende Februar 2001 mit dem britischen Premier Tony Blair in Camp David statt. Beide Politiker unterstrichen die Bedeutung der »special relationship« in den US-amerikanisch-britischen Beziehungen, die Sonderstellung Großbritanniens unter den Verbündeten der USA in Europa.

Widersprüchlich verliefen die Beziehungen zu Russland in den ersten Jahren der Bush-Administration. Auf amerikanischer Seite bemängelte man die Waffengeschäfte Russlands mit dem Iran, der von Bush bald in seiner neuen außenpolitischen Doktrin einer »Achse des Bösen« aus Iran, Irak und Nordkorea zugeordnet wurde. Auf russischer Seite war man beunruhigt über den im Dezember 2001 erfolgten Rücktritt der USA vom ABM-Vertrag von 1972, der eine Beschränkung der Raketenabwehrsysteme vorgesehen hatte und über die von Bush erneut aufgegriffenen Pläne zur Errichtung eines begrenzten landgestützten Raketenabwehrsystems (»National Missile Defense«), das gegen die »Schurkenstaaten« gerichtet sein sollte.

Andererseits bekräftigten Bush und Putin bei einem Zusammentreffen in Slowenien im Juni 2001 den Willen zur Kooperation und ihre Bereitschaft, über die Reduzierung der strategischen atomaren Gefechtsköpfe weiter zu verhandeln. Im Mai 2002 unterzeichneten Bush und Putin auf einem Gipfeltreffen in Moskau ein Abkommen über die Reduzierung der nuklearen Waffen, das bis zum Jahre 2012 für beide Länder die Verringerung ihrer derzeit ca. 6.000 atomaren Sprengköpfe auf ca. 2.000 Sprengköpfe vorschreibt.

Inzwischen hatte sich die strategische Lage der Vereinigten Staaten, auf der die Außenpolitik Präsident Bushs beruhte, durch die Ereignisse des 11. September 2001 grundlegend verändert. An diesem Tag gelang es einem aus 21 Männern bestehenden Kommando islamistischer Terroristen, überraschend für die amerikanische Regierung, den Geheimdienst wie für die Öffentlichkeit, vier Passagierflugzeuge auf Inlandflügen in den USA zu entführen und mit ihrer verheerenden Sprengkraft gegen die Zwillingstürme des World Trade Center in New York und gegen das Pentagon bei Washington einzusetzen. Das vierte Flugzeug stürzte in Pennsylvania ab, bevor es sein Ziel erreichte. Annähernd 3.000 Menschen mussten bei diesem Anschlag ihr Leben lassen, »dreimal so viele Amerikaner wie durch sämtliche terroristischen Anschläge der vorhergehenden dreißig Jahre.«[9] Hinter dem Anschlag stand das transnationale Terrornetzwerk Al Qaida unter Führung von Osama Bin Laden, der zu jener Zeit beim Taliban-Regime in Afghanistan Unterschlupf fand und von ihm gedeckt wurde. Der internationale Terrorismus nahm durch dieses Ereignis mit seinem massenhaften Vernichtungsgrad eine neue Dimension an. In seinem Gefolge wurde der Kampf gegen den Terrorismus zum alles beherrschenden Thema der amerikanischen Politik. Eine Welle des nationalen Mitgefühls mit den Opfern dieser schrecklichen Vorgänge ging durch das ganze Land.

Bush und seine Berater entschieden sich dafür, den Kampf gegen den internationalen Terrorismus in erster Linie mit militärischen Mitteln zu führen.[10] Zum Schutz nach innen unterzeichnete Bush am 26. Oktober 2001 ein Antiterrorismusgesetz des Bundes, den »Patriot Act«, dem der Senat mit 98 : 1, das Repräsentantenhause mit 357 : 66 Stimmen zustimmten. Das Gesetz stellte finanzielle Mittel für die Terrorismusbekämpfung bereit, erweiterte die Untersuchungs- und Abhörvollmachten des FBI, sah höhere Strafen für die Beherbergung und Finanzierung von Terroristen vor und dehnte die Zahl der Verbrechen aus, die als terroristische Akte geahndet werden sollten. Die American Civil Liberties Union, die seit ihrer Gründung 1920 für den Schutz der Bürgerrechte im Land eintritt, kritisierte das Gesetz als Verletzung der durch die Verfassung garantierten Bill of Rights. Dagegen bekannte sich John Kerry im Wahlkampf von 2004 ausdrücklich zum Patriot Act.

Zur Bündelung und Koordinierung aller Maßnahmen der Terrorismusbekämpfung und darüber hinaus aller Belange der inneren Sicherheit schuf der Präsident im Oktober 2001 ein Office of Homeland Security, das im November 2002 in den Rang eines Ministeriums (Department of Homeland Security) erhoben wurde. Zum neuen Minister für Heimatschutz berief Bush den früheren Gouverneur von Pennsylvania Tom Ridge. Das Ministerium sollte terroristische Angriffe innerhalb der USA verhindern, ihre Auswirkungen mildern, es hatte Vorbereitungen für einen nationalen Notstand zu treffen und war auch für Naturkatastrophen zuständig. In die Verantwortlichkeit des neuen Ministeriums fielen auch die Aufgaben der Küstenwache (Coast Guard) und der Einbürgerungs- und Einwanderungsbehörde (Bureau of Citizenship & Immigration Services). Dagegen blieben der Geheimdienst CIA und das Bundeskriminalamt FBI außerhalb der Kompetenz des Ministeriums, und auch die primäre Auswertung ihrer Informationen über Terroristen wurde einer gemeinsamen CIA-FBI-Einrichtung überlassen und nicht, was nahe gelegen hätte, zur Aufgabe des Ministeriums gemacht.

Nachdem der Sicherheitsrat der Vereinten Nationen einen Tag nach dem Terroranschlag vom 11. September den Terrorismus verurteilt und alle Länder aufgefordert hatte, ihn zu bekämpfen, schuf die amerikanische Regierung noch im Oktober 2001 eine internationale Antiterror-Koalition von über hundert Staaten und bereitete die militärische Intervention in Afghanistan (»Enduring Freedom«) vor. Da das Taliban-Regime in Afghanistan der Forderung nach der Auslieferung Bin Ladens nicht nachgekommen war, stellte die NATO Anfang Oktober den Bündnisfall fest. Die Streitkräfte der USA und Großbritanniens begannen am 7. Oktober 2001 Luftangriffe auf Ziele in Afghanistan. Ende November setzten beide Staaten dort auch Bodentruppen ein und führten den Zusammenbruch des Taliban-Regimes herbei. Das Kriegsziel beider Länder, Osama Bin Laden in ihre Gewalt zu bringen und sein Terrornetzwerk zu zerschlagen, wurde nicht erreicht. Sehr problematisch war die im Januar 2002 aufgenommene Praxis der amerikanischen Regierung, gefangene Taliban-Kämpfer und Al Qaida-Angehörige auf dem US-Stützpunkt Guantanamo auf Kuba unter von Menschenrechtsorganisationen kritisierten Bedingungen zu internieren.

In seiner jährlichen Kongressbotschaft »Zur Lage der Nation« präzisierte Präsident Bush – vor 52 Mio. Amerikanern, welche die Rede im Fernsehen verfolgten – am 29. Januar 2002 das Programm des Kampfes gegen den Terrorismus dahingehend, dass nun auch das entschiedene Vorgehen der USA gegen fremde Regime angekündigt wurde, die nach Massenvernichtungswaffen streben würden. Außerdem wurde das Mittel präventiver Militärschläge gegen solche Staaten erwogen. Namentlich genannt wurden die als »Schurkenstaaten« bezeichneten Länder Nordkorea, Iran und Irak. Der Krieg gegen den Irak begann damit langsam Gestalt anzunehmen.

Nach außen bereitete die Bush-Administration im Laufe des Jahres 2002 den Krieg gegen den Irak mit der Begründung vor, das Regime von Saddam Hussein stelle Massenvernichtungswaffen her und lagere sie. Es unterstütze das Terrornetzwerk Al Qaida und setze sich über Resolutionen der Vereinten Nationen hinweg. Tatsächlich stand dahinter vor allem die Absicht, um jeden Preis das Regime von Saddam Hussein zu beseitigen, die Militärmacht der USA zu demonstrieren und ein Exempel zu statuieren. Am 10./11. Oktober 2002 stimmte der Kongress einer Vollmacht zu, die Präsident Bush freie Hand für das militärische Vorgehen gegen den Irak gab. Der Senat stimmte mit 77 : 23, das Repräsentantenhaus mit 296 : 133 Stimmen für diese Resolution. Auf Drängen der USA verabschiedete der Sicherheitsrat der Vereinten Nationen einen Monat später eine Resolution, in der eine umfassende Abrüstung des Irak gefordert und dem Irak »ernste Konsequenzen« für den Fall der Nichtbeachtung der Resolution angedroht wurden.[11] In der Folgezeit konnte die im Irak tätige Untersuchungskommission der Vereinten Nationen unter Leitung des Schweden Hans Blix nicht den von der US-Regierung gewünschten und im Sicherheitsrat von Außenminister Powell behaupteten Beweis für die tatsächliche Existenz dieser Waffen im Land von Saddam Hussein aufspüren.

In einem längeren Entscheidungsprozess zur strategischen Lage setzten die Befürworter einer baldigen und notfalls auch einseitigen, ohne Vollmacht durch den Sicherheitsrat der Vereinten Nationen anlaufenden Militäraktion gegen das Regime von Saddam Hussein, den Entschluss zum Krieg durch. Zu den unbedingten Befürwortern des Krieges zählten vor allem Vizepräsident Dick Cheney, Verteidigungsminister Donald Rumsfeld, der stellvertretende Verteidigungsminister Paul Wolfowitz und die Sicherheitsberaterin des Präsidenten Condoleeza Rice. Erst nachdem die Entscheidung im Weißen Haus gefallen war, empfing Bush am 13. Januar 2004 seinen Außenminister und erklärte ihm, er habe sich entschieden, die USA müssten in den Krieg ziehen. »Sie sind sich auch über die Konsequenzen im Klaren?«, meinte Powell. Bush bejahte und fragte seinerseits: »Sind sie auf meiner Seite?« Und der Außenminister, der nicht zu den Kriegstreibern im Weißen Haus gehört hatte, bestätigte: »Ich werde mein Bestes tun. Ja, Sir, ich werde Sie unterstützen. Ich bin auf Ihrer Seite, Mr. President.«[12]

Nach weiteren Manövern im Sicherheitsrat der Vereinten Nationen, die nicht das gewünschte Ergebnis einer Unterstützung des Krieges gegen den Irak durch die Weltorganisation erbrachten, gab Präsident Bush dann am 19. März 2003 den Angriffsbefehl zur Ausführung der Operation »Iraqi Freedom«. Anschließend ging er vom Oval Office ins Freie. Bush erinnerte sich später an diesen Augenblick: »Es war für mich sehr emotional. Ich bin herumgegangen und habe gebetet. Ich habe gebetet, dass unseren Soldaten nichts passiert, dass der Allmächtige sie beschützt, dass es möglichst wenig Verluste an Menschenleben gibt.«[13] Einen Tag später begannen amerikanische und britische Truppen – unterstützt durch massive Luftangriffe – ihren Vormarsch im Irak. Am 7. April 2003 wurde Bagdad durch US-Streitkräfte eingenommen, das Regime Saddam Husseins brach zusammen. Am 1. Mai erklärte Bush den Kampf im Irak für beendet. Der Irak wurde unter eine amerikanische Zivilverwaltung gestellt. Ihr Chef, Paul Bremer, sollte den Wiederaufbau im Irak und den Übergang zur Demokratie im Land beaufsichtigen. Im Dezember 2003 wurde Saddam Hussein nahe der Stadt Tikrit aufgespürt und gefangen genommen. Die gewünschte Beruhigung der Lage trat auch danach nicht ein. Fast täglich kam es weiterhin zu Angriffen, Anschlägen und anderen Aktionen gegen Angehörige des amerikanischen Militärs, der irakischen Sicherheitskräfte oder der entstehenden irakischen provisorischen Regierung. Die von den USA und Großbritannien behaupteten irakischen Massenvernichtungswaffen konnten auch jetzt im Lande nicht nachgewiesen werden. Ein Jahr später, im Oktober 2004 berichtete der US-Chefinspektor für die Waffensuche im Irak vor dem Streitkräfteausschuss des Senats, es habe im Irak vor Beginn des Irak-Krieges schon lange keine Massenvernichtungswaffen und auch kein Programm zu ihrer Herstellung gegeben. Ausdrücklich verurteilte auch der Generalsekretär der Vereinten Nationen, Kofi Annan, den Irakkrieg als illegal, im Widerspruch zur Charta der Vereinten Nationen stehend.[14]

Die Ergebnisse und Folgen des Krieges lassen sich nicht auf einen einheitlichen Nenner bringen. Das brutale Regime des Diktators Saddam Hussein wurde beseitigt und eine Demokratisierung des Landes unter US-Protektorat eingeleitet. Andererseits zeigen die tägliche Gewaltausübung unterschiedlicher islamischer Kräfte und die Gegengewalt der US-Streitkräfte, dass dort am Horizont die Gefahr eines Bürgerkrieges aufzieht. Die USA haben ihre militärische Macht unter Beweis gestellt, aber gleichzeitig durch die Lügen ihrer Kriegsbegründung an Ansehen in der Welt, nicht nur in der arabischen Welt, verloren. Dieses Manko wurde noch vergrößert, als Meldungen über systematische Misshandlungen und Folterungen von Gefangenen des Irak- und Afghanistankrieges in den Militärgefängnissen der USA und durch US-Militärpersonal im Irak und anderswo um die Welt gingen. Wie es scheint, wurden diese illegalen Praktiken von oberster Stelle der Militärführung in Washington gebilligt, wenn nicht sogar empfohlen. Schließlich hat die einseitige Anwendung von militärischer Gewalt durch die USA und Großbritannien die ohnehin labile Autorität der Vereinten Nationen untergraben und im Nahen Osten die Möglichkeit einer politischen, friedlichen Lösung des Konflikts zwischen Israel und Palästinensern weiter erschwert. Insgesamt überwiegen wohl selbst von Washington aus gesehen die negativen Ergebnisse dieses Irak-Krieges seine positiven Folgen.

Im Laufe des Jahres 2004 nahm der Wahlkampf im Lande immer deutlichere Gestalt an. Die Republikaner nominierten auf ihrem Nationalkonvent im Spätsommer, wie nicht anders zu erwarten, den Präsidenten als ihren Präsidentschaftskandidaten und priesen dabei seine Führungsstärke. Kandidat für das Amt des Vizepräsidenten wurde der Inhaber dieses Amts, Richard (Dick) Cheney, der in seiner Rede auf dem Konvent zu einem Rundumschlag auf den Bewerber der Demokraten, John F. Kerry, und dessen angebliche politische Wankelmütigkeit und Führungsschwäche ausholte. Nachdem Al Gore im Dezember 2003 seine Absicht verkündet hatte, nicht noch einmal für die Präsidentschaft zu kandidieren, hatte sich bei den Demokraten bereits im Verlauf der Vorwahlen der politisch erfahrene Senator von Massachusetts, John F. Kerry, durchgesetzt. Er wurde im Juli 2004 mit großem Medienaufwand auf dem Nationalkonvent der Demokraten nominiert, der unter dem Motto stand: »stärker daheim, respektiert in der Welt«. Kerry, ein Katholik, was seit John F. Kennedy im Nominierungsgeschehen nicht mehr vorgekommen war, ist in zweiter Ehe mit der Erbin des Heinz-Ketchup-Vermögens, Theresa Heinz Kerry, einer energischen, selbstbewussten Frau verheiratet. Er ist Vater von zwei erwachsenen Töchtern und drei Stiefsöhnen. Das von seiner zweiten Frau in die Ehe mit gebrachte Vermögen wird auf 670 Mill. $ geschätzt. Kerrys familiärer Hintergrund, sein sozialer Status, sein Werdegang und seine politische Präferenzen als Demokrat ähneln – in verkleinertem Maßstab – dem Idol seiner Jugend: John F. Kennedy. Allerdings fehlen Kerry die visionäre Sicht auf die Zukunft des Landes und das Charisma des ermordeten Präsidenten. Auch waren das Gehalt seines Vaters und seine eigenen finanziellen Mittel eher bescheiden, bevor er wohlhabende Frauen heiratete, deren Vermögen beträchtlich war.

Für die Vizepräsidentschaft kandidiert bei den Demokraten der Senator von North Carolina, John R. Edwards. Als unabhängiger Präsidentschaftskandidat bewarb sich der Umweltschützer aus Connecticut, Ralph Nader, der schon in den Wahlen von 2000 kandidiert und damals fast drei Millionen Wählerstimmen auf sich gezogen hatte, die sonst vermutlich Al Gore zu gute gekommen wären.

Der Wahlkampf drehte sich hauptsächlich um die Bewertung des Irak-Krieges und seiner Folgen. Bush unterstrich die Notwendigkeit des Krieges im Interesse der nationalen Sicherheit des Landes und verwies auf Fortschritte bei der Demokratisierung im Irak. Kerry, der während des Krieges eine ambivalente Haltung bezogen hatte, bezeichnete den Krieg im Irak als Fehlschlag und versprach die baldige Rückkehr der US-Soldaten aus dem Irak im Falle seines Wahlsieges. Der Wahlkampf nahm zeitweilig mehr als üblich den Charakter einer Schlammschlacht an. Beide Seiten wurden nicht müde, die tatsächlichen oder erfundenen persönlichen Schwächen ihrer Gegner ans Licht zu zerren. Bush wurde vorgeworfen, sich vorzeitig vom Wehrdienst bei der Nationalgarde verabschiedet zu haben, Kerry hielt man vor, seine Heldentaten im Vietnamkrieg seien von ihm bewusst in Szene gesetzt und er habe sich vorzeitig nach Hause abgesetzt. Im Ergebnis hat der Wahlkampf die Gegensätze zwischen den beiden politischen Lagern, die sich bereits in der Wahl des Jahres 2000 artikuliert hatten, weiter ausgeprägt und zu einer Politisierung des Landes geführt, wie sie in den vergangenen Jahren selten mit derartiger Intensität vorgekommen ist.

In der Schlussphase des Wahlkampfes konnte Kerry, der lange Zeit in den Umfragen deutlich hinter Bush gelegen hatte, Boden gut machen. Dazu trugen auch drei Fernsehdebatten zwischen dem Präsidenten und seinem Herausforderer bei, in denen Kerry nach Ansicht der Zuschauer als Sieger hervorging. Meldungen über Pannen bei der Sicherstellung von Sprengstoff im Irak kamen hinzu. Andererseits rückte eine wenige Tage vor der

Wahl von einem arabischen Fernsehsender ausgestrahlte Drohbotschaft Osama Bin Ladens den von Bush in den Mittelpunkt seines Tun als Präsident gestellten Kampf gegen den Terrorismus neuerlich in den Blick der Öffentlichkeit.

Nach einem kräftezehrenden, überaus kostspieligen Wahlkampf entschied sich eine Mehrheit der Wähler am 2. November 2004 für eine zweite Amtszeit ihres Präsidenten und bestätigte auch deutlich die Mehrheitsverhältnisse der Republikaner in beiden Häusern des Kongresses.

Der Sieg Bushs fiel klarer aus als vor vier Jahren. Kerry gratulierte Bush am Nachmittag des folgenden Tages, als er sicher war, dass Bush im zuletzt alles entscheidenden Ohio mit seinen 20 Wahlmännern uneinholbar vorn lag. Die Wahlbeteiligung war für amerikanische Verhältnisse mit knapp 60 % ungewöhnlich hoch (2000: 51 %, 1996: 49 %) und spiegelte die Politisierung der beiden Lager wider.

Bush hatte schließlich landesweit einen Vorsprung von 3,5 Mio. Wählerstimmen: Für ihn stimmten 59,5 Mio. Amerikaner. Für Kerry votierten 55,9 Mio. Wähler.

Der unabhängige Kandidat Nader erreichte diesmal lediglich 300.000 Stimmen.

Bush konnte am Ende 286 Wahlmänner für sich verbuchen. Kerry kam auf 252 Wahlmänner. Er gewann vor allem in den großen Städten und in den Küstenstaaten New York, Kalifornien, aber auch in Pennsylvania und Wisconsin. Bush dominierte eindeutig im ländlichen und kleinstädtischen Amerika. Er lag im Süden und mittleren Westen vorn und gewann auch die heiß umkämpften und für den Sieg wichtigen Staaten Florida und Ohio.

Sein Sieg zeigte den Wunsch einer Mehrheit der Amerikaner an, den konservativen Kurs des republikanischen Präsidenten beizubehalten. Seine Wähler meinten, sich – trotz aller Kritikpunkte an der Innen- und Außenpolitik der vergangenen vier Jahre – auf die von Bush im Kampf gegen den Terror bewiesene Führungsstärke verlassen zu können. Sie trauten ihm eher als Kerry zu, die Macht und Sicherheit Amerikas in den kommenden vier Jahren zu gewährleisten. Dem Demokraten Kerry und seinem Lager fehlten in der Gesamtbilanz eine zwingende politische Alternative für die Zukunft, ein strategischer Plan, der über die Formel »Gegen Bush« mit klaren inhaltlichen Zielen hinausging. Der kritische Zustand der Demokraten zeigte sich auch deutlich im Ergebnis der Kongresswahlen, bei denen die Republikaner in beiden Häusern Zugewinne machten und ihre bisherige Mehrheit ausbauen konnten:

Im Repräsentantenhaus stehen sich nun 231 Republikaner, 200 Demokraten und 1 Unabhängiger gegenüber (3 Sitze sind noch unklar). Im Senat verteilen sich die Sitze im Ergebnis der Wahl:

55 Republikaner, 44 Demokraten und 1 Unabhängiger.[15]

In den gleichzeitigen Gouverneurswahlen in 11 Staaten setzten sich 5 Republikaner und 6 Demokraten durch.

Die Dominanz der konservativ-religiösen Einstellung im Lande und im gegenwärtigen Wählerverhalten der Amerikaner zeigte sich ebenso im Ergebnis von Volksabstimmungen, die am Wahltag in 11 Staaten (Arkansas, Georgia, Kentucky, Michigan, Mississippi, Montana, North Dakota, Ohio, Oklahoma, Oregon und Utah) stattfanden. Hier votierten die Wähler, oft mit großer Mehrheit, für eine Verfassungsbestimmung im Rahmen ihres Staates, die eine Ehe von homosexuellen Paaren untersagte.

Die zweite Amtszeit George W. Bushs begann am 20. Januar 2005 mit der feierlichen Inauguration auf den Stufen des Kapitols. Ob die nächsten vier Jahre eine bloße Fortsetzung der Politik Bushs mit der im wesentlichen gleichen Mannschaft, den gleichen Präferenzen und den gleichen Problemen erleben werden wie seine erste Amtszeit, oder ob der durch die Wiederwahl gestärkte Präsident die damit verbundene Chance nutzen wird, um den bisherigen Kurs zu überprüfen, neue unverbrauchte Mitarbeiter heranzuziehen und alte Fehler zu vermeiden, wird die Zukunft zeigen.

Anmerkungen

1 Hierzu: Petra Pinzler/Günther Wessel, George W. Bush – Wende in Amerika, Reinbek bei Hamburg 2001, S. 62 ff.

2 Homepage George W. Bushs im Internet in: http//www.voter.com.

3 The World Almanac and Book of Facts 2004, New York 2004, S. 576. 1 Wahlmann enthielt sich der Stimme.

4 Zum Wahlverhalten 2000: Peter Lösche, Gespaltenes Land. Die Vereinigten Staaten vor den Präsidentenwahlen; in: Blätter für deutsche und internationale Politik, H. 8/2004, S. 984 ff.

5 Eine kritische Analyse der Wahl 2000 in: Journal of American History, Vol. 88, No. 2, Sept. 2001, S. 407–454.

6 Linda Chavez hatte in ihrem Haushalt eine illegal im Lande weilende Immigrantin aus Guatemala beschäftigt und verzichtete, als dies bekannt wurde, auf ihr Amt.

7 Freie Presse Online, 21.1.2001.

8 Reagan hatte noch als gewählter Präsident Anfang Januar 1981 Mexiko aufgesucht, machte dann seine erste Auslandsreise als Präsident nach Kanada. Clinton traf sich bei seiner ersten Auslandsreise als Präsident Anfang April 1993 in Vancouver mit dem russischen Präsidenten Boris Jelzin und kam dort auch mit dem kanadischen Premierminister zusammen.

9 Das Zeitalter des Terrors. Amerika und die Welt nach dem 11. September, hg. v. Strobe Talbott/Nayan Chanda, München/Berlin 2002, S. 9.

10 Hierzu: Friedensgutachten 2002. Hessische Stiftung Friedens- und Konfliktforschung (HSFK) u. a., hg. v. Bruno Schoch u. a., Münster 2002, S. 3 ff.

11 Vgl.: Friedensgutachten 2003. Bonn International Center for Conversion (BICC) u. a., hg. Corinna Hauswedell u. a., Münster 2003, S. 280 f.

12 Bob Woodward, Der Angriff. Plan of Attack, München 2004, S. 308 f.

13 Ebenda, S. 428.

14 Der Tagesspiegel, 17.9.2004

15 International Herald Tribune, 4.11.2004.

Bibliographische Hinweise

Eine Autobiographie wurde von seiner damaligen Wahlkampfberaterin Karen Hughes mitverfasst:
George W. Bush, A charge to keep, New York 1999.

Über George W. Bush informieren:
Arthur Frederick Ide, George W. Bush: Portrait of a compassionate conservative, Las Colinas, Tx 2000.

Petra Pinzler/Günther Wessel, George W. Bush – Wende in Amerika, Reinbek bei Hamburg 2001.
Roberto von Rimscha, Die Bushs: Weltmacht als Familienerbe, Frankf./M. 2004.
Peter Singer, Der Präsident des guten und des bösen. Die Ethik George W.Bushs, Erlangen 2004.
Herón Marquez, George W. Bush, Minneapolis 2002.
Principle or politics? The domestic policy of George W. Bushs presidency, hg. v. Richard Himelfarb/Rosanna Perotti, Westport, Conn. 2004.
Über den 11.9.2001 und seine Folgen:
Das Zeitalter des Terrors. Amerika und die Welt nach dem 11. September, hg. v. Strobe Talbot/Nayan Chanda, München/Berlin 2002.
Bob Woodward, Der Angriff. Plan of Attack, München 2004.
Richard A. Clarke, Against All Enemies: Der Insiderbericht über Amerikas Kampf gegen den Terror, Hamburg 2004.
Wesley Clark, Das andere Amerika. Jenseits von Kriegen und falschen Versprechungen, Düsseldorf 2004.
Über den Demokratischen Herausforderer John F. Kerry:
Wolfgang Koydl, John Kerry. Eine neue Politik der Weltmacht USA, Frankfurt/Main 2004.
Michael Kranish/Brian C. Mooney/Nina J. Easton, John F. Kerry: Der Herausforderer, Berlin 2004.
Douglas Brinkley, Tour of duty: John Kerry and the Vietnam War, New York 2004.
Zugespitzte Kritik bieten die Bücher und Filme von Michael Moore, wie:
Michael Moore, »Stupid White Men«. Eine Abrechnung mit dem Amerika unter George W. Bush, München 2002.

Begriffslexikon zur Geschichte der Präsidenten

Abolitionimus, Abolitionisten
Die Antisklavereibewegung, die sich seit 1830 im Norden neu organisierte und publizistisch verstärkt wirksam wurde, bzw. ihre Anhänger.

Abschiedsbotschaft, Farewell Address
Seit George Washington üblich gewordene Kongressrede, mit der ein aus dem Amt scheidender Präsident die Bilanz seiner Präsidentschaft zieht bzw. sein politisches Vermächtnis verkündet.

Alaska-Kauf
Die USA kauften 1867 Alaska von Russland für 7,2 Mill. $ und erwarben damit ein durch seine natürlichen Reichtümer und die strategische Lage äußerst wertvolles Territorium, in dem drei Jahrzehnte später reiche Goldfunde gemacht wurden.

Alien and Sedition Acts
Fremden- und Aufruhrgesetze von 1798, mit denen zur Zeit von Präsident John Adams eine konservative Abwehr der Einflüsse der Französischen Revolution verbunden war.

Alkoholverbot, Prohibition
Bundesweit mit dem 18. Verfassungszusatz 1919 verhängtes Verbot der Herstellung, des Handels und Verkaufs alkoholischer Getränke, galt von 1920 bis 1933.

Amendment, Verfassungszusatz
Artikel V der Verfassung der Vereinigten Staaten sieht deren Ergänzung durch Amendments, Zusatzartikel, vor, die von beiden Häusern des Kongresses mit Zweidrittelmehrheit verabschiedet und danach von drei Vierteln der Einzelstaaten ratifiziert werden müssen. Bisher wurden 26 Amendments ratifiziert und damit in Kraft gesetzt.

Amendment, 13.
Verbot der Sklaverei in den Vereinigten Staaten, 1865 ratifiziert.

Amendment, 14.
Alle in den Vereinigten Staaten geborenen oder naturalisierten Personen sind Bürger der USA und des Staates, in dem sie wohnen, und sie besitzen die bürgerlichen Rechte, ratifiziert 1868.

Amendment, 15.
Das Wahlrecht darf den Bürgern der USA nicht aus Gründen der Rasse, Hautfarbe oder früher bestehender Sklaverei entzogen werden, ratifiziert 1870.

Amendment, 16.
Der Kongress erhält das Recht zur Erhebung von Einkommensteuern, ratifiziert 1913.

Amendment, 17.
Bestimmte die Direktwahl der Senatoren (die zuvor von den einzelstaatlichen Legislativen gewählt worden waren), ratifiziert 1913.

Amendment, 18.
Verfügt das Alkoholverbot innerhalb der Vereinigten Staaten, ratifiziert 1919.

Amendment, 19.
Einführung des Frauenwahlrechts in den USA, ratifiziert 1920.

Amendment, 21.
Aufhebung des 18. Amendments, also des Alkoholverbotes, ratifiziert 1933.

Amendment, 22.
Beschränkt die Amtszeit des Präsidenten auf zwei Amtsperioden, ratifiziert 1951.

Amendment, 25.
Regelt die Nachfolge des Präsidenten und/oder des Vizepräsidenten im Falle seines Todes oder Ausscheidens aus dem Amt, ratifiziert 1967.

Amendment, 26.
Senkt das Mindestalter der Wähler von 21 auf 18 Jahre, ratifiziert 1971.
American Anti-Imperialtst League
1899 in Chicago gegründete Organisation, welche die Annexion der Philippinen durch die USA im Ergebnis des Krieges von 1898 entschieden verurteilte.
American Federation of Labor (AFL)
1886 gegründeter Dachverband der Facharbeitergewerkschaften in den Vereinigten Staaten, langjähriger Präsident war Samuel Gompers.
American Independent Party
Zu den Präsidentschaftswahlen von 1968 mit dem mehrmaligen Gouverneur von Alabama, George Wallace, als Präsidentenbewerber auftretende rechtspopulistische, rassistische dritte Partei.
American Party, »Know-Nothing« Party
Anfang der fünfziger Jahre des 19. Jahrhunderts auftretende nativistische, einwanderungsfeindliche und antikatholische dritte Partei.
»American System«
Von dem einflußreichen Wigh-Führer Henry Clay seit 1824 befürwortetes Programm einer Kombination von Schutzzöllen mit nationalen Verbesserungen im Straßen- und Kanalbau.
Amtsdauergesetz von 1867, Tenure of Office Act
Vom Kongress erlassenes Gesetz, das den Präsidenten verpflichtete, alle Amtsinhaber, für deren Ernennung die Zustimmung des Senats erforderlich gewesen war, gegebenenfalls auch nur mit Zustimmung des Senats zu entlassen. 1886 erreichte Cleveland die Aufhebung des Gesetzes.
Anti-Freimaurer-Partei, Anti-Masonic Party
Um 1830 in New York entstandener politischer Zusammenschluss von Gegnern der Freimaurerei und anderen Geheimgesellschaften. Die Anti-Freimaurer-Partei war die erste organisierte dritte Partei in den USA, sie zerfiel nach 1836 bzw. verschmolz mit der Whig Party.
Assistant District Attorney
Stellvertretender Distriktstaatsanwalt.
Assistant Secretary of the Navy
Stellvertretender Marineminister.
Ausschuss für Unamerikanische Tätigkeit, House Committee on Un-American Activities
1938 gebildeter Ausschuss des Repräsentantenhauses zur Untersuchung von faschistischen und kommunistischen Aktivitäten in den USA, wurde nach dem Zweiten Weltkrieg zu einem einflussreichen antikommunistischen Tribunal.
Bank der Vereinigten Staaten, Erste
1791 für 20 Jahre geschaffene Nationalbank in privatem Besitz, aber unter öffentlicher Kontrolle. Die Bundesregierung, die ein Fünftel des Aktienkapitals besaß, benutzte sie für Regierungsgeschäfte und als Staatsbank. 1811 wurde ihre Zulassung nicht verlängert.
Bank der Vereinigten Staaten, Zweite
1816 wurde – wiederum auf 20 Jahre und nach dem Vorbild der Ersten Bank der Vereinigten Staaten – die Zweite Bank der Vereinigten Staaten geschaffen. Gegen die Verlängerung ihrer Konzession legte Jackson 1832 sein Veto ein.
Bericht über die Lage der Nation, State oft the Union Message
Von der Verfassung geforderter Bericht des Präsidenten über den Zustand des Landes, wird seit 1790 jährlich dem Kongress übermittelt, ursprünglich im Dezember, seit 1934 im Januar, auch Jahresbotschaft (Annual Message) genannt.
»Bill of Rights«
Grundrechtskatalog, in der Verfassung durch die ersten zehn Amendments verankert, 1791 ratifiziert.

Black Hawk War
Vergeblicher Versuch der Sauk- und Fox-Indianer 1832, ihre früheren Gebiete in Wisconsin und Illinois zu behaupten. Im Ergebnis des Krieges wurden sie gezwungen, westlich des Mississippi zu siedeln.

Boston Massaker
Zusammenstoß zwischen Demonstranten und britischen Soldaten im März 1770 in Boston, bei dem drei Kolonisten getötet, zwei weitere lebensgefährlich verletzt wurden.

Brains Trust
Von Franklin D. Roosevelt in seiner Gouverneurszeit gebildeter Beraterstab von Professoren der Columbia und Harvard University, der von ihm 1932 noch erweitert wurde.

Bürgerkrieg der Vereinigten Staaten, Civil War, Sezessionskrieg (1861–1865)
Der verlustreichste Krieg in der Geschichte der USA, der aus den unüberbrückbaren Gegensätzen zwischen dem freien Norden und dem sklavenhaltenden Süden erwuchs, in militärgeschichtlicher Hinsicht einer der ersten modernen Kriege in der Mitte des 19. Jahrhunderts.

Bürgerrechtsgesetz von 1964, Civil Rights Act
Das wichtige Gesetz sollte helfen, die Rassentrennung und -diskriminierung »an der Wahlurne, in den Klassenzimmern und in den Fabriken sowie in Hotels, Restaurants, Lichtspieltheatern und an anderen Plätzen, die der Öffentlichkeit zur Verfügung stehen«, zu überwinden.

Busing
Von der Bundesregierung geforderte Maßnahme, um durch den Bustransport schwarzer Schüler in benachbarte weiße Schulen bzw. umgekehrt die Folgen der Rassentrennung im Schulwesen zu überwinden.

Camp David
Der auf Franklin D. Roosevelts Präsidentschaft zurückgehende Landsitz des amerikanischen Präsidenten in Maryland.

Carpetbagger
Bezeichnung für diejenigen Nordstaatler, die nach dem Bürgerkrieg aus unterschiedlichen Motiven in den Süden kamen, um dort bei der Rekonstruktion mitzuwirken. Carpetbag ist die Reisetasche, mit der sie im Süden eintrafen.

Central Intelligence Agency (CIA)
Der 1947 geschaffene Geheimdienst der Vereinigten Staaten. Vorgänger war das 1942 eingerichtete Office of Strategie Services (OSS).

»checks and balances«
Kontroll- und Ausgleichsmechanismus in der Verfassung der USA zum Zweck der Sicherung der Gewaltentrennung und eines annähernden Gleichgewichts der Macht von Präsident, Kongress und Oberstem Gericht.

Chief Justice, Chefrichter
Der Supreme Court, das Oberste Gericht, bestehend aus dem Chief Justice der Vereinigten Staaten und acht Associate Justices, die alle durch den Präsidenten – mit Zustimmung des Senats – berufen werden.

Civil Service Reform, Reform des öffentlichen Dienstes
Bemühungen um eine Reform des öffentlichen Dienstes im Verantwortungsbereich der Bundesregierung nahmen besonders nach dem Bürgerkrieg zu und führten mit dem Pendleton Civil Service Act 1883 zu einem Ergebnis, u. a. wurde eine Civil Service Commission eingerichtet, die für eine Besetzung der Stellen im öffentlichen Dienst nach Verdienst, nicht lediglich nach Parteizugehörigkeit sorgen sollte.

Comptroller des Staates New York
Beamter der Staatsregierung, der die Ausgaben des Staates kontrolliert oder überprüft, ein Rechnungsprüfer.

Congressional Reconstruction, Kongress-Rekonstruktion
Nach dem Bürgerkrieg einsetzende entschiedene Durchsetzung der Rekonstruktion des Südens, insbesondere des Wahlrechtes der ehemaligen schwarzen Sklaven, gestützt auf die Mehrheit der radikalen Republikaner (Thaddeus Stevens, Charles Sumner) im Kongress.

Constitutional Union Party von 1860
Die Partei entstand im Wahlkampf von 1860 aus ehemaligen Whigs, die nicht bereit waren, sich der Republikanischen Partei anzuschließen, und aus Resten der »Know-Nothing« Party. Sie stellte die Erhaltung der Union in den Vordergrund des Wahlkampfes. Ihr Kandidat John Bell war in Kentucky, Tennessee und Virginia erfolgreich.

»dark horse«
Bezeichnung für einen Verlegenheits- bzw. Kompromisskandidaten in solchen Fällen der Nominierung des Präsidentschaftskandidaten, in denen die Spitzenbewerber der Partei nicht die erforderliche Mehrheit der Stimmen auf dem Nominierungskonvent erreichen. Der erste erfolgreiche »dark horse«-Kandidat war 1844 der Demokrat James Polk.

Demokraten-Republikaner, Democratic-Republicans
Die Partei Jeffersons, die in der Diskussion über die Ratifizierung der Verfassung von 1787 und in der Regierungszeit Washingtons entstand und für Demokratie, Vermögensstreuung und die Rechte der Einzelstaaten eintrat. Sie bestand bis 1824.

Demokratische Partei, Democratic Party
Sie entstand zwischen 1824 und 1828 aus der Verbindung von Gegnern der Nationalen Republikaner, die sich den Namen Demokratische Republikaner gaben, und war zunächst eine Koalition der Anhänger Andrew Jacksons bzw. der Gegner von John Q. Adams mit Schwerpunkt im agrarischen Westen und Süden, aber auch in New York. Unter den sich seitdem verändernden Bedingungen entwickelten sich die Demokraten zu einer der beiden Hauptparteien des amerikanischen Zweiparteiensystems.

District of Columbia, D.C.
Das Gebiet, das als Sitz der Bundeshauptstadt bestimmt war, wurde nach längerer Diskussion 1790 von Washington ausgewählt und von der Bundesregierung erworben. 1793 legte Washington den Grundstein zum Kapital. 1800 verlegte Präsident John Adams die Regierungsgeschäfte von Philadelphia, der zeitweiligen Hauptstadt, nach Washington, D. C., und bezog das Weiße Haus, damals noch Executive Mansion genannt.

Dred Scott vs. Sandford
Grundsatzentscheidung des Obersten Gerichts von 1857 im Rechtsstreit des Sklaven Dred Scott zugunsten der Eigentumsrechte der Sklavenbesitzer des Südens.

Equal Rights Amendment
1972 im Kongress eingebrachter Verfassungszusatz über die Gleichberechtigung der Frau, scheiterte, da er knapp die für die Ratifizierung erforderliche Zustimmung durch 38 der 50 Staaten verfehlte.

»Era of Good Feelings«, »Ära des guten Einvernehmens«
Nach dem Verschwinden der Föderalisten als Partei bestand zwischen 1817 und 1824 kein nationales Zweiparteiensystem, der Begriff wurde 1817 vom Bostoner »Columbian Centinel« geprägt.

»Fair Deal«
Von Truman 1949 eingeführtes Schlagwort zur Bezeichnung seiner Reformpolitik (Wohnungsbau, Slumsanierung, Erhöhung der Mindestlohne, Erweiterung der sozialen Sicherheit).

Federal Hall
Gebäude in New York, in dem Washington als Präsident vereidigt wurde.

Federalist Papers, The Federalist
Von Hamilton, Madison und John Jay 1787/88 verfasste Artikel zur Verteidigung der Verfassung von 1787, zur Erläuterung ihrer republikanischen Grundsätze und zur Begründung der Notwendigkeit einer starken Regierung.

Federal Reserve Act, Federal Reserve System
1913 von Wilson veranlasste Bankreform, mit der ein von der Regierung kontrolliertes, dezentralisiertes System von Bundesreservebanken geschaffen wurde.

Federal Trade Commission, Bundeshandelskommission
1914 im Rahmen der Anti-Trust-Politik Wilsons geschaffene Bundesbehörde zur Untersuchung der Tätigkeit der Korporationen und zur Verhinderung unlauterer Geschäftspraktiken.

Fenier
Irischer revolutionärer Geheimbund, 1857 gegründet. Der Schwerpunkt seiner gegen die britische Herrschaft in Irland gerichteten Aktivität lag in den Vereinigten Staaten.

Föderalisten, Federalists
Ursprünglich die Befürworter der Verfassung von 1787, dann Parteiname der Protagonisten einer starken Bundesregierung (Hamilton, Adams, Jay) und einer aktiven Wirtschaftspolitik zugunsten von Manufakturen, Handel, Bankwesen. Die Föderalisten verschwanden als Partei nach 1815.

Food Administration
Nach dem Kriegseintritt der USA in den Ersten Weltkrieg 1917 geschaffene Behörde, die für eine kriegsbedingte Steigerung der Produktion von Nahrungsmitteln sorgen und deren Verschwendung unterbinden sollte.

Frauenwahlrecht
In den USA wurde das Frauenwahlrecht zunächst in zahlreichen Einzelstaaten eingeführt, beginnend 1890 mit Wyoming (im Territorium Wyoming bestand das Frauenwahlrecht seit 1870), bundesweit eingeführt wurde es 1920 mit dem 19. Amendment.

Free Soil Party
1848 gebildete dritte Partei, die eine Ausdehnung der Sklaverei in die neuen Territorien hinein bekämpfte, freie Heimstätten (homesteads) für weiße Siedler verlangte und für den Fluss- und Hafenausbau eintrat. Ihre Losung hieß »Free soil, free speech, free labor, and free men«.

Freiheitsstatue, Statue of Liberty (New York)
Geschenk Frankreichs an die Vereinigten Staaten. 1886 wurde die von Frederic Bartholdi geschaffene Statue auf Bedloe's Island (seit 1956: Liberty Island) durch Cleveland eingeweiht.

French and Indian War (1754–1763)
Der parallel zum in Europa geführten Siebenjährigen Krieg in Nordamerika stattfindende Krieg zwischen Großbritannien und Frankreich, an dessen Seite später auch Spanien stand. Der Krieg wurde mit dem Frieden von Paris (1763) beendet, Frankreich verlor Kanada an Großbritannien.

Frieden von Gent (1814)
Der Frieden beendete den Krieg von 1812 zwischen den Vereinigten Staaten und Großbritannien, er bestätigte den territorialen Status quo ante, ließ aber die strittigen maritimen Fragen und andere Streitpunkte zwischen den beiden Ländern ungeregelt.

Frieden von Guadalupe Hidalgo (1848)
Beendete den Krieg gegen Mexiko (1846–1848), das auf alle Ansprüche auf Texas verzichtete und New Mexico und California an die USA abtrat.

Frieden von Portsmouth, New Hampshire (1905)
Auf Vermittlung von T. Roosevelt beendete er den Russisch-Japanischen Krieg von 1904/05. Russland trat Japan u. a. den Flottenstützpunkt Port Arthur (Mandschurei) und Südsachalin ab.

Frontier
Siedlungsgrenze zwischen dem von weißen Amerikanern besiedelten Gebiet und dem Indianerland, der Zensus von 1890 stellte das Verschwinden der Siedlungsgrenze fest.

»front porch campaign«
»Gartenzaun«-Wahlkampf, im 19. Jahrhundert verbreitete Form des Wahlkampfes, der vom Wohnort des Kandidaten aus geführt wurde.

Fugitive Slave Act, Gesetz über flüchtige Sklaven
Das Gesetz von 1850 bekräftigte und verschärfte die Bestimmungen des entsprechenden Gesetzes von 1793 zu ungunsten flüchtiger Sklaven und verpflichtete die Bundesregierung, flüchtige Sklaven ihren Herren zu übergeben.

Gadsden Purchase, Gadsden-Kauf
1853 kauften die USA von Mexiko einen Gebietsstreifen von 29.640 Quadratmeilen, der heute den südlichen Teil von Arizona und New Mexico bildet.

Galphin Claim
Lange zurückreichende finanzielle Ansprüche der aus Georgia stammenden Familie Galphin gegenüber der Bundesregierung, deren Erfüllung durch den Finanzminister im Jahr 1850 stark umstritten war.

Gefechte bei Lexington, Concord und Bunker Hill
Mit diesen Gefechten in der Nähe von Boston begann im April bzw. Juni 1775 der Nordamerikanische Unabhängigkeitskrieg.

Generalpostmeister, Postmaster General
Das Amt wurde 1789 geschaffen. Der Generalpostmeister war von 1829 bis zur Reorganisation des U. S. Postal Service 1970 ein Mitglied des Kabinetts.

Generalstaatsanwalt, Attorney General
Bezeichnung des Justizministers, das Amt wurde 1789 geschaffen. Das Department of Justice wurde 1870 eingerichtet.

Great Depression
Bezeichnung der Wirtschaftskrise von 1929 bis 1932/33 in den Vereinigten Staaten, der schwersten Wirtschaftskrise in der Geschichte des Landes.

Greenbacks
Das während des Bürgerkrieges von der Union eingeführte Papiergeld. Die Banknoten wurden wegen der grünen Farbe ihrer Rückseite Greenbacks genannt.

Große Gesellschaft, Great Society
Die von Präsident Lyndon Johnson 1964 gewählte Bezeichnung für das Reformprogramm seiner Regierung, mit dem ein Ende der Armut und rassischen Ungerechtigkeit in den USA erreicht werden sollte.

»Half Breeds«
Eigentlich Bezeichnung für Mischlinge, während der Administration von Hayes und Garfield abfällig gemeinte Bezeichnung des liberalen Flügels der Republikaner, der für eine moderate Politik gegenüber dem Süden und für eine »civil service«-Reform eintrat.

»hard money«, »sound money«
Insbesondere nach dem Bürgerkrieg mit seiner im großen Stil betriebenen Ausgabe von Papiergeld erhobene Forderung nach Wiederherstellung einer harten und gesunden, auf der Goldeinlösepflicht für Papiergeld beruhenden Währung.

Haydoktrin
Die von Außenminister Hay 1899 in einer Note an die anderen Mächte geforderte »Politik der offenen Tür« (open door policy) gegenüber China. Sie verlangte den freien Zugang für amerikanische Waren auf den chinesischen Markt.

Homestead Bill, Homestead Act
Landverteilungsgesetz im Interesse der Siedler und Farmer, wurde im Bürgerkrieg 1862 von Lincoln unterzeichnet, sicherte jedem verheirateten, über 21 Jahre alten Bürger 160 Acre Land aus öffentlichem Besitz zu günstigen Bedingungen zu (1 Acre = 40,467 Ar).

Hoover-Stimson-Doktrin, Stimsondoktrin
Erklärung der Vereinigten Staaten von 1932 anlässlich der japanischen Okkupation der Mandschurei (Nordostchina), nach der die USA Abmachungen, die im Widerspruch zum Briand-Kellogg-Pakt von 1928, d. h. durch militärische Gewalt zustande gekommen waren, nicht anerkennen würden.

Impeachment-Verfahren, Amtsenthebungsverfahren
Von der Verfassung vorgesehenes Verfahren, mit dem der Kongress im Fall von Hochverrat, Bestechung oder anderer schwerer Verbrechen und Vergehen den Präsidenten, Vizepräsidenten oder die Zivilbeamten anklagen und absetzen kann.

Impressment
In der Zeit der Kriege zwischen 1793 und 1815 betrieb England systematisch die zwangsweise Verpflichtung amerikanischer Seeleute zum Dienst auf britischen Kriegsschiffen.

Inauguraladresse, Antrittsbotschaft
Seit der Amtseinführung Washingtons am 30. April 1789 übliche Botschaft des Präsidenten anlässlich der Übernahme der Präsidentschaft, seine Regierungserklärung.

Indian Territory
Ein im Zusammenhang mit den Umsiedlungen um 1830 festgelegtes Gebiet westlich des Mississippi, zu dem das heutige Oklahoma gehört. Dorthin wurden die im Osten wohnenden Stämme der Indianer umgesiedelt. Das Gebiet wurde mehrfach verkleinert, 1889 zur Besiedlung durch Weiße Amerikaner freigegeben und 1907 dem Bundesstaat Oklahoma angegliedert.

Injunction
Gerichtliche Verfügung.

Internal improvements, interne Verbesserungen
Hauptsächlich in der ersten Hälfte des 19. Jahrhunderts gebräuchlicher Terminus zur Bezeichnung von mit Bundesmitteln finanzierten Verbesserungen im Straßenbau, Kanalbau, Hafenausbau usw.

Interregnum
Beim Wechsel im Präsidentenamt – insbesondere durch Präsidenten verschiedener Parteien – auftretender Zeitraum zwischen Wahl (Anfang November) und Amtsantritt (ursprünglich am 4. März, seit 1937 am 20. Januar, Neuregelung durch das 20. Amendment, ratifiziert 1933).

Interstate Commerce Commission
Die 1887 eingerichtete erste wirtschaftsregulierende Behörde der Bundesregierung, zuständig für den zwischenstaatlichen Handel (inkl. Eisenbahnen) innerhalb der Vereinigten Staaten.

Iran-Contra-Affäre
Während der zweiten Amtszeit Reagans insgeheim getätigter Waffenverkauf an den Iran, dessen Erlös zur Unterstützung der Contras in Nicaragua diente. Die Affäre wurde 1987 durch einen Kongress-Untersuchungsausschuss in öffentlichen Anhörungen aufgedeckt.

Isolationismus
Auf Washington und Jefferson zurückgehende außenpolitische Tradition der Nichtbeteiligung der Vereinigten Staaten an militärischen Bündnissen und des Heraushaltens aus europäischen Konflikten. Zuletzt noch einmal in der Zeit zwischen dem Ersten und Zweiten Weltkrieg wirksam.

Joint resolution
Gemeinsame Resolution beider Häuser des Kongresses. Sie erhält nach Zustimmung durch den Präsidenten den vollen Charakter von Gesetzen, eigentlich für weniger relevante Zwecke vorgesehen.

Kamingespräch, Fireside Chat
Von Franklin D. Roosevelt im März 1933 eingeführte regelmäßige Rundfunksendung zur Erläuterung seiner Politik im Plauderton.

»Kampf gegen die Armut«, »War on Poverty«
Von Präsident Lyndon Johnson 1964 eingeleitete Reformpolitik zur Bekämpfung der Arbeitslosigkeit, Unterstützung der sozial schwachen Schichten, Förderung chronischer Notstandsgebiete usw.

Kansas-Nebraska-Act
1854 verabschiedetes Gesetz, das im Widerspruch zum Missouri-Kompromiss von 1820 die Zulassung der Sklaverei in den Territorien Kansas und Nebraska ermöglichen sollte, falls sich die Mehrheit der Siedler in diesen Territorien dafür aussprach (»squatter« oder »popular sovereignty«).

Kitchen Cabinet, Küchenkabinett
Bezeichnung für eine von Präsident Andrew Jackson 1829 anstelle der üblichen regulären Kabinettssitzungen geschaffene Nebenregierung aus vertrauten Beratern und Freunden.

Kompromiß von 1850, Compromise of 1850
Von Henry Clay eingebrachtes Gesetzespaket, mit dem zum letzten Mal vor dem Bürgerkrieg versucht wurde, die Gegensätze in der Sklavereifrage durch einen Kompromiss zu entschärfen. Nach einer Grundsatzdebatte (»Great Debate«) im September 1850 vom Kongress verabschiedet.

Konföderation, Konföderierte Staaten
Nach der Wahl Lincolns traten seit Dezember 1860 South Carolina und weitere fünf Südstaaten aus der Union aus, bildeten im Februar die Confederate States of America, verabschiedeten eine neue Verfassung, die die Sklaverei schützte, und wählten Jefferson Davis, den früheren Senator von Mississippi, zum Präsidenten. Der Konföderation gehörten schließlich elf Südstaaten an (South Carolina, Alabama, Florida, Georgia, Louisiana, Mississippi, Texas, Virginia, Arkansas, North Carolina, Tennessee).

Konföderationsartikel, Articles of Confederation
Die vom Kontinentalkongress 1777 verabschiedete, 1781 ratifizierte erste Verfassung der Vereinigten Staaten mit schwacher Exekutive und ausgeprägten Rechten der 13 Einzelstaaten.

Konstruktionist
Vertreter einer Auffassung von den Rechten und Befugnissen des Präsidenten, die sich strikt an die Einhaltung und enge Auslegung der Bestimmungen der Verfassung hält.

Kontinentalarmee, Continental Army
Die vom Kontinentalkongress 1775 aufgestellte erste Armee der Vereinigten Staaten mit George Washington als Oberbefehlshaber.

Kontinentalkongress, Erster, First Continental Congress
Der erste Kongress der 13 britischen Kolonien in Nordamerika (mit Ausnahme Georgias) kam im September/Oktober 1775 in Philadelphia zusammen, um Maßnahmen des Widerstands gegen die britische Krone zu beraten.

Kontinentalkongress, Zweiter, Second Continental Congress
Der zweite Kontinentalkongress aus Delegierten aller 13 Kolonien trat im Mai 1775 in Philadelphia zusammen, er verkündete am 4. Juli 1776 die Unabhängigkeit der USA, er war das Parlament der amerikanischen Revolution, seit 1781 lautet seine Bezeichnung dann »The United States in Congress Assembled«.

Kyoto-Protokoll
Das Kyoto-Protokoll wurde 1997 von der 3. Vertragsstaatenkonferenz der Klimarahmenkonvention angenommen, es tritt 2004 nach der Ratifizierung durch Russland in Kraft. Das Abkommen sieht die Begrenzung der Emission von Treibhausgasen seitens der Industrieländer für den Zeitraum von 2008 bis 2012 um mindestens 5 % unter das Niveau von 1990 vor.

La Follette-Koalition von 1924
Die »Conference for Progressive Political Action« nominierte in den Wahlen von 1924 den Senator von Wisconsin, Robert La Follette, mit einem entschiedenen Reformprogramm als unabhängigen dritten Präsidentschaftskandidaten. Die Wahlkoalition wurde von Gewerkschaften, Farmerorganisationen, der Socialist Party, Frauen- und Bürgerrechtsorganisationen unterstützt.

League to Enforce Peace
1915 in Philadelphia gegründete Organisation, die sich für die Schaffung einer internationalen Friedensliga unter Einschluss der Vereinigten Staaten aussprach.

Lecompton-Verfassung
1857 im Kansas-Territorium verabschiedete sklavereifreundliche Verfassung, die für Kansas nach einer Volksabstimmung über zwei Textfassungen zumindest die Respektierung der dort inzwischen bereits bestehenden Sklavenverhältnisse festschreiben wollte.

Letter of Acceptance
Das im Laufe des 19. Jahrhunderts üblich werdende Schreiben des nominierten Präsidentschaftskandidaten an den Nationalkonvent seiner Partei, mit der er die Nominierung annahm. Die erste Rede, mit der die Nominierung akzeptiert wurde (speech of acceptance), hielt 1932 Franklin D. Roosevelt auf dem Nationalkonvent der Demokraten in Chicago.

Liberal-Republikaner, Liberal Republicans
Im Wahlkampf von 1872 gegen die neuerliche Nominierung Grants durch die Republikanische Partei gebildete Partei, die mit Horace Greeley einen eigenen Präsidentschaftskandidaten aufstellte. Greeley trat gegen die radikale Rekonstruktion des Südens, für eine »civil service«-Reform und für Schutzzölle ein, seine Kandidatur wurde auch von der Demokratischen Partei unterstützt.

Lusitania-Krise
Bei der Versenkung des britischen Dampfers Lusitania im Mai 1915 durch ein deutsches U-Boot vor der irischen Küste starben auch 128 amerikanische Passagiere. Dies löste eine Krise in den deutsch-amerikanischen Beziehungen aus.

»Manifest Destiny«
Von dem Zeitschriftenherausgeber John L. O'Sullivan 1845 geprägter Begriff, nach dem es die »manifeste Bestimmung« der Amerikaner sei, sich über den ganzen Kontinent zu verbreiten. Das Schlagwort wurde zum Glaubenssatz der Expansionisten in jener Zeit.

Marbury vs. Madison
Grundsatzentscheidung des Obersten Gerichts unter Chefrichter John Marshall von 1803, mit der von diesem Gericht das Recht beansprucht wurde, Bundesgesetze, die gegen die Verfassung verstießen, für verfassungswidrig zu erklären und damit aufzuheben.

Markt-Revolution, Market Revolution
Die Entstehung eines nationalen Markts in den USA für Waren, Kapital und Arbeitskräfte zwischen 1815 und 1850 bildete den Kern der »Market Revolution«, die auf der Grundlage der wirtschaftlichen und sozialen Veränderungen im Zeitalter der »Industriellen Revolution« erfolgte.

McCarthyismus
Nach ihrem Urheber, dem republikanischen Senator von Wisconsin Joseph McCarthy, benannte antikommunistische Hexenjagd in den Vereinigten Staaten, die ihren Höhepunkt in der ersten Hälfte der fünfziger Jahre des 20. Jahrhunderts erreichte.

Medicare
Von Präsident Lyndon Johnson 1965 eingeführte staatliche Gesundheitsfürsorge für alte Menschen.

Missouri-Kompromiss von 1820, Kompromiss von 1820
Anlässlich der bevorstehenden Aufnahme von Missouri in die Union vom Kongress getroffener Kompromiss, um im Senat das Gleichgewicht zwischen den Staaten, in denen

die Sklaverei verboten bzw. erlaubt war, zu erhalten. Maine wurde als sklavenfreier Staat, Missouri als Staat, in dem die Sklaverei erlaubt war, in die Union aufgenommen. Künftig war die Sklaverei in den noch verbliebenen Gebieten aus dem Louisiana Kauf nördlich der Breite von 36° 30' verboten.

Mittelbewilligungsausschuss, House Ways and Means Committee
Seit 1795 bestehender Ausschuss des Repräsentantenhauses, der für finanzielle Angelegenheiten zuständig ist, darunter für den Zolltarif und die Steuergesetzgebung.

Monroedoktrin
Von Präsident Monroe 1823 verkündete Haltung der USA gegenüber Lateinamerika und möglicher europäischer Einmischung bzw. neuerlicher Kolonisation in Amerika. Als Monroedoktrin dienten ihre Grundsätze seit der Mitte des 19. Jahrhunderts zur Begründung der amerikanischen Vorherrschaft in Lateinamerika und später auch zur Rechtfertigung von amerikanischen Interventionen.

Muckraker, Schmutzaufwühler
Von Theodore Roosevelt 1906 benutztes Schimpfwort der Kritik an dem sozialkritischen Enthüllungsjournalismus jener Zeit, der sich gegen Korruption, illegale Praktiken der Trusts, unmenschliche Arbeits- bzw. Lebensbedingungen in den Großstädten richtete.

Muscle Shoals
Im Ersten Weltkrieg mit staatlichen Mitteln am Tennessee gebaute, aber noch unfertige Wasserkraftanlagen, um deren Zukunft in den zwanziger Jahren ein politischer Streit geführt wurde. Das Projekt wurde seit 1933 mit dem Tennessee Valley Authority Act ausgebaut und mit Bundesmitteln realisiert.

Nationale Demokraten von 1860, National Democrats
Als zu den Wahlen von 1860 die Demokratische Partei den gemäßigten Senator Stephen A. Douglas nominierte, stellten die sich nun Nationale Demokraten nennenden extremistischen Südstaaten-Demokraten den Vizepräsidenten unter Buchanan, John C. Breckinridge, als ihren Kandidaten auf.

Nationale Republikaner von 1828, National Republicans
Der liberale Flügel der Demokraten-Republikaner Jeffersons nominierte zu den Wahlen von 1828 John Q. Adams als seinen Kandidaten, er vertrat anders als sein Gegenspieler Jackson eher die industriellen und finanziellen Interessen vor allem in den Neuengland-Staaten.

National Security Council, Nationaler Sicherheitsrat
Von Truman 1947 geschaffener außenpolitischer Planungs- und Krisenstab, ihm gehören u. a. an: Präsident, Vizepräsident, Außenminister, Verteidigungsminister, Direktor des Office of Emergency Planning, Berater des Präsidenten für nationale Sicherheit.

National War Labor Board
Von Wilson 1918 geschaffene staatliche Schlichtungsbehörde für die Beilegung von Arbeitskämpfen.

National Youth Administration
Von Franklin D. Roosevelt im Rahmen des New Deal 1935 ins Leben gerufene Bundesbehörde, deren Aufgaben u. a. in der Forderung von Jugendprojekten, von Ausbildungshilfen und in der Unterstützung von Jugendlichen in der Zeit zwischen Schule und Beruf lagen.

Naval Academy, Annapolis, Maryland
Die Flottenakademie der Vereinigten Staaten wurde 1845 in Annapolis, Maryland, gegründet. Seit 1850 heißt sie U. S. Naval Academy.

New Deal
Roosevelt kündigte im Wahlkampf von 1932 einen »new deal for the American people« an. Der Begriff wurde dann zum Synonym für die Wirtschafts- und Sozialreform zwischen 1933 und 1939.

New Freedom

Wilson gebrauchte dieses Schlagwort im Wahlkampf von 1912 zur Kennzeichnung seiner innenpolitischen Reformabsichten.

New Frontier

Der Begriff wurde von Kennedy im Wahlkampf von 1960 eingeführt. Er verstand darunter die Herausforderungen und Probleme seiner Zeit, an deren Lösung man mit einem neuen Pioniergeist herangehen müsse.

Nominierungskonvent, Nationalkonvent

Die Parteien begannen seit 1832 ihre Kandidaten für die Präsidentschaft bzw. Vizepräsidentschaft auf Nominierungskonventen aufzustellen. Bis dahin waren die Kandidaten von den Parteien in einer internen, nicht öffentlichen Entscheidung eines Wahlgremiums (caucus) bestimmt worden.

Nordwest-Territorium

Die Verwaltung des Nordwest-Territoriums, des »Territory Northwest of the River Ohio«, und der Modus der künftigen Aufnahme von drei bis fünf daraus zu bildenden Staaten in die Union wurde mit der Northwest Ordinance vom 13. Juli 1787 durch den Kongress geregelt.

Nullifikation, Nullifikationskrise

Der Widerspruch South Carolinas gegen den Zolltarif von 1828 gipfelte 1832 in der Nichtigkeitserklärung (Ordinance of Nullification) der Bundeszollgesetze von 1828 und 1832 durch die Legislative von South Carolina. Der Anspruch eines Einzelstaats, Bundesgesetze für den eigenen Zuständigkeitsbereich außer Kraft setzen zu können, führte zur Nullifikationskrise.

Open Door Policy, Politik der »offenen Tür«

Seit der Haydoktrin von 1899 aufkommende Bezeichnung für das Interesse der USA am freien Zugang amerikanischer Waren zum chinesischen und zu anderen überseeischen Märkten.

Oregon-Vertrag von 1846

Der Vertrag zwischen den Vereinigten Staaten und Großbritannien regelte die strittigen beiderseitigen Ansprüche auf das Oregon-Gebiet und bestimmte dort den 49. Breitengrad als Grenze zwischen dem amerikanischen und britischen Teil von Oregon.

Ostende-Manifest, Ostend Manifesto

Das 1854 von drei amerikanischen Diplomaten in Ostende, Belgien, verfasste, ursprünglich interne Manifest löste nach seiner Veröffentlichung wegen der ungeschminkten Forderung nach einer gegebenenfalls auch gewaltsamen Annexion des spanischen Kuba heftige Proteste insbesondere im Norden der Vereinigten Staaten aus.

Palmer Raid's

Die von Wilsons Justizminister Palmer 1919/20 in den USA veranlassten Razzien, Verhaftungen und Deportationen, die sich gegen Kommunisten, Anarchisten und andere Radikale richteten und ein Klima antikommunistischer Hexenjagd (»Red Scare«) schufen.

Panama-Kongress von 1826

Konferenz eines Teils der unabhängigen, ehemals spanischen Länder Lateinamerikas zur Diskussion eines Bündnisses gegen künftige Kolonisierungsbestrebungen. Die von Präsident John Q. Adams vorgesehene Teilnahme der USA kam nicht zustande.

Panamerikanismus

Pläne zur Zusammenarbeit der USA mit den lateinamerikanischen Staaten führten 1889/90 zur ersten Interamerikanischen Konferenz in Washington und zur Einsetzung eines Internationalen Büros der Amerikanischen Republiken, aus dem sich seit 1910 die Panamerikanische Union entwickelte.

Philippinen-Kommission

Nach der Annexion der Philippinen im Ergebnis des Spanisch-Amerikanischen Krieges von 1898 wurde 1899 die »Philippine Commission« als legislativer Körper auf den Philippinen eingerichtet.

Platt-Amendment von 1901
Mit diesem Amendment zum »Army Appropriations Act« beanspruchten die Vereinigten Staaten ein Interventionsrecht in Kuba. 1934 verzichteten die USA auf das Platt-Amendment.

Pocket Veto
Möglichkeit für den Präsidenten, ein Gesetz auch ohne förmliches Veto zu Fall zu bringen, indem er es nach seiner Verabschiedung durch den Kongress bis zu dessen Vertagung unbeachtet liegen lässt. In diesem Fall verhindert er ebenfalls das Inkrafttreten des Gesetzes. Erstmals wurde dieses Veto-Verfahren durch Madison angewandt.

Populismus der achtziger und neunziger Jahre des 19. Jahrhunderts
Insbesondere im Mittleren Westen zeitweilig erfolgreiche Bündelung von Farmer- und Arbeiterforderungen, führte 1892 zur Gründung der Populist oder People's Party, die als dritte Partei zu den Präsidentschaftswahlen mit einem Reformprogramm auftrat. 1896 unterstützten die Populisten den Kandidaten der Demokraten William J. Bryan.

Presidential Libraries
Die erste derartige Bibliothek ist die Franklin D. Roosevelt Library in Hyde Park, New York. Sie wurde 1940 durch Roosevelt eingeweiht Die Presidential Libraries sind Archive (Präsidentennachlass, -papiere usw.), Bibliothek und Museum. Inzwischen gibt es derartige Libraries für alle Präsidenten von Herbert Hoover bis Bill Clinton.

Progressive Era
In der historischen Forschung übliche Bezeichnung für den Reformzeitraum zwischen 1901 und 1917, der durch den Einfluss einer breiten und gefächerten, insbesondere mittelständischen Reformbewegung (Progressive Movement) mitgeprägt wurde.

Progressive Party von 1912
Als die Republikanische Partei zu den Wahlen von 1912 wiederum Präsident Taft nominierte, bildeten Reformrepublikaner die Progressive Party (»Bull Moose« Party), stellten Theodore Roosevelt als ihren Präsidentenbewerber auf und sprachen sich für politische und soziale Reformen aus.

Progressive Party von 1948
Zu den Wahlen von 1948 formierten linke Kritiker der Politik Trumans innerhalb der Demokratischen Partei die Progressive Party, stellten den früheren Vizepräsidenten Henry A. Wallace als Präsidentschaftskandidaten auf und traten für Verhandlungen mit der UdSSR ein, die den kalten Krieg beenden sollten. Die Partei wurde von der Kommunistischen Partei der USA unterstützt.

Prosperity der zwanziger Jahre
Zwischen 1922 und 1929 erlebten die USA ein auffallendes Wirtschaftswachstum, getragen auch von neuen Entwicklungen in der Massenkonsumindustrie (Auto, Radio, Haushaltsgeräte) In Europa sprach man nun vom »Amerikanischen Wirtschaftswunder« (Julius Hirsch). Die dramatische Konjunktur endete im Oktober 1929 mit dem Beginn der »Great Depression«.

Radikale Republikaner
Der radikale Flügel der Republikanischen Partei nach dem Bürgerkrieg, der, geführt von Thaddeus Stevens und Charles Sumner, die Rekonstruktionsperiode zur Zerstörung der alten sozialen und politischen Strukturen im Süden nutzen und mit aller Entschiedenheit die Wahl- und Bürgerrechte der befreiten schwarzen Sklaven durchsetzen wollte.

Rekonstruktion, Reconstruction
Nach dem Bürgerkrieg beginnende Periode der Wiedereingliederung der elf ehemaligen Sezessionsstaaten des Südens in die Union und der Umgestaltung ihrer Verfassung im Sinne des 14. und 15. Verfassungszusatzes. Ohne letzteres dauerhaft zu sichern, endete die Rekonstruktion des Südens 1877 mit dem Abzug der letzten Bundestruppen.

Republikanische Partei, Republican Party
Die Republikanische Partei entstand 1854 – ausgelöst durch die Opposition zum Kansas-Nebraska-Act – durch den Zusammenschluss von Sklavereigegnern der Whigs, Free Soll Party und der Demokraten. Ihre Forderungen richteten sich zunächst auf die Aufhebung des Kansas-Nebraska-Acts und des Fugitive Slave Acts sowie auf ein Verbot der Sklaverei im District of Columbia. Der Schwerpunkt der Partei lag im Norden und Westen. In der Folgezeit entwickelte sich die Partei Lincolns nach der Demokratischen Partei zur zweiten Hauptpartei in den Vereinigten Staaten.

Roosevelt Corollary
In diesem Zusatz zur Monroedoktrin verkündete Präsident T. Roosevelt 1904 den Anspruch der Vereinigten Staaten auf ein Interventionsrecht in der westlichen Hemisphäre (Amerika) und auf die Ausübung einer internationalen Polizeigewalt auf dem Kontinent.

Rough Riders
1898 anlässlich des spanisch-amerikanischen Krieges gebildetes Freiwilligen-Kavallerieregiment, First U. S. Volunteer Cavalry Regiment, das in Kuba zum Einsatz kam.

Running mate
Seit 1824 wurde es üblich, Präsidentschafts- und Vizepräsidentschaftskandidat einer Partei paarweise zu nominieren. Running mate wurde nun zur Bezeichnung für den Vizepräsidentschaftsbewerber, der den Wahlkampf an der Seite des Präsidentschaftsbewerbers führte.

Secretary of Defense
Verteidigungsminister, das Amt wurde 1947 geschaffen.

Secretary of State
Außenminister.

Secretary of the Treasury
Finanzminister.

Secretary of War
Kriegsminister (1789–1947). Mit der Schaffung des Department of Defense wurde 1947 das War Department in Department of the Army umgewandelt und Bestandteil des Department of Defense.

Segregation
Rassentrennung. Mit dem Ende der Rekonstruktionsperiode setzten sich seit 1877 im Süden die Rassentrennung von Schwarzen und Weißen und die »Vorherrschaft der Weißen« voll durch. Mit dem Urteil Plessy vs. Ferguson bestätigte das Oberste Gericht 1896 die Segregation als rechtmäßig. Erst 1954 verbot das Oberste Gericht im Fall Brown vs. Board of Education of Topeca die Rassentrennung im Schulwesen.

Sektorale Gegensätze
Seit der Gründung der Vereinigten Staaten wirkten unterschiedliche soziale und wirtschaftliche Interessen der verschiedenen Regionen auf die politische Entwicklung ein. Insbesondere die unterschiedliche Interessenlage von Nord- und Südstaaten, später auch von Osten und Westen des Landes, führten nicht selten zu sektoralen Gegensätzen.

Seminolen-Krieg, Erster
1817–1818 in Florida unter dem Kommando von General Andrew Jackson geführter Krieg gegen die Seminolen-Indianer.

Seminolen-Krieg, Zweiter
Krieg zwischen 1835 und 1842 gegen die Seminolen in Florida, die sich weigerten, die von der Bundesregierung 1830 verfügte Umsiedlung in Gebiete westlich des Mississippi zu befolgen.

Spanisch-Amerikanischer Krieg von 1898
Während der Administration von McKinley zur Unterstützung Kubas gegen Spanien und zur Durchsetzung eigener Expansionsinteressen von den USA geführter Krieg.

Spoils System, Patronage-System
Insbesondere seit der Administration Jacksons verbreitete Praxis, die nach Wahlen freiwerdenden Ämter und Stellen mit Bewerbern der eigenen Partei bzw. Parteianhängern zu besetzen. Auch Futterkrippen-System genannt.

Sprecher im Parlament, Speaker of the House
Der gewählte Sprecher des Repräsentantenhauses übt die Aufgaben eines Parlamentspräsidenten aus und bekleidet zugleich eine einflussreiche politische Stellung.

Square Deal
Bezeichnung für die Reformpolitik Theodore Roosevelts, seit 1903 gebräuchlich, meint soviel wie »ehrlicher Kurs«.

Squatter Sovereignty, Populär Sovereignty
Nach 1848 aufkommende Forderung, die Siedler in den neuen – ehemals zu Mexiko gehörenden – Territorien selbst über die Sklaverei entscheiden zu lassen. Die Forderung verstieß gegen den Missouri-Kompromiss von 1820.

»Stalwarts«
Flügel der Republikanischen Partei in der Zeit der Administration von Hayes und Garfield, der in Opposition zu einer Reform des öffentlichen Dienstes (civil service reform) stand und in der Parteipolitik wesentlich das Mittel sah, zu politischen Ämtern zu kommen.

Stamp Act
Mit dem Stamp Act von 1765 erhob die britische Krone zum ersten Mal eine direkte Steuer in den nordamerikanischen Kolonien. Die Maßnahme rief den Widerstand der Kolonisten hervor, die im Oktober 1765 in New York zum »Stamp Act Congress« (Stempelsteuer-Kongress) zusammenkamen.

Star Spangled Banner
Die spätere Nationalhymne der Vereinigten Staaten entstand während des Krieges von 1812 gegen Großbritannien anlässlich der britischen Beschießung von Fort McHenry bei Baltimore im September 1814. Seit 1931 ist das von Francis Scott Key stammende Lied die Nationalhymne der USA.

State Department, Department of State
Das Außenministerium der Vereinigten Staaten.

States' rights, Staatenrechte
Im Verhältnis von Bund und Einzelstaaten kommt den Rechten und Befugnissen beider Seiten grundsätzliche Bedeutung zu. Sie sind von der Verfassung zwar im Prinzip geregelt, bieten aber trotzdem Spielraum für unterschiedliche Interpretationen. Im Konflikt über die Sklaverei, der dem Bürgerkrieg vorausging, betonten vor allem die Südstaaten die Rechte der Einzelstaaten.

Tammany Hall
Sitz und Bezeichnung der New Yorker Parteiorganisation der Demokratischen Partei. Die Wurzeln von Tammany Hall reichen bis ins 18. Jahrhundert zurück.

Teapot-Dome-Skandal, Harding-Skandal
Gegen Ende der Harding-Administration bekannt werdender Korruptions- und Bestechungsskandal, in den zahlreiche Mitglieder der Regierung verstrickt waren.

Tories, Tory
Während des Unabhängigkeitskrieges die Bezeichnung für diejenigen Amerikaner, die loyal zur britischen Krone standen, auch Loyalisten genannt.

Unabhängigkeitserklärung, Declaration of Independence
Von Jefferson verfasste Erklärung, mit der der Kontinentalkongress am 4. Juli 1776 die Unabhängigkeit der Vereinigten Staaten ausrief und begründete, revolutionäre Geburtsurkunde der USA.

Unabhängigkeitskrieg, War of Independence
Von 1775 bis 1783 von den 13 amerikanischen Kolonien bzw. seit 1776 von den Vereinigten Staaten geführter antikolonialer Befreiungskrieg, der mit dem Frieden von Paris 1783 beendet wurde, auch Amerikanische Revolution genannt.

Unsichtbare Regierung
Als »Unsichtbare Regierung« bezeichnet man diejenigen in neuerer Zeit entstandenen exekutiven Institutionen, deren Tätigkeit sich wie im Fall des Stabes des Weißen Hauses mit den Beratern und Assistenten des Präsidenten, beim Geheimdienst CIA, im Nationalen Sicherheitsrat oder im Office of Management and Budget weniger im Licht der Öffentlichkeit abspielt als die Arbeit der traditionellen Regierungsinstanzen.

Verfassung von 1787
Die zweite Verfassung der USA, die 1787 von den 55 Delegierten des Verfassungskonvents in Philadelphia beraten und verabschiedet sowie anschließend von den Einzelstaaten ratifiziert wurde.

Virginia State Convention von 1829
Dieser Verfassungskonvent von Virginia tagte 1829/30 in Richmond und nahm unter anderem eine gewisse Erweiterung des Wahlrechts vor.

Virginia Statut über Religionsfreiheit
Von Jefferson initiiertes und von der Legislative Virginias 1779 verabschiedetes Statut über Glaubensfreiheit, eine der ersten amerikanischen Erklärungen über volle Religionsfreiheit.

Vorwahlen, Primaries
Sie wurden seit 1903 in fast allen Bundesstaaten eingeführt, um Auswahl und Nominierung der Präsidentschaftskandidaten sowie auch der Bewerber für andere Wahlämter innerhalb der großen Parteien zu demokratisieren.

Watergate-Skandal
Im Gefolge eines vom Stab des Weißen Hauses zu verantwortenden Einbruchs in das Wahlkampf-Hauptquartier der Demokraten im Watergate-Hotel in Washington (17. Juni 1972) und der nachfolgenden Vertuschungsmanöver der Nixon-Administration entwickelte sich 1973/74 der wohl schwerwiegenste politische Skandal in der Geschichte amerikanischer Präsidenten. Im Ergebnis trat Nixon zum 9. August 1974 als Präsident zurück.

West Point
Die 1802 gegründete Militärakademie der Vereinigten Staaten in West Point, New York.

Whig-Partei, Whig Party nach 1830
Die Whig-Partei entstand nach 1830 als Koalition von Gegnern der Politik Andrew Jacksons. An der Entstehung beteiligt waren u. a. die Nationalen Republikaner (John Q. Adams, Henry Clay), Befürworter der Staatenrechte zugunsten der Sonderinteressen des Südens (John C. Calhoun) und Reste der Anti-Freimaurer-Partei. Der Name Whig wurde 1834 für diese Partei üblich.

Whigs im Unabhängigkeitskrieg
Als Whigs bezeichnete man nach 1763 diejenigen Amerikaner, welche die amerikanischen Rechte gegen die Herrschaft der britischen Krone in Nordamerika verteidigten.

Whistle Stop Tour
Bezeichnung für die ausgedehnte Wahlkampagne Trumans im Wahljahr 1948, als der Präsident 30.000 Meilen im Eisenbahnzug zurücklegte, immer unterbrochen von einem durch das Pfeifen der Lokomotive angekündigten Stop, bei dem Truman dann vor einer größeren oder kleineren Menschenmenge sprach. Insgesamt hielt er auf diese Weise 300 Wahlreden.

Wilmot Proviso
Im August 1846 im Kongress eingebrachter Antrag des Abgeordneten David Wilmot, wonach in allen künftig von Mexiko erworbenen Territorien die Sklaverei verboten sein sollte.

XYZ-Affäre

Nach dem Scheitern diplomatischer Verhandlungen mit der französischen Regierung, die mit deren Agenten in Paris 1797/98 geführt worden waren, ließ Präsident Adams die entsprechenden diplomatischen Berichte veröffentlichen, die Namen der französischen Agenten dabei aber durch X, Y, Z ersetzen. Die Affäre trug zur Verschlechterung der Beziehungen zu Frankreich bei.

»Young America«

Eine um 1850 entstehende Gruppe romantisch, nationalistisch und expansionistisch eingestellter Demokraten, die sich für die Unterstützung republikanischer Revolutionen in Europa aussprachen. Zu diesem Kreis meist jüngerer Amerikaner gehörte auch der Senator Stephen A. Douglas.

Zimmermann-Depesche

Mitte Januar 1917 in Hinblick auf den voraussichtlichen Kriegseintritt der Vereinigten Staaten an der Seite der Gegner des Deutschen Reiches von Staatssekretär Zimmermann an Mexiko telegrafisch übermitteltes deutsches Bündnisangebot.

Präsidenten der Vereinigten Staaten von George Washington bis George Walker Bush

	Name	*Lebensdaten*	*Amtszeit*	*Partei*
1.	George Washington	1732–1799	1789–1797	Fed.
2.	John Adams	1735–1826	1797–1801	Fed.
3.	Thomas Jefferson	1743–1826	1801–1809	Dem.-Rep
4.	James Madison	1751–1836	1809–1817	Dem.-Rep
5.	James Monroe	1758–1831	1817–1825	Dem.-Rep
6.	John Quincy Adams	1767–1848	1825–1829	Dem.-Rep
7.	Andrew Jackson	1767–1845	1829–1837	Dem.
8.	Martin Van Buren	1782–1862	1837–1841	Dem.
9.	William Henry Harrison	1773–1841	1841	Whig
10.	John Tyler	1790–1862	1841–1845	Whig
11.	James Knox Polk	1795–1849	1845–1849	Dem.
12.	Zachary Taylor	1784–1850	1849–1850	Whig
13.	Millard Fillmore	1800–1874	1850–1853	Whig
14.	Franklin Pierce	1804–1869	1853–1857	Dem.
15.	James Buchanan	1791–1868	1857–1861	Dem,
16.	Abraham Lincoln	1809–1865	1861–1865	Rep.
17.	Andrew Johnson	1808–1875	1865–1869	Rep.[1]
18.	Ulysses Simpson Grant	1822–1885	1869–1877	Rep.
19.	Rutherford Birchard Hayes	1822–1893	1877–1881	Rep.
20.	James Abram Garfield	1831–1881	1881	Rep.
21.	Chester Alan Arthur	1830–1886	1881–1885	Rep.
22.	Grover Cleveland	1837–1908	1885–1889	Dem.
23.	Benjamin Harrison	1833–1901	1889–1893	Rep.
24.	Grover Cleveland	1837–1908	1893–1897	Dem.
25.	William McKinley	1843–1901	1897–1901	Rep.
26.	Theodore Roosevelt	1858–1919	1901–1909	Rep.
27.	William Howard Taft	1857–1930	1909–1913	Rep.
28.	Woodrow Wilson	1854–1924	1913–1921	Dem.
29.	Warren Gamaliel Harding	1865–1923	1921–1923	Rep.
30.	Calvin Coolidge	1872–1933	1923–1929	Rep.
31.	Herbert Hoover	1874–1964	1929–1933	Rep.
32.	Franklin Delano Roosevelt	1882–1945	1933–1945	Dem.
33.	Harry Spencer Truman	1884–1972	1945–1953	Dem.
34.	Dwight David Eisenhower	1890–1969	1953–1961	Rep.

	Name	*Lebensdaten*	*Amtszeit*	*Partei*
35.	John Fitzgerald Kennedy	1917–1963	1961–1963	Dem.
36.	Lyndon Baines Johnson	1908–1973	1963–1969	Dem.
37.	Richard Milhous Nixon	1913–1994	1969–1974	Rep.
38.	Gerald Rudolph Ford	* 1913	1974–1977	Rep.
39.	James Earl (Jimmy) Carter	* 1924	1977–1981	Dem,
40.	Ronald Reagan	1911–2004	1981–1989	Rep.
41.	George Herbert Walker Bush	* 1924	1989–1993	Rep.
42.	Bill Clinton	* 1946	1993–2001	Dem.
43.	George Walker Bush	* 1946	2001 –	Rep.

[1] Andrew Johnson war Demokrat, er wurde von den Republikanern 1864 als Vizepräsidentschaftskandidat aufgestellt.

Vizepräsidenten der Vereinigten Staaten von John Adams bis Richard („Dick") Cheney

	Name	*Lebensdaten*	*Amtsantritt*	*Partei*
1.	John Adams	1735–1826	1789	Fed.
2.	Thomas Jefferson	1743–1826	1797	Dem.-Rep.
3.	Aaron Burr	1756–1836	1801	Dem.-Rep.
4.	George Clinton	1739–1812	1805	Dem.-Rep.
5.	Elbridge Gerry	1744–1814	1813	Dem.-Rep.
6.	Daniel D. Tompkins	1774–1825	1817	Dem.-Rep.
7.	John C. Calhoun	1782–1850	1825	Dem.-Rep.[1]
8.	Martin Van Buren	1782–1862	1833	Dem.
9.	Richard M. Johnson	1780–1850	1837	Dem.
10.	JohnTyler	1790–1862	1841	Whig
11.	George M. Dallas	1792–1864	1845	Dem.
12.	Millard Fillmore	1800–1874	1849	Whig
13.	William R. King	1786–1853	1853	Dem.
14.	John C. Breckinridge	1821–1875	1857	Dem.
15.	Hannibal Hamlin	1809–1891	1861	Rep.
16.	Andrew Johnson	1808–1875	1865	Rep.[2]
17.	Schuyler Colfax	1823–1885	1869	Rep.
18.	Henry Wilson	1812–1875	1873	Rep.
19.	William A. Wheeler	1819–1887	1877	Rep.
20.	Chester A. Arthur	1829–1886	1881	Rep.
21.	Thomas A. Hendricks	1819–1885	1885	Dem.
22.	Levi P. Morton	1824–1920	1889	Rep.
23.	Adlai E. Stevenson	1835–1914	1893	Dem.[3]
24.	Garret A. Hobart	1844–1899	1897	Rep.
25.	Theodore Roosevelt	1858–1919	1901	Rep.
26.	Charles W. Fairbanks	1852–1918	1905	Rep.
27.	James S. Sherman	1855–1912	1909	Rep.
28.	Thomas R. Marshall	1854–1925	1913	Dem.
29.	Calvin Coolidge	1872–1933	1921	Rep.
30.	Charles G. Dawes	1865–1951	1925	Rep.
31.	Charles Curtis	1860–1936	1929	Rep.
32.	John Nance Garner	1868–1967	1933	Dem.
33.	Hemy Agard Wallace	1888–1965	1941	Dem.
34.	Harry S. Truman	1884–1972	1945	Dem.

	Name	*Lebensdaten*	*Amtsantritt*	*Partei*
35.	Alben W. Barkley	1877–1956	1949	Dem.
36.	Richard M. Nixon	1913–1994	1953	Rep.
37.	Lyndon B. Johnson	1908–1973	1961	Dem.
38.	Hubert H. Humphrey	1911–1978	1965	Dem.
39.	Spiro T. Agnew	1918–1996	1969	Rep.[4]
40.	Gerald R. Ford	* 1913	1973	Rep.
41.	Nelson A. Rockefeller	1908–1979	1974	Rep.
42.	Walter F. Mondale	* 1928	1977	Dem.
43.	George Bush	* 1924	1981	Rep.
44.	Dan Quayle	* 1947	1989	Rep.
45.	Al Gore	* 1948	1993	Dem.
46.	Dick Cheney	* 1941	2001	Rep.

1 Calhoun trat am 28. Dezember 1832 zurück, nachdem er zum Senator gewählt worden war.

2 Johnson war Demokrat, er wurde 1864 von den Republikanern als Vizepräsidentschaftskandidat nominiert.

3 Adlai E. Stevenson war der Großvater des Präsidentschaftskandidaten der Demokraten von 1952 und 1956 Adlai E. Stevenson.

4 Agnew trat am 10. Oktober 1973 als Vizepräsident zurück.

First Ladys der Vereinigten Staaten von Martha Washington bis Laura Bush[1]

Name	*Lebensdaten*
Martha Dandridge Custis Washington	1732–1802
Abigail Smidi Adam	1744–1818
Martha Wayles Skelton Jefferson	1748–1782
Dolley Payne Todd Madison	1768–1849
Elizabeth Kortright Monroe	1768–1830
Louisa Catherine Johnson Adams	1775–1852
Rachel Donelson Jackson	1767–1828
Hannah Hoes Van Buren	1783–1819
Anna Tuthill Symmes Harrison	1775–1864
Letitia Christian Tyler	1790–1842
Julia Gardiner Tyler	1820–1889
Sarah Childress Polk	1803–1891
Margaret Mackall Smith Taylor	1788–1852
Abigail Powers Fillmore	1798–1853
Jane Means Appleton Pierce	1806–1863
Harriet Lane[2]	1830–1903
Mary Todd Lincoln	1818–1882
Eliza McCardle Johnson	1810–1876
Julia Dent Grant	1826–1902
Lucy Ware Webb Hayes	1831–1889
Lucretia Rudolph Garfield	1832–1918
Ellen Lewis Herndon Arthur	1837–1880
Frances Folsom Cleveland	1864–1947
Caroline Lavinia Scott Harrison	1832–1892
Ida Saxton McKinley	1847–1907
Edith Kermit Carow Roosevelt	1861–1948
Helen Herron Taft	1861–1943
Ellen Louise Axson Wilson	1860–1914
Edith Bolling Galt Wilson	1872–1961
Florence Kling Harding	1860–1924
Grace Anna Goodhue Coolidge	1879–1957
Lou Henry Hoover	1874–1944
Anna Eleanor Roosevelt Roosevelt	1884–1962
Elisabeth Virginia Wallace Truman	1885–1982

Name	*Lebensdaten*
Mamie Geneva Doud Eisenhower	1896–1979
Jacqueline Lee Bouvier Kennedy	1929–1994
Claudia Taylor Johnson	* 1912
Patrizia Ryan Nixon	1912–1993
Elizabeth Bloomer Ford	* 1918
Rosalynn Smith Carter	* 1927
Nancy Davis Reagan	* 1923
Barbara Pierce Bush	* 1925
Hillary Rodham Clinton	* 1947
Laura Welch Bush	* 1946

1 Die Bezeichnung »First Lady« kam als Synonym für die Ehefrau des Präsidenten 1877 auf. Populär wurde sie durch ein Lustspiel »The First Lady in the Land« von Charles Nirdlinger aus dem Jahr 1911, das Dolley Madison zur Hauptperson hat.

2 Da James Buchanan unverheiratet war, übernahm seine Nichte Harriet Lane die Rolle der Gastgeberin im Weißen Haus.

Bibliographische Hinweise zur Geschichte der Präsidenten[1]

Bibliographien zur Präsidentengeschichte

The American Presidency. A Historical Bibliography, Santa Barbara, California/Oxford 1984.
Norman S. Cohen, The American Presidents. An Annotated Bibliography, Pasadena, California/Englewood Cliffs, New Jersey, 1989.
Kenneth E. Davison, The American Presidency. A Guide to Information Sources, Detroit 1983.
Robert U. Goehlert/Fenton S. Martin, The Presidency: A Research Guide, Santa Barbara, California/Oxford 1985.
Meckler's Bibliographies of die Presidents of the United States 1789–1989, hg. v. Carol Bondhus Fitzgerald, 40 Bde., Westport, Connecticut, 1988 ff. (Bibliographien zu den einzelnen Präsidenten von Washington bis Clinton, Indexband).

Darstellungen und Nachschlagewerke zur Präsidentengeschichte

The American Presidents. The Office and the Men, hg. v. Frank N. Magill/John L. Loos, 3 Bde., Pasadena, California/Englewood Cliffs, New Jersey, 1986.
Thomas A. Bayley, The Pugnacious Presidents. White House Warriors on Parade, New York/London 1980.
Charles A. Beard's The Presidents in American History. George Washington to George Bush, bearbeitet v. William Beard/Detlev Vagts, Englewood Cliffs, New Jersey, 1989.
Marcus Cunliffe, The Presidency, 3. Aufl., Boston 1987.
William A. DeGregorio, The Complete Book of U. S. Presidents, 4. Aufl., New York 1993
Richard Hofstadter, The American Political Tradition and the Men Who Made it, New York 1948.
Joseph Nathan Kane, Facts About the Presidents. A Compilation of Biographical and Historical Information, 7. Aufl., New York 2001.
Lu Ann Paletta/Fred L. Worth, World Almanac of Presidential Facts, New York 1988.
David C. Whitney/Robin V. Whitney, The American Presidents, 7. Aufl., New York 1990.
Sidney M. Milkis/Michael Nelson, The American Presidency. Origins and Development, 1776–1990, Washington, D. C., 1990.
Encyclopedia of the Presidency, hg. von Leonard W. Levy/Louis Fisher, 4 Bde., New York 1994.
Forrest McDonald, The American Presidency. An Intellectual History, Lawrence, Ka. 1995.
The Presidency A to Z, hg. von Michael Nelson, Washington, D. C., 2. Aufl. 1998.
»To the best of my ability«. The American presidents, hg. von James M. McPherson, New York 2001.
Die amerikanischen Präsidenten. 42 historische Portraits von George Washington bis George W. Bush, hg. v. Jürgen Heideking, fortg. v. Christof Mauch, 3. Aufl., München 2002.

Einzelne Aspekte der Präsidentengeschichte, einzelne Perioden

The American Presidency in Political Cartoons: 1776–1976, hg. v Thomas C Blaisdell, jr./Peter Selz, Berkeley, California, 1976.
Paul F. Boiler, jr., Congressional Anecdotes, New York 1991.
Paul F. Boiler, jr , Presidential Anecdotes, New York 1981.

Paul F. Boiler, jr., Presidential Campaigns, Neue Auflage: New York 2004.
The Constitution and the American Presidency, hg. v. Martin L. Fausold/Alan Shank, Albany, New York, 1991.
Homer F. Cunningham, The President's Last Years. George Washington to Lyndon B. Johnson, Jefferson, North Carolina/London 1989.
Ralph Ketcham, Presidents Above Party. The First American Presidency, 1789–1829, Chapel Hill, North Carolina, 1984.
John McCollister, »... so help me God«. The Faith of America's Presidents, Bloomington, Minnesota, 1982.
Shelley Ross, Präsidenten und Affären: Skandale und Korruption in der amerikanischen Politik, Stuttgart 1989.
Peter Schäfer, Die Präsidenten der USA im 20. Jahrhundert. Biografien. Daten. Dokumente, Berlin 1990.
Theodore H. White, America in Search of Itself. The Making of the President 1956–1980, New York 1982.
Frank L. Schick, Records of the Presidency. Presidential Papers and Libraries from Washington to Reagan, Phoenix, Ariz. 1989.
Robert K. Murray/Tim H. Blessing, Greatness in the White House. Rating the Presidents. From George Washington through Ronald Reagan, 2. Aufl., University Park, Pa. 1994.
The White House. The First Two Hundred Years, hg. von Frank Freidel/William Pencak, Boston 1994.
John Whitcomb/Claire Whitcomb, Real Life at the White House. Two hundred years of daily life at America's most famous residence, New York/London 2000.
Pat Hyland, Presidential Libraries and Museums. An Illustrated Guide, Washington, D. C., 1995.
Thomas S. Langston, With Reverence and Contempt. How Americans Think about their President, Baltimore 1995.
Porträts der Präsidenten aus der National Portrait Gallery in Washington, D. C., findet man: Portraits of the Presidents: the National Portrait Gallery, hg. von Frederick S. Voss, Washington, D. C., 2000.

PRÄSIDENTSCHAFTSWAHLEN, VIZEPRÄSIDENTEN, FIRST LADYS

History of American Presidential Elections, 1789–1968, hg. v. Arthur M. Schlesmger, jr./ Fred L. Israel/William P. Hansen, 4 Bde., New York 1971.
Eugene H. Roseboom/Alfred E. Eckes, A History of Presidential Elections: From George Washington to Jimmy Carter, 4. Aufl., New York 1979.
G. Scott Thomas, The Pursuit of the White House. A Handbook of Presidential Election Statistic and History, New York 1987.
Archibald Laird, The Near Great. Chronicle of the Vice Presidents, North Quincy, Massachusetts, 1980 (Daten und Bilder).
The Vice-Presidents: Biographical Sketches of the Vice Presidents & Cabinet Members, hg. v. Robert I. Vexler, 2 Bde., Dobbs Ferry, New York, 1975.
Carl S. Anthony, First Ladys: The Saga of the Presidents' Wifes and their Power, 1789–1961, New York 1990.
Diana Dixon Healey, American First Ladys, Private Lives of the Presidential Wives, New York 1988.
Carole Chandler Waldrup, Presidents' Wives. The Lives of 44 American Women of Strenght, Jefferson, North Carolina, 1989.
Running for the President. The Candidates and their Images, hg. von Arthur M. Schlesinger, jr., 2 Bde., New York 1994.

Carole Chandler Waldrup, The Vicepresidents. Biografies of the 45 Men Who Have Held the Second Highest Office in the United States, Jefferson, N.C. 1996.
American First Ladys: their Lives and their legacy, hg. von Lewis L. Gould, New York 1996.
Ronald D. Gerste, Die First Ladys der USA. Von Martha Washington bis Hillary Clinton, Regensburg 2000.
Carl S. Anthony, America's First Families: an inside view of 200 years of private life in the White House, New York 2000.
Gil Troy, Mr. and Mrs. President: From the Trumans to the Clintons, Lawrence, Ka. 2000.

Antritts- und Jahresbotschaften der Präsidenten

The Inaugural Addresses of the Presidents of the United States 1789–1985, hg. v. Michael J. Lax, Atlantic City, New Jersey, 1985.
The State of the Union Messages of the Presidents, 1790–1966, hg. v. Fred L. Israel, 3 Bde., New York 1966.
The Inaugural Adresses of Twentieth-Century American Presidents, hg. von Halford Ryan, Westport, Conn. 1993.

Geschichte der USA

Erich Angermann, Die Vereinigten Staaten von Amerika seit 1917, 9. Aufl., München 1995. (dtv-Weltgeschichte des 20. Jahrhunderts).
Dokumente zur Geschichte der Vereinigten Staaten von Amerika, hg. v. Herbert Schambeck/Helmut Widder/Marcus Bergmann, Berlin 1993.
The Enduring Vision. A History of the American People, hg. v. Paul S. Boyer u. a., Lexington, Massachusetts/Toronto 1990. 5. Aufl., Boston, Mass. 2004.
Rüdiger Horn/Peter Schäfer, Geschichte der USA 1914–1945, Berlin 1986.
Samuel E. Morison/Henry S. Commager/William E. Leuchtenburg, The Growth of the American Republic, 2 Bde., 7. Aufl., New York/Oxford 1980.
The National Experience. A History of the United States, hg. von John M. Blum, 8. Aufl., Fort Worth, Tex., 1993.
Udo Sautter, Geschichte der Vereinigten Staaten von Amerika, 6. Aufl., 1998.
Willi Paul Adams, Die USA vor 1900, München 2000. [Oldenburgs Grundriss der Geschichte, 28].
Ders., Die USA im 20. Jahrhundert, München 2000. [Oldenburgs Grundriss der Geschichte, 29].
Jürgen Heideking, Geschichte der USA, Tübingen 1996, 3. Aufl. 2003.
Udo Sautter, Lexikon der amerikanischen Geschichte, München 1997.
Peter Schäfer, Alltag in den Vereinigten Staaten. Von der Kolonialzeit bis zur Gegenwart, Graz/Wien/Köln 1998.

Politisches System, Verfassung, Landeskunde USA

Die Entstehung der Vereinigten Staaten und ihrer Verfassung 1754–1791: Einführungen – Quellentexte – Bibliographie, hg. v. Angela Adams/Willi Paul Adams, Münster 1995.
Ernst Fraenkel, Das amerikanische Regierungssystem. Eine politologische Analyse, 4. Aufl., Wiesbaden 1981.
Forrest McDonald, A Constitutional History of the United States, Melbourne, Florida, 1982.

Länderbericht USA. Geschichte. Politik. Geographie. Wirtschaft. Gesellschaft. Kultur, hg. v. Willi Paul Adams/Peter Lösche, 3. Aufl., Bonn 1998.
Peter Lösche, Amerika in Perspektive: Politik und Gesellschaft der Vereinigten Staaten, Darmstadt 1989.
Peter Lösche, Die Vereinigten Staaten. Innenansichten. Ein Versuch, das Land der unbegrenzten Widersprüche zu begreifen, Hannover 1997.
Charles H. Pritchett, The American Constitution, 3. Aufl., New York 1977.
Kurt L. Shell, Das politische System der USA, Stuttgart 1975.

Als Zeitschrift zur Geschichte der Präsidenten erscheint seit 1970

Presidential Studies Quarterly, hg. v. Center for the Study of the Presidency (New York).

1 Diese Auswahlbibliographie bietet eine Auswahl von Titeln zu den Schwerpunkten der Präsientschaftsgeschichte. Die bibliographischen Angaben zu den einzelnen Präsidenten befinden sich am Ende der Lebensbilder der jeweiligen Präsidenten. Die einzelnen Bände der American Presidency Series (Kansas University Press, Lawrence, Kansas) und der Presidential Chronology Series (Oceana Publications, Dobbs Ferry, New York) sind unter den jeweiligen Präsidenten vermerkt.

Abkürzungsverzeichnis

ABM	Anti-Ballistic Missile Defense
AFL	American Federation of Labor
ANZUS	Australia-New Zealand-United States [Pact]
ATT	American Telephone & Telegraph Co.
BA	Bachelor ofArts
CIA	Central Intelligence Agency
CPPA	Conference for Progressive Political Action
D	Demokraten
D. C.	District of Columbia
Dem.	Democratic Party
Dem.-Rep.	Democratic-Republican Party
FBI	Federal Bureau of Investigation
Fed.	Federalist Party
FRUS	Foreign Relations of the United States
GATT	General Agreement on Tariffs and Trade
INF	Intermediate Range Nuclear Forces
KGB	Komitet Gosudarstvennoj Bezopasnosti
KSZE	Konferenz für Sicherheit und Zusammenarbeit in Europa
M.A.	Master of Art
NATO	North Atlantic Treaty Organization
OSS	Office of Strategie Services
R	Republikaner
Rep.	Republican Party
RFC	Reconstruction Finance Corporation
SALT	Strategie Arms Limitation Talks
SDI	Strategie Defense Initiative
SEATO	South-East Asia Treaty Organization
START	Strategie Arms Reduction Talks
WASP	White Anglo-Saxon Protestant

Personenregister